■■ 花 都 的 締 造 ■■

巴黎的
關鍵世紀

Une capitale en pleine mutation

Paris au XIXe siècle

Jean-François Champollion · Napoléon Bonaparte · Honoré de Balzac ·
Victor Hugo · Charles Baudelaire · Émile Zola · Paul Cézanne ·
Gustave Caillebotte · Baron Georges-Eugène Haussmann ·
Charles-Louis · Napoléon Bonaparte · Gaston Leroux · Gustave Flauber ·

蔡秉叡———著

推薦序
也是東亞人心靈的十九世紀世界首都

文／魏聰洲

法國社會科學高等研究院CRH史學博士

　　這是一個很耀眼的出版企畫，作者將十九世紀的巴黎以「立體寫作法」進行重組，當歷史人物的身影走近時，我們看到其中有政治人物、小說家、學者、畫家、建築師，這時遠景浮現了該年代文學作品的眾角色，有的振臂疾呼，有的侃侃而談，有的溫柔輕語，然後一陣腳步聲取而代之，那是二十一世紀作者疾行在十九世紀的石磚路上。這是一部大河記，一部揉合了田調、史實、記憶、再現（représentation）、想像的大河記，一部值得歷史學家及人類學家拿來做研究素材的大河記：東亞這小島的知識分子在2020年時是如何遙想那十九世紀的世界首都？

　　不論能否用英語溝通，每個人都認識英語，講得上幾個字、幾個句子，那是最普世的語言，最具共量性的文化資本尺度，而且，這個尺度的最大值是沒有其他語言比得上。英語之於全世界語言的地位，就如同巴黎之於全世界的城市，無論造訪過與否，每個人心中都有一座巴黎，清晰或模糊，彩色或黑白；班雅明（Walter Benjamin）的《巴黎，19世紀的世界首都》一書即揭示：在談巴黎一地的社會史同時，已經談出整體人類現代性的肇始；這個時空形成一種智性的原鄉、一個觀看現代世界的起點，許多學科肇始於此，東西兩半世界的眾多交流也與它有重大關係。全世界的文人無論操哪個語言、來自哪個角落，都可以透過閒聊它的歷史、美術、文學、哲學、社會科學……，來較量一下彼此的深淺，亦即，對它的認識形成一種最具共量性的文化資本；地球上或有其他的城市也能提供這樣的趣味，但深淺尺度的最大值，終究得將眼光飄向巴黎。希望，我這樣的說法不是一種迷信。

在巴黎的日子裡，學上了法國人講話的風格，留學荷蘭的好友Y感嘆說：「荷蘭是離天堂比較近的地方。」「對，坐Thalys高鐵才三個小時啊。」我笑回；留學西班牙的好友J說：「我住的城市有四個世界文化遺產。」「為什麼要這麼多？我住的城市，一個就夠了，就是整個城市。」轉身面向巴黎卻是甜言蜜語：「為什麼妳在天氣這麼糟的時候還是可以美成這樣？」好多次都傻傻望著流下淚來。如果迷信帶來偏見，那愛情是更巨大的偏見，巨大到卡住我的人生十二年。

去年搬回臺灣，我與藝術家太太把家當款一款，居然款出兩個貨櫃來。Emile Guimet數月的日本行帶回來的物件都可以作為吉美博物館（Musée Guimet）的起家底，那我們長居十二年的「後送行李」——其中大都是百年以上的布爾喬亞家具……，好像可以在打狗做些什麼？或許是「復刻」出一個十九世紀藝文沙龍（salon littéraire）？在巴黎的公寓裡，因著一種生活情趣，我們原本即經常更換內部裝飾，為此還得租用倉庫來堆放季節不對的「過季品」，這些古物或骨董有的是世居那裡的朋友因搬家相贈，有的是我們從事古畫買賣所順道購藏。在整理這些家具之際、在復刻工作籌畫之際，出版界的朋友忽然寄來這本書的稿子，啊，好巧，在同一個城市，有一個人跟我們一樣在時時遠眺著十九世紀的巴黎。

儘管久居巴黎，熟到土生土長巴黎朋友也會驚豔於我的導覽，但作者對於十九世紀巴黎的飽讀詩書仍令我自嘆不如；原來，塞納省省長奧斯曼（Georges Eugène Haussmann）的政界人生是從我語言學校所在的普瓦捷（Poitiers）起步；原來，政治生命一夜起落的Georges Boulanger，勝選之夜時人所在的餐廳就是九年後左拉（Émile Zola）振筆寫下〈我控訴……！〉的那間，目前由來自美國的高級時尚名牌所占據著；原來，我們去過很多次的一家米其林星級餐廳，再走幾步就是巴爾札克（Honoré de Balzac）辭世的地方，他在那裡「全身水腫使皮膚變得像豬皮，動脈炎還引起了壞疽，腐爛處的繃帶發出陣陣惡臭」；最後，造訪住在聖丹尼門附近的好友K總會和好幾位性工作者在街上擦身而過，原來，1848年民變（insurrection）時這裡被堆了街壘（barricade），當時一位性工作者站到前面去，向政府軍大喊：「膽小鬼們，開槍吧，如果你們有膽量向一個女人的肚皮開槍！」隨即迎來一陣無情的槍響，而另一位性工作者卻無畏地挺身而上……

史家一般把法國的十九世紀界定在1814到1914年之間：拿破崙退位到第一次世界大戰前夕，或者廣義地往前推至法國大革命。但為何是十九世紀？站在巴黎街頭舉目望去，沒有一個時代比起這段期間對於今日城市容顏更有決定性，不論是一排又一排很雷同的奧斯曼式建築（immeuble haussmannien），或是醒目的觀光景點，多是誕生於此：如拉雪茲神父公墓、兩個凱旋門、旺多姆圓柱（La colonne Vendôme）、聖米歇爾噴泉、瑪德蓮教堂、七月柱、協和廣場的噴泉、聖拉札車站、加尼葉歌劇院、聖心堂、市政廳、大小皇宮、亞歷山大三世橋、艾菲爾鐵塔、春天百貨、拉法葉百貨公司、地鐵新藝術（art nouveau）入口、奧塞美術館建築等等。從2010年開始，英文的Palace被借用來標示那些無上尊貴的法國旅館，巴黎歷來的十四家即有八家可溯自這年代：Le Meurice、Le Ritz、Hôtel Régina、Le Shangri-La、La Réserve、The Peninsula、Hôtel Lutetia、Hôtel Plaza Athénée；至於一戰之前拜訪巴黎的國王們，大致上會在Le Meurice、Le Ritz、Hôtel de Crillon（源自十八世紀）之一落腳。

十九世紀對於今日法國之重要，又可如歷史學家Jacques Revel所描繪：「法國記憶安穩住進了國族空間（la mémoire française se loge aisément dans l'espace national）。」這是有其國族與政治上的意義；就國族上，那六角形的國土以國族定義出現，即地理法國與由記憶形成的國族法國在邊界上重疊起來，其實是在這期間形成的集體意識，1887年Ferdinand Buisson所出版的《小學教學與教導字典》（Dictionnaire de pédagogie et d'instruction primaire）可視為一個時代結晶，用以向孩童們灌輸而去。在政治上，被認為啟發了1980年代法國政治史新研究取徑的《法國的右派們》（Les Droites en France）一書（第一版在1954年），René Rémond指出今日法國政治結構是延續了那源自法國大革命、而於十九世紀不斷打造出來的summa divisio（深層分裂）：左派與右派，二十世紀的右派可細究為反革命右派（如維琪政權）、自由主義右派（如季斯卡派）、凱薩式右派（如戴高樂派），這三系意識形態皆可在十九世紀找到很直接的根源，依序見於波旁正統黨、奧爾良黨、波拿巴黨；意識形態的分裂無法分割這個國族，因為大家擁有同一個十九世紀，各黨各派都是從這個共享的記憶資源庫去發展敵友互動。

法國在廣義的十九世紀被擠入了十幾個體制，短有數月的巴黎公社、百日王朝，長有數十年的第三共和；法國人在帝國制、王朝制、共和制之間來來回回數次，直到第三次王朝復辟在1879年流產才確定了共和制的鞏固。這不只是法國史中最為縝密的一段年輪，放在歐洲尺度也是如此：十九世紀的法國無疑成了人類政治體制的實驗室。

　　體制如此多變，不少人主張是因為首都街道紋理易生民變；在1830年七月革命、1832年六月暴動、1848二月革命、1848年六月蜂起、1871年巴黎公社、1968年的五月學工運，石頭與家具往路上一丟，堆出街壘就成為戰鬥舞臺，雙方對峙二邊；後來，塞納省省長奧斯曼重整此紋理，將巴黎多處開腸破肚，以便讓政府軍得以直奔任何動亂處所；1866年流亡比利時的革命家Auguste Blanqui寫下了《武裝奪取的指示》（*Instructions pour une prise d'armes*），詳細闡述了巴黎街壘的設置技藝；十九世紀全球大概只有這一都會擁有著一本教導如何民變的「使用手冊」，儘管它的到來已經快要趕不上巴黎的空間變化了。

　　在巴黎藝術家及作家的手下，每一場民變都孕育出一道道藝文風景，德拉克洛瓦（Eugène Delacroix）的畫作《自由領導人民》講的是1830年那場，雨果（Victor Hugo）的《悲慘世界》（*Les Misérables*）採用了1832年那場做背景，馬內（Édouard Manet）留下了巴黎公社街壘的石版畫……，這些才子們在這本書被談論與稱頌，然而，他們在當年並非站在一個主流品味的位子上。

　　這些人可以被視為十八世紀啟蒙時代文人（homme de lettres）——以百科全書派為代表——的繼承者，但和這些前輩不同，十九世紀的他們不依賴權力中心作為「藝術保護者」，創作也不受到王室訂購與否的影響；事實上，前輩並沒有在十九世紀重現而成為他們的競爭對手，因為在狹義的十九世紀裡，並沒有一位君王或其身邊的人對文化品味的演進產生足夠的影響：Alexis de Tocqueville稱Louis-Philippe國王沒有什麼藝術概念，就算Mathilde Bonaparte及Napoléon-Jérôme Bonaparte積極介入文化圈，也很難描繪出他們的偏好主導了什麼。舊的藝術機制——法蘭西學院、官方沙龍、法蘭西喜劇院等等——並沒有失去其在品味控制的重要性，只是和政治權力者的個人偏好脫鉤了。十九世紀的主流品味不再是官方藝術

（art officiel），而是布爾喬亞品味（goût bourgeois）；這是一種墨守常規主義（conformisme），保守且拘泥於道德框架，支持偏好古典題材的學院派，不過，也懂得擁抱現代化帶來的技術新事物。

就此品味可見：法蘭西喜劇院不停地重複上演古典作品，建築形式不停地搜尋古典元素並湊合起來：即後來傳到臺灣的折衷樣式；在文學世界裡，當年最受肯定的也不是大小仲馬、雨果或左拉，而是像Eugène Scribe這樣的劇作家，當年威爾第（Giuseppe Verdi）為了能在巴黎歌劇院演出，還得接受他丟來的劇本，但今日人們幾乎忘卻了他所有的作品；至於畫市裡最為被推崇的大師：Théodore Chassériau、Eugène Devéria、Horace Vernet、William Bouguereau、Ernest Meissonnier、Franz Xavier Winterhalter、Rosa Bonheur、Alexandre Cabanel、Jean-Léon Gérôme，全是服務於布爾喬亞品味的學院派，他們中間也沒有一個能將當年的名望延續到今日；更糟的是，當訂購者過於介入時，還會擦槍走火出art pompier（消防員藝術），這個負面標籤是源自歷史題材畫作經常出現戴著金屬頭盔的人物，這讓人想到消防員。

打頭陣挑戰學院派的是1820及1830年代的浪漫主義，這首先是對古典作品的否定，指那是祖先們才會有感覺的過時作品，其次是強調作品要能表現出新時代的深層感情，主角人物要能召喚激情而不是理性；雨果、德拉克洛瓦、大仲馬皆屬浪漫主義的創作者；歷史學界也受到影響，Jules Michelet在其《法國大革命歷史》（*Histoire de la Révolution française*, 1847）一書裡，即以抒情筆調寫下對巴黎人的歌頌。浪漫主義之後是寫實主義及自然主義，從1840年代中葉開始，庫爾貝、杜米埃、左拉、米勒這些創作者陸續挺身挑釁布爾喬亞品味：世界是怎樣就畫出怎樣、寫出怎樣，不用考慮什麼藝術固有的美學標準。最後，一群被官方沙龍拒絕的畫家們集結起來，從1874年第一次辦展就確定了他們的印象派名號，群眾湧入不是來欣賞叛逆，而是因為畫作內容難以理解到好笑；但不過幾年之後，學院派就要被迫將市場一步步地讓出來了。

從浪漫主義到印象派，這些十九世紀的巴黎叛逆才子集體創造出一個被社會所肯認的新身分，他們的創作不受「藝術保護者」擺布，也不去迎合布爾喬亞的主流

品味，他們積極透過作品再現「現下的巴黎社會」而間接地表達了公共意見，不少還直接介入時事議論；同時，儘管無法如同其挑戰對象在經濟上如此成功，他們已經可以靠著版稅過上舒適生活；那是一個可以靠著才氣化身為公共知識分子，並同時取得階級翻身的時空；今年剛辭世的Pierre Bénichou稱這現象為「一種非宗教的精神權力的降臨（l'avènement d'un pouvoir spiritual laïque）」。這是一個不曾出現在臺灣的現象，一方面是這裡菁英文化消費市場體弱，一方面是因為島上的創作者較為自離於土地，比如，美麗島事件沒有辦法如那一個個巴黎民變刺激出大量文學或視覺創作，而這兩方面或許有因果關係。

十九世紀時，革命法國（La France révolutionnaire）與藝文法國（La France littéraire）都形成一個歐洲尺度的霸權，以巴黎為震央，射向歐陸各大都市。同時，殖民法國（La France coloniale）身為亞洲強權，透過傳教、外交、戰爭、萬國博覽會、移民、貿易、文化與知識交流等方式，也與東亞各邦密切連結；法帝是印度支那最大的帝國、印度支那則是法帝裡人口最多的殖民地，並且，最迷惑十九世紀巴黎藝文圈的異國情調是和風主義（japonisme），因此下述狀況是很例外的：介於印度支那與日本之間，福爾摩沙與巴黎互動稀薄，僅僅出現在張聰明（Tiunn, Tshong-bîng）、孤拔將軍（Amédée Courbet）、1900年萬國博覽會……幾個例子上。

在臺灣的清領時代，可能只有一個旅行讓土生土長的臺灣人踏上巴黎，那是馬偕夫人張聰明，她在隨丈夫回鄉省親時於1880年1月24日過路此地，同行的還有他們不滿一歲的長女偕瑪連（Mary Ellen Mackay）。

1884年至1885年法軍侵略越南、中國與臺澎海域，為北臺灣帶來了「西仔反」；領軍的孤拔戰績斐然，於1885年三月底拿下澎湖時被巴黎媒體封為「民族英雄」，但數週旋不幸病逝；遺體於八月時在大量群眾圍觀下抵達巴黎，國葬在傷兵院舉行；法國境內今日有七十條左右的公共道路以孤拔命名，其中一條在巴黎。

在1900年巴黎的萬國博覽會中，日本館展出臺灣地圖，文宣冊子提到臺灣，臺灣總督府派了代表前去，而臺北茶商公會則由吳文秀（Ngôo, Bûn-siù）代表前去宣傳，他被莊永明稱為「第一個看到巴黎鐵塔的臺灣人」；日本館旁設有一喫茶店，吳帶去的烏龍茶在裡面供應。今日，臺灣人喜愛的奢侈品牌瑪黑兄弟

（Mariage Frère）——唉啊，真巧，臺、法兩地的「兄弟茶」都很貴——是一間開設於1854年的茶貿易行與茶沙龍，其仿古風格的logo寫著「中國、錫蘭、印度、福爾摩沙」四國度，說明臺灣茶在此歷史名店的份量；或許，吳當年曾與他們接觸過。

以十九世紀的巴黎為寫作對象，沒有一位臺灣知識分子曾完成過一本如此紮實且主題多元的著作，但我相信，這只是頭一本，之後會有其他人接棒，因為它明顯還騰出許多空間給後人努力：產業革命與工人運動、大眾文化的萌生、帝國與殖民、國家認同與移民、科學、政教衝突與分離、布爾喬亞、保皇黨與共和黨、博覽會、社會主義……，事實上，就連布爾喬亞藝術也是有部分該平反，這也值得寫，都可延續「立體寫作法」來下筆。在此同時，也請容我鼓吹以同樣的寫作法應用在臺灣上，比如以上世紀末高雄柴山作為寫作標的，讓田野調查的自己、自然主義時期胡長松筆下的杜天勇，與當年柴山自然公園促進運動人物錯身而過。

除了耀眼，這本書還是一個很佛心的出版企畫：跟作者要個google map連結、粉絲專頁連結，它立刻變身為巴黎觀光導覽書；出版於1856年的《十九世紀的巴黎與巴黎人：風俗、藝術與紀念建築》（*Paris et les Parisiens au XIXe siècle: moeurs, arts et monument*）一書開頭寫著：「在今日，只要有著巴黎這曼妙的標題，該劇碼、雜誌或書就一定會成功。巴黎是永不止息地引人好奇，什麼也不能滿足，不管它是嚴肅的大部著作、輕鬆的出版物、歷史、年表、研究、記述、圖表、小說，統統都不能。」最引人好奇的事物需要請教最好的導覽，我們手上這本書就是全臺最有深度的巴黎導覽書：不論是心靈、智性或是觀光，作者所下的考據功夫很驚人，所展現的文字能力令人折服，他揉合了嚴肅與輕鬆、歷史研究與文藝作品的想像、過去與現下，這樣的努力與才氣，理應換來這本書的市場成功。

勸敗：「一種非宗教精神權力的降臨」是如何發生在十九世紀巴黎？讓這美好的事也發生在二十一世紀臺灣，要請您先來支持這本書。

作者序

自小，巴黎便占據我心。我就是因為這座偉大的城市才成為法國人。巴黎之所以偉大，尤其是因為其五光十色，無與倫比。巴黎是法蘭西的榮耀，是全世界最高尚的裝飾。

——法國文藝復興作家，蒙田（Michel de Montaigne）

生活只能在巴黎，換了個地方只是渾渾噩噩度日。

——十八世紀詩人劇作家，路易・格勒塞（Louis Gresset）

巴黎是一座古老的城市，而我們卻還年輕。這裡沒有一件事是簡單的。

——諾貝爾文學獎得主，海明威（Ernest Hemingway）

其實我多麼渴望在巴黎輕輕鬆鬆地度過一整個星期，沿著塞納河漫步，帶內人上館子享受精緻美食，到盧森堡花園野餐……

——美國前總統，歐巴馬（Barack Obama）

對今日世界各國的人們來說，提及花都巴黎不外乎容易讓人聯想到充滿著一切浪漫氛圍的氣息、宏偉秀麗的鐵塔與建築景觀、琳瑯滿目的羅浮宮等藝術陳列，更遑論還有各式各樣美食文化的誘惑。儘管不少親臨過這座城市的旅人，在實際走訪後會產生與先前想像之落差，謂之「巴黎症候群」（Paris Syndrome）的反應，但也無可否認，巴黎的確是一座充滿著豐沛的歷史文化，兼具藝術與時尚的特色城市。

這座具多元內在的古老城市，數百年來不斷以它姿態萬千的獨特吸引力，「勾引」各國旅人至此朝聖，時至今日每年有高達四千萬人次先後造訪，見證其風華樣

貌，更足以證明其風格魅力絲毫不受歲月的流逝而稍減。在這裡漫步，將體驗到無盡的知性優雅；在這裡探索，也將充滿著無限的可能性。

然而，這座舉世聞名的浪漫花都、饕客天堂、時尚伸展臺或藝術的寶庫，昔日的面貌是什麼模樣？巴黎之所以成為今日世人所嚮往的城市，又是如何建構起來的？

十七世紀始，巴黎便開展了它的現代化進程，公共交通設施的落實以及街道照明系統在當時便已引領全歐，獲得了「光之城」的稱號。因此早在十七世紀的歐洲便出版了許多的巴黎旅遊指南和遊記，提供給當時遊客最新、最方便的旅行資訊，這或許就是歷史上最早的旅遊書籍與部落客專頁，足見巴黎早在距今四百年前就已成為了歐洲人旅遊的勝地。

好景不常，到了十八世紀波旁王朝的全盛時期，官方幾乎都將行政中心置於凡爾賽，而對巴黎市政與景觀的建設革新置之不理，推諉延宕，致使這座城市幾乎在一個世紀的時間裡裹足不前，街區擁擠不堪、蜿蜒纏繞、滿是泥濘，房屋破舊腐敗、石灰斑剝脫落，任誰也不會將這樣的城市景象與「花都」之名聯想在一起。

所幸，歷經了法國大革命的動盪洗禮，雄才偉略的拿破崙一世開始對這座停滯多年的城市進行初步的基礎改造工程，儘管滑鐵盧戰爭的挫敗使這項建設事業一度頓挫，但在其姪拿破崙三世的第二帝國繼承之後，透過塞納省省長奧斯曼男爵剛毅果決、雷厲風行的施政整頓，巴黎終究澈底擺脫中世紀城市的萎靡樣貌，並藉由十九世紀後半葉所舉辦的幾屆世界博覽會過程中，澈底轉型成為現代化之都。是故，舉凡今日巴黎所具有的歷史文化之氛圍、都市美景的繚繞，以及美食文化的誘惑，形形色色皆代表了法蘭西現代化生活的形象符號，**一切均有賴於十九世紀的精心營造，才構築了二十世紀以後巴黎的精神與風貌，而所謂的巴黎經驗也成為了現代化城市建設以及社會文化的重要典範**。這也是本書之所以將時間點聚焦於十九世紀巴黎的人文與城市發展史的緣由。

為了完整闡述十九世紀對今日巴黎精神內涵與物質文明的營建過程，本書採大幅的篇章以文學史和藝術史為立基，透過巴爾札克、雨果、左拉等人之文本，配合諸多印象派畫作的角度，來審視這一個世紀內巴黎完成現代都市性的始末。較為獨特的是，首章之所以選擇透過商博良這麼一位不為臺灣多數民眾所熟知的語言學者

作為切入點，正是考量到商博良在十九世紀初的埃及象形文的破解貢獻上，於國際學術的競爭中脫穎而出，無疑標誌著當時代法國相對歐陸各國無論在學術文化和精神文明方面，皆是獨占鰲頭，首屈一指的領先地位。商博良之所以能夠獲得此一成就與榮耀，除了必須肯定他本人的勤奮不懈，還須考慮到巴黎這座城市所具有的豐厚文化土壤所給予他的精神滋潤，例如法蘭西學會及學術院等機構所提供的資源，因此隨著商博良故事及其看待巴黎視角的開展，由此接續巴爾札克、雨果和德拉克洛瓦、左拉等人在藝文創作上與這座城市的交融互動，相信這更是以鉅細畢舉的態度來看待這座城市的發展史。

須特別注意的是，儘管今日臺灣關於巴黎旅遊、法國文化賞析以及探討該城市風光之出版品不勝枚舉、數不勝數，但卻往往在奧斯曼的巴黎改造工程以及巴黎公社事件這兩項議題上著墨未深，過於輕忽，甚至對於巴黎公社事件視而不見，簡略避談，殊為遺憾。因此為了使讀者**領略巴黎現代化改造過程中所遭遇的險關逆境**，筆者也以濃墨重彩描繪了十九世紀奧斯曼對巴黎城市雷霆萬鈞般的改造背景與過程，以及那場可歌可泣、沉雄悲壯的巴黎公社事件之始末，願能略微**填補中文出版品現今在這兩項議題闡述上的闕如**。筆者將本書視為一部具大眾史學特質的人文科普性著作，期望在坊間琳瑯滿目的法國時尚、美食或旅遊性書籍等資訊之餘，能夠以不艱澀卻又能豐富而淺出的方式，使臺灣讀者親近法國城市文化與人文藝術，因此在附註的引用和取材方面，盡可能羅列臺灣本地較方便搜尋或上手的資料，藉此拋磚引玉讓更多朋友了解法國城市文化的發展與人文思想的風貌。**當然，本書的撰寫也希望藉由巴黎十九世紀的城市文化轉型歷程，為今日正走在風口浪尖關鍵時刻之臺灣提供另一面的參考借鏡，期盼感染更多讀者對於本土藝文與在地生活環境的提振和關注。**

此外，緣於筆者長年著力於後印象派藝術家文森・梵谷的生平研究，並精讀整理其生前所有的信件，此次透過文學史的角度審視巴黎城市發展的機緣下，意外得到**藝術家梵谷與文學家左拉兩人之間存在著眾多不謀而合，甚至可說是殊途同歸的藝術價值觀與生命共識**，這是目前國內外眾多的梵谷研究專家與藝術工作者未曾研究討論，屬於尚待開發的研究視野。凡此種種，我也在書中首次與讀者朋友分享。

完成上一部作品透過著名推理文學《福爾摩斯探案》來介紹英國維多利亞時期的歷史文化風貌後，筆者便急不可待地投入**《花都的締造：巴黎的關鍵世紀》**這本關於探討十九世紀巴黎城市風貌與歷史文化的取材工作。這段時間閱讀並整理多位十九世紀文豪浩如煙海般的作品，花費不少的時間與心力。此外，前人對於巴黎城市史與文化藝術等領域的研究或作品，確實是汗牛充棟、盈千累萬，因此想要在既有的著述成果上有所突破，唯有朝乾夕惕、孜孜不倦地自我充實，才能期勉自己寫出殷實有益的內容以回饋讀者。為此筆者還抽空利用課餘，多次往返巴黎，漫步於書中各章節所提及的街區與景點，遍覽各大博物館與紀念館的圖文資訊，絲毫不放過任何一個古意的中世紀巷弄或街角，搜尋著歷代前人在這座偉大城市中所留下的無盡蛛絲馬跡，只求盡可能將兩個世紀前的復古氛圍，以及歷史風貌，以時空交錯的方式呈現在讀者朋友的眼前。

　　「對於巴黎，除了鐵塔、凱旋門和羅浮宮之外，你還能舉出其他幾個著名景點？」這個問題是筆者時常在學校教授「世界文化遺產」的課堂上，尚未開講巴黎主題之前詢問臺下同學的問題。是的，**本書不僅僅是一本城市文化史的人文科普性質書籍，也涉及了法國十九世紀的文學史、藝術史與建築史，但亦不妨可以試著將本書視為進階版的旅遊書。**在書中各個章節裡，筆者特意穿插了不少名為【時空遊覽】的小段落，適時地帶領讀者穿越古今的巴黎，貼近並瀏覽大多數旅遊叢書或小品散文往往略過或輕忽的人文景點。因此，除了那些時常在傳媒影像及旅遊圖片帶給大眾所謂一般性的巴黎景點外，藉由本書，讀者將會知道：巴黎最熱門的文化沙龍在哪裡？全世界的第一張攝影照片是在巴黎哪個地方拍出來的？蕭邦與人賭輸了之後，去哪裡買甜點賠給對方？梵谷當年最常逛的文具店怎麼走？拿破崙喝完咖啡後發現忘記帶錢，只好把他那頂著名的三角帽抵償給店家的咖啡館在哪裡？人類歷史上最早的一部電影於何處放映？《三劍客》裡的大反派蛇蠍女郎竟然跟雨果住在一起？十九世紀就有人玩真心話大冒險，輸的人要去搥打法國總統？在巴黎的公園裡竟然還可以看到一整排的繁體中文，寫著「感謝臺灣」的字樣，這麼棒的公園在哪裡？……諸多關於歷史人文、藝術文化不可勝數的趣味小故事，筆者會在各個章節段落向讀者娓娓道來。

較為可惜的是，由於專利權以及印刷編排之考量，各章節主題中曾述及的圖像或畫作無法完整以彩圖方式陳列，因此書中各幅畫作均會附上原文名稱，以供讀者上網查詢原圖。另外，筆者也將會在個人的臉書粉專（https://www.facebook.com/LTSHC/?ref=bookmarks），依序貼出補充的插圖與畫作供讀者朋友參考，希望能略補此一缺憾。

本書的完成，首先感謝鄭伊庭經理的熱情支持，讓拙著在面臨與前出版社的倉促解約窘境下，得以嚴絲合縫順利付梓。謝謝心細縝密的編輯尹懷君小姐以及秀威資訊的諸位夥伴，藉由你們專業審慎的編排校對，使本書的內容更為精實細緻，能與你們一同為臺灣出版與文化事業盡一份心力是我的榮幸。誠摯感謝魏聰洲博士為本書所寫的推薦序，並慷慨地向我提出許多專業性的建議與指正，不管在法語詞彙或是史料詮釋上均惠我良多。蔡幸均小姐以及林綺婕小姐，我兩位最傑出的學生，感謝妳們在我每次遊歐期間與我分享無數寶貴當地的文化資訊，並帶給了我極大的溫暖。最須特別感謝的是我摯愛的髮妻Gabrielle，在我撰寫本書的過程中與我結縭，是她溫柔寬容的體諒與陪伴，以及在專業的法文語法校對上的協助，讓我在身兼五校教職的忙碌奔波之餘，勉力順利完成這部作品。謹將本作獻給我的妻子以及守護我的家人。

本書如有錯漏舛誤之處，一概由本人負責。如蒙方家糾謬，當於再版時修正。

最後，由衷盼望不管是歷史、藝文，甚或是旅遊愛好者，都能夠喜歡這本書，願書中的無論是傳記部分、歷史典故、圖片畫作亦或是軼聞趣事，皆能帶給每位讀者朋友豐富的體驗想法或輕鬆自在的閱讀感受。「Merci beaucoup（非常感謝）！」祝福大家！

蔡秉叡

2020年10月於高雄澄清湖畔

目次

序章

赫赫炎炎的七月午間，驕陽直射在巴黎上空，一道刀刃般的金色光芒照亮著洛博街到河岸路的街區。街道兩側皆是三層寥落不堪的樓房，每一層僅有兩扇窗戶排成一列，黑不溜湫的百葉窗、破爛不堪的石板瓦、岌岌可危的灰泥牆面，足以讓行人感受到這個街區陰暗、破舊的歷史。成排樓房那年久失修的頂部，更因幾經風雨，屋簷與橫樑早已彎曲變形，一輛四輪廂型馬車正好由此經過，整排樓房樑木在榫頭卯眼裡咯咯震動，這排單薄的樓房似乎隨時都會禁不起些微的搖晃而轟然傾倒。

　　箱型馬車中的乘客是位身形高大的壯年男子，身著一件深黑色上裝，前襟、後擺與領口上均以銀絲線繡上花草幾何圖紋，配上寬大的黑絲絨長褲，腳蹬方頭銀扣皮鞋。儘管烏黑的頭髮梳得光滑油亮，仍無法遮掩他那微禿過高的髮線。他的雙眸明亮有神，細長的鷹勾鼻與修剪整齊的鬢角，更顯得出他堅忍剛毅的性格。任何一位見過他的人，無疑都會被他那精力充沛、充滿活力的男子氣概給吸引，更會對其十足的堅毅機智個性所震懾。

　　「嘖！還是一樣的骯髒破敗，如此難堪的街景怎能配上十九世紀帝國的首都？」壯年男子望著車窗外的景物，帶著憤懣不平的態度喃喃說著。

　　巴黎，這座「世界都市之都」的偉大城市，今日除了扮演在世人印象中的浪漫象徵外，更是兼具著古典美與現代感的大都會，清新宜人的塞納河、四通八達的大道、綠意盎然的大小公園，更別說還有別致優雅的咖啡館以及引領時尚的名牌店面，無怪乎海明威認為巴黎是一席流動的饗宴。

　　早在西元前四千五百多年即有人類在巴黎活動，那是它還被稱為呂特斯（Lutetia）的時代，先後成為了高盧族巴黎西人（Parisii）與羅馬人爭奪的重要據點。六世紀初法蘭克人繼羅馬人之後統治了這座城市，隨著墨洛溫王朝的建立，巴黎遂成為了它永久性的名字。在接下來的幾個世紀裡，巴黎的命運幾經波折。英法百年戰爭（1337-1453）時，巴黎遭到棄守；法國宗教戰爭（1562-1598）則讓巴黎飽受數十年的戰爭摧殘與瘋狂殺戮。1789年七月十四日，法國大革命爆發，除了推倒貴族教權舊式勢力之外，巴黎市區內多所教堂、官邸遭到焚毀，象徵王權的雕像

紀念物也被夷平。十九世紀伊始，巴黎多舛的命運仍未結束，先後歷經反法同盟軍隊占領、1830年七月革命與1848年二月革命的內戰衝擊一再地讓這座城市成為了滿目瘡痍、遍體鱗傷的受害者。

任何一位在十九世紀中葉前來到巴黎的旅人，都能夠如四輪廂型馬車中的壯年男子一樣，看到當時代人口稠密、烏煙瘴氣的巴黎景象。空氣中瀰漫著令人作嘔的臭味，街巷蜿蜒繚繞，地面上積滿了糞便、汙泥與垃圾，公共衛生條件氣息奄奄，失業率居高不下，社會治安敗壞。與今日世人對巴黎印象的認知大相逕庭，一百萬人口就在這座髒亂混濁的廢墟上掙扎生存著。

廂型馬車一路穿越星形廣場的稅關城牆駛離巴黎，途經布洛涅森林，沿著水波粼粼的塞納河田園道路行駛，壯年男子的目的地是塞納河對岸的聖克盧宮，法蘭西第二帝國的統治者，甫登基為帝的拿破崙三世將在那裡接見他。

壯年男子利用馬車沿著河岸徐行的空檔時間回想著，約莫一個月前，他仍在南部的波爾多擔任吉倫特省省長時，接到了內政大臣的電報告知，皇帝陛下即將撤換掉現任的塞納省省長尚－賈克・伯格（Jean-Jacques Berger），而這個天子腳下的京兆重任一職，將由擔任吉倫特省省長僅一年的他——喬治－歐仁・奧斯曼（Georges-Eugène Haussmann）來接任。

奧斯曼記得，去年在皇帝陛下登基前進行的全國巡行活動時，吉倫特省省長的接待應對深得這位執政者的稱道讚許，準皇帝的歷史性演講在大批群眾的歡呼與煙火秀中畫下了完美的句點，奧斯曼藉此向主子披露肝膽，交辦給他的任務都能夠完美無瑕地完成。事實證明機運沒有讓奧斯曼等得太久，塞納省省長尚－賈克・伯格在處理巴黎市政規劃與革新的態度上向來曖昧推諉，使拿破崙三世忍無可忍，決定即刻起用這位曾讓他留下深刻印象的人才，皇帝確信這位新任的省長絕對能妥善承擔他交付的使命——改造巴黎。

待奧斯曼回神之際，廂型馬車已緩緩爬上了聖克盧宮入口處的斜坡處，皇宮大門口的宮廷衛隊隨即向馬車行致敬禮。奧斯曼那高大的身軀泰然自若地走下馬車，略微整理了自身的衣著，在侍衛的帶領下步上皇宮的臺階，巴黎全景在他身後一覽

無餘。奧斯曼自忖，這不僅是他與拿破崙三世的一場簡單會晤，更是一場與歷史的約會，在歷經二十年枯燥的公務員生涯後，終於迎來了讓他一展身手的機會。

　　或許，奧斯曼心中早已篤定，自此刻起他的名字將與巴黎這座城市的歷史永遠連結在一起……

1
語言學家與
皇帝眼中的巴黎

✦ 語言學家初抵巴黎 ✦

　　1807年九月，十七歲的尚－弗蘭索瓦‧商博良（Jean-François Champollion, 1790-1832）在兄長約瑟夫（Jacques-Joseph Champollion-Figeac, 1778-1867）的引領下，由格勒諾勃（Grenoble）[1]來到了巴黎，由此展開了另一段豐富的生命旅程。

　　商博良兄弟倆自小生長在南部的奧佛涅（Auvergne）山脈下的菲雅克（Figeac）小鎮，家中經營書店生意，或許這也在商博良兄弟成長生涯裡培養閱讀的嗜好造成絕對的影響。約瑟夫比起弟弟年紀大了十二歲，由於母親的放任與父親的不常居家，商博良自幼便特別受到兄長的關照與教育，對約瑟夫有著更深一層的如父情感。

　　不久約瑟夫找到了一份紡織品經銷的工作，遷居至格勒諾勃，他也將弟弟從老家接過來就近照顧。約瑟夫常利用工作之餘努力自學，也極為重視商博良的童年教育，他還發現弟弟很早便表現出語言的天分，特別是拉丁語和希臘語學習速度奇快，或許有感於商博良幼年時期的失學之憾，約瑟夫後來更不惜花費重金將弟弟送進由狄賽爾（Dussert）神父與國立中央學校合辦的中學就讀，這裡可是格勒諾勃當地的最高學府。小商博良對兄長的愛護之情體會甚深，因此在入學後格外用功，此間伯壎仲篪的情感格外令人動容。

　　在學期間的小商博良表現非常優異，僅在十二歲時便兼通了希伯來語、阿拉伯語、敘利亞語和迦勒底語，[2]此外他還喜愛歷史、植物學，善於繪畫。除了這些絕佳表現外，我們還須注意到，約瑟夫對於弟弟的長處與發展興趣一向表示支持，絲毫不強求商博良畢業後非得找一份能領死薪水的固定工作，重要的是他希望弟弟學有所成，在專精的領域裡得到滿足、得到樂趣，約瑟夫甚至也因此受到影響，開始對語言學、歷史學產生興趣，加入格勒諾勃當地的文化學會。**兄弟倆都意識到，能窮盡一生沉醉在自己最喜愛的領域裡，才是富足美好的人生態度。**

---

[1]　格勒諾勃，是法國東南部的一個城市，如今的伊澤爾省省會，在商博良的時代是多菲內（Dauphiné）的首府。今日這裡是繼里昂之後的隆－阿爾卑斯大區第二大城市群的核心城市。

[2]　迦勒底語（Chaldean），屬古巴比倫語言，與希伯來語最為密切，聖經裡的《但以理書》中部分章節便是採用此古巴比倫語書寫而成。

對商博良此後人生方向發揮關鍵決定作用的事件，也發生在這個時期。伊澤爾省省長傅立葉（Jean Baptiste Joseph Fourier），是該時代法國著名的物理學家、數學家與文物學者，[3]自從他在1898年跟隨拿破崙的軍隊前往埃及從事東方遠征的活動後，便一發不可收拾地對與埃及有關的事物表現出十足的狂熱，私下收藏了不少珍貴的埃及古文物。傅立葉除了曾在開羅指導「埃及研究院」（Institut d'Égypte）的管理工作外，並在早期著名的埃及學專著《埃及記敘》（*Description de l'Égypte*）寫下歷史性的序言。身為省長的傅立葉亦重視轄區裡文風教育的提倡，很快他就得知中央學校裡有位對語言相當具有天賦的學生，藉此機會商博良兄弟受到了省長的接見款待。對年僅十二歲的商博良來說，這是此生頭一次見到的大人物，面對眼前的省長與著名學者，一開始他緊張得說不出話來。不過後來聽到傅立葉提及埃及行的種種，以及古代閃族語言的分布，商博良便開始侃侃而談，能與知名大學者分享心得了。眼前這位少年激起了傅立葉的惜才之心，特別破例帶著商博良參觀他的古文物收藏，琳瑯滿目的石碑與莎草紙殘片上的象形文字，讓這孩子開啟了新的視野。現下他已經具備了多種古代語言的專門知識，面對另一種神祕未知的古文字，在幼小的心靈中點燃了他那深邃的求知欲望及挑戰欲念。不過恐怕此時的商博良仍無法完全意識到，眼前的這些古埃及象形文字將與他此後的人生歷程休戚相關。

1804年初，十四歲的商博良考取了格勒諾勃公學的寄宿生助學金資格，這是拿破崙執政後對法國教育體制做出的重大變革，由政府支付全國各公學一百八十名學生的膳食費，目的在培養鼓勵傑出的學子繼續深造。商博良成為這項新政策的受益者，也可說由此開始他便與未來的皇帝結下了不解之緣。

商博良自少年時期便由兄長敘述得知，早在1898年拿破崙就受當時的法國督政府委派率三萬餘軍力遠征埃及，目的在於拿下埃及後將能切斷英國與屬地印度之間的貿易通路。在拿破崙的遠征軍行伍中，還邀集了國家研究院的一百五十名學者，

---

[3] 傅立葉男爵（Jean Baptiste Joseph Fourier, 1768-1830），法國著名學者，提出傅立葉級數，並將其應用於熱傳導理論與振動理論，此外今日全球溫室效應的現象最初也是由他所發現。

這些專家學者包括了天文學家、語言學家、建築土木專家、畫家與博物學者，網羅了各學科領域的一流傑出人士，傅立葉當年也是學者群當中的一員。約瑟夫在講述這起事件時也向弟弟坦承，自己也曾主動申請過加入這群學者團，但未能如願。在早期西方人對東方世界的文化習俗乃至語言宗教尚未了解之前，拿破崙遠征軍裡的學者探訪團是國際學術界裡的一項頭條事件。儘管拿破崙的埃及遠征事業日後宣告失敗，[4]但當時學者團在觀察記錄埃及的各個層面，包括地理、建築、語言、宗教與農業，對後來的學術界實有裨益。尤其法軍在羅塞塔村莊獲得了一塊刻有大量古文字的羅塞塔石碑（Rosetta Stone），立即吸引了歐洲本土眾多學者的關注，認為若能將碑文上的古文字進行破解對古埃及的文明有更進一步的吸收認識，於是紛紛做了許多拓印、素描和鑄模的複製品。羅塞塔石碑後來因法軍失利而成為英國所繳獲的戰利品，今日參訪大英博物館的遊客皆不會錯過它。商博良兒時常聽兄長講述拿破崙遠征埃及的故事，後又在省長傅立葉的介紹中更進一步了解詳情，無形之中讓他對於拿破崙氣概豪邁的事業、東方埃及的神祕樣貌，乃至於象形文字的奇幻奧妙，更增添了多重的想像與崇敬。如今又能獲得拿破崙教改制度下的獎助學金而升學，商博良一度喜不自勝。

然而，進到公學就讀後的商博良卻無論如何也無法適應學校裡的軍事化體系教育，再加上校內所編排的課程令他感到索然無味，這個時期離家住校的商博良時常寫信給約瑟夫訴苦：「你能不能把我帶離公學？一直以來我都在壓抑自己，不要惹你不高興，但我實在很難受。我覺得自己根本不適合現在這種壓抑的群居生活……。在這裡待久了，我保證我一定會死。」[5]約瑟夫並不認同弟弟這種任性的主張，自幼保守內向的商博良或許更應該趁此機會融入團體的合群生活。另一方

---

[4]　1798年八月一日至八月三日，英國皇家海軍艦隊在納爾遜將軍（Horatio Nelson, 1758-1805）的帶領下，殲滅了停泊在埃及亞歷山大港外阿布基爾灣（Abu Qir Bay）的法國地中海艦隊，史稱「尼羅河海戰」（Battle of the Nile）。此役造成法國陸軍受困於埃及，失去船艦補給，拿破崙征服東方的野心也隨之破滅。納爾遜將軍自此成為了英國的民族英雄，八年後他又一次在西班牙特拉法加角外海殲滅了法西聯合艦隊，納爾遜卻不幸於此役殞命，今日倫敦特拉法加廣場（Trafalgar Square）上的紀念柱亦即其紀念象徵。

[5]　Lesley Adkins、Roy Adkins著，黃中憲譯，《羅塞塔石碑的祕密》（*The Keys of Egypt: The Obsession to Decipher Egyptian Hieroglyphs*，臺北：貓頭鷹出版社，2002），頁73。

面，約瑟夫也體諒到弟弟的過度壓抑，在這段期間也極力設法不時寄去許多書籍供商博良閱讀。

儘管在公學將近三年的時間裡，商博良過得相當枯燥煩悶，但一想到多年來兄長為他傾其所有寄予厚望，基於感激之情，他仍舊勉力學習，務必使成績名列前茅。在此期間，商博良不僅又學習了英語、德語、義大利語、阿拉伯語及伊索比亞語，他還試著編纂一部東方地理學辭典，並在省長傅立葉巡視學校時獲得在全校上千位師生面前登臺演說的榮耀，當地的報紙還以特別報導來讚許這位年輕學子的優異表現。至此，商博良的才華已逐漸受到眾人的肯定。

不讓弟弟專美於前，約瑟夫在格勒諾勃工作之餘，想盡一切辦法自我進修，並與當地知識圈和文化界時相往來。省長傅立葉看重約瑟夫的好學精神，特別指點他古建築知識與銘文的採錄工作，最終提名約瑟夫獲選為格勒諾勃學院的院士。謙虛的約瑟夫自知年輕又沒有豐富的學經歷卻得到如此拔擢，遂更加努力充實自己，除了定期請教、協助傅立葉的研究工作外，也不時與弟弟通信切磋語言學與碑銘學。

1807年初，公學內部由於宿舍管理問題而引發一場暴動，多名學生用棍棒與石塊砸毀宿舍門窗設施。約瑟夫開始顧慮到弟弟的安全問題，商博良也順勢向兄長提及轉赴巴黎求學意願，這項建議也得到了省長奧立葉的支持。兩兄弟遂決定於1807年夏末將生活重心轉往巴黎。

*　*　*　*　*　*　*　*　*　*　*　*　*　*　*　*　*　*　*　*

從小商博良便生長於南法伊澤爾省群山環抱、風光旖旎的菲雅克及格勒諾勃城鎮，對於當時拿破崙第一帝國的首都巴黎抱有許多美麗的憧憬，但在抵達巴黎後，卻立即對眼前的所有景物感到失望。狹窄的街道上充斥著垃圾穢物，建築物年久失修破陋不堪，空氣中到處瀰漫著酸腐臭味，塞納河像是條大型的汙水排放管道。商博良不由得懷念起南法山間的清新空氣，對巴黎所編織的華麗幻夢也跟著破滅了。

當年的巴黎是否真如同商博良兄弟眼見那樣地不堪？是否一切還得等到四十多年之後奧斯曼擔任塞納省省長，才能進行洗髓伐毛般的全面改造？事實也不盡然。剛從南法鄉間到巴黎發展的商博良兄弟，經濟狀況相當拮据，他們暫時選擇在右岸

今日的聖奧諾雷路（Rue Saint-Honoré）靠近中央市場的磊阿勒（Les Halles）棲身，而這一帶恰好是昔日巴黎居住環境品質最糟糕、腐敗惡臭的淵藪，無怪乎商博良瞬間對巴黎產生了幾許的厭惡感。

為了讓讀者將巴黎看得更清楚些，我們暫且將時間從商博良的年代再稍微倒轉回兩百年前。

1598年，法國國王亨利四世（Henri IV）結束了長達三十年的內戰，頒布「南特敕令」（Édit de Nantes），自此宗教寬容成為了基本國策，鑑於長年內戰已使得法蘭西傷痕累累、百廢待舉，亨利四世積極重組了國家的行政機構，並著手重建經濟、穩定財政秩序。他那句「我希望從此老百姓在每個星期天都能吃上一隻雞」的名言，足可代表提振民生經濟的殷切期望。

而正是亨利四世開啟的新政策使得巴黎完全成為法國的行政中心，十七世紀的法律史學者尼古拉・德拉馬爾（Nicolas Delamare）甚至認為在亨利四世之前：「似乎從未有人想到過美化巴黎」。[6] **亨利四世為巴黎首創了兩大景觀：一為新橋，它改造了歐洲城市橋樑與河流的關係；二為王家廣場，即為今日瑪黑區（Le Marais）的「孚日廣場」，這個廣場引領了歐洲都市公共空間的變革。**

新橋，凡是曾造訪過塞納河西提島[7]或漫步於沿岸美景的遊客或許都不會錯它，雖名曰「新橋」卻是今日河上最古老的橋樑。亨利四世於1607年在巴黎的塞納河打造了這座長兩百三十公尺里程碑式的建築，首先這是一座石造的建築，不同於以往的木造橋樑容易被沖垮或慘遭祝融，石造橋俾能歷經時間的考驗。其次，這也是史上首座兩側沒有房屋的跨河大橋，[8] 過橋的行人皆能看到兩側的景色，為此新橋上

---

[6]　Joan Dejean. *How Paris Became Paris: The Invention of the Modern City.* (New York: Bloomsbury, 2014), p.7.

[7]　西堤島（Île de la Cité，或譯「城島」），是位於巴黎市中心塞納河中的島嶼，也是巴黎城區歷史的發源地，著名的景點巴黎聖母院與聖禮拜堂都位於此。

[8]　橋樑上布滿建築物是中古時期的盛行的橋樑形式，巴黎塞納河早期如兌換橋（Pont au Change）即為此構造，此樣式橋樑充滿了太多不確定性的水火災害或崩塌危險，因而遭到歲月的淘汰。今日遊客仍可在義大利翡冷翠的老橋（Ponte Vecchio）見到這類碩果僅存的橋樑。參閱十八世紀畫家Nicolas-Jean-Baptiste Raguenet所繪《聖母橋與兌換橋間的競賽》（*La Joute des mariniers entre le Pont-Notre-*

每隔一段距離還設立了圓弧形的觀景露臺，這是當時民眾領悟到橋樑與城市風光合為一的概念之始。再者，寬度達二十二公尺的新橋也開放讓車輛行駛，為了保護過橋行人的安全，還特意墊高了行人徒步區，這不僅開啟了日後人行道的概念，更是當時歐洲最早分離人流與車流的新嘗試。新橋完工後的兩百年，當商博良行走其間時，年輕的他或許來不及意會，這座並不新的新橋對巴黎人產生了如何深刻的影響，**它讓巴黎人逐漸步入了現代的街道生活模式，也改變了行人與塞納河的互動關係。**

位於今日的瑪黑區，1612年完工的孚日廣場（Place des Vosges，原名「王家廣場」），[9]是繼新橋之後巴黎最早的公共空間，法語單詞Place字面涵義由最早的「地方」、「空間」至此可引申為「開闊」、「寬廣」的場所。亨利四世興建這座方形廣場的構想並非突發奇想，而是該時代受到義大利文藝復興城鎮中心皆擁有Place的觀念所致，[10]文藝復興所帶來的廣場形式代表了新興市民與近代的城市概念的緣起，其用途也十分明確：方便民眾的聚集、增添城市的光彩，以及促進城區內的商業貿易。當時的亨利四世既傳承了這樣的觀念，並在廣場中央添加了四座完美對稱構造的噴泉以及鋪青疊翠的綠地造景，可見孚日廣場除了繼承文藝復興概念之外還做了更進一步的推展：一則為了美化巴黎，二來也能提供未來舉辦公共慶典使用，最後還能作為市民平日的休閒空間。此前法國歷史歷經卡佩王朝、瓦盧瓦王朝六百多年的統治，至亨利四世開啟新時代的波旁王朝，能做到**將城市景觀結合民眾的生活品質者，亨利四世絕對是第一人。**

孚日廣場除了具有城市公共開放空間的現代意義之外，圍繞在廣場四周的連棟式塔樓也同樣具有新時代的特色。這成排的塔樓立面完全整齊一致，同樣高度，同等正面，相鄰的房屋則共用一堵牆，當今日的人們站立當前仰望著這排塔

Dame et le Pont-au-Change）可想見當年狀況。https://upload.wikimedia.org/wikipedia/commons/a/ab/Joutes_pont_au_change_Raguenet_1751.jpg

9　考慮到王家廣場（Place Royale）的名稱具有封建階級意味，因此在法國大革命之後，國民立法議會（Assemblée législative）為了獎勵孚日省是最早配合響應納稅的地區，故而將王家廣場變更為此名。

10　例如知名的翡冷翠（Firenze）的領主廣場（Piazza della Signoria）、西恩納（Siena）的田野廣場（Piazza del Campo）、威尼斯（Venice）的聖馬可廣場（Piazza San Marco）或波隆那（Bologna）的波隆那主廣場（Piazza Maggiore）等地。

孚日廣場是繼新橋之後巴黎最早的公共空間，也是建築史上連棟建築的開端

樓建築時卻很難體會得到，這裡是建築史上連棟房屋的始祖。十九世紀法國文學家內瓦爾（Gérard de Nerval, 1808-1855）曾在他的作品《著魔的手》（*La Main enchantée*）中寫道：

> 任何東西都比不上王家廣場上這些十七世紀房子的美，它們如此威嚴地匯集，當這個有套色磚塊且由束帶層和石頭楔子所圍繞的房子正面，以及這些高長的窗戶，因夕陽燦爛的光輝而通紅發亮時，你感覺到自己帶著尊敬望著它，就像在穿著白鼬皮飾帶翻領的紅袍法官的議會庭前一樣。[11]

11　尚一保羅・克萊貝爾（Jean-Paul Clebert）著，李雅媚譯，《尋訪感動的瞬間》（*La littérature à Paris*，臺北：日月文化出版社，2010），頁229-230。

孚日廣場拱廊在當年讓人盡情享受散步的樂趣

　　不僅如此，為了完善廣場作為市民休閒活動空間的功能，亨利四世將成排的塔樓一樓區域設計為拱廊樣式，從此之後無論晴雨，廣場的拱廊都能讓人盡情享受散步的樂趣。

　　1612年四月五日，孚日廣場正式啟用，為了慶祝法國與西班牙王室的聯姻訂親，[12]特別在廣場上舉行連續三天的慶典活動。民眾由巴黎各區域紛至沓來，將整個廣場圍得水洩不通，深怕錯過了這百年難得一見的盛會：

　　　　超出廣場容量的人群觀賞了這次精心編排的活動，先有遊行，後有表
　　　　演。在廣場的正中央擺放著這個廣場四周塔樓的模型，被命名為「幸福

---

[12] 法國與西班牙王室結親，即時年十一歲的法國王儲路易（日後的路易十三世）與十歲的妹妹伊麗莎白公主，婚配西班牙的安妮公主及小王子腓力。

宮」，預示王室子女雙雙訂婚所帶來的繁榮，約有五千人的陣容圍著這座複製品遊行。遊行隊伍中，有噴火龍，上面坐著中世紀的公主，另有一組一組的奴隸、野人、印地安人、巨人、隨從、小號手，還有幾頭大象和犀牛，增添氣氛。[13]

孚日廣場的盛大慶典讓當時的巴黎人大飽眼福，自此也成功融入了巴黎人的日常生活，最令人遺憾的是亨利四世卻無緣見到孚日廣場啟用的輝煌慶典，一心致力於重整國家財政、改善百姓生活品質的他早在兩年前意外遭到暗殺而去世。即使如此，巴黎城市史上真正有計畫性的空間整建工程，亨利四世絕對是功不可沒的先驅。

* *

◉ 時空遊覽 ◉

極具性格魅力與領導風範的亨利四世，是法國史上終結三十年內戰與重心穩定國家安定繁榮的君主。在位時期廣受人民的擁護愛戴的他，卻沒料到會死於宵小惡徒之手。

1610年五月十三日，亨利四世欲探訪身體微恙的財政大臣敘利公爵（Maximilien de Béthune, duc de Sully，1560-1641），清早便由羅浮宮驅車前往瑪黑區的敘利府邸（Hôtel de Sully）。卻沒想到僅在離開宮殿後不久，行經今日鐵匠街（Rue de la Ferronnerie）一帶，因前方路口發生車輛翻覆而造成御駕的停滯，心繫百姓的亨利四世隨即命護衛前往事故現場協助。正當國王的危安造成嚴重的空洞時，御駕車門冷不防被事先埋伏在路旁的兇嫌弗蘭索瓦打開闖入，猝然遇敵的國王胸口遭到匕首刺入，儘管迅速帶回宮裡急救，卻仍在翌日與世長辭。

弗蘭索瓦・拉瓦萊克（François Ravaillac）從頭到尾皆宣稱是自行犯案，並供稱犯案動機純粹是因失業而產生對執政者的不滿所致。但回顧事發當時的路口車禍事故，阻擋御駕

---

[13] Joan Dejean. *How Paris Became Paris: The Invention of the Modern City.* p.56.

敘利公爵府邸

的通行，並預料到亨利四世將會抽調隨扈，似乎整起案件另有幕後主使者策畫，並且很有可能是熟悉國王行程安排與性格的要人。亨利國王之死造成社會群情激憤，兇手弗蘭索瓦在市政廳前的格列夫廣場被公開處刑，卻也讓整起事件在法國歷史上留下了許多茶餘飯後的疑點陰謀論。

順便一提，亨利四世死後被安葬在巴黎北部近郊的聖丹尼聖殿主教座堂（Basilique cathédrale de Saint-Denis）裡的歷代王室陵墓中，但卻在法國大革命期間遭人盜墓，頭顱遺骸不翼而飛，下落不明。直到2010年由法國官方專業的法醫學團隊，針對拍賣會上一顆多次競標輾轉流傳的頭顱進行檢驗，始證明就是失落了兩百年之久的亨利四世頭骨。法國政府在2011年重新舉行一次國葬，讓亨利四世重新歸屬他的安息地。

筆者曾多次經過當年亨利四世遇難的鐵匠街，站在路口揣摩遙想歷史情景，在昔日御駕滯留的地面上如今還嵌上了亨利四世的名號，路旁建築拱廊上也鑄刻了國王頭像的石板以資悼念（Plaque commémorative de l'assassinat d'Henri IV）。讀者若對亨利四世的傳奇故事懷有濃烈興趣，也別錯過了在遊歷新橋的同時，與他那尊英氣威武的馬上塑像來一張合照，向這位巴黎城市規劃的先驅做個致敬。

歷史總是讓人有意想不到的發展。亨利四世設立孚日廣場的初衷是要帶給巴黎市民一個現代性的公共休閒空間，但到了他兒孫時代的波旁王朝穩定統治時期，整個瑪黑區幾乎成為了新興權貴的集中地，不再屬於市井小民。鑑於孚日廣場的雄偉氣派與優閒的氛圍，波旁王朝的權貴們紛紛買下周遭土地興建豪宅，此一時期流行具有入口中庭的宅邸，久而久之遂成為了瑪黑區的建築特色。再加上這一區域後來在奧斯曼對巴黎都市的改造工程中更動甚少，以致如今人們仍可見到許多波旁時代的宅邸與庭園。例如亨利四世的財政重臣敘利公爵的府邸（Hôtel de Sully）、轉型為國家檔案博物館（Musée des Archives nationales）的蘇比士宅邸（Hôtel de Soubise）、巴黎歷史圖書館（Bibliothèque historique de la ville de Paris）所在地的拉馬紐宅邸（Hôtel Lamoignon）、成為富尼圖書館（Bibliothèque Forney）的桑斯主教宅邸（Hôtel de Sens）或是畢卡索美術館（Musée National Picasso）的前身薩雷宅邸（Hôtel Salé）等。權貴豪門的聚集性湧入，也使得瑪黑區有別於一般的巴黎街區，在此出入閒遊者盡是仕紳與淑女，絕無可能眼見骯髒惡臭或陰暗腐敗的景象。

國家檔案博物館，前身是蘇比士宅邸

除了豪宅林立之外，位於今日聖安托萬路（Rue Saint-Antoine）的聖保羅聖路易教堂（Paroisse Saint-Paul Saint-Louis）也是此區域另一個接貴攀高的例證。這所教堂的中殿格局與直徑六十公尺的大穹頂呈現了羅馬耶穌會的風格，其樣式還成為日後榮軍院與索邦教堂的建築藍圖。聖保羅聖路易教堂在1627年由亨利四世之子路易十三親手奠基，並由權臣黎希留樞機主教（Cardinal Richelieu）主持首次的彌撒，十七世紀著名的書信作家塞維涅侯爵夫人（Madame de Sévigné, 1626-1696）便時常至此聆聽耶穌會路易·布爾達盧（Louis Bourdaloue）神父講道。與今日人們所感受宗教對世人毫無等級差別的觀念不同，聖保羅聖路易教

位於瑪黑區聖安托萬路的聖保羅聖路易教堂

堂在該時代幾乎成為瑪黑區權貴豪門者的專屬禮拜朝聖所。透過以上種種論述可知，才剛由南法山區城鎮來到巴黎就學的商博良，其足跡應未踏入當時的瑪黑區，今日根據他寫給兄長約瑟夫的信件看來，[14]商博良最初在巴黎最常接觸的區域，除了前文提及的中央市場磊阿勒一帶，僅有聖奧諾雷路上的聖洛克教堂（Eglise Saint Roch）以及他每天固定到左岸的法蘭西公學院（Collège de France）聽課，也因此會產生對巴黎極其失落的念頭，想來是相當正常的反應。

---

[14] 約瑟夫在1807年的七月份結婚，對象是格勒諾勃當地的望族，為了顧及新婚家庭與格勒諾勃學院的工作，他因而無法和弟弟一樣久留巴黎，時常須兩地來回奔波。

❖ 時空遊覽 ❖

　　瑪黑區（Le Marais），法文原意為沼澤，自十七世紀後就成了權貴豪門的匯集居住地，再加上這個區域後來在奧斯曼對巴黎都市的改造工程中更動較少，也因此這裡所匯集的文化資產在品質上與豐富度均較巴黎各區為佳。1969年，戴高樂時期的文化部長、著名文學家馬勒侯[15]將瑪黑區列為第一個保護區（secteur sauvegardé），也是考量到該區擁有眾多博物館與歷史遺跡，藝術文化氣息也相較他區濃厚。讀者朋友若在巴黎的行程時間上較為寬裕，瑪黑區絕對是不能錯過的絕佳景點。

　　身為巴黎最早興建的公共休閒空間，孚日廣場的雄偉氣派與優閒的氛圍當年除了吸引許多仕紳階層至此外，雨果、都德[16]、博馬舍[17]、西默農[18]等著名文人雅士，也是這裡的寄居者和常客。而今日孚日廣場六號（6 Place des Vosges）的建築則是大文豪雨果的故居（Maison de Victor Hugo），他於1832年至1848年的時間定居於此，今日雨果故居向全世界的訪客開放，讓參觀者有機會在館內看到雨果當年的手稿、筆記書信、家具與收藏品等極具紀念價值的文物。有趣的是，曾閱讀過大仲馬[19]名著《三劍客》的朋友，想必會對故事中

15　安德烈・馬勒侯（André Malraux，又譯「馬爾羅」，1901-1976），法國近代重量級文學家，在文學、哲學與美學各思想層面上，都有極深的影響性。其代表作《人的命運》（La condition humaine）獲得法國文壇最高榮譽的龔固爾文學獎（Prix Goncourt），內容描述1927年發生於中國上海有關中國國民黨所發動的「四一二清黨」血腥衝突事件。可惜臺灣長期受到黨國意識體制所主導，所以馬勒侯本人與他的著作，鮮有機會被社會廣泛認識與引介翻譯。馬勒侯擔任法國第五共和首任的文化部長，在長達十一年的任期當中，除了大力推展法國文化與國際合作交流外，還致力於國內古蹟的重整維護、設立全國各省級文化單位與文化中心，並建立法國全國紀念性建築與藝術資產清冊，對法國文化推廣與古蹟街區的維護貢獻，厥功甚偉。1976年過世後，以國葬方式進入先賢祠安奉。

16　阿爾封斯・都德（Alphonse Daudet, 1840-1897），來自法國南部普羅旺斯的寫實派小說家，擅長於短篇小說寫作，《最後一課》（La Dernière Classe）與《柏林之圍》（Le Siège de Berlin）是他最膾炙人口的傑作。遺憾的是，都德強烈信奉反猶太主義，時常在著作當中醜化猶太人之形象。

17　博馬舍（Pierre-Augustin Caron de Beaumarchais, 1732-1799），出生於巴黎鐘錶匠家庭，自學成才，是法國繼莫里哀之後最為傑出的喜劇作家。代表作為《塞維亞的理髮師》（Le Barbier de Séville）與《費加羅的婚禮》（La Folle journée, ou le Mariage de Figaro），特別是後者經過莫札特改編為歌劇，享譽國際。

18　喬治・西默農（Georges Simenon, 1903-1989），出生於比利時列日的著名推理作家，畢生創作超過四百多部作品，堪稱二十世紀最多產的推理作家。他的許多作品後來均改編成電影及電視劇，尤其成功塑造的梅格雷探長（Jules Maigret）系列更是深入人心。

19　亞歷山大・仲馬（Alexandre Dumas, 1802-1870），法國浪漫主義小說家、劇作家，著作等身，著名的作品有《基度山恩仇記》（Le Comte de Monte-Cristo）、《三劍客》（Les Trois Mousquetaires）、《瑪歌皇后》（Marguerite de Valois）和《黑色鬱金香》（La Tulipe noire）等。2002年，法國政府為了肯定他對法國文學向世界推廣的貢獻，將其入祀先賢祠與雨果、左拉共享此殊榮。

左 瑪黑街區夜景
右 瑪黑區的巷弄，依稀保存巴黎改造前的模樣

那位蛇蠍美女米萊迪（Milady de Winter）留下深刻印象，在故事中大仲馬便是將孚日廣場六號的地址設定為蛇蠍美女的宅邸。眾所皆知，《三劍客》故事僅是大仲馬所虛構的世界名著，在他撰寫此書時，好友雨果才是真正孚日廣場六號的主人。真實世界的文豪雨果搭配著虛構故事裡的蛇蠍美人，或許可算是大仲馬開了好友的一個小玩笑吧！

此外，瑪黑區最為著名的卡納瓦雷博物館（Musée Carnavalet）以及畢卡索美術館（Musée National Picasso）也是喜愛文化藝術的朋友必遊的兩大景點，在這兩個地方遊客皆能夠欣賞到十七世紀流行的中庭花園格局。卡納瓦雷博物館不僅收藏許多法國古文物與藝術品，更陳列著眾多與巴黎歷史進程相關的攝影作品，前文曾提及的著名書信作家塞維涅侯

孚日廣場上的休閒情景

爵夫人也曾在此居住多年。不僅如此，好萊塢玉女明星奧黛麗・赫本[20]在1966年的電影《偷龍轉鳳》（*How to Steal a Million*）裡，便是以卡納瓦雷博物館為主要背景，描述一對鴛鴦大盜如何從中偷取珍貴古文物，是極具幽默趣味的一齣戲劇。至於瑪黑區的畢卡索美術館更是在全世界各地許多畢卡索美術館裡，無論是內部所收藏文物乃至於外在的硬體場館設施，評價最高的一座。館內依照畢卡索創作時期依次展示，除了可一窺畫家個人生活與藝術生涯，更能夠了解藝術史的變遷。

行有餘力的讀者朋友，還可前往如今已成為富尼圖書館（Bibliothèque Forney）的桑斯主

---

[20] 奧黛麗・赫本（Audrey Hepburn, 1929-1993），出生於比利時的美國好萊塢知名女星。赫本在1953年以《羅馬假期》（*Roman Holiday*）榮獲第二十六屆奧斯卡最佳女主角獎，奠定她在好萊塢影劇圈的地位，其他代表作如《第凡內早餐》（*Breakfast at Tiffany's*）、《窈窕淑女》（*My Fair Lady*）等，均讓全球影迷懷念。

位於瑪黑區的桑斯主教府邸，瑪歌王后故居

教宅邸（Hôtel de Sens）參觀。這裡曾是法國歷史上宗教內戰末期的「三亨利之戰」[21]時，天主教勢力的的重要據點。也是三亨利之戰最後的勝利者──亨利四世第一位結髮妻子「瑪歌王后」，在與亨利四世離婚之後的隱居地。晚年時期的瑪歌王后，便是在此回顧人生寫下

---

[21] 三亨利之戰（War of the Three Henrys, 1585-1589），整起事件中有三個亨利，以致令後世讀者容易眼花撩亂，頭昏腦脹。此三人分別為法國國王亨利三世（Henri III）、天主教勢力領袖吉斯公爵亨利（Henry I, Duke of Guise），以及信奉新教胡格諾派的納瓦拉（Navarra，今西班牙北部自治區）統治者亨利，整起戰爭性質屬於法國國內天主教徒與新教徒胡格諾教派（Huguenot）間之衝突。1584年原本有權繼承法王之位的安茹─阿朗松公爵弗蘭索瓦病故，其兄長法王亨利三世受到天主教勢力與權臣吉斯公爵亨利所逼迫，剝奪納瓦拉之亨利按序補上的第一順位繼承權，並取消原本官方對於胡格諾派教徒的部分寬容待遇。此舉令納瓦拉之亨利憤而舉兵，與法國天主教勢力的領袖吉斯公爵亨利展開交戰。但隨即亨利三世就不滿吉斯公爵凌駕王權且頗有自居為王位繼承人之勢，遂設鴻門宴暗殺吉斯公爵。天主教勢力眼見首領吉斯公爵被殺，擁立夏爾·波旁（Charles de Bourbon）為傀儡國王，廢黜亨利三世。失勢的亨利三世轉而與納瓦拉之亨利聯手對抗並擊敗跋扈失控的天主教勢力，並允諾納瓦拉之亨利為其王儲。故而在1589年亨利三世被刺身亡後，納瓦拉之亨利得以順利繼位，便是前文多次提到的賢君亨利四世。

了經典的回憶錄，裡頭述及她的兄長和前夫亨利四世的生活，是一段難能可貴的史料。大仲馬據此也寫出了《瑪歌王后》一書，側面刻畫了瓦盧瓦王朝末年的宮廷血淚史，後來還被改編搬上大銀幕。

　　瑪黑區所保存的街區和建築擁有極其豐富的歷史文化意涵，再搭配上文人騷客的雅致遺風、文學影視作品的渲染烘托，使得這個區域的風貌更增添不少尋幽探勝的傳奇色彩。

* *

✦ 拿破崙的夢想之都 ✦

　　商博良是法國大革命後所出生的世代，儘管自幼生長於遠離巴黎政治中心的菲雅克山間小鎮，但革命對社會所帶來的一切衝擊他並不覺得陌生。商博良的家離城鎮中心廣場不過幾十公尺，除了政治集會或偶爾的慶典會在這個廣場上舉行之外，在大革命後的恐怖統治時期[22]廣場上也架起了一具恐怖的斷頭臺刑具。革命分子、死刑犯與圍觀群眾之間此起彼落叫囂、哭喊、喧鬧聲，是商博良童年時代最深刻複雜的記憶。

　　商博良的家是菲雅克鎮當時唯一的書店，兒時的他多半時間都待在家中，書籍在成長過程中始終是他最重要的伴侶。對於法國大革命的始末，波旁王朝的專制腐敗，種種的歷史淵源都是他透過紙本而知悉，加上約瑟夫從旁輔助解說，以致他的心智年齡很早就超過了同齡的孩子。

　　對於革命之子拿破崙，商博良敬佩他制敵機先的韜略，多次擊退反法同盟[23]對

---

[22] 意為雅各賓專政時期（la Terreur，1793年九月五日－1794年七月二十八日）時期，是法國大革命後最充滿血腥暴力的一段時期，政治立場對立的吉倫特派（La Gironde）與雅各賓派（Club des Jacobins）之間相互傾軋、欲置對方於死地。

[23] 反法同盟（Coalition Wars），指的是1792年到1815年間，歐洲諸國為了對抗大革命後的法國而集結的同盟。反法同盟先後曾七次與法國作戰，前兩次的反法同盟是為了對抗法蘭西第一共和國；其後的五次則是為了對抗拿破崙的法蘭西第一帝國。

祖國的進犯，並對他當年的埃及遠征之行感到不可思議與佩服；但就在他進入公學就讀後不久，商博良便獲悉了拿破崙稱帝的消息，身為法國大革命後受平等人權觀念洗禮的世代，商博良一度感到難以接受，認為拿破崙此舉已然對革命精神造成了褻瀆。再加上平日在公學中的教育，格外強調對新皇帝形象的效忠與崇拜，使得商博良更加厭惡這樣的環境，對拿破崙的觀感也就愈顯得複雜紊亂了。

拿破崙始終對巴黎懷有遠大抱負。儘管在督政府時期、擔任第一執政，直到稱帝的這幾年總是枕戈寢甲、戎馬倥傯，但對於巴黎這座城市的規劃卻也是拳拳在念，心繫重整這座帝國的首都。相較於商博良是遠從南法城市在1807年才到達巴黎，當時若歷經過大革命動盪的老巴黎人們，絕對會感受到世紀初的帝國時期與上世紀末的巴黎景觀，已在悄然發生變化。例如波旁王朝後期著名的文人、劇作家路易－薩巴斯欽・梅西耶（Louis-Sébastien Mercier, 1740-1814）便曾描述過十八世紀末他所居住的巴黎：

> 如果有人問我：一個人如何居住在所有罪惡和邪惡堆積的地方，呼吸著被腐臭汙染的空氣，居住在屠夫、尿液、成堆糞便、染坊、製革工人和皮革工人中間，呼吸著大量木料和煤炭燃燒產生的煙霧，以及銅匠和鐵匠作坊散發出的砷、硫和瀝青微粒；如果有人問我，我們如何居住在厚重的惡臭空氣構成的無底洞中，方圓六英里外都能看到、聞到空氣中的煙霧，空氣無法流通，只能在房子構成的迷宮中打轉⋯⋯？我的回答是，巴黎人對潮濕的霧氣、討厭的蒸氣和惡臭的汙泥早就習以為常了。[24]

身為波旁王朝時代的知識分子，梅西耶除了厭惡難耐這樣一個腐敗惡臭的巴黎，他深知欲做到都市重整與衛生條件的全面變革，尚必須有政治制度方面的配套改革，然而要將整個體制翻轉的期待寄託於暮氣沉沉、壓抑保守的波旁王朝無異於緣木求魚，因此只有暫且將理念抱負寓於文字中直抒胸臆。

---

[24] 史蒂芬・柯克蘭（Stephane Kirkland）原著，鄭娜譯，《巴黎的重生》（Paris Reborn，北京：社會科學文獻出版社，2014），頁17-18。

1770年底，梅西耶撰寫了一本暢銷書，更是一部奇書——《2440》（*L'An deux mille quatre cent quarante*），書中充滿了啟蒙時代的公民精神與烏托邦概念的思潮，描述了作者穿越時空至二十五世紀的巴黎，眼見城市街景井然有序，並有著開闊壯麗的廣場和綠草如茵的公園。建築裝飾典雅並統一高度，屋頂皆種滿植物綠化。這樣的巴黎令他感到氣象萬千，充滿活力。整個國家也澈底擺脫了專制獨裁，國王僅是象徵性的元首，時常可見其步行於市區，與所有人禮貌寒暄。貧富差距也不再懸殊，富者從未揮霍炫富而是急公好義，每週上班工時極短，整體社會一派和諧，全都致力追求著一種精神富足、享受自由的生活方式。梅西耶的《2440》在當年十分暢銷，迅速流傳英國、荷蘭、義大利諸國，卻在保守的法國國內一度成為了禁書。可以想見，梅西耶書中描寫的情境，非但使當時的執政當局與讀者感到震驚，即使兩百年後的讀者看來，部分景象已和今日巴黎不謀而合，但仍有多數烏托邦主義的思想脈絡純屬天馬行空。透過這樣一部超乎想像力的著作，至少使我們能明瞭知悉十八世紀後期知識分子對當前巴黎都市環境與社會處境的看法，梅西耶也在稍晚的大革命之後被譽為「先知」。

　　梅西耶這一輩人都很清楚感受過革命時代前後的變化，這一連串體現在政治、社會，乃至城市發展的嬗變，絕大部分皆來自於拿破崙。對於如何重整巴黎，使其完全拋卻過去封建陳腐的氣息和印痕，拿破崙總是念茲在茲，時常徵詢藝術文化圈與建築雕塑界的專業人士。

　　從當年組織埃及遠征軍的學者團陣容可知，拿破崙身邊並不乏這類的專業人士，例如新古典主義藝術[25]的領銜者，堪稱拿破崙「御用化妝師」[26]的賈克－路易・大衛（Jacques-Louis David, 1748-1825），拿破崙在稱帝前便對他極為賞賜，

---

[25] 新古典主義（Neoclassicism），為十八世紀興起於羅馬的一種藝術觀念復古運動，其涵蓋影響了建築、繪畫、文學、戲劇和音樂等諸多領域。新古典主義，除了代表此前對巴洛克（Baroque）和洛可可（Rococo）藝術的反動之外，另一方面則是藉此重振古希臘、古羅馬之藝術理念，也因此新古典主義的藝術家皆在風格與題材上模仿古代藝術為主。

[26] 參閱拙著，《名偵探與柯南：福爾摩斯藝文事件簿》（臺北：華滋出版社，2016），頁282-285。書中章節對賈克－路易・大衛生平與作品介紹。

兩人早有深交，不時利用在城裡散步時交換對巴黎城市改造、國家藝術趨勢的心得，而大衛畫中的拿破崙也成了最雄偉挺拔的新時代英雄象徵。[27]而另一位更重要的文化界宗師維翁‧德農（Vivant Denon, 1747-1825），向來受到拿破崙的禮遇敬重，在當年拿破崙的埃及遠征學者團之中，德農便是舉足輕重的領導者，並為法國學術界收集歸納了眾多的藝術品與文物。拿破崙成為國家第一執政後，任命德農為羅浮宮博物館首任的館長，[28]由此可見他當年在法國學術圈與文化界的地位及威望。一幅由大衛的門生奧古斯特‧考德（Auguste Couder）描繪的學院畫派作品《拿破崙造訪羅浮宮》（Napoléon Ier visitant l'escalier du Louvre sous la conduite des architectes Percier et Fontaine），生動描繪了在德農引導下的拿破崙，一邊躊躇滿志地步上羅浮宮的階梯，一邊專心聽取德農介紹羅浮宮的藝術品陳設：「當我們漫步於其中，便可欣賞到一整個藝術史。」[29]對於巴黎的市容整建、建築保存與規劃，德農向來與拿破崙彼此心心相印，皆認為這不僅是成為帝國首都的要務，更是千秋萬業的不世之功。

* *

◊ 時空遊覽 ◊

儘管維翁‧德農的名聲不被後世皆知，但他對十九世紀之後法國藝術文化以及羅浮宮館藏的保存鑑定，發揮了極大的貢獻和影響。

德農年輕時代便受到路易十五那著名的情婦龐巴杜夫人[30]的賞賜，在政治界平步青雲。

---

27 例如收藏於羅浮宮的《拿破崙加冕禮》（Le Sacre de Napoléon）以及凡爾賽宮的《拿破崙橫越阿爾卑斯山》（Napoleon Crossing the Alps），均為大衛最膾炙人口的代表作。

28 今日的羅浮宮博物館（Musée du Louvre）的展示區域分為三大館區，分別為德農館（Denon Wing）、敘利館（Sully Wing）與黎希留館（Richelieu Wing），三者名稱之由來至此均在本書中已提及，分別是羅浮宮博物館的首任館長、亨利四世的財政重臣及路易十三時代之權相、樞機主教。

29 李軍，《可視的藝術史：從教堂到博物館》（北京：北京大學出版社，2016），頁132。

30 龐巴杜夫人（Madame de Pompadour, 1721-1764），除了是國王的情婦之外，她更是在法國文化界有著舉足輕重的影響性。例如她的文化沙龍就曾資助過伏爾泰（Voltaire）、狄德羅（Diderot）等知名學者，並大力推廣洛可可精緻藝術與塞夫勒（Sèvres）皇家瓷器的流行。此外她對建築學也有相當的涉獵，今日巴黎的協和廣場（Place de la Concorde）及凡爾賽宮裡的小特里亞農宮（Petit Trianon）均是參照她的意見而設計。而當今法國的總統府愛麗舍宮（Palais de l'Élysée）即為她的宅邸。

他除了鑽研藝術建築、文學戲劇之外，也曾數度銜命出使義大利、沙俄和瑞典等國，閱歷豐富。當法國大革命爆發時，德農正在威尼斯進行文化參訪，不顧己身安危地趕回國內，為了讓自己從斷頭臺死亡名單當中除名，他散盡家產、赤貧如洗。

就在此時，德農經由文化界的友人成功進入到未來的皇后——約瑟芬（Joséphine de Beauharnais, 1763-1814）的沙龍，藉此結識了約瑟芬之夫拿破崙。拿破崙可說是對德農有如及時雨的再造之恩，因此當遠征埃及的構想一提出時，年逾天命之年的德農仍懷著湧泉相報的心自願參加。前文曾提及拿破崙的埃及遠征事業最終宣告失敗，但當時學者團在觀察記錄埃及的各個層面，包括地理、建築、語言、宗教與農業，對後來的古埃及學研究實有裨益，而德農在其中扮演的角色更是功不可沒。

由於一百五十人的學者團是跟隨著大部隊前進，實際上並沒有充裕的時間能讓各領域學者們對埃及沿途的地點做詳細的觀察研究。德農卻能運用他博聞強記、過目成誦的能力，將所見的神廟、碑刻或遺址，以速寫的方式記錄描繪。回到國內後的德農迅速將這批珍貴的資料整理成冊出版，名為《下埃及與上埃及之旅》（*Journey in Lower and Upper Egypt*），一時之間洛陽紙貴，短短數年內便再版了四十次，並翻譯為各種語言行銷海外。最重要的是，這本書開啟了世人對古埃及神祕文化的嚮往與關注，拿破崙更是此書的重要讀者，也因此帶動了古埃及的藝術風格開始在巴黎街頭的流行。

在擔任羅浮宮館長期間，德農負責收編整理眾多由拿破崙征伐歐洲各國所劫掠的文物，包括今天全世界遊客到羅浮宮參觀鎮館之寶《蒙娜麗莎》（*Mona Lisa*）時，也會對懸掛在她對面的巨幅油畫《迦拿的婚禮》（*The Wedding at Cana*）印象深刻。這幅由威尼斯畫派巨匠韋羅內塞（Paolo Veronese, 1528-1588）取材自聖經故事的作品，是今日羅浮宮館藏內最大尺寸的一幅畫（677cm×994cm），拿破崙正是聽取德農的建議將其掠奪至巴黎，當然這也絕對是德農畢生最引發爭議的行止。

羅浮宮一向是拿破崙最為喜愛的博物館，委任德農為首任館長，對他的倚重及愛護可想而知。1810年，拿破崙為了繼承人問題與約瑟芬離婚，續娶奧地利公主瑪麗・路易莎（Maria Luise von Österreich, 1791-1847），婚禮儀式就在羅浮宮舉行。早逝的插畫家班傑明・奇克斯（Benjamin Zix, 1772-1811）曾在他的《拿破崙與瑪麗・路易莎在羅浮宮的婚

禮》（*The Wedding of Napoleon and Marie Louise at the Louvre*）中，生動的描繪了此一情景，新人在引導官代領之下穿越羅浮宮著名的大畫廊，帝國官員仕紳及貴婦們夾道歡呼，一片歡天喜地。德農為拿破崙精心安排的博物館婚禮，排場盛大、鼓樂喧天，即便在今日看起來都是常人難以企及的盛況。皇帝本人志得意滿，果不其然在隔年便喜得貴子。

然而在拿破崙退位後，波旁王朝復辟，所謂一朝天子一朝臣，德農的羅浮宮館長職務被迫退休。晚年的他致力於古典藝術與版畫創作，於1825年去世後葬於拉雪茲神父公墓（Cimetière du Père Lachaise）。

德農逝後的兩百年間除了在相關研究領域，並不為外界所熟知，但其對法國藝術文化以及古埃及學的推廣影響，仍舊貢獻良多。讀者朋友下回若有機會參訪羅浮宮，當您站在大畫廊展廳時，不妨試著遙想當年德農安排拿破崙在此舉行婚禮的盛況。另外，筆者曾多次造訪巴黎的拉雪茲神父公墓，尋訪下葬於此不可勝數的歷史名人，並意外地瞻仰了德農先生的墓地。由於不為大眾所熟知，再加上德農先生安葬處的對面在二十年後搬來了一位「名揚四海的鄰居」──蕭邦，使得百餘年來至此的訪客幾乎都群聚流連於蕭邦周邊，渾然不覺羅浮宮的首任館長就在後方。真心期望透過本書對德農先生的事蹟簡介，前往向他致敬者也能多所增長。

* *

拿破崙在1804登基後，立即對心繫多年的巴黎進行了多項改造工程。首先，在塞納河兩岸築起了河堤，取代了原本充滿骯髒泥濘的淺灘，接著增建奧斯特里茲橋（Pont d'Austerlitz）[31]、藝術橋（Pont des Arts）[32]等五座新橋樑活絡兩岸動線。收購近郊的的土地建造了巴黎邊界的四方墓園：拉雪茲神父墓園（Cimetière

---

[31] 命名由來是紀念1805年十二月二日的奧斯特里茲戰役（Battle of Austerlitz）。拿破崙親率法軍在今天捷克境內的奧斯特里茲村大敗俄羅斯與奧地利聯軍。除了造成第三次反法同盟瓦解外，更重要的是直接導致奧地利皇帝於次年被迫取消神聖羅馬帝國皇帝的封號。這場戰役又因聚集了三國的皇帝奧皇法蘭茲二世（Franz II）、沙皇亞歷山大一世（Alexander I）、法蘭西第一帝國皇帝拿破崙皆親臨戰場，史稱「三皇會戰」。

[32] 藝術橋（Pont des Arts）最早的形式是一座拱型金屬橋，直到二十世紀中葉的百餘年間，藝術橋受到了多次駁船的撞擊甚至是二戰期間空襲的破壞，使得該橋面臨坍塌的危機。今日呈現在大眾眼前的藝術橋是在上個世紀八〇年代重建，僅將原來的橋拱由九個減少為七個，外觀仍維持原貌。由於藝術橋長年來被太多遊客與情侶掛上了數以萬計的「愛情鎖」，造成橋樑安全結構的問題，2014年六月橋樑部分柵欄還因此傾倒，其後巴黎市政府拆掉安置於藝術橋圍欄上的大量鎖頭，如今已鋪上透明壓克力板取代之。

du Père Lachaise）、蒙馬特墓園（Cimetière de Montmartre）、蒙帕納斯墓園（Cimetière du Montparnasse）與帕西墓園（Cimetière de Passy），自此市區內全面禁止設立公墓，可運用的街區與建築空間得以擴大。

　　崇尚新古典藝術風格的拿破崙，也依此原則來美化巴黎，重建瑪德蓮教堂（L'église Sainte-Marie-Madeleine）以及證券交易所（Paris Bourse）為均衡對稱結構的仿希臘神殿造型。將增添了新古典風貌臺階的盧森堡宮（Palais du Luxembourg）改為參議院。還為杜樂麗宮（Palais des Tuileries）打造了仿羅馬塞維魯凱旋門（Arco di Settimio Severo）的卡魯索凱旋門（Arc de Triomphe du Carrousel）作為正門，並將製作於四世紀的希臘，原存放於威尼斯聖馬可大教堂（Basilica Cattedrale Patriarcale di San Marco）的四匹「聖馬可之駒」（Horses of Saint Mark）塑像劫掠至此，安奉於卡魯索凱旋門上方。未幾，拿破崙下令在城西入口處興建一座更巨大的凱旋門，以象徵他在奧斯特里茲戰役的輝煌，但他卻將無緣見證該座凱旋門的完工。

清晨時分的里沃利路

聖馬丁運河

　　為了展現與亨利四世有著同樣的識見與遠略，拿破崙在離羅浮宮僅一步之遙處鋪設了里沃利路（Rue de Rivoli），以紀念他曾在1797年大敗奧軍的里沃利會戰（Bataille de Rivoli），這是巴黎都市發展史上第一條羅浮宮北側規則型的開闊道路，並在街區建築的底層設計了拱廊方便於民眾散步，時至今日的里沃利路仍是一條川流不息、充滿時尚感的商業街。

　　此外，充分了解到巴黎水源不足的問題，拿破崙著手修建從郊外烏爾克運河（Canal de l'Ourcq）連接到巴黎聖馬丁（Canal Saint-Martin）百餘公里的運河段。新皇帝欲將巴黎打造為帝國的第二羅馬，是故待水源的問題得到解決後，便迫不及待地在巴黎城區內陸續建造多處噴泉，期許千泉之城的羅馬景觀能再現於巴黎。而在當年拿破崙所建造的巴黎噴泉中，最為超群絕倫的一座便是受到拿破崙遠征埃及，與德農暢銷著作所興起的埃及風潮的造型噴泉——棕櫚噴泉（La Fontaine du

棕櫚噴泉底座人面獅身

Palmier）。這座帶有埃及主題風格的棕櫚噴泉結合了拿破崙最為喜愛的新古典藝術
造型，中央是根羅馬式的勝利紀念柱，頂部由鍍金的勝利女神為皇帝獻上棕櫚葉桂
冠，下方圍繞著象徵「勇氣、謹慎、正義、節制」四座女神像。只不過今天位在夏
特雷劇院（Théâtre du Châtelet）與城市劇院（Théâtre de la Ville）的棕櫚噴泉，是
在1858年巴黎的奧斯曼都市整建時期，由於夏特雷廣場（Place du Châtelet）的擴
建，遷移了些許距離到廣場正中央的，除了增添了拿破崙草創時期所沒有的噴泉底
部雙層盆座之外，最讓人眼睛為之一亮的就是在基座底部加入了四具獅身人面斯芬
克斯（Sphinx）雕像，使得棕櫚噴泉的埃及風味特色更加鮮明，喧騰飛濺的泉水由
斯芬克斯的嘴中狂瀉而出，似乎也使原來威嚴肅穆形象多了幾分的俏皮可愛。

拿破崙也曾將視線轉往巴士底廣場（Place de la Bastille），這個象徵過去封
建專制王朝的監獄所在地，在那個1789年七月十四日神聖的日子後被摧毀殆盡。恐

怖統治時期曾於此廣場中心建造了一座復活噴泉（Fontaine de la Régénération），該噴泉同樣具備了埃及風味，涓涓細流由一座埃及婦女雕像的乳房裡流出，拿破崙對這樣的造型以及代表恐怖統治時期的造景極其鄙視厭惡，下令即刻拆除。他想要在巴士底廣場表達的，是一座能與城西入口處正在興建的凱旋門相互輝映，也能襯托出他的軍功事業的標的物。正當屬下仍紛紛揣測皇帝會採用何種形態的城門、紀念柱或建築來展示權威時，拿破崙所決定的物件卻讓眾人震撼驚奇不已，仍是一座噴泉——大象噴泉。整座大象的形體將由1807年大敗俄國的弗里德蘭戰役（Battle of Friedland）中所繳獲的黃銅大炮鑄成，完成後的大象體積將有二十四公尺高，象背上將背負著一個城垛式的觀景臺，而且屆時噴泉將由象鼻中噴出！

遺憾的是，這頭巨象噴泉的工程永遠也盼不到告竣落成之日，底座已然完工，設計團隊先在廣場旁打造了一個相同比例的石膏模型，這絕對是商博良那一代的巴黎人都曾見過出現在都市中最詭異、最奇特的龐然大物。隨著拿破崙的帝國在滑鐵盧之戰（Battle of Waterloo）畫下了句點，巨象噴泉的計畫也被復辟的波旁王室永久擱置。然而那座比例相同的石膏巨象卻在往後的數十年間依舊屹立在廣場上，經年累月的雨淋日炙，石膏逐漸風化並顯得汙穢不堪，內部甚至躲藏了老鼠，儘管任誰都覺得礙眼噁心，波旁王室直到1830年結束統治前絲毫未曾想要處理這頭大象。

誰能想像都市的廣場上矗立著巨大的垃圾廢棄物長達數十年，執政當局卻能如此視而不見、推諉卸責？大文豪雨果在他的名著《悲慘世界》中，極其生動地為讀者描繪了當年此一景象：

在巴士底廣場東南角，靠近沿古獄堡護城壕挖掘的運河碼頭，曾有一個奇特的建築物，二十年前還能見到，如今已從巴黎人的記憶中消失，但是值得在那裡留下一點痕跡，因為那是「科學院院士，埃及遠征軍總司令」的構想。雖說只是一個模型，我們還是稱它為建築物。作為拿破崙一個意念的巨大遺體，這個模型本身就是個龐然大物，連續經過兩三場狂暴後，它愈來愈遠離我們，變成歷史的遺跡，一反當初臨時性構築的形象，具有某種說不出來的永久性了。那頭大象有四丈來高，木架和灰泥結構，背上馱著一座

塔，就像是一座房舍，當初由泥瓦匠刷成綠色，現在已由天空、風雨和時間塗成黑色了。廣場那一角空曠蕭颯，而那巨獸寬額、長鼻、巨牙、高塔、寬大的臀部、圓柱似的四條腿，身影映在星光閃爍的夜空，的確驚魂動魄……

極少有外來人參觀這個建築，行人也不看它一眼。它漸漸傾斜，一年四季都有灰泥從腹部剝落，傷痕累累，不堪入目。文雅行話中所謂「市政大員」的人，從1814年起就把它遺忘了。它始終待在那個角落，病懨懨的，搖搖欲墜，四周圍的木柵欄也已經朽腐，隨時受到酒醉的車夫的糟蹋。它的腹部龜裂，尾巴上支出一根木條，兩腿之間則雜草叢生，由於大城市地面總在不知不覺中逐漸升高，而它周圍廣場的地勢，三十年來也高出許多，它就好像陷入凹地中，地基下沉了似的。它的樣子惡俗不堪，受人輕蔑和厭惡，但是又卓然獨立，資產家覺得醜陋，思想者看著憂傷。[33]

直至七月王朝的路易・腓力（Louis-Philippe I）國王時期，官方始願意面對這個問題，在1840年代以一根高達五十四公尺，被雨果稱為「煙囪高聳的巨型火爐」的紀念柱澈底取代了原先的龐然怪物。這根名為「七月革命紀念柱」的建築，立基於當年的巨象底座上，以新興資產階級社會的姿態淘汰了以往的封建象徵。附帶一提，拿破崙當年的埃及遠征曾由千里之外帶回了幾具木乃伊，後來卻被埋在黎希留街（Rue de Richelieu）靠近柯爾伯特拱廊街（Passage Colbert）法國國家圖書館（Bibliothèque nationale de France，BnF）的一座花園裡，在1830年的七月革命時期，此處同樣埋葬了多名革命犧牲者，以至於後來當人們想將這些先烈的遺骨遷葬在七月革命柱下方時，遠從埃及跨海而來的老祖宗們也跟著長眠在巴士底廣場的下方了。至於這些木乃伊當中是否有埃及法老，[34]冥界之神奧塞利斯

---

[33] 維克多・雨果（Victor Hugo）原著，李玉民譯，《悲慘世界》（*Les Misérables*）下冊（臺北：野人文化出版社，2013），頁22-23。

[34] 法老（Pharaoh）為古埃及君主的尊稱，是埃及語的希伯來文音譯。古王國時代僅指王宮或朝堂，在新王國第十八王朝圖特摩斯三世（Thutmose III，前1481－前1425）起作為頌詞開始用於國王自身，並在第二十二王朝時成為國王的正式頭銜。由於「法老」一詞有其獨特性，故後世習慣上皆以此稱謂代表古埃及國王，但須特別注意的是，「法老」（Pharaoh）本身即具有王者、統治者意涵，**故中文翻譯時不須畫蛇添足在後方另加一個「王」字。**

（Osiris）能否至此將往生者順利帶往冥河穿越，那就不得而知了。

回顧拿破崙波瀾壯闊的十餘年帝國統治時期，在反法聯盟一再侵擾的兵馬倥傯之餘，充分利用了卓有成效的人力與物力資源，雖以建設帝國首都為其初衷，卻也將巴黎的都市規模、通衢橋樑、建築式樣，甚至是引水條件都做了相當程度的更新與改善。儘管建設工程隨著拿破崙的第一帝國人亡政息，卻無形中已將巴黎由封建形態的中世紀都市結構逐漸脫離，奠定了近代化的基礎藍圖。後續歷史即可證明，直到十九世紀中葉由奧斯曼承續拿破崙第一帝國的首都改造工程，在此之間巴黎的變動革新事業竟停擺了四十年之久，可見拿破崙之遠見卓識，無怪乎雨果贊曰：「這樣的才能是人類所有才能的交匯點。」[35]

✦ 語言學家與皇帝的相逢 ✦

商博良在巴黎求學的那些年，將大部分的時間都花在來回於法蘭西公學院、國家圖書館等地學習，似乎沒有太多心力讓他稍停腳步留意正在改變中的巴黎。聖洛克教堂，位於聖奧諾雷路上一座今天看來並不顯眼的聖潔會所，絲毫不會被大多數觀光客列入參訪名單之列，卻是當年商博良在巴黎學習期間經常流連造訪之處。

興建於十七世紀的聖洛克教堂，擁有一百二十六公尺高的巴洛克式正立面，並有著高乃依、[36]勒諾特、[37]狄德羅[38]等多位先賢長眠於此。在法國大革命時期該教堂

---

[35] 維克多·雨果（Victor Hugo）原著，張容譯，《見聞錄》（*Choses vues*，南京：譯林出版社，2013），頁7。

[36] 高乃依（Pierre Corneille, 1606-1684），十七世紀法國古典主義的代表作家，尤以悲劇為長，與莫里哀（Molière, 1622-1673）、哈辛（Jean Racine, 1639-1699）並稱為法國古典戲劇三傑。代表作有《席德》（*Le Cid*）、《賀拉斯》（*Horace*）等。

[37] 勒諾特（André Le Nôtre, 1613-1700），十七世紀法國最頂尖的建築景觀設計師。今日許多尚能見到的皇家園林大都出自他的設計，如凡爾賽宮（Palace of Versailles）、子爵城堡（Château de Vaux-le-Vicomte）、楓丹白露宮（Palace of Fontainebleau）、香提伊城堡（Château de Chantilly）等，畢生受到路易十四寵信。2014年好萊塢女星凱特溫絲蕾（Kate Winslet）主演之《美人情園》（*A Little Chaos*）即改編自他的故事。

[38] 狄德羅（Denis Diderot, 1713-1784）是法國啟蒙思想家、哲學家，百科全書派的代表人物。狄德羅最大之成就是主編《百科全書，或科學、藝術和工藝詳解詞典》〔*Encyclopédie, ou dictionnaire raisonné des sciences, des arts et des métiers*，通稱為《百科全書》（*Encyclopédie*）〕。該書代表了十八世紀啟

聖洛克教堂，商博良昔日學習科普特語之處

不僅遭到多次劫掠，巴洛克式正立面的街口處也發生過共和派與保皇派之間的流血衝突，1795年十月五日，時任校尉的拿破崙就在此奉命震壓叛亂分子，這也是他平步青雲之起點。訪客如果稍加留心，今日還能在教堂正立面牆邊發現不少彈痕。

　　或許商博良對於拿破崙與歷代先賢們於此留下的歷史過往不甚了了，也無心多所留意，聖洛克教堂對他最大的吸引力，還在於此處有位精通科普特語[39]名為切夫提奇（Chiftichi）的神父，商博良每週固定前來向他學習語言與宗教經典，他曾在信中告知兄長約瑟夫：「我把心力全都放在科普特語上，花在這上面的時日對語言學院一點用處也沒有。我要懂埃及文像法文一樣多，因為未來我在埃及莎草紙文獻上的重大研究，就要以這個語言為基礎。」[40]可見這個時期的商博良已確立了畢生

蒙運動的觀念與精神。

[39]　科普特語（Coptic language）是古埃及語言發展的最末階段，科普特字母借鑑大量的希臘文字，約莫於西元一世紀形成。西元三世紀後，許多希臘文獻與基督教經文皆以科普特語謄抄，科普特語亦曾在埃及各地廣泛使用，可惜後來逐漸被阿拉伯語取代。如今科普特語已在生活用語中失傳，僅在科普特正教儀式中保存。

[40]　Michel Dewachter原著，呂淑容譯，《埃及學家商博良：破解古埃及文的天才》（*Champollion: Un scribe pour l'Egypte*，臺北：時報文化出版社，2003），頁30。

的研究方向，他選擇了以科普特語作為通往古埃及文的入口，換句話說，聖洛克教堂是商博良一生的埃及學術生涯的起點，只不過此時的他無法預料，日後自己的殯葬彌撒也將在此舉行。

　　1809年夏，商博良結束了在巴黎的學業，約瑟夫告知弟弟自己在格勒諾勃大學獲聘希臘文學教授和圖書館副館長一職，且校方已預備成立歷史系，允諾讓商博良至該系任教。商博良考慮到儘管留在巴黎較能享受豐富的資源與課程，但能與兄長就近相伴且能回到他熟悉的那個靜謐研究環境，遂爽快地答應了。而格勒諾勃大學的歷史系在一開系就迎來了這位優秀的師資，**十九歲的大學教授商博良**。

　　早在巴黎求學時期，商博良便開始對拿破崙埃及遠征之行的戰利品——羅塞塔石碑極其關注，這塊高近一點二公尺，重達零點七五噸的大石碑，上方刻有三段相異的銘文書寫體，除了下方是當時人能辨識的希臘文之外，另外兩段屬於古埃及象形文和通俗文卻難以破解。希臘文部分經過翻譯後，得知是西元前196年三月二十七日由埃及孟菲斯祭司所記載，關於托勒密五世[41]的即位慶典。學界判斷石碑上的三段銘文各以三種語言書寫而成，記載的是同一件事，也因此能夠破解石碑上的象形文字，就能讓失傳已久的埃及古文重見天日，更能對這個神祕國度的歷史文化有更進一步的了解。商博良在年少聽取兄長和傅立葉省長介紹時，便對當時無人能解的古埃及文字挑戰感到興致盎然，因此在巴黎求學階段便發憤專研科普特語。但由於當年埃及戰場上法軍的失利，羅塞塔石碑最終成為了英國的戰利品，法國僅能藉由拓本的流傳讓國內的學者研究，商博良為此也設法得到了一面拓本，終此一生他也無緣見到羅塞塔石碑的真身，殊為遺憾！

　　在大學任教期間，商博良仍將大多數的精力放在研究工作上，破解象形文字成為了他孜孜矻矻專研的目標。儘管他能看得懂羅塞塔石碑上的希臘文銘文，但前兩段銘文卻艱澀難解，尤其想要讀懂象形文，得先弄清每個象形字的功用（表音？表抽象概念？或是表事物？），也須釐清它是否類似中國的表意方塊字或是歐

---

[41] 托勒密五世（Ptolemy V Epiphanes，前209年－前181年），年僅五歲即位，歷經多位權臣內鬥挾持，政局頻繁更迭。再加上塞琉古帝國（Seleucid Empire）入侵和埃及民眾層出不窮的內亂，國勢逐漸衰退。

洲的字母表，可以用來書寫不同的語言的概念。為此商博良發表了他第一本的埃及學專著《法老統治下的埃及，即岡比西斯入侵前的埃及地理、語言、著作與歷史研究》（*L'Égypte sous les Pharaons, ou recherches sur la géographie, la religion, la langue, les écritures et l'histoire de l'Égypte avant l'invasion de Cambyse*），書中旁徵博引，引用大量的科普特語、希臘文、拉丁文文獻及阿拉伯語手稿作為參考資料，介紹分析了埃及地理和語言的分布關聯性，也充分發揮了商博良的語言天分和紮實的研究方法。

不只是商博良，國內許多研究單位乃至歐洲各界也有很多學者正在從事羅塞塔石碑的銘文研究，無論從學術角度甚至是由政治觀點來看，這無疑是一種**國力所延伸的文化競賽，即今日稱為軟實力的一環**。尤其是英國，在打敗拿破崙艦隊贏得了埃及戰役的勝利，甚至還成為了羅塞塔石碑的新主人，自然會將破解象形文字視為本國的義務與壯舉，更重要的是英國不僅想要證明能在軍事武力上擊敗法國，在學術文化上都必須顯示讓法國難以望其項背。

雖然商博良在象形文字的破解上最初還得不到重大進展，但卻在相關的另一項古物研究方面卻大有斬獲。卡諾卜罐（Canopic jar），這種今日在許多博物館當中的埃及陳列室裡均有展出的陶甕，以陶土或石頭製成，上覆蓋著四種古埃及神祇的蓋子，因最早於埃及卡諾珀斯（Canopus）港出土，導致學者誤判其外觀為希臘神祇卡諾珀斯神的化身，故而名之「卡諾卜罐」。商博良首先憑著深厚的埃及地理學知識，判定卡諾珀斯並非古埃及時代的地名，其次在查閱了希臘與拉丁文獻後亦無法證明有卡諾珀斯這個名號的神祇，此外他也清楚當地的埃及、阿拉伯人時常在古墓中挖掘出這樣的罐子後，往往先倒掉清空罐子底部的物件才賣掉，於是商博良研判這四種造型各異的卡諾卜罐必定是盛裝陪葬物件的容器。

恰好在格勒諾勃市立圖書館附設的博物館中，就收藏著兩件卡諾卜罐，於是商博良決定將其開啟實驗。罐中的物件由於年代久遠已結成塊狀黏在底部，於是他將卡諾卜罐置於滾水中煮半小時，使得原有的防腐液融化，露出了一塊被布包覆的物件。商博良將物件送往巴黎的自然史博物館鑑定，證實了該物件是經防腐處理的臟器，因此他研判卡諾卜罐的四種頭像形態應分別代表埃及墓葬文化的四位神祇。日後，他將象形文字破解後，商博良的試驗推測也得到了確認，四位神

祇均是荷魯斯[42]之子，守護墓主木乃伊的個別器官，分別為女人首──伊姆塞悌（Imsety），守護肝臟；狒狒首──哈比（Hapy），守護肺臟；狼首──杜姆泰夫（Duamutef），守護胃；鷹首──凱布桑納夫（Qebehsenuef），守護腸。古埃及製作木乃伊的儀式裡，除了把心臟與腎臟還留在木乃伊體內，其餘的臟器均須取出經防腐處理後分別置於四位神祇代表的卡諾卜罐內。商博良當年的實驗，也進一步讓這樣的宗教儀禮與製作過程得以釐清，直至今日人們還能在許多的博物館或埃及文物展中見到卡諾卜罐的陳列與介紹。

　　1814年對商博良而言是個極其複雜的年份。該年年初，他向羅西娜（Rosine Blanc, 1794-1871）求婚遭拒，羅西娜的娘家是格勒諾勃當地顯赫的富商，對方嫌棄商博良只是個年輕的窮教授，更認為他專研的埃及研究是胡搞瞎攪的玩意兒，因此回絕了這門親事。實際上兄長約瑟夫也不看好這門親，他認為對方的知識水準完全配不上弟弟，充其量只是追名逐利的市儈門第罷了，即便如此，商博良仍鬱鬱寡歡。比起同一時期命犯孤星的拿破崙，商博良顯然過得如意許多，自從1812年的俄羅斯遠征行動慘敗後，歐洲反法同盟陣營再次集結對拿破崙的包圍，就連新王后的娘家奧地利也趁機落井下石，拿破崙在腹背受敵的情況下遭到擊敗。1814年四月，拿破崙在楓丹白露宮簽下了退位詔書，遭流放至厄爾巴島（Isola d'Elba）。得知拿破崙下臺，波旁王朝的路易十八得以復辟，商博良兄弟的心情極其複雜，拿破崙政權縱有許多缺點，但法國又回到大革命時代前保守退卻、萎靡不振的情景，無疑是歷史的倒退。

　　然而，僅僅不到一年的時間，拿破崙又由厄爾巴島逃回法國，一路上由波旁政權派出的攔截部隊均望風而降，迂腐顢頇的波旁王室只好再度逃亡。1815年三月七日，拿破崙抵達格勒諾勃，一支八千餘人的部隊在此稍作休整，等待重新奪回帝國首都的機會，而歷史也終於迎來了**皇帝和語言學家會晤的機遇**。拿破崙利用在格勒諾勃停留一天半的短暫工夫，接見了商博良兄弟等知識分子，也得知當年遠征埃及

---

[42] 荷魯斯（Horus）是古埃及神話中法老的守護神，象徵著王權，其形象為隼頭人身。

之行帶給了這位年輕學者的重要影響，皇帝對商博良在語言學上的長才以及鍥而不捨的研究精神感到驚歎與敬佩，欣然允諾將來必協助他將研究手稿出版。整場會面僅短短幾分鐘，眼前這個小個子的男人的魅力迅速折服了商博良，這場兩人一生當中唯一的一次會面使他畢生難忘。

天不從人願，三個月後拿破崙在滑鐵盧迎來了人生最後的一場敗仗，旋遭罷黜流放，大西洋遠端的聖赫勒拿島（Saint Helena）成為了他最後的歸宿。更要不得的是，顢頇保守的波旁王朝再度復辟，商博良兄弟因曾得到拿破崙賞賜而受到保王黨人士有心的非議攻訐，改朝換代後連格勒諾勃大學的高層也有了人事變動，商博良兄弟倆非但保不住教職，還落了個流放回鄉的處分。

二度復辟的波旁王室實際上引發了許多知識分子的不滿與輕蔑，「帝國沉淪了，如同垂死的羅馬帝國，隱沒在黑影中。就像回到野蠻時代，人們又經歷一場大劫難。1815年的蠻族，如果稱其乳名，就叫做反革命」，[43]多年後雨果仍如此評價。腐朽的保王黨勢力對於大革命期間和拿破崙統治下的帶來的種種變革巴不得悉數剷除，甚至對拿破崙曾重用過的人士展開了一系列的政治追殺，內伊元帥[44]遭到叛國罪而槍殺，畫家大衛流亡出境，德農失去了羅浮宮博物館館長一職晚景淒涼，相較之下商博良兄弟尚能回到家鄉菲雅克幽居總是不幸中之大幸。

離鄉多年，母親早已去世多年，家中原本經營的書店也因老父親的酗酒而倒閉，經濟上的拮据讓商博良一家處於敝衣糲食的狀態，幸而仰賴鄰里鄉親和約瑟夫故友的接濟才不至於困頓。最令商博良感到寬慰的是，過去在格勒諾勃整理的研究手稿與資料，總算被他搶救回家鄉，往好的方面想，商博良至少可以利用這段不受干擾的生活繼續他的研究。

43　維克多・雨果原著，李玉民譯，《悲慘世界》上冊，頁370。
44　內伊元帥（Michel Ney, 1769-1815），年輕時便加入拿破崙麾下騎兵隊，勇猛善戰，得到迅速的提拔。參加過多次的反法同盟抵抗戰，包括耶拿戰役（Battle of Jena）與弗里德蘭戰役（Battle of Friedland）皆可見其率領集團軍衝鋒的驍勇身影。1812年拿破崙在莫斯科戰敗撤退期間，內伊擔任後衛，力保拿破崙和主力軍撤離，被拿破崙授予「最勇敢的紅臉鬥士」（the bravest of the brave）的暱稱。在拿破崙由厄爾巴島逃回法國後，毅然加入其軍隊，因此在滑鐵盧戰敗後，遭波旁王朝以叛國罪處死。在槍決臨刑前，內伊為了維護元帥尊嚴，拒絕戴上眼罩，並下令士兵對自己開槍射擊。內伊死後葬於拉雪茲神父公墓。

在此期間，兄長約瑟夫不斷透過先前結交的政商關係，請有力人士盡量替他們向當局說項，為了洗脫流放的罪名忙得焦頭爛額。總算，在1816年的年底兄弟倆先後獲得了赦免，即便如此他們想在家鄉或是格勒諾勃找到任何教職卻是非常困難，兄弟倆還曾經嘗試辦學來突破現狀，仍舊受到保王派的刁難與打壓。較為幸運的約瑟夫覓得法蘭西學會祕書的工作，先行前往巴黎，商博良則留在家中一面照顧病重的父親，另一面將此階段的研究成果《法老統治下的埃及》（L'Égypte sous les Pharaons）整理出版。值得關注的是，商博良也在這段期間終於結了婚，對象竟然還是當年曾拒婚的羅西娜，或許這位曾與拿破崙皇帝會晤過的語言學家並不算太差吧，羅西娜的娘家改變初衷答應了。不過令人遺憾，為了表達抗議，約瑟夫出人意料地婉拒出席最親愛弟弟的婚禮。

1820年底，格勒諾勃城鎮爆發了反波旁當局的暴動事件，積怨已久的商博良也混在人群中，大膽地將城中原本懸掛的白色波旁旗幟降下，升上三色旗。這場暴動在不到一天的時間就被弭平，執政當局一反常態對該事件的處理寬大為懷，儘管商博良最後無罪釋放，但法庭的訴訟已使他疲於奔命。隔年初，久病臥床的父親去世，喪親之痛及喪禮的打點更增添了他的苦楚，正當商博良開始思考是否應離開格勒諾勃這毫無發展性之地時，遠在大西洋彼端的聖赫勒那島傳來了拿破崙辭世的消息，對他而言又是晴天霹靂！商博良的成長歲月正是整個拿破崙的統治時代，相較於保守陳腐的波旁王朝，拿破崙至少在文化上的推廣提倡是商博良最為欣賞肯定的，他仍念念不忘當年小個子皇帝對他語言學研究的讚許以及為他出版的允諾，但如今一切的懷想皆成為過眼雲煙。

✦ 方尖碑下的千秋事業 ✦

儘管百葉窗關得密不透風，暖烘烘的九月陽光仍透過窗板的縫隙將幾道光束射進靜謐的閣樓室內，在家具雜物上抹上了一層淺淺的光影。一張巨大的橡木雕書桌幾乎佔滿了整個室內空間，幾筆彩繪花瓣妝點著書桌的沿

邊，案頭上井然有序地堆滿了紙張、手稿和檔案夾，每個檔案夾上都用粗大的文字標出檔名，使觀看者很容易感知，這些材料都被十分細心地整理編排過，即使經常取閱也會小心翼翼地將其歸檔。

商博良心無旁騖，伏在案頭上仔細比對手中的文件與繪本，忽然間他眼睛一亮，彷彿眼前有道閃電劃過，待反覆檢查案頭上所有的文件圖檔後，商博良心中感到無比激動，他迫不及待地抓起案上的手稿卷軸，從閣樓上衝往街上，奔向不遠處的法蘭西學會，這座擁有左岸最雅致穹頂的建築。從中庭一口氣跑上了頂層，見到了正在院內辦公的約瑟夫時，商博良喘得上氣不接下氣，脫口而出：「我成功了！」感到納悶的兄長還來不及回話，商博良便癱倒了下去……

自1815年商博良與兄長被免去格勒諾勃的教職後，失去講臺的他便成為了一個自由研究者，除了不定期在期刊上發表他所整理的古埃及銘文比對的成果外，其餘的時間幾乎都用來編纂他的科普特語法辭典。透過期刊的發表，商博良漸漸得知了他頭號對手的存在——湯瑪斯・楊（Thomas Young, 1773-1829），一位英國科學家、醫生。和商博良的人生際遇判若雲泥，楊出生自優渥的富商家庭，曾先後就讀於愛丁堡大學、劍橋大學，擔任過醫生、教師及研究員，學經歷非常豐富。除了與商博良同樣能掌握多種語言外，楊還在光學、醫學與材料學方面有所成就，因此後世曾喻其「世界上最後一個什麼都知道的人」。楊將羅塞塔石碑上的兩百多個象形文字詳細比對，已經從銘文中反覆出現六次的名詞中找出「托勒密」這個名詞，又判斷這個詞源自於希臘而非埃及原有，所以象形文字若用在埃及原有的名詞上應為表意的符號，若遇到外來詞彙則會成為表音符號來表達。商博良讀到楊格的論文發表時確實感到慌恐震驚，儘管他對其表意與表音上的見解不甚苟同，卻也不得不佩服楊確實是石碑上第一個名詞的發現者。不過，商博良發現石碑上的兩段未解銘文應為象形文字的聖書文（Egyptian hieroglyphs）以及世俗體（Demotic），楊似乎還無法搞清其中的差別，但卻也讓商博良徹底感到時間的急迫性與壓力。囿於繼續待在格勒諾勃毫無前途感，1821年七月商博良永遠離開了這座令他萬念俱灰的城

鎮，回到了闊別十二年之久的巴黎。

　　當年在巴黎，商博良將整副心思都放在了學習上頭，沒能好好觀察這座拿破崙努力改造的城市，但可以確定的是，**他自始至終對巴黎沒有任何好感**。睽違多年的帝國首都，換了新的政權統治顯得更破敗、更加地髒亂了。當年對右岸磊阿勒中央市場附近的厭惡感還記憶猶新，又考慮到約瑟夫正在左岸法蘭西學術院的工作，因此兄弟倆決定租下位於左岸馬薩林路二十八號（28 Rue Mazarine）的一棟房子，這裡距離學會僅兩百多公尺，方便約瑟夫每天的通勤。另外這裡房間數量較多，也方便之後接南方的家人到此同居，為了尋求安靜，商博良將自己的書房設在閣樓上。值得一提的是，這間小閣樓過去曾是法蘭西學院名畫家維爾內（Antoine Charles Horace Vernet, 1758-1836）[45]的畫室，這位在法國新舊時代遞嬗間成長的畫家，一向支持共和民主的思想，面對連年歐洲反法同盟的戰爭，其作品題材幾乎皆以軍事、戰場、馬匹為主。尤其當拿破崙席捲歐洲時，相當欣賞維爾內的畫功，他善於透過對戰場氣氛、駿馬姿態的揣摩，將拿破崙一生當中的多次大捷描繪得淋漓盡致。回到巴黎的商博良，竟然又因此閣樓與逝去的皇帝產生間接性的生命連結，想來不禁令人喟嘆！

＊　＊　＊　＊　＊　＊　＊　＊　＊　＊　＊　＊　＊　＊　＊　＊　＊　＊　＊

◊ 時空遊覽 ◊

　　行走在塞納河的藝術橋上，許多遊客必然會留意在橋的盡頭面對左岸的方向，有一座新古典主義風格正立面，搭配著藍色典雅的穹頂建築，此即為法國最高權威的研究機構所在，**法蘭西學會**（Institut de France）。

　　由於中文譯名上的紊亂，許多讀者時常會將法蘭西學會及其底下附屬的五個學院混淆，五個學院分別為：

● **法蘭西學術院**（Académie française，主要規範、推廣法國語言）；

---

[45] 關於學院派畫家維爾內生平與作品介紹，有興趣的讀者可參閱拙著，《名偵探與柯南：福爾摩斯藝文事件簿》，頁241-245，〈希臘譯員：福爾摩斯的畫家祖先〉一節。

- **法蘭西文學院**（Académie des inscriptions et belles-lettres，負責文學與銘文研究）；
- **法蘭西科學院**（Académie des sciences，包括自然科學與應用科學）；
- **法蘭西藝術院**（Académie des Beaux-Arts，藝術界權威機構，即學院派藝術大本營）；
- **法蘭西人文院**（Académie des Sciences morales et politiques，泛指社會科學領域）。

　　五個學院中，尤以法蘭西學術院歷史最悠久、最具權威性。成立於1635年，由黎希留樞機主教所創，最主要的目的是藉著編纂《法蘭西學術院辭典》（*Dictionnaire de l'Académie française*）來規範法語的純正性與清晰性，並確立語言的正確運用。顯然可見，法國社會傾力**將語言視為一種國家的珍寶百般呵護，以官方力量設立專職機構來維護規範，並使其成為法國人和使用者所共有的財富的觀念，直至今日騁目寰宇仍是一枝獨秀。這也是至今仍有許多法國人對自己的語言為何感到如此自豪的原因了。**

　　法蘭西學術院由四十名院士所組成，院士的組成成員具有豐富的多元性，集合了對法語有過傑出貢獻的詩人、小說家、劇作家、哲學家、歷史學家、醫生、科學家、藝術批評家、

法蘭西學會

政治家、神職人員等，堪稱國家學術思想界的一時之選。院士為終身制，唯有一名院士去世後，才能由全體院士補選出下一位接替原席位者。由於當初黎希留主教將學術院的院章上刻有「永垂不朽」（À l'Immortalité）字樣，也因此學術院的院士也被俗稱為「不朽者」（Immortel），能被選為院士往往也是社會評價最高的終身榮譽。

院士的重要會議皆會在法蘭西學會的穹頂下方大廳舉行，屆時出席的院士們都會身著墨綠色金線繡花燕尾服，搭配一件無袖長袍，頭戴羽毛裝飾的兩角帽，腰間還別有配劍，這一身具備威望與氣派的造型，是拿破崙時代留下的傳統。會議廳內院士們的座席也有著典故，四十張座席均有固定編號，每個人皆按照傳承上一任的院士席次而坐。院士的座席在法文中fauteuil原指有扶手的沙發椅，最初開會時僅有院長的座席是有扶手的沙發椅，其餘三十九名院士皆是普通的座椅，路易十四改變了這項規定，命宮廷總管設法找來四十張有扶手的沙發椅，以示院士之間的地位平等。

今日的法蘭西學術院乃至整個學會在社會價值觀念中擁有極高的榮譽地位，但在歷史上卻也曾有過一段不忍卒睹的黑歷史。例如「自從1671年起，法蘭西學會舉辦讚美國王的頌辭比賽，每年的題目都不相同」，[46]這些院士在封建王權時代成了歌功頌德，「主上所戲弄，倡優畜之」般的地位。甚至為了進入學術院當選院士，人們不惜勾心鬥角，「一邊詆毀它，一邊又拚命想成為其中一員」，[47]這樣的情形在十九世紀最為嚴重，巴爾札克、雨果、左拉皆曾難以抵抗院士頭銜的誘惑力而為之沉迷，畢竟在那個世代，學術院是體現作家社會聲望的最高殿堂。

此外，中文翻譯中還有一處容易與法蘭西學會、法蘭西學術院混淆的機構，名為法蘭西公學院（Collège de France）。法蘭西公學院創立於1530年的弗蘭索瓦一世（François I）時代，並非傳統的正規學校教育，而是秉持「開門辦學」的精神，面向社會大眾傳授知識。法蘭西公學院具有向社會傳遞知識的義務，聽眾不須事先註冊報名，也沒有學分、文憑證書

---

[46] 彼得・柏克（Peter Burke）原著，許綏南譯，《製作路易十四》（*The Fabrication of Louis XIV*，臺北：麥田出版社，2018年三版），頁66。

[47] 安娜・博凱爾、艾蒂安・克恩（Boquel Anne, Kern Etienne）著，李欣譯，《法國文人相輕史：從夏多布里昂到普魯斯特》（*Les plus jolies fautes de français de nos grands écrivains*，南京：江蘇文藝出版社，2012），頁102。

的限制，完全可以按照自己的興趣隨堂聽課，這就是法蘭西公學院最初開門辦學的意義所在。法蘭西公學院目前擁有五十二名國內外頂尖的學者坐鎮授課，其中不乏有諾貝爾獎得主，其領域遍布數學、物理、化學、生物、醫學、哲學、社會學、經濟學、考古學、歷史學及語言學，相當多元。商博良早年在巴黎即是在此學習聽講。有別於法蘭西學會及其附屬的五個學院，法蘭西公學院是唯一有實際教育課程的機構。

從文藝復興至啓蒙運動時期，以官方之力陸續成立的法蘭西公學院、法蘭西學會與各學院，皆體現了涵養、智慧與博雅的法國充沛的文化形象。

＊　＊　＊　＊　＊　＊　＊　＊　＊　＊　＊　＊　＊　＊　＊　＊　＊　＊　＊　＊

搬回巴黎後幾個星期的時間，約瑟夫貼心地幫弟弟做了身心復健，在格勒諾勃期間商博良承受了太多的苦痛，勞形苦心的生活使得象形文字研究的進度一再延宕，商博良時常覺得沮喪，幸而兄長從旁不斷地鼓勵與相伴，才使他逐漸回到生活軌道上。此外，約瑟夫還引領弟弟融入巴黎學術圈，與法蘭西文學院的前輩學者如達西耶（Bon-Joseph Dacier, 1742-1833）等人互相交流，讓商博良得以迅速掌握最新研究資訊。身為法蘭西文學院院士的達西耶，是當初將走投無路的約瑟夫從格勒諾勃延攬至身邊的貴人，如今他又成為了商博良的伯樂，出於惜才之心他勉勵這位年輕人調養好身體，並願意提供學院裡的研究資源給予協助。

1820年冬，有位旅行者卡薩提（Casati）從埃及的阿拜多斯（Abydos）帶回一堆莎草紙卷，並提供給法蘭西文學院做研究。商博良藉此發現當中有份托勒密六世時期希臘文與埃及通俗體並列的文稿，他認出了托勒密的名字，並猜測另一個用橢圓形框[48]中的通俗體應是其王后克利奧佩托拉（Cleopatra）。昔日在法蘭西公學院的同窗又提供探險家班克茲（William John Bankes, 1786-1855）由菲萊買回的方尖碑（Philae obelisk）上的銘文供商博良參考，使他更確定托勒密時代的埃及文字，是以表音的象形符號來拼寫外來名詞，埃及的本土名詞則是由表音的文字和表意的符號組成。在後續的依次比對中，商博良已漸漸讀出亞歷山大

---

[48] 後世研究者稱其為象形繭（cartouche，或譯「王名圈」），即一個橢圓形中，圈圍一組埃及象形文字，並在尾端刻有水平線，用以表明是專屬法老的名字與稱呼。

（Alexander）、凱撒（Caesar）等君王名。

　　1822年九月十四日，商博良在比對由阿布辛貝神廟[49]抄繪的圖像文稿，立即發現橢圓形框中有他未曾見過的名字，當中的象形符號是一輪太陽，精通科普特語的商博良立即想到應發為Ra或Re（拉），而這正好是埃及神話中太陽神之名。依據他所編寫的字母對照表，又得知最後兩個符號所對應的是兩個s，此前的符號經過通俗體及希臘文的比對，商博良因此得到了拉美西斯（Ramesses）的完整名稱，他繼續通過這樣的規律比對下一個橢圓形框，則得出圖特摩斯（Thutmose）名號，商博良反覆幾次以希臘文驗證確實有這樣的王名紀錄。儘管尚未將整篇羅塞塔碑文全數破解，但商博良已篤定他已確實破解象形文字的書寫規則，情緒亢奮之下的他，急著將這份喜悅與兄長分享，以至於在狂奔之後感到一陣天旋地轉而暈倒。

　　甦醒之後的商博良只能略微休息，接著幾天他將所有的研究成果歸納為論文小冊及符號對照表刊出，題為〈就表音象形文字的字母表致達西耶先生的信〉（Lettre à M. Dacier relative à l'alphabet des hiéroglyphes phonétiques），以示對伯樂的感恩回報。正如商博良研究得出的規則，**埃及象形文字的書寫體系除了做限定等特殊用途的符號外，同時又兼具表意和表音的符號作用**，這也是多年來困擾海內外學者的最大盲點。商博良的成功也引發了學術界的熱烈關注，**這場國際間因羅塞塔石碑而起，表面上是破解象形文字的學術競賽，背後卻是各國間文化軟實力的延伸較量，終於在商博良對於象形文字的逐個破解後，由法國取得了勝利。**

　　商博良隨後又整理出版了《埃及諸神》（Panthéon égyptien, collection des personnages mythologiques de l'ancienne Égypte, d'après les monuments）及《古埃及象形文字體系摘要》（Précis du système hiéroglyphique des anciens Égyptiens），以便進一步完整充實自己的理論。雖然成功破解象形文字使得商博良功成名就，但

---

[49] 阿布辛貝神廟（Abu Simbel temples），位於埃及阿斯旺（Aswan）西南二百九十公里的文化遺址，坐落於納賽爾湖（Lake Nasser）西岸，外型由兩個由岩石雕刻而成的巨型神廟，以及依崖鑿建的牌樓門、拉美西斯二世（Ramesses II，約前1303－前1213）巨型雕像、前後柱廳等組成，約於西元前1284年開始興建。這座宏偉的建築物是埃及十九王朝拉美西斯二世為了向南部努比亞宣示國威，並於該地區鞏固埃及宗教之地位。今日的阿布辛貝神廟已被聯合國教科文組織指定為世界文化遺產。

卻絲毫無助於他的經濟收入，也因此透過國政顧問的引介，商博良將著作獻給了國王路易十八，希望藉此能獲得些許贊助的研究經費。商博良向來看不起這個迂腐守舊的波旁王室，可以想見若不是幾乎到山窮水盡的地步，他萬萬不會走到這一步。

意識到埃及學的研究需要更多的文本及文物作為基礎，商博良在獲得王室撥款贊助經費後立刻在1824年前往義大利，他先後走訪了杜林、羅馬、翡冷翠、比薩、拿坡里與龐貝，抄錄了許多紀念碑和莎草紙文獻，並得到教宗的接見，受封爵士勳位。但此行對商博良而言最大的意義還不僅止於此，他結識了一位比薩大學的年輕東方學教授羅塞里尼（Ippolito Rosellini, 1800-1843），羅塞里尼對於古埃及文明懷著極大的熱情，他懇請商博良收他為學生，也願意辭去手邊教職跟隨老師行走各地。商博良也自知，埃及古文字的研究工作需要有所傳承才能擴大影響力，見到羅塞里尼如此地誠懇，也欣然答應他的請求，自此商博良身邊也多了一個可靠有力的助手。

在此期間，英國駐埃及領事索爾特（Henry Salt，1780-1827）手中有一批珍貴的埃及古物正待價而沽，大英博物館的出價讓索爾特並不滿意，這位投機的外交官遂將目標轉向了法國夏爾十世（Charles X, 1757-1836）新政權。破解古埃及象形文字後的商博良儼然已是法國國內的埃及史研究權威，經過他的判定，執政當局決定買下這批文物擴充羅浮宮博物館的館藏，並在館內增設**埃及文物館**，任命商博良為該部門的館長，這個頭銜也是他這一生在官方單位中所擔任的最高職務。對今日的羅浮宮而言，因為**商博良作為埃及文物館創館的首任館長，文物的保存管理直到展場的動線規劃都由他親自督導，這所世界上最知名的博物館也從昔日的王室藝術收藏性質，開始跨越到古代文物的範圍，實質上更擴充了羅浮宮的展示層次，商博良可謂功不可沒。**

羅浮宮埃及文物館於1827年十二月中旬由國王夏爾十世揭幕，開幕當天冠蓋雲集，盛況空前。國王對收藏品的展示表示滿意，學術界同僑也紛紛到場向商博良祝賀，在一旁觀禮的兄長約瑟夫也感動得熱淚盈眶，多年來弟弟始終是他生命中最珍惜、最驕傲的一環，眼看受盡委屈的他如今九轉功成，一路相伴其成長的約瑟夫自

然感到與有榮焉。對館長商博良而言，儘管他心中並不欣賞這個保守政權，但夏爾十世比起前任的兄長路易似乎更加關注獎掖科學計畫，商博良至少能樂觀以對。此外，文物館開幕式的情景猶如當年羅浮宮德農館長籌備拿破崙婚宴的風光再現，自求學時代以來，商博良便受德農的藝術觀影響甚深，尤其熟讀他的代表著《下埃及與上埃及之旅》，可以說對埃及學的興趣啟發也多來自於這位前館長，而今日自己達到的事功已能與前人比肩，商博良的嘴角不覺浮上一抹寬慰的微笑。

然而，德農當年還曾有一項成就是商博良尚未嘗試過的，那便是前往埃及。於是1828年七月底，在得到國王的資金贊助下，商博良帶領著羅塞里尼等十四人的埃及考察團，成員當中有畫家、建築師、考古學家、植物學家及醫生，與三十年前拿破崙的埃及遠征軍由同樣的南部土倫（Toulon）搭乘海軍艦艇出發，歷經十八天的航程後抵達埃及亞歷山大港（Alexandria）。

這趟埃及之行對商博良而言，是畢生當中最重要，也是最後想要實踐的旅程。踏上埃及的土地，商博良感到熟悉的親切感，**彷彿這個國家從他牙牙學語時便在呼喚著他**。考察團搭乘兩艘船沿著羅塞塔河（Rosetta）往南航行，凡是沿途可能存在古蹟文物的地方，成員們皆會上岸查看。在吉薩（Giza），商博良終於親眼見到了傳聞中的金字塔，「這裡的景象壯觀，寬闊的尼羅河氣勢磅礡。往西看，數座金字塔聳立於棕櫚樹林之上，無數大小船隻縱橫交錯於河面，來自四面，去向八方」。[50]在古城底比斯（Thebes），這座古埃及新王國時期的首都更讓商博良感到讚歎：「（底比斯）這名字原先在我的思緒當中就已經相當的偉大。但自從我的腳步踏遍了這古都，這座早於世上一切城市之城的廢墟之後，它更成了無比巨大。整整四天，我在一個接一個的奇觀中穿梭。」[51]在底比斯西岸的法老墓地，商博良考察了拉美西斯四世之墓，他得知此處的阿拉伯名為Biban-el-Molouk，意為「諸王之眾門」，荷馬《伊利亞德》[52]史詩中亦曾多次提及埃及的底比斯，但為了與希臘當地同名的底比斯做區隔，史詩中均稱其「有百門的底比斯」，商博良證明了史

---

[50] Lesley Adkins、Roy Adkins著，黃中憲譯，《羅塞塔石碑的祕密》，頁267。

[51] Michel Dewachter著，呂淑容譯，《埃及學家商博良：破解古埃及文的天才》，頁83。

[52] 古希臘詩人荷馬的史詩作品，即後世泛稱「特洛伊戰爭－木馬屠城記」之故事，影響日後西方文學風格，為詩體小說的開山鼻祖。

詩與阿拉伯語的名稱兩者相呼應。他略微修飾了這個地名，**稱此地為「帝王谷」**
（Valley of the Kings），此名稱直至今日仍被廣泛沿用著。

　　值得一提的是，商博良與隊員們在探勘帝王谷的拉美西斯四世墓時，儘管墓中
陪葬品早已被搜刮一空，但至少見證了墓中的豔麗彩繪，甚至考察隊還在墓中住了
一晚，「這座鑿岩而成的墳墓，保存仍很完好，通風、採光均充足，住在這裡感覺
真是不可思議」。[53]商博良之前在義大利做莎草紙文獻研究時就曾獲得這座墓的平
面圖，可惜的是他並不知道平面圖本身有所缺漏，這項缺漏還得等到一百年後由知
名考古學者霍華德・卡特（Howard Carter, 1874-1939）來進行繪測更正，進而發
現舉世聞名的圖坦卡門（Tutankhamun）墓穴，成為埃及考古史上最大的豐碑。
破解古埃及象形文字與發掘圖坦卡門兩項偉業，前後百年的重大傳承，歷史上總有
著冥冥中難以名狀的巧合。

　　每到一處考古遺址，考察隊每名隊員都各自分配範圍，進行自身專屬領域的觀
測記錄，發現有特別之處就會召喚隊長商博良前來細看，這樣的觀察方式也較眾人
圍觀同一地點顯得有效率而確實。商博良注意到，許多古城的景觀對比三十年前拿
破崙的學者團的繪圖呈現，原有的列柱、拱門、劇場或浴池早已蕩然無存，各國探
險隊伍的掠奪以及埃及國內情勢的動亂，皆為造成破壞的元兇，令商博良徒呼負
負，莫可奈何。

　　1828年年底，考察團終於抵達了埃及與努比亞邊境巍峨的阿布辛貝神廟，當年
商博良便是透過此處銘文的圖繪，獲得破解象形文字的關鍵線索，如今親臨現場，
更顯得熱血沸騰。他在給約瑟夫的信件中說道：

　　　　光是看過阿布辛貝這座大神廟，這趟來努比亞就算是不虛此行。它的美
　　妙絕倫，就算在底比斯也要讓人擊節讚嘆。為了挖掘它，我們花了很大功
　　夫，最後呈現眼前的景象則令我們直呼驚奇。立門正面上飾有四尊雄偉的雕

---

[53] Lesley Adkins、Roy Adkins著，黃中憲譯，《羅塞塔石碑的祕密》，頁287。

刻座像，各都高達六十一英尺，雕工超絕，呈現的都是拉美西斯大帝。雕像的臉部都如肖像般逼真，和孟斐斯、底比斯及其他各個地方所呈現的該國王形象完全一樣。它們的出色，再怎麼讚賞推崇都不為過。[54]

　　磅礡巨大的阿布辛貝神廟花費了考察隊兩週的時間才將其記錄完畢，沙漠中惡劣的氣候環境已讓隊員們叫苦不迭，商博良更是感到筋疲力竭，感嘆於埃及文明的浩瀚博大，絕非他有生之年能夠詳細造冊，研究通透的。有感於時間的緊迫，商博良極其關注沿途所見的碑刻銘文，盡力將其抄錄歸檔，並運用自己的破解方法解讀，結果證明毫釐不爽，商博良確實已將象形文字破解，**羅塞塔石碑成為了一把開啟古埃及神祕之門的鑰匙，後世埃及學之研究由此發端。**

　　1829年，親法的埃及總督穆罕默德・阿里（Muhammad Ali, 1769-1849）為了表達感謝法國人破解象形文字之恩，表示願意贈送兩座方尖碑給法國，夏爾十世當局也為了挑選方尖碑而無所適從，如此令人頭痛的問題就只能委託法國的埃及學權威，人正在埃及當地考察的商博良來做了。考察團總共在埃及進行十七個月的探索，綜覽了各大城小鎮的碑刻及廟宇，商博良認為盧克索神廟（Luxor Temple）門口的方尖碑比起亞歷山大港的還要精美，「我要再次表明我的觀點，即如果政府希望巴黎有座方尖碑，取得盧克索這其中一座（進去時右邊那座）當會令全國人都感到榮耀。這塊巨石碑精美絕倫，高七十呎，……工藝精湛，保存得出奇完好」。[55]商博良的專業意見，法國當局從善如流，遂挑了他力薦的那座方尖碑運往巴黎，即後世均見證豎立於協和廣場上的方尖碑。

＊　＊　＊　＊　＊　＊　＊　＊　＊　＊　＊　＊　＊　＊　＊　＊　＊　＊　＊　＊

---

[54]　前引書，頁279-280。
[55]　前引書，頁294。

協和廣場上噴泉

　　巴黎的協和廣場（Place de la Concorde），一座面積達八點四萬平方公尺的大廣場，也是拜訪巴黎的遊客除了造訪羅浮宮、艾菲爾鐵塔及凱旋門外，另一個最具指標性的景點。

　　協和廣場由路易十五時代宮廷首席建築師加布里埃爾（Ange-Jacques Gabriel, 1698-1782）設計，出生於建築師世家，成長時期便時常跟隨父親在政府的重大工程中見習。深受國君及其情婦龐巴杜夫人信賴的他，先後主持了凡爾賽宮的皇家劇院及小特里亞農宮的興建工程。

　　廣場於1755年動工，在北面的皇家路（Rue Royale）兩旁興建了兩座仿羅浮宮東立面風格的古典主義建築，用粗石面裝飾的上方樓層排列著科林斯式的柱廊，國王將東側建築劃歸為王室家具保管所（Garde-meuble de la Couronne），專門保管王室家具、設備與工藝品的部門，也成為日後羅浮宮工藝品收藏的基礎；西側的建築後成為民間私人宅邸，1778年二月六日，法國外交官康拉德（Conrad Alexandre Gérard, 1729-1790）在此與美國代表富蘭克林（Benjamin Franklin, 1706-1790）簽署了法美條約，正式承認美國的獨立，這座建築今日則是赫赫有名的克里雍大飯店（Hôtel de Crillon）。

加布里埃爾以方整對稱的風格，將杜樂麗花園及宮殿所延伸出的軸線對準今日的香榭麗舍大道（Avenue des Champs-Élysées），接著小心翼翼地將廣場與當時正在興建的瑪德蓮教堂銜接起來，創作一個南北相交的軸線，並於廣場上軸線交會處豎立起國王的騎馬雕像，是故命名為路易十五廣場（Place Louis XV）。

　　1770年，即路易十五廣場竣工的前兩年，王室特地在幾近完工的廣場上舉行了王儲路易及來自奧地利的瑪麗・安東妮（Marie Antoinette）的婚禮，絕對稱得上是這座廣場舉行過有史以來最華麗的盛會。但彷彿是命運開了這對新人一個最大的玩笑，二十年後的法國大革命，當年舉行這對新人婚宴的廣場也成為了他們被公開處刑上斷頭臺的地點。

　　法國大革命時期，廣場上的路易十五騎馬像被推倒，革命廣場成為了它的新名稱。恐怖統治時期，這裡成了最血腥殘忍的屠宰場，革命廣場當中架起了史上最惡名昭彰的刑具斷頭臺，數以千計的無辜者皆成了刀下亡魂。除了路易十六夫婦，羅伯斯比爾、[56]丹東、[57]羅蘭夫人、[58]夏綠蒂・科黛、[59]拉瓦謝，[60]這些大革命時代的菁英分子皆在短短數年間消逝於

---

[56] 羅伯斯比爾（Maximilien Robespierre, 1758-1794），法國大革命時期政治家，雅各賓專政時期的最高領導人。歷史上羅伯斯比爾是個毀譽參半的人物。他主張處決國王路易十六，極力打壓敵對勢力，掀起法國恐怖政治。今日羅伯斯比爾的地位仍是研究法國大革命的歷史學家們激烈辯論的議題。

[57] 丹東（Georges Jacques Danton, 1759-1794），法國大革命中的領導人物，第一任公共安全委員會主席。與羅伯斯比爾共同主張處死路易十六，反對恐怖政治的擴大，後被羅伯斯比爾指控受賄並憐憫革命之敵，被送上斷頭臺。

[58] 羅蘭夫人（Madame Roland, 1754-1793），全名為簡・瑪莉・菲力彭（Jeanne Marie Phlipon），大革命時期的政治家。與其夫婿尚─馬利・羅蘭（Jean-Marie Roland de La Platière）皆為吉倫特黨的重要領袖。後羅伯斯比爾欲對吉倫特黨進行大清洗，羅蘭夫人遭羅織罪名而送上斷頭臺。臨刑前留下後世廣為傳誦的名言：「自由自由，天下古今幾多之罪惡，假汝之名而行！」（O freedom, what crimes are committed in your name!）

[59] 夏綠蒂・科黛（Charlotte Corday, 1768-1793），出身自沒落的貴族家庭。是溫和共和派支持者，反對羅伯斯比爾激進派的獨裁專政。因刺殺了激進派領導人馬拉（Jean-Paul Marat, 1743-1793），被逮捕處決。此刺殺事件之後成為了雅克─路易・大衛名作《馬拉之死》（La Mort de Marat）的題材。科黛在上斷頭臺時面不改色，從容就義，遭斬首後其首級被崇拜馬拉的木匠格羅（Francois le Gros）拾起示眾，並掌摑其面頰。劊子手桑松（Charles-Henri Sanson, 1739-1806）立即大聲喝止。據觀刑的目擊者回憶，屍首的臉上竟顯現出「明顯憤怒的表情」。

[60] 拉瓦謝（Antoine-Laurent de Lavoisier, 1743-1794），法國著名化學家，被後世尊稱為「近代化學之父」。在化學史上，拉瓦謝首次提出了「元素」的定義，並於1789年發表第一個現代化學元素表，今日氧（O）與氫（H）即來自他的命名。拉瓦謝改進定量分析方法以其驗證了質量守恆定律，也創立氧化說以解釋燃燒等實驗現象，這些具有劃時代的貢獻使得他成為歷史上最偉大的化學家之一。拉瓦謝在波旁王朝曾任稅務官，因此有充足的資金進行科學研究，卻因得罪雅各賓黨領導人馬拉，遭羅織罪名送上斷頭臺。拉瓦謝死後，數學家拉格朗日（Joseph Lagrange）曾嘆道：「他們只消一瞬間便砍下了這顆頭，但再過一百年也找不到像他那樣傑出的腦袋了。」

此。直到恐怖統治時期過後，為尋求社會階級的和解，革命廣場始改為今日的協和廣場。

　　1829年，親法的埃及總督為表達商博良破解古埃及象形文字之貢獻，贈送了兩座方尖碑給法國。經過商博良於現場的觀測考察，法國政府決定選擇**盧克索神廟**前有著三千多年歷史，以玫瑰色花崗岩雕琢而成的的兩座方尖碑，但囿於當年條件技術，僅選擇先搬運兩座方尖碑中**較小型的一座**，另一座則暫留原地以待他日。

　　當年搬運方尖碑的工程極其煩瑣，須將方尖碑由原基座緩慢放倒，接著拖運到尼羅河灘上船、歷經海運以及各種原因的拖延，方尖碑抵達巴黎時已經是1834年的八月份，**大費周章的搬運過程總共花了八百多天**。當時的法國路易‧腓力新政權決定將方尖碑豎立於協和廣場中央，往昔架起斷頭臺的位子，從而顯示保王及共和兩派勢力的和諧。1836年十月二十五日，豎立方尖碑這項最後的艱難工程開始，工程師透過柴油泵和巨大的絞盤式升降機，將這座高二十三公尺、重達兩百五十噸的方尖碑，在現場二十萬圍觀群眾的歡呼掌聲中成功豎起。以十九世紀當時的工程技術而言，運送方尖碑以及如何豎起來都是一項極度艱鉅的任務，今日站在方尖碑基座底下的人們，將可看到四面基座上的圖繪，講解當年如何運送與豎立的工程壯舉。

　　此外，這座方尖碑頂端原本應有金字塔型尖頂，但據信已在西元前六世紀波斯入侵埃及前即被盜走，為此法國政府在1998年另行製作了一個銅製鍍金的尖塔安裝於上。至於另一座盧克索神廟前較大的方尖碑，法國政府在密特朗總統（François Mitterrand, 1916-1996）執政的1980年代宣布放棄其所有權，正式歸還埃及。

　　有機會到協和廣場一遊的朋友，除了欣賞巨型方尖碑聳立於廣場上的磅礴雄姿外，也別忘了多留意方尖碑兩旁的巴洛克華麗造型噴泉。早在十八世紀的加布里埃爾時期，他就曾有在廣場上設計噴泉的構想，遺憾的是當年巴黎的地下水源並不充足而無法實現。前文曾提及，拿破崙在營建帝國首都時特別把郊外烏爾克運河與巴黎聖馬丁運河兩者相連，澈底解決了這個問題，是故在路易‧腓力安座方尖碑時，噴泉的建造議題也正式搬上了檯面。

　　伊托夫（Jacques Ignace Hittorff, 1792-1867），這位出生自科隆的建築師，**將方尖碑豎立於協和廣場中央正是他的建議**，因此國王也把噴泉的後續工程交給他。伊托夫分別於方尖碑的南北兩面各設置了一座噴泉，其造型與概念來自於義大利羅馬的納沃納廣場（Piazza Navona）上的四河噴泉（Fontana dei Quattro Fiumi），以及梵諦岡聖彼得廣場（Piazza San Pietro）上

的貝尼尼噴泉（Fontana del Bernini），上述兩地的噴泉也都被放置在羅馬方尖碑兩側，形成強烈的對照作用。而協和廣場北側的噴泉分別名為為「海洋貿易噴泉」及「海洋工業噴泉」，顯示出法國在十九世紀海權時代的進取心態。

方尖碑與噴泉，是大多數訪客至此都會取景作為紀念的顯著標的物。最為遺憾的是，許多人往往會忽略在這個面積廣達八點四萬平方公尺的廣場四周，由廣場所延伸出八角形的每個角度，均豎立了一座代表**法國八大城市**（巴黎以外）的女神雕像：波爾多（Bordeaux）、布列斯特（Brest）、里爾（Lille）、里昂（Lyon）、馬賽（Marseille）、南特（Nantes）、魯昂（Rouen）和史特拉斯堡（Strasbourg）。每座女神雕像表情、姿態與手持物件都不相同，均代表著該城市著名的特產，各異其趣。這當中最不能錯過的，是史特拉斯堡的女神雕像，這座雕像樣貌的模特兒是十九世紀初的法國名伶，色藝雙絕的朱麗葉・德魯埃（Juliette Drouet, 1806-1883），當年相貌出眾的茱麗葉曾讓許多仕紳名流為之傾倒，但她始終只願追隨著大文豪雨果，兩個沒有婚約之人竟攜手相伴了五十年之久！[61]

協和廣場上象徵史特拉斯堡的女神雕像，以雨果的情人朱麗葉・德魯埃為模特兒而製成

---

[61] 雨果在1851年至1870年，長達十九年的流亡生涯，幾乎都是朱麗葉・德魯埃拋棄自由捨身相伴。雨果曾提及：「如果說我沒有被捕，並因此被槍決，如果說我現在還活在世上，那是多虧了朱麗葉・德魯埃夫人，是她冒著生命危險、冒著失去自由的危險使我免遭一切陷害，她一直關心照顧我，為我找到可靠的避難所，救了我；她是以多麼出色的聰明才智、多麼巨大的熱情、多麼勇敢的大無畏精神為我做了這一切；只有上帝知道，上帝會嘉獎她！她日日夜夜奔忙，在黑暗中獨自在巴黎的大街小巷穿行，騙過哨兵，發現暗探，在槍林彈雨中勇敢地穿過大街，總是在猜我在哪裡。一旦要救我，她總能找到我。對她的傳票已經發出，她今天以流放作為她忠誠的代價。她不願意我說這些事情，但這些應該被人知道。」參閱維克多・雨果著，張容譯，《見聞錄》，頁509。

下次有機會經過協和廣場時，欣賞完商博良挑選的盧克索方尖碑，以及伊托夫製作的海洋主題華麗噴泉，不妨也跟雨果先生的最愛打個招呼吧。

* *

　　由努比亞回到菲萊的途中，商博良的健康情形開始變差，由於痛風嚴重時常需要人攙扶行走，儘管他試著請隊友別為他擔心，仍舊每天專心整理著銘文圖稿，卻時常被發現癱倒在紙堆上。**與其說商博良對於埃及的一切充滿熱情，毋寧說那是一種癡狂**，這趟十七個月的埃及考察之行不僅沒有星期假日，當一地結束考察後便馬不停蹄地趕往下一站，絲毫沒有片刻休息，隊員紛紛感到忍受不堪，抱怨連連。1829年年底，埃及考察隊終於結束行程，返回南法土倫港，但還得停留在船上經過一個月的隔離檢疫始得上岸。埃及此行，儘管極大耗損了商博良的身心健康，但他仍舊感到快心遂意：

　　　　起自金字塔、迄於第二系列險灘的一切埃及和努比亞文物，我差不多盡數仔細分析過，而我所寫的關於裝飾每一座文物的淺浮雕——其中最重要的皆被忠實地臨摹下來——的那本小書使我確信，我並未遺漏任何奇特或重要的文物。如此，我累積了足夠填滿整整一輩子的工作。[62]

　　1830年一月的那個冬天異常寒冷，商博良在環境惡劣的檢疫站度過了枯燥的一個月，在那裡不僅伙食差勁，晚上也沒有暖氣足以禦寒，使他原本虛弱的病體每下愈況。上岸後的商博良留在南法故鄉休息了個把月，待三月份再北上巴黎，從埃及帶回來的文物資料剛進到羅浮宮，亟需整理編目，商博良隨即又陷入了刺促不休、案牘勞形的忙碌生活。儘管擔任羅浮宮埃及文物館館長後，商博良便搬至羅浮宮附近，然而披星戴月的生活確實無法讓他得到充分的休息。

　　該年七月二十五日，由於夏爾十世頒布《聖克盧法令》（*Ordinances of St.*

---

[62] Michel Dewachter著，呂淑容譯，《埃及學家商博良：破解古埃及文的天才》，頁85。

Cloud）宣布限制出版自由，並解散新國會，大批中產階級將在新選舉喪失投票權，人民對波旁王朝長期以來的高壓集權難以忍受，因而爆發武裝起義運動。夏爾十世趁亂逃往英國，奧爾良公爵路易・腓力受擁護繼任為國王，整個國內情勢在短短三日內便改朝換代。最為遺憾的是，在混亂的武裝暴動中，許多宵小趁隙進到羅浮宮趁火打劫，埃及文物館當中許多小雕像、護身符，包含商博良考察隊剛由埃及帶回來的許多文物，皆在這起事件中不翼而飛，如此打擊不僅使得商博良痛心刻骨，更是埃及學研究的重大損失。

　　新國王即位不久就召見了商博良，除了關心羅浮宮在動亂中的損失狀況外，路易・腓力還詳細詢問了有關盧克索方尖碑的問題，令人遺憾的是，商博良將無緣見到方尖碑豎立在協和廣場的景象了。兩人會晤後，商博良也被一紙國王敕令，派任為法蘭西公學院教授職位，回憶二十年前他還是坐在公學院講臺下的聽課生，如今已成為國內首屈一指的語言學者，此間的星移物換使人感嘆。**商博良這一生總共與四位國君有過接觸，拿破崙在失勢時給予他讚獎和承諾，儘管此承諾永遠也無法兌現；路易十八顢頇迂腐，只想將國內的文化成就美名攬在自己身上；夏爾十世較支持學術研究，然終究屬於保守無開放之胸襟；路易・腓力與商博良最談得來，允諾給予更多的經費挹注，或許也因為登基不久，亟欲拉攏人心所致。**對商博良這位成長於大革命的世代而言，他仍舊希望盼到一位重視自由人權，而非以階級觀念治國的國家領導者吧！

　　1831年五月份，商博良開始在法蘭西公學院授課，這位破解古埃及象形文字的學者第一次公開講課，吸引了他國許多學者及留學生、民眾到場旁聽，將教室會場擠得水洩不通。商博良講授了古埃及學與語言學、考古學之間的關聯性，並舉證了自己許多在埃及所見之例，令聽眾神往不已。實際上，此時的商博良已陷入油盡燈枯的境地，當初在隔離期間所受到的風寒，也嚴重傷到他的肺部與喉嚨，要維持長時間的站立與講課，對他而言都是一種煎熬。商博良無法撐完一整個學期的課程，僅匆匆再補個幾講就向學校告假了。痛風的折磨也影響了他的行動，使得商博良也無法再前往羅浮宮去工作，僅能在家繼續整理筆記與書稿，或許自知大限之期將至，他將羅塞里尼召至身邊協助，並盡可能地闡述見解與發現讓羅塞里尼抄下。該

年年底，自忖病體已有轉好康復的傾向，不顧約瑟夫與羅塞里尼等人的反對，商博良仍堅持到公學院去授課，不料開講沒多久便昏倒在地，四天後中風，身體局部癱瘓，行走握筆都顯得更加困難。

1831年十二月二十三日，商博良度過了人生最後一次的生日，他堅持讓人送他回到**馬薩林路二十八號的閣樓去看看，這裡是他一生最重大的轉捩點**，就在這個房間裡商博良破解了千餘年來無人能識的無字天書，開啟了埃及學的研究大門。商博良坐在房間裡沉吟良久，彷彿捨不得與這個房間告別似的，這一天的他全然沒有過生日的心情。過完年不久，商博良癱瘓加重，幾乎已經無法言語，他時而昏迷、時而清醒，焦慮的約瑟夫與家人輪流隨侍在身旁，前來會診的醫生也表示回天乏術。二月底時，商博良精神體力突然好轉，開始叮囑該如何處理他的筆記與未辦事項，約瑟夫意識到這是弟弟的迴光返照，急忙通知重要親友前來與他道別。

「天啊！為何不肯再多給我兩年的時間呢？我還有許多事等著要完成啊！」商博良道完最後的話語後，又沉沉地睡去，陷入昏迷。

1832年三月四日凌晨，商博良與世長辭，享年四十一歲。兩天後他的靈柩在聖洛克教堂進行喪禮彌撒，學界與政界紛紛出席表示哀悼。這裡曾是他青年時期學習科普特語的地方，或許選擇在此向他畢生最愛的埃及學做最後的告別再適合不過了。商博良最終葬於拉雪茲神父公墓，他的墓碑造型被刻意地塑造成一座埃及方尖碑，從象形文字的破解與埃及學的開創角度而言，其功業配上方尖碑的雄健確實當之無愧。

約瑟夫比起弟弟長壽許多，他細心整理商博良留下的文稿，出版其遺作《古埃及文法》（*Grammaire égyptienne*）與《古埃及象形文字典》（*Dictionnaire égyptien en écriture hiéroglyphique*）。此後約瑟夫陸續擔任過法蘭西文學院古文書學教授、國家圖書館主任及楓丹白露圖書館館長等職務，直到1867年以八十九歲的高齡去世。

旅居巴黎時，筆者時常喜歡流連漫步於法蘭西學會一帶的塞納河河堤旁，有時

會順便繞到學會後頭的馬薩林路那棟商博良昔日的樓房前，今日門口處已嵌上一塊醒目的門牌告知後人：**這裡便是埃及學一切的起點。**佇立在此，我不由得閉上眼睛，腦海裡浮現出那個夏末午後，手持一疊書稿的商博良欣喜欲狂地奪門而出的畫面⋯⋯

商博良之墓

2

人間喜劇的巴黎

✦ 夜間咖啡的遙想 ✦

　　寒冷徹骨的冬夜，凜冽的西風強勁地吹拂著，漆黑的夜空被薄霧籠罩。整個巴黎正在熟睡當中，只見一排排煤氣街燈搖曳著火苗，形成一列閃爍的光帶，宛如流星拖曳的尾巴，將城市的夜影栩栩如生地倒映在塞納河中。

　　左岸的盧森堡公園靠近苗圃周遭，如同森林般地茂密，延伸至天文臺一帶位置相當偏僻。蒙帕納斯大道的盡頭處是一片田野，道路兩旁帶有葡萄架與鞦韆的零星幾間小酒店在午夜時分皆已打烊。天文臺前方的卡西尼街（Rue Cassini）儘管仍在巴黎市區內，卻顯得格外寂寥荒僻，門牌六號由兩幢樓房組成，透過玻璃走廊相連，後院還有個小花園，以擺滿盆栽的矮牆作為兩者的間隔。

　　整幢樓房只有第三層樓經由窗戶透出朦朧的微光，即便如此卻在這條黑燈瞎火的巷弄中顯得極為突兀。三樓的房間鋪著藍黑底色的柔軟地毯，牆邊立了兩座桃花心木的書櫃，書櫃裡擺滿了紅色摩洛哥皮精裝的套書，書上皆印有巴爾札克·德·安塔格的紋章。書櫃對面則是擺放一具漆黑的烏木文件櫃，裡頭塞滿了許多燙金字的紅色文件夾，櫃上則有一尊拿破崙全身石膏像，佩劍上別著一張小卡，上頭書寫：**「拿破崙用劍未完成的事業，我將用筆完成。」**

　　凌晨時分，巴黎寂靜無聲，在這個百萬雙眼睛皆已閉攏，千萬盞燈光均已熄滅之時，正是巴爾札克開始工作的時間，雖然一般人都已進入夢鄉，卻是他睡醒之時。外在的世界已然歇息，但對巴爾札克而言已經是一天的開始，在這樣深沉的夜裡不會有街上車水馬龍的喧鬧聲，也不會有訪客來打擾他的工作，之所以選擇天文臺這一帶靜謐偏遠處而居，正是因為巴爾札克為了實現他那宏偉壯觀的名山事業，刻意為自己打造這樣一個孤寂冷清的時空環境。

　　巴爾札克走到桌邊點燃了咖啡爐，這是接下來幾個小時內維持他靈感與活力泉源的飲品，**與其說他對咖啡情有獨鍾，毋寧說他將咖啡視為黑色的機油，而這機油能一再地發動他這臺神奇的寫作機器**。巴爾札克攪拌咖啡時也有一種獨特的程序

——將波旁（Bourbon）、馬丁尼克（Martinique）、摩卡（Mocha）三種咖啡豆混合，再按照土耳其人的方式搗碎咖啡，如此沖泡出來的咖啡將比研磨好的咖啡味道更濃。之後他會少加點水，近似於煮成濃縮的咖啡漿，在空腹之時下肚，胃壁充血，腸胃將會有一陣陣絞扭折磨的痛感，這反倒會使巴爾札克亢奮激昂，刺激他的思想活絡。[1]**對巴爾札克而言，咖啡這樣的黑油比起吃飯睡覺或其他娛樂都來得重要，他的重點絕不在於「品嚐」，反而近乎是一種刺激性的「折磨」。**

巴爾札克飲啜著剛沖泡好的咖啡，不禁回想起二十歲當年他剛來到巴黎時的生活情景……

時為波旁王朝復辟統治的1819年，年輕氣盛剛由法學院畢業的他向父母發下豪語，立志在兩年內成為暢銷作家，此舉讓母親安娜（Anne-Charlotte-Laure）極為不滿，甚至對兒子的行徑感到羞恥。安娜計畫親自帶著青年巴爾札克離開故鄉都爾（Tours），陪著兒子到巴黎找落腳處，她處心積慮要讓兒子挨餓受苦，唯有這樣才能讓巴爾札克猛然醒悟放棄作家夢，遵循家中的期望到法律事務所去工作。因此安娜刻意挑選了左岸河堤附近一間極為寒酸簡陋、髒汙狼藉的小閣樓給兒子入住，希望很快能讓他意志消沉。

「天下沒有什麼比這斜頂的閣樓更加令人憎惡的東西了，四壁發黃，髒亂不堪，散發出窮酸的味道……」[2]儘管事隔多年，巴爾札克對當年的窘迫情景仍記憶猶新，並將這種赤貧如洗的遭遇移植到他早期的作品《驢皮記》裡：

---

[1]　巴爾札克（Honoré de Balzac）在著作中曾敘及自己喝過咖啡後，身體與思想產生的作用：「胃裡除了咖啡外，什麼也沒有。於是，咖啡便開始攻擊這敏感且柔軟舒服的內層袋，成為一種強制分泌胃液的食物，它扭擰著這些吸盤和乳頭狀突，就像女巫呼喚著神一樣。它粗暴地對待胃壁，猶如一名馬車夫百般粗魯地對待一匹年輕的馬。神經叢著了火，將火花一直傳送到大腦。於是，身體內部一切全都動了起來：腦中的想法動搖得就像戰場上拿破崙大軍的一支營隊一樣，奮勇迎戰。『記憶』已就定位，展開軍旗；『比較、對照』就像輕騎兵，在策馬飛馳中整理好隊形；『邏輯』就像炮兵，急忙地帶著炮車和炮筒趕到；『機智才能』則變裝成狙擊手。寫作技巧開始浮現於腦海，白紙上布滿墨水筆跡，欲罷不能、徹夜通宵，直到黑墨汁如黑色豪雨般地下滿整桌紙張。猶如戰爭在黑色粉末撒滿天後結束一樣。」參閱巴爾札克（Honoré de Balzac）著，甘佳平譯，《論現代興奮劑》（Traite des excitants modernes，臺北：聯經出版社，2010），頁101-103。

[2]　斯蒂芬‧茨威格（Stefan Zweig）著，張玉書譯，《巴爾札克傳》（Balzac，北京：人民文學出版社，2014），頁23。

買麵包三個蘇，買牛奶兩個蘇，買豬肉三個蘇，這些食物就能阻止我餓死並且使我處在一種奇特的清醒狀態下。你知道，我曾經觀察過節食給想像力帶來的奇妙的效果。我的住房每天花三個蘇，我燒的燈油每晚要花三個蘇，我自己打掃和收拾房間，我穿的是法蘭絨襯衫，每天可省下兩個蘇的洗衣費。我燒的是煤，價錢除以全年的天數，每天不超過兩個蘇。我準備好夠三年穿用的衣服、內衣褲和鞋子，我只有去上公開課或者到圖書館時才穿戴齊整。所有這些支出加起來只有十八個蘇，我手裡還剩下兩個蘇以備不時之需。在這很長的工作時間內，我記不起曾經走過藝術橋，也想不起我曾經買過水，我是每天早上到聖米歇爾廣場的噴泉去打水的。啊！我非常自豪地忍受我的清貧。一個預感到有美好前程的人，在艱苦的生活中前進著的時候，就像一個無罪的囚犯走向刑場一樣，是不會感到羞恥的……。在我隱居的頭十個月裡，我過的是我給你描繪過的貧窮而孤獨的生活，一大清早趁著沒有人看見，我就去尋覓當天的糧食；我收拾房間，我同時既是主人又是僕役，我帶著難以置信的自豪感來過我的第歐根尼[3]式的生活。[4]

外在的環境是如此地拮据難耐，但巴爾札克仍舊以安貧樂道的心態處之泰然，再加上他能憑藉著無與倫比的想像力，將生活周遭毫不起眼的景物點石成金，使醜陋不堪的形象得以昇華。每當他推開小閣樓的百葉窗，「放眼眺望棕色、灰色、紅色的屋頂，由石板或瓦片鋪成的屋頂，上面布滿了黃色和綠色的苔蘚。開始時我儘管覺得這景色有些單調，不久我就發覺它美得出奇。有時到了晚上，從關閉不嚴的百葉窗露出來的光線，使這個黑暗之鄉有了色彩變化，增添了生氣」，[5]即使是望著巴

3　第歐根尼（Diogenes），古希臘哲學家，犬儒學派的代表人物。約略活躍於西元前四世紀，其真實生平難以考據，僅存在若干傳聞軼事。相傳第歐根尼住在一個木桶裡，所擁有的財產只包括木桶、一件斗蓬、一支棍子和一個麵包袋。他最讓人津津樂道的一段故事則是如此描述：某日第歐根尼正在曬太陽，正逢亞歷山大大帝前來求益，年輕的君王詢問第歐根尼有何需求，並保證會兌現他的願望。第歐根尼不假思索地回答道：「我希望你閃一邊去，不要遮住我的陽光。」亞歷山大轉身對著部屬說：「我若不是亞歷山大，願是第歐根尼。」

4　巴爾札克（Honoré de Balzac）著，鄭永慧譯，《驢皮記》（La Peau de chagrin，西安：西安交通大學出版社，2015），頁75。

5　前引書，頁76。

巴爾札克故居中所陳列的書桌

黎櫛次鱗比的屋頂群相，善用想像力的巴爾札克依舊可從中擷取慰藉。

　　為了證明自己確有文學天賦，更希望早日擺脫經濟上對父母的依賴，巴爾札克狂熱地寫作，不眠不休創作了一部詩體小說《克倫威爾》（Cromwell），他迫不及待地將這部處女作拿回老家在眾人面前朗讀，但囿於身邊親友皆非專業的文學評論者，因此之後輾轉經人介紹，巴爾札克這部作品被呈送到法蘭西學會的院士前。該名院士在拜讀過後，親口對巴爾札克的母親建議：「**這位作者隨便幹什麼都可以，就是不要搞文學。**」[6]

　　或許對於常人而言，一個院士的評論便足以使人打退堂鼓，趕緊轉換人生的跑道了。巴爾札克的確意興闌珊了好一陣子，不願接受這樣的事實，他始終沒有忘卻自己所立下的偉大目標——成名以及獲得愛情，即使和母親的關係為此而鬧得更僵，他決定繼續寫下去。透過昔日大學同學的引介，巴爾札克結識了奧古斯特

---

[6]　安德烈・莫洛亞（André Maurois）著，艾珉、俞芷倩譯，《巴爾札克傳》（*Prométhée ou la Vie de Balzac*），杭州：浙江大學出版社，2014），頁56。

（Auguste Le Poitevin, 1791-1854）等幾個年輕人，平日專門寫一些粗製濫造的言情小說，交給三流的出版商來大量出版，並提供給一些不辨菽麥的讀者群來消耗這些商品。對巴爾札克而言，接受這類的工作與他遠大的夢想相比或許是一種墮落，但年輕又一文不名的他如何在與母親鬧僵後取得謀生途徑，或許才是識時務的作為，因此那段時期他開始寫一些不入流的作品來維持生計。

* *

❹ 時空遊覽 ❹

自1829年起，巴爾札克透過妹夫的介紹，定居在左岸天文臺前的卡西尼街，直到十九世紀中葉的巴黎大改造之前，這一帶的環境仍舊相當僻靜清幽，「那裡已不是巴黎，但還是巴黎。這個地方既是廣場，也是街道，又是大路；既是碉堡，又是花園，還是林蔭道；既是外省，又是首都；的確什麼都是又什麼都不是。這是一片荒漠」，[7]對於想要躲債與寫作的巴爾札克而言，是相當理想的居住環境。

百餘年後的今日，不遠處的蒙帕納斯大道（Boulevard du Montparnasse）已是條川流不息的東西交通要道，由盧森堡公園花圃盡頭的天文臺噴泉（Fontaine de l'Observatoire）方向而來，常會使人輕易忽略了大道轉角極具隱蔽性的著名咖啡館——丁香園咖啡館（la closerie des lilas）。外圍被一排高聳的綠色植物牆重重包圍，丁香園咖啡館和巴黎其他咖啡館通透的風格截然不同，除了市內的雅座外還增加了花園用餐區，遊客既可以坐在市內欣賞花園的美景，也可選擇在花園裡用餐。

在巴爾札克居住於此區域的百年後，美國作家海明威（Ernest Miller Hemingway, 1899-1961）也來此客居，透過葛楚·史坦（Gertrude Stein, 1874-1946）的介紹加入了「巴黎現代主義運動」（Parisian Modern Movement），並由此展開迷惘世代（Lost Generation）的藝術道路。海明威當年時常流連於丁香園咖啡館，往往獨坐整日寫作，《太陽照常升起》（The Sun Also Rises）便是他在丁香園咖啡館花了四個星期便完成的代表作。**許多近代歐**

---

[7]　前引書，頁122。

美文學佳作，其蘊蓄的詩韻及宏旨，皆透過一杯杯濃郁的咖啡香而得到昇華。

　　丁香園咖啡館外的人行磚道上，豎立著一座威儀非凡的內伊元帥全身塑像，表達了內伊元帥於戰場上拔刀呼喊衝鋒的颯爽英姿。內伊元帥畢生戎馬倥傯，跟隨拿破崙征戰歐洲，在波旁王朝復辟後被判處死刑。臨刑前，內伊為了維護元帥尊嚴，拒絕戴上眼罩，並下令士兵對自己開槍射擊。學院派畫家尚－李奧・傑洛姆（Jean-Léon Gérôme, 1824-1904）便曾根據這則故事，完成了《內伊元帥的槍決》（*The Execution of Marshal Ney*），畫面當中倒地的內伊元帥已然遭槍擊身亡，掉落在他的身旁的禮帽亦表示他最後仍對這樣判決感到尊重，無情的行刑隊伍頭也不回地依次離開，象徵著波旁守舊勢力的指揮官以輕蔑的眼神望著地上的元帥遺體。昏暗迷離的街燈佇立在簡陋的土牆旁，聖寵谷教堂（Église Notre-Dame-du-Val-de-Grâce）影影綽綽的宏偉穹頂，則象徵了元帥的安息主懷，整個畫面以朦朧的黃褐色為主，更增添了幾許的傷感。內伊元帥當年受刑的地點，大致上就在丁香園咖啡館轉角人行磚道一帶，今日在此則立一塑像為之紀念。

　　沿著與卡西尼街呈垂直相交的丹佛－羅什洛大道（Avenue Denfert-Rochereau）往南行，遊人將會在丹佛－羅什洛圓環廣場上看到一座醒目的雄獅雕塑，這是在法國近代史上赫赫有名的「貝爾福雄獅」（Lion of Belfort）雕像。故事發生在1870年的普法戰爭時期，貝爾福（Belfort）是法國東北部的弗朗什－孔泰區（Franche-Comté）的一座城市，具有巴黎、史特拉斯堡及里昂幾座大城間的樞紐戰略性質，普魯士動員了六萬大軍圍攻這裡。丹佛－羅什洛（Pierre Denfert Rochereau, 1823-1878）上校率領部屬聯合該城居民共一萬多人進行堅守抵抗。任憑普魯士軍如何對貝爾福城進行猛烈地炮擊，全城依舊堅持戰鬥，進攻方卻莫之奈何。

　　直到1871年二月，已向普魯士投降的法國國民議會對貝爾福下達停止抵抗的命令，全城居民才在丹佛－羅什洛上校的帶領下，高舉著法國旗幟，全副武裝地離開。總計貝爾福城抵抗敵軍的進攻轟炸長達一百零四天，出於敬佩之心，普魯士允許貝爾福城在普法戰爭後不須被併入新建的德意志帝國版圖。為了肯定該城的英勇表現，法國政府日後委託著名的雕刻藝術家巴托爾迪（Frédéric Auguste Bartholdi, 1834-1904），即日後的自由女神像創作者，在貝爾福城堡下方的紅色砂岩鑿成了一座十一公尺高、二十二公尺長的雄獅塑像，居高臨下俯瞰著整片貝爾福城。而為了紀念驍勇作戰的丹佛－羅什洛上校，在蒙帕納斯這一帶，也分別

以廣場、道路和地鐵站為之命名，今日矗立於廣場上的雄獅雕像，是巴托爾迪製作於貝爾福的複製品。

此外，丹佛－羅什洛圓環廣場在大革命之前是令人憎厭的包稅商城牆之大門。1784年，為了解決巴黎市區嚴重的走私所造成的政府財政損失，包稅商集團（Ferme générale）得到官方許可，決定在巴黎周圍修建一道長達二十三公里圍牆，並在其上設置六十二處稅關以收取貨物稅收。此舉不僅引發更嚴重的走私效應，民怨的反彈聲浪更是始料未及。許多巴黎人認為自路易十四時代拆除舊有城牆以來，巴黎已經逐漸轉型為無城牆開放性的都市，但面對政府的施政走回頭路，加上各處稅關的刁難訛詐，一再鼓動市井小民的反抗情緒與憤怒。因此在大革命後，這些充滿欺壓霸凌意識形態的稅關及城牆也就難逃拆除的命運了。

值得一提的是，今日的遊客在丹佛－羅什洛圓環廣場上仍舊可以看到消逝於大革命時代那惡名昭彰的稅關遺跡。廣場上那兩座對稱的三層樓斜頂古建築，即為昔日稅關建築，這是難得逃脫大革命怒火下的倖存者，儘管那些盤剝訛詐民眾的稅務官員已然消失，我們仍可想見當年這座關卡前每日大排長龍的景象。只不過，即使從大革命的戰火中倖存下來，這兩座建築物今日也成為了巴黎一個令人毛骨悚然的特殊景點之入口——地下墓穴（Les Catacombes de Paris）。

為何這裡會成為地下墓穴的入口處呢？今日絕大多數的巴黎人或許皆已遺忘，丹佛－羅什洛大道在十九世紀中葉之前原有個響亮的大名——「地獄街」（Rue d'Enfer），在巴黎千餘年來的發展歷史中，由於地底的石塊被大幅度的開採造成地基不穩，1774年十二月十七日這條地獄街果真發生了地獄景象的悲劇，整個地面在人來人往的稅關要道上突然塌陷，整排的房屋剎那之間都失去了蹤影，人車也都在毫無預警的情況下跌入地面。由於史料的闕如，如今難以詳查當年事故的傷亡數據，不過由當時地面塌陷所造成的裂縫長達四百公尺看來，受到波及的影響範圍應該不小。

經過官方後續的事故現場勘查，該路段地面下方是古代的採石場，當年的礦工將石塊挖出後，僅留下少部分支撐礦頂，多年後當下一批礦工發現此區已被挖空，又往下挖入更深層。是故，每座採石場的礦底也就成為了另一座採石場的礦頂，整個採石場坑道綿延上百公

里，若是坍方意外再度發生，至少半個巴黎都將難逃灰飛煙滅的威脅！直到1785年巴黎瘟疫肆虐，為了解決墓地短缺和公眾衛生危機的問題，當局決定將市區內的公墓全數清空，將遺骸全數充實至搖搖欲墜的採石礦坑。整個公墓的遷移與採石場的加固作業，由建築師紀堯姆（Charles-Axel Guillaumot, 1730-1807）負責統籌，從某個角度來說是他拯救了整個巴黎市，遷葬作業完工後他將古代採石場取名為「地下墓穴」，墓穴入口則開在丹佛－羅什洛廣場處，而紀堯姆去世後的遺骸也進入了這個地下墓穴。今日的地下墓穴粗估共有六百萬具遺骸埋葬於此，堪稱世界上最大的合葬群，目前則開放一小部分供民眾參觀。

　　在巴爾札克時代還是僻靜冷清的巴黎市郊，如今卻擁有如此豐富多樣性的諸多景點匯集於此，不知巴爾札克若地下有知，還會為世人編織出多少扣人心弦的傳奇故事呢？

＊　＊　＊　＊　＊　＊　＊　＊　＊　＊　＊　＊　＊　＊　＊　＊　＊　＊　＊　＊

　　放下手中已見底的咖啡杯，巴爾札克已有許久沒有回憶起那段忍飢挨餓的日子了，他始終不想面對當年那些粗製濫造的文章是出自他的文筆，儘管他寫作速度極快，也賺取了不少生活費，但卻浪費了自己的天賦。打開文件櫃中的各式歸檔文件，巴爾札克取出了一疊厚重的文稿，首頁以龍蛇飛動的字體寫著《幽谷百合》（The Lily of the Valley），望著這部日前付梓的作品，一部獻給他此生初戀的作品，巴爾札克不禁又陷入了沉思……

　　巴爾札克家與貝爾尼一家當了多年的鄰居，彼此也相當熟識，貝爾尼伯爵（Gabriel de Berny）是個忠貞的保王黨分子，曾擔任宮廷參事一職，儘管與貝爾尼夫人生過九個孩子，但夫妻間的感情並不和睦。貝爾尼夫人原名洛爾（Laure de Berny, 1777-1836），母親是當年瑪麗・安東妮王后的貼身侍女，自幼便出生於凡爾賽的她，還是國王與王后的教女。如此光彩的出身，自然使她從小就熟悉宮廷禮儀，學得一派高雅氣度。洛爾年僅十六歲便嫁給了貝爾尼伯爵，遭逢法國大革命的恐怖統治時期，夫妻倆雙雙入獄，幸而羅伯斯比爾的垮臺及時拯救了他們。拿破崙時期，貝爾尼動用人事關係進入了軍需部工作，因此結識了當時與軍需部有商業往來的巴爾札克之父貝爾納－弗蘭索瓦（Bernard-François Balzac），最後官至宮廷

參事。如今賦閒在家的貝爾尼伯爵健康情形很糟，眼睛已幾乎失明的他，脾氣相當暴躁，是故夫妻雖然共同生活在同一個屋簷下，但卻各自有著自己的生活。

眼看貝爾尼一家既擁有顯赫的貴族身分，亦不乏萬貫的家產，巴爾札克那位勢利現實的母親安娜處心積慮想要拉近兩家人的關係。鑑於貝爾尼夫人的寂寞伶仃，安娜不時藉著串門子拜訪，也鼓勵巴爾札克的妹妹洛爾多和貝爾尼的孩子們親近。可想而知，這樣的進展不會讓安娜覺得滿足，於是她毛遂自薦向貝爾尼夫人提議由巴爾札克擔任孩子們的家庭教師，很快地便得到了夫人的首肯。對於巴爾札克這個兒子，安娜時常與其鬧彆扭，似乎從他年幼時便不曾給他太多的關愛，但至少對兒子的素質能力她還是相當清楚的。儘管巴爾札克身形肥胖，也不具有一副英氣逼人的外貌儀表，但他伶牙俐齒，反應機靈，還擁有法學院畢業的漂亮學歷，安娜相信不久兒子也會成功打進貝爾尼這一家的友誼圈中。

原先巴爾札克設想在寫書之餘，能夠有一份家教的兼職也是不無小補，於是罕見地接受了母親的這項工作提議。在伯爵夫人的家中，巴爾札克大致上僅從事伴讀、教授夫人的兩位小女兒繪畫、音樂等活動，並不會讓他感到勞心費力。然而在這段時間，貝爾尼夫人對這個年輕家教的關懷與貼心，卻澈底讓巴爾札克感受到無比的溫暖，那是一種來自成熟女性的柔媚以及母性的溫潤，而這種母性的特質又恰好是巴爾札克整個童年成長時期渴望從親生母親那裡得到，卻絲毫沒有獲得的感覺。時年四十五歲的貝爾尼夫人，已經有了一個外孫，由於缺乏她的歷史肖像我們無從判斷她的外貌是否驚為天人，但至少以她當時的年紀、身分與地位，必然不會去引誘一個二十二歲的胖青年。

整起事件的演變超乎了母親安娜的預料，巴爾札克竟然愛上了貝爾尼夫人，他時常在夫人面前講述自己的童年過往，講他獨自在巴黎如何度過窘困難耐的生活，講他腦海中目前還構思著哪些新穎的故事題材，貝爾尼夫人總是閃爍著一雙柔媚明亮的雙眼，帶著溫情和順的笑意，關懷備至地靜靜聽他訴說。每當巴爾札克結束一段吐露心腹的話題後，夫人總會以她豐富的人生閱歷，透過雍容高雅的語氣給與這個年輕人意見。偶爾，夫人也會溫柔地糾正他的魯莽言行和笨拙的舉動，但絕不是以他那位親生母親慣用的粗暴生硬的方式，而是輕聲細語的規勸，鶯聲燕語般的告

誠。相對地，巴爾札克也清楚夫人的婚姻並不幸福，丈夫的無能與壞脾氣使她忍受著多年的痛苦，更何況多年前夫人失去了一個與巴爾札克年齡相仿的兒子，移情作用似乎讓夫人對這個小夥子有著更多的憐愛同情，這使得兩個人多了一種感情上的聯繫。

1822年春，幾度趑趄不前的掙扎後，巴爾札克斗膽向貝爾尼夫人表白：

> 請想想，夫人，在遠離您的地方有一個人，憑藉一種奇妙的天賦，他在空中循著一條理想之路飛越漫長的距離，如癡如醉地守候在您的身邊；他分享您生活中的甘苦，同情您，祝福您；他以青年人特有的純真感情熱烈地愛著您。對於他，您不只是朋友，不只是姊姊，甚至可以說不只是母親，不，您比這些更多，對於我，您是看得見的神明，我的一切都是為了您。真的，如果說我夢想著偉大光榮的事業，那是因為我把這當作接近您的跳板；假如我開始做一件重要的事，這是以您的名義。您在無意之中成了我的保護人。最後，請您設想在人類心靈裡所能產生的一切柔情蜜意和火熱的激情，我相信當我想念您的時候，全都具備了……[8]

接到信件後的貝爾尼夫人相當震驚，儘管她一向很欣賞這個年輕人，但主要仍是出自於一份長輩對晚輩的疼愛，更何況自己身為人妻，兒女成群，年齡上的差距更無法讓她接受對方的示愛。巴爾札克面對著這段初戀毫不洩氣，他日復一日，情書不斷，「不要再對我講您的年齡了，我會覺得說這種話很可笑」，「我給妳寫著信，回味著妳的狂吻！此刻我能有什麼思想呢？妳把它們全帶走了。是的，我的整個靈魂都同妳的連在一起了，從今以後妳只能同我在一起」。[9]巴爾札克的情書攻勢極其猛烈，貝爾尼夫人自十六歲即被門當戶對地許配給貝爾尼伯爵，青年人之間的柔情蜜意、熱情奔放是她此生未曾經歷過的體驗。漸漸地，夫人也增加了回信的次數，並時常在文字中暗送秋波、含情脈脈，甚至信中還會夾著一朵花。貝爾尼夫人

---

[8]　安德烈·莫洛亞著，艾珉、俞芷倩譯，《巴爾札克傳》，頁74-75。
[9]　前引書，頁78。

最終還是接受了巴爾札克的愛，這份感情與日俱增，巴爾札克身上原本具有的一切特質皆被這份愛喚醒，成熟男性、藝術家、思想家，**這場初戀滿足了年輕人成長過程的心靈缺憾，也成了他在創作疲憊之餘早期的避風港。**

對於兒子與一個與自己年齡相仿的女人談起戀愛，母親安娜感到痛心也無法理解，縱使她再如何阻止巴爾札克與貝爾尼相會也無濟於事，有了貝爾尼夫人的資金奧援，她的年輕戀人已可獨立在外謀生，安娜頓時感到兒子被人奪走的失落感，遑遑不可終日。

1824年，心血來潮的巴爾札克竟和人合資經營印刷廠，在今日左岸的維斯康堤街十七號（17 Rue Visconti）[10] 租下了店面，他野心勃勃地想將《莫里哀全集》與《拉封丹全集》這兩部傑出的文學作品集全數刊印。只不過這位日後操翰成章的大文豪，在投資經商方面實在是缺乏天賦，巴爾札克不僅想經營印刷廠，還想投資出版業，毫無財務概念與理財觀念的他竟然讓整個投資血本無歸，合資者紛紛撤資，面對廠房租金、印刷機器與費用、工人薪資等等欠款，巴爾札克被債主逼得走投無路，最終還是貝爾尼夫人替他搞定了數萬法郎的債務。這段荒唐的經歷確實可以看出巴爾札克在投資理財方面的盲點，但卻也讓巴爾札克從中得到了一筆精神的財富，足以讓他窺見現實金錢世界的內幕，後續他不斷在著作中描繪走投無路的商人所遭受的苦難，企業界裡爾虞我詐的盤剝取利，以及法律界生動逼真的見聞，均為巴爾札克青年時期涉足實業的歷練。

一場不貲之損的投資，貝爾尼夫人非但不怪罪她的小情人，反而更加鼓勵年輕人應該多方面去嘗試，願意陪著他去追夢，「如果說我曾經狂妄地幻想得到天堂的愛情，如今即使這種夢想完全實現也遠遠比不上你對我的愛」，[11] **和巴爾札克交往似乎也彌補了夫人年輕時期錯過的狂戀情懷，只要她能力所及，都可以無條件贊助他，培養這位成長中的天才。**漸漸地，貝爾尼夫人慷慨的行徑也得到了安娜的諒

---

[10] 今日此地點已是一間名為奧諾雷‧維斯康堤（Honoré Visconti）的畫廊，而奧諾雷正是巴爾札克（Honoré de Balzac）之名。

[11] 安德烈‧莫洛亞著，艾珉、俞芷倩譯，《巴爾札克傳》，頁139。

解，也贏得了巴爾札克家人的寬恕。持平而論，在巴爾札克初期的創作道路上，貝爾尼夫人無論在資金贊助或心靈撫慰上厥功甚偉，這段感情的結合，使他早年的筆耕歲月要順利平穩許多。

巴爾札克當然不會對貝爾尼夫人深情無怨的付出無動於衷，他將這份誠摯的初戀，這段跨越年齡身分限制的熱戀，以《幽谷百合》這部作品回報給了貝爾尼夫人。故事主要描述青年貴族菲利克斯追求莫爾索伯爵夫人的過程：伯爵夫人平日得忍受暴戾的丈夫，致使家庭生活缺乏樂趣。認識才華洋溢的菲利克斯後，儘管掀起夫人感情上的波瀾，但始終沒有接受這份愛。菲力克斯隨後赴巴黎求職，與另一貴婦迪特利小姐墜入情網。伯爵夫人得悉後悲痛而絕。知情者皆能看出這個故事含有許多自傳成分，巴爾札克自比貴族青年，而故事中莫爾索伯爵夫人的聰慧與獻身精神則酷似貝爾尼夫人。回憶當初貝爾尼夫人不顧社會眼光與身分年齡委身於他，巴爾札克能夠深刻感受到其中的堅忍和真摯，「在那鮮為人知的幽谷裡，莫爾索夫人同情欲之間悄悄展開的這場激戰，其規模之大，也許可以同任何一次最大的戰役相比」，[12]書中特意加入了這樣的讚詞，使當時病入膏肓的貝爾尼夫人閱讀之後潸然淚下，她確信這段感情的付出沒有白費，當年的小情人如今已成長茁壯，頭上足以戴上那頂令她驕傲的桂冠了。巴爾札克以《幽谷百合》對自己的初戀情人做出深刻的回顧與致敬，貝爾尼夫人也在讀畢未久後病逝了。

望著書稿良久，巴爾札克猛然回過神來，不久前貝爾尼的逝去令他哀痛逾恆，也象徵著他澈底地與青年時代作了告別。縱使傷慟之感久久揮之不去，巴爾札克眼下已有了一個嶄新的寫作計畫，而這項計畫將能使他重新找回新的動力和目標。今晚的咖啡因已開始發揮作用，巴爾札克感到情緒亢奮，思路清晰敏捷，隨即抽換了桌上的空白文稿，並在上頭迅速寫下斗大的標題「高老頭」。

12　前引書，頁290。

✦ 《人間喜劇》下的巴黎眾生相 ✦

　　1799年五月二十日，奧諾雷·巴爾札克（Honoré Balzac）出生於法國中部城市都爾的一個商人家庭，父親貝爾納－弗蘭索瓦（Bernard-François Balssa）早年以兜售官方的糧秣軍需品事業起家，透過巧妙的投機性格，在拿破崙與波旁政權之間左右逢源，大發利市。直到五十歲左右，貝爾納－弗蘭索瓦才娶了一位銀行高層的女兒安娜（Anne-Charlotte-Laure Sallambier），儘管兩人的年齡相差了三十二歲，但安娜的父母看到貝爾納－弗蘭索瓦非凡的經商能力與人脈，便欣然地接受了這門親事。**這樣的觀念也自然而然影響到安娜的價值觀，認為財富才是決定一切幸福的關鍵。**其次安娜與夫婿年齡與心智上的懸殊差距，也使得這位由中產階級家庭中成長的嬌嬌女，在婚姻的最初幾年總是鬱鬱寡歡，與夫婿同床異夢，最明顯的表現莫過於對長子出生後的冷漠與疏離，以至於在她往後的人生中，與巴爾札克會不時發生衝突齟齬，離心離德。

　　貝爾納－弗蘭索瓦原姓「巴爾撒」（Balssa），是地方農民之子，在四處經商與高層來往之際，逐漸對自己的農家出身感到莫名的自卑，遂在改朝換代的動亂時改姓Balzac，除了聽覺上高雅許多之外，還意圖使人誤會與當時真正的貴族名門「巴爾札克丹泰格」（Balzac d'Entraigues）有著親戚關係。**貝爾納－弗蘭索瓦這種在乎頭銜出身的自卑心態，也深深地影響了兒子，使得巴爾札克對貴族階級始終懷著崇高的理念，終其一生都希望能夠成為上流社會的一分子。**1829年，巴爾札克在結束前期投資失利的荒唐行徑後，藉由貝爾尼夫人的鼓勵和資助，第一本以他原名發行的小說《舒昂黨人》（*Schuon party*）問世，只不過巴爾札克特別選在這個而立之年，在姓氏前加了「德」（de），為自己冠上貴族的稱謂。此後的每部作品，奧諾雷·德·巴爾札克（Honoré de Balzac）都以自己傳承著貴族血統行文於世，**「貴族情結」成為巴爾札克一生永遠無法擺脫的情感羈絆。**

　　至此，讀者不難理解，為何在及冠之年的巴爾札克會勇於追求一個長他二十餘歲的女人，當然戀母情結是其中一個要素，巴爾札克自幼便受到母親安娜的刻意冷

落，貝爾尼夫人身上具有一切吸引他的特徵：溫柔、和善、慈愛，足以彌補他童年歲月的缺憾。但我們更不應該忽略，**與貝爾尼夫人的交往，除了能滿足巴爾札克在金錢物質上的控制欲，更能藉由她進入夢寐以求的上流社會社交圈，這些都是他存在於潛意識裡的「貴族情結」在發揮作用。**

與貝爾尼夫人交往後不久，巴爾札克透過妹妹友人的輾轉介紹，又戀上了身世更為顯赫的貴婦，拿破崙昔日愛將于洛將軍（Jean-Andoche Junot）的遺孀——阿布朗泰絲公爵夫人（Laure Junot d'Abrantès）。這位芳名遠播、熱情輕挑的公爵夫人，年輕時代曾與拿破崙、梅特涅[13]等多位知名當權者有過情感糾葛，能與歐洲政壇上的菁英們並列為阿布朗泰絲公爵夫人的入幕之賓，絕對是巴爾札克求之不得的恩典。實際上，阿布朗泰絲公爵夫人也有自己的考量，從前傾城傾國的她如今已美人遲暮，她想寫點回憶錄來粉飾名聲，順便補充她那份微薄的年金收入，胸無點墨的貴族夫人遂想利用年輕的巴爾札克成為她的寫手。

巴爾札克文不加點地為新的情婦寫了一本回憶錄，他毫不在意公爵夫人挪用了原作者的名諱，**對他而言能與權貴交往即是目的，能因此而進入上流社會便是榮耀。**果不其然，巴爾札克的委曲求全確實能為他招來益處，阿布朗泰絲公爵夫人隨後便引領他進入到全巴黎最有名的雷卡米耶夫人的文化沙龍裡，在這裡巴爾札克陸續結識了那些業已享有盛名的同行，雨果、拉馬丁，[14]曾幾何時一文不名的他，如今確實成功進階到常人無法企及的上流社會文化圈了。

無獨有偶，在現實人生中對貴族階級充滿迷戀、無法自拔的意識形態，也見諸於巴爾札克筆下各部著作，並以教養小說[15]的文學形態，成為其書中背景的重要結

13　梅特涅（Klemens Wenzel von Metternich, 1773-1859），十九世紀前期奧地利首相、重要外交家。畢生主張維護歐洲均勢形態，拿破崙遭流放後，梅特涅主導歐洲列強組成維也納會議（Le congrès de Vienne），試圖在歐洲建立一套和平的權力平衡體系。在1848年的革命風潮後失勢下臺，流亡英國、比利時。

14　拉馬丁（Alphonse de Lamartine, 1790-1869），法國著名浪漫主義詩人與政治家。其文風語言樸素，但格外強調抒發內在的感受，代表作有《新沉思集》（Nouvelles Méditations）、《湖》（Le lac）等。曾任國會議員、外交部長職，1848年在總統選舉中被路易·拿破崙擊敗後退出政壇，此後潛心寫作。1869年於巴黎去世。1888年畫家文森·梵谷（Vincent van Gogh, 1853-1890）客居南法阿爾（Arles）期間，租下那棟有名的黃色小屋，就位在以拉馬丁為名的紀念廣場上。參閱拙著，《直到我死去的那一天：梵谷最後的親筆信》（臺北：華滋出版社，2015），頁205。

15　教養小說（Bildungsroman），是在啟蒙運動時期的德國所產生的小說形式，通常是以一位年輕人為

構。1831年，巴爾札克創作了他早年的經典佳作《驢皮記》（*La Peau de chagrin*），故事敘述一名由外省至巴黎闖蕩的青年拉斐爾（Raphaël de Valentin），在遭逢打擊後子然一生，原打算投塞納河自盡，不料卻在骨董店裡從神祕的猶太商販處得到一張驢皮，驢皮擁有的神奇力量將使拉斐爾得以在巴黎社會迅速發跡，金錢、權力、愛情諸多願望都能圓滿實現。只不過，這張驢皮的神奇功效是建立在拉斐爾的生命之上，因此，每當一個欲望被滿足時，驢皮就會縮小。等到驢皮縮小到消失不見時，拉斐爾的生命也就會隨之消耗殆盡，而這篇奇幻的教養經驗作品也就到此終結。

　　巴爾札克生動地將現實生活中，對物質強烈的欲望渴求，透過一張現實可觸的驢皮來比擬，隨著對金錢、權位的貪欲不斷地膨脹，人的意志與健康也隨之耗損。與故事主人翁相同，巴爾札克也是由外省來到弱肉強食的巴黎奮力拚搏，一旦接觸到上流社會的誘惑，幾乎是無法自拔地沉迷於其中，從這角度來看《驢皮記》也是一部傳記式的教養小說。**無論是巴爾札克本人或是他作品中的主人翁，似乎都具備了無法掙脫的「貴族情結」，作者本人並非對此毫無知覺，而是想要透過作品闡述現實的社會現象，一個擺盪於封建與共和體制轉型期間的法國社會現象。**

　　在歐洲中古世紀的封建制度統治下，社會階級的組成猶如金字塔般地排列，而貴族就屬於在社會金字塔頂端的階級，享有領地、財富及政治參與的一切特權。只是，1789年法國大革命的爆發意味著傳統封建結構的金字塔面臨崩潰，底層的百姓與農民不堪忍受，期望看到改變。也因此當貴族階層逐一沒落、逃亡、受刑之後，行之千年的傳統價值遭受到了挑戰，即「血統不再享有一切特權」，大革命後所頒布的《人權宣言》（*Déclaration des Droits de l'Homme et du Citoyen*）的第一條便明文主張「在權利方面，人們生來是自由平等的」（*Tous les Hommes naissent et*

主角，敘述其成長、人生經歷為主要情節。這位主角會以理想化的方式達到當時人們對於受教化之人的理想性，此類小說往往帶有一些傳記性質。除了巴爾札克擅長描寫此類型文學之外，其他著名的教養小說如狄更斯（Charles Dickens）的《塊肉餘生錄》（*David Copperfield*，或譯《大衛‧科波菲爾》）、斯湯達（Stendhal）的《紅與黑》（*Le Rouge et le Noir*）以及福樓拜（Gustave Flaubert）的《情感教育》（*L'éducation sentimentale*）等。

demeurent libres et égaux en droits）。只是，**當傳統的階級金字塔崩潰之後，昔日社會的領導階層產生了真空，誰有能力繼續帶領整個社會前進？誰能夠真正取代貴族階層在千年歷史傳統中的優勢地位？這樣的問題始終苦惱著革命後的世代**，我們也可以看見，拿破崙的稱帝與隨後的波旁王朝復辟，都是因應這項社會變革大哉問後所做出的急就章反應，大革命後的法國社會也始終在封建復辟與共和體制之間不斷折衝擺盪。

成長於拿破崙與復辟王朝時代的巴爾札克，敏銳地觀察到了這樣的社會現象，在他看來，社會領導階層的真空勢必需要填補，然而貴族的沒落亦是大勢所趨，**他筆下的作品正是呈現整體歐洲社會轉型期間的重組過程**。儘管貴族階層遲早走向覆滅，但在復辟王朝與隨後的七月王朝[16]期間，這個階級仍舊保有相當的權勢、財富與政治優勢，**以至於在找到一個完整全新的社會階層將其取代之前，巴爾札克仍希冀不斷透過攀附、巴結貴族階層而晉升上流社會，這也是他欲登上人生巔峰的唯一敲門磚，「貴族情結」的真實意義盡皆於此。**

《驢皮記》還不僅僅是巴爾札克寓現實於虛構文本的早年傑作，在這部小說當中更描繪出他未來的寫作宏圖，以小說作為整個社會觀察的剖面圖，將社會分割出上層與底層、財富與貧窮、揮霍與匱乏、沙龍的巴黎與破敗的巴黎。他驚奇地發現，整個巴黎社會一切都是素材，蘇格蘭作家史考特爵士（Walter Scott, 1771-1832）[17]善於將歷史與故事結合為一體，並在自己的多部作品中描寫了蘇格蘭的人文歷史與風土人情，給了巴爾札克很好的示範，如此將歷史與豐富的人文環境相互結合，不僅能夠使作品本身更加嚴謹，各故事間的聯繫也更加緊密。十九世紀的的巴黎是一個多元性有機體的組合，巴爾札克將能夠選擇社會上各種不同階層的人以及不同工作

---

[16] 七月王朝（Monarchie de Juillet），又稱「奧爾良王朝」，指始於1830年的法國七月革命，由奧爾良公爵路易‧腓力執政，至1848年的二月革命被第二共和國取代的王朝。

[17] 華特‧史考特爵士（Sir Walter Scott, 1771-1832），十八世紀末蘇格蘭著名也最受歡迎的歷史小說家。史考特的作品充滿無數浪漫的冒險故事，相當受到該時代讀者的喜愛，他最為膾炙人口的作品是《撒克遜英雄傳》（*Ivanhoe*，又譯《艾凡赫》、《劫後英雄傳》）。今日全世界到愛丁堡旅遊的觀光客皆能見到愛丁堡新城區路旁那座哥德式宏偉醒目的史考特紀念塔（Scott Monument）。史考特的歷史小說，也深刻影響了日後創造出經典推理小說《福爾摩斯探案》（*Canon of Sherlock Holmes*）的作者柯南‧道爾（Arthur Conan Doyle, 1859-1930），參閱拙著，《名偵探與柯南：福爾摩斯藝文事件簿》，頁35。

性質者作為論述對象，巧妙的是，他領悟到不需要一直去創造太多新的角色，只要能夠善加排列組合，相同的人物可以在不同的的作品中反覆出現，環環相扣。半個多世紀後，《追憶逝水年華》（À la recherche du temps perdu）的作者，深受巴爾札克創作理論影響的另一位大文豪普魯斯特（Marcel Proust, 1871-1922）如此讚曰：

> 巴爾札克用一種既是旁觀者又是父親的眼光回顧自己的作品，他靈機一動，突然想到，如果將它們連成一個系列，讓相同的人物再度出現，效果會更好一些。於是，他按照這種銜接方法，為他的作品加上了最後，也是最精彩的一筆。[18]

　　巴爾札克以己身的見聞作為論述基礎，試圖在讀者面前呈現出一個時代的巴黎現況。他將整個寫作計劃分為三大部分：**《風俗研究》**、**《哲理研究》**與**《分析研究》**，而其中又以第一部分的《風俗研究》內容最為豐富，可細分成六大類來描寫：《私人生活場景》、《外省生活場景》、《巴黎生活場景》、《政治生活場景》、《軍隊生活場景》、《鄉村生活場景》。如此的細分，將能夠全面反映出該時代的巴黎眾生相，「任何一種生活處境、人情世態、男人和女人的性格、生活方式、職業行當、社會圈子或地域，無論老年人、成年人、兒童，還是政治、司法、戰爭，絕無遺漏」。[19]

　　至於第二部分《哲理研究》，是探討《風俗研究》所揭露眾生相情景的原因，巴爾札克欲探勘整體社會，並做出評斷，從中找出社會及個別生命賴以生存的條件為何。最後在《分析研究》裡，接續前面已探討過的巴黎眾生相及原因，巴爾札克將歸納出原則，假如以一齣戲劇來做比喻，最初的風俗研究是戲劇本身，原因探討的哲理研究是幕後的布景和機關，最後的原則歸納就是作者本人。他期許這樣的寫作計畫如同一部西方的《一千零一夜》，將整個社會中的個人、群體和現象完整包覆，做出簡明清晰的論述與分析。

---

[18] 安德烈・莫洛亞著，艾珉、俞芷倩譯，《巴爾札克傳》，頁255。
[19] 同前註。

巴爾札克對自己寫作計畫感到滿意，猶如興建一座宏偉壯闊教堂的使命感，「我將要控制整個歐洲的精神生活」，[20]**這是個前所未有的無比計畫，將上百本的著作結合成一部具連貫性的社會百科全書，每個故事皆獨立發展，卻又彼此之間環環相扣，不僅考驗著作者本人的毅力與記憶力，現實生活的時間掌控也是一項重要因素。**值得注意的是，巴爾札克首創了文學史上的「**人物再現法**」（**le retour des personnages**），[21]在他筆下的部分人物會在多部作品裡反覆出現，從生到死、由貧而富，不一而足。不同的小說敘述到同一人物的多樣變化，將使原本龐大的故事結構增添更多的複雜性，如此一來讀者將不會只關注巴爾札克一部小說，而是一整個系列的小說。「人物再現法」的特別性還在於，有時候不見得會讓特定人物反覆再現，而是讓其他小說人物在「閒談」當中提及這些人物的近況或轉變，巴爾札克轉換以第三者的角度重新來詮釋故事，豐滿人物的深度外，也增加了故事的真實性。透過描繪巴黎各社會階層結構的角度，研究其中龐雜人物與環境、事件所交集的社會體系，最終將成為一個名副其實的「巴爾札克世界」（le monde Balzacien），他為這個筆下的世界命名為「人間喜劇」（*la Comédie Humaine*）。

* *

◉ 時空遊覽 ◉

　　透過與阿布朗泰絲公爵夫人的交往，巴爾札克成功進入到了當時的社交名媛雷卡米耶夫人（Madame Récamier, 1777-1849）的文化沙龍裡，這是他正式涉足上流社會的一個明顯標誌。

　　出生於里昂，本名茱莉葉（Juliette Récamier）的雷卡米耶夫人，是十九世紀法國文化界充滿傳奇色彩的大人物。早在她及笄之年時便與母親的情夫，四十二歲的銀行家賈克・雷卡米耶（Jacques-Rose Récamier）共結連理，實際上雷卡米耶就是茱莉葉的親生父親，兩

---

[20] 前引書，頁162。
[21] 參閱甘佳平，〈《人間喜劇》人物類型：巴爾札克的夢想、經驗與創作〉，收錄於《淡江外語論叢》2011年6月（第17期），頁81-106。

人之所以會結婚一方面在堵塞社會上的流言蜚語，另一方面也是在恐怖統治時期的保護性策略，對此雷卡米耶夫婦倆彼此心照不宣，夫妻的相處也始終維持在相敬如賓的友誼關係。

　　雷卡米耶夫人沉默寡言、雍容爾雅，她的文化沙龍以嫻雅氣質吸引著十九世紀前期的諸多文化界人士，著名的文藝評論家聖伯夫（Charles-Augustin Sainte-Beuve, 1804-1869）稱讚她的沙龍是「文人雅士的庇護所」，[22]作家們迫不及待至此朗誦他們未發表的文章，音樂家則是時常在此舉辦小型演奏會。

　　氣質出眾的雷卡米耶夫人也吸引了著名的新古典主義代表畫家大衛來為她作畫，參訪羅浮宮的遊人可以在德農館的二樓達魯廳（Salle Daru）見到與《拿破崙加冕禮》並列的這張《雷卡米耶夫人》（*Portrait de madame Récamier*），法國大革命後的上流社會興起了復古風，希臘風格的薄紗長衣及短髮，加上赤足與露肩的自在奔放，成為了仕女們爭相模仿的款式。大衛畫中的雷卡米耶夫人樣貌便是以此裝扮，微微側身慵懶地斜躺在貴妃椅上，身旁的復古長燭臺也象徵著夫人具有古典的高貴氣質。遺憾的是，這幅作品最終並沒有完成，肇因於夫人覺得他作畫速度過慢，畫中人與自己也不像，繪畫大師則是受不了受人頤指氣使，兩人為此不歡而散。

　　心有不甘的雷卡米耶夫人，事後再找大衛的門生傑哈德（François Gérard, 1770-1837）另外畫了一幅肖像，這張同名的作品今日讀者可以在瑪黑區的卡納瓦雷博物館當中見到。傑哈德選擇了希臘羅馬風味的庭院涼廊作為背景，後方的紅色帷幕用來襯托雷卡米耶夫人玫瑰般的雙頰，眼神柔媚、嘴角含笑的夫人肩帶滑落，微露酥胸，與老師大衛的前作相比，更能顯出主人翁風韻迷人的魅力。可想而知，雷卡米耶夫人對於傑哈德的這幅作品感到滿意許多。

　　拿破崙統治時期，雷卡米耶夫人的沙龍聚集了許多保王派人士，這些人時常在沙龍中抨擊時政，甚至共謀顛覆拿破崙政權，此舉因而引發了皇帝對她的不滿，一度下令將雷卡米耶夫人驅逐出境。即便如此，懂得憐香惜玉的拿破崙每每想到雷卡米耶夫人，仍讚曰「王者之秀色」。[23]放逐期間夫人遊歷義大利、瑞士等地，反而吸引了更多異國名流仕紳的追捧。

---

[22] 斐蓮娜・封・德・海登─林許（Verena von der Heyden-Rynsch）著，張志成譯，《沙龍：失落的文化搖籃》（*Europäische Salons: Höhepunkte einer versunkenen*，臺北：左岸文化出版社，2003），頁154。

[23] 威爾・杜蘭（Will Durant）著，幼獅文化公司編譯，《世界文明史・第十一卷拿破崙的升沉》（*The Story of Civilization*，臺北：幼獅文化出版社，1995年九印），頁179。

波旁王朝復辟後，雷卡米耶夫人回到巴黎在左岸塞夫荷街十六號（16 Rue de Sèvres）[24]的宅邸繼續開設沙龍，雨果、拉馬丁、聖伯夫、斯湯達等菁英群星皆環繞之，巴爾札克便是在這個時期加入此陣容。在夫人晚期的沙龍文化人士裡，夏多布里昂（François-René de Chateaubriand, 1768-1848）這位浪漫主義的文學大師，是她最珍視、熱愛的情人，雷卡米耶夫人時常為情人籌辦詩作發表會或晚宴，並陪伴著他完成晚年的代表作《墓畔回憶錄》（Mémoires d'outre-tombe）。

晚年的雷卡米耶夫人雙目逐漸失明，年老體衰，但仍吸引眾多文藝界人士的愛幕景仰。1848年夏多布里昂過世，傷心欲絕的夫人結束了她富有盛名的文藝沙龍，並於隔年在小田園街十四號（14 Rue des Petits Champs）的寓所孤苦過世，如今小田園街這一帶早已成為巴黎街區日韓料理的匯集地了。

已故美國知名作家、史學家威爾·杜蘭（Will Durant, 1885-1981）在代表作《世界文明史》（The Story of Civilization）中述及拿破崙時代時，不僅提到了多位豪傑猛將，還替雷卡米耶夫人專闢一章作為介紹，可見其歷史上的特殊地位。美國前總統甘迺迪的遺孀賈桂琳（Jacqueline Lee Bouvier Kennedy Onassis, 1929-1994）曾被問及，身為被全世界仿效對象的她，心中最想仿效的對象是誰呢？這位前第一夫人態度謙和地回答：「那無疑是雷卡米耶夫人，她是法蘭西風範的最佳代表。」

* *

巴爾札克的《人間喜劇》宏觀藍圖已然構成，緊接著巴爾札克需要一部頂樑柱般的小說來撐起整體計畫，這就是讓他構思良久的《高老頭》（Le Père Goriot）。這部作品可以說是巴爾札克最重要的作品，今日我們在中文世界的各大網路搜尋引擎、圖書館乃至各書店架上，凡是要找巴爾札克的翻譯作品，《高老頭》始終是最具代表的首選作品。箇中緣由，除了本作堪稱是《人間喜劇》的重要骨架外，也將巴爾札克趁勢推上了文壇的頂峰，這本書發表於1835年，一時間洛陽紙貴，家喻戶誦，澈底證明了當年那位法蘭西學會的院士看走了眼，巴爾札克確實有非凡的文筆

---

[24] 這個巴爾札克參與過的全巴黎最富盛名的沙龍，昔日位置即今日地鐵塞夫爾—巴比倫站（Sèvres-Babylone）之出口處。

與才華。而《高老頭》書中的內在思維也代表著巴爾札克身處於復辟時代，知識分子所面對歐洲社會轉型期的重組過程的反省與思考。《人間喜劇》世界觀裡所有一切對腐敗和貪婪、拜金主義的深刻描述和臧否皆由此發端。

　　儘管《高老頭》不算是一本大部頭著作，但敘事內容由多條線索相互交織，結構紮實：渴望兩個女兒能夠孝順的高老頭，最終破產被遺棄；外省青年哈斯蒂涅希望能在巴黎社交圈出人頭地，卻日漸被腐化墮落；苦役犯伏脫冷喬裝躲避追緝，教唆策畫一系列陰謀；米旭諾與波阿萊的違背良心、伏蓋太太的虛榮及皮安訓醫生的無私美德，這一連串錯綜糾葛的恩怨情事，皆在左岸聖珍妮維芙（Sainte Geneviève）街區代表著下層階級的伏蓋公寓上演著。至於上流社會的奢靡浮誇及矯飾虛偽，則透過在聖日耳曼街區鮑賽昂夫人的豪宅沙龍來呈現，藉由兩種截然不同的社會結構形態，巴爾札克勾畫出復辟王朝法國社會的一幅剪影。

　　年輕時期的巴爾札克曾在左岸度過一段貧困煎熬的日子，代表著下層破敗生活的伏蓋公寓便設定在他熟悉的環境：

> 　　公寓的屋子是伏蓋太太的產業，坐落在聖－珍妮維芙新街下段，正當地面從一個斜坡向弩箭街低下去的地方。坡度陡峭，馬匹很少上下，因此擠在華・特・葛拉斯軍醫院和先賢祠之間的那些小街道格外清靜。兩座大建築罩下一片黃黃的色調，改變了周圍的氣息；穹窿陰沉嚴肅，使一切都黯淡無光。街面上石板乾燥，陽溝內沒有汙泥，沒有水，沿著牆根生滿了草。一到這個地方，連最沒心事的人也會像所有的過路人一樣無端端地不快活。一輛車子的聲音在此簡直是件大事；屋子死沉沉的，牆垣全帶幾分牢獄氣息。[25]

雖然這個陰沉死寂的地方仍屬巴黎市區內，但**對該時代許多人而言，真正的巴黎屬於右岸，左岸僅是偶爾會漫步至此的邊陲地帶**，以致巴爾札克接著敘述：

---

[25]　巴爾札克（Honoré de Balzac）著，傅雷譯，《高老頭》（*Le Père Goriot*，臺北：志文出版社，1996），頁18。

一個迷路的巴黎人在這一帶只看見些公寓或者私塾、苦難或者煩惱、垂死的老人或是想作樂而不得不用功的青年。巴黎城中沒有一個區域更醜惡，更沒有人知道的了。[26]

　　對比伏蓋公寓場景的沒落，書中以哈斯蒂涅的遠房表姊鮑賽昂夫人作為天壤之別的對比，這位貴族社會中的領袖，是紙醉金迷的生活象徵。初出茅廬的哈斯蒂涅只要一提到自己有這樣的表親，立即身價百倍，得到旁人的矚目。鮑賽昂夫人開導這位遠房表弟在巴黎出人頭地的方法：「你愈沒有心肝，愈高升得快。你得不留情的打擊人家，叫人家怕你。只能把男男女女當作驛馬，把牠們騎得筋疲力盡，到了站上丟下來；這樣你就能達到欲望的最高峰。」[27]巴爾札克透過描寫這個花團錦簇的繁華社會，揭示上流社會中赤裸裸的金錢與權力關係，暗諷這些名流虛偽的價值觀。其實，鮑賽昂夫人表面上的光鮮亮麗，遮掩不了內在的失落頹唐，最終她還是遭到情夫的拋棄，淒涼落魄地離開巴黎。**書中這樣的描寫揭示了復辟時期這群窮奢極欲貴族的真實樣貌，巴爾札克也暗指「貴族階層必然走向衰亡」的歷史命運。**

　　為了增加劇情張力，巴爾札克著力刻畫高老頭那兩位從小以資產階級觀念培養的女兒，一位高攀貴族，成了上流社會的一分子；另一位嫁給了銀行家，成為了金錢物欲的奴隸。高老頭以豐厚的嫁妝將她們送進貴族社會，妄想著自己也能夠晉升上流階層，卻不料散盡家產後淪落到孤零零地死在伏蓋公寓，臨死前奢求見女兒最後一面仍不可得。在故事角色的設定上，高老頭彷彿莎士比亞的《李爾王》（*King Lear*）一般，對女兒的要求無條件地滿足，卻換回女兒的拋棄的悲慘結局。**巴爾札克藉由高老頭的悲劇，抨擊金錢物欲如何毀滅人性、敗壞人倫的過程。**

　　除此之外，主人翁哈斯蒂涅由單純良善一路走向墮落腐敗，也是《高老頭》書中的一大亮點。

　　哈斯蒂涅是整部《人間喜劇》的舞臺當中，舉足輕重的一個角色，早在《驢皮

---

[26]　前引書，頁19。
[27]　前引書，頁99。

記》中巴爾札克便曾讓他以上流社會的紈褲子弟面目登場，因此《高老頭》故事背景當中的大學生哈斯蒂涅無疑是《驢皮記》的「前傳」，帶領讀者見識這名外省的純樸男孩如何被腐化成野心家。伏蓋公寓中的另一名房客伏脫冷，是名綽號「鬼上當」的詐欺犯，他用其一貫的訛詐手法教唆哈斯蒂涅以血腥非法手段「利己拜金」，引誘著利欲薰心的年輕人犯罪。金錢便是一切的力量，有了錢才能夠往上爬；為了有錢，就必須先把良心塗黑。巴爾札克套用了浮士德的故事概念，將伏脫冷塑造為現實名利場中的梅菲斯特（Mephisto），[28]將極端利己主義與社會黑暗的底蘊向哈斯蒂涅和盤托出，循循善誘。事實上**《高老頭》的哈斯蒂涅與伏脫冷的配對組合，就是巴爾札克先前在《驢皮記》中拉斐爾與那張象徵著貪念物欲的驢皮的進階改造，伏脫冷與驢皮皆是讓涉世未深的青年快速達到社會頂端的媒介**。差別在於，《驢皮記》中那張充滿神奇魔力的驢皮未免與真實社會脫節，經過巴爾札克寫作思想上的加工，由老於世故、刁滑奸詐的伏脫冷取而代之，對野心勃勃的年輕人進行一番思想教化，將使整個故事更加寫實。

哈斯蒂涅最終目睹了高老頭悲憤而死，這在故事結尾給了他最大的衝擊，他發現身處復辟王朝的道德混亂時代，無論是貴族門第或是真摯愛情，甚至是崇高的父愛都鬥不過最現實的金錢。他的良心開始萎縮，墮落開始加劇，在埋葬高老頭的同時，哈斯蒂涅「埋葬了他青年人的最後一滴眼淚」，[29]站在拉雪茲神父公墓的他遠眺巴黎，看著凡登廣場到榮軍院（Les Invalides）之間的區域，那一帶便是他所嚮往的上層社會集中地，哈斯蒂涅喊出要與整個巴黎社會拚一拚，至此完成了他腐化為野心家的過程。

哈斯蒂涅要如何與巴黎社會一拚？其實，巴爾札克在書中的最末一句話給了答案：「哈斯蒂涅為了向社會挑戰，到特·紐沁根太太家吃飯去了。」[30]紐沁根太太即為高老頭嫁給銀行家的小女兒，其夫紐沁根靠巧取豪奪、投機取巧而致富，哈斯蒂涅決心攀附紐沁根太太這條線，進到資本市場的投機事業。最重要的是，**《高老

---

28 浮士德（Faust）為歐洲中世紀傳說中一位著名的學者、占星師，為了追求知識和權力，向魔鬼梅菲斯特作出交易，出賣了自己的靈魂。歌德、古諾、白遼士等著名文學家與音樂家都有相關的作品。
29 巴爾札克著，傅雷譯，《高老頭》，頁328。
30 前引書，頁330。

頭》書中的結局並非單純只是哈斯蒂涅的選擇，也是巴爾札克內心的選項。前文曾提及巴爾札克特有的「貴族情結」，正是由於他敏銳地觀察從大革命至復辟時代的社會領導階層，貴族階級仍舊保有相當的權勢、財富與政治優勢，以至於在找到一個全新的社會階層將其取代之前，巴爾札克仍期望透過攀附、巴結貴族階層而晉升上流社會。事實上，具有深刻的社會觀察眼光的巴爾札克早已在著作當中揭示，**這個將取代上層貴族的新階層業已出現，即是書中紐沁根所代表的銀行家、資產階級，未來的社會將以這群人的意志而前進，將以這群人的欲望而進行變革。**因此，巴爾札克絲毫沒有如某些評論者所言，畢生都死守著「貴族情結」的觀念不放，與哈斯蒂涅相同，巴爾札克深知未來想要成功，勢必得走上資產階級的道路。

那麼，巴爾札克親身嘗試了嗎？

1830年七月革命，正式終結了波旁王朝的復辟統治，由資產階級所擁護的奧爾良王朝取而代之，證明巴爾札克判斷舊時代貴族的沒落趨勢完全正確，社會領導階層將逐步朝向資產階級過渡。巴爾札克精確地觀察到金錢已成為當前社會裡唯一的上帝，而「貴族需要金錢才能生活並且確保他們的新社會等級；然而，對於金錢力量的追求卻也敗壞了他們的潛力。富人最後屈從於『狂熱的自我表現欲中』。對金錢、性以及權力的追求，成了一場精巧、可笑以及毀滅的遊戲」。[31]**傳統的舊式貴族需要金錢，是為了維持其奢靡的生活與體面的社會地位；新興的資產階級聚斂財富，不僅是在滿足其享樂的心態，更是在缺乏安全感下的一種心理防衛機制。**

在扛鼎之作《高老頭》中，巴爾札克便塑造了一位奸狡詭譎的銀行家紐沁根，藉此將資產階級的權力與價值虛構完全表現出來，紐沁根之妻（高老頭的小女兒）在書中這麼對著高老頭說道：

> 你知道他所謂的企業是怎麼回事？他買進空地，教一些傻儡去蓋屋子。他們一方面跟許多營造廠訂分期付款的合同，一方面把屋子低價賣給我丈夫。然後他們向營造廠宣告破產，賴掉未付的款子。紐沁根銀號這塊牌子

---

[31] 大衛·哈維（David Harvey）著，黃煜文、國立編譯館譯，《巴黎，現代性之都》（*Paris, Capital of Modernity*，臺北：群學出版社，2007），頁46。

巴爾札克筆下的重要場景，拉雪茲神父公墓

把可憐的營造商騙上了。[32]

　　巴爾札克敏銳地刻畫了十九世紀上半葉的銀行信貸體系，描述了銀行家如何占據權力網絡中的節點，以票據信用來支配社會的資源。為了更進一步描繪資產階級對現代社會的支配及其背後的現實，1839年後他陸續發表了兩部前後連貫繼《高老頭》之後的傑出作品──《幻滅》（*Illusions perdues*）與《交際花盛衰記》（*Splendeurs et misères des courtisanes*，又譯《煙花女榮辱記》），同樣以教養小說的形式撰寫而成。在《幻滅》中，巴爾札克重新塑造了一個與哈斯蒂涅極為相似的青年呂西安，兩人年齡相仿，均為由外省至巴黎闖蕩的沒落貴族後代，哈斯蒂涅

---

[32]　巴爾札克著，傅雷譯，《高老頭》，頁266。

透過遠房表姊鮑賽昂夫人宅邸的生活見識到巴黎上流社會的浮華，而呂西安則是透過貴婦芭潔東夫人（Mme de Bargeton）的文學沙龍而決心至巴黎尋求發展，因此就兩人的立足點而言，皆擁有一模一樣的條件。

巴爾札克對呂西安在巴黎的拚搏過程比起哈斯蒂涅更加具體化，他讓呂西安選擇進入報社新聞業工作，在十九世紀初新舊時代的過渡時期，法國社會有許多特殊的新興產業，他獨具慧眼地挑選了新聞行業來作為這個故事的切入點，無疑在同時期的文學史上是大膽而獨特的。透過《幻滅》中呂西安的經歷，巴爾札克揭開了這個新興行業的神祕帷幕，為了與同業之間的競爭，如同今日在臺灣的我們也看到類似的情形，假新聞報導充斥版面、抄襲街談巷議的無謂瑣事、接受某政黨或利益團體的資助引導輿論……，巴爾札克筆下的新聞業是個為了金錢願意出賣靈魂與人格的場域，性格懦弱的呂西安最終則在黨派傾軋、文壇鬥爭中身敗名裂。此外，書中呂西安的摯友兼妹婿大衛，一個勤懇踏實的發明家，由於經營印刷所、鑄字廠和遭人算計，不得不放棄研究的專利，從此棄絕科學研究的理想，我們不難看出該角色緣自現實中巴爾札克自身經歷的投射。

呂西安與大衛在不同領域所遭受的失敗，均勾勒出十九世紀上半葉的資本主義的競爭、同行間的傾軋以及奪人財富是以何等陰險毒辣的方式在進行。值得注意的是，當巴爾札克在《幻滅》的結尾敘述灰心喪志的呂西安打算投河自盡時，竟巧遇越獄在外的伏脫冷，這位善於權謀計算的「鬼上當」再度以三寸不爛之舌挽救了呂西安，並與之達成協議：提供一切人脈及不擇手段的方法，幫助呂西安重登上流社會舞臺，而所有的榮華富貴將與伏脫冷共享。精明的巴爾札克就讓《幻滅》的故事就此結束，呂西安得到一次重返巴黎社交圈的機會。後續伏脫冷將帶領呂西安，聯合煙花女子埃絲黛，意圖訛詐同樣是詭譎無行的銀行家紐沁根，兩個巧偽趨利的老狐狸之間的精彩對決，就留待《交際花盛衰記》再續了。

從初期的《驢皮記》到寓意深刻的《高老頭》，再接續《幻滅》與《交際花盛衰記》的引人入勝，巴爾札克完整地建構出行將就木的貴族階層，為了延續體面生活而如何仰人鼻息般地苟活，同時也生動展現了新興資產階級財大氣粗的倨傲，與力爭攀龍附鳳的勢利嘴臉。**《人間喜劇》透過與巴黎相關的形形色色，讓歷代的讀**

者深刻體會十九世紀社會過渡階段的人文風貌，「他細緻地揭開並表述了隨時隨地充滿於資產階級社會子宮中的社會力量。巴爾札克去除了巴黎的神祕面紗，同時也去除了覆蓋在巴黎之上的現代性神話，因此而開啟了新視野」。[33]

　　身為一個熱愛巴黎的旅人，巴爾札克最讓筆者感到欣慰的是，**藉由他筆下所構築的世界，為後世完整保留那個經奧斯曼大刀闊斧改造前的原始巴黎風貌，正如一幅栩栩如生的十九世紀前期的巴黎浮世繪，也包含了當時人看待巴黎的心情與印象**。例如，在《幻滅》中敘及呂西安於1821年初抵巴黎時，無疑也正是巴爾札克往昔的心境：

> 在巴黎，首先引起注意的是規模宏大：鋪子的華麗，房屋的高度，車馬的擁擠，隨處可見的極度奢華與極度貧窮的對比，先就使你吃驚。富於想像的呂西安想不到有這些同他不相干的群眾，覺得自己大大的縮小了。在內地有些名氣，無論到哪兒都感到自己重要的人，突然之間變得毫無身價是很不習慣的。在本鄉是個角色，在巴黎誰也不拿你當人，這兩個身分需要有一段過渡才行；太劇烈的轉變會使你失魂落魄。[34]

　　來自法國西南部的昂古萊姆（Angoulême）[35]的呂西安，比起巴爾札克的故鄉都爾相距巴黎還要偏遠，因此作者在此藉由自身早年的心情經歷加諸於主人翁上，對巴黎所有事物充滿驚奇、自卑的第一印象，顯得更加貼切、有說服力。**對於巴黎舊時代的風貌，巴爾札克無疑是同時期最傑出、最敏銳的社會觀察家，他的筆不只是文藝之筆，刻畫近代法國社會發展的脈絡與各階層人物的情感，他的筆還是史家**

---

[33] 大衛・哈維著，黃煜文、國立編譯館譯，《巴黎，現代性之都》，頁43。

[34] 巴爾札克（Honoré de Balzac）著，傅雷譯，《幻滅》（*Illusions perdues*，北京：人民文學出版社，2015），頁102。

[35] 昂古萊姆（Angoulême），是法國西南部夏朗德省（Charente）的首府，位於夏朗德河（Charente）南岸高臺地上。在羅馬時代便是一個小鎮，英法聯軍時期曾一度被割讓給英格蘭。昂古萊姆自十四世紀起就是製紙和印刷的中心，因此巴爾札克在《幻滅》中特意設定大衛在此投資造紙業與印刷業，最後遭人算計而失去所有事業。儘管今日昂古萊姆的造紙業已沒落，但卻以昂古萊姆國際漫畫節仍聞名於世界。

之筆，將該時代的社會風貌與景物特色為歷史據實保留，鉅細靡遺。

香榭大道，[36]這條當今世界最富盛名的購物大街，凡是初到巴黎的遊客都不會錯過的時尚景點，讀者可以跟隨《幻滅》中的呂西安一同瀏覽百餘年前情景：

> 那日天氣很好，漂亮的車子絡繹不絕，往香榭大道進發。呂西安跟在大批散步的人後面，只見那一帶和每個晴朗的星期日一樣，擠滿了三四千輛車好比隆尚賽馬場。馬匹，服裝，號衣，一派奢華的場面看得呂西安頭暈眼花；他一路行來，到了正在動工的凱旋門前面。[37]

猶如馬車遊行活動，十九世紀的香榭大道成為了上流社會招搖遊街的時尚指標，此番舉止帶著充分的炫耀性質，無論在馬匹的健壯、車輛的豪華或服飾的華麗典雅，「一派奢華的場面看得呂西安頭暈眼花」，香榭大道成了貴族與資產階級爭奇鬥豔的競賽擂臺。

除了在香榭大道上可以觀賞到上流社會的奢華派頭之外，十九世紀的巴黎還可以在歌劇院感受到相同的氛圍，巴爾札克仍然透過呂西安的經歷為今日讀者保留該時代的場景：

> 晚上七點，他跳上一輛出租馬車趕往歌劇院，頭髮燙得像迎神賽會中的聖約翰，背心、領帶，無一不好看，只是第一次穿在身上，賽過背了一個硬殼，有點發僵。他按照芭潔東夫人的囑咐，說要進內廷總管的包廂。檢票員看他的漂亮衣衫好像借來的，神氣活脫是個男儐相，便問他要票子。[38]

---

[36] 法語的「avenue」一詞，由原意「到達」的古法語動詞avenir的過去分詞衍生而來；最淺顯而易懂的例子是「香榭大道（Avenue des Champs-Élysées）」。由這條大道一直上坡，便會「到達」屹立在盡頭的凱旋門，因此最適合用來說明avenue的構造。換句話說，avenue通常是和歷史紀念建築物搭配的。轉引自鹿島茂著，吳怡文、游蕾蕾譯，《巴黎文學散步》（臺北：日月文化出版社，2008），頁28。

[37] 巴爾札克著，傅雷譯，《幻滅》，頁118。

[38] 前引書，頁108。

提到巴黎歌劇院，對大多數的遊客而言往往會想到的是那棟坐落在嘉布遣大道（Boulevard des Capucines）旁歌劇院廣場的加尼葉歌劇院（Opéra Garnier），[39]儘管參訪過此的遊客絕對不會忘掉它那金碧輝煌、雕欄玉砌的華麗風格，小說家卡斯頓·勒胡（Gaston Leroux, 1868-1927）也在代表作《歌劇魅影》（Le Fantôme de l'Opéra）中將其名聲推向世界，但這座建築是由建築師加尼葉（Charles Garnier, 1825-1898）於奧斯曼整頓巴黎期間設計，並在1875年才完工的建築物，此時的巴爾札克已長眠二十五年之久了，因此《幻滅》中呂西安造訪的歌劇院絕非加尼葉歌劇院。

　　巴爾札克的時代歷經過兩座巴黎歌劇院，第一座是在魯瓦爾街〔rue de Louvois，今日魯瓦爾噴泉旁（Fontaine Louvois）〕的街口，但剛好在《幻滅》故事背景年代的1820年，波旁王朝之王儲貝里公爵（Charles Ferdinand, Duke of Berry, 1778-1820）在觀賞完歌劇後，於劇院門口遭人暗殺，此事令路易十八怒不可遏，於是魯瓦爾街的歌劇院遂被遷怒而遭拆毀。當局隨後另外在義大利大道（boulevard des Italiens）與魯貝爾提耶街（Rue Le Peletier）的交叉路口，即今日的法國巴黎銀行地段（BNP Paribas），設置了一座臨時性的歌劇院，主體以灰泥和木頭構築的這座歌劇院，從外觀上完全能感受到臨時的替代感，但由於後續的經費以及奧斯曼改造巴黎進程的關係，這座「臨時性」的歌劇院直到1873年毀於祝融後才結束了它的替代任期。透過巴爾札克的「史筆」，這座臨時性的歌劇院才得以在歷史上留下一道掠影。

　　除了這些代表著上流社會色彩的地點，巴爾札克更不會遺漏描繪那些屬於下層百姓或貧戶聚集的區域景象，最特殊的一例是，在今日熙來攘往的羅浮宮外呈現一整片貧瘠落後的樣貌，這是讓現代人難以聯想的。在巴爾札克晚期的作品《貝姨》（La Cousine Bette）裡有著這樣的敘述：

[39] 今日的巴黎還有一座位於十二區的巴士底歌劇院（opéra de la Bastille），坐落於巴士底廣場旁，是二十世紀八〇年代的密特朗總統任內，基於建設「現代化而平民化」的歌劇院而打造的。如今國立巴黎歌劇團（Opéra national de Paris）大多數的歌劇會選擇在巴士底歌劇院演出，而加尼葉歌劇院則上演芭蕾舞劇。

對巴黎這一角落的現狀做一番描寫，自然不是什麼離題的插曲，因為不久之後這番情景恐怕就難以想像了；我們的子侄輩見了羅浮宮竣工之後的新貌，豈肯相信，在巴黎的心臟地帶，在近三十六年來，先後三個朝代用以接待法國和歐洲的菁英名流的王宮對面，竟會有那麼不堪入目的景象，而且還整整拖了三十六個年頭。

從通往卡魯索閱兵場石橋的拱頂狹廊，到博物館街，誰要是來到巴黎，哪怕只短暫地逗留幾天，都會發現這段路上有十來座房子，門面破敗不堪，房主們早已洩了氣，誰也不再去修繕，當初拿破崙下決心要完成羅浮宮工程，這個老區先後都拆了，就剩下了這十來間。長老街和死胡同長巷，是這片灰暗、冷清的破房屋中間的兩條通道，裡面的住戶十有八九是幽靈，因為從來見不到一個人影。路面比博物館街的馬道要低得多，與寒衣街處在一個水平線上。由於廣場位置很高，這些房子幾乎被埋在地底，整個被籠罩在羅浮宮高大的長廊投下的陰影中，永遠不見天日，朝北的這一邊，被風吹得黑乎乎一片。陰森，死寂，冷颼颼的風，加之深陷下去的街面，如同洞穴一般，使這一座座房屋成了埋葬死屍的地下室，成了活人的墳墓。

當人們乘馬車經過這死氣沉沉，拆剩下來的半個街區，朝那條狹窄的長老街的深處望一眼，靈魂就會嗖地發冷，心想有誰會住在這種鬼地方，一到了夜裡，當小街變成了殺人搶劫的場所，巴黎的惡棍披上黑夜的偽裝，胡作非為的時刻，這裡該會發生什麼事情。[40]

難以想像，在今日羅浮宮外那座由貝聿銘（Ieoh Ming Pei, 1917-2019）所打造，世界知名的玻璃金字塔的西面，卡魯索廣場的馬路圓環（Place du Carrousel）至卡魯索凱旋門（Arc de Triomphe du Carrousel）的這一帶，在巴爾札克時代還充斥著十來座的「釘子戶」破舊老宅，這是拿破崙當年沒能來得及將其拆除乾淨，竟在隨後的復辟與七月王朝時期成了陰森恐怖的「活死人墓」。不僅如此，「相連的

<hr>

[40] 巴爾札克（Honoré de Balzac）著，許鈞譯，《貝姨》（*La Cousine Bette*，上海：上海譯文出版社，2014），頁50-51。

黎希留街那一頭，是一片沼澤地，杜樂麗宮方向，街面上是白花花的一片海洋，長廊的一側，是陰森森的小園子和木板屋；舊羅浮宮一邊，則是大石頭碎瓦礫的荒灘」。[41] 整個區域面貌呈現幽暗慘澹之感，周遭還透著一股殘破滄桑之感。**羅浮宮一帶滿目瘡痍的景象，藉由巴爾札克的文字保留至今，也讓我們清楚了解商博良任職羅浮宮埃及文物館長時的工作環境樣貌。**

看過這一帶的歷史景象後，讀者應注意北面的里沃利路景觀，這條在拿破崙統治期間鋪設的規則型開闊道路，象徵新時代都市規劃的開展，但與這破落陰森的老宅區相鄰確實顯得格格不入。不僅如此，里沃利路北面往黎希留路的方向，除了是一片沼澤地之外，還是昔日汙穢淫亂的風化場所，巴爾札克在《交際花盛衰記》裡如此描繪：

> 朗格拉德街和鄰近的幾條街把王家宮殿和里沃利路分割開來。這部分地方位於巴黎最引人注目的街區之一，將把巴黎古城那些垃圾堆成的小土丘所遺留下來的汙痕長期保留下來，這些小土丘上以前還有過風車。在這些狹窄、陰暗和泥濘的街道上，有人從事著不大講究外表的行當，所以一到夜裡，街道就呈現出神祕莫測、對比強烈的面貌。在聖奧諾雷路、小田園街和黎希留路，人們川流不息，熙熙攘攘，工業、時裝和藝術的傑作在那裡大放光彩。一旦走出這些燈火輝煌、映照天空的街道，走進周圍網狀的小街深巷，任何不熟悉巴黎的人就會感到一種淒涼的恐懼。在一個個煤氣路燈之後，都有一片濃重的黑暗。慘白的路燈向遠處投射出飄忽不定、朦朦朧朧的光線，根本照不到某些黑暗的死胡同。行人匆匆而過，十分稀少。店鋪都已關門，開著的店鋪都是下賤的場所：一家是是沒有燈光的骯髒酒吧，一家是兼售花露水的床上用品商店。刺骨的寒冷會在你肩頭披上一件潮濕的外套。經過的馬車稀少。有些角落陰森森的，朗格拉德街、聖威廉街的街口和幾條街道的拐角尤其如此。目前，市政府還束手無策，無法把這座巨大的癩

---

[41] 前引書，頁51。

瘋病院清洗乾淨，因為賣淫業早已在這裡設立了總部。讓這些小街保留其汙穢的面貌，也許是巴黎社會的一種幸福。[42]

這一帶的混亂景象，在夜間顯得更加荒唐墮落，以空間分布而言，里沃利路南面一帶是陰森幽魅的釘子戶社區，北面的小街深巷則是髒亂荒淫的特種營業場所。如果讀者朋友對上述引文中的聖奧諾雷路仍有印象的話，應能很快聯想到商博良初抵巴黎時即客居在此，為了學習科普特語他須時常造訪的聖洛克教堂，便是在這個混亂街區一側，也無怪乎十九世紀初年商博良對巴黎景物的一切印象如此惡劣了。**巴爾札克的文字描繪，配合商博良的實際感受，將使我們對該時代的風貌有更進一步的體驗。**

　　或許讀者會提出一個問題：**為何距離羅浮宮僅幾百公尺的範圍內，竟會坐落著如此汙穢的景觀呢？**要回答這個問題，我們同樣可從巴爾札克留下來的字字珠璣中得到線索。

　　巴黎王家宮殿（Le Palais Royal），[43]這座與羅浮宮比鄰的建築，是這個問題答案的重要關鍵詞，也是巴爾札克大多數的教養小說中，諸如《驢皮記》、《高老頭》或《幻滅》等，始終會固定敘及的景點，這裡更是他筆下每一位想躋身上流社會的主角們，必定會涉足的場所。王家宮殿最早是路易十三的宰相黎希留樞機主教

---

[42] 巴爾札克（Honoré de Balzac）著，徐和瑾譯，《交際花盛衰記》（*Splendeurs et misères des courtisanes*，上海：上海文藝出版社，2015），頁24-25。

[43] 巴黎王家宮殿（Le Palais Royal）在臺灣坊間的旅遊類叢書、Google Map，甚或是維基百科裡皆翻為「巴黎皇家宮殿」，這是中文翻譯裡時常對歐洲「皇帝」（Emperor）和「國王」（King）兩者的混淆誤譯。歐洲自中世紀始，除了教皇（Papa），足以稱帝者，僅有東羅馬帝國皇帝（Emperor of the Romans）、神聖羅馬帝國皇帝（Emperor of the Holy Roman Empire）與俄羅斯的沙皇（Tsar），三者皆以羅馬帝國繼承者自居，因此至十八世紀為止「皇帝」的稱號皆與羅馬帝國之傳統密不可分，意即唯有羅馬帝國精神之繼承者，才有資格稱為「皇帝」。

職是之故，波旁王朝的「太陽王」路易十四從未稱帝（Empror），而僅接受le Grand「大帝」名號，中文名詞翻譯雖相近但涵義卻相差甚遠。因法國王位與羅馬帝國並無承襲之關聯性，且西歐當時神聖羅馬帝國尚在，故這座宮殿Le Palais Royal的中文翻譯應以「王家宮殿」為妥。附帶一提，拿破崙在1806年取消神聖羅馬帝國，亦淵源於此傳統觀念，以羅馬皇帝的繼承者自居，他於1804年加冕為「法蘭西人的皇帝」（Empereur des Français），也因此在本書前一章裡提及拿破崙皆以「皇帝」稱之。

的私人府邸，由設計索邦大學（Sorbonne）禮拜堂穹頂與聖洛克教堂的知名建築師勒梅希埃（Jacques Lemercier, 1585-1654）於1624年操刀興建，深受黎希留宰相恩寵的他，為其打造了一幢內有寬廣庭院的宅邸，因此這座建築物最初並不屬於王室所有。

黎希留死後，將其宅邸贈與王室，稍後攝政的安妮王太后帶著五歲的路易十四入住，自此才名為「王家宮殿」。在法國投石黨暴動時，[44]王家宮殿被叛軍入侵，安妮王太后帶著年幼的路易十四倉皇逃生，這起事件給了未來的太陽王一個永難忘懷的痛苦回憶，因此待他親政後便著手興建凡爾賽宮。新的宮殿落成後路易十四將整個朝廷都帶往凡爾賽，而王家宮殿便賜給王弟奧爾良公爵腓力（Philippe de France, 1640-1701）作為宅邸，此後歷代的奧爾良公爵家族都定居於此。1649年英格蘭發生清教徒革命，國王查理一世（Charles I of England）遭到斬首，其遺孀亨麗埃塔‧瑪麗亞（Henrietta Maria of France, 1609-1669）流亡至法國，便是暫居於王家宮殿接受政治庇護。

直到1781年，王家宮殿的主人是極為荒唐奢靡的第五代奧爾良公爵，由於欠下鉅額債務，在破產的壓力之下，眼看就要失去王家宮殿作為抵押，奧爾良公爵受到磊阿勒市集的啟發，決定將王家宮殿原本的中庭花園改建為迴廊式的購物區來分開出售。他先將面向庭院的三面蓋了三條石製拱廊，上面樓層為公寓，後又以一條木頭拱廊將其合圍，並在這四面的拱廊中劃分店面出租，此舉果然很快地吸引眾多的商家進駐。王家宮殿由原先的公爵府邸搖身一變成為了購物商業中心，讓舊時代的巴黎人眼睛為之一亮，咖啡館、美髮店、服飾店、書店、賭場、家具店、畫廊、珠寶店、餐廳以及劇院，全盛時期的王家宮殿匯集了近一百五十間的店鋪，燈紅酒綠，令人目不暇給，但此區的商品售價較為昂貴，因此主要的客群屬於上流貴族社

---

[44] 投石黨暴動，或稱福隆德運動（Fronde, 1648-1653）。肇因於法國國庫陷入三十年戰爭而使得財政短缺，黎希留的接班者馬薩林樞機主教（Jules Cardinal Mazarin, 1602-1661）試圖將龐大的戰爭開支轉嫁於世襲法官與農民身上，引起社會上廣泛的不滿，巴黎最高法院遂鼓動巴黎市民武裝暴動。該運動源自投石器（Fronde），此係源於當時的攝政，馬薩林樞機主教的支持者遭巴黎暴民以投石器發射石塊破壞窗戶。投石黨亂大概可劃分為兩次戰役，即議會投石黨（the Fronde of the parlements）和貴族投石黨（the Fronde of the nobles）。在五年的動亂時間當中，有近一百萬的法國人死於暴亂，法國的國力大為衰退。

巴黎王家宮殿花園

會與資產階級。[45]在王家宮殿的拱廊商店裡購物，不須再顧慮外面街道的骯髒泥濘或飛揚的塵土，甚至也可以在雨天時恣意地隨興購物，王家宮殿迅速地累積了它的人氣，**這裡也成為該時代國外遊客到巴黎公認首屈一指的娛樂場所。**[46]

在巴爾札克的《幻滅》裡，王家宮殿自然也是初抵巴黎的外省青年呂西安絕對會造訪的地點：

---

[45] 即便如此，王家宮殿仍舊會吸引若干下層群眾至此消費或閒逛。例如1793年夏綠蒂・科黛刺殺馬拉的那把匕首，就是特別到王家宮殿的商鋪裡挑選的。

[46] 蕭邦曾於1841年給友人信件中提及：「我賭輸了一個史特拉斯堡烤餅。我寄給你五十法郎，請你到王家宮殿的圓室內，用三十法郎去買一個，必須是最大的烤餅。它們是從史特拉斯堡用圓木盒子裝著運來的。寫上我的地址，盡快以公共馬車運交給我。如果三十法郎只能買小盒的，那麼就花三十五或四十法郎，總得要像樣點的。為了守諾言花那麼多錢要我去買一個烤餅真是使我惱怒，特別是當我正需要錢做其他用途的時候。」轉引Henryk Opienski編，潘保基譯，《蕭邦書信集・一・下》（*Chopin's Letters*，臺北：世界文物出版社，1995），頁25-26。
文中提到的史特拉斯堡烤餅，即為今日頗富盛名的亞爾薩斯火焰烤餅（Alsatian flammekueche），往昔亞爾薩斯人皆以木材窯烤食物，而所謂的Flammekueche則是因薄餅皮在烤爐裡的木材還燃燒著熊熊烈火時就被放入，因此薄餅是在高溫火焰下被烤熟，跟一般先把燃燒的木柴取出後才放進去烘培的麵包麵團完全不同，這樣的薄餅搭配鮮奶油、起司、洋蔥或煙燻肉條為餡料，是當地十分經典的美食。

呂西安拿了三百法郎回王家宮殿，預備從頭到腳置辦新裝。他剛才看到有專門做靴子的，做內衣的，做背心的，理髮的；體面的衣著穿戴，在王家宮殿分散在十來家鋪子裡。他隨便闖進一間時裝店，老闆拿出大批禮服，讓他盡量試穿，保證每間都是最新的式樣。等他走出鋪子，已經買下一件綠色的禮服，一條白褲子，一件花色背心，總共花掉兩百法郎。一會兒又覓到一雙非常漂亮而合腳的靴子。各式各樣的必需品買齊了，他叫一個理髮師到旅館去；各家鋪子的東西也陸續送到。[47]

僅此一段的敘述中，讀者立即能夠感受到王家宮殿在當時受到熱烈歡迎的原因。首先，將分散於城市各個區域的行業以及最流行的商品全都集中在此販賣，節省了消費者奔波的時間。其次，王家宮殿裡的店鋪能夠讓顧客隨時試穿、便利訂製，這樣的概念延續至今。再者，王家宮殿裡的店鋪所販賣的商品是當季最新最流行的，如此便能夠吸引追求時髦的上流社會與中產階級投入消費，在參與宴會派對時，假若能身著一席王家宮殿商鋪所製辦的服飾，那絕對是當時最時尚、最虛榮的象徵。

　　王家宮殿的四面拱廊，其中又以木廊商場名氣最大，最有標誌性，巴爾札克還在《幻滅》當中特別為這裡闢了一個章節介紹，以下列其大略：

　　那個時期，木廊商場在巴黎赫赫有名，是個挺好玩的地方。那藏汙納垢的集市值得描寫一番，……蜂房似的鋪面儘管小得可憐，有幾間不過六尺寬，八尺到十呎深，可是供不應求，租金要三千法郎一年……

　　奇醜的外貌同內容非常相稱：藏汙納垢的廊子底下，熱鬧，嘈雜，各種行業櫛次鱗比，從1789年的革命到1830年的革命為止，做的買賣為數驚人。交易所設在王家宮殿對面的底層，有二十年之久，輿論的趨向，聲名的顯晦，政治和金融的波動，都在這個地方醞釀。交易所開市以前，收市以後，許多人約在廊下見面。巴黎的銀行家和商人往往擠在王家宮殿的院子

---

[47] 巴爾札克著，傅雷譯，《幻滅》，頁108。

裡，雨天便擁進木廊。……

　　商場中能看見書店，詩集、政論、散文，帽子店，以及夜晚才來的娼妓。這兒有的是新聞、圖書、新老牌子的名人、議會的陰謀、書店的謊話。新書在這兒發賣，群眾也固執得很，新書一定要上這兒來買……

　　兩條走廊之間的店鋪門戶洞開，像內地集市上的臨時攤子，只靠木柱支撐；從商品或者玻璃門中望出去，兩旁的走廊一目了然。室內不能生火，商人都用腳爐取暖，消防也由他們自己負責；一不小心，這個木板搭建的小天地一刻鐘就能化為灰燼……。帽子店擺滿奇怪的帽子，似乎專為陳列，不是出賣的，上百頂地掛在香菌式的鐵鉤上，花花綠綠，把幾條走廊都點綴到了。[48]

　　到了呂西安抵達巴黎的復辟時期，木廊商場已經顯得骯髒簡陋、藏汙納垢了，但這裡仍舊是上流社會的享受購物之樂的聚集地，即使沒有任何購物欲望者，王家宮殿仍舊是當時巴黎人溜搭的好去處。除了購物與閒逛的功能之外，王家宮殿裡也設有劇院、[49]咖啡廳與酒吧，書店裡還販賣著各種禁書，滿足了社會大眾視覺與味覺的享受。而在這些娛樂場所當中，擁有最高人氣的便是位於四座拱廊上層公寓裡的賭場了，此處夜夜笙歌、紙醉金迷，在全盛時期甚至還多達了三十多間賭場聚集，稱此地為巴黎的「銷金窟」一點也不為過。[50]巴爾札克在《高老頭》中便交代了紐沁根夫人唆使哈斯蒂涅前去豪賭一把：「我荷包裡有一百法郎；一個這麼幸福的女子，全部財產就是這一點。你拿著到賭場去，我不知道在哪兒，反正靠近王宮市場。你把這一百法郎去押輪盤賭，要就輸光了回來，要就替我贏六千法郎。」[51]哈斯蒂涅在賭場經一位白髮老人的指點，在俄羅斯輪盤的賭局上贏得了七千兩百法

---

[48]　前引書，頁172-173。

[49]　最具代表性者為巴黎王家宮殿劇院（Théâtre du Palais-Royal）與法蘭西喜劇院（La Comédie Française），直到今天仍在演出。王家宮殿也時常作為好萊塢電影在巴黎取景時的重要場景之一，如1963年由奧黛麗・赫本所主演的電影《謎中謎》（Charade），劇中結尾的槍戰與追逐片段便是在王家宮殿廊道間以及法蘭西喜劇院中拍攝。另外，2018年由湯姆・克魯斯所主演的《不可能的任務6：全面瓦解》（Mission: Impossible—Fallout）也安排男女主角在王家宮殿裡的花園自上一集分別後再度相見。Netflix於2020年十月推出的熱門影集《艾蜜莉在巴黎》（Emily in Paris）也有不少場景都在王家宮殿花園中拍攝。

[50]　巴爾札克著，傅雷譯，《幻滅》，頁127。

[51]　巴爾札克著，傅雷譯，《高老頭》，頁167。

郎，老人還對他千叮萬囑不可再繼續押注，見好就收。原來這是一位整日流連於賭場的退伍軍人，見多了賭場裡的詐術手法。哈斯蒂涅感謝老人的指導，給了他兩百法郎分紅，帶著其餘的七千法郎回到紐沁根夫人處，使她開始對哈斯蒂涅另眼相待。從另一個角度來看，王家宮殿是一個滿足巴黎人夢想的地方，這裡能夠讓人滿足口腹之欲、購物欲，妝點門面以晉升上流社會，還能嘗試致富翻身的機會，無怪乎那位撰寫了奇書《2440》的劇作家梅西耶語帶戲謔地評價王家宮殿：「即使是囚犯都可長久關在此地而樂不思蜀，直到數年後才會想到自由。」[52]

接著，回到前面所提到的問題，**羅浮宮附近為何坐落如此汙穢不堪的景觀**，就得從巴爾札克關於王家宮殿的敘述中來探求解答了。《幻滅》裡有這樣的敘述：

> 一到傍晚，邪氣十足的商場便充滿淫蕩的詩意。大批的娼妓在近邊的大街小巷和商場之間來來往往，多半是沒有報酬地閒蕩。巴黎各個地段的娼妓都得跑王宮。石廊商場屬於領照妓院的範圍，老闆們付了捐稅，把裝成公主般的女人陳列在某個拱廊之下，或是花園中正對某個拱廊的地方。木廊是賣淫業的公共地盤，俗語用王家宮殿作為妓院的代名詞，主要是指木廊部分。一個妓女可以跑來帶走她的俘虜，高興帶哪兒就哪兒。因為有這般婦女吸引，木廊裡人山人海，只能一步一步挨著走，好比參加迎神賽會或者假面舞會。……當時那個地方的確又醜惡又熱鬧。男人幾乎老是穿的深色衣服，女人肩頭和胸部的肉便格外耀眼，成為鮮豔的對比。嘈雜的人聲、腳聲，在花園中央就聽得見，好似一片連續不斷的低音伴奏，穿插著娼妓的狂笑或者偶爾發生的爭吵。上等人和最有身分的人，照樣被滿臉橫肉的漢子推推搡搡。這些牛鬼蛇神的集會自有一種莫名其妙的刺激，再冷靜的人也不能不動心。所以直到最後一個時期，上下三等的巴黎人源源而來。[53]

---

[52] 葛蘭姆・羅布（Graham Robb）著，莊安祺譯，《巴黎人》（*Parisians: An Adventure History of Paris*，新北：衛城出版社，2012），頁24。

[53] 巴爾札克著，傅雷譯，《幻滅》，頁174-175。

原來王家宮殿除了提供日間的休閒購物之外，在夜間搖身一變成了賣淫的特殊場所，很難判斷是因為這裡的眾多人潮將娼妓吸引過來，或是由於娼妓夜晚都聚集在此，所以才吸引了人潮，總之，王家宮殿這一帶在當時已經已成為了巴黎頗富盛名的性交易場所，甚至是昔日年輕的拿破崙也在這裡體驗了人生第一次的性經驗。[54]這些娼妓大都住在王家宮殿至黎希留路這一帶的巷弄，或是木廊商場樓上的出租公寓裡，巴爾札克在《幻滅》的續作《交際花盛衰記》中就設定貌美的名妓埃絲黛居住於此。至此，吾人已完整拼湊了由羅浮宮西面至卡魯索廣場一帶，北面里沃利路至王家宮殿、黎希留路街區整體的空間風貌：**羅浮宮至卡魯索廣場一帶遍布著陰森破舊的老宅，舉目盡是滿目瘡痍；北面的王家宮殿儘管白天是全巴黎最時尚的購物天堂，一旦到了夜晚從這裡延伸到黎希留路附近的巷弄則是不折不扣的柳陌花衢。**

七月革命後，出身自奧爾良家族的路易·腓力國王對這個祖傳的宅邸進行了重新調整：驅逐這一帶的娼妓以及關閉所有的賭場，可想而知，人潮也漸漸稀疏，王家宮殿開始步入沒落之途。

今日遊客參訪王家宮殿，皆可見到其前庭地面上，布滿了法國現代藝術家丹尼爾布倫（Daniel Buren, 1938-）於1986年創作的作品《雙盤》〔*Les Deux Plateaux*，或稱「布倫柱」（*Colonnes de Buren*）〕，由兩百六十根高低不一的黑白線條柱構成，儘管這項創作直到今天仍是備受爭議，但仍吸引了許多觀光客至此拍照，成為了王家宮殿另類的景點特色。

在印象派畫家對巴黎進行各種面貌的觀察描繪的近半個世紀前，巴爾札克憑藉一己之力，不僅是呈現了十九世紀上半葉的各階層人物面貌與時代價值觀，也構築了巴黎各區域間的獨特性與多元性。「巴爾札克妄想要號令、穿透、分解巴黎，並且將巴黎的一切內化成他心中的知覺所在」，[55]在他的筆下巴黎成為了一個具有生

---

[54] 1787年十一月二十二日，十八歲時的炮兵中尉拿破崙拜訪了著名的王家宮殿，體驗了人生首次的性經驗，非常特別的是，他本人對該晚的經歷留下了手稿。由此可推斷，在當時流連於王家宮殿確實是一種時尚，一種風範，即使在此召妓也不須刻意掩飾。參閱葛蘭姆·羅布（Graham Robb）著，莊安祺譯，《巴黎人》，頁27-29。

[55] 大衛·哈維著，黃煜文、國立編譯館譯，《巴黎，現代性之都》，頁70。

王家宮殿廣場中由藝術家丹尼爾布倫製作的雙盤作品

命力的存在體，每個個體、建築與街區都是生命體細胞組織的一部分，短篇小說
《雙重家庭》（*Une double famille*）裡詳細保留了巴黎市政廳（Hôtel de Ville）一
帶曲折陰暗的樣貌；另一則短篇《無神論者望彌撒》（*La Messe de l'athée*）透過一
個無神論者的神祕舉止，引領讀者進入聖敘爾比斯教堂，《交際花盛衰記》中將瑪
麗王后上斷頭臺前最後的棲居之所巴黎古監獄（Conciergerie）做了內外構造的縷
述……，**他成功地透過《人間喜劇》建立了十九世紀巴黎與歷史集體記憶的連結**，
「處所與市民的關係乃是城市最特出的建築與景色，而隨著某些人造物成為城市紀
錄的一部分，新的人造物也出現了。從積極正面的意義來看，偉大的觀念流經巴黎
的歷史並且塑造了巴黎」。[56]從貴族到資產階級、政府組織和軍隊，銀行信貸到新
聞媒體、司法體系與黑幫盜匪，大學生活到劇院演出，沙龍社交到鄉野雜聞，巴

---

[56] 前引書，頁72。

爾札克無一不是信手拈來，將整體法國社會澈底解構，《人間喜劇》既是一幅真實描繪永無休止的人類生活的畫卷，也是復辟王朝至七月王朝時期鉅細靡遺的法國風俗史。

　　巴爾札克曾在《幻滅》中透過呂西安的口吻，對著巴黎的景觀發願：「這就是我的天下！就是要我去征服的社會！」[57]也曾在《高老頭》描繪站立於拉雪茲神父公墓的哈斯蒂涅遠眺巴黎，氣概非凡地發出豪語：「現在咱們倆來拚一拚吧！」[58]這些情節均代表作者本人對該時代與社會懷抱的強烈企圖心，時間證明了他年輕時的壯志，拿破崙用劍未完成的事業，巴爾札克確實用筆去完成了。

　　但這一切還不夠，巴爾札克還夢想成為富有的資產階級，以及渴望追求一場永恆的愛情……

＊　＊

◑ 時空遊覽 ◐

　　在歐洲的各式城鎮裡，均坐落著許多大小不一、莊嚴肅穆的教堂，當中無論是厚重結實的羅馬式（Romanesque）、高聳削瘦的哥德式（Gothic）或帶有誇飾華麗風格的巴洛克式（Baroque），皆象徵各時代不同的文化氛圍，也展現了多元化的審美觀念與宗教信念。無怪乎有人說，**親近一座文化城市最好的方法，就是先去閱讀這座城市的古教堂，將古教堂作為書本來閱讀，細細品味其中的歷史、建築特色、信仰文化與美學觀念，是今日的旅遊者了解這座文化城市最好的導覽手冊。**

　　巴黎，當然是一座富含歷史與文化的深度城市，這裡眾多的教堂見證著城市發展的興衰蛻變。巴黎聖母院挾帶著高人氣，以鐘樓怪人與拿破崙加冕禮的風采，總是吸引著世界四方的旅人至此參訪；帶有昔日權貴風華的瑪黑區聖保羅聖路易教堂；具新古典藝術風采的瑪德蓮教堂（Église de la Madeleine）；坐落於大堂區見證數百年巴黎蔬果市集人潮的聖厄斯塔什教堂（Église Saint-Eustache）；以及曾是巴黎最富有的教堂之一，擁有巴黎最古老鐘

---

[57] 巴爾札克著，傅雷譯，《幻滅》，頁117。
[58] 巴爾札克著，傅雷譯，《高老頭》，頁330。

樓的聖日耳曼德佩修道院（Abbaye de Saint-Germain-des-Prés）等，各座不同歷史年代與風格的教堂，其本身的宗教、美學涵義與附屬的人文風貌，皆為巴黎城市的歷史增添了不少多元性與豐富性。對筆者而言，倘佯沉醉在這席流動的饗宴裡，獨對位於左岸第六區的聖敘爾比斯教堂（Saint-Sulpice，或譯「聖許畢斯教堂」）情有獨鍾。

興建於1646年的聖敘爾比斯教堂，其前身可追溯到作為聖日耳曼德佩修道院附屬教堂的十二世紀，但規模不大並很快遭到毀棄。直到十七世紀，路易十四預備將宮廷遷往凡爾賽之際，整座巴黎也隨之逐漸往西南方向建設開展，不少貴族來到左岸這一帶修建了宏偉的宅邸，因而開始對這座中世紀遺留的教堂殘跡進行全面重建。1646年的二月二十日，路易十四的母親，攝政的安妮王太后，為這座教堂疊上了第一塊基石。

聖敘爾比斯教堂的興建過程多災多難，不管是當年疊上第一塊基石的安妮王太后或是她那位聞名遠播、在位長久的兒子太陽王路易，都無緣見到它的完工日。十七世紀中葉，教堂曾因投石黨動亂而停工，之後又遭逢資金不足與建築師過世的難關，在往後百餘年的時間裡施工的進度少有進展。

聖敘爾比斯教堂的建築過程由東面開始，逐漸往西開展，在歷經六任建築師的擘劃後，教堂的主體風貌終於在喬凡尼・塞爾萬多尼（Giovanni Servandoni, 1695-1766）這位曾在翡冷翠接受過古典建築訓練的專家手中定案。遺憾的是，直到1766年喬凡尼過世時這項工程也沒有完工。

喬凡尼生前為聖敘爾比斯教堂設計了正立面，構想來自巴黎聖母院的三層三門兩鐘樓的哥德式結構，將其尖拱造型的入口轉換為半圓拱，並輔以多利克柱式涼廊，而第二層的玫瑰花窗則改變成義大利風格的愛奧尼克式涼廊，至於第三層的兩鐘樓則以科林斯柱裝飾的巴洛克式雙圓塔來替換。他原想另在涼廊上方加上

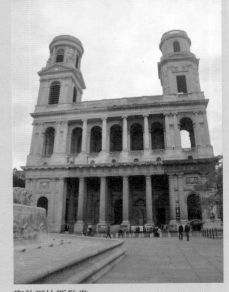

聖敘爾比斯教堂

一堵具視覺穩定效果的山形牆，該計畫最終卻人亡政息。喬凡尼死後，他那位成就非凡的學生尚‧查格林（Jean Chalgrin, 1739-1811）——後來的凱旋門設計者——接下了老師的未竟之業，重修了聖敘爾比斯教堂的北塔，將原有的巴洛克風格改變為新古典主義，並增加其高度，而恩師當年的山形牆門楣遺憾也被他安於塔樓之上。始料未及的是，法國大革命的爆發卻使得後續南塔的改建工程戛然而止，因此直至今日我們仍可看到塔身上遍布著工匠用來安插腳手架的小孔洞，塔身圓拱的出口兩側裝飾有四方形立柱，頂部處是一些模樣突兀的石塊，很明顯未被重製成科林斯柱體的樹葉狀。是故，跨越兩世紀而未完工的聖敘爾比斯教堂的外觀，其本身就包含了複雜多元的風格要素，講究均衡對稱立面的文藝復興審美觀，新古典主義的塔樓、柱廊與山形牆，以及始終等待著修復的巴洛克風貌的南塔，透過這座教堂的建築史，彷彿見證了一場近代法國美學觀念的演進過程。

除此之外，在教堂前方的廣場上有一座壯麗華美的聖敘爾比斯噴泉（Fontaine Saint-Sulpice，又名「四主教噴泉」），由日後拿破崙棺槨的知名設計師維斯康堤（Louis

教堂廣場外的四主教噴泉

Visconti, 1791-1853）興建而成。噴泉由三層相異的造型雕塑組成，最上方設計成一個帶有圓頂，科林斯式壁柱與四個壁龕的四方形涼亭，壁龕裡分別坐著十七世紀時以雄辯術聞名的四位主教：博須埃（Jacques-Bénigne Lignel Bossuet, 1627-1704）、費內隆（François Fénelon, 1651-1715）、弗萊西埃（Esprit Fléchier, 1632-1710）以及馬西隆（Jean-Baptiste Massillon，1663-1742）。涼亭以下是八角形的盆形噴泉，第二層與底層分別有著面具花瓶以及兇猛的雄獅雕像。比起千泉之城的羅馬噴泉，巴黎市區內的噴泉水柱實在是弱小許多，也許僅有聖敘爾比斯噴泉以及協和廣場上的海神噴泉的水勢堪與羅馬噴泉匹敵，然而相較於海神噴泉的雍容俗豔之氣，筆者更偏好聖敘爾比斯噴泉所呈現純潔雅致風範。

　　聖敘爾比斯教堂的多元性風格外觀，以及廣場上典雅的噴泉，不完全是吸引我的主要原因。走進教堂內部，我們將被華美綺麗的色彩和莊嚴靜穆的氛圍包圍，入口處兩側呈放聖水的巨型貝殼，是十六世紀時的威尼斯共和國贈與法國的友好見證。而教堂上方的管風琴不僅是法國規模最巨大，也是最精美的一座，十九世紀經過修復後，吸引多位音樂名家如聖桑（Charles Camille Saint-Saëns, 1835-1921）、羅西尼（Gioachino Antonio Rossini, 1792-1868）等人蒞臨，其音色至今仍保存在最佳狀態。教堂南北方向分隔了許多私人祈禱室，每間祈禱室都以色彩繽紛的宗教畫為其點綴，至於南側過道第一間的天使祈禱室則是萬分不能錯過的參觀處，法國「浪漫主義巨擘」德拉克洛瓦（Eugène Delacroix, 1798-1863）於1861年所創作的油畫名作《雅各與天使摔跤》（Lutte de Jacob avec l'ange）即陳列在此。

　　《雅各與天使摔跤》的故事出自於聖經《創世記》，描述背景是早年雅各為了躲避兄長以掃的追殺，只得遠赴舅舅拉班的家，在舅舅家工作了十四年分

德拉克洛瓦作品雅各與天使摔跤

文未取，千辛萬苦才娶到了舅舅家的兩個女兒；雅各漸漸兒女成群，並施計由舅舅處得到了許多牛羊、僕人，離家多年的雅各最後帶著妻兒家產逃離舅舅家，欲返回故鄉迦南。回鄉途中，雅各聽說兄長以掃帶了四百名隨從來迎接自己，不免感到驚恐，他無法預料多年未見的兄長是真心前來歡迎或是帶有殺機。於是他將所帶人員、財物分為三隊，令隨從先行以示善意，期望能化解兄長多年的仇恨之心。雅各獨自一人留在渡口，他心懷虔敬向上帝祈禱尋求庇護，希望上帝能化解他此次的危機。夜裡正當雅各在河邊休息時，突然來了一名陌生男子與雅各搏鬥，雅各以為是兄長派來的人馬，不得不使出全身力量與之對抗。兩人纏鬥到黎明時仍舊無法分出勝負，陌生男子便在雅各的大腿窩摸了一把，竟使雅各的腿骨瞬間脫臼無法再使力，雅各料到此人絕非凡人，硬是抱緊對方的腳，非得對方祝福自己才肯放行。原來陌生男子是上帝派來的天使，他為雅各改名為以色列，並使雅各脫離災難。在聖經故事裡雅各也成為了以色列人的祖先。

德拉克洛瓦的作品便是呈現雅各與天使搏鬥到最後一刻，天使的手按在雅各的左大腿窩這一幕，由於兩人先是在夜間搏鬥，以至於雅各看不清來人的相貌，使盡全力的他正低著頭與對方僵持著。在一旁的地上，我們也可看見雅各的隨身衣物與刀箭武器，極其細膩的德拉克洛瓦不忘告訴觀賞者，雅各面對著兄長人馬的即將到來，身邊必然準備了防衛武器。背景有兩棵蒼勁挺拔、根深葉茂的大樹相互交疊，正與前景搏鬥中的雅各與天使做了巧妙的對比，按指兩者生氣勃勃的意志力。畫中右方揚起煙塵的人馬，彷彿才剛接受雅各命令出發，更加深了整個畫面敘事的緊湊程度。德拉克洛瓦花費了三年有餘的時間繪製了聖敘爾比斯教堂的這幅作品，[59]與他在盧森堡宮的穹頂壁畫《但丁的地獄》（*Dante's Inferno*）皆為晚期

59　根據德拉克洛瓦日記，他是在1858年的七月三日開始動工，「這是和安德里歐一起去（聖敘爾比斯）教堂工作的第一天」。直到1860年的四月六日他才又提起這份工作，「今天去聖敘爾比斯教堂。布蘭熱簡直是什麼也沒有動，我吩咐他做的事，他連一個字兒也沒有聽懂。我氣得要命，抓起一支畫筆親手把純灰色骨架和垂花彩飾畫給他看」，助手的懶散使德拉克洛瓦感到氣憤。隔日，他又到了教堂觀看進度，「布蘭熱並未在那兒等我。這個壞得沒法形容的流氓從來是不起勁的，什麼也不幹，自己拖拖拉拉，反而怪我變動太多。實際上他根本沒有來！我一肚子火回到家裡，就這些事給他寫了封信」，或許德拉克洛瓦最終辭退了這位名叫布蘭熱的助手，後續我們不會在日記中看到他提及此人。在聖敘爾比斯繪製這幅作品的最後紀錄是在1861年的一月一日，「我仍和平常一樣到聖敘爾比斯去做我的工作。我沒有出去拜年（只寄過一些賀年片，這並不費事），整整工作了一天。這是多麼好的生活！對於（別人所說的）我這種孤獨日子，這又是多麼好的補償啊！……繪畫，它就像是個刻薄的女當家似的，千方百計地來想法折磨我。過去這四個月以來，我總是黎明即起，一爬起來就趕到這兒來工作，彷彿是趕來會情婦一樣。從遠處看來是這樣容易的工作，現在卻變得是這樣的困難

的代表作，也代表了畫家本人晚年的宗教態度，「上帝在我們心中，他是促使我們愛好美麗事物的內在動力」。[60]佇立在天使祈禱室仰望著這幅傑作，彷彿使人對生命燃起無比堅定的鬥志與信念。

聖敘爾比斯教堂內部除了繪畫大師曾在此留下動人傳世之作外，這裡也是文豪們極為關注的聖潔之所。在巴爾札克的《人間喜劇》世界裡，皮安訓（Bianchon）醫生始終代表著恪守正道，循規蹈矩的紳士，「人物再現法」使他反覆登場於《高老頭》、《幻滅》中，對著哈斯蒂涅及呂西安給予誠摯評言。而在短篇故事《無神論者望彌撒》裡則是敘述醫科生時代的皮安訓自己成為了主人翁，無意間目睹無神論者的恩師德普蘭（Desplein）進入聖敘爾比斯教堂做彌撒，引起他的百般狐疑，進而揭露一個感人祕密的故事。無獨有偶，巴爾札克的文人好友雨果，本身就是於1822年在聖敘爾比斯教堂裡舉行婚禮的。對雨果而言，這座體積僅次於巴黎聖母院的大教堂，在他的生命中也占有過不可輕忽的一席之地，因此在撰寫《巴黎聖母院》（Notre-Dame de Paris）後，雨果讓聖敘爾比斯教堂現身在他的《悲慘世界》裡，成為青年馬呂斯（Marius Pontmercy）察覺其父親偉大身影的神聖之處。除了文學名著裡的場景外，許多名人也和聖敘爾比斯教堂頗有淵源，薩德侯爵[61]與詩人波特萊爾（Charles Pierre Baudelaire）曾在此受洗，而路易十四最為寵愛的蒙蒂斯潘夫人（Madame de Montespan, 1640-1707）與她為國王生下的私生女也都葬在教堂內部。此外，眼尖的遊客甚至還能在北邊的私人祈禱室內，意外發現舉世聞名的「杜林裹屍布」（Shroud of Turin）[62]複製品供奉於此。

萬端。然而這無盡無休的鬥爭，不但沒有使我退縮，反倒使我更加振奮，不但沒有令我洩氣，反而予我以安慰，而且在我離去的時候，心中仍念念不忘，這卻又是什麼道理呢？」由此判斷，德拉克洛瓦在這幅作品的最後期間，幾乎是在無人協助之下獨立完成，無間寒暑。轉引德拉克洛瓦（Eugène Delacroix）著，李嘉熙譯，《德拉克洛瓦日記》（桂林：廣西師範大學出版社，2002），頁487、513、521。

[60] 前引書，頁525。

[61] 薩德侯爵（Marquis de Sade, 1740-1814），法國貴族、思想家、文學家。善以色情描寫及由此引發的社會醜聞而成為歷史上的爭議性人物。代表作為《索多瑪一百二十天》（Les 120 journées de Sodome ou l'école du libertinage），與改編而成的電影皆一度成為各國的禁書與禁片。
其姓氏命名的「薩德主義（Sadism）」延伸成為「施虐癖」（sadism）一詞在西方語言中的通稱。

[62] 杜林裹屍布（Shroud of Turin），是一塊印有男性臉部面容及全身正反兩面痕跡的麻布，尺寸約長四點四公尺乘一點一公尺，相傳是耶穌死於十字架後所用的裹屍布，由十字軍東征期間所得。儘管裹屍布的真假仍存在相當多的爭議性，物件本身仍保存於義大利杜林主教座堂的薩伏伊王室皇家禮拜堂內。

當然，對大多數參訪的民眾來說，教堂內那座方尖碑狀的日晷則是絕對不能錯過的物件。2003年，美國暢銷小說家丹‧布朗（Dan Brown, 1964-）以《達文西密碼》（*The Da Vinci Code*）一書席捲全球，書中敘及諸多的歷史、藝術、宗教的另類觀點顛覆了傳統大眾的認知，而故事背景裡的巴黎一系列景點則是招來了世界各地書迷的瘋狂朝聖。為了增強故事戲劇性的張力，丹‧布朗將聖敘爾比斯教堂裡的這座日晷虛構為地球上的第一條本初子午線，名為「玫瑰線」，下方藏有掌握耶穌血脈的拱心石。由於《達文西密碼》所引發的熱潮，十多年來從世界各地至此見證這座日晷（玫瑰線）的訪客絡繹不絕，也讓教堂不得不在日晷旁邊樹立告示牌對《達文西密碼》的觀點進行闢謠反駁，可見文學作品所發酵的影響力實在不容小覷。

　　坐落於左岸第六區的聖敘爾比斯教堂，除了本身宗教性的莊嚴神聖氛圍之外，還兼具了建築、藝術、音樂與文學各領域的豐美精華，有機會到左岸品嚐咖啡之餘，推薦讀者可以考慮一遊，絕對不虛此行。

＊　＊

左 教堂中的方尖碑日晷，即達文西密碼中的玫瑰線
右 教堂主祭壇處，往昔雨果便是在此舉行婚禮儀式

　　巴爾札克的筆下世界《人間喜劇》，尤其以《高老頭》為首的幾部教養小說中，主人翁的性格與舉止都有著作者本人的影子，他像自己創作的人物一樣有著許多渴望：榮耀、財富、地位、女人。然而既不具有顯赫優渥的出身，亦無俊美瀟灑的外貌，他自知唯有倚靠才華才能得到這一切。因此巴爾札克夜以繼日、通宵達旦地進行著自己的事業，努力建構筆下的世界觀，卻也過度耗損了自己的健康與生命。

　　每日的傍晚五點至六點鐘，正是大部分民眾結束一天工作，將這天後續的時間留給家人，或是準備與三五好友進行聚會用餐的時間。街頭巷弄的酒館、餐廳裡高朋滿座，劇院、沙龍前也停滿了大大小小的馬車，為上流社會的今晚的夜生活進行暖場。唯有巴爾札克，獨自一人睡在漆黑的房間裡，彷彿仍在為接下來的工作進行充電保養中。

　　直至子夜時分，劇院沙龍早已散場，餐廳與酒館的服務生也依序進行清潔打烊，燈火闌珊的街頭僅有少數拖著長長影子的夜歸者。整個城市逐漸降低音量，趨向寂靜，千門萬戶的燈光皆已熄滅，安然進入夢鄉，這便是巴爾札克醒來的時刻。夜裡他穿著暖和的白色長袍在書桌前奮戰著，藉由咖啡因引發的興奮作用，[63]想像力在靜謐的氛圍下任意馳騁，哈斯蒂涅、伏脫冷、呂西安……，筆下的人物如同他們的創造者在夜間甦醒般，生龍活虎地輪番上陣。直到窗外天已泛白，巴爾札克才稍作休息，從筆下他所創造的虛構巴黎回到現實的巴黎世界，吃點簡單的早餐並洗了一個舒服的熱水澡。

---

[63] 據茨威格於《巴爾札克傳》中的觀點：「估計巴爾札克喝了五萬杯濃度過高的咖啡。倘若五萬杯過於濃烈的咖啡加快了巴爾札克卷帙浩瀚的《人間喜劇》的產生，那它們同時也使他原本極為健康的心臟過早地破裂。納戛爾大夫，既是他的朋友又是他的醫生，觀察他陪伴了他一筆子，將會明確地診斷他真正的死因：『是一種心臟的老毛病，由於熬夜工作，飲用咖啡，或者說得更準確些，由於濫用咖啡而加劇。為了戰勝人的自然睡眠的需要，他不得不求助於咖啡。』」參閱斯蒂芬・茨威格著，張玉書譯，《巴爾札克傳》，頁126。

清晨九點前，巴爾札克將會即將送交印刷廠排版的底稿再做一次校對和增刪，印刷廠派來的信使往往都會拿到厚重一疊墨跡未乾的稿子，而且必須在巴爾札克再度燃起增刪的想法之前迅速離開。直到中午前，作家仍會繼續固守於書桌前的陣地，和一整夜未完稿的長短篇初稿作戰。巴爾札克的作息無比忙碌，一絲不苟，貫徹到底，他只能藉由工作內容的轉換來得到調適、舒緩的機會。[64]下午時分他外出用餐，也順便會前往印刷廠察看校對排版的進度後才打道回府，偏偏在印刷廠只要被他逮到機會，他就會再度把早已送交的底稿大量增刪，此舉往往令印刷商與排版工人叫苦不迭。巴爾札克在作品的要求上達到完美主義的地步，再加上過去曾投資出版印刷業的經驗，對排版印刷的要求格外挑剔，致使作品的出版計畫一再順延，即便是出版商的協調或是面對經濟上的拮据，都無法使他改掉重複增刪底稿或毀棄校樣的習性。假若遇到出版商以法律問題相逼，巴爾札克寧願損失大量稿費，甚至自掏腰包償付，他也要大動干戈地對作品進行多次的修訂。

總計在巴爾札克的二十多年文學生涯中，共寫下了九十一部長短篇的小說與若干散文作品，作品中所側寫的人物多達兩千五百位，每一部作品都不是一揮而就，最後順利出版呈現在讀者眼前的是經過他多次修訂、潤飾，甚至多次拆毀排版完畢的校樣而成。今天的人們難以想像，面對巴爾札克留給世間這一整部卷帙浩繁的《人間喜劇》，在經過增刪修訂前的總篇幅會是多麼地龐大。

在文壇上的成功使得巴爾札克自覺能夠實踐他的夢想，與貝爾尼夫人及阿布朗泰絲公爵夫人的交往使他一償晉升上流社會的宿願，混跡於豪族權貴的社交圈，自然也對巴爾札克的名聲和作品的銷售成績提供了正面的幫助。然而他很清楚地知道，**七月王朝後的社會結構將遭遇重要的轉型，昔日以血緣為尊的貴族階層已在十九世紀前葉走向沒落，資產階級將曾為社會上的新興勢力，未來的社會將以這群人的意志而前進，將以這群人的欲望而進行變革。**巴爾札克既然已看出這樣的社會趨勢，自然也試圖讓自己成為資產階級，躋身為新興勢力的一員。由此看來，巴爾札

---

[64] 巴爾札克坦言：「一個聰明的人應該要懂得如何避開人群、減少與他人相處的時間，我是在幾次偶然的情況下發現這種奇怪的現象，與大眾同堂歡會無故地使我失去了本來的亢奮狀態。」參閱巴爾札克著，甘佳平譯，《論現代興奮劑》，頁107。

克早年投資出版印刷業，絕非衝動之下一時興起，在與貝爾尼夫人感情步入穩定之際，他就試圖開展事業版圖，期望能在商業領域方面錦上添花，卻不料栽了一個跟頭，落得血本無歸的下場。

早年投資失利的陰影始終縈繞在巴爾札克的心頭，逐漸在文壇闖出一片天的他仍舊無法接受自己毫無投資理財的能力，也許只是時運不濟，既然能夠博得貴族夫人們的青睞，成功晉升上流社會，巴爾札克對於成為資產階級的信念始終不渝。1837年四月，巴爾札克走訪了一趟義大利，由於該年當地傳染病肆虐，他被扣留於熱那亞港口的檢疫站醫院中靜待隔離檢查，這段期間巴爾札克無法自由活動，也無法寫作，著實令他感到無聊。唯一的休閒，就是整日在隔離醫院中與其他病人談天說地，巴爾札克期望能由他國旅人口中探聽到些許奇聞軼事，或許有助於激發他創作的靈感。

閒談當中，巴爾札克探聽到義大利南方的薩丁尼亞島（Sardegna）[65]上有著豐富的銀礦，羅馬人當年的技術僅能由鉛礦裡提取一小部分，數座礦井運作不久便遭廢棄，許多礦渣也被視為無用之物隨意丟棄，實際上裡面仍富含純度相當高的銀。只要能取得當地政府的開採核准，運用現代的技術提煉，那麼發財致富絕對不是做夢。聽到這則天馬行空的說法，巴爾札克的腦中迅速浮現了滿坑滿谷銀礦的景象，成為資產家（礦業大亨）的熱情之火已被燃起。在投資理財方面，巴爾札克完全就像是個不識之無的樂觀主義者，他癡心地妄想只要肯花錢雇人開採，銀礦很快能鑄為成千上萬的銀幣，每樁買賣只要有人向他遊說，那絕對是穩賺不賠的投資。興奮之下的巴爾札克竟決定與告知他這則消息的人合資入股，一股腦兒將身上的現金全交給他，迫不及待地做起發財致富的美夢了。

幾個月過去了，巴爾札克納悶怎麼不見開採許可的通知下來，也沒有收到任何的金屬的化驗樣品，一般人要是在這當下，應該早已明白從頭到尾都是一場騙局，但異於常人的巴爾札克卻不這麼想，他懷疑是否薩丁尼亞當地的礦產背後的利潤太過龐大，以至於對方想要獨吞所有利益？於是他決定親自前往該地看個究竟，卻又

---

[65] 薩丁尼亞島（Sardegna）位於義大利半島的西南方，為地中海的第二大島，僅次於西西里島。島上大都使用薩丁尼亞方言以及加泰隆尼亞語，最大城市為擁有五萬餘人口的奧爾比亞（Olbia）。

礙於一時無法籌出前往薩丁尼亞的旅費，令他感到苦惱。當然他可以向幾位上流社會的友人開口，相信不至於如此拮据，但一想到採礦的計畫若被他人知悉，巴爾札克又不甘心發財捷徑被宣揚出去，情急之下只好向母親安娜與醫生友人納卡爾各自借了幾百法郎，便迫不及待地動身前往薩丁尼亞了。

很難想像，下筆如神的巴爾札克在現實人生中，會做出如此荒謬絕倫的愚蠢行徑。從巴黎到南方的馬賽，這段今日搭乘法國高速列車TGV只要三個多小時的路程，巴爾札克花費了五天五夜不眠不休地坐在車夫座位上急駛。到達馬賽後卻又打聽到近日沒有到薩丁尼亞的船班，只好先轉往科西嘉島再另做打算，屋漏偏逢連夜雨，航行途中的狂風暴雨使得巴爾札克嚴重暈船，苦不堪言，上了岸後聽說馬賽爆發霍亂所以立即被扣留隔離在檢疫站。這位文壇上的拿破崙，終於來到了昔日拿破崙的家鄉，沒料到卻是這副狼狽的模樣。倘若常人經此一番折騰，或許早已放棄那個自我催眠的發財夢，趁早打道回府了，但冥頑不靈的巴爾札克僅僅是咒罵了數句，被檢疫所釋出之後的他趕緊攔了當地一艘小漁船繼續前往目的地。說來可笑，即使寫過的人物場景多不勝數，但礦井長得什麼模樣他卻從未見過，而且它究竟在薩丁尼亞島的哪個方位呢？巴爾札克完全不會說義大利語，到了那裡也無法問路，他就像隻無頭蒼蠅一樣到處跟當地人比手畫腳，其實一來沒有獲得開採許可證，二來他也毫無提煉礦石的技術，巴爾札克飽經風霜的一趟遠行，投入了大筆的冤枉錢，不僅無法工作，更耗費了他整整三個月的工作時間。可以想見，這三個月的工作時間對於《人間喜劇》的創作進度而言，是永遠難以彌補的缺憾。

彷彿是拿破崙當年從莫斯科撤退般的窘境重演，筋疲力盡的巴爾札克一心只想回到巴黎，回到那個書桌前那個能讓他叱吒風雲的主戰場，薩丁尼亞之行的悲慘遭遇重創了他的夢想，現實人生中的致富幻境已澈底破滅。一個在文學創作領域上的天才，甚至在自己所創造的世界觀裡能夠以清晰透徹的眼光看穿世事，在描寫紐沁根、伏脫冷這一類人時，巴爾札克憑藉著理性與智慧對詐術、欲望瞭若指掌，但在現實生活中的他卻像是換了一副腦子似的，投資致富的欲望一旦被撩起，再拙劣的騙術都能將他耍得團團轉。**智慧理性和駑鈍愚昧的特質都齊聚在他的身上，是巴爾札克性格當中最鮮明的特質，這兩種看似矛盾的特質並行不悖地充斥著他的人生，**

渴望成為資產階級的欲望使他盲目，誤入歧途，唯有當他把一切欲望化為寫作時，筆下的世界才能真正為他帶來財富，也為他帶來不朽。

除了難以釋懷的「貴族情結」以及成為資產階級的渴望之外，巴爾札克的生命欲望表現得最強烈者莫過於愛情。由於對出身與外表的自卑心態，他極其渴望透過俊逸的文才來吸引高貴仕女們的青睞，並逐步成為對方的密友與情人，事實證明，才藻豔逸的巴爾札克確實在一生中擄掠不少女士們的芳心，但卻都沒能夠有一個完美的結局。1832年，卡斯特里公爵夫人（Claire de Maillé de La Tour-Landry，以書迷的身分主動給巴爾札克寫信，雙方展開了一段時間的魚雁往返，這位方年三十五歲的貴婦以美豔絕倫的外貌獨步歐洲的上流社交圈，因夫妻婚姻感情不睦，公爵夫人時常流連於巴黎各沙龍間，吸引許多仕紳名流的追求，就連奧國首相梅特涅的公子也曾為之傾倒。儘管公爵夫人後因墜馬受傷導致不良於行，但就其身分地位、年齡與氣質而言，絕對是巴爾札克渴望追求的對象。

深陷愛情漩渦裡的巴爾札克，怎會是上流社會交際名媛的對手？

卡斯特里公爵夫人總是對這個渴望愛情的名作家呼之即來，揮之則去，當她需要有人相伴，在歌劇院觀賞一整晚戲劇時，巴爾札克寧可犧牲自己原本「規律」的作息只求能一親芳澤。而為了顯示自己的身分得以匹配身旁這位風華絕代的佳人，巴爾札克不惜重金講究排場，買了輛華麗的馬車，雇了三名僕人，並置辦了錦衣絲履，使得原本窘困的情況雪上加霜。更甚者，巴爾札克為了證明對卡斯特里公爵夫人的真心，撰寫一部《三十歲的女人》（*La Femme de trente ans*）獻給她，澈底滿足了公爵夫人成為文豪筆下女主人翁的虛榮感。然而，每當巴爾札克祈求兩者有進一步的感情發展時，貴婦卻總是堅決地抗拒。究其原因，卡斯特里公爵夫人與前任情人梅特涅親王間如膠似漆，並共有一名私生子，未料梅特涅親王得了肺癆遽逝，令公爵夫人哀痛莫名。巴爾札克的才華與著作，使公爵夫人填補了內心的空虛，暫時撫慰了心靈的傷痛，對她而言巴爾札克僅是靈魂知己，並為自己能得到文豪的垂青而感到虛榮，至於雙方能否有進一步的結合則從來不是夫人所關心的事。巴爾札克身旁少數幾個正直的友人，很痛心地看到大作家為了一段沒有未來的感情常常委曲求全，紛紛向他提出諍言，希望他別愈陷愈深，執迷不悟。被愛情給沖昏頭的巴爾札克，與熱衷投資的「資產階級情節」一樣，無法聽取任何諫言，唯有當

自己痛徹心脾時的那一刻才能幡然悔悟。這段無疾而終的感情泥淖，大約讓巴爾札克深陷了半年之久，我們知道《人間喜劇》的創作時間又相對被壓縮了不少。

最令人無法忍受的是，**巴爾札克從來就不是一個能夠從失敗中學會教訓之人**。早年經營出版印刷業失利，他認為只是時運不濟，未曾檢討自己是否適合投資這項領域，因此凡是聽到能獲取暴利的管道，他便自忖能夠如同筆下的紐沁根這等投機人士致富，毫不考慮得失便一股腦兒將資產押上，以至於闖出了薩丁尼亞採礦事件的大笑話。**至於愛情方面，巴爾札克更是鬼迷心竅般一再沉淪，任由對方予取予求，自己充當了愛情奴隸而不自知**。在卡斯特里公爵夫人主動寫信給巴爾札克致意的同時期，另有一封署名為「陌生女子」的信件由遙遠的俄羅斯捎來問候，巴爾札克首次接到千里之外書迷的來信，顯得格外興奮。尤其那是當年拿破崙重兵壓境也無法攻克之處，「他用劍無法完成的事業，我將用筆來完成」，巴爾札克確實證明他已超越了拿破崙，將他的《人間喜劇》建立在千里之外的國度。

這名「陌生女子」的來信吊足了巴爾札克的胃口：「閱讀您的作品時，我的心戰慄了。您把女人提到她應有的崇高地位；愛情是她天賦的美德，聖潔的表現。我崇拜您那值得讚歎的敏感心靈，它使您體察到這一點。」[66]看著信上娟秀的文字與充滿靈性的詞句，他立即對這個「陌生女子」感到著迷，遂應「陌生女子」信中的要求，在報上刊載了他已收到此信，並允諾雙方進一步通信的訊息。很快地，「陌生女子」便在第二封信中表明了身分，本名艾娃琳娜（Ewelina）的韓斯卡伯爵夫人（Madame Hanska, 1801-1882），一位與俄羅斯王室有著血緣關係的波蘭望族，嫁給了年齡差距二十多歲的韓斯卡伯爵，兩人育有一女，但感情淡薄。韓斯卡家境極為富裕豪奢，在烏克蘭的威爾卓尼亞（Verkhovnia）擁有一片占地兩萬多公頃的莊園，畜養著三千多名農奴。巴爾札克在魚雁往返的過程中，了解韓斯卡夫人的出身背景，除了驚歎自己的名聲與作品能夠揚名國際外，心中對於伯爵夫人的渴望也愈來愈強烈。

---

[66] 安德烈・莫洛亞著，艾珉、俞芷倩譯，《巴爾札克傳》，頁218。

儘管沒有俊美的外貌或顯赫的家世，巴爾札克卻擁有他筆下的哈斯蒂涅等人般的魅力，一生當中曾與數名上流社會仕女保持親密關係，這無疑是拜其俊逸絕倫的文才所賜。除此之外，我們還能透過巴爾札克的感情史，觀察出彼時的特殊社會現象，首先，這些貴婦幾乎在婚姻關係上都有著明顯的摩擦與裂痕。與另一半在年齡上的顯著差距，或許不能視為導致夫妻關係裂痕的決定性因素，但卻不能不考慮這項差異點在舊時代的婚姻關係中，是否會形成雙方在價值觀、信仰，乃至體能方面產生隔閡；其次，**由於婚姻關係的不完美，貴婦們時常將沙龍社交圈作為填補內心缺憾的慰藉所在，透過這種場合的頻繁接觸，時常出入沙龍的文化界人士遂成為她們親近並欣賞的對象**，例如同時代的鋼琴家李斯特（Franz Liszt, 1811-1886）與瑪麗・達古（Marie d'Agoult, 1805-1876）伯爵夫人、蕭邦（Frédéric Chopin, 1810-1849）與喬治・桑（Georges Sand, 1804-1876）、夏多布里昂與雷卡米耶夫人等，這些愛侶的結合都是透過沙龍社交而展開。可以想見，當這麼一位在婚姻關係上觸礁，受過文化教育的貴婦時常藉由文字或藝術來撫慰自己，因此文名遠播的巴爾札克會時常收到仰慕者的來函並不是太離奇的情況。

　　只不過這一次，來函者並非是巴爾札克所熟悉的巴黎社交圈中人，出於對異國戀情的想像，他試著在腦海中勾勒出烏克蘭貴婦的形象，並熱情地回覆韓斯卡夫人的每一封來信，勇敢地向對方表達愛意。1833年九月，韓斯卡夫人向伯爵提議一趟到瑞士的旅行，並將行程預先告知巴爾札克，為的是讓雙方來個不期而遇。兩人的初次會面是在瑞士的納沙泰爾湖（Lac de Neuchâtel），湖畔有著許多的度假旅館，旅館外的林蔭道上有著許多視野良好的休閒雅座，夫人坐在雅座上愜意地讀著巴爾札克的著作，並不經意地假裝手帕掉到了地上，為巴爾札克上前攀談製造了機會。第一次的會面雙方都留下了不錯的印象，巴爾札克心滿意足地認為韓斯卡夫人的美麗外型像極了他所想像的，夫人的氣質談吐更是讓他為之傾倒。而夫人由於早就耳聞巴爾札克那貌不驚人的肥胖模樣，她倒也不覺得有什麼意外，特別之處在於，夫人被巴爾札克那幽默機智的口才給折服，在她那個烏克蘭的偏鄉莊園裡，從沒有遇見過這麼一位談笑風生、神采奕奕的人物，她不得不承認，與巴爾札克談天相處的感覺就跟閱讀他的作品時一樣欣然美好。

該年年底，兩人又在瑞士的日內瓦會面，夫人甚至將巴爾札克介紹給韓斯卡伯爵認識，對妻子的偷情渾然不覺的伯爵還為有幸結識名作家而感到欣喜，並誠心邀請名作家成為他們家的客人。就巴爾札克對伯爵本人的觀察，他認為這段感情自己掌握了三項優勢：首先，伯爵比妻子年長二十餘歲，兩人的觀念、嗜好各異其趣；其次，夫人對伯爵只存在著敬意，並無真愛；最後，伯爵的健康狀態並不樂觀。巴爾札克一廂情願地認為，時間的天秤將站在他這一方，只要這段感情能夠貫徹到底，那麼愛情、地位與財富終究會屬於他。

巴爾札克在日內瓦待了四十四天，每天利用十二個小時來寫作，其餘的時間除了睡眠便是伺機與韓斯卡夫人幽會，他認為身邊有了天使的陪伴，更有利於創作時的思考。有趣的是，儘管這段期間兩人朝夕相伴，但巴爾札克的情書攻勢仍不間斷：

> 我親愛的天使，我幾乎像瘋子一樣地愛妳，我簡直無法再想任何別的事情，只能念著妳。我的想像力總是不由分說地把我拉到妳到身邊。……我把妳的名片拾來了，現在它在我的面前，我對妳說著話，好像妳就在我的身邊。我看見妳像昨天一樣美麗，出奇地美麗。昨晚，一整個晚上，我對自己說：「她是我的了！」啊！天使們在天堂裡也沒有我昨天那樣幸福！[67]

每當面對愛情，巴爾札克彷彿就會變成情竇初開的青少年，那樣地懵懂，那樣地單純，完全不計較利弊得失，絲毫不考慮是否兼顧道德正義。就韓斯卡夫人的立場而言，能夠被享有盛名的文人追求、稱讚與吹捧，成為文豪的情人，必然感到無比地驕傲。但若問到夫人是否對巴爾札克是真愛，我們所得到的印象是，巴爾札克的追求讓她盡情地享受著偷情的歡愉與刺激，但若要拋開現有的一切身分、財富，與作家到巴黎一起生活，這又是她萬萬做不到的。為了延續兩人的感情，往後的歲月，他們只能透過信件來互訴情衷，過於樂觀的巴爾札克並不知道，與韓斯卡真正的結

---

[67] 前引書，頁243。

合，他還必須等待十八年的時光，甚至必須賠上他的健康與生命！

✦ 貴族情結的終章 ✦

　　巴爾札克透過上流社會的文化沙龍，得以認識許多藝文界人士，只不過他的作品儘管銷路良好，卻不見得能獲得當時文學評論界的重視。以聖伯夫為首的資深評論家皆以傲慢的態度對待他，他們看重的文學風格是雨果那類莊重的筆調、精選的主題和威嚴的風範，而認為巴爾札克只會描寫生活俗事、金錢交易或男女情愛，這些枝微末節的日常平庸小事，向來入不了評論家的法眼。

　　尤其是聖伯夫（Charles Sainte-Beuve, 1804-1869），這位出身自傳統貴族家庭，並接受過醫學院教育的著名評論家，始終看不慣巴爾札克的行事作風以及他作品裡那些世俗瑣事的堆砌，聖伯夫一向認為文學作品最主要是反映了作者的生活態度，甚至揭示作家的心理特徵，因此受傳統道德觀念支配的他指責巴爾札克文體太過放縱，缺乏修養，「像個放肆的醫生，經常從後門進入女商販、指甲修剪師和小丑們的床笫之間」，[68]即使聖伯夫承認巴爾札克有相當的才氣，但他的《人間喜劇》卻無一例外地散發著某種荒淫無恥的氣味。[69]巴爾札克也不甘示弱，在自辦的刊物《巴黎評論》（Revue parisienne）[70]中回以顏色：「（聖伯夫）是無血無心的軟體動物，即使有思想，也是隱藏在一副蒼白黯淡的軀殼裡，……他的句子軟弱無力、膽小怯懦、不敢鮮明地亮出主題和思想」。[71]文學觀念的歧異造成了巴爾札克與聖伯夫兩人的交惡，直至離世也沒有化解。

---

[68] 前引書，頁398。

[69] 聖伯夫對巴爾札克的批評在半個世紀後，遭到了普魯斯特的嚴正反駁。在《駁聖伯夫》一書當中，普魯斯特認為聖伯夫與他的追隨者們對巴爾札克、波特萊爾與斯湯達等人的評論屢屢失準，原因便在於聖伯夫的傳記批評方法，普魯斯特認為聖伯夫不懂得「一本書是我們與在社會生活中的自我完全不同的另一個自我」。參閱Marcel Proust. *Contre Sainte Beuve*. Paris: Gallimard Education,1987.

[70] 《巴黎評論》（*Revue parisienne*）是巴爾札克於1840年興辦的文學雜誌，但僅發行了三期便停刊，這又是一個巴爾札克無法記取教訓，試圖跨行報刊業，成為資產階級的例子。

[71] 安德烈‧莫洛亞著，艾珉、俞芷倩譯，《巴爾札克傳》，頁398。

除此之外，巴爾札克也無法理解聖伯夫為何總是貶低斯湯達，[72]對於這名今日以《紅與黑》傳世，在當年卻籍籍無名的作家，聖伯夫絲毫不想多做評論：「書中人物毫無生氣，只是一些精心設計的機器人。」[73]由於聖伯夫的評論在彼時具有指標性意義，造成了斯湯達的作品在市面上乏人問津，評論界也不想發表任何意見。唯有兩個人對斯湯達進行了正確的評價，一是歌德，[74]另一位便是巴爾札克。歌德曾在閱畢斯湯達的作品後，語重心長地表示這個世界對斯湯達的看重與讚美必須等到他逝世很久之後才會到來。而眼光敏銳的巴爾札克，一眼就看出斯湯達的作品當中對心理分析有著獨到的描寫手法，他特別在《巴黎評論》上開闢專欄讚揚斯湯達的《帕爾馬修道院》（La Chartreuse de Parme）：「棒極了，極其寫實地描繪了我所嚮往的軍旅生活場景。」[75]認為該書是一部具成熟思想的文學佳作。1840年，巴爾札克以一位享譽文壇的多產作家，竟對一個沒沒無聞之人如此讚譽，此舉實在令斯湯達感到愕然。兩人曾在若干年前於巴黎沙龍有過一面之緣，但斯湯達並沒有自信巴爾札克會記得他這個無名小卒。基於感謝之意，斯湯達主動去信給巴爾札克：「我想，從來也沒有一個作家在一份雜誌裡被人這樣評論，而且是被這種事情上最好的法官評論。」[76]透過信件，兩人意外發現彼此的個性與觀點是如此地相近，雙方都強烈感受到相見恨晚的兄弟情誼般地互動。斯湯達也在信中為彼此交心勉勵：「死後，我們將和那些人交換一下角色。只要我們活著，他們就有權控制我們塵世間的肉體，但一到死亡來臨，遺忘已把他們永遠壟罩。」[77]很顯然地，斯湯達並不認為自己與他的作品會永遠被埋沒，他只是在為後世留下美好的創作。巴爾札克非常欣慰能在文壇多年結交到這麼談得來的知交，未料僅在一年多之後，斯湯達便因中風而猝逝，著實令他感到唏噓不已。

---

[72] 斯湯達〔Stendhal，或譯斯湯達爾，本名亨利‧貝爾（Henri Beyle），1783-1842〕，十九世紀法國作家，擅長以人物心理分析和凝練的筆法聞名，一般歸類為早期的現實主義文學代表。代表作是《紅與黑》與《帕爾馬修道院》。
[73] 斯蒂芬‧茨威格著，張玉書譯，《巴爾札克傳》，頁276。
[74] 歌德（Johann Wolfgang von Goethe, 1749-1832），德國劇作家、詩人、文藝理論家和思想家，為威瑪的古典主義和狂飆突進運動（Sturm und Drang）最著名的代表。代表作有《少年維特的煩惱》（Die Leiden des jungen Werthers）、《艾格蒙特》（Egmont）與《浮士德》（Faust）等。
[75] 繆詠華，《巴黎文學散步地圖》（臺北：貓頭鷹出版社，2012），頁115。
[76] 斯蒂芬‧茨威格著，張玉書譯，《巴爾札克傳》，頁278。
[77] 同前註。

放眼文壇當中，與巴爾札克最屬無話不談者，非喬治‧桑[78]莫屬。這位本名奧蘿爾的女作家，出生於顯赫的貴族家庭，父親曾任拿破崙第一帝國時的軍官，卻不慎在一場意外墜馬身亡，她的祖母不願孫女待在出身平庸的母親身邊，便將她到帶到諾昂維克（Nohant-Vic）[79]莊園的身邊一同生活。1822年，奧蘿爾與一名男爵的私生子卡西米爾‧杜德旺（Casimir Dudevant）結婚，儘管兩人婚後育有一子一女，但在金錢觀與生活觀念上的歧異，使得奧蘿爾最終選擇離婚一途。1831年，遷居巴黎的她開始與小情人——年僅十九歲的金髮青年——于勒‧桑多（Jules Sandeau）交往，兩人試著合作創作小說投稿，正是在這段期間結識了巴爾札克。儘管此時期的巴爾札克仍未創作出那些傑出的代表作，但奧蘿爾已被他獨特而感性的寫作手法給深深吸引了，巴爾札克曾就許多文學創作的心得與理念和奧蘿爾相互交換，並熱情地鼓勵她可以試著以女人的身分獨立創作。奧蘿爾印象中的巴爾札克是個不修邊幅、外在舉止粗魯，但性格坦蕩、平易近人的漢子，她了解巴爾札克以文學征服巴黎的企圖心，並肯定這個夢想終將實現。每當與巴爾札克交談時，奧蘿爾總是可以敞開內心深處的疑慮及防備與之交心，巴爾札克也以兄長的態度回報關愛之情。

　　奧蘿爾聽取了巴爾札克的建議，不再與小情人于勒合夥創作，並以喬治‧桑的男性化筆名先後發表了《印第安娜》（Indiana）和《瓦倫緹娜》（Valentine）兩部小說，得到了前所未有的一致好評，逐漸在文壇大放異彩。遺憾的是，喬治‧桑的成功也直接造成了她與于勒的感情生變，最終斷絕了雙方的交往關係。這對情人的交往過程，巴爾札克從頭到尾都看在眼裡，由於和雙方均為好友的關係，他還寫了一部短篇小說《不自知的喜劇演員》（Les Comédiens sans le savoir）來暗指這段感情。因此當這對情侶分手之後，巴爾札克還認為在文壇立穩腳跟的喬治‧桑有些

---

[78] 喬治‧桑（Georges Sand，本名Amantine-Lucile-Aurore Dupin，1804-1876），為十九世紀法國著名女作家、文學評論家。著作等身的她，有六十八部長篇小說，以及五十多篇中短篇小說、戲劇和政治評論。喬治‧桑為後世留下最強烈的印象，莫過於先後與詩人繆塞（Alfred de Musset, 1810-1857）以及鋼琴家蕭邦兩段纏綿悱惻的感情故事。

[79] 諾昂維克（Nohant-Vic），是法國安德爾省的一個市鎮，位於該省東部偏南。喬治‧桑自幼隨著祖母居住於祖上留下的諾昂維克莊園內，莊園曾接待過蕭邦、巴爾札克與德拉克洛瓦等人，今日已規劃為喬治‧桑故居紀念館。

不近情理，便開始同情于勒這個年輕人，有心幫助他進入文壇，並一度邀請他搬進卡西尼街的寓所，適時地傳授他一些經驗。在給韓斯卡的信件中，巴爾札克曾提到：「于勒‧桑多將像王子一樣住在這裡，他簡直不能相信自己有這麼好的福氣。」[80]他計畫讓于勒為他寫劇本，即使喬治‧桑完全反對這樣的做法。

時間證明這一回喬治‧桑是對的，于勒其人堪比朽木、糞牆，不僅無法妥善完成巴爾札克交辦的工作，懶惰成性的他還一味推諉卸責，甚至反客為主地向巴爾札克抗議《幻滅》中的呂西安是他本人故事的投射，所以應該由他來統籌整個故事。此舉終於引發了巴爾札克的盛怒，他向韓斯卡夫人抱怨道：

> 　　與于勒‧桑多相交是我的一個錯誤。你絕對想像不到會有像他這樣無所事事、漫不經心的人。他缺乏毅力，意志薄弱。講起話來娓娓動人，但毫無行動，往往一事無成。不論在思想上，還是在身體上，都毫無獻身精神。……他甚至不願意在大家共同完成的作品上署名。「瞧，靠寫書來生活……」三年之內，他沒有寫出半本書！搞文藝批評？他覺得太難。這是匹廄中之馬。他對友誼失望，猶如對愛情失望。一切都完了……[81]

巴爾札克後來向喬治‧桑鄭重道歉，他發現經此情傷後的女作家意志消沉，甚至產生了不再觸碰感情的想法。為此巴爾札克特別趕往諾昂莊園與喬治‧桑詳談，「經過三天推心置腹的交談，我不像過去那樣感到，在她身旁就會感染上一種要對一切女人大獻殷勤的毛病……。我們態度嚴肅，誠心誠意地討論了婚姻和自由等重大問題」，[82]他使喬治‧桑重新認識對感情與婚姻的正確態度，還寫了一部以她為原型的短篇小說《貝雅特麗琪》（Béatrix）作為激勵。也由於巴爾札克意識到先前在喬治‧桑與于勒之間的感情生活涉入過深，因此後續對於繆塞以及蕭邦兩人與女作家之間的愛恨離愁，他也就不置一詞了。

---

[80]　安德烈‧莫洛亞著，艾珉、俞芷倩譯，《巴爾札克傳》，頁253。
[81]　朱靜編著，《喬治‧桑傳》（臺北：業強出版社，1994），頁167。
[82]　前引書，頁169。

◑ 時空遊覽 ◑

1783年，本名亨利·貝爾（Henri Beyle）的斯湯達出生於法國東南部的格勒諾勃，讀者朋友應該仍有印象，商博良兄弟早期便是於此進修學習的。儘管母親在他七歲時便因產褥熱去世，但遺傳給他的義大利血統卻對斯湯達的一生影響甚深。此外，斯湯達的個性自幼便桀驁不馴，啟蒙教育由保守刻板的教士所負責的他，畢生都對宗教都有著厭惡嫌棄的情感。

成年後的斯湯達，進入法國陸軍部擔任書記官，並於1800年隨著拿破崙大軍遠征義大利，經由這次的機會他首次接觸了米蘭這座令他深愛的城市，日後撰寫《帕爾馬修道院》的構思與主旨，皆受到這番經歷很大的影響。1817年，斯湯達發表了《義大利繪畫史》（L'Histoire de la Peinture），這是他此生唯一用本名發表的著作，後來他不斷更換筆名，而斯湯達（Stendhal）則是他最廣泛為人熟知的一個。

值得一提的是，斯湯達於1817年遊覽佛羅倫斯時，對這個充滿文藝復興集藝術之大成的城市感到興奮無比，頭暈目眩，心跳加速，甚至出現了幻覺，這種情緒持續了好幾分鐘才稍加平復，斯湯達認為是這個城市偉大的藝術品與美學意境造成了他這樣的失常。此後，精神醫學上便將觀賞者在藝術品密集的空間裡受強烈美感刺激所引發的罕見病症，如心跳加速、暈眩、慌亂或出現幻覺的現象，稱之為「斯湯達綜合症」（Stendhal syndrome）。

在七月王朝時代，斯湯達被任命為外交使節，主要奉派駐紮於義大利的海港城市奇維塔韋基亞（Civitavecchia），在義大利時間他轟轟烈烈地談了幾次戀愛。他在巴黎並無固定居所，僅在休假期間或回國述職時才找臨時的租屋處暫住，例如他的代表作《紅與黑》便是在黎希留街六十九號，今日魯瓦爾噴泉旁的旅館寫成的。比起義大利的人文風光，儘管斯湯達並不喜歡巴黎，但有機會時仍會參與在巴黎沙龍的聚會，因此曾與巴爾札克、喬治·桑等人有過短暫交往。

在繁忙公務的閒暇，斯湯達寫作極為勤奮，雖然著作等身，但直到他過世前在文壇上仍是籍籍無名，像是他在1822年所發表的《論愛情》（De L'Amour）在出版後的十一年裡只賣出了十七本，確實是非常冷門的作家與著作了。正因如此，我們就可以了解到，為何當巴爾札克在《巴黎評論》上大力讚揚《帕爾馬修道院》時，斯湯達會感到覺得知己與伯樂般的喜悅了。

1841年斯湯達第一次中風，健康情形亮起了紅燈，隔年的三月二十二日傍晚，人在巴黎的斯湯達外出散步，在鄰近凡登廣場（Colonne Vendôme）的嘉布遣街（Rue des Capucines）與丹妮爾－卡薩諾瓦街（Rue Danielle Casanova）的轉角處突然又中風倒地，被送往丹妮爾－卡薩諾瓦街二十二號的南特旅館作急救，但仍回天乏術，斯湯達永遠也沒能再醒過來。無獨有偶，在過世前不久，斯湯達曾在閒聊時告訴友人：「以我的看法，若非故意為之，死在街上並不是可笑的事。」[83]可謂一語成讖。儘管生前熱愛著義大利，但斯湯達過世後被葬於巴黎北邊的蒙馬特公墓（Cimetière de Montmartre），墓碑上寫著這麼一段話：「米蘭人亨利‧貝爾，**他寫過，愛過，活過。**」（Henri Beyle. Milanais. Il écrivit, Il aima, Il vécut）

　　讀者朋友若有機會由北邊進入凡登廣場，應該都會穿過斯湯達昔日倒下的路口轉角，或許在意識模糊之前他所想到的最後念頭，是感嘆他的聲名末顯吧！近兩百年前斯湯達於此倒下的遺憾，今日的現場尚且留下依稀陳跡，那就是當年為他施行急救的南特旅館，今日店名已改為了「斯湯達」（Hotel Stendhal）。

* 　* 　* 　* 　* 　* 　* 　* 　* 　* 　* 　* 　* 　* 　* 　* 　* 　* 　*

　　巴爾札克身上具有兩種對立的矛盾性格，他敏銳的眼光能觀察出所屬時代的脈動趨勢，尤其在七月王朝時期的巴黎地價飛漲，股份公司蓬勃發展，巴爾札克清楚未來將是資本主義活躍的社會，遂不斷鼓動貝爾尼夫人、韓斯卡夫人資助他的出版與報刊事業，卻都落了個血本無歸的結局。同時巴爾札克在其筆下的作品當中，對每段虛構的感情都能做出冷靜判斷以及理性的看待，周遭友人如喬治‧桑的憂鬱情傷，他也能夠為其撥雲見日，侃侃而談，然而自己卻在面對感情事物時往往暈頭轉向，渾渾噩噩，終其一生始終為感情所擺布、愚弄。

　　1842年的一月五日清晨，巴爾札克在歷經通宵鏖戰後，僕人送上了一封韓斯卡夫人的來信，與以往兩人通信的情書不同，這封信以黑漆封印，並且加上了黑邊。這是一封由韓斯卡夫人寄發的訃聞，韓斯卡伯爵去世了！僅閱畢信中重要的幾個

83　伯納德‧斯特凡（Bernard Stéphane）著，張穎綺譯，《在巴黎街上遇見雨果：巴黎的故事與傳奇》（*Petite et grande histoire des rues de Paris*，新北：立緒文化出版社，2014），頁38。

字，巴爾札克顧不得收到訃聞理應表現的哀悼之情，迫不及待地想盡速回信給夫人。這是他編織多年的幻夢，夢想和一個擁有地位、財產的美人共度餘生，如今看來，似乎沒有其他的意外能阻止他夢想的實現。實際上，巴爾札克已有七年之久沒有再與韓斯卡夫人見上一面，儘管彼此都保持著不間斷的信件往返，但現實的距離實在太過遙遠，雙方也似乎變得愈來愈流於形式的筆友關係。而如今韓斯卡伯爵的過世，喚醒了巴爾札克對遙遙無期幻夢的纏綿記憶，重燃起對遠方波蘭貴婦的欲望愛戀。

就韓斯卡夫人的心態而言，她喜愛與巴爾札克通信的感覺甚於愛他本人，擁有著與生俱來的貴族式倨傲，多年來她不斷地享受著這位享譽歐洲的大作家這麼卑躬屈膝地拜倒在她石榴裙下的樂趣，這段感情打從一開始夫人便以居高臨下之姿視巴爾札克為她的臣僕。和夫婿生活在富裕舒適的環境中，她從未需要為生活去做出任何犧牲。相對於巴爾札克每日為了還債與實踐夢想的寫作拚搏，如同僧侶般地規律嚴謹生活，實際上兩人的生活模式及觀念是有著天壤之別的。

巴爾札克無法痊癒的「貴族情結」，使他每當在與貴婦交往的態度上都顯得有些低聲下氣，與身為知識分子擁有自我意識的他判若兩人，而面對韓斯卡夫人的態度更是降尊紆貴，毫無男子氣概，這點是今日許多喜愛巴爾札克作品的讀者也難以接受的。幾週之後，韓斯卡夫人給了巴爾札克回信，她拒絕在這個當下與他結合，更拒絕大作家前來探望她的請求，表面上韓斯卡伯爵的死已經使夫人回到自由之身，但遠在聖彼得堡那些韓斯卡伯爵的家族親戚們仍在緊盯著未亡人的動態，並希望訴諸法律奪得韓斯卡的遺產。夫人為了保有自己的權益，在喪夫後的幾個月時間內，全副心思皆投入於司法訴訟中，實在無暇再顧及與巴爾札克的感情。換個角度來看，假使韓斯卡夫人真心喜愛巴爾札克，倘若她清楚巴爾札克真正的價值，那麼她絕對不會希望文學才子是以這樣卑躬屈膝的態度與她交往，相信她也會奮不顧身地拋下身邊所有的羈絆，立即與巴爾札克雙宿雙飛才是。

夫人的拒絕對巴爾札克不啻晴天霹靂，他無法接受夫人的理由，更無法放棄這個編織了多年與貴婦結婚的幻夢。這位文學才子寧可犧牲每日固定的作息時間，將其中部分挪出作為撰寫情書示愛，死纏爛打，窮追不捨，雪片般的情書攻勢寄往為

了訴訟而遷往聖彼得堡的夫人家中，巴爾札克盡訴情衷，保證他對夫人的忠誠與堅貞永不改變。此外，巴爾札克不僅在情書當中歌詠著夫人，也將這種愛屋及烏對波蘭人的情感投射在作品裡：

> 作為斯拉夫民族中最寶貴的一支的波蘭人，性格中也有著未開化民族的那種孩子氣和反覆無常的因子。波蘭人有勇氣，有才智，也有魄力……。波蘭人在痛苦中更顯得崇高，竟讓壓迫者打累了胳膊，在十九世紀，又拉開了基督教初期曾經上演過的一幕。波蘭人性格那麼直率、開朗，只要有英國人十分之一的詭詐，那雙頭鷹掠過的地方，如今準是高貴的白雄鷹天下……。富有魅力的波蘭民族曾受惠於諸神，被賦予了最閃光的品質。[84]

巴爾札克懷抱著強烈的結婚念頭，除了希望抓緊時間讓自己的作品盡速出版外，他還接下了舞臺劇本的創作，並在社交文化圈運作，試圖為自己謀求法蘭西學學術院院士的殊榮。顯然，巴爾札克內在「貴族情結」的自卑感作祟，在結婚之前，希望能盡量蓄積財富，並擁有至高無上的榮譽頭銜，如此才堪與他心中朝思暮想的波蘭貴婦配對。「詩人（呂西安）被貴族階級的光彩迷了心竅，發覺踏進交際場的人物個個有頭銜，有響亮的姓氏，自己被稱為夏同（Chardon）說不出有多難堪」，[85]他似乎全然忘記，多年前曾在《幻滅》當中諷刺主人翁呂西安攀附權貴的自卑心態，如今看來就是自身的投射。

1843年夏天，巴爾札克徵得夫人同意，前往聖彼得堡與其相會，至此雙方已整整八年沒有見過面。時間對一個懷有雄心壯志的作家是何等的重要，在宏偉的《人間喜劇》創作計畫中，巴爾札克預計寫出一百三十七部小說，想要達到這個目標他至少還得再花上十來年的時間，可想而知，聖彼得堡之行勢必又拖延了他全盤的寫作計畫。承受了長途顛簸的折磨後，巴爾札克總計在聖彼得堡待了四個月，儘管財產官司已順利告一段落，夫人仍舊沒答應他的求婚，但已鬆口得先讓自己的女兒出

---

[84] 巴爾札克著，許鈞譯，《貝姨》，頁225-226。
[85] 巴爾札克著，傅雷譯，《幻滅》，頁276。

嫁後，她才會考慮再婚之事。明眼人應當都能識破韓斯卡夫人的緩兵之計，但在感情方面純真愚昧的巴爾札克終於懷著愉悅的心情又回到了巴黎。

　　長期的壓力與煎熬，加上長途旅行的勞累，終於使巴爾札克的健康狀況發出了警訊：「我陷入了一個不可阻擋的令人愜意的沉睡時期。我的天性不想再幹了，它徹底休息。它對咖啡已經沒有反應，我灌下去大量的咖啡，想寫完《莫黛絲特‧米尼翁》（Modeste Mignon），可是我就像喝的是白水一樣。我三點醒來，馬上又睡著。八點進早餐，感到還想繼續睡覺，於是我又倒頭就睡。」[86]巴爾札克的身形日漸浮腫，時常感到頭痛、疲憊感，他的作息開始混亂，創作的進度也大受影響，甚至作品的質感也大不如前，最嚴重的是，有心無力的沮喪感不時在他思緒裡繚繞，巴爾札克已開始懷疑自己是否能完成所有的《人間喜劇》計畫了。

　　1844年，終於傳來了韓斯卡夫人之女安娜小姐訂婚的消息，母女倆到了德勒斯登（Dresden）去會見這門未來的貴族親家，創作進度日漸減少的巴爾札克整天懸著一顆不安的心，焦急地等待著夫人喊他前去。隔年春天，韓斯卡夫人終於想到了這位健康狀態已大不如前的文學才子，要求巴爾札克前往德勒斯登與他們共住一段時間，一想到距前次的離別已有兩年之久，巴爾札克絲毫不在意長途的奔波，欣然前往相會。這趟行程應該是巴爾札克在人生最後時光當中極為歡欣且充實的一段，他陪同韓斯卡母女在德勒斯登待了幾天，接著便一起探訪萊茵河風光，巴爾札克也終於說服韓斯卡夫人拜訪巴黎，身為地主的他得意洋洋地帶著母女倆遊覽這個他筆下偉大的城市。趁著遊興未減，他們一路轉往巴爾札克的故鄉都爾，並北上鹿特丹、海牙、安特衛普和布魯塞爾，每個景點都讓文豪與夫人賞心悅目，不得不承認這一趟的旅遊行程確實讓雙方的感情升溫不少。下半年，在經過稍事休息過後，一行人又南下里昂，途經亞維農、馬賽，逕直前往那不勒斯，最後決定在義大利過冬。韓斯卡夫人從未與巴爾札克共同生活如此長的時間，將近一年的時間共處著實令她對這個男人的好感度倍增。另外，長程旅途的所有費用皆為夫人負擔，儘管尚未答應巴爾札克的求婚，但雙方至此已開始有某種財產共有的安排，巴爾札克也度

---

[86] 斯蒂芬‧茨威格著，張玉書譯，《巴爾札克傳》，頁309。

過了毫無經濟負擔的一整年。遺憾的是，1845年他絲毫沒有進行任何創作，《人間喜劇》的計畫再度遭到延宕。

韓斯卡夫人已將女兒的婚事處理完畢，接著就必須面對與巴爾札克的婚姻問題了，對她而言，最困擾的問題即是要拋開烏克蘭威爾卓尼亞的一切，遠赴巴黎與巴爾札克共同生活，每每念及至此，對西歐社會的生活模式感到陌生的韓斯卡夫人就顯得猶豫不決。另一方面，巴爾札克為了迎娶即將過門的新娘，已開始在巴黎各地物色豪宅，以及採辦各式高檔的家具物件，可想而知，一切的支出仍是由韓斯卡夫人負責，而興高采烈的巴爾札克也充分滿足這份渴望已久的瘋狂購物欲，不須再以錙銖必較的態度過日，儼然已成為了他夢想中的貴族名流與資產階級。**由於物質生活的無虞和即將結婚的意念，巴爾札克在最後人生的幾年，創作能力與產量顯然銳減**，除了《貝姨》與《邦斯舅舅》（ *Le Cousin Pons* ）在1847年順利完稿出版外，最後的作品《農民》（ *Les Paysans* ）卻僅有上半部順利連載，巴爾札克認為該書的下半部須留待潤稿修訂後才能與上半部集結出版，可惜的是，直到生命的結束他也未能進行後續的潤稿修訂工作了。

1847年下半年，巴爾札克匆忙擱下手邊的工作，前往威爾卓尼亞與韓斯卡夫人相會，這是他首次踏入俄羅斯遼闊的土地，也是他實際見識到韓斯卡那美輪美奐的宅邸和富甲天下的莊園，夫人為他準備了「一套迷人的房間，有一個小客廳，一間書房和一間臥室。書房裡裝飾著玫瑰色的石膏花飾，房裡有個壁爐，漂亮的地毯和舒適的家具；窗戶鑲嵌著鋥亮的大型窗玻璃」，[87]使巴爾札克有賓至如歸之感，腦海中那享受著名利雙收的幻夢不禁再次浮現。俄國當地的社交名流聽聞法國大文豪蒞臨，也都紛紛造訪韓斯卡府邸，期望一睹文豪的風采，可以想見，接連幾個月豪奢的生活又使得巴爾札克無心於寫作。

隔年一月初，令人百思不得其解的緣由，巴爾札克冒著零下27℃的嚴寒低溫長途跋涉返回巴黎，夫人竟對此舉並未多加勸阻。今日研究者面臨到的其中一個難題是，韓斯卡夫人唆使巴爾札克將該時期的通信予以銷毀，而我們的情癡文豪也果真

---

[87]　前引書，頁339。

照辦了，因此除了夫人的行為令人感到費解外，更讓人起疑的則是自從1841年夫人喪偶後的這些年間，始終一再拖延巴爾札克提出的婚約要求的真實原因究竟為何？不過，唯有一點是當時人們皆明白的清楚事實：巴爾札克的健康狀態正不斷在惡化當中，短短幾年的時間裡，密集的奔波與操勞已經使他身心受創，創作力也大不如前，而這些情況，夫人也都看在眼裡。我們甚至可以判定，巴爾札克日益崩壞的體能，有一半原因皆因韓斯卡夫人所造成！

在這最後的歲月中，命運又再一次無情打擊了巴爾札克的幻夢。屢次希望得到法蘭西學術院院士提名的巴爾札克，在名詩人夏多布里昂的過世後得到了一次爭取席次的機會，依照不成文的慣例，被提名者將在院士投票前的這段期間裡，陸續拜訪請益其他院士以爭取票數，但我們的癡情文豪卻把時間幾乎都耗費在韓斯卡夫人的溫柔鄉，以及兩地來回的奔波上，[88]巴爾札克僅事先交代母親安娜將名片分送給諸位院士致意，由此惹來了部分院士的不滿與批評。[89]票選結果揭曉後，巴爾札克在三十一票中僅獲得了四票，他的對手諾阿耶公爵（Paul de Noailles, 1802-1885），這位今日已沒什麼人記得的歷史學者卻以二十五票當選，其勝負或許早已注定。儘管希望落空，回到巴黎後的巴爾札克仍非常有風度地坦然接受這個結果，後來他得知雨果與詩人維尼[90]為他投下了贊同票，還特地親自登門致謝。

1849年，韓斯卡夫人二訪巴黎，探視巴爾札克為了迎娶她而在幸運街十四號（14

---

[88] 據著名文學家、傳記研究者茨威格估算，當時一般人驅車由巴黎至威爾卓尼亞至少也得花上兩週時間，但我們仍須考慮到此時的巴爾札克已不再是最佳的身體狀態，再加上零下27℃的酷寒嚴冬時分，勢必會造成旅途行車上的困難，因此這趟旅程時間恐怕得再多增加一倍時間。不少讀者或球迷仍會有印象，2018年世界盃足球賽（2018 FIFA World Cup）的冠軍賽，賽前一日適逢法國的國慶七月十四日巴士底日，馬克宏（Emmanuel Macron, 1977-）總統於香榭麗舍大道全程主持閱兵慶典，而後他僅須搭乘兩個小時的總統專機，就能於翌日現身於莫斯科的決賽會場，觀看自家球隊與克羅埃西亞的冠亞軍對決。由巴爾札克迄今，一個半世紀以來的科技發展一日千里，令人讚歎也令人唏噓。

[89] 這個行為可觀察出巴爾札克似乎將愛情看得比當選院士選來得重要，也代表他在人情練達方面有所欠缺，更引人非議的是，出於童年成長期的失落感，成年後的巴爾札克始終將母親視為傭人般來使喚。他為韓斯卡夫人購置在帕西區的高級住宅，從施工裝潢到看顧，也都是他要求母親安娜親力親為的。

[90] 維尼（Alfred de Vigny, 1797-1863），十九世紀法國浪漫主義詩人、劇作家，純粹是中文翻譯，與那隻著名的可愛小熊沒有關係。維尼身為貴族之後，年輕時曾擔任路易十八的侍衛隊軍官，離開軍旅後轉戰文壇。晚年失意於巴黎政治社交圈，退居至南方昂古萊姆（Angoulême，即巴爾札克《幻滅》中主人翁呂西安的家鄉）一處名為象牙塔（Ivory tower）的宅邸，最終因胃癌病逝。代表作有《今昔詩集》（Poèmes Antiques et Modernes）、《命運集》（Les Destinées）、《軍人的義務與光榮》（Servitude et Grandeur Militaires）等。

位於十六區靜謐社區中的巴爾札克故居紀念館

Rue Fortunée）[91]所打造的豪宅，不料卻對興建與裝潢所耗費的鉅額款項，以及新宅的布置風格大為不滿。更為嚴重的情況是，韓斯卡夫人與巴爾札克的母親安娜完全處不來，遂將滿腔的怒氣發洩在巴爾札克身上，不顧這個對她一片癡心的男人的身體狀態，隨即將他一同帶回了威爾卓尼亞。早在1842年初，巴爾札克的醫生友人納卡爾便已診斷出他的心臟問題，寒冬季節的長途奔波使得他更加氣喘吁吁，體力耗損。身為法國中部都爾人的巴爾札克，來到烏克蘭的嚴寒環境裡，無疑對他的病體只有更加惡化的影響，儘管韓斯卡夫人特別延請醫生為其診治，恐怕巴爾札克也預感到了自己所剩的時間不多了，他只希望在人生的終曲結束前能圓滿自己結婚的願望。

　　韓斯卡夫人心裡有底，這段婚姻不會維持太久，很快地自己又能夠回到自由之身，也許就當作是為這個行將就木的可憐文人施捨最後的憐憫吧！1850年三月，重

---

[91] 即今日的巴爾札克街十四號（14 Rue Balzac），這裡是巴爾札克在巴黎最後的住所。另外，在該地址前方的巴爾札克街與弗里德蘭大街（Avenue de Friedland）夾角形成的喬治·紀約曼廣場（Place Georges Guillaumin）上，讀者將可看到一尊巴爾札克穿著長袍、表情堅毅的坐姿紀念塑像。

病在身尚須人攙扶的巴爾札克終於如願與韓斯卡夫人完婚，婚禮在烏克蘭的別爾季切夫（Berdychiv）鎮中的聖芭芭拉教堂（St. Barbara's Church）舉行，為了保持低調並沒有邀請任何親友觀禮，儀式僅在幾位神職人員的見證下匆匆結束，巴爾札克已累得不成人形，但卻始終洋溢著幸福的笑容，為了這一刻他已等待了十八年之久。婚禮既成，巴爾札克希望帶著新婚妻子回到巴黎的新居安頓，但由於路上積雪未融，還得延後到四月份才動身，但巴爾札克的病體增加了旅程所耗費的時間，每日僅能抓緊上半日的時間行車，接著便必須幫大汗淋漓、氣喘吁吁的巴爾札克找當地的旅館客棧休息。在旅館房間休息時，巴爾札克總是倚靠在床上，用顫抖的手寫下婚後的喜悅寄發給巴黎的親友，但在同一個時刻，新任的巴爾札克夫人卻拋下了旅館裡重病的丈夫，逕自前往城區盡情購物採買，以此看來，實在沒有一點為人妻的賢淑與厚道。

五月底，巴爾札克夫婦終於回到了巴黎幸運街的新宅，這棟風格與裝飾讓夫人不甚喜悅的建築，卻是巴爾札克耗費了多年的精神籌備的，但如今他僅能希望能夠安靜地在這裡走完人生最後一刻。母親安娜向來就不喜歡這個新媳婦，也知道兒子的病痛大半原因皆因她所造成，但每當抱怨責難的語氣一出口，視力已經模糊的兒子卻極力為媳婦辯解，如今又眼看病床前奄奄一息的巴爾札克，安娜心中的酸楚不言而喻。旁觀者都十分清楚，巴爾札克夫人對垂死的丈夫從未感到有任何的悲憫或憂慮，「這個逗樂的小丑到達這裡時情況很糟，比以往任何時候都更糟。他已經不能走路，而且經常暈厥」，[92] 從她寫給女兒的書信中總是盡聊些巴黎的緋聞趣事、名牌珠寶與衣物，卻竟然稱呼這個曾為了她任勞任怨的男人為「逗樂的小丑」，這個女人內在人品的鄙陋和低劣可見一斑。

巴爾札克的病已傳遍了整個巴黎藝文社交圈，連新上任的總統路易・拿破崙也派人前來慰問。醫生友人納卡爾更是每天都來探望，但深知巴爾札克已到了藥石罔效的地步，視力退化已近乎失明，全身水腫使皮膚變得像豬皮，動脈炎還引起了壞疽，腐爛處的繃帶發出陣陣惡臭，納卡爾醫生只能建議打開所有門窗進行通風，並

---

[92] 斯蒂芬・茨威格著，張玉書譯，《巴爾札克傳》，頁355。

勉強開劑天仙子和洋地黃藥水，以及輕度的興奮劑讓他稍微振作。在巴爾札克最後昏迷的譫妄狀態中，納卡爾醫生還依稀聽見病人的呢喃：「只有皮安訓醫生能夠救我，趕緊找他來……。」可見巴爾札克已分不清現實與虛幻，他的精神已回歸到《人間喜劇》的世界了。

　　除了醫生每日到來履行職責之外，最後的這段時間探訪最勤者，是維克多・雨果。巴爾札克雖然和雨果相識許久，但並不算深交，甚至這兩位當世文壇上最偉大的人物還存在著複雜的瑜亮情結，時常在雜誌評論上毫不留情地評點對方的作品，即便如此雙方仍有風度地相互保持敬意，雨果也曾在學術院的院士遴選會議上公正地給了巴爾札克一票，儘管最後仍未獲選，但有了雨果那客觀且具公信力的一票，巴爾札克心裡感到比什麼都還值得。如今到了巴爾札克臨危之際，與他才氣匹配的雨果前來做最後的致意，可謂英雄惜英雄之典範。

　　八月十八日星期日晚間，雨果為後世留下了對巴爾札克臨終之際的詳細觀察：

　　　　來到幸運街十四號，巴爾札克就住在這裡。他買下了德・博戎先生的公館殘留下來的那部分，這座低矮建築的一部分由於偶然的因素沒有被拆毀；他把這座破房子用家具布置得富麗堂皇，被他變成了一座可愛的小公館，面對幸運大街開了一扇大門，花園是一個狹長的院子，花園的小徑切割開一個個小花壇。

　　　　我拉響門鈴。天空月光如洗，被片片雲彩遮住。街上空無一人。沒有人來開門，我又按了一下門鈴。門開了，一個女僕拿著蠟燭出現在門口。她問道：「先生找誰？」她的臉上掛著淚珠。我通報了姓名，女僕把我帶進底層的客廳。在這間客廳裡，壁爐對面的一個托座上放著大衛為巴爾札克雕塑的大理石巨大胸像。客廳中央的橢圓形豪華大桌上燃著一支蠟燭，這張桌子的六隻腳是六個精美的小塑像。

　　　　另一個也在哭泣的女人走進來對我說：「他已經奄奄一息了。太太回了娘家。醫生從昨天起就不管他了，……我們又去找來四五個醫生，但都無濟於事。所有的醫生都是一個腔調：無能為力。昨夜病情惡化，今天早上九

點，先生已經不能開口說話……。十二個小時以來，他一直在喘氣，什麼也看不見了。他怕是活不過今夜了……」

我來到巴爾札克的臥室。房間中央有一張床。這是一張桃花心木床，床腳和床頭有橫檔和皮帶，這是用來使病人活動的懸掛器械。巴爾札克先生就躺在這張床上，他的頭枕在一堆枕頭上，人們還在這堆枕頭上加了從房間的長靠椅背上取來的錦緞靠墊。他的臉色發紫，幾乎是黑色，向右邊奔拉著，鬍子拉碴，灰白的頭髮理得很短，他的眼睛睜著，目光呆滯。我從側面看著他，他很像拿破崙皇帝。……一種難以忍受的氣味從床上散發出來。我掀開毯子，握住巴爾札克的手，他的手全是汗，我握緊他的手，但他並沒有反應。……

女看護對我說：「他天亮時就會斷氣的。」我下樓時腦子裡縈繞著這張蒼白的臉；穿過客廳時，我又看到那一動不動、冷漠的、傲視一切的，暗暗發光的胸像，我把死亡和不朽做了比較。

回到家，我發現有好幾個人在等我，有土耳其代辦、西班牙詩人和義大利流亡者，今天是個星期天，我對他們說：「先生們，歐洲將失去一個偉人。」[93]

當天夜裡巴爾札克去世，享年五十一歲，只有他的母親守在身邊。巴爾札克夫人應當沒有如雨果所言回到娘家，畢竟極其不合理，但傳記作家皆認為當晚她正在自己的房裡呼呼大睡。巴爾札克謝世後的清晨，親友請來了畫家歐仁・吉羅（Eugène Giraud, 1806-1881）為他遺容繪製粉彩畫，原本還打算澆鑄他的面具，但由於屍體腐爛的速度過快，臉部已經開始變形，人們只好趕緊將遺體放進包鉛的橡木棺材中。

三天後，在滂沱大雨中巴爾札克的靈柩遷往拉雪茲神父公墓，但送葬的行列卻綿延了好幾條大街，其中有許多位都是曾為他排字的印刷工人，更多的群眾都是來

---

[93] 雨果著，張容譯，《見聞錄》，頁407-409。

自法國各地的巴爾札克的書迷。雨果、大仲馬、聖伯夫與內政部長四人為巴爾札克扶靈，這想必對他是極其諷刺挖苦的一件事，畢竟聖伯夫是巴爾札克生前的仇敵，由此可見未亡人根本不了解她這位認識了十八年之久的亡夫，否則她應會極力避免這個尷尬情景的發生。在靈柩前，內政部長對著雨果說：「這是一位傑出的人物。」雨果則回答：「不，這是一位天才。」拉雪茲神父公墓是巴爾札克相當喜愛的地方，青年時期剛到巴黎時，這裡就是他最常散心及冥想的場所，所以他也特別在撰寫《高老頭》時，讓哈斯蒂涅站在這裡睥睨全城，向巴黎宣戰。雨果在巴爾札克入土前，作為代表發表了簡短的致詞：

「哈斯蒂涅曾經在這墓地的山丘之上向巴黎發出挑戰，而這一天，巴黎卻在悼念哈斯蒂涅的製造者。」[94]

　　巴爾札克透過他的筆為歷史保留了十九世紀上半葉的巴黎社會場景，以《人間喜劇》為後世再現了十九世紀人們的觀念想法、物質需求與娛樂生活，使得這部文學鉅著被視為窺探法國社會的「百科全書」，如此大手筆的實驗觀察角度以及細膩寫實的敘事手法，確實在當代是包含雨果在內的文學家都難以望其項背的。巴爾札克最終也與他所創造的《人間喜劇》俱為文學史上的經典，更堪稱人類文明史的重要資產。

巴爾札克之墓

94　安德烈・莫洛亞著，艾珉、俞芷倩譯，《巴爾札克傳》，頁582。

3

革命的巴黎

　　即使是沒參訪過羅浮宮的民眾，應該也都猜得到在這座世界知名的博物館裡，始終吸引著最多人潮駐足圍觀的作品，就是帶著那幅神祕微笑的女士肖像。當然，還有一同名列於「羅浮宮鎮館三寶」中的另兩件作品——《薩摩色雷斯的勝利女神》（Winged Victory of Samothrace）以及《米羅的維納斯》（Vénus de Milo），也是大多數遊客到此都絕不會錯過的佳作。那麼，若要繼續追問羅浮宮裡還擁有高人氣的作品是什麼呢？如果想見識如同《蒙娜麗莎》前摩肩接踵的盛況，就非得到德農館二樓的法國繪畫第七十五號展室，親身佇立在六點二一乘九點七九公尺的《拿破崙加冕禮》巨幅畫作前，各國成群的民眾莫不被此畫恢弘氣派的構圖所吸引，這是御用畫家大衛刻意渲染加冕典禮時的宏偉氣魄來為拿破崙歌功頌德，也表達了對皇帝與政權的效忠。

　　七十五號展室陳列了許多大衛以及他的門生安格爾（Jean Ingres, 1780-1867）所代表的嚴謹莊重、類型化的新古典主義畫派（Neoclassicism）精華。此區觀賞完畢後，我們還會在第七十七號展室見到與新古典主義畫派針鋒相對，反動對抗的浪漫主義畫派（Romanticism）。在這間展室中，最為壯觀醒目者，則非傑利柯（Théodore Géricault, 1791-1824）的那幅四點九一乘七點一六公尺的《梅杜莎之筏》（The Raft of the Medusa）莫屬了。這位擁抱著自由奔放民主思想的年輕的浪漫主義先驅畫家，透過1816年震驚法國社會各界的「梅杜莎號」沉沒事件的作品主題，抨擊當時復辟保守的波旁王朝政權，表達強烈的不滿情緒。[1]這幅具有針砭時事性質的作品，曾令當局相當頭痛，路易十八後來對傑利柯不悅地表示：「你畫了一幅災難，不過對你的災難可能還不只這一次。」儘管傑利柯不久後因意外而過世，但壯志未酬的他以鮮明激越的色彩處理，和作品中流露強烈真實情感，為日後的浪漫主義風格畫派開出了一條寬闊的大道。

---

[1] 參閱拙著，《名偵探與柯南：福爾摩斯藝文事件簿》，頁216-220。書中章節對傑利柯生平與作品介紹。

德拉克洛瓦繪《自由領導人民》

　　與《梅杜莎之筏》比鄰者，則是一幅令臺灣民眾更有印象的作品——德拉克洛瓦的代表作《自由領導人民》（*Le 28 juillet. La liberté guidant le peuple*），許多人或許都是在學生時代經由社會、美術課本認識這張作品的，此畫堪稱為當代第一的政治性畫作。作品當中的號召力與感染力非常強烈，第一眼就能讓觀賞者留下深刻的印象，頭戴著象徵革命的弗里吉亞帽，袒露雙乳，高舉著三色旗，左手持槍的自由女神[2]代表著莊重、健康、勇敢、樸素的形象，穿越濃煙和烽火，帶領著起義者越過街壘奮勇向前，遠景是煙硝瀰漫的巴黎聖母院雙塔。在這群起義者當中，有來自貧民區的少年，有身穿禮服、戴著禮帽的資產階級，有投入起義陣營的士兵。畫

2　實際上，不管是高舉著三色旗或是火炬，西方世界以及法文裡Liberté的形象始終是這樣的一名女性形象，是由象徵法蘭西共和的瑪麗安娜（Marianne）的擬人化。也因此本作 *La Liberté guidant le people* 或 *Statue of Liberty* 正確的翻譯應為「自由領導人民」、「自由雕像」，大多數的中文翻譯「自由女神領導人民」與「自由神像」其實是畫蛇添足的慣用性說法。

面下方交疊的犧牲者與上方女神高舉的旗幟在強烈光線的照射下，形成了一個穩定的金字塔形構圖，犧牲者的躺臥姿勢除了是向傑利柯《梅杜莎之筏》上的船難犧牲者致敬外，也增強了本幅作品戲劇性的對比效果。德拉克洛瓦巧妙地運用豐富熾熱的色彩，對比強烈的構圖，將激昂、高亢與緊張的情緒，完整展現在觀者的眼前，並深刻地留在記憶中。

　　《自由領導人民》是德拉克洛瓦在1830年所描繪，針對巴黎人民在該年七月二十七至二十九日對夏爾十世政權所進行的「七月革命」（Révolution de Juillet）起義行動，由於革命行動僅三天就順利推翻了舊政權，因此又有「光榮的三日」（Trois Glorieuses）之稱。德拉克洛瓦論及此畫時曾說：「即便我不能為國家而戰，至少我也要為它而畫。」夏爾十世所代表的波旁政權，自1815年的復辟以來始終就不得民心，其統治性質與結構也和法國大革命前無甚差別。雨果在《悲慘世界》裡如是說：

> 　　隨著拿破崙的垮臺，法國又回到那個預先選定的家族，這實為天真至極，竟認為法蘭西的一切是他們家族所賜予的，而且是可以被他們所收回的，還以為是波旁家族才擁有神聖的權利，而法蘭西民族則一無所有。……當波旁王朝做出這種不情願的贈與，人民就應當意識到這並不是它的贈與。……
>
> 　　它自認為有根基，因為它來自過去，其實不然，它只是過去的一部分，而整個過去是法蘭西。法國社會的根鬚絕沒有深入波旁家族裡，而是生長在民族當中。……對法蘭西而言，波旁家族只是它歷史上的一個結疤，已不是它命運的主要成分和它政治的必要基礎了。人們是可以拋開波旁家族，而且也確實拋開過去二十二年，並可以持續地生存下去，波旁家族卻沒有意識到這一點；……
>
> 　　波旁王朝自以為戰勝了波拿巴，且在全國已經擁有廣大的基礎，也就是自認為力量強大，腳步很穩，覺得時機一到，就可以突然打定主意，孤注一擲了。一天早晨，它挺立在法蘭西面前，提高嗓門，否認集體的權利和個人

的權利，也就是否定人民的主權和公民的自由。換句話說，它否認了人們之所以為人民，公民之所以為公民的根本。[3]

1824年上臺的夏爾十世是極端保王派的領導人物，如前章所述，原王位繼承人貝里公爵於魯瓦爾街的歌劇院門口遭人刺殺，更引發了以夏爾為首的保王派的危機感與對自由共和的敵視，他曾宣稱：「寧可去鋸樹也不接受如英王那樣的統治模式」，甚至回到了歷代舉行加冕禮的漢斯主教座堂（Notre-Dame de Reims）即位，此舉無異宣告延續前代保守的波旁王朝形式，同時不遺餘力地恢復一切舊制度：提撥十億法郎以補償流亡貴族在大革命與拿破崙政權時期的損失，並大肆捕殺迫害拿破崙黨人，即為「白色恐怖」（Terreur blanche）[4]；頒布《褻瀆聖物法》恢復教會的領導尊嚴，對褻瀆聖物者處以死刑，盜竊宗教財物者則判處終身苦役；[5]意欲對出版品進行嚴格管控與課稅。然而，讓復辟的波旁政權始料未及的是，儘管保守政策一步步侵蝕下層群眾的權力基礎，卻也逐漸壯大了資產階級所代表的自由派力量。因此夏爾十世政權於1830年七月二十五日頒布《聖克盧法令》解散新國會、並試圖改變選舉法，令即將到來的九月選舉中有近四分之三的資產階選民喪失投票資格，夏爾十世政權走回君主專制的意圖昭然若揭，遂引發了資產階級領導工人、學生與群眾的示威暴動。聲勢浩大的武裝隊伍還策動了國王派來鎮壓的軍隊倒戈，在德拉克洛瓦的《自由領導人民》中也繪製了這樣的景象，他們紛紛加入起義軍的行列，羅浮宮與杜樂麗宮不久便被占領，夏爾十世倉皇出逃，短短的三日就使得波旁王室在法國歷史上再度灰飛煙滅。

多年來，在筆者研究或於課堂講授《自由領導人民》這幅作品時，往往發現臺灣社會存在著一個普遍的嚴重誤解，許多旅遊書籍、旅行社行程DM介紹或旅遊達人的部落格粉絲專頁，時常將這幅作品理解為法國大革命的場景，這是一個相當令

---

[3]　維克多・雨果著，李玉民譯，《悲慘世界》中冊，頁368-369。
[4]　因波旁王室以白底的鳶尾花旗幟作為王權的代表，故由此得名。
[5]　這不僅會使我們想起，《悲慘世界》中的主人翁尚萬強，倘若在盜取米里哀主教（Bishop Myriel）的銀器後，未能得到主教的維護諒解而使巡警釋疑的話，恐怕將得回到獄中度過此生。

人遺憾的失誤。實際上，如果能對這兩場革命的性質與歷史背景有更深入一層的了解與觀察，絕不致產生這樣的謬誤。首先，《自由領導人民》（ *Le 28 Juillet.La Liberté guidant le people* ）的完整名稱當中，很清楚地列出了這場革命的背景日期：七月二十八日，德拉克洛瓦特意選擇了整場光榮的三日革命中的最高潮階段來做描繪。而法國大革命爆發的日期是在1789年的七月十四日，兩場革命的時間點差異應當是旅遊資訊的撰寫者事先要查明的。

其次，遠景裡煙硝瀰漫的巴黎聖母院的塔頂升起了一面代表著革命象徵的三色旗，與前景裡高舉三色旗的自由女神做了巧妙的呼應，**眼光獨到的德拉克洛瓦特意挑選巴黎聖母院作為這場革命的標的，並以升起三色旗標誌著打倒宗教威權的隱喻。**接著由聖母院的雙塔方向來判斷，可知前景的女神與起義民眾皆位於塞納河右岸，相當於今日市政廳廣場（Place de l'Hôtel-de-Ville）往羅浮宮與杜樂麗宮進發的方向，表明了推倒陳腐宗教威權與王權專制的連續性，與這場革命的演進過程相符合。但若是一幅表現法國大革命場景的作品，畫家們絕對會不約而同選擇這場革命最重要的標的──巴士底監獄──來陳述主題。因此，這兩場間隔了四十年之久的革命，背後所代表欲推倒的封建象徵標的仍有差別，這是需要建立的觀念。

再者，也是最重要的一點，以觀賞者的角度來看自由女神左方那位身穿禮服、戴著大禮帽的男子，他絕對是整幅作品當中最為關鍵的一個人物。直到今日許多的藝評家，仍對這位資產階級樣貌的男子有著多樣的揣測，有人認為該名男子應為德拉克洛瓦的自畫像，也有說是當時的共和主義者埃提恩努·阿拉各（Étienne Arago, 1802-1892），但無論如何都迴避不了他那一身資產階級特徵的事實。**1830年的七月革命的引爆動機正是與資產階級的選舉權被剝奪有關，也因此整場革命的行動皆為資產階級意志的推波助瀾，而這點正是七月革命與法國大革命之間極大的差異點。**1789年的法國社會，資產階級尚未成熟，僅存在於第三階級的市民、農民階層，與代表第一、第二階層的神職人員、貴族階層間的摩擦矛盾，因此今日我們在尚·皮埃爾·侯埃爾（Jean-Pierre Houël, 1735-1813）等畫家所描繪的1789年那**場進攻巴士底監獄的畫作中，絲毫不會見到有著資產階級裝扮者，那將會是極為突**

兀的畫面。七月革命的成功「標誌著西歐資產階級勢力對貴族勢力的最後勝利。接下來五十年的統治階級，將是銀行家、大工業家，以及有時是高級文官的『大資產階級』」。[6]

　　換句話說，**1789年的法國大革命摧毀了歐洲千年以來的貴族權力政治，歷經拿破崙短暫的統治時期卻尚未填補此一社會權力的真空，死而不僵的貴族階層仍試圖在復辟時期垂死掙扎，等到1830年的革命則成功締造了一個新的秩序，將資產階級徹底拱上了社會權力的高層。這是法國七月革命對世界歷史最大的影響與改變，而這樣的影響與局勢一直持續到今天**。是故，明瞭兩場革命的內在性質差異，將不會視《自由領導人民》為一幅描繪法國大革命的作品。

　　最後，讓我們注意力轉移至作品右半部。雙手持槍的少年形象生動，象徵這場七月革命的風起雲湧讓未成年者也無法置身事外，雨果受到這個形象的熱情感召，因此在隨後的《悲慘世界》中創造了伽弗洛什（Gavroche）這個角色。[7]請注意持槍少年的左手下方，德拉克洛瓦畫出了歷次巴黎起義時的特徵——街壘（Barricade）——這些利用各式家具、門窗、沙袋、箱子或櫃子堆疊成的障礙物堡壘，既可成為阻擋敵方進攻的防禦柵欄，亦方便提供我方掩護的堡壘，因此成為巴黎自中世紀以來屢次的起義重點設施。[8]然而，與法國大革命的相異處在於：「1830年七月的巴黎證明，街壘路障在數量和分布的面積上，都比以前或以後的任何時候還要多。事實上，1830年已使街壘路障成為人民起義的象徵。雖然在巴黎的革命歷史上，它們的出現至少可上溯到1588年，但在1789年至1794年間，卻沒有發揮過重要作用。」[9]如已故的英國著名史家霍布斯邦所言，**街壘的使用在七月革命時才確實發揮效用**，這點可由其分布的數量與面積得到證明，他更接著引申這些構

6　E. J. 霍布斯邦（E. J. Hobsbawm）著，王章輝等譯，《革命的年代》（*The Age of Revolution: Europe 1789-1848*，臺北：麥田出版社，1997），頁164。
7　《自由領導人民》中的這位少年形象，除了直接影響雨果於日後《悲慘世界》中創造了伽弗洛什這個角色之外，也對當時社會觀念造成了間接影響。據《見聞錄》載：「1848年四月六日。一個三歲小兒在唱〈為祖國而死〉。他的母親問他：『你知道為祖國而死是什麼意思嗎？』孩子說：『知道，就是舉著旗幟在街上走。』」參閱維克多・雨果著，張容譯，《見聞錄》，頁306。
8　另外，請讀者注意位於畫面左下方的持刀者，也在一堵石塊壘成的街壘上匍匐前進。
9　維克多・雨果著，張容譯，《見聞錄》，頁171。

築街壘路障者，即所謂的人民與勞動貧民，愈來愈等同作為「工人階級」的新興無產大眾，也因此**街壘在起義行動中是帶有階級屬性的象徵**。德拉克洛瓦的作品中，特意將資產階級與眾多堆起街壘的無產民眾並列，正是要透過繪畫訴諸整場革命整合了資產與無產階級的意圖，這場革命也將這兩者之間的隔閡與矛盾暫時弭平，因此本作中街壘的形象也是可成為七月革命背景的判斷要素。[10] 其實，最有趣的一點即是，除非觀賞者能夠有機會在羅浮宮的原作前貼近細看，或是能透過網路上高解析度的圖片來瀏覽，那麼我們將能夠清楚看到「*Eug Delacroix 1830*」畫家本人之落款，就在街壘之上，因此若能對1830年的七月革命歷史背景做一番深入的了解，或是能夠鉅細靡遺地觀察畫作的細部，相信這些撰寫旅遊資訊的朋友們應當就能避免將《自由領導人民》視為描繪法國大革命的代表作了吧！

　　七月革命成功後，資產階級竊取了整起革命的勝利果實，乍看之下似乎波旁王朝的復辟隨著夏爾十世的政權垮臺而告終，然而為了鞏固既有的利益，資產階級推舉了同樣是波旁王朝的後裔，來自奧爾良家族的公爵路易・腓力繼任為國王，史稱「七月王朝」或「奧爾良王朝」。

　　顯見，七月革命仍是一場未竟成功的革命，封建王權結合了利益薰心的資產階級，依舊對法國的社會階級與資源敲膏吸髓著……

✦ 革命進行曲 ✦

　　提到雨果的《悲慘世界》，無論是閱讀過文本或是觀賞過改編電影及音樂劇的朋友，相信對故事當中那場由青年知識分子組成的「ABC之友」社團，在巷弄中

---

[10] 學院派畫家尚－維克多・施奈茲（Jean-Victor Schnetz）於1833年亦曾針對七月革命繪製了《市政廳前的戰鬥》（*Combat devant l'Hôtel de ville*）。頭戴弗里吉亞帽的起義者與大禮帽的資產階級共同出現在市政廳前的戰鬥中，街壘清楚地排列在畫面前方，地上躺著戰死的衛隊以及籠罩在煙霧繚繞背景的聖母院，皆受到德拉克洛瓦《自由領導人民》的構圖影響。唯一做了較大的更動在原本自由女神手持的三色旗領隊的畫面，施奈茲改由那位影響雨果創作《悲慘世界》裡伽弗洛什一角的少年代替，並以垂死的姿勢揮舞著。整體而言，該作品的構圖、意境皆得益於《自由領導人民》，畫功也稍嫌生硬，缺乏浪漫主義內在的奔騰狂烈情感。

組織民眾，堆起街壘與政府軍對戰的一幕印象深刻。說來未免有些遺憾，這幕發生在1832年的共和黨人起義，也時常被臺灣部分旅遊導覽資訊的撰文者誤認為是法國大革命。

　　路易・腓力這個被資產階級所擁護的七月政權，自上臺後亦無力消弭尖銳社會的衝突矛盾，[11]與先前的復辟王朝最大的差別在於，七月王朝的政治體制呈現出二元統治的特徵，即國王與議會兩個權力中心。相對於波旁復辟王朝的集權專制，路易・腓力國王的權限已被限縮許多，由貴族院與眾議院所組成的議會，成了制約王權的有力象徵。值得注意的是，此一時期貴族院的傳統世襲制度已被廢除，許多席次皆由酬庸性質的資產階級進入遞補；而眾議院的議員選舉權財產資格也被大幅降低，有利於社會上更多的資產階級能參與政權。路易・腓力為了表示親民，時常身著便裝，手持陽傘，在巴黎街上與民眾談笑風生。不過仔細觀察後仍可發現，國王選擇攀談的對象往往都是舊式貴族與資產階級，出身名門貴冑的他，絕不可能委身去和下層工農群眾做近距離的接觸。

　　議會當中代表守舊勢力的正統派，仍希冀恢復波旁王朝的統治，絲毫不願接受路易・腓力的統治合法性；而嚮往共和的改革派卻對七月王朝的保守和對資產階級的妥協感到失望，期望政體走向完全共和制的方向來運作，因此吸引了許多帶有理想主義的知識分子利用地下結社、沙龍或讀書會進行政治宣傳。

　　七月王朝的整個統治時期，政權均由上層資產階級所掌握，因此內閣首相一職皆為此輩人士擔任。1831年上臺的首相卡西米爾・佩里埃（Casimir Pierre Périer, 1777-1832），堪稱是資產階級的最佳代言人，這位出生於格勒諾勃的前法蘭西銀行總裁，曾被他的老同鄉斯湯達譽為當代巴黎美男子的他，卻使用鐵腕手段大力鎮

---

[11]　王世宗，《歷史與圖像：文明發展軌跡的尋思》（臺北：三民書局，2009年二版），頁375：「事實上1830年革命運動主要是中產階級與城市居民爭取其自身權力的行動，它的階級立場鮮明，自私且保守，並無追求全民權益或天下大利的理念，民間也無一心一德或眾志成城的氣象，革命最後的失敗正與此關係密切。」

壓異端分子，[12]嚴格控管媒體報刊言論的保守派。[13]儘管他短暫的在任期間或多或少穩定了法國的社會秩序，也提振了法國在歐洲的威信，然而1831年一場發生於里昂的工人紡織武裝起義，卻遭到了佩里埃的殘酷血腥鎮壓，這起事件也使得他在歷史上成為了毀譽參半爭議人物。1832年，一場可怕的霍亂席捲整個巴黎，在漫長的幾個月中，每天都有上千人受感染死亡，在探視醫院過後不久，佩里埃也受到了感染而暴卒。這位曾任銀行總裁的短命首相，死後仍然脫離不了大資產階級所擁有的雍容氣派，在拉雪茲神父公墓裡的教堂大道（Avenue de la Chapelle）與卡西米爾圓環（Rond-Point Casimir Périer）的交叉口，他的墓被設計為高聳紀念碑的形式豎立在綠草如茵的大道圓環當中，每當我參訪該地時，總是不由得將其與同一區附近的墓主蕭邦、商博良、德農與凱魯畢尼[14]做一比較，卡西米爾相對於這些英傑，究竟為法國或後世留下多少值得敬佩或仿效的風範呢？

　　法國自1827年以來的穀物歉收，引發了糧食短缺、物價高漲，社會上已到處瀰漫著衝突不安、躁動激進的情緒。此時社會階級的矛盾分裂，也因這場恐怖的霍亂疫情而加劇，而執政當局的慌亂應變處理能力，更引發民眾的焦慮與不滿。該年六月份，共和派的領袖人物拉馬克將軍（Jean Maximilien Lamarque, 1770-

---

[12] 1831年十二月，剛抵達巴黎三個月的波蘭鋼琴家蕭邦親眼目睹了軍警在街上對人民的鎮壓行為：「街上只要有少數人聚在一起，立刻就被憲兵馬隊驅散。你知道我是住在一條美麗大道上的四樓，有一個臨街的鐵欄陽臺，能把大道上由左至右的一切景象盡收眼底……一大群的人（這次不只是年輕人，而是一般群眾）聚集在先賢祠之前穿過巴黎市去拉莫里諾（Ramorino）那裡。它就像滾雪球一樣，由一條街道到另一條街道，一直到達橋頭，是時馬隊開始趕來驅散群眾。有很多人受了傷，不過依然還有一大群人聚集在大道上，正好在我的窗下，他們匯合了由城市另一端來的群眾。警察們面對如此龐大的群眾束手無策。另外一支軍隊趕來，輕騎兵隊和憲兵馬隊都布滿在人行道上，這些盡責的衛兵將激動和自言自語的群眾推擠在一邊，捉拿及逮捕自由的市民。緊張的氣氛，商店匆忙地關門，大道的每個角落都站滿了群眾，叫囂、奔跑，窗戶內填滿了觀望的人（就像家鄉的復活節一樣），這種情況由早上十一時一直持續到晚上十一時，……你很難體會到這種不滿的群眾所發出的威脅性聲浪對我產生的深刻印象。」轉引Henryk Opienski編，潘保基譯，《蕭邦書信集‧上》（Chopin's Letters，臺北：世界文物出版社，1995），頁234-236。

[13] 如德拉克洛瓦的《自由領導人民》在發表後不久，作品本身強烈的感染力與號召力讓執政當局深感不安，遂以官方之名買下這幅作品並束之高閣，不使它有再公開發表的機會。

[14] 凱魯畢尼（Maria Luigi Carlo Zenobio Salvatore Cherubini, 1760-1842），出生於義大利的法國作曲家，以歌劇和宗教聖樂的創作著名。凱魯畢尼曾任杜樂麗王家劇院的音樂總監、王室音樂總監，以及巴黎音樂學院的院長。貝多芬甚至還認為凱魯畢尼是自己同輩當中最偉大的作曲家。晚年的凱魯畢尼因風格及個性與白遼士產生衝突不合，卻與蕭邦、羅西尼、安格爾等人往來頻繁。今日凱魯畢尼的墓塚僅離蕭邦四步之遙。

1832），這位昔日拿破崙的手下並受到社會大眾景仰的英雄人物，也被這場霍亂所擊倒，使得巴黎民眾對健康與生命的恐怖威脅情緒已瀕臨到了崩潰的境界。雨果在《悲慘世界》中如此讚譽：

> 拉馬克將軍是個有名望、有作為的人物，在帝國時期和王政復辟時期，他相繼表現出兩個時期所需要的英勇：戰場上的英勇和講壇上的英勇。當年他在戰場上驍勇無敵，後來在講壇上也才辯無雙，讓人感受到他的健談是把銳利的寶劍。他跟前任伏瓦將軍一樣，先是高舉令旗，後又高舉自由的旗幟，因為這能抓住未來的契機而受人民的愛戴，又因為效忠過皇帝而亦受到民眾的愛戴。他和傑拉爾和德魯埃兩位伯爵一樣，是拿破崙「心中」的元帥。1815年的條約，就彷彿冒犯了他本人，氣得他火冒三丈。他與威靈頓不共戴天，這種切齒的仇恨深得民心；而且，十七年來，他幾乎不關心發生什麼事件，始終威嚴地保持滑鐵盧戰役的那副憂傷神態。到了生命的最後一刻，在彌留之際，他還緊緊抱著百日軍官們贈送給他的那把劍。拿破崙臨終的話是「軍隊」，拉馬克臨終的話則是「祖國」。
>
> 他的死原本就在意料之中，但是人民怕他死，認為是一大損失，而政府也怕他死，認為是一次危機。他的去世令人悲痛。如同一切悲傷的事，這次悲痛就可能轉化為群眾的反抗。而且果然出現了這種情況。[15]

　　由於拉馬克將軍在六月五日舉行出殯，恰逢路易・腓力國王赴貢比涅（Compiègne）[16]接待比利時國王的來訪，共和派團體因此決定在巴黎街頭進行武裝起義。出殯當日，為了預防可能發生的暴動，官方也特意加派兵力部署，甚至出動了炮隊坐鎮。「在大馬路的橫街，只見樹上、陽臺上、窗口、屋頂上，人

---

[15] 維克多・雨果著，李玉民譯，《悲慘世界》下冊，頁131。
[16] 貢比涅（Compiègne）位於上法蘭西大區瓦茲河畔，位於巴黎東北方八十公里。貢比涅曾經在歷史上多次上演過重要的戲劇，包含在1430年時聖女貞德在此被擒獲，轉賣給了英國。而1918年第一次世界大戰結束，德國向法國投降的協議，以及1940年的二戰期間，法國向德國投降的協議，都是在貢比涅郊區森林的小火車站簽訂的。

頭攢動，有男人、婦女和兒童，他們眼裡充滿不安的神色。武裝起來的群眾走過，驚恐不安的群眾觀望」，[17]出殯行列經過的街區充滿著凝重的肅殺氣氛，令人生畏。就在隊伍沿著布東大道（Boulevard Bourdon）往奧斯特里茲橋（Pont d'Austerlitz）方向進行時，混在人群中的共和黨人冷不防地舉起紅旗，喊出反政府的口號，開始攻擊維持秩序的軍警。「投擲的石塊如雨點一般，槍聲大作，……騎警趕來，龍騎兵揮舞馬刀。人群四處逃散，巴黎市區四面八方響起戰爭的喧囂，人人高喊：拿起武器！眾人奔突，跌跌撞撞，逃跑的逃跑，抵抗的抵抗。憤怒煽起暴動，如同火借風勢。」[18]軍警和共和派引導的暴動的群眾短兵相接，硝雲彈雨的現場處處可見人仰馬翻。

　　整起衝突很快便蔓延到巴黎各個街區，起義軍除了成功占領了軍火庫外，還「打碎路燈，幫拉車的馬卸套，翻起鋪路的石塊，砸開人家的大門，拔下樹木，搜索地窖，滾動著推出酒桶，堆起石塊、碎石子、家具、木板，造起一道道街壘」。[19]混亂的場景中充斥著許多趁火打劫的暴徒，槍聲、尖叫聲、吼叫聲與哭喊聲此起彼落，「在城中各處同時爆發的，猶如一大陣滾雷聲中無數道閃電」。[20]藉由雨果細膩深刻的文字，我們了解1832年起義當年巴黎街頭的危急與荒亂，「暴動的舉措，完全符合最高明的軍事戰術。選擇的街道令人讚歎，又狹窄，又不平整，曲裡拐彎，陡折蛇行；尤其菜市場周圍，街巷如網，比一片森林還要錯綜複雜」，[21]人數居於劣勢的共和黨人決定在各個區域築起街壘，與軍警進行長期抗戰。

　　得知消息後的路易・腓力國王隔天就趕回巴黎杜樂麗宮，立即下達了巴黎全城戒嚴的命令，並增加了四萬名正規軍投入巴黎起義的鎮壓，起義軍在人數與武裝均處劣勢情形下，各地的街壘紛紛陷落，最終被逼進巴黎右岸磊阿勒中央市場這一帶的老城區而全數殲滅。雨果在《悲慘世界》中藉由尚萬強與馬呂斯的參與，以及「ABC之友」的覆滅，見證了1832年起義的最終慘烈結局：

---

[17] 維克多・雨果著，李玉民譯，《悲慘世界》下冊，頁132-133。
[18] 前引書，頁135。
[19] 前引書，頁137。
[20] 同前註。
[21] 前引書，頁138。

士兵就把躲在樓上的最後幾名起義者趕出來。他們在閣樓隔著板條柵壁開槍，在頂樓上搏鬥，把人從窗戶扔出去，有幾個是被活活扔下去的。兩名輕騎兵想扶起被打壞的公共馬車，卻被閣樓裡射出的兩槍打死了。有一個穿勞動服的人，肚子挨了一刺刀，被人扔了出來，還倒在地上呻吟。一個士兵和一名起義者拚死搏鬥，扭在一起，從瓦頂斜坡滑下，摔到地上還不放手。地窖裡也展開同樣的戰鬥，呼嚎、槍聲、倉皇的腳步，漸漸沉靜下來。街壘被攻占了。[22]

軍隊僅用了兩天時間便弭平了巴黎全城的武裝暴動，接著便是展開一系列的搜捕和清算行動，眼看苗頭不對的共和派政治人物紛紛避走外省，甚至流亡他國。實際上1832年的武裝起義整體的規模並不大，起事前也無法得到社會各階層的普遍認同，但透過雨果的文字塑造了一群為了自由理想而獻身的青年起義者，使得這場規模有限的起義在後世仍被追憶傳誦著。當年這些被逼到舊城區市場附近的青年起義軍，大約就在今日的龐畢度中心（Le Centre Pompidou）前的坎康普瓦街（Rue Quincampoix）街築起街壘負隅頑抗，憶及《悲慘世界》裡對這段青年起義的悲壯摹寫，兩百年後這裡已然成為了許多家庭與青少年假日休閒活動的場所，頗令人有東海揚塵之嘆！

儘管1832年的武裝起義對七月王朝並未起到震撼嚇阻的作用，但這個脆弱而專制的政權仍不時受到來自正統派和共和派的左右夾擊。正統派將對七月王朝的反抗重心著重在南法城鎮，不時在法國後院行搧風點火的挑釁行為。而代表著小資產階級利益的共和派繼1832年的武裝起義後，又在兩年後於里昂策動了第二次的紡織工人暴動，儘管行動仍屬失敗，但共和派分子隨後積極組織地下會社，宣傳共和思想，伺機再起。1835年，甚至發生了狂熱分子菲厄斯希（Fieschi）企圖謀殺路易‧腓力的事件，使得當局開始採行高壓政策手段，變本加厲對共和派的鎮壓緝捕，並嚴令禁止共和思想的宣傳，控管言論自由與查禁報刊出版。

---

[22] 前引書，頁338。

在此期間，以藝術手法來抨擊、諷刺專制的七月王朝，並將此一時期的社會矛盾與感受完整地給予後世借鏡的代表人物，則非杜米埃（Honoré Daumier, 1808-1879）莫屬。這位由南法馬賽的玻璃工人家庭出生的畫家，自幼便展露了過人的繪畫天分，由於家境的清貧以及父親的瘋病，使得他很早便開始獨立謀生，先後當過印刷、書店店員與石版畫學徒，深刻地體驗社會底層的生活。杜米埃學畫的過程異常艱辛卻也非常認真，特別是他昔日工作的書店鄰近羅浮宮，只要一有空閒時間杜米埃就帶著畫具前往模擬大師的作品，此點對於他繪畫基礎的建立有著深遠影響。

十六世紀的宗教改革年代，諷刺漫畫因應改革的宣傳而生，並陸續在十七至十八世紀的英格蘭民主化改革的道路上進一步得到滋養，這項傳統在法國也因革命運動的頻繁而發揚光大。杜米埃在1830年七月，也正好是路易・腓力政權建立之初，進入了《剪影》（La Silhouette）雜誌社負責繪製諷刺漫畫，這本雜誌是由夏爾・菲力彭（Charles Philipon, 1800-1862）擔任主編，手下除了杜米埃之外，還集結了當時許多有才華的年輕插畫家，包括：葛蘭維爾（J.- I.- I. Grandville, 1803-1847）和嘉瓦埃尼（Paul Gavarni, 1804-1866）等好手，甚至延攬了巴爾札克擔任主編，這些對政治富有理想性的青年藝術家齊聚一堂，旨在透過詼諧輕鬆的語氣和圖畫抨擊、諷刺當年的君主政體，並試圖喚醒社會大眾。**隨著十九世紀初期報刊印刷業的風行，也開啟了諷刺畫盛行的年代**，菲力彭後來還與人合資獨立發行了《諷刺畫報》（La Caricature）及《喧鬧報》（Le Charivari），繼續延攬杜米埃等人共同合作。

身為一個諷刺畫家，就早年的工作性質和報酬而言，其實並非屬於正式且專門的「職業」，除了定期與報刊的稿約之外，大都以圖計費，薪資十分微薄。因此許多諷刺畫家必須與多間報刊合作，或是設法取得大出版社及成名作家的圖書插畫機會，[23]甚至許多諷刺畫家仍利用閒暇繪製油畫企圖參選官方沙龍展以示「正統出身」。其次，諷刺畫家的作品往往因涉及到許多敏感禁忌的政治性議題，經常成為執政當局監控盯上的目標，所以時常以筆名或匿名發表。但菲力彭手下的工作團

---

[23] 參閱拙著，《名偵探與柯南：福爾摩斯藝文事件簿》，頁277-281，書中敘及羅伯特・西蒙（Robert Seymour）為狄更斯繪製《匹克威克外傳》（The Pickwick Papers）插畫軼事。

隊，卻一改故轍堅持在每幅諷刺畫作當中由畫家署名，之所以如此，是因為菲力彭與杜米埃等人認為諷刺畫家應該是一位信念的作者，**一個「以鉛筆為武器」、是非分明的時事記者，既然是為社會仗義執言，就應該勇敢以本名落款**。可想而知，在一個高壓集權、獨裁專制，毫無言論自由可言的時代，經營這樣的報刊以及繪製這樣的諷刺漫畫，其人身自由與身家財產是多麼地危如累卵，險象環生。菲力彭與杜米埃確實也因侮辱國家元首或惡意攻擊政府言論而數度入獄，百餘年後的今日我們仍有幸見到這些往昔威權體制倒行逆施的事例，確實該感懷敬佩這一批守護正義，堅持人權信念的鬥士們。

　　繪製於1831年的《高康大》（*Gargantua*）是杜米埃第一件被起訴判刑的作品。這幅作品的構思來自於文藝復興時期的代表作家拉伯雷[24]的《巨人傳》（*La vie de Gargantua et de Pantagruel*），故事裡那位具有浩瀚學識與非凡見識，卻擁有著驚人食量的巨人高康大，肯定讓每位讀者都極為難忘，然而杜米埃這裡純粹只是借用了高康大那副巨型的身軀來作為諷刺的題材。畫面中的巨人高康大即是暗喻路易‧腓力國王，梨形的頭部是杜米埃為了襯托出他那貪婪的嘴臉，[25]他巨大的身軀以金字塔的構圖安穩地坐在協和廣場中央，幾個穿著得體的官員，正在向右方成群的老百姓聚斂錢財，然後順著斜坡將一袋袋的稅金送往國王的血盆大口之中，稅收經過排泄後變成了許多勳章與爵位，議會代表正依次由後方的波旁宮（Palais Bourbon）走近國王，接受排泄出的勳位並極盡誇張地吹捧歌頌著他們偉大的國王。路易‧腓

---

[24] 拉伯雷（François Rabelais，約1493-1553）是法國文藝復興時期的人文主義學者，更是法國歷史上最為優秀的代表作家。拉伯雷知識淵博，專精希臘語、拉丁語和義大利語，對神學、法律、醫學、星相學均有很深的造詣，是文藝復興時代典型的通才人文主義者。拉伯雷早年曾當過修士，在見證教會的腐敗以及僵化的教條陋規之後，毅然放棄神職，轉行學醫，餘暇時從事著述，針砭時弊。拉伯雷在作品中時常抨擊、諷刺傳統教育制度與僵化的經院哲學，並強調理性思維教育的重要性，認為唯有教育才能決定一個人的前途。除了代表作《巨人傳》之外，拉伯雷的詩歌散文作品也對後世產生許多的影響，如巴爾札克、捷克著名作家米蘭‧昆德拉（Milan Kundera, 1929-）、諾貝爾文學獎得主法朗士（Anatole France, 1844-1924）和勒克萊齊奧（Jean-Marie Gustave Le Clézio, 1940-）等人皆極為推崇拉伯雷。1553年，拉伯雷最後的遺言是：「**我沒有任何的遺產，我把一切都留給了窮苦的人們。**」

[25] 國王梨形的頭頂上戴著一頂弗里吉亞帽，參閱大衛‧哈維著，黃煜文、國立編譯館譯，《巴黎，現代性之都》，頁78：「法國大革命期間，國王形象與『朕即國家』（L'État c'est moi）受到激烈的嘲諷。將自由帽——弗里吉亞帽（Phrygian cap）套在國王頭上，用來表示他的無能（下垂的帽尖就像無法勃起的陰莖一樣）。」

力那貪得無厭的嘴臉，正好與畫面右方人群中跌坐在地，卻無力哺乳的婦女形成了強烈的對比。此外，畫作當中最畫龍點睛的一筆，就是在巨人腳邊那些張開袋子等著錢袋掉下的官員們，詼諧生動地將官場上這群犯罪共同體如實呈現，相信任何一個觀賞者都會感佩杜米埃如此巧妙的表達手法，路易・腓力當政時的貪墨之風也被他描繪得活靈活現。當然，這幅作品確確實實在七月王朝當政者的胸口捶了一記重擊，氣急敗壞的政府下令將版畫的石頭原版及現成的印刷品全數銷毀，週刊經營者菲力彭與版畫作者杜米埃皆被判處罰款，並拘役六個月。

執政當局料想杜米埃等人經過關押後，應該就能學乖不再惹是生非，倘若杜米埃會如此膽小怕事，那麼他就不會成為法國歷史上最傑出的諷刺畫畫家了。1834年一月杜米埃發表《議會之腹》（Le ventre legislatif），這回他將嘲諷的對象轉到了那群代表資產階級利益的國會議員們，勾勒出在開會期間眾人的神態：有人正交頭接耳做利益分贓；有人在會議進行中談笑風生，聊著街頭巷議的無聊瑣事；有人心不在焉地看著懷錶，似乎心思早已飛到九霄雲外；還有許多人暮氣沉沉，直接把國會殿堂當作休息打盹的場所，周遭的一切情況也無法中斷他的睡眠……。杜米埃這幅作品，生動地將每位議員的嘴臉和性格特徵刻畫得維妙維肖，令當時的讀者一眼便能判斷出畫中每位人物的身分，也充分表達了諷刺畫的內涵，確實是難得的佳作。

除了嘲諷與挖苦執政當局之外，其實杜米埃的作品裡也不乏具時代眼光的真摯之作。同年四月他以《特朗斯諾南街的屠殺》（Massacre de la rue Transnonain）控訴政府的暴力兇殘，引發了社會的議論與關注，這幅作品也正式奠定了杜米埃在諷刺畫領域祭酒之尊。1834年由於政府立法禁止成立工會，里昂發生了第二次的紡織工人街頭暴動，這股風氣很快地便蔓延到了巴黎，並在街頭陸續築起街壘路障，此舉引發了巴黎當局的恐慌，軍隊奉命要將這些街壘路障清除，不料卻遭到特朗斯諾南街建築上方民眾的攻擊。被激怒的軍隊顧不得查明攻擊者，立即封鎖整棟建築物，並將裡頭所有的男女老幼不分青紅皂白地盡數擊斃。杜米埃將整個場景濃縮在一個小臥室內，簡單樸素的擺設代表屋主僅是平凡老百姓的身分，凌亂的床鋪和傾倒的椅子顯示現場發生過激烈的衝突，身著睡衣的屋主身上沾滿鮮血，由床上滑

下，壓在一個小嬰兒身上，嬰兒的頭被狠狠地劈了一個很深的刀痕，血流如注，這是令觀者最慘不忍睹的景象。屋主的身旁還躺著一名婦女及一位老人，無疑這是一場慘絕人寰的滅門慘案，現場血跡斑斑，令人感到毛骨悚然。詩人波特萊爾稱讚杜米埃這幅作品「有大將之風，這已經不是諷刺漫畫，而是歷史」。[26]**本作確實超脫了一般諷刺畫詼諧嘲諷的手法，以實地採訪者敏銳的眼光記錄了慘案中犧牲者的無辜，並控訴獨裁者殘酷的罪行。**特朗斯諾南街今已不存，在日後奧斯曼的巴黎改造時被併入波布格街（Rue Beaubourg），大約在Rue du Grenier-Saint-Lazare至聖尼古拉教堂（Église Saint-Nicolas-des-Champs）這一帶，每當筆者走過這個街區，腦海中仍不時浮現《特朗斯諾南街的屠殺》的殘忍畫面，久久揮之不去。[27]

當局面對如此這樣大膽的批判，杜米埃與報社經營者菲力彭多次被提起訴訟，報社也幾乎被鉅額的罰款給壓垮。路易·腓力在1835年遭遇到暗殺威脅後終於忍無可忍，下令禁止全國政治諷刺漫畫的發行，菲力彭所經營的《諷刺畫報》被迫停刊。即便如此，在最後一期的刊物裡，杜米埃與菲力彭仍捍衛諷刺畫所扮演強烈的社會角色；並以民眾聲音的傳達者自居，堅持《諷刺畫報》永遠是人民的「文字祕書和畫師」。

不再有來自社會底層的挖苦諷刺，七月王朝天真地以為反動言論就此消聲匿跡，施政也越益倒行逆施，尤其是1840年代組閣的歷史學家基佐（François Pierre Guillaume Guizot, 1787-1874），向來重視穩定與秩序，其社會政策的推行始終有利於大資產階級，[28]忽略中下階級和工農的利益，甚至是漠視物價飛漲所帶來的經

---

[26] 廖瓊芳著，《諷刺漫畫大師：杜米埃》（臺北：藝術家出版社，2000），頁18。

[27] 除了杜米埃曾以血腥殘忍的畫面在這起事件對七月王朝提出控訴之外，小說家福樓拜也曾在他的《情感教育》裡帶過：「有一天，在特朗斯諾南街一家雜貨店的前面，他遇見一群剛鎮壓完群眾起義的士兵，看見他們的刺刀被鮮血染紅，槍托上還黏著頭髮。自此，在他的眼中，政府就成了不義的化身，認定憲兵和密探罪大惡極得不下殺人兇手和弒父者。」轉引古斯塔夫·福樓拜（Gustave Flaubert）著，梁永安譯，《情感教育》（*L'Education sentimentale*，新北：野人文化出版社，2017年再版），頁310。

[28] E. J. 霍布斯邦著，王章輝等譯，《革命的年代》，頁268：「革命後的法國社會在結構上和價值觀念上都是資產階級社會，是暴發戶的社會……。『善良的美國人死後，就上巴黎去』，這句話表明巴黎在十九世紀的形象，儘管要到第二帝國時期，巴黎才完全成為暴發戶的天堂樂園。倫敦，或者特別是維也納、聖彼得堡和柏林，都不是金錢可以買到一切的城市，至少在第一代暴發戶時是如此。在巴黎，卻幾乎沒有什麼有價值的東西是用錢買不到的。」因此基佐所重視的始終是站在資產階級立場的穩定與秩序。

濟危機。對基佐而言，「『秩序』是高於一切的目標，其施政綱領就是一味地維護現存『秩序』，反對任何社會變革」，而使「銀行通往權力的道路」現象更加嚴重，激化了原有的社會矛盾。[29]禍不單行狀況接連發生，**十九世紀的四〇年代晚期，歐洲爆發了糧食危機，包括愛爾蘭嚴重的馬鈴薯饑荒等悲劇，連帶影響了許多製造業城鎮的失業率問題。**利用這波由糧食危機所引發的經濟蕭條，共和派再次帶頭呼籲執政當局進行政治改革，由於選舉辦法中的財產規定使得當時全國三千萬人中僅有二十萬人擁有投票權，因此降低投票權的財產資格限制成為強烈的呼聲，下層民眾與工人階級也希望擁有投票權和改善失業率而選擇和共和派站在一起。

由於執政當局嚴令禁止非法集會，因此共和派通過舉行宴會的方式來號召群眾，擬向基佐內閣要求降低財產限制來擴大選舉權，企圖扭轉金融資產階級把持政權的局面，不料卻遭到基佐以「讓自己富起來」的無情回應。為了打擊反對力量，基佐甚至意圖操控選舉，以賄賂買票來維持議會的絕對多數，並嚴格執行出版品的管制與禁止非法集會。事態發展至此，七月王朝與社會中下階層已完全決裂。

1848年二月二十二日，在傾盆大雨中，共和派發動上萬名工人群眾、學生團體走上巴黎街頭示威，他們以參加宴會為名齊聚在協和廣場延伸至皇家路（Rue Royale）瑪德蓮教堂一帶，團結一致地高呼口號：「要求改革！」「打倒基佐！」。失控的群眾穿過協和橋（Pont de la Concorde）衝到波旁宮議會前，與軍警發生了激烈的衝突，慌亂的軍隊向民眾開火，造成四十人的喪生，起義由此爆發。犧牲者的遺體被抬著走過街頭，民怨已達到沸騰地步，愈來愈多的人加入抗議的群眾當中，巴黎各街區又逐起了象徵性的街壘，許多巴黎國民自衛隊的軍人陣前倒戈，拒絕驅散鎮壓示威的群眾。驚慌失措的國王緊急將首相基佐撤職，但為時已晚，人民想要的已不是更換內閣這種換湯不換藥的敷衍做法。街壘的巷戰持續了兩天，起義的隊伍包圍了杜樂麗宮，路易·腓力最後希望藉由自己的退位，換取議會轉而支持他年輕的孫子巴黎伯爵繼任，但此舉依舊得不到任何人的支持。自忖大勢已去的國王最終倉皇出逃，起義的民眾隨後占領了杜樂麗宮，七月王朝短暫的十八年統治隨之土

---

[29] 泰德·蕭爾茲（Tad Szulc）著，馬永波譯，《蕭邦在巴黎》（*Chopin in Paris: The Life and Times of the Romantic Composer*，臺北：高談文化出版社，2007），頁324。

崩瓦解。

　　1848年的二月革命，正式終結了**波旁世系**的永久統治，也代表巴爾札克所嚮往的「貴族情結」裡的傳統貴族的末路。遺憾的是，這場革命沒能以見證者的眼光留在巴爾札克的筆下，剛由烏克蘭冒著零下二十七度的嚴寒低溫長途跋涉回到巴黎的他，顯得氣咽聲絲，病病懨懨，除了能夠對最後的作品《農民》進行部分潤飾外，已無力再關注此一事件了。所幸，巴爾札克這種社會觀察的眼光與細膩的文字風格被傳承了下來，福樓拜在他的《情感教育》（*L'Education sentimentale*）中為後世讀者攤開了一幅七月王朝最終景象與時代精神的歷史畫卷。

　　出身自諾曼第的盧昂（Rouen）的古斯塔夫・福樓拜（Gustave Flaubert, 1821-1880），自幼個性靦腆內斂，使他不喜社交，即使一生交友不廣，但福樓拜擁有一雙洞察世事的銳利眼光，成長於復辟時期與七月王朝的保守年代，使他**看透了政治官場的腐敗、人心物欲的橫流以及社會道德的墮落，和巴爾札克最大的不同在於，他認清現實社會裡資產階級的爾虞我詐而從未對其抱有幻想**。生長於醫生家庭的福樓拜，很早便看盡了人生的病痛與死亡，父親與妹妹相繼死去，以及自己罹患的精神官能症（neurosis），也讓他不時感受到生命的短暫與無常，形成了福樓拜人生當中的悲觀主義，造就他的作品風格也時常隱約著一股莫名的惆悵與憂傷。

　　臺灣朋友對福樓拜最為熟悉的作品應是他於1857年所發表的《包法利夫人》（*Madame Bovary*），這部內容以短暫的第二共和（1848-1852）時代為背景的作品，由於涉及出軌不倫及性暗示等議題，在發行之初一度被指控為違反善良風俗的淫穢之作，福樓拜還因此惹上了官司，足見本作在當時社會所引發的爭議和關注何其強烈。《包法利夫人》展現了福樓拜純粹客觀的寫作態度，以及公正冷靜再現的社會生活，不僅使他成為了十九世紀中葉最具代表性的寫實主義作家（即便他本人相當反對這一稱謂），他對真實性的理解與深刻的心理描寫，更成為了往後半個世紀自然主義與後現代文學的啟蒙人物。

　　相較於《包法利夫人》裡對情欲、物欲的渴望，對傳統社會倫理的反動，我更**偏愛福樓拜透過《情感教育》中呈現出對浮華奢靡世界的反諷，對現實社會的無**

奈，以及對時代氛圍的刻畫。這部作品沿用了巴爾札克在《幻滅》當中以呂西安和大衛兩個肝膽相照卻性格迥異的雙主角對照架構，創作出腓德列克（Frédéric）與德洛里耶（Deslauriers）分別在愛情與權位領域的探索與野心。《情感教育》更是繼承了《幻滅》中的呂西安、《驢皮記》的拉斐爾、《高老頭》裡的哈斯蒂涅、斯湯達《紅與黑》裡的于連的教養小說模式，皆為一群由外省赴巴黎闖蕩的年輕人，經過一番驚濤駭浪的現實社會洗練後，最終連同自己的淘金夢消逝的故事。其中最為難得之處，是福樓拜藉由《情感教育》譜出了七月王朝末期這一代人的道德歷史和集體的生命困境，對該時代的資產階級把持壟斷社會資源的現象，作品當中也有獨到的見解：

> 中產階級把「私有財產」提升到「宗教」的高度，跟「上帝」混為一談。只要是攻擊「私有財產」的言論，都被視為冒瀆神靈，幾乎可以與吃人肉相提並論。目前的法制雖是歷來最合乎人道的一種，但九三年的幽靈還是再次出現，而「共和國」這個字的每一個音節都迴響著斷頭臺銅刀的颯颯聲。儘管如此，中產階級仍然嫌政府軟弱，因而心生鄙夷。總之，法蘭西已不再是能掌控自己命運的女主人，開始驚惶失措地尖叫，猶如失去拐杖的盲人或失去保母的嬰兒。[30]

福樓拜關注七月王朝時代資產階級對政權參與的壟斷，以及「私有財產」制觀念的高漲。儘管法國大革命最主要的成果是廢除了貴族社會，但傳統貴族社會的結束並不意味著貴族影響力的終結，七月王朝帶動了新興資產階級的興起，這些新的領導階層傾向於依據先前傳統貴族所確立的舒適、浮華、幸福的價值觀，來看待他們所擁有的財富與權力象徵。福樓拜在作品中亦不時透過主人翁腓德列克的遭遇與視角，側寫出資產階級的生活面相，例如在香榭大道上：

---

[30] 古斯塔夫‧福樓拜著，梁永安譯，《情感教育》，頁391-392。

婦女們優閒地坐在敞篷馬車上，面紗隨風飄揚，從他身邊絡繹而過；她們的馬兒步伐堅實，馬具油光閃亮，隨著馬步左右震動發出聲響。馬車愈聚愈多，經過道路匯集的圓形廣場後，速度更慢，把整條路擠得水洩不通。馬鬃跟車燈一個挨著一個。鋼馬蹬、銀馬勒和銅扣環一一搖晃著，在短馬褲、白手套和車門徽章上撒落稀稀疏疏的光點，腓德列克感覺自己彷彿迷失在某個遙遠的國度。……

　　腓德列克在豎琴街一家館子吃了頓要價四十三個蘇的晚飯。四周的一切（老舊的桃花心木櫃檯、帶汙漬的餐巾、油垢的銀餐具和掛在牆上的帽子），全都叫他瞧不起。[31]

以一個外鄉青年的視角，比較在七月王朝時期兩種截然不同的生活方式，確實容易讓涉世未深者炫目著迷。從故事架構與時代背景的角度看來，腓德列克在巴黎繁華世界裡無止盡對於身分地位的追求，耽溺於情欲糾葛的感情世界，無異於包法利夫人對感官之愛以及揮霍欲望的沉淪，再怎麼憑藉最初的滿腔抱負，最終仍墮至一事無成的生命困境。

　　《情感教育》中的最高潮段落，便是1848年的二月革命場景，恰好是主人翁腓德列克鼓起勇氣與暗戀已久的阿爾努夫人（madame Arnoux）幽會的日子，他們約在瑪德蓮教堂後方的特倫榭街（rue Tronchet）與農場街（rue de la Ferme）[32]的轉角相會，卻不巧遇上了共和派發起的宴會改革示威：

　　大學生的隊伍也開始抵達。他們排成雙行，以平常的步伐邁進，人人都面有慍色，不時高喊：「改革萬歲！打倒基佐！」……

　　大學生在瑪德蓮教堂繞行了兩圈，再向協和廣場的方向挺進。廣場上人山人海，遠遠望去，擠在一起的群眾彷彿一片黑壓壓蕩漾起伏的玉米田。

---

[31]　前引書，頁39。
[32]　農場街（rue de la Ferme）後來在1858年被Rue Vignon所整併，今日由瑪德蓮教堂後方沿著特倫榭街（rue Tronchet）約莫直行兩百五十公尺即可見到這個轉角。

與此同時，一些常備軍開始在教堂的左邊排成了方陣。

但廣場上的人群並未因為常備軍的出現而散去。為了結束這場面，有些便衣警探以粗暴的方式拘捕了一些最桀驁不馴的滋事分子，帶到哨所去……

沒多久，帶鋼盔的市保安警察出現了。他們以馬刀的頓邊敲打示威者。見一匹馬摔倒，群眾趕忙上前營救騎者，但一待騎者回到馬上，救他的人又馬上四散奔逃。[33]

這場動亂打亂了腓德列克與阿爾努夫人的幽會行程，福樓拜巧妙地利用二月革命的風暴席捲了故事主人翁的感情生活，致使他期待已久的戀情遭遇阻遏，產生了自暴自棄的想法，「他發誓自此再也不會去珍愛這份深情。就這樣，他的愛像是被颶風捲走的落葉，消散無蹤」。[34]傷心之餘的腓德列克不顧己身安危，就這樣隻身一人在革命的巴黎街頭遊蕩，失魂落魄地成了歷史的參與者：

有許多來自各鎮區的男人列隊走在街上，手持著槍枝和老舊刀劍，頭戴紅帽，全都唱著〈馬賽曲〉或〈吉倫特黨人歌〉。不時看得見一個國民自衛軍步履匆匆地趕赴區公所歸隊。鼓聲在遠處雷鳴。聖馬丁門那邊正在交火，空氣中隱隱飄浮著煙硝味。……[35]

有些人主動站在十字路口鼓動群眾，有些人主動到教堂拚命敲鐘。有些人鑄鉛彈，有些人包彈藥。大道兩邊的路樹、公共便池、長凳、圍欄和煤氣燈全被拔起，扔在一塊，以至於到了早上，巴黎便布滿街壘。起義群眾遇到的抵抗並沒有為時多久，到了八點，他們便已占領了五個軍營、大部分的政府建築物和最有利的戰略位置，有些是被武力攻占，有些則是主動投降。就這樣，不費吹灰之力，君主政體迅速面臨瓦解。……[36]

---

[33] 古斯塔夫・福樓拜著，梁永安譯，《情感教育》，頁368。
[34] 前引書，頁374。
[35] 同前註。
[36] 前引書，頁380。

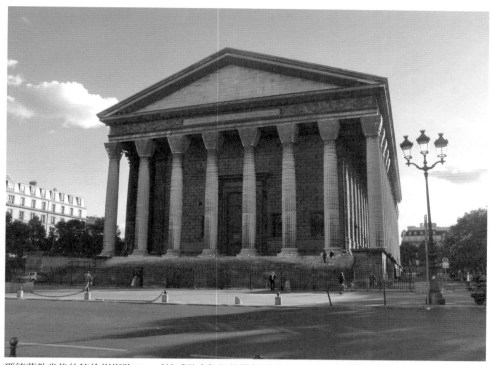

瑪德蓮教堂後的特倫榭街路口，《情感教育》裡的腓德列克在七月革命之際打算與心上人阿爾努夫人私奔時經過這裡

腓德列克也親眼見證了起義軍攻打杜樂麗宮的景象：

　　　　一波大無畏的起義者衝向前臺階；他們被射倒之後，另一波前仆後繼。哨所鐵門被鐵條撬得吱吱作響。市保安警察不肯投降。不過，起事者把一輛裝滿乾草的輪車點燃，讓它燒得像個火球，再把車拉到哨所外牆旁邊。接著又快速搬來柴薪、麥稈和一桶烈酒，放置在哨所四周。火舌沿著磚石往上竄燒，沒多久，整棟建築開始像個火山口一樣到處冒煙，哨所樓頂的欄杆之間也冒出熊熊火焰，發出劈劈啪啪的聲音。「王宮」的二樓已經被國

民自衛軍占據，子彈從廣場的所有窗口射出；噴泉被打裂，裡面的水流出來，和地上的人血摻混在一起，形成一個個小水窪。……[37]

　　宮殿各個煙囪冒出挾帶著火花的滾滾黑煙。全城的鐘樓同時敲響，鐘聲響徹雲霄。從左至右的每一個方向，都有起義者放槍慶祝勝利。[38]

　　身為關注時事的知識分子，二月革命發生的當下福樓拜親臨現場，將三日起義期間的見聞濃縮改編為《情感教育》裡的重要背景，百餘年後的今天讀來，革命的場景彷彿躍然紙上、歷歷在目。無獨有偶，在混亂倥傯的革命期間，與福樓拜同樣心繫著國家命運與群眾安危的另一位文豪雨果，也步行於危險的巴黎街頭，親冒矢石，見證著這場蕩氣迴腸的革命：

　　（香榭大道）那兒是發生了小規模的戰鬥。民眾用椅子壘起了三層街壘。香榭大道方陣的守兵衝過來想拆除街壘，人群朝警衛隊裡扔石頭，打退了士兵的進攻。……

　　在騎兵競技場橋（Pont du Carrousel）的橋頭，子彈在我們的耳邊飛過。這是騎兵競技場廣場（Place du Carrousel）的起義者在向從小馬房出來的宮廷馬車開槍。一個馬車夫在他的車上被打死了。……我們沿著學院和沿河大街走，在新橋，我們遇到一群手持長矛、斧頭、槍的隊伍，鼓手在隊前，一個手持短刀、穿著國王侍從號衣的男人率領著這支隊伍，他的號衣是方才被殺的那個馬夫的。[39]

眼見街道上的血腥衝突不斷，具有社會道德責任感並身兼國會議員的雨果試圖安撫焦躁不安的民眾情緒：

---

[37] 前引書，頁382。
[38] 前引書，頁388。
[39] 維克多・雨果著，張容譯，《見聞錄》，頁267、277。

我們從巴－德－拉－莫爾街（Rue du Pas de la Mule）和博馬舍大道（Boulevard Beaumarchais）朝巴士底廣場走去。[40]那兒人群激憤，工人占主導。許多人都拿著武器，這些槍有些是從軍營裡奪來的，有些是士兵們交出來的。……我聽見人們以各種不同的感情小聲說著我的名字：「這是維克多・雨果！這是維克多・雨果！」有幾個人向我問好。當我們到達七月紀念柱的時候，密密麻麻的人群圍住了我們。我登上柱座，好讓大家聽見我說話的聲音。

我盡全力讓我的情緒激動的聽眾聽見我的說話。這已經不是演講，而是對話，是一個人與十個、二十個、上百個多少有些敵對的聲音的對話……

一個穿工裝的人喊道：「法國貴族院議員住嘴！打倒法國貴族院議員！」他把槍朝我瞄準，我盯著他，提高了聲音，人群靜下來：「是的，我是法國貴族院議員，我是以法國貴族院議員的身分說話。我不是向一個王室成員宣誓忠誠，而是向整個制憲王朝宣誓忠誠。當另一個內閣還沒有成立起來的時候，我的職責是忠實於現在的內閣。我一直認為人民不願意人們失職，無論是什麼樣的職責。」

在我周圍發出一片贊同聲，甚至還有叫好聲。可是當我接著說：「如果攝政……」，抗議聲更多了。……（中略）……可憐的民眾，他們是盲目的，是無意識的！他們明白他們不要什麼，但不知道自己要什麼！……

人群給我們讓開了一條路，走離柱子二十步遠的時候，那個威脅我的人又瞄準了我，叫嚷道：「處死貴族院議員！」

「不，尊重偉大的人！」一個年輕的工人說，同時他壓下了那個人的武器，我用手向他致謝，然後走了過去。……

在二月二十四日夜裡，巴黎修築了一千五百七十四座街壘。[41]

---

[40] 這裡鄰近雨果居住了十餘年的孚日廣場六號宅邸，因此對這裡熟門熟路的他會選擇由此方向前往巴士底廣場。
[41] 維克多・雨果著，張容譯，《見聞錄》，頁278-284。

盧森堡宮圖書館裡的雨果塑像

　　七月王朝垮臺後，下議院選出了一個由十一名代表組成的臨時政府，一是因為在波旁王朝中沒有任何適任的繼任人選，二是共和黨與起義群眾對於君主政體不再表示信任。臨時政府以共和黨詩人拉馬丁為首，除了社會主義思想家路易·布朗（Louis Jean Joseph Charles Blanc, 1811-1882）和另一名工人代表之外，整個政權性質依舊被資產階級所把持。學院派畫家亨利·菲利波多（Henri Félix Emmanuel Philippoteaux, 1815-1884）在他那幅代表作《1848年二月二十五日，市政廳前拒絕紅旗的拉馬丁》（*Lamartine devant l'Hôtel de Ville de Paris le 25 février 1848 refuse le drapeau rouge*）裡，生動地描繪起義者占領市政廳的昂然姿態，以及身著資產階級服飾的群眾簇擁著拉馬丁高舉著迎風飄揚的三色旗，在在顯示出這起革命當中的階級性。被拉馬丁拒絕使用的紅旗由頭戴弗里吉亞帽的女性高舉著，此處借鏡了德拉克洛瓦《自由領導人民》中女神的形象，但由於拉馬丁對公眾的那席話：「紅旗只能靠人民的血泊在戰神廣場繞行一圈，反觀三色旗卻能靠『祖國』、『光榮』和

『自由』的名義,繞行全世界」,[42]被視為血腥躁動,代表工人階級的紅旗始終被刻意放置於畫面近邊緣處,足證革命勝利的果實正悄然地被資產階級侵奪。

臨時政權成立之初確實也推行了一系列改革:取消貴族頭銜;恢復新聞自由與集會自由;廢除政治犯的死刑;廢除選舉權的財產資格限制,實行普選;並開辦「國家工廠」(Ateliers nationaux),大量接納失業工人。尤其是普選制度的落實,使得許多從前被排斥在政治生活外的階級也開始對政治、公眾議題引發了興趣。最有趣的一例是關於喬治・桑,當她某日忘了攜帶家中鑰匙意外被鎖在門外時,卻發現附近三個社區的鎖匠全都因為前往參加政治俱樂部的演講而必須使她耗費加倍時間等待。[43]

好景不常,四月份的制憲會議大選結果揭曉,資產階級共和派中的溫和派獲得壓倒性的勝利,在八百八十個席位中囊括了五百五十席,而工人的代表卻僅僅只有十八席,巴黎的工人階級均對這樣的選舉結果感到震驚與不滿。制憲會議開幕後,宣布成立共和國,是為法蘭西第二共和。**透過議會選舉而產生的第二共和政府,無疑是狠狠打了工人群眾階級的一個耳光,表示共和國根本不是在街壘巷戰中用鮮血生命換來的,一場以利益交換的選舉足以決定一切!**第二共和新政府產生之後,瞬間換了另一個面目,宣布將關閉「國家工廠」,工廠中招收的未婚男子將被徵召入伍,已婚者則要送往外省工作,此舉已正式宣告了資產階級政府與勞工群眾的決裂。

1848年六月二十三日,在推翻七月王朝的那場革命僅僅四個月後,巴黎的勞工階級再度走上街頭堆起了街壘,為了爭取己身的權益向第二共和政府發動抗爭。資產階級政權這回毫不心軟,起用了曾遠征阿爾及利亞的卡芬雅克將軍(Louis-Eugène Cavaignac, 1802-1857),派遣正規軍、憲兵隊和國民自衛軍對工人群眾採取了殘酷的鎮壓。這場衝突也是巴黎史上首次透過新時代的象徵——火車與蒸汽船

---

[42] 古斯塔夫・福樓拜著,梁永安譯,《情感教育》,頁389。

[43] E. J. 霍布斯邦著,王章輝等譯,《革命的年代》,頁440:「法國大革命的偉大遺產之一,即不斷灌輸給群眾的政治意識和持續不斷的政治活動,意味著這些群眾遲早必定會在政治中發揮重要的作用。」群眾對公眾議題與公共事務的關注與參與,在十九世紀1830年與1848年的兩場革命中扮演極為重要的催化劑。

從各行省載運源源不絕的軍隊，加入首都的這場血腥鎮壓行動。

這場血腥的屠殺之始，發生於今日第十區的聖丹尼門[44]一帶，雨果對當天的情景有生動的記述：

六月二十三日星期五在聖丹尼門築起了第一個街壘，就在這一天這個街壘就遭到打擊。國民自衛軍堅定地衝過去，這些是第一軍團和第二軍團的部隊。當進攻者從大街到達射程之內時，從街壘處射來密集的子彈，擋住了國民自衛軍的路。國民自衛軍沒有害怕，而是憤怒地衝向街壘。

這時，一個女人出現在街壘上，這是個年輕美貌、蓬頭垢面、令人可怕的女人。她是個妓女，她把裙子撩到腰上，用妓院那種可怕的語言對國民自衛軍喊道：「膽小鬼們，開槍吧，如果你們有膽量向一個女人的肚皮開槍！」

這時，事情變得恐怖了。國民自衛軍毫不猶豫，一排齊射打倒了可憐的女人，她大叫一聲倒在地上。在街壘裡和進攻者中間是一陣可怕的寂靜。

突然又一個女人出現了，這個更年輕、更漂亮，幾乎還是個少女，大約有十七歲。多麼深的不幸啊！這也是個妓女。她撩起裙子，露出肚皮，叫道：「開槍吧，強盜！」槍響了，她被子彈打穿了，倒在第一個女人的身上。

---

44 聖丹尼門（Porte Saint-Denis），是今日第十區一座寬度二十五公尺、高二十五公尺、厚度達五公尺的壯觀城門。由十七世紀法國王家藝術學院建築師弗蘭索瓦‧布隆代爾（François Blondel, 1618-1686）所建造，由於這裡是中世紀巴黎前往北方聖丹尼鎮的要道，也是歷代國王前往聖丹尼聖殿（Basilique Saint-Denis）拜謁王陵的必經之路，故以名之。路易十四時代拆毀了夏爾五世所建的巴黎城牆（L'enceinte de Charles V），令布隆代爾在原城牆防禦工事上修建了聖丹尼門。當時路易十四特別指示，新城門需要展現古代羅馬藝術的宏偉壯麗形象，因此在門拱上刻畫了路易十四率領法國軍隊於弗朗什－孔泰（Franche-Comté）取得大捷的浮雕，門楣上方撰寫了拉丁文LUDOVICO MAGNO的字樣，意為「致路易大帝」。專精數學的布隆代爾將城門立面的縱向與橫向採用相同等距的正方形，並在兩側門柱的部分納入了埃及方尖碑圖像，是當時代極其創新的設計。有趣的是，建造的當時在門拱上的淺浮雕應該採用羅馬古典或是當代造型的問題，法國宮廷派系還引發了一場藝術美學的「新舊之爭」（Querelle des Anciens et des Modernes）的論戰。在十九世紀中葉的巴黎改造工程之前，擁有稅關站的聖丹尼門已經是城郊的分界，1791年六月二十日的夜間，經過變裝後的路易十六與瑪麗王后即是乘坐馬車經由此門逃離巴黎的，遺憾的是，他們在距離巴黎兩百多公里外的瓦雷納（Varennes-en-Argonne）便遭到逮捕。

戰爭就是這樣開始的。

沒有比這更冷酷、更黑暗的了。文明遭到無恥的打擊，又受到野蠻的保護。一邊是人民的絕望，一邊是社會的絕望。

拯救文明，就像巴黎在六月所做的那樣，幾乎可以說是在拯救人類的生命。[45]

在為期四天的起義衝突行動中，卡芬雅克的軍隊動用了無情的大炮對著群眾的街壘和陣地猛轟，屠殺了上千名的反抗工人，隨後遭到緝捕、關押及流放者更達到數萬之眾。今日我們可在羅浮宮觀賞著名的畫家與雕塑家歐內斯特（Jean-Louis-Ernest Meissonier, 1815-1891），針對這場殘酷的屠殺所繪的紀實《1848年六月，致命街的街壘，又稱為內戰的紀念》（La Barricade, rue de la Mortellerie, juin 1848, dit aussi Souvenir de guerre civile），畫面中呈現了一群起義者慘死於街壘後方的敗亡景象，歐內斯特懷著悲憫同情的意念，向後世留下了對這場階級內戰的悲劇控訴，這群四個月前滿心期待著改朝換代將迎向新生活的民眾，不料卻在極短的時間內遭到資產階級的背叛殺戮，想來實在令人不勝唏噓。最為諷刺的是，這條名為致命街的不祥街區，正是因為1832年的那場膽裂魂飛的霍亂在此造成的高死亡率而得名，卻仍然於1848年再次發生了憾事，因此在後來的巴黎改造時期便改名為市政街（Rue de l'Hôtel de ville）。資產階級與工人階級間的衝突對立，經此一事件後逐漸加劇，並延續至二十年後的巴黎公社事件達到巔峰。[46]

血腥的六月起義過後，卡芬雅克被議會認可為第二共和領導，籌組了資產階級共和派內閣，並重新限制新聞與集會自由，限縮了群眾的政治活動參與，期望能在年底的總統選舉中鞏固政治勢力。事實上，經過殘忍的屠殺後，共和派已逐漸失去民眾的支持，保王黨在內閣與議會當中的聲勢日益壯大，年底的總統大選候選人

---

[45] 維克多・雨果著，張容譯，《見聞錄》，頁323。
[46] 卡爾・馬克思認為，六月起義是未來的使工人與資產階級對抗的無產階級革命的彩排。參閱John Merriman.A History of Modern Europe: From the Renaissance to the Present.(New York: W. W. Norton & Company,2004), p.628.

中，出現了一個令全民感到振奮的名字——拿破崙。1848年十二月十日總統大選揭曉，拿破崙一世的侄子路易‧拿破崙以囊括總票數的百分之七十五壓倒性優勢，擊敗了競選對手卡芬雅克、拉馬丁等人，登上了第二共和的總統寶座。[47]無庸置疑，在當時政治界毫無知名度與影響力的路易‧拿破崙，之所以能高票當選，完全在於他的姓氏，對大部分的法國人而言，歷經兩度復辟的波旁與代表資產階級利益的七月王朝，拿破崙這個姓氏足以讓他們緬懷過去的榮光，以及重拾對政局穩定的信心。

　　路易‧拿破崙的勝出，主要來自於保王傾向的秩序黨（Parti de l'Ordre）、奧爾良派的支持，他明瞭這些派系充其量只是利用他來作為過渡時期的棋子，因此在執政前期的舉措小心謹慎，避免與保王復辟所占據的議會發生衝突。路易‧拿破崙暗中策畫他的奪權之路：先是透過支持羅馬教皇得到國內天主教徒的支持；接著逐步培植軍中的親信，爭取軍方的支持；並拉攏秩序黨削弱共和派勢力，隨後再分化打擊秩序黨。時機成熟後，路易‧拿破崙於1851年十二月二日[48]發動政變，軍隊占領了議會所在地波旁宮，秩序黨與共和派重要人士紛紛被逮捕，議會遭到解散。

　　政變後，法國隨即舉行全國性的投票，經過拿破崙黨人的賄選、欺騙、恐嚇、鼓動等種種手段，以七百五十萬人贊成與六十萬票反對的懸殊比例，路易‧拿破崙**的暴力奪權手段得到大多數民眾的認可**，在新憲法的頒布之後，於1852年十二月二日嘉冕為法國皇帝拿破崙三世。曇花一現的第二共和僅四年的時間便壽終正寢，法國再度迎來了另一個拿破崙的統治時代，也將會是巴黎澈底大改造的新時代。

*　　*

---

[47] 大衛‧哈維著，黃煜文、國立編譯館譯，《巴黎，現代性之都》，頁24：「在十二月十日的選舉中，他（路易‧拿破崙）得到了五百四十萬張選票，對手卡芬雅克一百四十萬張，至於拉馬丁則只得到八千票，成了笑柄。」

[48] 十二月二日是拿破崙一世在奧斯特里茲會戰大捷以及稱帝嘉冕的日子，因此身為侄兒的路易‧拿破崙特意選擇這個榮光的紀念日發動政變，也有取得好兆頭喚起人們記憶的考量。

盧森堡宮前的水池，雨果悲慘世界中曾對此有段描述

❀ 時空遊覽 ❀

　　雨果在《悲慘世界》中對1832年六月的那場起義過程費了許多心思特別著墨，無論是在「ABC之友」社團的視死如歸；或是愛波妮與伽弗洛什的壯烈犧牲；甚至是尚萬強勇救馬呂斯，穿越巴黎下水道的九死一生，想必都是令歷代讀者拍案叫絕且難以忘懷的精彩橋段。不過，當雨果寫到槍林彈雨的街壘之中，伽弗洛什為了收集子彈而壯烈成仁時，他卻筆鋒一轉，將整個故事畫面帶往左岸寧靜的盧森堡公園，讓讀者暫時獲得喘息，也利用這突如其來的場景，襯托出七月王朝統治時期所造成的貧富差距懸殊的擴大。這段小插曲從未在後來的大銀幕改編版本或是音樂劇的表演中呈現過，以至於往往被大多數的讀者所遺忘，確實是相當可惜的部分。

　　在《悲慘世界》的第四部中的第六卷〈小伽弗洛什〉一節曾提及，狡詐的匪徒德納第總

共有五名孩子，除了伽弗洛什和兩位姊姊愛波妮與阿茲瑪之外，下面還有一對七歲和五歲的兄弟。這對可憐的孩子自幼便失去雙親的照顧，後來曾一度跟著哥哥伽弗洛什住在「巴士底廣場的大象」裡，但隨即又回到街頭當起了小乞兒了。這對流浪街頭的小兄弟，在街頭正發生著起義衝突的當下，溜到了沒有遊客的盧森堡公園（Le Jardin du Luxembourg），飢腸轆轆的他們，希望能在此碰碰運氣。

忽然間兄弟倆看見一位資產階級裝扮的紳士，帶著一位手捧著蛋糕的孩童進到公園的大水池邊散步，兩個窮孩子躲在一旁默默地觀察著他們。從紳士的言談當中感覺得出他認為發生在市區街壘中的衝突是一場胡鬧，而且在發現角落旁的兩位窮孩子時，紳士略顯不悅地表示怎麼會讓這等人進入到公園。[49]他身旁的孩子似乎才剛吃飽，已吃不下口中的蛋糕，於是似乎是父親身分的他便一把將孩子手中的蛋糕扔入水池，招呼水池當中的天鵝游過來吃。

請注意雨果在這裡所刻意安排的舉動：當這位具有父親身分的資產階級將蛋糕扔進水池中時，天鵝正在水池中央離岸較遠處捕撈食物，以至於沒有注意到蛋糕。「這位先生感到蛋糕有點白扔的危險，未免痛惜無端的損失，於是他手舞足蹈，傳出交集的信號，終於引起天鵝的注意。」[50]很顯然地，對這位資產階級而言，**儘管他已看到公園裡除了他們父子倆之外，尚有一對衣衫襤褸的小兄弟，但在他的眼中這樣的人卻不值得同情，這樣的階級沒有資格得到他的憐憫施捨，於是當兒子吃不完手中的蛋糕時，這位資產家寧可將其扔進水裡給天鵝吃，也不顧面前一對飢腸轆轆的小乞兒。**尤其，當天鵝最初並未注意到蛋糕時，資產家還會覺得暴殄天物，拚命吸引天鵝的注意，**雨果在這裡將勢利貪婪的心態與楚楚可憐的弱者處境做了極為強烈的對比，令讀者感到於心不忍。**

資產家父親很快地便拉著孩童離開了現場，與此同時，兩個流浪兒便朝蛋糕的方向湊了過去，雨果為了這場蛋糕爭奪戰特別用心描述：

---

[49] 不少讀者都會忽略，雨果曾在《悲慘世界》第三部的第六卷〈雙星會〉中，就已讓這對父子在公園當中過場。維克多·雨果著，李玉民譯，《悲慘世界》中冊，頁244：「水池旁邊，有個四十來歲小腹凸出的紳士，手拉著一個五歲的小男孩，他對孩子說：『要避免越界。兒子，對專制主義和無政府主義，你要保持同等的距離。』」雨果透過這位紳士的話語，表達了七月王朝時代資產階級的政治態度。

[50] 維克多·雨果著，李玉民譯，《悲慘世界》下冊，頁310。

大孩子就急忙趴在圓形水池邊上，左手抓住邊緣，身子幾乎要掉下去似地俯向水面，伸出右手拿棍子去勾蛋糕。天鵝發現敵手出現了，就加快速度，速度一加快，前胸激起波浪，反而對小漁夫有利了，只見盪起的一圈圈波紋，將蛋糕慢慢推向孩子那根棍子。等天鵝趕到，棍子也搆著蛋糕了。孩子用棍子用力一撥，既嚇走天鵝，又將蛋糕撥過來，一把抓住站起身來。蛋糕泡濕了，但是他們又飢又渴，大孩子將蛋糕辦成一大一小，小塊兒留給自己，大塊給弟弟，對他說：「塞進你的槍管裡吧。」[51]

為了一塊能夠充飢的蛋糕，七歲大的孩子冒著跌進水池的危險，與天鵝奮力爭奪，這樣的畫面任誰看了都會感到無奈。而「塞進你的槍管裡吧」，由一個孩子的口中說出這般冷酷的話語，正是雨果針對七月王朝所造成社會上下階層矛盾對立的絕佳寫照。日後每當筆者漫步於盧森堡公園那座水池邊時，總會不經意地想起《悲慘世界》裡這個令人心酸的小段落，也會臆想掛念那對可憐小兄弟最後的人生結局會如何呢？

盧森堡公園的北側是盧森堡宮（Palais du Luxembourg），是今日法國的參議院（Sénat）所在地，昔日擔任參議員的雨果也曾在此開會。此處在1612年以前屬於盧森堡公爵（François-Henri de Luxembourg）所有，亨利四世遭到暗殺後，其遺孀瑪麗·德·美第奇（Marie de Médicis, 1575-1642）王后因無法忍受羅浮宮帶給她的孤獨與不堪回憶，於是買下了左岸該地，並令建築師薩洛蒙·德·布羅斯（Salomon de Brosse, 1571-1626）為她設計一座仿造故鄉翡冷翠碧堤宮（Palazzo Pitti）文藝復興風格的寬廣皇宮及庭園。出身自義大利著名的富商和文藝世家之女，遠嫁到法國的瑪麗非常想念故鄉，尤其是在喪夫之後，認為唯有類似故鄉風格的建築景物，才能稍緩她那憔悴落寞的心靈。

巴洛克時代聞名歐洲的繪畫大師魯本斯（Peter Rubens, 1577-1640），曾接受瑪麗女王所託，繪製了一整組《瑪麗·德·美第奇的一生》（Cycle de Marie de Médicis）共二十四幅巨畫，用來裝飾剛落成的盧森堡宮。出生自安特衛普的魯本斯，具優雅談吐與博學多才，

---

[51] 前引書，頁311。

盧森堡宮與公園

盧森堡宮內法國參議院的半圓形穹頂議事廳

與當時歐洲幾乎所有的顯赫家族都有交情，也因此他手上的訂單應接不暇，工作坊裡座下弟子無數。瑪麗女王明瞭魯本斯的工作量實在太過繁重，故而時常需要座下弟子代筆，[52]還特別下令這二十四幅作品皆務必由魯本斯本人操刀，甚至嚴禁助手的協助，為此魯本斯耗費了整整四年時間才將這一系列作品完成。從瑪麗女王的出生、嫁娶到生子，直到晚年和親生兒子路易十三的決裂與和解，魯本斯透過巴洛克浮動飛揚、誇飾生動的風格，以《瑪麗·德·美第奇的一生》組畫道盡了她一生的宏偉傳奇，堪稱藝術史上精彩璀璨、令人擊節讚賞的一組作品，今日羅浮宮還特意開闢了「美第奇畫廊」（la Galerie Médicis）來收藏這組畫作，讀者朋友若有機會參訪羅浮宮，在賞畢鎮館三寶與《自由領導人民》等佳作後，也別錯過了這個精彩絕倫的展示廳。

盧森堡宮的內部也是個絕佳的參訪之地，包括參議院的半圓形穹頂會議廳（Salle des séances, hemicycle）、圖書館（Bibliothèque）和會議大廳（Salle des conferences）。特別是圖書館的天花板上有著德拉克洛瓦所繪《但丁之地獄》，讀者朋友若有機會站在底下仰望，可以仔細觀察畫中主人翁但丁的五官完全是按照蕭邦的樣貌來描繪的。1847年四月一日，畫作完成後的德拉克洛瓦還親自帶著好友蕭邦與喬治·桑至此，欣賞這件送給他們的友誼之作。

法國大革命時代，盧森堡宮被國家安全委員會徵收，並一度成為關押政治犯的監牢，也是從這個時期開始，盧森堡公園正式向外對一般民眾開放。今日的盧森堡宮除了是參議院所在地之外，尚有一部分被轉型為盧森堡美術館，我始終難忘曾在這裡參觀過魯本斯和多位法蘭德斯畫派[53]的特展，深受感動。

比較起來，我更喜歡水木清華的盧森堡公園甚於盧森堡宮，這座於十八世紀末對公眾開放的公園，在往後的一百年裡成了左岸的大學生、聖敘爾比斯教堂的神職人員、聖寵谷教堂醫院附近的退休老年人，以及聖日耳曼區一帶的仕女們最愛散步流連的去處。儘管在奧斯曼

---

[52] 參閱拙著，《名偵探與柯南：福爾摩斯藝文事件簿》，頁221-224。書中章節對魯本斯高徒范戴克（Sir Anthony van Dyck, 1599-1641）的生平與作品介紹。

[53] 法蘭德斯畫派，泛指古代尼德蘭南部地區，大致上包括今天的比利時、盧森堡以及法國東北的部分地區。法蘭德斯畫派在十五到十八世紀時達到全盛，與北方尼德蘭那種為新興資產階級服務的藝術與眾不同，因該地仍處於西班牙封建專制和天主教會勢力的控制之下，故該畫派仍主要為宮廷貴族和教會服務，重視富麗堂皇的裝飾性風格。

盧森堡宮殿前的花團錦簇

的巴黎大改造時期，公園的南側遭到拆毀而使今日的面積縮小為昔日的三分之二，[54]卻依舊不減人們對它的喜愛。

雨果在《悲慘世界》當中，除了孩童與天鵝爭搶蛋糕的橋段之外，還在不同的篇章裡有意無意地提到這裡，對於公園當中萬紫千紅的花卉，運用了大量形容詞讚美：

> 盧森堡公園寂靜沒有遊人，景色非常美。梅花形散布的樹木、各處花壇，在陽光下競吐芬芳，爭豔鬥麗。近午火光通明透亮，樹枝欣喜若狂，彷彿相互擁抱。埃及無花果樹叢裡，鶯群一片鳴囀，鳴禽高唱凱歌，而啄木鳥則攀援栗樹啄樹洞。花壇擁戴百合花為王，最高貴的芬香，自然出於潔白色。康乃馨香氣馥郁，瑪麗・德・美第奇的小嘴老鴉，在高樹冠中談情說愛。在陽光的照耀下，鬱金香一片金黃紫紅，彷彿在燃燒，而五顏六色的火

---

[54] 盧森堡公園今日面積約二十二點四五公頃。

焰化作鮮花。圍著鬱金香花壇飛舞的蜜蜂，正是這些火焰花迸出的火星，連同即將來到的驟雨都是那麼曼妙而歡快，連鈴蘭和忍冬都不再害怕；燕子低飛，雖然來勢洶洶，姿態又那麼優美。誰在這裡都會感到幸福，生命顯得多麼美好；自然萬物煥發出純真、救護、接援、戀愛、撫慰、曙光。天上降下來的思想就像我們親吻的孩子小手那樣溫軟又柔軟。[55]

在繁花似錦、一派氣象萬千的景象之外，盧森堡公園那些蜿蜒交錯、別有洞天的樹林裡頭還有著上百座的雕像，遊客不只能夠看到靈巧溫馴的點鹿和生氣勃勃雄獅等動物造型，洛可可藝術大師華鐸、[56]浪漫主義巨擘德拉克洛瓦、鋼琴詩人蕭邦與象徵主義詩人魏爾倫[57]皆在其中擁有一座小天地。當中最特別的是，那座有著天鵝優游於其中的水池四周，分別矗立著二十座造型風格各異的法國歷代王后塑像（Reines de France et Femmes illustres），瑪麗・德・美第奇、瑪歌王后這些前文曾提及在歷史上揚名一時的女強人形象皆展示在遊客的眼前，環繞她們一周也恰似回顧了一次法國歷代王朝史。雨果如此敘述這些雕像所襯托的畫面：

> 樹下的雕像裸露而潔白的身上，穿著綠蔭為他們披上，有著斑斑光洞的長袍，這些女神全都披著襤褸的陽光衣衫。只見條條光線從她們身上披散下來。大水池四周地面已經曬乾，甚至有點滾燙了。風勢還相當猛烈，從幾處捲起一點灰塵。去年秋天殘留的幾片黃葉，歡快地相互追逐，好像流浪兒在嬉戲。[58]

---

[55] 維克多・雨果著，李玉民譯，《悲慘世界》下冊，頁306-307。

[56] 華鐸（Jean-Antoine Watteau, 1684-1721），洛可可時期代表畫家，出生於法國北部城鎮瓦倫辛（Valenciennes）。華鐸曾在盧森堡宮研究及臨摹魯本斯的《瑪麗・德・美第奇的一生》，由此啟發了華鐸對義大利以及法蘭德斯繪畫的興趣。日後華鐸創始的雅宴（Fête galante）題材成為洛可可藝術的代表風格，奇幻又富沉思的風格在整個歐洲吸引了大批仿效者，其代表作《西堤島的朝聖》（Le Pèlerinage à l'île de Cythère）今日也成為羅浮宮中洛可可藝術的收藏精品。

[57] 魏爾倫（Paul Verlaine, 1844-1896），法國象徵派詩人，其詩歌以優雅、精美且富有音樂性而著稱。魏爾倫與年輕詩人韓波（Jean Nicolas Arthur Rimbaud, 1854-1891）之間的戀情曾在十九世紀末的文壇引發軒然大波，魏爾倫還因此短暫入獄。代表作有《智慧》（Sagesse）、《幸福》（Bonheur）等。有興趣的讀者還可參考由知名影星李奧納多・狄卡皮歐於一九九五年所主演的電影《全蝕狂愛》（Total Eclipse）。

[58] 維克多・雨果著，李玉民譯，《悲慘世界》下冊，頁307。

為何雨果如此喜愛著這座盧森堡公園？其實有跡可循。在雨果的孩提時期，曾在今日聖寵谷教堂旁的斐揚路八號（8 Rue des Feuillantines）的住址與母親一同生活，這裡僅離盧森堡公園約七百公尺的距離。可以想見，**公園的記憶一定在雨果童年生活與休閒中扮演了無法磨滅的重要角色**，為此他還特別將《悲慘世界》中，青年馬呂斯（Marius）邂逅珂賽特（Cosette）的重要橋段設定於此：

> 　　一年多以來，在盧森堡公園一條靠苗圃護牆的幽徑上，馬呂斯注意到一個男人和一個很年輕的姑娘，他倆在這條路徑靠西街最僻靜的那端，幾乎總是並排坐在同一條椅子上。只憑機緣，就總是會吸引目光移向公園核心的人前來散步，馬呂斯就是每次憑藉這樣的機緣被引上這條幽徑，幾乎每天他都看見那一老一少在那裡……
> 　　後來幾天，他還是和往常一樣到盧森堡公園散步，還是像往常一樣見到「父女倆」，但是他不再留意了。姑娘醜的時候他沒有多想，長得美了他也沒有多想。他總是離姑娘座椅很近的地方經過，因為那是他的習慣。
> 　　有一天暖融融的，盧森堡公園沐浴在陽光綠影中，彷彿天使在清晨時分將全園洗了一遍，鳥雀在栗林深處啾啾鳴囀。馬呂斯向大自然敞開心懷，不再想什麼，只是生活著，呼吸著，他又從那張椅子前經過，那少女抬起眼睛，二人的目光相遇。
> 　　這一次，年輕姑娘的眼神裡有什麼呢？馬呂斯說不上來，什麼都有，什麼也沒有。那是一道奇異的閃光。[59]

　　這是《悲慘世界》裡另一對男女主角初相見的場景，尚萬強履行了對芳婷（Fantine）的承諾，將珂賽特帶在身邊扶養長大，為了躲避刑警沙威（Javert）的緝捕，多年來他隱姓埋名，不斷變換住所。直到父女倆搬至盧森堡公園旁的西街〔即今日的阿薩斯街（Rue d'Assas）〕居住，尚萬強以退休老人的姿態帶著亭亭玉立的珂賽特到公園休閒，才被情竇

---

[59]　維克多・雨果著，李玉民譯，《悲慘世界》中冊，頁240-242。

美第奇噴泉

初開的馬呂斯撞見，進而發展出一段纏綿悱惻的戀情。除了文學名著裡這段虛構的愛情邂逅外，在盧森堡公園東側，以瑪麗王后最喜愛的文藝復興風格設計的美第奇噴泉（Fontaine Médicis），希臘神話中的嫉妒悲戀成為它的噴泉雕像主題，[60]哲學家沙特與西蒙波娃[61]的初次邂逅便是在這個噴泉旁，兩人還為了世間何謂善與惡的議題辯論了三個小時，就此互相認

[60] 這座噴泉的雕像造型實在令人過目難忘，據羅馬詩人奧維德（Ovid）《變形記》（*Metamorphoseon libri*）的記載，希臘神話中的獨眼巨人波利菲莫斯（Polyphemus）單戀海仙女葛拉蒂（Galatea），卻無法得到仙女愛的回應，當他目睹葛拉蒂與西西里的美男子阿喀斯（Acis）相擁時，妒火中燒的波利菲莫斯用巨石砸死了他的情敵。美第奇噴泉的雕像姿態正詮釋著獨眼巨人即將投擲巨石的那一刻。

[61] 尚－保羅・沙特（Jean-Paul Sartre, 1905-1980），法國存在主義哲學家、作家，是二十世紀近代最重要的哲學家之一。其代表作《存在與虛無》（*L'Être et le néant*）是存在主義的經典作品。1964年，沙特的《嘔吐》（*La Nausée*，或譯《噁心》）一書獲得諾貝爾文學獎，但他主動回絕該獎，是**史上第一位拒絕領獎的諾貝爾獎得主**。西蒙・波娃（Simone Lucie Ernestine Marie Bertrand de Beauvoir, 1908-1986），法國作家、存在主義哲學家、女權主義者，代表作《第二性》（*Le Deuxième Sexe*）是當代女權主義的奠基之作。沙特與波娃兩人直至生命盡頭，始終是對方的靈魂伴侶。

天文臺噴泉

定了對方即為結合的對象。數十年過去了，美第奇噴泉仍和沙特那個年代一樣，始終是濃密的綠蔭靜謐處，幾隻可愛的綠頭鴨優哉地游動於噴泉的池水中，與周圍樹幹的長春藤相輝映，使得此處成為公園當中最具詩情畫意的一個角落。

相對於靜謐優雅的美第奇噴泉，公園南側盡頭的天文臺噴泉（Fontaine de l'Observatoire）底座下的群馬奔騰造型就顯得氣派磅礴、宏偉壯闊了。浪漫主義雕塑家卡爾波（Jean-Baptiste Carpeaux, 1827-1875），在他人生最後階段的傑作《地球四極》（Four continents）就矗立在噴泉的正上方，這件作品透過亞洲、歐洲、北美和非洲的四具婦女像共同托起地球，放在十九世紀下半葉的角度來審視，堪稱為卓越的識見。有趣的是，塑像中的四位婦女由於種族各異，所以造型也均有各自的特色，讀者若有機會親自觀察，一定要好好觀察一下那位象徵著亞洲女性的人像，儘管擁有一頭長髮卻是拖著長辮，甚至將前額剃個精光！可見得身處十九

世紀下半葉的卡爾波，此生從未見過真實的亞洲婦女，而誤以為亞洲各國的男女皆是清國人薙髮留辮的形象呢！這座形象有趣的《地球四極》真品如今陳列在奧塞博物館（Musée d'Orsay），其最初的黏土模型則收藏在奇美博物館中一樓的羅丹廳，說起來還與臺灣有著某種緣分啊！

　　一座昔日的王室宮殿與花園，到後來會成為雨果和沙特這些知識分子鍾愛流連之處，正如波特萊爾所說，「詩人和哲學家尤其喜愛將他們的猜測與遐想引入這些地方。這裡確實是寄託心志的理想之處」。[62]

　　最後，盧森堡公園周遭的街區，也曾在歷史上扮演過舉足輕重的角色。天文臺噴泉以及距離它南邊八百公尺處的巴黎天文臺（l'Observatoire de Paris），均坐落在巴黎子午線的上方，在很長的一段時間內，這條子午線一直被視為世界子午線，直到1884年才被格林威治給取代。儘管巴黎子午線後來被取代，但仍為這個世界留下了重要性的單位標準，最早的「公尺」（mètre）衡量，即是巴黎天文臺的科學家們，根據巴黎子午線北極到赤道間的千萬分之一而決定的單位。有興趣的朋友可以在盧森堡宮北側沃吉哈赫路三十六號（36 Rue de Vaugirard）建築的拱廊裡找到這個**「人類史上最早的公尺」**單位記號。

　　同樣是跟天文臺街區有關，1959年十月十五日深夜，時為司法部長的法國前總統密特朗，駕車在盧森堡公園東側門的美第奇路（Rue de Médicis）遭人尾隨，並在天文臺噴泉前草地旁的奧古斯特孔德路（Rue Auguste Comte）被連開七槍狙擊，幸而密特朗及時在草地跳車臥倒，躲過了這場暗殺。

　　在盧森堡公園西側的大茅舍路（Rue de la Grande Chaumière），有座柯羅拉西學院（Académie Colarossi）是後印象派畫家高更的母校，學校旁的八號門牌住宅，曾是尚未遠赴阿凡橋（Pont-Aven）與大溪地（Tahiti）時的高更所租下的畫室。約莫二十餘年後，同一棟住宅則又被來自義大利的早逝畫家莫迪里亞尼作為畫室使用。[63]

---

[62] 波特萊爾（Charles Pierre Baudelaire）著，郭宏安譯，《巴黎的憂鬱》（*Le Spleen de Paris*，新北：新雨出版社，2014），頁68。

[63] 莫迪里安尼（Amedeo Modigliani, 1884-1920），表現主義的代表畫家、雕塑家。莫迪里安尼與畢卡索、康斯坦丁等著名藝術家交情匪淺，皆受到十九世紀末後印象派所影響，以及受到非洲藝術、立體主義等流派刺激，創作出深具個人特色，其優美弧形的人物肖像畫。莫氏以三十六歲英年得病去世，他與畢卡索的瑜亮情結，以及與珍妮・赫布特尼（Jeanne Hébuterne, 1898-1920）的感情生活，始終是藝術史上膾炙人口的軼事。2018年五月十四日，莫迪里安尼的〈向左側臥的裸女〉（*Nu*

盧森堡公園一隅

　　直至今日，盧森堡公園裡每天都還能見到許多長輩與青年男女在此從事運動休閒，有些群體在進行法式滾球運動，有些人沐浴在陽光底下優閒地閱讀，一派輕鬆和樂的氣氛，這不正是公園場域提供給人們最大的享受嗎？

　　和雨果有著同樣的喜好，盧森堡花園也是筆者在巴黎最鍾情的一座花園，對我而言，那裡是永遠能夠讓我感到閒適舒暢、思考充電的幸福場域。親愛的讀者朋友，倘若有朝我們有緣在盧森堡公園相遇，我願為您親自導覽，和您一同探訪這座瑰麗旖旎的綠色天堂……

couché, 1917）在紐約蘇富比拍賣會以一點五億美元（約臺幣四十七億元）成交，這是繼畢卡索及達文西之後，國際拍賣場上第三位作品成交價破一點五億美元的藝術家。

4

奧斯曼的巴黎

　　路易・拿破崙（Charles-Louis-Napoléon Bonaparte, 1808-1873）的父親是拿破崙一世的幼弟路易・波拿巴（Louis Bonaparte, 1778-1846），曾擔任過荷蘭國王，但在拿破崙一世遠征俄羅斯的行動上持反對意見，王位因而遭到罷黜。許多人知道路易・拿破崙是拿破崙一世的侄兒身分，但若追溯他的母系血統，將會發現拿破崙一世的第一任妻子約瑟芬王后（Joséphine de Beauharnais, 1763-1814）也是他的外祖母，因此路易・拿破崙與拿破崙一世具有雙重的血系脈絡，既是他的侄子也是他的外孫。

　　拿破崙一世退位後，路易・拿破崙隨著父母流亡國外，先後在瑞士、巴伐利亞與義大利度過了他的成長求學歲月。波旁王朝與七月王朝統治期間，他還多次試圖返回法國，鼓吹反動勢力，卻都很快被逮捕，遣送至英國。這段際遇反而無形之中幫助了路易・拿破崙，維多利亞時代的英國在整體國力、工業科技與社會制度各個領域都名列世界之冠，一切進步的象徵足以令他眼界大開。在那段期間他研究了社會學與經濟學，並時常混跡於倫敦的政要派對中，結識有力的高層人士，路易・拿破崙無時無刻不在觀察著巴黎政局的一舉一動，他明白在英國所耕耘的一切人脈與經驗，都將成為他往後回到法國政界的利器。

　　客居英倫時期，路易・拿破崙的住所離聖詹姆斯公園（St James's Park）和綠園（Green Park）僅數步之遙，倫敦市區內眾多的公園綠地提供資產階級舒適的休閒享受，令他感到羨慕不已。此外，林蔭大道（The Mall）的寬敞氣派，攝政街（Regent St）與牛津街（Oxford St）的繁華昌盛也在他的記憶中留下了深刻的烙印，這些代表都市現代化的景致都將成為往後巴黎城市改造的參照構想。

　　1848年爆發二月革命，路易・腓力的七月王朝垮臺，法國成立了臨時的共和政府，時年四十歲的路易・拿破崙眼見時機成熟，順勢回國參加議會選舉並成功當選，順利進入法國政壇。儘管法國政界與民間對此人的政見與風評感到陌生，但他所具有的姓氏與血統優勢皆能成功地為自己樹立形象，達到無比的宣傳效果。該年

六月的血腥屠殺事件，使得卡芬雅克將軍與共和派澈底失去人心，善於偽裝隱藏的路易‧拿破崙利用了保守的秩序黨（Party of Order）梯也爾等人欲操控他的盤算，博得了全黨的支持，最終獲得全國七成以上的選票，當選法國第二共和的總統，並於三年後藉著政變奪權登上了帝位。短暫的第二共和瞬間便被帝國給取代，而為了表明對拿破崙帝國政權的延續性，路易‧拿破崙也自命為拿破崙三世。[1]

　　儘管在最短的時間內，拿破崙三世當上了法國巴黎的實質統治者，但這座城市卻從未在他的成長過程中伴隨過他，對照他長年流亡的現代性都會型城市倫敦，加上他在海外時期對七月與二月這兩場革命的觀察，使得拿破崙三世在潛意識裡對巴黎產生不少的負面觀感與排斥心態。[2]

　　即使時序已經進入到十九世紀中葉，往昔拿破崙一世也曾對巴黎進行過若干的改造建設，但畢竟時間過於短暫，加上波旁與七月兩個王朝的因循怠惰，[3]致使巴黎許多街區場域都與中古時期無甚差異，「扭曲的迷宮、迷你的街道、死巷子及庭院；廣場很小，而且視野也很狹隘，建築物都緊挨著街道；交通總是阻塞」，[4]因

---

[1]　拿破崙二世（Napoléon II, 1811-1832），全名為弗蘭索瓦‧約瑟夫‧夏爾‧波拿巴（François Joseph Charles Bonaparte），是拿破崙一世與第二任皇后瑪麗‧露易莎（Marie-Louise）之子。在父親的第一帝國覆滅後，拿破崙二世跟隨母親回到奧地利，並先後被封為帕爾馬親王（Prince of Parma）和萊希斯塔德公爵（Duke of Reichstadt）。儘管他始終沒有真正繼位為皇帝，但在拿破崙黨人看來，他一直被尊為拿破崙二世或「羅馬王」。弗蘭索瓦‧波拿巴罹患肺結核，健康狀況始終不樂觀，最終於1832年以二十一歲的英年去世。

[2]　非但拿破崙三世對巴黎產生疏離感和排斥心態，當時不少人也對這位與法國本土產生隔閡的拿破崙後代心生懷疑，甚至不樂擁戴。最具代表性者當屬維克多‧雨果，他曾多次在自己的回憶錄《見聞錄》中批評：「他（拿破崙三世）凌駕於一切之上，處於一切之外。誰仔細地打量他，都會發現他更像一個病人，而不像一個統治者……路易‧波拿巴對巴黎的無知到了極端的程度，我第一次見到他的時候他對我說：『我到處找您。我去過您原來住的房子。那個孚日山廣場是什麼來著？』我答道：『是王家廣場。』他又說：『啊！這是個老廣場嗎？』」或「路易‧波拿巴是法國、思想、新聞自由、革命、進步、生命的鎮紙。拿掉他，你們會看到人類的精神展翅飛翔，……這不是一個真正的皇帝，而是一個天生的魔鬼。這個人頂多能充當一個假尼祿，……壞蛋，快點再幹新的卑鄙勾當，動作要快。我等著看，……總統，專制，帝國，總是路易‧波拿巴。沒有真正的信任，沒有可能的未來。」正因雨果對拿破崙三世登基為帝表達強烈反對，導致他不得不在1851年十二月流亡出逃，直至1870年九月第二帝國覆滅後才得以回國，流亡在外十九年。參閱維克多‧雨果著，張容譯，《見聞錄》，頁380、472-473。

[3]　七月王朝時期最值得稱道的幾項巴黎改造工程，是朗布托伯爵（Claude-Philibert Barthelot, comte de Rambuteau, 1781-1869）在擔任塞納省省長任內，包括針對瑪德蓮廣場至巴士底廣場的林蔭大道的拓寬、協和廣場至香榭大道的整建，以及啟用煤氣燈公共照明系統，全面改變巴黎的夜間風貌等建設。

[4]　理查‧桑內特（Richard Sennett）著，黃煜文譯，《肉體與石頭：西方文明中的人類身體與城市》（*Flesh and Stone:The Body and the City in Western Civilization*，臺北：麥田出版社，2003），頁255。

此對巴黎進行城市街區的改造，以及預防層出不窮的街頭起義運動以鞏固帝國的長治久安，成為了刻不容緩的工作項目。

改造巴黎的動作，早在拿破崙三世尚未稱帝的第二共和總統任內便開始規劃。首先是要將拿破崙一世時代的里沃利路繼續延伸至巴黎市中心，這項建設同時也帶有政治意義上承先啟後的象徵。其次，為了擴建羅浮宮，前文曾提及巴爾札克作品《貝姨》當中那片占據了今日卡魯索廣場街區一帶的腐朽破敗的建築，均在拿破崙三世的雷厲風行之決策下遭到拆除。

緊接著，如何改善市中心磊阿勒中央市場的交通動線以及混亂不堪的問題也被提上了議程。早在前任塞納省省長朗布托伯爵時代，就已選定由曾獲得羅馬大獎（Prix de Rome）的年輕建築師巴爾塔（Victor Baltard, 1805-1874）針對中央市場進行整頓計畫，該計畫包含了八座擁有宏偉的金屬結構與屋頂、石頭外牆與角樓的大廳，屆時方便將市場內販賣的不同商品做有效的分類，分別配置於八座大廳當中。但由於巴爾塔資歷尚淺，此前未曾有過重大的作品展示，因此這項大膽的計畫在當時便受到不少同行的抨擊非議，致使該計畫的落實延宕多年。拿破崙三世奪得政權後，急於為首都提供現代化的市場措施，於是批准了多年前被束之高閣的計畫，大膽聘用巴爾塔為總建築師，這項將影響巴黎上萬人日常生活的工程在1851年正式開工，筆者將會在後面篇章講述左拉的部分時接續討論之。

登基後的拿破崙三世在杜樂麗宮的辦公室裡張貼了一幅放大尺寸的巴黎地圖作為擺飾，他時常立於地圖前研究整個城市構造，在腦海裡盤算著未來的都市規劃藍圖。歷史上許多位法國的統治者皆想在巴黎市區內留下屬於自己的印記，而拿破崙三世算是其中相當幸運的一位，因為這座城市有太多地方等著他去發揮。每每提及巴黎都市改造之偉業，後世幾乎一致讚曰奧斯曼之功，殊不知整體的統籌規劃為皇帝本人的意念驅使，也因此在後文詳述奧斯曼如何改造巴黎前須讓讀者先能了解，**第二帝國的巴黎改造工程絕不民主，並未存在討論與談判的餘地，此時期的都市規劃全然屬於帝國政權下的產物，因此獨斷專制的手段與效率在整個建造過程中發揮了至關重要的作用**。假若換在今日民主時代想要推動如此大規模的改造工程，絕對

是困難重重，寸步難行。

　　一個半世紀以來，歷代學者對拿破崙三世改造巴黎的原始動機看法眾說紛紜，綜合論述大致有四項要點：首先，為求帝國之長治久安，不再發生類似前代的起義動亂，**拓寬的大街本身為設置街壘增加了難度**。這項最重要的考量後來完全被奧斯曼落實，交通與軍隊的移動將是重要的關鍵，「賦予這座皇城以秩序，這是實現整體安全的首要條件之一」。[5] 從統治階級的觀點看來，都市的改造作業如果能讓這些下層群眾的反抗者有工作可做，有事可忙，將對帝國的控制大有助益。其次，也是相當重要須面對的衛生問題。「從1832年霍亂疫情侵襲巴黎之後，都市公共衛生便成了重大議題。建築師伊托夫從事協和廣場和其他幾個計畫的設計工作，這些設計都是為了要使巴黎市中心往北部和西部移動」，[6] 也因此**鋪設更多的下水道工程，是改善巴黎的衛生條件必要的措施**。拿破崙三世也曾明白宣示，決意將「開闢新的道路，並且改善人口密集區空氣和陽光缺乏的問題，我們要讓陽光照射到全城每個角落，正如真理之光啟迪我們的心智一般」。[7] 再者，**拓寬後的街區以及公共衛生條件改善後的都市，將直接促使金融貨物交易更加流通，也更容易成功招攬活絡的商業投資**。最後，今日的直觀感受較為淡薄的是，都市改造將澈底影響社會道德程度的提升。工業革命後的瞬息萬變使得世俗誘惑與犯罪率日益增加，間接考驗著傳統價值觀的維繫，因此**街區的規劃重整以及穿插其中的教堂和公園綠地提供了市民一種道德的輔助框架**。[8]

　　眼下對拿破崙三世而言，整體的都市改造規劃方向已然確立，最重要的是尚須一位執行者，而這位執行者不僅能與皇帝的目標一致，還須充分了解皇帝的意念行事。尚－賈克・伯格（Jean-Jacques Berger, 1790-1859），是拿破崙三世在1848年

---

[5] 約翰・梅里曼（John Merriman）著，劉懷昭譯，《大屠殺：巴黎公社生與死》（*Massacre: The Life and Death of the Paris Commune*，北京：中國政法大學出版社，2017），頁13。

[6] 大衛・哈維著，黃煜文、國立編譯館譯，《巴黎，現代性之都》，頁98-99。

[7] 前引書，頁123。

[8] 史蒂芬・柯克蘭著，鄭娜譯，《巴黎的重生》，頁77：「巴黎紅衣大主教莫爾洛（Cardinal Morlot）如此闡述：『（重建巴黎面對了）道德的窘境，但也確實改善了工人階級的生活條件和習慣。人們身處於照明良好的寬敞筆直的街道中，不再像置身狹窄、彎曲、黑暗小道一樣粗心大意。為窮人居住區帶來空氣、光照和飲用水不僅恢復了他們的身體健康，還鼓勵他們恰當地維護自己的家，注意家庭成員的衛生，這樣就逐步提高了他們的道德水平。』」

剛當選總統時所任命的塞納省省長，[9]此人帶有守舊保守的性格，是七月王朝時期所培養的行政官僚，尤其在改造巴黎工程的觀點上，伯格並不認為該計畫是新帝國迫切的施政要務，因此總是對皇帝所提出的計畫方針敷衍推諉，因循怠惰。拿破崙三世深知若要在巴黎開展雄心勃勃的公共工程項目，伯格這樣的省長絕非適任，接任該職位的人選必須是要能與自己同心同德者。這個問題並沒有困擾新皇帝太久，南部吉倫特省的省長日前於波爾多接待巡訪至此的拿破崙時，妥善且完美地完成了整套任務，除了極佳的辦事能力外，此人對皇帝的赤膽忠心也令拿破崙三世念念不忘。因此新皇帝在登基半年後便發布了塞納省省長的人事派令，天子腳下的京兆重任一職，將由擔任吉倫特省省長僅一年的喬治－歐仁・奧斯曼（Georges-Eugène Haussmann, 1809-1891）來接任。

儘管是由外省前來接任，但奧斯曼卻是個不折不扣的巴黎人。他在今日第八區的一個政商世家出生，[10]祖父尼古拉斯（Nicolas-Valentin Haussmann）經商起家，曾參加法國大革命，當選國民公會代表。外祖父喬治（Georges Frédéric Dentzel）的人生軌跡更加出色，曾赴美參加過獨立戰爭，回國後又加入了大革命的行列，並在第一帝國時期被任命為維也納州的州長。由於祖父和外祖父均曾是拿破崙一世政權的擁護者，家族歷史的榮耀和使命感從小便在奧斯曼的心靈產生了發酵影響，對先人的景仰和仿效也直接導致了奧斯曼對第二帝國政權的矢志效忠。

1830年七月，身為波旁王朝的反對者，時年二十一歲的奧斯曼跟隨父親參加了該年的革命，他們如同《自由領導人民》中的群眾持槍走上街頭，以街壘作為自己的掩護，奧斯曼甚至還跟隨著人群占領了巴黎市政廳，氣派雄偉的鍍金大廳令這個年輕人驚歎不已，嘖嘖稱奇。歷史的發展往往令人出乎意料，奧斯曼始料未及的是，這間輝煌的建築物後來會成為他縱橫捭闔的舞臺，而他曾憑藉掩護過的街壘和夥伴，最終他反而會將矛頭倒轉過來消滅這些象徵。

七月王朝統治時期，奧斯曼歷經了漫長的公務員生涯，從普瓦捷（Poitiers）的省

9　塞納省（département de la Seine），1790年設立，至1968年被撤銷。所轄區域包含今日巴黎省、上塞納省（Hauts-de-Seine）、塞納－聖丹尼省（le département de la Seine-Saint-Denis）、馬恩河谷省（Val-de-Marne）等地。

10　昔日奧斯曼出生的宅邸已經拆除，相當於今日弗里德蘭大道一號（1 Avenue de Friedland）的位置。

長祕書開始，至伊桑諾（Yssingeaux）、聖吉龍（Saint-Girons）和布萊（Blaye），十多年的歲月都使他遠離巴黎，儘管在各個地方累積了豐富的行政經驗，仕途的晉升卻遙遙無期。由於奧斯曼娶了波爾多富商之女，公務升遷長期的停滯使得他開始萌生離開官場，和岳父合夥轉戰商場的念頭，不過就在奧斯曼猶豫不決時，1848年的二月革命暴發，為他的仕途發展帶來了改變的希望。良好的出身與多年的資歷為奧斯曼迎來了升任省長的機會，前半生流亡國外的拿破崙三世急於培植自己的親信班底，短短的三年內，奧斯曼便累積了瓦爾省（Var）、約納省（Yonne）與吉倫特省（Gironde）三地的省長資歷，新皇帝暗中對他的考核感到滿意，而奧斯曼也明瞭新君欲大刀闊斧推行的一系列新政亟需左右手，君臣之間心心相印，志同道合，歷史的命運就此將兩人僅僅維繫在一起。

1853年七月二十九日，奧斯曼前往聖克盧宮[11]謁見拿破崙三世，除了被邀請共進午餐外，餐後皇帝還邀請奧斯曼到書房討論政務，彼此交換了對巴黎新政政的規劃構想與心得，雙方一致決定要在巴黎市中心開闢新的橫貫大道工程：馬勒塞爾布大道（Boulevard Malesherbes）及塞巴斯托波勒大道（Boulevard de Sébastopol），此外由星形廣場（La Place de l'Étoile）向外輻射出多條街道，穿越整座城市，通往四面八方。

回到巴黎後的奧斯曼幾乎沒有休息的時間，在著手全盤的改造工程之前，至少他還有兩件前置作業必須克服：首先是估出建設巴黎的總預算。經過奧斯曼與精算師的討論與統計，奧斯曼預估在每年六千九百萬法郎的城市總預算當中，必須支出

---

[11] 聖克盧宮（Château de Saint-Cloud），位於今日的聖克盧國家公園（Domaine national de Saint-Cloud），昔日曾與羅浮宮、凡爾賽宮並列為三大王室宮殿。聖克盧宮昔日為路易十四王弟奧爾良公爵腓力（Philippe d'Orléans, 1640-1701）所有，他特別聘請設計凡爾賽宮的園林專家安德烈・勒諾特（André Le Nôtre）和建築專家路易・勒沃（Louis Le Vau）為其打造出仿凡爾賽風格的花園與建築。此外，出自海德堡家族的腓力之妻伊莉莎白（Élisabeth-Charlotte de Bavière, 1652-1722）仿造故鄉海德堡城堡在聖克盧宮興建了巨大的酒窖，收藏了許多來自波爾多的葡萄酒和匈牙利的白葡萄酒，以供王室宴會享用。拿破崙一世時代將此設為王室成員府邸，他十分喜愛品嘗聖克盧宮的君臨葡萄酒，也因此處處模仿伯父風範的拿破崙三世在登基後也將府邸設置於此，而巴黎城內的杜樂麗宮則為辦公專用。好景不常，1870年十月，聖克盧宮因普法戰爭的烽火而付之一炬，今日僅存部分外圍建築及四百六十公頃的花園景觀，已被官方列為國家公園。從這個角度看來，拿破崙三世不在杜樂麗宮接見奧斯曼，而特意選擇在屬私人性質的聖克盧宮，是極具籠絡的政治意涵。

兩千兩百萬用於巴黎改造的工程上。其次，也是相當重要的一個環節，奧斯曼必須想方設法說服巴黎市議會通過這筆預算，否則一切的計畫僅僅是空中樓閣。

回到巴黎的奧斯曼，即將為這個城市帶來前所未見的變化，這是巴黎千年的城市發展史當中，至關重要的一項改變與壯舉。二十世紀後以「花都」、「光明之城」或「浪漫之都」之名聞名全球的城市，就在這個歷史的交叉路口正式迎來了它的新面目。

✦ 世紀改造工程 ✦

在省長職務交接後，奧斯曼驚訝於前省長伯格於行政管理上的疏漏和散漫，他立即制定每日行政公文的流程、郵件管理和投訴事項，並更改了省府的組織架構。值得注意的是，改造首都的浩大工程絕非僅靠拿破崙三世和奧斯曼這些上位者的擘劃而成功，領導者深知必須網羅一批傑出人才所組成優秀的團隊，「阿爾凡負責公園，貝爾格隆負責供水和下水道工程，巴爾塔重建巴黎中央果菜市場，建築師如伊托夫負責建造紀念碑，達維伍負責建造噴泉。這些人都有著強烈的人格與極高的天分，起初（有時可說是持續性的）他們與奧斯曼頗有衝突，之後他們逐漸明瞭沒有奧斯曼的支持他們無法充分發揮自己的才能，正如沒有皇帝的支持，奧斯曼無法全力施展一樣，這個團隊合作的成果一直留存至今」。[12]

建設之初，奧斯曼要求省公路部門負責人歐仁·德尚（Eugène Deschamps）對巴黎全市區做一次全面性調查，以做成精確幾何圖形的城市平面圖。這份完成後的巴黎平面圖，繪製比例為一比五千，尺寸為三乘五公尺，懸掛在奧斯曼巴黎市政廳的辦公室牆上，以方便他每日觀測這座即將重建的城市。

關於這座千年之都的整建工程，奧斯曼經過與幕僚的反覆開會討論，得到了兩個相當重要的建設方向，這項決議仍舊影響著今天二十一世紀的巴黎。首先，**運用**

---

[12] 大衛·哈維著，黃煜文、國立編譯館譯，《巴黎，現代性之都》，頁118。

滲透式結構來開闢新街道，而非開拓式，所謂的滲透式結構指的是在原有的城市街區當中建設新的街道，而非在城市外圍開拓新城區。當今許多歐洲城市如布拉格、維也納、史特拉斯堡、米蘭等地，晚近的新開發街區均為開拓式，故常有舊城區與新城區之分，而巴黎的滲透式結構則不須如此。

其次，為因應日益倍增的人口，將陸續規劃巴黎郊區以進行合併，亦即將原本的十二個區擴充為後來的二十個區，這些近郊被劃入巴黎後將提高財政稅收，也方便政府對周邊地區的治安加強管理。隨著巴黎市區的擴大，市區精華地段租金也跟著水漲船高，來自各省的外地人與原市區內的中下層群眾也紛紛移至巴黎的邊陲地帶，如第十八區的蒙馬特（Montmartre）、第十九區的拉維萊特（La Villette）以及第二十區的貝爾維爾（Belleville）。[13]

在奧斯曼十七年的塞納省長任期內，關於巴黎改造工程的類別，大致可區分為三個方向來歸納，分別是：（一）拆除舊街區與開拓大道工程。（二）新式建築物的整建。（三）改善空氣品質與衛生條件，完善下水道工程。以下逐項討論之：

（一）拆除舊街區與開拓大道工程

1853年，鋪天蓋地的大工程在巴黎市區內陸續動了起來。里沃利路循拿破崙一世時代的規模繼續向東延伸，原先周遭那幾條巴黎古老的舊街道，如皮匠街、染匠街、燈籠街等，均被奧斯曼認為代表著骯髒、落後、腐敗而遭到了拆除。不僅如此，在往後的十七年裡，巴黎將有十一萬戶的住宅遭到拆除，三十五萬戶的居民被

---

[13] 巴黎行政區域的擴大，雖然為稅收與整建上帶來了具體的益處和便利，但卻在階級的分布與管理上造成了日益嚴重的隔閡與分化。參閱約翰‧梅里曼著，劉懷昭譯，《大屠殺：巴黎公社生與死》，頁15：「巴黎的重建非但沒有緩解不同階層之間的矛盾衝突，反而加劇了愈來愈富的西區與貧困的東區及東北區（即所謂『人民的巴黎』）之間的對立。」或大衛‧哈維著，黃煜文、國立編譯館譯，《巴黎，現代性之都》，頁254：「雖然奧斯曼並未刻意在巴黎進行空間區隔，但他所進行的工程以及房地產市場變動後所產生的土地運用與地租效果，卻造成相當程度的空間區隔，其中絕大多數反映出階級區分。貧民窟的移除與房地產的投機事業鞏固了資產階級在西區的勢力，至於北部與東部的周邊地區則因不同的土地開發體系，而形成毫無上層階級居住的低收入住宅區。……塊狀地與畸零地，市中心與市周邊，乃至於各區之間的窄小隙地，在1870年時也呈現出遠較1848年明顯的階級或職業色彩。」在蒙馬特、拉維萊特及貝爾維爾這些廣大的新興區域居住的，幾乎是一般工人階級而非白領人士，這些地區也將是之後巴黎公社事件中最為騷動的區域。令人遺憾的是，百餘年後的今日，上述區域的階級分布幾乎無甚大改變。

強制遷移，儘管省府陸續興建了二十萬戶的新興住宅，卻只提供一萬多戶的名額給予中低收入戶，致使窮困者或勞工階級大量移居巴黎郊區或邊陲地帶。除了使勞工階層大量遷移之外，「奧斯曼也以各種間接方式（徵稅、市郊合併、市政服務）將各項工業趕出巴黎市中心，只留下奢侈品與『精品』業者。奧斯曼的反工業政策有部分源自於他想創造一座與整個西方文明相稱的『帝國首都』，另一部分則是因為他想讓巴黎擺脫工人階級的政治權力，因此他便讓工人沒有機會在巴黎就業」。[14] 奧斯曼此舉的動機與操作手法確實有所爭議，以資產階級利益傾向的施政如今看來也頗值得商榷，但確實使今日到過巴黎客居或遊覽的旅人皆可發現，在這座城市街區裡毫無任何重工業的痕跡，都市的產業結構因此而定型，商業美食、精品業與觀光業成為了它在世人面前的表徵。

　　奧斯曼始終記得，拿破崙三世清楚指示這座城市的改造必須以免於內戰為前提，最直接的做法便是讓巴黎的街頭永遠無法再築成街壘，這位青年時期也曾躲在街壘後方尋求掩護的革命者，今日搖身一變成為了經驗老到的反革命者了。奧斯曼透過兩種方法使街壘戰術失效：「拓寬街道將使修築街壘成為不可能，新修的街道將使軍營以最短距離通向工人住宅區。當時人們把這一舉措稱為『戰略性美化工程』」。[15]**今日巴黎許多寬敞美觀的林蔭大道皆是這項戰略性美化工程的一環，既能方便各大火車站之間的軍隊運輸，也能方便戰鬥時大炮的移動**。對此，日本學者鹿島茂以左岸聖米歇爾大道（Boulevard Saint-Michel）為例做了清楚的解釋：

> 「從戰略上的據點呈放射狀貫通到連街堡都無法搭建的寬廣大道」這個策略是拿破崙三世在流亡倫敦時想到的，奧斯曼所進行的聖米歇爾大道開通工程則完整實現了這樣的想法。所以，當發生暴動的時候，便可以立即從設置在西堤島的兵營（現今的巴黎警察局）派遣大型部隊。同時，和聖米歇爾大道成垂直交叉的聖日耳曼大道（Boulevard Saint-Germain）、蘇弗洛街（Rue

---

[14] 大衛・哈維著，黃煜文、國立編譯館譯，《巴黎，現代性之都》，頁181。
[15] 班雅明（Walter Benjamin）著，劉北成譯，《巴黎，19世紀的首都》（*Paris, capitale du XIXe siècle*，北京：商務印書館，2015年二刷），頁26。

Soufflot）、蓋留薩克街（Rue Gay-Lussac）也強烈反映了這樣的想法。聖日耳曼大道之於拾荒者和流浪漢聚集的犯罪密集區馬貝廣場（Place Maubert）、蘇弗洛街之於激動派學生的出擊據點萬神殿廣場（Place du Panthéon），以及蓋留薩克街之於巴黎最貧窮的地區聖馬榭，都分別以深入敵營的形式存在著。這種戰略道路的配置在巴黎公社時澈底發揮了它們的功能。[16]

就戰略意義而言，奧斯曼的大道拓寬工程確實達到了將街壘的作用澈底消除，另外就都市規劃的角度看來，更是有著於商業運輸的流通以及都市街景的美化。

拆除舊的狹窄昏暗街區，除了在戰略考量上對街壘作用的預防之外，也有著改善環境衛生與促進物資交流量提升的功用。巴黎許多的新設大道，都使用了蘇格蘭人約翰・馬卡丹（John McAdam, 1756-1836）所發明的一種技術鋪設。首先在採石場將石頭敲碎到核桃般的顆粒狀大小，運到鋪設現場後由工人在微凸的地面上再灑上細碎的砂礫，接著讓幾匹馬共同拖曳著沉重的圓筒反覆在上面來回傾軋，經灑水後再次壓至厚實使之堅硬平整。這樣的道路中間略高，方便於排水，路面較原先的石子路平坦許多，逐漸為各國設置路面仿效，稱其為碎石路面或馬卡丹路（Macadam），亦即**中文詞彙裡「馬路」的由來**。這種馬路主要以石頭鋪設而成，造價較高且路面不那麼平滑，但所需的養護工作較少，使用的壽命也較長，拿破崙三世流亡英倫期間見識了這類型道路的優點，因此極力支持這項革新計畫。

奧斯曼不僅僅是以棋盤式的方格矩陣構想來劃分巴黎街區，他依循了十六世紀教宗西斯篤五世（Sixtus PP. V）改造羅馬城的做法：以寬廣的大道溝通了羅馬城內各個聖所，並修建了多處的下水道與噴泉設施，在公眾事業上慷慨投資，提供了當地民眾不少休閒遊憩的環境，不僅展現出教會在巴洛克時期的恢弘氣勢，也奠定了今日羅馬城規模的基本雛形。除了參考這樣的思維之外，奧斯曼更進一步以道路交叉網絡的方式讓街區的發展更為完備，例如使右岸的里沃利路最終與聖安托萬路相接，澈底完成橫貫巴黎東西向，聯繫西部協和廣場到東部巴士底廣場的幹道。而

---

[16] 鹿島茂著，布拉德譯，《想要買馬車——19世紀巴黎男性的社會史》（臺北：如果出版社，2013），頁286-287。

由剛啟用不久的巴黎東站[17]向南延伸的史特拉斯堡大道，接續為了慶祝1855年的克里米亞戰爭而起名的塞巴斯托波勒大道穿過市中心，在與里沃利相交後直抵塞納河畔。市區道路網的逐步完工令拿破崙三世感到滿意與自信，在行政會議上曾對著奧斯曼與其他在場官員提到：「當我們的子孫後代穿過偉大的城市時，⋯⋯他們將在藝術品般的工程的壯觀場面中品味美感⋯⋯。每年開建一條新的主幹道，令人口密集的社區更加衛生。」[18]奧斯曼的信念，便是以整齊劃一的概念重整巴黎，所有道路，乃至渠道運河，一切井然有序。

第二帝國時期，巴黎各主幹道開始陸續設置人行道、綠化樹、長椅、煤氣燈與廣告柱，使街景在視覺上的呈現更加多元豐富。更值得稱道之處在於，奧斯曼對於街道的劃分比例經過人性化的慎重考量，如果當年純粹以車輛通行的角度來設計，那麼許多大道上的人行道空間勢必無法擁有如此寬闊空間，則文化學者班雅明（Walter Benjamin, 1892-1940）所謂的散步閒逛文化就不會有機會自巴黎產生，「在奧斯曼改造城市之前，寬闊的人行道很少，狹窄的街巷讓人無法躲避車輛」。[19]但若在當時留給車道的空間不足，則又會對二十世紀之後汽車工業的時代，造成擁塞不堪，延宕物流效率的困擾，因此奧斯曼團隊在街道的設置比例上的確是精確而務實的。[20]

（二）新式建築物的整建

奧斯曼在市區的多個重要路口開闢廣場，如未來將成立的新歌劇院前的歌劇院廣場（Place de l'Opéra）、水塔廣場（place du Chateau-d'Eau）、夏特雷廣場（Place du Châtelet）、聖米歇爾廣場（Place Saint-Michel）等等，並以**輻射狀的**

---

[17] 巴黎東站（Gare de Paris-Est），最初名為史特拉斯堡站（Gare de Strasbourg），在1849年開始啟用。
[18] 史蒂芬・柯克蘭著，鄭娜譯，《巴黎的重生》，頁171。
[19] 班雅明著，劉北成譯，《巴黎，19世紀的首都》，頁100。
[20] 巴黎在十九世紀之後陸續開闢數條綠蔭大道，這些廣闊的街景為城市帶來了步行者的文化，也吸引了許多文人騷客的喜愛。例如普魯士文學家海涅（Christian Johann Heinrich Heine, 1797-1856），在人生最後流亡的二十年生涯大都在巴黎度過，曾留下「當上帝在天堂感覺無聊的時候，祂就打開窗戶，觀賞巴黎的林蔭大道」的名句。轉引文森・科林克（Vincent Klink）著，林玉卿譯，《跟著米其林名廚尋味巴黎：從隱藏版美食、星級餐廳到私房食譜，一趟法式頂級味蕾的深度之旅》（*Ein Bauch spaziert durch Paris*，臺北：日月文化出版社，2017），頁169。

分割劃分出新的街區。讀者朋友若能開啟Google Map由衛星地圖俯瞰巴黎市，將發現整個市區就像是一塊巨型的蛋糕，經過奧斯曼沿著各區的著名地標，切割成一塊塊的三角形或四邊型的造型，極富特色。

如果深入到每個街區的實體建築物去觀察的話，又可以發現許多「奧斯曼式建築」（Les immeubles haussmanniens）。從外觀看來，這些建築約有五六層樓，最底層時常被使用於餐廳、咖啡館或精品店等商業場所；二樓與三樓往往是這類建築的「高貴樓層」（Étage noble），除了不須走太多層的階梯之外，還擁有最寬敞的空間與精美細緻的雕刻裝飾，設有鍛鐵雕花的陽臺，而**陽臺的設計也正代表著人類歷史上首次在居住的空間概念中，融入了「觀看、遠眺」的概念**；[21]奧斯曼建築愈往上層就愈費腳力，因此房價與租金也隨之遞減，頂層的閣樓也就成了最廉價的住房，而奧斯曼建築的屋頂大都是板岩屋瓦或鋅片材質，採用上緩下陡的兩段式斜板屋頂（Mansard Roof，或譯孟薩式、馬薩式），[22]能提供建築內部較大的空間。更特別的地方，是當時規定奧斯曼式建築每個街區的各樓房高度均為一致，甚至在外立面的陽臺、簷口、和裝飾嵌線也都連成了一線，保持了整體建築的協調性，致使同一街區形成了一整個建築整體。這也形成了一種有趣的現象，初至巴黎的旅人時常在巴黎市中心會搞不清楚不同街區的方向與差異，因為許多建築街景的外觀均極為相似。

奧斯曼團隊在整體的都市景觀規劃上，有著極為細緻的標準與苛求，**除了規定大街廓的建築必須依照相同的石材與比例製作外，最重要的一點，是對巴黎城市天際線的保留**，間接促使了百餘年後這座城市的整體景觀仍是世界少有的美景。今日的巴黎市中心，見不到高樓林立的都市叢林，[23]穿梭於建築物中的步行者不會感受

---

[21] 也因為奧斯曼建築以及陽臺觀景概念的推廣，以致日後才能觸發印象派畫家如馬內的《陽臺》（Le Balcon）或卡玉伯特《陽臺的年輕人》（Jeune homme à la fenêtre）等陽臺主題的佳作傳世。

[22] 臺灣在日治初期，也有許多公共建築皆使用孟薩式屋頂，例如舊臺南市政府（原臺南州廳）正中央有凸邊雙坡式孟薩式屋頂，後不幸遭到美軍空襲炸毀，迄今仍無法復原；另外舊臺南市社教館（日治時期稱臺南公會堂）以及臺南地方法院皆為直邊的孟薩式屋頂，其中臺南地方法院的孟薩式屋頂，以典雅的石質魚鱗式屋瓦覆蓋，顯示出莊嚴華麗之風格，讀者若有機會拜訪臺南府城，極為推薦到此一遊。

[23] 唯一在市區當中可見到的摩天高樓是位在第十五區的蒙帕納斯大樓（Tour Maine-Montparnasse）。這座高樓於1973年完工，高兩百一十公尺，總計有五十九層樓。當年啟用時為歐洲第一高樓，如今仍是法國第一高樓。蒙帕納斯大樓的頂樓提供觀景臺以及餐廳，能將巴黎四十公里內的景色一覽無遺。然而這座高樓從完工後至今飽受批評，1977年始巴黎市府便下了高樓禁令，**輿論抨擊這座高樓**

到高樓的巨大吞噬感而加快步伐，街道輪廓也不會因為建築物的浩瀚而被放大，**步行者增加了與城市公共空間對話的機會，沒有高樓建築的壓迫感也使得步行者得以擁有更多不同的視野來觀察這座城市的脈動，體驗這座城市的文化軌跡**，這絕對是經過奧斯曼擘劃後的巴黎，與今日的紐約、倫敦或東京等大型摩天都會區最與眾不同之處。

在一般性住宅之外，為求市政的落實與革新，「奧斯曼將巴黎市府職務分散到各個行政分區中，並且陸續在各分區樹立起象徵性建築（例如區政廳），企圖藉由科層化的控制體系來整合地方忠誠」。[24]這些遍及二十個區的各個區政廳，妥善地完成了奧斯曼對地方直接民主的落實與控制，其效能延續至今，也成為了現在許多步入婚姻的新人與親屬們其樂陶陶的場所。最為特別的是，這二十座區政廳造形風格各異，兼具了不同區域的美感與文化內涵，極為推薦欲停留巴黎天數較多的朋友造訪。不過在各個區政廳當中，位於左岸第五區先賢祠對面的區政廳最讓奧斯曼感到百感交集的複雜情緒，這座由建築師伊托夫（Jacques Ignace Hittorff, 1792-1867）於1849年完成的建築，與其對面的巴黎第一大學（Université Paris 1 Panthéon-Sorbonne）均屬於新古典主義風格建築，將第五區的區政廳設置於此不僅可以與先賢祠、巴黎第一大學相互輝映，更能象徵第二帝國以建築風格美學為第一帝國所做的致敬與傳承之義。惟奧斯曼個人深感美中不足之處，在於該棟建築完成於伊托夫之手，他是整個改造巴黎的團隊中與奧斯曼最為不和的建築師。

本書第一章曾提及，伊托夫在七月王朝時代便享有盛名，協和廣場上的盧克索方尖碑的豎立以及廣場兩側的噴泉皆出自他的設計。伊托夫於1792年出生於今日的德國科隆，但在他兩歲時法軍攻克了這座城市，伊托夫的國籍就這樣成為了法

破壞了巴黎的整體市容與天際線，並認為儘管它為大眾提供了最佳的巴黎景觀視野，正是因為站在上面是巴黎唯一看不見這座高樓的好地方。

2008年《*Virtualtourist*》世界旅遊指南曾票選世界十大醜陋建築，而蒙帕納斯大樓排名第二，僅次於波士頓市政廳（Boston City Hall）。2019年，蒙帕納斯大樓將進行歷時四十個月的外觀改造工程，屆時銀白色的玻璃結構將取代現有的灰黑色水泥外牆。

蒙帕納斯大樓也是我在巴黎感到最討厭的一棟建築物，其醜陋與突兀感甚至比起波士頓市政廳有過之而無不及。財團為了招商與營利興建高樓，從而破壞了奧斯曼以來巴黎整體的市容與天際線美感，是極其自私貪婪與可取的行為。

[24] 大衛·哈維著，黃煜文、國立編譯館譯，《巴黎，現代性之都》，頁249。

建築師伊托夫所設計的第五區區政廳，具有明顯的新古典主義風格立面

國人。自幼對建築、數學與繪畫特別有興趣的他，在巴黎的國立美術學院（École nationale supérieure des beaux-arts）接受完整的建築學訓練，畢業後也前往義大利實地遊學考察古代建築遺跡。伊托夫有著異於常人的學習意志與精神，這是由於他在同儕之間遭受排擠與冷落，時常被以「普魯士佬」的偏見稱呼，因此他自知須更努力學習以證明自己的實力不落人後。

伊托夫的勤勉果真為他帶來了人生的轉機，第一帝國時期著名的建築師勒佩爾[25]特別看重這位年輕人，甚至將女兒許配給他。翁婿兩人最早一起合作的作品是位於今日第十區的聖文生・德・保祿教堂（Église Saint-Vincent de Paul），優異

25　尚－巴蒂斯特・勒佩爾（Jean-Baptiste Lepère, 1761-1844），法國十八至十九世紀之交著名建築師。曾參與過拿破崙的埃及遠征隊，並考察計算出開鑿地中海與紅海之間運河的可能性。回國後的勒佩爾設計了聖文生・德・保祿教堂的工程，今日新橋上那座亨利四世的馬上英姿像也是出自他的手筆。

的表現使得伊托夫在七月王朝時期扶搖而上，得到了充分的授權設計整個協和廣場的工程，達到了他人生的巔峰。改朝換代後的第二帝國時期，伊托夫得到高層的寵信關愛未減，拿破崙三世極為信賴這位名建築師獨到的眼光與實力，當然也有一部分的原因在於，處處刻意仿效伯父的拿破崙三世想藉由重用伊托夫，重現拿破崙一世曾對他的老丈人勒佩爾的恩遇吧！

　　1855年，巴黎舉辦了第二屆的世界博覽會（Exposition internationale），為了與五年前首次舉辦的倫敦博覽會一別苗頭，拿破崙三世迫不及待地想要將奧斯曼改建後的幾項巴黎新街區展現在世人面前。另外，皇帝親自任命伊托夫督造布洛涅森林（Bois de Boulogne），這是一項媲美倫敦海德公園的宏偉事業，伊托夫沒有讓拿破崙三世失望，由布洛涅森林公園往東抵達十二條放射狀的星形廣場，穿越凱旋門後進入寬敞無垠的香榭大道，最終來到了氣勢磅礡的協和廣場，這一切都出自於伊托夫的擘劃，沿途大道的壯麗景觀使皇帝在這屆世界博覽會的世人面前掙足了面子。儘管如此，伊托夫深受拿破崙三世的另眼相看，卻受到了奧斯曼的嫉妒與敵視。

　　省長奧斯曼與建築專家伊托夫的緊張關係其來有自，在聖文生・德・保祿教堂完工後不久，奧斯曼駁回了伊托夫欲在教堂上仿效古希臘多色建築的構想。奧斯曼認為在純潔單色的教堂建築表面塗上各種色彩，此舉完全是一種褻瀆，他認為教堂本身就象徵了一種純潔的高貴之美，上色後的模樣會令他聯想到「未開化民族的紋身」，在市政會議上他毫不留情地批評了這樣的色彩觀點。就伊托夫而言，奧斯曼年齡小他十六歲，更何況建築與美學並非是奧斯曼專業，卻非得以行政官員的傲慢態度凌駕專業，甚至在眾目睽睽之下抨擊了這位曾設計過協和廣場的建築大師，令伊托夫怒不可遏。為了展現對巴黎市政的全盤掌握，奧斯曼還進一步任命整建中央市場的巴爾塔，取代伊托夫完成該教堂前的階梯步道，正式結下了兩人之間的樑子。

　　到了整建布洛涅森林公園期間，伊托夫原想修築一條由凱旋門星形廣場延伸至森林公園外頭，比林蔭大道還要寬敞的大道，該計畫卻再度遭到奧斯曼全盤否決。省長反駁的語氣就像是在教訓一位犯錯的小學生般，從道路的長寬比、人行道

與草坪的樣式，到周邊欄杆與行道樹的高度，每一處都被奧斯曼批得一無是處。平日溫文爾雅的伊托夫，遇到奧斯曼如此為反對而反對、沒來由的一頓謾罵，頓時也氣得臉色鐵青。一如既往，奧斯曼最終將這條大道的設計工程交由阿爾凡（Jean-Charles Alphand, 1817-1891）來完成，為了向拿破崙三世的歐仁妮皇后（Empress Eugenie）表示致敬，命名為皇后大道〔Avenue de l'Impératrice，即今日的福煦大道（Avenue Foch）〕。火冒三丈的伊托夫直接向皇帝投訴奧斯曼的蠻橫，並表示不願再與其合作，儘管拿破崙三世多次安撫調解兩人，但直到雙方的生命終結之時，兩人間的齟齬冤仇仍無法化解。

伊托夫晚年減少了許多在巴黎的設計委託案，對奧斯曼的不滿相信是其中最大的原因，他最後的一件作品是巴黎火車站的北站（Gare du Nord），同樣擁有著伊托夫最擅長的新古典主義正立面風格，歐洲之星（Eurostar）與大力士高速列車（Thalys）皆在此營運穿梭，這裡是今日歐洲最繁忙的鐵路車站，全年一點八億人次的旅客都還受到伊托夫所遺留的福澤。

顯而易見，奧斯曼與每個血肉之軀的正常人一樣，都有著喜怒哀樂的情緒以及私心，他不樂見皇帝將對他的恩寵擴及到他人身上，更不希望整個首都建設工程有另一位領導者來與他作對或頤指氣使，因此出於虛榮心和危機意識作祟，奧斯曼甘冒非專業的立場考量之大不諱，也要盡力將對手打壓至體無完膚。奧斯曼的這點個性以及作為確實有所爭議，然而卻不得不讓人佩服的是，他真真切切地組合了一個無懈可擊的團隊，儘管無情又無理地一再駁回伊托夫的設計案，奧斯曼總還是能從團隊當中找出優秀的人才與替代方案應對之，如期且完善地應對巴黎都市改造工程。當然，我們也不否認，奧斯曼自身的傲慢態度與容易得罪人的性格，最終將為自己帶來苦果與反噬。

在昔日不少民眾的觀感上，奧斯曼對公眾事務似乎永遠有耗不盡的體力與熱情，十餘年間他的身影似乎永遠都在市政廳與各建地之間來回穿梭，每當有人問他如何能夠一邊管理這座城市，一邊進行全盤的巴黎改造工程，奧斯曼總能以氣定神閒的語氣回答：「大部分的人都以為一天只有二十四小時，其實不然。在早上六點

巴黎歌劇院

和午夜之間，還有更多時間可以做許多事。這時我們有活躍的身體、警覺而開放的心靈、絕佳的記憶，尤其是當我們只需要一丁點睡眠時。另外還要記住，我們還有週日，一年總共有五十二個。」[26]可以想見，奧斯曼擁有極高的自我期許與評價，但這樣的工作態度對他的工作團隊而言似乎並非公允。

　　除了上述的一般性建築以及市政建築之外，奧斯曼也考慮到公眾人文建物的重要性，諸如歌劇院、噴泉或紀念碑，這些建物將為原先冷冰冰、毫無生氣的城市街景帶來的幾許有溫度質感的人文氣息。[27]例如在義大利大道上使用多年的臨時歌劇院，已

---

[26] 葛蘭姆‧羅布著，莊安祺譯，《巴黎人》（新北：衛城出版社，2012），頁151。

[27] 大衛‧哈維著，黃煜文、國立編譯館譯，《巴黎，現代性之都》，頁275：「奧斯曼也嘗試迎合甚至操縱民眾的心理──因此才有了精緻的街道陳設（長椅、煤氣燈、販賣亭）、紀念碑、噴泉（如聖米歇爾廣場）、林蔭大道以及公園中的哥德式岩穴。奧斯曼試圖在偉大設計的細微之處也注入浪漫的情調，用以彰顯啟蒙運動的理性與帝國的權威這兩個孿生理想。」

城市劇院，著名女星莎拉・伯恩哈特昔日常駐於此表演

面臨老舊破損的問題，奧斯曼當局終於在1860年決議公開招標新歌劇院的設計案，並決定設址於今日的歌劇院大道（Avenue de l'Opéra）。儘管由加尼葉所設計這座輝煌亮眼的歌劇院遲至1875年，亦即第二帝國崩解之後才得以正式啟用，但奧斯曼團隊已在最初就將歌劇院與大道作為一個整體的景觀格局，由長度七百公尺、寬度三十公尺的大道，襯托出坐落於大道盡頭氣派宏偉的歌劇院，這也是今日遊客朋友們可以發現歌劇院大道完全沒有種植綠蔭，與巴黎其他的大道截然不同之處。

　　為了將塞巴斯托波勒大道完整延伸至塞納河畔，奧斯曼聘請達韋奧德（Gabriel Davioud, 1824-1881）擔任夏特雷廣場（Place du Châtelet）的設計總監，全面整頓該區原本混亂的景觀。首先，將昔日屠宰場聖雅各教堂（Saint-Jacques-la-Boucherie）[28]

---

[28]　屠宰場聖雅各教堂（Saint-Jacques-la-Boucherie），建於十六世紀的弗蘭索瓦一世時代，因坐落於磊阿勒屠宰場的附近而得到這樣古怪有趣之名。該教堂供奉聖雅各，自古即為前往西班牙聖地亞哥一

所遺留的古蹟聖雅各塔（Tour Saint-Jacques）以一座公園（Square of Saint-Jacques Tower）圍繞加強保護。其次，將夏特雷廣場上的那座帶有濃厚埃及風味的棕櫚噴泉遷移至與西堤島上兌換橋（Pont au Change）之正對面，校正了整個廣場的對稱方向。最後再於棕櫚噴泉東西側面，分別興建了夏特雷劇院與城市劇院，兩座劇院皆為均衡對稱的新古典主義樣式，表面雖有裝飾但無雕塑，充分延續了法國數百年歌劇院設計之傳統。

　　夏特雷劇院於1862年啟用，擁有兩千五百個座席，是巴黎最大的歌劇院。這座歌劇院以音效共鳴極佳而聞名，柴可夫斯基、德布西、馬勒與理查・史特勞斯，這些音樂史上的巨匠皆曾在此登臺演出。直至今日，眾多音樂劇、歌劇、舞蹈和古典音樂會仍不斷在此演出。而對面的城市劇院也曾在巴黎文化史上占有一席之地，尤其在十九世紀晚期，莎拉・伯恩哈特[29]常駐於此表演，讓這座歌劇院時常湧現萬人空巷、一票難求的場景，而這座劇院也曾在長達半個世紀的期間被更名為「莎拉・伯恩哈特劇院」（Théâtre Sarah-Bernhardt）。今日的城市劇院中，仍完整保留了

德孔波斯特拉（Santiago de Compostela）的朝聖之路的起始站。1797年，屠宰場聖雅各教堂被拆除，僅存一座哥德式風格的聖雅各塔。第二帝國時期將此塔列為古蹟保護，今日在塔底可見到一座數學家巴斯卡（Blaise Pascal, 1623-1662）的紀念雕像，以紀念他曾於此做過的氣壓試驗。大仲馬也曾以聖雅各塔為背景，完成一部《屠宰場聖雅各塔》（La tour Saint-Jacques-la-boucherie）的劇本。

[29] 莎拉・伯恩哈特（Sarah Bernhardt，約1844-1923），被譽為十九世紀末全歐洲最知名的女星，以及繼聖女貞德之後最知名的法國女人，甚至有「神選的莎拉」（The Divine Sarah）之稱。莎拉的生平故事相當勵志，筆者時常在課堂上與學生分享她的故事：身為私生女的她，在困苦的環境中成長，年少時的困窘讓她不得不在風月場所當過交際花。但莎拉把握每一次能夠力爭上游的機會，靠著不斷學習磨練歌喉與演技，結識有力的人脈資源，並接受了舞蹈學院與劇院的訓練，成功站在了歌劇院的舞臺上接受喝采。在莎拉當紅之際，她不僅被稱為「女神」，更擁有一副「金色嗓音」，演技精湛的她演活了許多經典的悲劇性角色，雨果、大仲馬、左拉與普魯斯特諸多彼時的文豪皆十分欣賞她，甚至願意為她量身打造劇本。難能可貴的是，成功後的莎拉也時常留意提攜後進，許多有潛力的年輕藝術家與表演者都受過她的贊助，最著名的例子即來自捷克的慕夏（Alfons Mucha, 1860-1939），正因有幸為莎拉繪製公演海報而一炮而紅，成為世紀末的海報裝飾藝術大師。莎拉名揚國際，時常出國巡迴表演，但從不接受德國的邀約，理由很簡單，因為她非常在乎法國在普法戰爭的恥辱，再者她是猶太人。愛國的莎拉不但獲聘為巴黎音樂學院的教授，更獲得國家贈與法國榮譽軍團勳章的最高榮譽。晚年即使她右腿因受傷而截肢，仍繼續坐在臺上演戲，並獲得觀眾的尊敬與愛戴。在第一次世界大戰期間，莎拉更不顧行動不便的身子，時常至軍中慰問、勞軍演出。1923年莎拉因腎衰竭引發的尿毒症病逝，享壽七十八歲，送葬當天的行列不僅萬人空巷，還得到了國葬禮遇的殊榮，許多來自外省與國外的民眾願意到場送她最後一程。莎拉最終的安息之地是讀者已相當熟悉的拉雪茲神父公墓，這位被視為全世界第一位國際巨星的名伶，也曾在美國好萊塢的星光大道上留下了一顆閃耀的星星。

莎拉當年的化妝間,並在劇院底層開設了以莎拉為名的咖啡廳。達韋奧德對夏特雷廣場的整體設計,充分提高了右岸夏特雷堤岸一帶的人文風情與文化涵養,也圓滿完成了奧斯曼交付的任務。

　　實際上,因達韋奧德生性較為保守低調,儘管才華洋溢卻不願居功,造成他在第二帝國時期對巴黎的再造貢獻往往被人忽略。例如今日左岸遊人如織的聖米歇爾噴泉(Fontaine Saint-Michel)、盧森堡公園南側的天文臺噴泉景觀、共和國廣場(Place de la République)、肖蒙山丘公園(Parc des Buttes-Chaumont)等吸引許多親子休閒的場所,皆是出自他的手筆。無怪乎曾被讚譽:「他(達韋奧德)對巴黎做出的最大貢獻是為首都賦予了盡人皆知的形象,沒有他的設計,我們根本無法想像巴黎會變成什麼模樣。」[30]可想而知,**奧斯曼特別喜愛重用達韋奧德這類型低調的建築設計師,因為這樣的人物不像伊托夫如此強勢,有如此多的意見,總是默默地將自己的設計做到最好,讓首都改造得更舒適、更美,以成就奧斯曼的虛榮心,並總攬其功。**

　　正因如此,筆者才希望藉由本書論述這些巴黎改造建設的具體過程,以及當中的人事糾葛,使這些歷史上的無名英雄們的努力與偉業能讓更多現代的讀者認識了解。

(三)改善空氣品質與衛生條件,完善下水道工程

　　市區內各大道的拓寬與新建工程如火如荼的開展,奧斯曼接著面對的就是改善空氣品質與公共衛生的問題。前文曾提及的十八世紀著名劇作家梅西耶曾言:「要想知道自己是否正在接近這座世界第一大都市,你不必等到看見它的高聳建築物,你只要用鼻子聞一聞就能預先知道了,……啊,這座高傲的城市,在你高牆背後隱藏著什麼令人作嘔的祕密呢?」[31]時至今日,巴黎這座都市的「特別氣味」仍舊會令各地遊人印象深刻,至於梅西耶時代的氣味如何也就可想而知了。

---

[30] Pierre Lépine. *Gabriel Davioud,architecte.*(Paris: Délégation à l'action artistique de la ville de Paris,1981), p.3.

[31] Alain Clement, Gilles Thomas. *Atlas du Paris souterrain: La doublure sombre de la Ville lumière.*(Paris: Parigramme,2001) , p.62.

奧斯曼充分領會到，拿破崙三世流亡英倫其間，極為欣賞倫敦市區內如聖詹姆斯公園與綠園等眾多綠地以提供資產階級舒適的休閒享受。因此他首先致力將鄰近聖克盧宮的布洛涅森林（Bois de Boulogne）這片冷清的不毛之地，開闢為帶有哥德式風格建築點綴的公園景象，並在阿爾凡與貝爾格隆（Eugène Belgrand, 1810-1878）兩位園林水利專家的搭配之下，陸續規劃了布洛涅和文森森林（Bois de Vincennes）兩大森林遊憩區，以及蒙蘇里公園（Parc Montsouris）、肖蒙山丘公園、蒙梭公園（Parc Monceau）等二十三座大小公園，不僅將自然景觀的概念帶進都市生活裡，綠地和開放空間的增加也發揮了「都市之肺」的功能。

* *

❶ 時空遊覽 ❶

為了改善都市的空氣與美化環境，奧斯曼團隊陸續在巴黎市區內拓寬多條綠蔭大道，並有效限制了新式奧斯曼建築的高度，使大量陽光能夠照射各個街區，擺脫了中古時代陰暗狹窄的巷弄景象。另一方面以維多利亞時代的倫敦西區為參考，闢建了多座類似於廣場的大眾公園，除了進行都市的綠化工作外，也逐漸使民眾習慣一種嶄新的休閒散步概念。值得注意的是，**十九世紀這種「都市之肺」新式觀念的產生，讓雨果、巴爾札克與左拉這些文學家的作品中增添了不少描述公園景觀的橋段，也間接產生日後的馬內與其他印象派畫家們針對公園景致的大量描繪。**

在這麼多的大小公園當中，位於第三區的聖殿－艾利·魏瑟爾公園（Square du Temple - Elie Wiesel）是相當富有傳奇色彩的一座。這裡不僅在近年成為紀念諾貝爾獎得主與二戰期間受到迫害的猶太人紀念公園，更是西方歷史上著名的聖殿騎士團昔日聖殿塔（Tour du Temple）總部的所在地。

1098年，第一次十字軍東征攻占了聖地耶路撒冷，並於該地建立了耶路撒冷王國，此後為保護教徒在朝聖之路的安全考量，耶路撒冷王國與遠征的十字軍經協議後成立了「基督和所羅門聖殿的貧苦騎士團」（Pauperes commilitones Christi Templique Solomonici），簡稱為「聖殿騎士團」（Ordre du Temple），所謂的「聖殿」是指該騎士團建立於昔日所

羅門王的聖殿遺址之上，但是否屬實仍在歷史上有所爭議。騎士團成員大都來自法國，均穿著繪有紅色十字之白色長袍，屬軍事性質的天主教修士。

自1129年後，騎士團獲得羅馬教廷的承認，並被授與兩項特權地位，其一是僅須對教宗負責而不接受各國國王或主教的派遣，其次是能夠在耶路撒冷當地收取什一稅，使騎士團逐漸累積大量的世俗財富。

在整個十二世紀，可以說是聖殿騎士團勢力達到最巔峰的時期，他們參與了多場耶路撒冷城抵抗伊斯蘭教的保衛戰，尤其是1177年的蒙吉薩之役（Battle of Montgisard）還僅以八十名的騎士團配合耶路撒冷王國的數千人部隊，勇敢擊退了埃及與敘利亞的蘇丹薩拉丁率領的三萬大軍。好景不常，十年後的哈丁戰役（Battle of Hattin）薩拉丁捲土重來，耶路撒冷被攻陷，聖殿騎士團傷亡慘重，只能退守至地中海的賽普勒斯（Cyprus）負隅頑抗。直到1291年，阿卡（Acre）這座巴勒斯坦的重要港口陷落薩拉丁之手，耶路撒冷王國宣告滅亡，眼看收復無望的聖殿騎士團最終撤回巴黎。

聖殿—艾利·魏瑟爾公園，曾是聖殿騎士團在巴黎設立聖殿塔的總部

實際上，聖殿騎士團在歷史上並非以驍勇作戰而聞名，而是在初期得自教廷許多封地的稅捐，以及發動多次的朝聖募捐，使騎士團得以經營成功的銀行信貸業與商業活動，成為了富可敵國的獨立組織，進而享譽整個西方世界，這或許是對聖殿騎士團的成立宗旨最為諷刺之處。

撤退回到巴黎的聖殿騎士團，在今日共和國廣場（Place de la République）以南，聖殿街（Rue du Temple）、布列塔尼街（Rue de Bretagne）、貝朗瑞街（Rue Béranger）和皮卡帝街（Rue de Picardie）這一帶築起了聖殿塔（Tour du Temple）為總部，這是一座高約五十公尺、壁厚達四公尺的防禦型堡壘，占地約一百三十公頃，亦即在奧斯曼時期改建為聖殿－艾利‧魏瑟爾公園的這一帶。臺灣坊間許多介紹巴黎的旅遊書籍論及這一地區時，大都僅會向讀者介紹到該公園不遠處的「紅孩兒市場」[32]（Marché couvert des Enfants Rouge），卻相對忽略了聖殿騎士團這段歐洲重要歷史的相關遺址，甚為可惜。聖殿騎士團這座防衛型的堡壘，四邊側面均有著稜堡式的炮塔，鞏固著中央的尖塔，彷彿仍然在戰時戒備狀態一般，唯一對外通行的吊橋入口大致位於現今聖殿街與聖殿噴泉街（Rue des Fontaines du Temple）的街角，撤回巴黎後的聖殿騎士團依舊保有危機意識，在巴黎城中築起了國中之國。

聖殿騎士團之所以有這樣的擔憂並非杞人憂天，兩百年來轄下擁有的地產與稅捐，加上在歐洲各國放款利息的累計，騎士團早已坐擁陶猗之富，富可敵國，終於引發了統治者的覬覦。1307年十月十三日星期五，有美男子國王稱號的腓力四世（Philippe IV, 1268-1314），在無預警的情況之下，密詔各地官員迅速以「審判異端」為名，迅速逮捕包括騎士團團長雅克‧德‧莫萊（Jacques de Molay，約1243-1314）在內的一百三十八名駐於巴黎與法國他處的聖殿騎士，這項突如其來的災禍也成為了後世「十三號黑色星期五」禁忌的由來。

腓力四世透過其傀儡——教宗克雷孟五世（Clément PP. V, 1264-1314）的宗教權威宣布解散聖殿騎士團，並對團長和團員們嚴刑拷打，期望逼供出聖殿騎士團致富的祕密，但儘

---

[32] 紅孩兒市場，位於布列塔尼街三十九號（39 Rue de Bretagne），這是巴黎目前保存最古老的遮頂市集之一，儘管規模狹窄老舊，卻逃過了奧斯曼時代的整建而保留至今。紅孩兒市場充滿許多異國料理與海鮮、蔬果與乳製品，相當受到觀光客歡迎。至於紅孩兒之名乃得自昔日市場旁的一所孤兒院，這些孤兒大都身著紅衣。

管許多騎士團成員死於審訊過程，法國國王仍無法順利得到想要的答案。就教宗克雷孟五世的立場而言，此前他曾為了這個式微的聖殿騎士團與歐洲其他騎士團的整併行動，和德·莫萊經過數次的會面討論，結果都不歡而散，雖然他清楚地知道「審判異端」的罪名是欲加之罪。即便如此，但教宗仍忌憚於法國國王的權勢，不敢當面反駁對騎士團的判決。

1314年三月十九日晚，在今日西堤島上的綠林盜公園（Square du Vert-Galant），[33]昔日仍是水勢湍急的河道，河面上架起了四座火刑柱，聖殿騎士團的末代團長雅克·德·莫萊與他的騎士團幹部，在法國國王與教宗的親臨監刑下，被熊熊烈火燃燒至死。臨刑前的德·莫萊面色不改，直斥貪婪的國王與懦弱的教宗，宣稱在一年內這兩個人也會到上帝面前懺悔罪行。果不其然，教宗與國王在極短的幾個月時間裡相繼因癌症與中風離世。這段聖殿騎士團覆滅與德·莫萊的詛咒，成為了西方歷史數百年來口耳相傳的離奇傳說，近年美國暢銷作家丹·布朗在代表作《達文西密碼》以及育碧娛樂公司（Ubisoft Entertainment SA）所發行的暢銷角色扮演遊戲《刺客教條：大革命》（*Assassin's Creed Unity*）皆引用了這則傳奇事件作為故事背景。

自從聖殿騎士團覆滅之後，聖殿塔堡壘便收歸為國有，時常被拿來當作監獄使用。這當中最有名的囚犯，便是在1792年八月後遭逮捕的路易十六國王一家。路易十六以及瑪麗王后當時分別被軟禁在聖殿塔的中央堡壘處，王室一家人在塔內的行動遭到監視，但有基本上的行動自由，甚至還配備了三名傭人供其驅使，從事後的結局看來，軟禁在聖殿塔堡壘的王室一家人，已經是在奢侈地享受生命中最後的一段相伴時光了。1793年一月，國王遭國民公會判處死刑，而瑪麗王后也被押往西堤島上的監獄（Palais de la Cité），並於該年年底上了斷頭臺。夫婦倆相繼往生後，他們八歲的孩子路易·夏爾〔Louis-Charles，亦即路易

---

[33] 綠林盜公園（Square du Vert-Galant，或譯綠騎士）名稱來自於亨利四世，由於他情婦眾多，時常被戲稱為花叢中的綠林大盜。綠林盜公園位於船型的西堤島的西面尖端處，外觀頗類似船首，於第三共和時期的1884年為紀念亨利四世而興建。這座公園雖然僅僅十七平方公尺，但其中楓樹、柳樹、櫻桃樹枝葉繁茂，翠繞珠圍，美不勝收，許多在巴黎取景的愛情類電影皆曾在此拍攝。海明威在其名著《流動的饗宴》中亦曾提及：「我認識幾個釣客，常在塞納河畔聖路易島和綠騎士廣場之間魚群聚集的水域釣魚。天晴的日子，我常買一升酒、一塊麵包、幾條香腸，帶一本新買的書，坐在陽光下邊讀邊看他們垂釣。」參閱海明威（Ernest Hemingway）著，成寒譯，《流動的饗宴：海明威巴黎回憶錄》（*A Moveable Feast*，臺北：時報文化出版社，2008），頁78-79。
唯一的遺憾是近幾年冬天巴黎時常深受淹水之苦，而綠林盜公園也容易被水淹沒。有機會一遊巴黎的讀者，可由新橋上亨利四世騎馬塑像後的樓梯而下，便可到達綠林盜公園，請記得拾級而下時留意身旁的牆壁，您將會看到刻有「1314年，雅克·德·莫萊於此接受火刑」的石牌鑲嵌於此。

西堤島上的綠林道廣場公園，昔日為聖殿騎士團團長遭受火刑之處

十七（Louis XVII）〕卻還留在聖殿塔堡壘中受苦。[34] 此前這位小王子與父母在此被軟禁期間，還被革命黨人強逼指控「與母親亂倫」的罪名，即使波旁王朝再如何專制腐敗，以如此的惡劣指控栽贓在一位無辜的孩童身上，確實是非常惡劣不道德的行為。不僅如此，在父母雙亡後，路易·夏爾繼續被關押在聖殿塔凌虐，遭受飢寒交迫非人道的待遇，終於在兩年後病死在聖殿塔內，得年僅十歲。悲劇尚未結束，小王子的遺體後來被丟進萬人塚當中灰飛煙滅，幸而在此之前解剖遺體的醫生將其心臟取出，並用酒精保存之。筆者曾於巴黎近郊的聖丹尼教堂（Basilique cathédrale de Saint-Denis）的地下王室墓穴中，見到這顆保存於水晶甕中的小王子心臟，想來實在不勝唏噓！

十九世紀初，拿破崙一世鑑於聖殿塔成為國內保王黨的朝聖地，遂在1808年將這座歷經五百多年歷史的堡壘建築拆除，但地面上的殘留物始終在波旁王朝與七月王朝的數十年之間未曾處理，直至奧斯曼整頓巴黎工程才將這裡規劃為八公頃的小公園。

今日，在這座聖殿－艾利·魏瑟爾公園，可見青蔥翠綠的草坪以及一座抒情愜意的人工

---

[34] 路易·夏爾（Louis-Charles），身為路易十六與瑪麗王后之子，因大革命之故已被廢除王位繼承權，不久便在獄中遭凌虐致死。波旁王朝復辟後，將其追認為路易十七世（Louis XVII）。

池塘，園中栽植了兩百多種如銀杏、欒樹和洋椿屬等繁多的花卉植物，是非常適合生態觀察與教學的生態綠地，已全然感受不到中古時代聖殿騎士團那段烽火煙硝的沉重歷史。此外，園中設立了一塊當年受到納粹迫害的猶太兒童的紀念碑，並且巴黎市政府在2017年決議將這座聖殿公園的名字上增列剛過世的諾貝爾和平獎得主艾利‧魏瑟爾（Elie Wiesel, 1928-2016）的大名。艾利‧魏瑟爾先生是二戰期間曾受迫害的猶太倖存者，他在代表作《夜》（Un di Velt Hot Geshvign）中控訴了當年集中營生活的種種非人道待遇，這本書在國際上與著名的《安妮日記》（Het Achterhuis）皆具有象徵人權之聲的重大影響力。1986年魏瑟爾在挪威領取諾貝爾獎時，曾在臺上為全世界的人權發出正義之聲：「不管世上何時何地有人類受苦受辱，一定要選邊站。保持中立只會助長壓迫者，而不是受害者。」魏瑟爾向來反對種族歧視，抨擊獨裁壓迫，因此他積極呼籲喚醒人性的良善面，以今日的世界局勢為例，眼見強權迫害弱勢族群時能挺身而出為其發聲，得知專制政權有強摘人體器官的非人道行為時應予以抨擊並設法援助，而非裝作漠不關己的冷血態度待之，成為壓迫者的幫兇。

聖殿塔堡曾見證法國歷史上聖殿騎士團遭受迫害的際遇，塔中也曾以暴虐非人道的手段監禁過無辜的孩童路易‧夏爾，如今以提倡世界人權的艾利‧魏瑟爾作為聖殿公園之名，或可說是歷史轉型正義的一項典範吧！

＊　＊

　　身為一個現代城市的領導者與擘劃者，如何讓市民大眾明顯感受到具體的施政建設以及政績能力，在臺灣的我們可觀察到某些政客時而馬不停蹄出席剪綵儀式，時而以變裝造型出席活動，甚或有首長爬樹或邊喝酒邊開網路直播之舉者，藉以增加媒體曝光程度，理性的公民自然可以思考此等舉止是否作秀之性質大過於實質的政績表現。對奧斯曼而言，一個現代化城市的整建與革新並非只是單純的開拓幾條大道，或是在各個街區闢建新式建築與公園綠地這麼簡單，**公共衛生與環境整潔的落實，對城市的永續經營與宜居，絕對是刻不容緩的施政要務**。其中，又以下水道工程的管線規劃與擴建最為關鍵，但這樣的地面下大型施政建設，卻往往又是一般社會大眾容易疏忽無感的，因此以今日的眼光看來，第二帝國時期的現代化下水道系統完備工程，充分展現了奧斯曼的行政魄力與**時代眼光**。

自中世紀以降，每當深夜時分皆會有一群勞工走遍巴黎各地，將各個街區廁所中的排泄物集中到一個個桶子裡，街道頓時充滿惡臭，載滿這許多桶穢物的馬車再陸續運到郊區傾倒，如此骯髒惡臭的生活方式竟然循環了數百年之久。對此劇作家梅西耶有過一番觀察：

> 我們以每座房子裡都能聞到的臭氣為例，人們都不得不長久地忍受這種痛苦，這種臭氣來自每棟建築下面都有的糞池，當夜晚有人掏大糞的時候，那種難聞的惡臭就會從不計其數的糞坑裡散發出來，它會汙染整個住宅區的空氣。而那些為生活所迫，從事這種危險而又令人噁心的工作的掏糞工人，所承受的痛苦更是難以形容……
>
> 有時我們會發現，為了方便起見，那些掏糞工人，會在黎明時分把它們桶裡的糞便傾倒進路邊的汙水口裡，這樣，他們就不用再辛辛苦苦地往城外送了。那些令人噁心的黏稠的東西，會慢慢地流進塞納河，然後，在塞納河岸邊，我們會看見有挑水者正在灌滿他們的水桶，殊不知這裡的水已被汙染。而不管情願與否，飽經風霜的巴黎人都得把這種水喝到肚子裡去。[35]

可以想見，數百年來在城市中所傳播的瘧疾、霍亂等重大傳染病，均與該都市的水質衛生條件息息相關，遠的不說，就以1832年那場席捲巴黎的可怕霍亂為例，連同內閣首相卡西米爾‧佩里埃在內的上萬名巴黎人如草芥般地猝然喪命，公共衛生品質的惡劣，連帶影響到該年的群眾生計，進而引發六月的暴動。

無獨有偶，雨果的《悲慘世界》的故事背景正是發生在七月王朝的1832年，書中將法國社會動盪不安，勞工階層的困苦艱辛與生活條件急劇地惡化，刻畫得入木三分。閱讀過原著的讀者想必皆對那段尚萬強為了躲避追捕，深入巴黎下水道逃亡的段落感到難忘，正是在此一章節，雨果鉅細靡遺地描繪了這條巴黎的陰溝。最初，雨果對於下水道作了如此形容：

---

[35] Alain Clement, Gilles Thomas. *Atlas du Paris souterrain: La doublure sombre de la Ville lumière.*(Paris: Parigramme, 2001), p.91.

巴黎下面的另一個巴黎，一個下水道網的巴黎。地下巴黎也有街道、十字路口、廣場、死巷、動脈和循環，即汙泥的循環，只是缺少人的形影……

巴黎老區的下水道，匯聚了所有走投無路和鋌而走險的人。政治經濟學把這裡視為垃圾，而社會哲學把這裡看成渣滓。下水道，就是城市的良心，一切都集中在這裡對質。在這青灰色的地方，存在黑暗，但不存在祕密，什麼東西都現出了原形，至少也現出了最終形態。垃圾堆的特點，就是毫無虛假，其中還隱藏著天真……

本世紀初葉，巴黎的下水道還是個神祕場所。汙泥向來名聲不佳，而在這裡名聲尤其壞，簡直談泥色變，……當時才剛開始使用帶擋板的垃圾清運車，只見擋板上聖弗瓦和克雷基侯爵友好相處，而垃圾就直接倒進排水溝。至於疏通的任務，就只好交給暴雨了，有時暴雨起不了清掃的作用，反而造成堵塞……。莫太勒里街陰溝的敞口是有名的瘟疫發源地，它那帶刺的鐵柵蓋彷彿長了一排牙齒，張著巨大的龍口，向那倒運的街道居民吹送地獄的氣息，民眾富有想像力，把巴黎幽暗的排水道，說成不知是什麼醜惡的無限大雜燴。下水道是無底洞，下水道是地獄，連警署都不想去探測這種痲瘋病區。誰有這個膽量敢去探測這陌生之地，探測這黑暗區域，去察看這深淵啊？[36]

雨果視巴黎的下水道為一個歷史的戲劇舞臺，歷代許多謀殺、政治和宗教的屠戮所流出的鮮血，都一點一滴地從街道石縫滲入陰溝，匯集在下水道的汙泥中。巴黎歷史的碎片以廢墟的形式在此沉澱累積，使其成為藏汙納垢的陰暗之地，「汙水道是巴黎的病源，陰溝就是這座城市血液中的病毒」，[37]自中世紀以來，修整下水道的工作，一向與屠宰業皆為人所厭惡，人人畏懼，甚至還有句俗諺：「下陰溝，就是進墓穴」，如此汙穢骯髒又充滿罪惡感的淵藪，是絕大多數人避之唯恐不及的場域。然而，雨果筆下的尚萬強卻背著重傷昏迷的馬呂斯，不得不在其中奮力逃生：

---

[36] 維克多‧雨果著，李玉民譯，《悲慘世界》下冊，頁345-351。
[37] 前引書，頁359。

他走得相當吃力。昨夜的雨水還沒排盡，在坑道中間形成一條小激流，他必須緊貼著牆，免得要涉水前進。他這樣在黑暗中前進，就像是黑夜生物在看不見的地方摸索，消失在地下黑暗的脈管裡……

　　路愈走愈吃力，拱頂的高度時有變化，平均約五尺六寸，是按一個人的身材設計的。尚萬強必須彎著腰，免得馬呂斯撞到拱頂。他時時彎腰，再直起身子不斷摸索牆壁。石壁濕漉漉的，溝槽黏糊糊的，都很滑，這種支撐點手抓不牢，腳踏不穩。他是在城市的汙穢中艱難跋涉。通風口相距很遠，燦爛的陽光照進來變得十分慘澹，如同月光一般；其餘地方一片迷霧、疫氣、汙濁、昏黑。尚萬強又飢又渴，尤其渴得要命。然而，這裡像在海上一樣，到處是水卻不能喝。我們知道，他力大無比，多虧一生貞潔簡樸，年紀大了，臂力也只是稍許減弱，但是現在，他漸漸不支了。[38]

雨果生動的描寫影響了後世的讀者對巴黎地下世界的想像，在這個文明精神難以進入，充滿罪惡的的洞穴，或許有許多社會秩序的敵對者正在伺機進行破壞活動，尚萬強最終在下水道的出口處遇到了卑鄙醜惡的德納第，正是作者對此觀點的驗證。

　　建設巴黎的現代化下水道工程之前，奧斯曼先請工程師前往英格蘭與蘇格蘭考察，並向市議會提出了方案報告。奧斯曼團隊計畫在巴黎各區建造巨型的集水管，將廢水集中往塞納河下游的阿涅勒（Asnières-sur-Seine）排放，並將巴黎全區的下水道網絡總體規模從一百公里擴大到五百六十公里。奧斯曼想要澈底解決都市汙水惡臭的問題，待整體下水道工程完工後，巴黎將再也看不到掏糞工人與裝載穢物的馬車在路上出沒了。

　　與此同時，巴黎的飲用水也是亟需解決的問題。中世紀以來，塞納河這條巴黎的母親之河始終是巴黎人的飲用水來源，由河中所撈起的水，往往會先靜置一天使漂浮物沉澱到底部才飲用，當然我們知道這僅僅是眼不見為淨的心理作用。每

---

[38]　前引書，頁362、371。

年有數以千計的人因飲用不潔的塞納河水致死，這當中包含了許多到巴黎旅遊的外國人士，例如1778年莫札特的母親安娜‧瑪麗亞‧莫札特（Anna Maria Mozart）在陪同寶貝兒子到此演出時，便因此染上了痢疾而過世，傷心欲絕的莫札特只能在聖厄斯塔什教堂為母親舉行完葬禮後，隻身落寞地回到故鄉奧地利的薩爾斯堡（Salzburg），此後再也沒踏上過巴黎這塊令他難受的土地。不少民眾不放心飲用塞納河河水，只得另外掏錢買水，因此早年的巴黎街頭也能看到許多運水車，挨家挨戶地為巴黎人傾倒飲用水。

為改善城市的下水道與飲用水的清潔衛生作業，奧斯曼起用了早年在擔任約納省省長時期，就已合作過的歐仁‧貝爾格朗（Eugène Belgrand, 1810-1878）為總工程師。經奧斯曼與貝爾格朗的研究磋商，得知早在第一帝國時

因飲用不潔的塞納河水而染病身亡的莫札特之母安娜‧瑪麗亞‧莫札特，長眠於聖厄斯塔什教堂裡的墓碑

代，拿破崙一世便修建了一條由郊區烏爾克運河連接到巴黎聖馬丁百餘公里的運河段，並在拉維萊特（La Villette）興建了一座露天的蓄水池（即今日的La Rotonde Ledoux），這裡也曾為十九世紀上半葉巴黎人僅次於塞納河飲用水的主要渠道，但水質恐怕也好不到哪去。貝爾格朗深知，塞納河河水未經澄清整治，若要將引水道導源於此，那麼巴黎人無論如何也喝不到乾淨的水質。因此他首先針對塞納河流域做了通盤的水文研究，查明何處為飲用水的最佳來源地，1858年貝爾格朗提出了將由巴黎東方一百五十公里處的香檳地區引水，這在當年是技術難度相當大的挑

戰，再加上反對者不斷抨擊這項從百公里外透過水渠引水，無異是走回羅馬時代的老路，更是勞民傷財的政策！幸好這一切的反對聲浪，都讓奧斯曼一個個強力壓制下來，而為了配合貝爾格朗製作的新水道工程，奧斯曼頒布了新的法規，**規定巴黎每一座建築均必須與地下排水系統互相連結，因為下水道將修築到城市的每一條街道底層**，儘管在當時看來是頗艱鉅的工程，但奧斯曼團隊最終仍成功地達到了目標。

百餘年後的今日，很少人了解貝爾格朗當時所完成的創舉，他在1878年逝世時已然完成了六百五十公里的地下水道，並成功地分離汙水排放道與飲用水輸水道，每日可為巴黎引入兩千多萬公升的飲用水，如此浩大的事業動工早於倫敦六年，柏林更是晚了巴黎近二十年才追上。與地面上的街區擴展及新式建築的規劃相比，地下水道自成一個世界，且工程進展比起地面上還要順遂許多。奧斯曼十分得意這個秩序井然、整齊劃一的地下世界，面對這項領先世界的壯舉，他也曾志得意滿地表示：「我們的下水道要比羅馬的大得多！」[39]隨著下水道工程的完備與淨水設施的改進，最遲至1886年起巴黎人開始由塞納河和馬恩河獲取足夠的水資源，十九世紀結束之前，街道上的載水車與賣水人景象也就從此匿跡無蹤了。

第二帝國統治時代，巴黎透過奧斯曼的改造工程，無論在街區規劃、建築外觀乃至產業結構與飲用水質方面都有了全新的突破與進展，拿破崙三世對於這位塞納省長的卓越表現自然是感到心滿意足，屢屢在政務會議上發表對帝國容光煥發後的改變表示稱許，奧斯曼能穩坐於該職位上十餘年堅定改革的事業，自然脫離不了皇帝本身的力挺。然而，時人對於巴黎這場改頭換面的偉業究竟感受如何？如日中天之際的奧斯曼此時尚未警覺到，他的激烈改革無形之中也樹立了不少政敵，這些反改革者正虎視眈眈地尋找奧斯曼的弱點，隨時給予他致命的一擊。

---

[39]　Alain Clement, Gilles Thomas. *Atlas du Paris souterrain: La doublure sombre de la Ville lumière.*(Paris: Parigramme, 2001) p.95.

在奧斯曼的大刀闊斧的整頓下，巴黎逐步脫離了中世紀的樣貌，邁向新興城市所擁有的便捷交通規劃與居住環境品質，只不過這樣的改變是漸進式的，我們以百餘年後的眼光來審視巴黎很難去理解昔日城市居民是如何看待這場翻天覆地的變革，對此文化學者班雅明做出了一番觀察：

> 巴黎這座城市是以奧斯曼賦予它的形狀進入這個世紀的。他用可以想像的最簡陋的工具澈底改造了這個城市的面貌。這些工具是鐵鍬、鐵鎬、撬棍等等。如此簡單的工具造成了如此之大的破壞！另外，隨著大城市的成長，人們發展了把它們夷為平地的手段……
>
> 奧斯曼是在1859年啟動他的工程的。他的工程早就被認為是必要的，相關的立法也為它的實現鋪平了道路。法蘭西學院院士迪康（Maxime Du Camp, 1822-1894）曾在他的著作中寫道：「1848年後，巴黎幾乎變得不適合人居住。鐵路網的不斷擴張，……促進了交通和城市人口的增長。人們擠滿了狹窄、骯髒、彎曲的舊街道。人們擠在一起，因為他們別無選擇。」在十九世紀五〇年代初，巴黎居民開始接受這種觀點：這個城市的大清掃是不可避免的了。可以設想，在策畫階段，這種清掃至少像城市更新本身一樣會極大地刺激人們的美好想像。[40]

觀察力極其敏銳的班雅明，藉由迪康對巴黎在1848年後的巨變做了進一步的闡述，認為這種「城市的大清掃」觀念普遍皆存在於巴黎人的意識當中。誠然，十九世紀上半葉所發生接二連三的政治動盪，數個政權體制的迅速遞嬗，與巴黎這座城市的產業特質與階級落差，乃至各街區間的交錯分布和公共衛生議題，均有著息息

---

[40] 班雅明著，劉北成譯，《巴黎，19世紀的首都》，頁100。

相關的緊密聯繫，任何一位對巴黎懷有未來憧憬的有識之士，應該都能體認到，這座城市的大掃除工程絕對是該世紀下半葉的施政要務。

1848年對於巴黎而言的確是步入現代化變革的關鍵年份。波特萊爾曾說過：「我在1848年的陶醉，可那陶醉到底是什麼？」[41]對波特萊爾與他同時代的人而言，巴黎市中心大多數地方皆被拆毀重建，成了一堆堆的瓦礫廢墟，過去記憶中的巴黎不復存在，一座千年的古城看似亙古不變，實則極為脆弱。「1848年以前的都市觀點，頂多只能粗淺地處理中古時代都市基礎建設的問題；而在1848年之後則出現了奧斯曼，是他強迫巴黎走入現代……。1848年之前，所謂的製造業者多半都是散布各處的手工業者；之後則絕大部分手工業都被機械與現代工業所取代。1848年之前只有小店鋪沿著狹窄、彎曲的巷弄或騎樓開張；之後在大馬路旁出現了巨大笨拙的百貨公司。1848年之前盛行的是烏托邦主義和浪漫主義；之後則是頑固的管理主義及科學社會主義。1848年之前，運水人是個重要職業；但到了1870年，隨著自來水的普及，運水人幾乎完全消失。」[42]從種種的社會面向來觀察，**1848年這個介於世紀中葉的重要年份，確實是巴黎脫胎換骨的關鍵年代，今日巴黎的許多現代性都源於此。**

在許多奧斯曼的反對者或難以與他相處者（如伊托夫）看來，這位塞納省長除了性格霸道，自大浮誇之外，最明顯的缺點就是絲毫沒有藝術美學的素養，更對建築的特點與結構一竅不通，或許這樣的論點太過武斷。但無可指謫的是，好大喜功的奧斯曼確實只純粹喜歡紀念碑樣式的建築，特別是圓頂式的屋頂，對他而言擁有宏偉壯麗的景觀就是華美、進步的象徵。今日巴黎的許多林蔭大道與外型壯闊的公共建築，皆能體現奧斯曼當年的審美意志，另一方面，**整頓後的巴黎市區環境質量的提升，並非依靠壯麗顯眼的標誌性建築來呈現，而是藉由各區域的小型日常建築：教堂、劇院、學校、民眾集會所、公園綠地等一般性住宅場域，**展現巴黎改造後的現代都市性，就這一點而言，不得不讓人正視奧斯曼成功整合了一個優秀的市

---

[41] 羅絲瑪麗・羅伊德（Rosemary Lloyd）著，高烺譯，《波特萊爾》（*Charles Baudelaire*，北京：北京大學出版社，2013），頁78。

[42] 大衛・哈維著，黃煜文、國立編譯館譯，《巴黎，現代性之都》，頁20。

政改革團隊，是這個團隊的縝密規劃與審美觀成就了今日的巴黎。[43]

　　最初奧斯曼預估在每年六千九百萬法郎的城市總預算當中，能夠支出兩千兩百萬用於巴黎改造的工程上，但這樣的估算未免太過輕忽與樂觀，僅僅在1850年代城市第一期建設時便耗盡了財政資源，後來奧斯曼認為可以通過增加稅收來解決這個問題，不過拿破崙三世對這項做法的態度始終很堅持：國會已提撥了五千萬法郎支助奧斯曼的工程建設，所以不准再向巴黎市民增收新稅。因此奧斯曼只得再另尋解決之道，他向來主張「生產性支出」的觀點，認為借貸投資是未來市政發展的趨勢，待市府財政收入增加後便足以用於償還債務，為此奧斯曼找上了佩雷爾兄弟（Emile Pereire, 1800-1875; Isaac Pereire, 1806-1880）。

　　若是談及義大利文藝復興，往往都不會忽略翡冷翠的美第奇家族所做的貢獻；同樣地，在論述十九世紀巴黎都市改造這一段歷史時，也絕不能不提到佩雷爾兄弟。具有猶太血統的兩兄弟，出生於波爾多，二十歲之前他們就涉足銀行業的業務，並成立了動產信貸銀行（Credit Mobilier），透過銀行發行付息債券，為工業家們提供長期信貸，以工業活動的資產作為抵押，獲利作為投資。奧斯曼決定找佩雷爾兄弟所經營的銀行合作，兄弟倆以獲得經營街道沿線不動產權為交易條件，向奧斯曼資助了兩千四百萬法郎，舒緩了資金短缺的燃眉之急。對擁有精明經商頭腦的佩雷爾兄弟而言，他們看準了里沃利大街一帶的開發潛力（此後也都能事先得知哪一條街區會陸續開發），因此該區酒店、百貨業的開發投資也隨之興起。如此的合作模式對雙方皆有利益，因此成為了日後奧斯曼所有工程建設的標準模式，但卻也使得巴黎市中心的地價與房價逐漸水漲船高，並造成貧富差距的擴大，這些百餘年前的後遺症至今仍嚴重影響著今日的巴黎社會，此為後話。

　　當然，這種為了擴大財源所利用活絡的資本主義模式來整建巴黎的辦法，在當時便受到了不少非議，波特萊爾極其鄙視資產階級利用城市改造的巨大商機所帶給巴黎一切聲名狼藉的變化，在他眼裡巴黎充斥著「醫院、妓院、煉獄、地獄和苦役

---

[43] 或許在功成名就的里程碑的背後，還隱藏著許多不為人知的心酸故事，例如「自他（奧斯曼）1853年掌權開始，已有三個會計主管過勞而死」。轉引葛蘭姆・羅布（Graham Robb）著，莊安祺譯，《巴黎人》，頁151。可想而知，加入奧斯曼的市政改革團隊並不輕鬆。

場」，是一座不折不扣「汙穢的城市」[44]。學者陳芳明認為，「身為現代詩人的波特萊爾，很早就已經洞察人間的不理性。都市生活是罪惡的深淵，一個沒有感情、沒有親情的魍魎世界」。[45]**表面上的公共投資實際上是以私人利益為中心，在這樣的私人利益之下，巴黎逐步被打造成百餘年後世人印象中的享樂天堂**，「奧斯曼將巴黎交給了資本家、投機客以及銀行家。他讓巴黎淪為賣淫的狂歡場。奧斯曼的批評者一方面覺得自己被排除在這座狂歡場外，另方面也認為整個過程既可憎又猥褻。在這樣的氛圍之下，波特萊爾對巴黎的娼妓意象就有了特別意義。**巴黎的意象爭議不斷，第二帝國時期剛好是轉捩點**」。[46]非議者更認為，奧斯曼純粹是將巴黎打造為第二帝國的紀念碑，運用毫無生氣的線條與對稱來講究規模宏偉，強調空間氣派，若有機會他甚至想將每條大道都規劃為里沃利大街那般的奢華浮誇。雨果在第二帝國時期因反對拿破崙三世而長期流亡海外，當被問及是否懷念巴黎時，雨果毫不客氣地回答：「巴黎只是個概念，除此之外，這座城市不過是一堆里沃利大街，而我向來憎惡里沃利大街。」[47]

　　儘管舊時的巴黎情景已經在第二帝國時代成為過眼雲煙，但今日人們仍有機緣能夠透過影像資料得以一窺巴爾札克時代的巴黎。查爾斯・馬維爾（Charles Marville，原名Charles-François Bossu，1813-1879）這個不為現代人所熟知的名字，以他獨特的鏡頭視野，為百餘年後的世界保留下大改造前的巴黎，可以說，當年那些出自他手中所拍攝到的巴黎，都是後世極其珍貴的影像史料。說來相當諷刺，這名為世界保存了如此重要價值史料的名攝影師，百餘年後的生平資料幾乎付之闕如，由於後來巴黎公社事件的騷動，各區政廳當中不少戶籍資料都付之一炬，以至於我們只能得知他是在第一帝國晚期的1813年出生，連他是否有家室等私領域的資訊皆不得而知，目前大概能掌握的資訊是在1879年馬維爾過世後，他那間位於

44　波特萊爾著，郭宏安譯，《巴黎的憂鬱》，頁236。
45　前引書，頁153，引述陳芳明評介。
46　大衛・哈維著，黃煜文、國立編譯館譯，《巴黎，現代性之都》，頁279-280。
47　轉引胡晴舫〈巴黎浮生〉，大衛・哈維著，黃煜文、國立編譯館譯，《巴黎，現代性之都》之序，頁9。

丹佛－羅什洛街七十五號（75 Avenue Denfert-Rochereau）的攝影工作室被賣出僅此而已。

　　許多馬維爾當時的攝影作品今日皆被保存於瑪黑區的卡納瓦雷博物館，這裡在巴黎大改造時期就被奧斯曼規劃為博物館，並決心要將巴黎改造時被拆毀的資料作為完整紀錄收藏於此，於是省長遂將此一任務交由巴黎歷史編纂委員會全權處理，委員會幾經協商後發現歷史資料的保存不見得僅有書面文字部分，才剛問世不久的攝影技術更能妥善呈現出市區改造工程前後的差異，將影像紀錄列為史料來保存是當時嶄新的觀點，事實證明昔日的巴黎歷史編纂委員會的確有先見之明。委員會決議將這項重大的歷史任務委託給馬維爾負責，這使我們足以相信馬維爾是當時少數能夠精準掌握這項新技術的專業人士。

　　在卡納瓦雷博物館僅存關於馬維爾的零星記載，成為攝影師之前的他，也是插畫家與版畫家，甚至還曾接受過羅浮宮博物館的委託，拍攝過館內不少的展示品影像存檔，因此我們不難理解在他為古老巴黎所留下的最後影像中，那些具有構圖式意境的畫面，僅是馬維爾透過不同媒介所展現出來的藝術氛圍。對他而言，**這項攝影工作不僅僅是保存改造前的巴黎街景，也是對中世紀的遺風留下最後一筆的餘味。**

* *

◐ 時空遊覽 ◑

　　馬維爾為何會由一位版畫插畫家，轉行成為專業攝影師，今日無從得知箇中緣由，但1850年前後確實有不少位插畫家如納達爾（Félix Nadar, 1820-1910）、卡爾加特（Etienne Carjat, 1828-1906）等人步上攝影一途，在當時攝影技術是極其新穎的產業，也較少人能掌握此門技術，因此未來的發展前途特別被看好。

　　早在1827年，法國人尼埃普斯（Joseph Nièpce, 1765-1833）便使用自己研發的感光材料，以「日光蝕刻法」[48]透過暗箱拍出了人類歷史上第一張照片，不過當時的畫面相當模

---

[48] 尼埃普斯用猶太瀝青塗布在拋光金屬的板面，讓光線通過裝置在暗箱裡的透鏡，長時間曝光並保留住影像，是為「日光蝕刻法」（Heliography）。

糊，依稀可辨認出是尼埃普斯家中閣樓外的景像，且曝光時間需要八個小時之久。由於這項技術並不實用，且沒有效率，尼埃普斯後來與化學家、舞臺畫家達蓋爾（Louis-Jacques-Mandé Daguerre, 1787-1851）共同合作，研發精進這項技術，不料尼埃普斯卻突然中風過世，因此攝影術後來便在達蓋爾獨力研發的「銀版攝影法」[49]之下獲得成功，並於1839年取得專利成為世界首位攝影技術的發明者。

達蓋爾使用「銀版攝影法」所拍攝最具代表性的作品，是攝於1838年的法國巴黎第三區的聖殿大街（Boulevard du Temple）的一張街景照片，亦即前述十四世紀時聖殿騎士團的聖殿塔堡疊矗立之處所在的大街，更是歷史上第一張巴黎街景的攝影作品。這張十九世紀上半葉的聖殿大街景象，為吾人呈現出巴爾札克時代的巴黎街頭面貌，然而仔細一看卻可看出一絲不尋常的端倪。1838年，那是屬於蕭邦、李斯特、德拉克洛瓦、巴爾札克、雨果、喬治·桑等藝文界的菁英們匯聚在此的大時代，為何照片當中僅見聖殿大街兩旁的行道樹與建築，七月王朝所轄下的花都巴黎見不到任何車水馬龍的景致，為何整條大街一派蕭條清幽貌？是否達蓋爾在攝影前做了部分的清場作業？

顯然並非如此，由於達蓋爾此時的「銀版攝影法」技術仍屬於草創階段，要讓這張從窗口往聖殿大街取景的照片顯像，至少需要等待十多分鐘的曝光時間。也因此，在拍照的當下大街上熙來攘往的人們與車輛，所有正在移動的物體全都無法在照片中顯現出來。不過這張巴黎街景的照片仍留有部分驚喜趣味之處，請注意照片偏左下角的地方，有個模糊但仍可辨認的人影，他單腳踩在凳子上，直立不動。從整個姿勢看來，當時這位先生正在接受路邊的擦鞋童擦拭他的皮鞋。是故，也就是在這最關鍵的十多分鐘，**由於這位一動也不動的先生的影像被曝光後顯現，因緣際會使他成為了人類歷史上第一位在照片裡面留影的人。**

這位先生何其幸運，熙來攘往的大街上只有他一動也不動，成為了人類攝影史上的一個里程碑；然而他又何其遺憾，距離太遠，只剩下一個模糊的人影得以顯現，直至入土之際他也渾然不知自己成為了另類世界紀錄中的第一人。

巴黎的聖殿大道上除了有昔日騎士團的聖殿塔遺跡與傳奇故事之外，也在歷史上留下了一則有趣的攝影典故。

---

[49] 銀版攝影法（Daguerreotype），利用水銀蒸汽對曝光的銀鹽塗面進行顯影作用的方法，曝光時間至少須十多分鐘，已大為縮減日光蝕刻法的曝光時間。

＊　＊　＊　＊　＊　＊　＊　＊　＊　＊　＊　＊　＊　＊　＊　＊　＊　＊　＊

　　今日在卡納瓦雷博物館所收藏的馬維爾影像史料作品中，可以見到他將許多即將面臨拆除的街區，清楚地呈現出拆除前、整建中與整建後三個階段的對照影像。由於接受巴黎歷史編纂委員會的全權委託，以至於在拍攝當時，馬維爾能夠清楚地調整現場角度、光線，乃至每一個畫面的構圖表現。例如他在《比耶夫雷上的製革廠》（*Tanneries sur la Bièvre*）中，為後世保存了這條當年流經左岸第十三區（大約於今日蒙蘇里公園Parc Montsouris至Stade Sébastien Charléty體育場一帶）的比耶夫雷河，自十七世紀以來，這個地帶遍布巴黎的製革工坊、染料坊與屠宰場，每日均有穢物廢水傾倒進這段河域，染料所產生的化學物質以及有機物汙染，散發出陣陣令人作嘔的氣味，堪稱比耶夫雷河匯入塞納河的一大汙染源。馬維爾清晰地為此地的生態與建築場景留下了最後的畫面，隨著巴黎的整建工程的開展，比耶夫雷河在左岸的河域已成為了不見天日的地下河道。

　　在馬維爾針對巴黎改造工程所呈現的數百張影像紀錄史料當中，筆者認為最為特別的一張，當屬《尚普蘭街頂端》（*Top of the Rue Champlain*）這張作品。該街區已被全面拆除改造，大致在今日第二十區的美尼爾蒙東站（Ménilmontant）至拉雪茲神父公墓這一帶，因市中心隨著改造工程而拆毀了所有的貧民窟，致使許多無家可歸者在此以木材拼湊臨時違建、非法聚集，成為了惡名昭彰的治安死角。在照片中的前景有位戴著帽子的男子坐在堤防上頭，遠眺這片雜亂無序、破敗不堪的棚戶區。**馬維爾高明的影像處理手法在於，將畫面中殘破的棚戶區與遠景經過規劃的建築區域做了強烈的對比，呈現出「兩種巴黎」的概念：**[50]一個經過整頓，井然

---

[50] 大衛・哈維著，黃煜文、國立編譯館譯，《巴黎，現代性之都》，頁293：「四點鐘。另一個巴黎醒了，工作的巴黎。兩座城市幾乎互不相識，一座在正午起床，另一座則在八點休息。它們很少正眼瞧過對方，除非──通常是如此──是在悲傷而陰鬱的革命之日；它們說著不同語言。它們之間沒有任何感情；它們是兩個民族。不管實際上的階級結構與社會空間區隔有多複雜，巴黎作為一座被區隔成兩個階級與兩個空間的城市，這種過度化約的形象不斷出現在當時的表述上。1848年之前，『另一個巴黎』（other Paris）被看成是『危險階級』，他們的貧困有時會激發人們的憐憫，但絕大多數時間還是令人感到恐怖、噁心與厭惡。一些詞彙如『粗鄙無文』與『野蠻』以及一些渾名如『野獸』等等，為資產階級的意象塗上種族主義的色彩，同時也成了資產階級殺工人與窮人的藉口。」

有序的奢華巴黎，被充滿苦難、破敗的巴黎給層層包圍，兩種巴黎之間以階級作為劃分，以生活水準當作區隔，在馬維爾的影像紀錄裡，確切清晰地表達了第二帝國對巴黎進行改造的宗旨與目的，而隨後巴黎公社所爆發的衝突歧異點也在此一覽無遺。[51]最後，馬維爾刻意選擇了一名男子坐在前景的堤防上，彷彿稍作休息的姿態，俯瞰著這片行將就木的棚戶區。我們很難感受到這樣的畫面會像是巴爾札克的《高老頭》中的哈斯蒂涅一般，站在拉雪茲神父公墓凝望著巴黎，大喊著要與它一決勝負，反而會感覺馬維爾所呈現出的畫面，帶有許多孤獨、失落的意象。

　　儘管馬維爾的影像資料能夠有助於今日吾人對巴黎改造過程的理解，然而他本人對這些照片的想法卻絲毫沒有沒有保存下來，馬維爾沒有留下信件、筆記或書信等相關的談話紀錄，今人無從藉由這數百張的影像資料推論他對巴黎現代化的轉變有何意見看法。就官方的立場而言，委託馬維爾進行這項攝影任務，「並不是要他拍出擁有歷史價值的施工前照片，而是要他去拍攝足以展現科學技術上的勝利的施工後照片。實際上，這些已消逝的巴黎的照片到頭來只扮演了烘托新時代巴黎的功能。」[52]即便如此，馬維爾對於攝影的熱情，以及對於光影與細節的喜愛，仍舊可以透過這些百餘年的影像穿透到我們的心靈。此外，**這些中世紀巴黎街區中的泥濘、昏暗的巷弄、雜亂的招牌與撲鼻的惡臭，一切在巴爾札克作品中所展示過的舊時巴黎景象，均透過馬維爾的掌鏡而留至今日，就歷史價值的層面而言，馬維爾所發揮的貢獻與巴爾札克同等地重要。**[53]

　　在奧斯曼任期的最初十年之間，巴黎市區面積便由三十三點七平方公里擴增至八十五點五平方公里，人口也從一百一十萬人增加到一百五十萬人。「到十九世紀七〇年代，巴黎市中心五分之一的街道是奧斯曼建造的；他在下水道工程上花了八千萬法郎，整個城市改造計畫花了二十五億法郎；在改建熱潮的高峰期，每五個巴

---

[51]　T. J.克拉克（Timothy James Clark）著，沈語冰、諸葛沂譯，《現代生活的畫像——馬奈及其追隨者藝術中的巴黎》（*The Painting of Modern Life: Paris in the Art of Manet and his Followers*，南京：江蘇美術出版社，2013），頁103：「巴黎公社則是巴黎人拒絕接受權貴們一次次規劃巴黎的寫照。」

[52]　鹿島茂著，吳怡文譯，《巴黎時間旅行》（臺北：果實出版社，2005），頁212。

[53]　2013年，紐約大都會博物館在馬維爾兩百歲冥誕之際，重新將其作品整理出版，並針對書中許多圖像做了精彩地解說分析。請參閱Sarah Kennel, Anne de Mondenard. *Charles Marville: Photographer of Paris.*(Chicago: University of Chicago, 2013).

黎工人就有一個加入了建築大潮。」[54]原本屬於城郊的十三個城鎮陸續被合併到市區，邊界上原有長達二十三公里的六十二處包稅商城牆陸續遭到拆除，奧斯曼將巴黎劃分為二十個緊湊的大區，由順時針方向依序展開，以現代化城市的治理模式而言，這項設計十分具理性與效率，百餘年後的今天仍在沿用。

　　總的來說，奧斯曼的城市改造工程確實讓巴黎正式進入現代化城市的規模，以及達到現代化生活的水準品質，並為世紀末在巴黎舉行盛況空前的世界博覽會與地鐵設施的建設都打下了務實的基礎。[55]然而從另一方面而言，**奧斯曼的都市建設卻在階級的分布與管理上造成了日益嚴重的隔閡與分化**，「第二帝國時期，外向性、公共性與集體化風格的都市主義工程，改變了巴黎公共與私人空間的平衡。公共投資的組織是以私人利益為中心，而公共空間也遭到私人的占用；對資產階級來說，外部空間成了內部空間，而全景、透視與照相術則將外部空間引到內部空間裡來」。[56]，傳統社會裡的社交環境，也因奧斯曼刻意針對資產階級意識形態為出發點的都市規劃，許多商業化或私人的臨時性場所，如咖啡館、公園街道或度假勝地，取代了以往的教堂、社區或家庭這一類的聚所。也因此，我們可以觀察到，十九世紀下半葉的巴黎，「煤氣燈照亮下的大道，炫目的商店櫥窗，街旁的露天咖啡座（第二帝國的發明），這些——如我們所見——都成了向金錢與商品力量行臣服禮的走廊，同時也是資產階級的遊戲空間」。[57]

　　巴黎在十九世紀中葉這種階級異化的轉變，不僅在馬維爾的影像資料中如實地記錄保留了下來，同樣帶給當時代的知識分子眾多複雜，難以名狀的情緒，文學家

---

[54] 轉引T. J. 克拉克著，沈語冰、諸葛沂譯，《現代生活的畫像——馬奈及其追隨者藝術中的巴黎》，頁67。

[55] 這種現代性有很大一部分的原因在於奧斯曼欲消除這座城市層出不窮的暴動，這種觀點也使得奧斯曼往往在向市議會請款時的最佳理由。晚年奧斯曼亦曾在回憶錄中，披露當年他開闢塞巴斯托波勒大道時內心算計：「這意味著是對舊巴黎、起義和巷戰的街區脫胎換骨式的改造，通過一條廣闊的中央街道，穿過幾乎無法走出的迷宮，並且鋪設了連接性的岔道，其延伸必定會進一步完善已經開始了的工作。隨後圖爾比戈路（Rue de Turbigo）的建成更使得『巷戰的象徵之都』從巴黎地圖中消失了。」轉引T. J. 克拉克著，沈語冰、諸葛沂譯，《現代生活的畫像——馬奈及其追隨者藝術中的巴黎》，頁70。

[56] 大衛・哈維著，黃煜文、國立編譯館譯，《巴黎，現代性之都》，頁289。

[57] 同前註。

與藝評家龔古爾兄弟[58]在著名的《龔古爾日記》（Goncourt Journal）中提到：

> 巴黎，我們出生的地方，1830年到1848年的巴黎生活方式正在消失。消失的不是物質，而是道德。社會生活正經歷著一場劇變，這一劇變剛剛開始。在這家咖啡廳裡，我看到女人、小孩、僕人和不同的家庭。所有的家室場景正在消失，生活即將成為公共性的東西。上等人的俱樂部、下層百姓的咖啡館，成了社會和人民的代名詞。在這個我內心深愛的國度中，這一切讓我覺得自己像是個旅行者。面對即將到來的和已經發生的一切，我一無所知，就如這些新的街道對於我來說，不再有巴爾札克世界的氣息，反而有倫敦，未來巴比倫的意味。來到一個處與建造之中的時代是一件多麼愚蠢的事：就像住進了新房子的人，靈魂總是忐忑不安。[59]

在龔古爾兄弟的認知裡，整建中的巴黎使公共生活造成私人隱私的一種威脅，傳統的社交場合正在消亡當中，生活場景逐漸走向街頭，「資本主義逐漸決定了社會生活的主要活動——改變了人們工作、消費、建房和日常生活的方式」，[60]資產階級的價值觀念與生活方式正逐漸引領整個社會，並走向未來。無怪乎藝術史家T. J.克拉克會在《現代生活的畫像》中指出，**奧斯曼於第二帝國時期對巴黎的形象塑造，其背後皆仰賴資本主義對巴黎形象的再想像。**

1864年，受封為男爵的奧斯曼似乎已攀至人生的巔峰，他又得到了一項常人難以企及的殊榮——經過改造後的一條巴黎大道以他的名字來命名，除了象徵拿破崙

---

[58] 龔古爾兄弟，十九世紀法國文壇著名作家、評論家，分別為兄長愛德蒙‧德‧龔古爾（Edmond de Goncourt, 1822-1896）與弟弟朱爾‧德‧龔古爾（Jules de Goncourt, 1830-1870）。對十九世紀後期自然主義文學與藝評方法皆有影響，兩兄弟長達數十年合作的《龔古爾日記》（Goncourt Journal），是研究法國第二帝國至第三共和社會的重要史料。未婚的兩人在過世後，遺囑宣布將所有財產成立龔固爾學院，並每年選出該年度出版新書頒予「龔古爾文學獎」（Prix Goncourt），儘管獎金只有五千金法郎，但直至今日，凡是在法國文壇上能獲得此獎項者，該書的銷售量與口碑往往居高不下，因此是**法國文壇相當有指標性的榮耀獎項**。

[59] 轉引T. J.克拉克著，沈語冰、諸葛沂譯，《現代生活的畫像——馬奈及其追隨者藝術中的巴黎》，頁63。

[60] 前引書，頁104。

三世對省長多年來的表現予以肯定外，亦有些許籠絡之意。半個世紀前，奧斯曼正是在這個街區出生，但故居已在巴黎改造的過程中拆除了，面對這個充滿童年回憶之處，奧斯曼毫不猶豫地將其拆除，此舉在在顯示塞納省省長在都市改建中的魄力與無情。第二帝國時期有許多開闢的街區都以當時政壇人士之名來命名，但後來在第三共和時代都陸續遭到更替，唯有奧斯曼大道（Boulevard Haussmann）之名一直保留至今，畢竟即便是他的政敵或反對者，也不得不承認巴黎改造工程這項偉業。今日沿著奧斯曼大道至拉博德街（Rue de Laborde）[61]與米羅梅尼爾街（Rue de Miromesnil）的交叉口，可以看到身著大禮服的奧斯曼青銅塑像，手持巴黎改造計畫的他，正以自信堅定的眼神凝望著遠方街區。

1867年，巴黎第二度舉辦了世界博覽會（Universal Exposition），相較於1855年首次舉辦之時，巴黎給予來自歐美各地的遊客那種到處鋪路施工、拆屋建樓的景象已逐漸淡去，第二帝國與奧斯曼經過十四年的努力，使巴黎獲得了城市女王的稱號，成為歐洲最為迷人摩登的地方。博覽會的主場地設於戰神廣場（Champ de Mars），巨型的橢圓形會場將近有五百公尺長，四百公尺寬，市府團隊也趁著展覽機會整頓了塞納河對岸山丘的特羅卡德羅宮（Palais du Trocadéro）一帶的區域。《紐約時報》的特派記者如此敘述本屆世界博覽會的巴黎盛況：

> 週日五點到六點，來自普魯士的大鐘發出關門提示音，大批人群湧出展館，場面極其美好。汽船、公共馬車、美國市內電車和巴黎出租車每小時可搭載一萬一千人，這只占到參觀者總數的一小部分。天氣極好，他們會走到各條街道上，來到夏佑宮前，慢慢分散到巴黎各處。稍後，香榭麗舍大道擠滿了從森林公園歸來的人群。到了晚間，每座劇院、舞廳、花園和音樂廳都座無虛席。人們興高采烈地從法國各地乘火車來到巴黎，旅館滿員，火車和

---

[61] 附帶一提，在這個街區由拉博德街（Rue de Laborde）往東至聖奧古斯丁教堂（Église Saint-Augustin）前，將會看到由雕塑家保羅・杜布瓦（Paul Dubois, 1829-1905）所創作的聖女貞德馬上英姿青銅塑像。另外，在法國著名偵探小說家盧布朗（Maurice-Marie-Émile Leblanc, 1864-1941）所創作知名的《怪盜亞森・羅蘋》系列故事中，曾提及羅蘋於拉博德街開設了一間偵探社。

公共馬車滿員，街道和所有公共場所的景象都告訴我們，不僅僅是巴黎，整個法國都在慶祝，歡迎各國國王和人民來到巴黎。我在人群中沒有看到一個人衣衫襤褸或汙穢不堪，與每天在倫敦見到的成千上萬個人一樣，這裡沒有人爛醉如泥，沒有乞丐，沒有一個人會被人當成「妓女」。到處都乾淨整潔，充滿秩序和禮儀；如果說巴黎具有任何其他特質的話，那麼在公眾場所根本看不到。[62]

改造過後的巴黎，以寬闊筆直的林蔭大道、春光明媚的公園和現代化便捷的交通設施，吸引了來自四面八方的各國遊客，在兩百天的展示期間內，創下了參觀人次九百二十三萬人的新紀錄。

此外，奧斯曼也在世博會期間負責接待各國王室成員，俄國沙皇亞歷山大二世、普魯士國王威廉一世、奧地利國王法蘭茲・約瑟夫、巴伐利亞國王路德維希二世等人，每一位都曾受到奧斯曼於巴黎市政廳中的熱烈豐盛款待，賓客們都心領神會，塞納省省長是法蘭西皇帝御前的紅人，更是締造城市光榮奇蹟的大功臣，而奧斯曼談笑風生、雍容大度的氣質，更是為各國嘉賓留下了深刻的印象。

在十七年的塞納省省長任內，奧斯曼以集權獨裁的方式掌控著巴黎市政的一切，除了皇帝，他幾乎不須經過任何人的同意便可對這座第二帝國的首都進行切割整容。此外，奧斯曼與佩雷爾兄弟及動產信貸的關係如此緊密，也成為了反對者對其最大的攻擊，「1853到1870年間，巴黎市的債務從一億六千三百萬法郎增加到二十五億法郎，1870年，債務負擔已占了市政預算的百分之四十四點一四」，[63]國會中以茹費理[64]為首的的共和派議員開始抓緊這項弊端強力抨擊奧斯曼的施政。

---

[62] 史蒂芬・柯克蘭著，鄭娜譯，《巴黎的重生》，頁259-260。

[63] 大衛・哈維著，黃煜文、國立編譯館譯，《巴黎，現代性之都》，頁159。

[64] 茹費理（Jules François Camille Ferry, 1832-1893），早年曾擔任律師，並為報章寫過多篇專欄。在第二帝國時期從政，在批評奧斯曼的施政上不遺餘力，甚至還撰寫了一本《奧斯曼的傳奇》（Les Comptes fantastiques d'Haussmann）諷刺小書。1870年在第二帝國垮臺後，茹費理曾一度接任了塞納省省長，這個昔日政敵的位子，此後數年茹費理在國內載浮載沉，終於在1880年與1883年兩度組閣成為了第三共和總理。在內閣總理任內，茹費理受到相當爭議的評價，包含教育的改革、使母語教學邊緣化，以及對德國外交上的軟弱，其中又以1883年至1885年的「法清戰爭」中的失利飽受抨擊，導致其黯然下臺。1887年茹費理遭到行刺，雖僥倖逃過一劫，但六年後仍因舊傷口的感染而死亡。

1867年的秋天，由佩雷爾兄弟創建的動產信貸銀行股價開始暴跌，對許多小股東的權益造成了嚴重的打擊，這間對改造巴黎工程大量融資的銀行股價慘跌，也是市府債務迅速累積的關鍵原因。在歷經盛況空前、所費不貲的世界博覽會往後的兩三年內，法國國內經濟陷入了衰退窘境，失業率大幅攀升，人民開始對第二帝國的執政產生信心危機和不滿，而拿破崙三世的健康狀況也在這個時候亮起了紅燈。後世許多人在看待第二帝國的得失與成敗時，往往只看重最後普法戰爭或色當之役的結論來判定，實際上若將觀察歷史的眼光拉遠至1860年代末期，檢視法國經濟衰退、社會動盪與領導者的無力，將能清楚看出法國此時敗象已露，俾斯麥與毛奇將軍僅是在後來的普法戰爭追加致命的一擊罷了。當然，法國國內嚴重擴大的社會蕭條現象，也預告著奧斯曼的仕途逐漸走到了盡頭。

　　1869年的年底，發生了始料未及的劇變。受到病痛纏身多年的拿破崙三世，已經開始布局讓兒子路易在1874年滿十八歲時接班，但環顧國內政壇局勢，反對黨共和派始終是第二帝國執政當局的心頭大患，為了使自己的統治末期能順利和平交棒，拿破崙三世竟不可思議地向反對派伸出了橄欖枝，希望透過讓出組閣的機會以籠絡共和派中的溫和分子。奧利維爾（Émile Ollivier, 1825-1913），共和黨溫和分子中的首要人物，儘管多年來始終站在執政黨對立面，但對於接任內閣總理一職卻顯得躍躍欲試，為了不讓黨內同志產生戀棧權位的誤解，奧利維爾向拿破崙三世提出了交換條件——讓那位令他厭惡多年的塞納省省長奧斯曼下臺走人。

　　奧利維爾為何討厭奧斯曼？早在拿破崙三世剛選上總統之際，奧利維爾便在民間組織社團不時予以抨擊反對，被當局視為麻煩人物。1850年年初，奧利維爾客居法國南部鄰近地中海的瓦爾省時，遭到該省省長發布逮捕令，事先得知消息的奧利維爾趕忙逃往義大利，流亡海外將近十年的時間，而當時的省長便是奧斯曼。因此這兩個人早在當年便已結下了不共戴天之仇，奧利維爾義正詞嚴地向皇帝表示，如果要接下內閣總理之位，絕對無法容忍跟奧斯曼在同一個執政團隊共事。這項要求確實讓拿破崙三世感到萬般掙扎、舉棋不定，十餘年來奧斯曼始終如此完美地達到皇帝交辦的指令工作，這位下屬對於帝國的披肝瀝膽、竭智盡忠，絕對無庸置疑，

如果依奧利維爾所求撤換奧斯曼的職務，不免顯得皇帝本人恩將仇報、行過河拆橋之舉，但縱使奧斯曼如何獲得皇帝之垂青，將其放在天秤上與接班人的未來穩定相互比較，病痛中的拿破崙三世也不得不做出棄車保帥的尷尬決定了。

　　1870年一月二日，奧利維爾上臺組閣，三日之後，奧斯曼被免去塞納省長的職務，他在這個位子上待了將近十七年的時間，比第二帝國時期任何一位官員的任期都還要長，政績也比任何官員都還豐富亮眼。遭到免職後的奧斯曼百感交集，一向以自我為中心的他原以為會在這個位子上坐滿二十年，而巴黎的改頭換面工程也讓他深信絕對會被載於史冊，極為重視歷史評價的奧斯曼，卻沒料到未能九轉功成反遭逼退，義憤填膺的他在交接職務後，便與妻子迅速離開巴黎，移居南法蔚藍海岸的尼斯。

　　自1853年至1870年的巴黎改造工程，總耗費成本為二十五億法郎，其中「巴黎的道路工程花費了總支出的一半以上，達到了十三億法郎。建築、公園、水務、汙水基礎設施及其他各種支出總計八億法郎。剩下的四億法郎是利息等融資費用」。[65]奧斯曼的反對者總是抓住這些耗資巨大的數字，攻擊塞納省省長毫無節制地揮霍國家財政，甚至在他下臺後仍抨擊總成本的二十五億法郎，遠超過第二帝國時期全國年度總預算的二十一億。然而奧斯曼及支持者也毫不客氣地辯解，城市規模歷經數年的改造後不斷擴大，商業貿易更加活絡，稅收基數有所提高，市府財政逐漸轉虧為盈，足以用來償還債務。撇開當時的黨派意氣之爭不論，以百餘年後的觀察角度而言，**第二帝國透過奧斯曼的整建計畫，在不到四分之一個世紀的時間裡，無論在都市規劃、街區住宅、產業結構、下水道工程乃至文化風氣等各個方面，澈底將巴黎轉型為現代化城市**，直至今日巴黎的一切生活模式仍依循著昔日奧斯曼的深謀遠猷，在在證明了這位省長確實是厥功茂焉。

　　離開政壇後的奧斯曼，晚年謝絕昔日政商友人的造訪，蟄居專心著述。他撰寫了三卷本的《奧斯曼男爵回憶錄》（*Mémoires du Baron Haussmann*），其中第三

---

[65] 史蒂芬・柯克蘭著，鄭娜譯，《巴黎的重生》，頁296。

卷在他死後才出版。可想而知，這套回憶錄中的最主要內容，絕對是在他擔任塞納省省長期間的一切事務，直到人生的最終點，奧斯曼不改自命不凡的性格，依舊在字裡行間表露將巴黎視為自己畢生當中最偉大的傑作。

　　在奧斯曼卸任後的短短半年內，他就見證了第二帝國的覆滅。1870年春天，流亡在外的西班牙女王伊莎貝拉二世（Isabel II, 1830-1904）宣布退位，與普魯士威廉一世（Wilhelm I, 1797-1888）同屬於霍亨索倫家族（Hohenzollerns）的李奧波德有望繼位，此舉引起了拿破崙三世極大的不滿，認為如此一來東西方的霍亨索倫兩位國王將令法國腹背受敵，因此要求普魯士國王應對這件事表態並承諾霍亨索倫家族將不會接任該王位，實際上威廉一世也並不打算承認李奧波德的繼位，為此他特意發了一封埃姆斯密電（Dépêche d'Ems）給了他那位好戰的鐵血宰相俾斯麥（Otto von Bismarck, 1815-1898）述說此事。然而蓄謀戰爭已久的俾斯麥，在收到這封密電後眼睛一亮，將密電內容稍作更動為強硬的語氣，並刻意讓媒體披露這封具挑釁意味的電文，果然引發了法國社會的群情激憤，怒火中燒的拿破崙三世即刻主動向普魯士宣戰。

　　審視十九世紀中葉的法國，拿破崙三世所統治下第二帝國亟欲重振法國在歐洲大陸的霸權地位，另一方面也為了法國工業成長尋求原料產地與商品銷售市場，於是先後參與了多場對外戰爭，如對清國的二次鴉片戰爭（Seconde guerre de l'opium, 1856-1860）、與英國、土耳其聯合對戰俄羅斯的克里米亞戰爭（Guerre de Crimée, 1853-1856）、援助義大利統一的薩奧戰爭（Campagne d'Italie, 1859），或是奪取越南、塞內加爾和阿爾及利亞等海外殖民地，確實讓法國重登歐洲霸權與殖民大國的地位，卻也逐步將第二帝國引入毀滅的深淵。

　　又衰又病的拿破崙三世，面對1860年代末期國內的經濟危機，以及蠢蠢欲動的共和派反對勢力，不得不忍痛將手下愛將奧斯曼罷黜，期望能減緩國內政治的反彈力道。但這些還遠遠不夠，此刻的他**亟需發動一場新的戰爭來轉移國內社會對經濟衰退的怨聲載道，並透過新的戰績來穩固第二帝國的統治，俾使兒子能順利接班，遂不顧自己重病纏身的惡劣情形之下發動了戰爭。**

　　1870年七月，法國向普魯士宣戰，意識不清的拿破崙三世拖著病體上了前線，

原先他預想速戰速決的計畫完全落空，法軍在面對士氣高昂，裝備精良與長期備戰的普魯士軍隊時屢屢失誤，拖泥帶水，不僅無法在境外禦敵決戰，反而遭普魯士軍隊闖進了國門，進退維谷。該年九月一日，筋疲力盡的拿破崙三世及其率領的十二萬法軍遭普魯士軍包圍於距離巴黎東北方兩百多公里的色當（Sedan），無力再反撲的法軍向普魯士投降，奄奄一息，患有膀胱結石的皇帝本人也成了階下囚。

兩天後，法軍慘敗，拿破崙三世遭到俘擄的消息傳回了巴黎，第二帝國既已群龍無首也失去了人心，驚慌失措的歐仁妮皇后在奧地利大使的協助下倉皇流亡海外，激進的共和黨人結合巴黎民眾包圍了杜樂麗宮，伺機發動攻擊。巴黎街頭又重新陷入動盪，奧斯曼一切都看在眼裡，僅下野蟄居半年的時間，他所效忠過的帝國就灰飛煙滅了，而這座耗盡他畢生心血改建的城市又會如何呢？

歷史舞臺已輪不到奧斯曼再度登場了，或許當時無人能夠準確預料，隨著第二帝國的崩塌，巴黎這座城市將即將面臨到它在十九世紀最血腥、最慘絕人寰的一幕……

5

公社的巴黎

✧ 坐困愁城 ✧

　　十九世紀中葉的巴黎經過一場劇烈的變動，不僅在市區規模，乃至街區樣貌、建築形式、地下工程、產業結構、公園綠化與文化設施景觀全都被「奧斯曼化」（Travaux Haussmanniens），此番的大改造確實奠定了今日巴黎的規模與景觀雛形，甚至將巴黎推上了世界現代化都市的模範頂峰。然而，從另一個角度看來，在奧斯曼雷厲風行地拆屋毀房政策下，許多勞動階級因房價飛漲或流離失所而不得不離開巴黎市區，約有兩成至三成的原巴黎人，轉而遷徙至巴黎外環區域或市郊聚居，其中又以第十八區的蒙馬特、第十九區的拉維萊特以及第二十區的貝爾維爾為主。

　　巴黎的改建工程非但沒有緩解社會各階層之間的矛盾衝突現象，實際上還變本加厲地拉大了巴黎西區與東北、東部之間的對立，更嚴重的是，如此的對立差異現象直至今日仍未改變。到過巴黎旅遊的朋友往往都有類似的體驗，今日第七、第八與第十六區這一帶的城市西部地區，例如巴黎歌劇院、拉法葉百貨與春天百貨、香榭麗舍大道、榮軍院與奧塞碼頭、帕西區至布洛涅森林公園，隨處可見百貨商業密集，精品店與銀行業林立，明窗淨几的建築結構、高檔的私家轎車與身著名牌服飾的政商名流，此外這裡更匯集了多處著名的旅遊景點。相形之下，在勞動階層聚集的東部地帶，除了蒙馬特因藝術氣息、聖心堂與周遭市集能夠吸引大量遊客外，甚少初到巴黎的旅人會前往拉維萊特或貝爾維爾等地帶觀光消費。

　　第二帝國的當權者們，對巴黎的整建計畫和概念，始終是站在資產階級的統治立場來設想，也因此若由貧窮勞動階層的立場看來，拿破崙三世的高壓統治和奧斯曼無情的拆遷使其怨聲載道，罷工與政治集會此起彼伏，社會底層長年累積的怨念希望得到宣洩的出口。1870年一月十一日，拿破崙三世之姪皮埃爾・波拿巴親王（Prince Pierre-Napoléon Bonaparte, 1815-1881）為了要維護皇帝的顏面，憤而羞辱了兩名抨擊執政當局的報社記者，隨即又在決鬥當中殺死了其中一名記者

維克多・努爾（Victor Noir, 1848-1870）。[1]翌日在努爾出殯前往巴黎近郊的納依（Neuilly-sur-Seine）公墓的途中，竟出現了十萬名群眾夾道送行的場面，社會主義者路易・布朗基（Louis Auguste Blanqui, 1805-1881）帶領著許多群眾高舉示威抗議的標語，充分表達了對波拿巴家族蠻橫跋扈的不滿。

面對國內社會階層內部日益嚴重的矛盾衝突，深受病痛折磨的拿破崙三世提不出有效的解決良方，除了一面與共和黨的溫和派系磋商妥協之外，錯估情勢的他再度打出了戰爭牌，期望透過一場勝利來重振第二帝國的威望，也趁機將國內社會躁動的注意力分散到國外。然而法國近年來的經濟衰退，加上軍事動員力量混亂無章，相對於普魯士為了此戰所做的長期準備，在鐵路運輸的後勤補給，乃至槍炮技術的革新，使得此戰在打響之前明眼人便能判定勝負。1870年九月一日，拿破崙三世所率領的法軍在色當被打得丟盔卸甲，潰不成軍，隨著皇帝本人淪為俘虜，第二帝國的喪鐘已然響起。然而普魯士軍方的目的並不止於此，二十萬大軍繼續朝向巴黎開拔。

九月四日，以甘必大（Léon Gambetta，或譯「甘貝塔」，1838-1882）與茹費里為首的共和派在巴黎市政廳宣布成立法蘭西第三共和國，[2]這個新生的共和國是由共和派聯合保王勢力的奧爾良派共同組成的「國民防禦政府」（Gouvernement de la Défense nationale），目的在抵禦應付持續對法國進行攻擊的普魯士軍。然而彼

---

[1] 維克多・努爾（Victor Noir, 1848-1870），原是名不見經傳的年輕記者，卻因慘遭拿破崙三世的姪子槍擊身亡而在歷史上留下一筆。努爾原在1870年下葬於納依公墓，直到1876年被遷葬到著名的拉雪茲公墓，並由知名雕塑家達盧（Aimé-Jules Dalou, 1838-1902）為其塑造墓碑塑像。出身勞工家庭的達盧〔臺灣奇美博物館裡也收藏著他的作品《賽倫諾斯的榮耀》（The Triumph of Silenus）〕，畢生對這些勞動者階層有著入溺己溺的同情，同時也對拿破崙家族的統治存在著不滿與歧見，因此他十分樂意為這名勇敢的犧牲者製作塑像。這尊表現努爾遭受槍擊時的臥像，以身著禮服與掉落一旁的禮帽象徵即將完婚的他，不幸遭逢變故身亡，最引人側目的，則是努爾下體的性器官部位呈現勃起的意象，原本只希望強調其活力充沛的涵義，卻被後人視為男性雄風的象徵。直到今天，許多參訪拉雪茲神父公墓的遊人，來到努爾的墳前時都相信凡是觸碰一下塑像的性器官部位，皆能助長男性雄風，或有助生育求子，以至於這尊青銅塑像的該部位早已被摸得閃閃發光。儘管園區管理單位曾經禁止訪客如此舉動，但終究防不勝防，久而久之也就聽之任之了。

[2] 甘必大以及九月四日的第三共和之成立對當時法國國內的政局安定具有相當的重要性，到巴黎搭乘過地鐵的朋友們或許可以留意，今日地鐵3號線的九月四日站（Quatre-Septembre）與甘必大站（Gambetta）即是紀念此段歷史。此外，位於第二區的巴黎歌劇院附近，亦有一條名為九月四日的大道（Rue du 4 Septembre）。

時除了新政府組織當中派系分立，各懷鬼胎之外，以布朗基為首的社會主義者則因未被納入執政團隊中，表現出極大的不滿，甚至伺機謀畫暴動，放眼當時法國的內憂局勢相對於近逼的外患，一點都毫不遜色。

在九月十八日普魯士軍隊兵臨城下之際，由於法國大多數正規軍皆遭到普魯士擊敗或俘擄，整座巴黎城形同不設防狀態，因此城內二十個區共同組成的中央委員會自發性地召開了會議，決定徵集武裝防衛力量，共謀擊退敵軍的進犯。該委員會的組成分子大多數皆為左翼政黨或組織，「公社」（La Commune）的口號開始出現在這個團體之中。事實上，公社組織早已在法國歷史上有過先例，那是在大革命後的1792年所創立的革命公社。中央委員會呼籲巴黎民眾武裝起來保衛首都，並在食宿與城防上實行控管，主要由勞動階層所組成的國民自衛軍人數增加到三十萬人，因外敵的進逼反而讓巴黎逐漸有自治的意識形態。至於這場戰爭的始作俑者拿破崙三世，在簽署投降與退位文件後已被俾斯麥釋放，成為繼夏爾十世和路易・腓力之後第三位流亡英國的君王，而那個被他統治了二十年的法國以及刻意改造過的巴黎，已完全被他拋到腦後，無暇也無心去顧及了。

十月份，普魯士軍除了將巴黎圍得水洩不通之外，並在羅亞爾河流域（Vallée de la Loire）擊敗了法國的羅亞爾軍團，陸續占領奧爾良（Orléans）、勒芒（Le Mans）等地區。此外在洛林省的首府梅茲（Metz），由巴贊元帥[3]所率領的十七萬法軍，原本是巴黎城解圍的最後生機，卻意外地在毫無抵抗之下向普魯士軍繳械，這不僅使得巴黎更加陷入孤立無援之境，也讓普魯士更能夠騰出兵員參加巴黎的圍城戰，形勢顯得愈來愈險峻。

平心而論，星旗電戟的普魯士軍隊或許真的是法國的一大威脅，然而當時**這個**

3　巴贊（François Achille Bazaine, 1811-1888），身為拿破崙三世手下的愛將，其發跡奮鬥史相當激勵人心，是少數由二等兵一路爬升至將官者。七月王朝時期加入外籍兵團，於北非的摩洛哥戰場上戰功彪炳，嶄露頭角，隨後又於第二帝國時期的克里米亞戰爭時累積戰功，晉升將軍。普法戰爭時，由於拿破崙三世後來的撤退與投降，巴贊成為實際上的軍團總司令，卻不料在巴黎受困時率軍投降敵方，使得法國第三共和政府失去了一切的談判籌碼。1873年，巴贊遭到軍事法庭以叛國罪死刑起訴，獲得了當時總統也是昔日同僚的麥克馬洪（Marie de Mac-Mahon, 1808-1893）簽署減為二十年徒刑。巴贊被關押於法國南部昔日曾監禁著鐵面人的聖瑪格麗特島（Île Sainte-Marguerite），後來成功越獄，流亡西班牙，1888年因腦溢血死於異鄉。

國家真正的隱憂還在於內部的無法團結，第三共和的國民防禦政府裡充斥著太多投降主義者，尤以擔任國防政府主席的特羅胥（Louis Jules Trochu, 1815-1896）最具代表性。身為前第二帝國將軍的特羅胥，接任茹費理出讓的政府首腦職位後，始終力持投降主義論調，並在聽到巴贊元帥的大軍投降後，稱其為光榮戰士，引發爭議。非但如此，特羅胥在國防政府的會議上還數度散布投降言論，認為巴黎抵抗普魯士絕非明智之舉，待傷亡人數達到兩三萬人之眾，全城必會投降，致使整個政府高層幾無抗戰的士氣。環顧當時局勢，僅內政部長甘必大是堅定的主戰派，在孤立無援的莫可奈何情況之下，甘必大做了一件載於史冊的驚人之舉——搭乘攝影師納達爾工作室提供的熱氣球飛越了普魯士大軍的層層封鎖，[4]並在外省號召集結了一支相當規模的軍隊持續作戰。

　　普軍對巴黎的封鎖由該年九月持續到年底，失去外援的巴黎城內糧食價格開始飛漲，天氣開始轉為嚴寒，塞納河河水也結了冰，儘管各區區政廳想方設法實行糧食配額給制，但饑荒仍舊在極短的時間裡蔓延開來。龔古爾兄弟曾於該年十二月八日的《龔古爾日記》寫道：「人們只談論吃了沒有、吃了什麼以及哪兒有吃的，……人們開始挨餓，饑荒正在降臨。」[5]另外，由於該年九月第二帝國的垮臺而剛結束長達十九年流亡生涯的雨果，才回到巴黎便遭逢如此窘境，在他晚年的回憶錄中我們可以深刻體會到他和巴黎民眾在這段期間裡的處境：

---

[4]　參閱維克多·雨果著，張容譯，《見聞錄》，頁562：「十月七日。今天上午，我在克利西大街閒逛時，在蒙馬特區入口的街頭看見一只氣球。我朝那裡走去。一群人圍著一大片方形空地，空地的四周圍著蒙馬特高地的峭壁。在那片空地上有大中小三只氣球，大的是黃色，中的是白色，小的是紅黃兩色棱紋。人群中有人低語：『甘必大要出發了。』我在黃氣球旁的人群中的確看到甘必大穿著寬大的外套，戴著一頂水獺皮鴨舌帽。他坐在路石上，腳上穿著皮靴。他的肩上斜掛著一只皮袋。他拿掉皮袋便走進氣球，氣球駕駛員是個年輕人，他將皮袋繫在甘必大頭上的粗繩上。
十點半，天氣晴朗，南風拂面。秋日的陽光溫柔和煦。猛然間氣球載著三個人騰空飛起，其中有甘必大。接著白氣球也帶著三個人升空，其中的一個人揮舞著三色旗。在甘必大的氣球下面懸掛著一面小三色旗。人們歡呼：『共和國萬歲！』
兩只氣球升高了，白色的比黃色的要飛得高，隨後我們看見氣球下降了，儘管氣球扔掉了壓重物，但仍在下降，最後消失在蒙馬特高地後。它們大概降落到聖丹尼平原。氣球負載過重，也許是風力不足，……氣球重新起飛，又升到空中。」
[5]　轉引約翰·梅里曼著，劉懷昭譯，《大屠殺：巴黎公社生與死》，頁16。

九月二十九日。從今天開始，我拒絕吃我平時早餐吃的兩個雞蛋。巴黎沒有雞蛋了，牛奶也缺。

　　十月八日。巴黎的糖供應只夠十天了，肉從今天開始實行配給制，每人每天三分之一斤肉。推遲的市政選舉遇到麻煩，巴黎人情緒激動，不過沒有什麼令人不安的事情。普魯士人的大炮持續地發出低沉的轟鳴，炮聲促使我們團結起來。

　　十月十六日。黃油沒有了，奶酪也沒有了，牛奶和雞蛋也快沒有了。

　　十月二十二日。我們用各種方法吃馬肉，我看見一家肉鋪的櫥窗上有這樣的廣告：「馬肉灌腸」。

　　十一月二十三日。這幾天一直在下雨。雨水沖刷著平原，這樣大炮會陷入泥中。突圍就會推遲。兩天以來，巴黎人靠鹹肉維持生活，一隻老鼠也要賣八個蘇。

　　十一月二十七日。有人做出鼠肉糜，據說味道頗佳。一個洋蔥賣一個蘇，一個土豆賣一個蘇。

　　十一月二十八日。艾米爾·阿利克斯從植物園帶來一隻羚羊腿，味道好極了。

　　十一月二十九日。整夜我都聽見炮聲。母雞們今天安頓在我的花園裡。

　　十二月一日。我們吃的是熊肉。

　　十二月二日。今日結冰，皮加勒廣場（Place Pigalle）的噴泉池結冰了。今天破曉時炮擊又開始了。

　　十二月三日。昨天我們吃了鹿肉；前天吃的是熊肉；再前天吃的是羚羊肉，這些都是動物園的禮物。今夜十一點開始炮擊，炮聲猛烈、短促。

　　十二月十三日。從昨天開始，巴黎就用煤油燈照明。今晚炮聲激烈。

　　十二月十五日。司法部長伊曼紐·阿拉戈（Emmanuel Arago）來訪。他告訴我鮮肉供應直到二月十五日，今後巴黎只有麩皮麵包，只夠吃五個月。

　　十二月十九日。海澤爾先生寫信告訴我：「由於缺煤，蒸汽印刷機無法運轉，印刷廠關閉迫在眉睫。」

十二月二十二日。萊奧波爾給我捎來十三只新鮮雞蛋，我要留給小喬治和小讓娜吃。

十二月二十四日。結冰了。塞納河在奔流。巴黎只有麩皮麵包吃了。

十二月二十五日。整夜炮聲隆隆。巴黎最新消息：到了一筐牡蠣，賣七百五十法郎。

十二月二十九日。整夜炮聲隆隆。普魯士人的進攻好像被打退了。特奧菲爾‧戈蒂埃（Théophile Gautier）有一匹馬，這匹馬被徵用。人們想吃掉牠。戈蒂埃寫信給我，請我救救他的馬。我向部長提出了這一請求，我救了這匹馬。

十二月三十日。普魯士人在三天內向我們投了一萬兩千發炮彈。昨天，我吃了鼠肉……。從下星期開始，由於缺煤，巴黎不再漿洗衣服……。我們吃的甚至都不是馬肉，也許是狗肉？也許是鼠肉？我的胃開始痛了。我們吃的不知是什麼玩意。

1871年

一月一日。我飢寒交迫。也好，我在經受著民眾所受的苦。我肯定是吃馬肉消化不良。可我還是吃馬肉。馬肉令我得了胃絞痛。

一月二日。今天上午我的午飯是酒湯。有人打倒了動物園的大象，大象流了淚，人們要吃象肉。普魯士人每天繼續給我們投下六千發炮彈。

一月八日。人們現在只有麩皮麵包吃，吃黑麵包。大家吃一樣的麵包這很好。今天的炮擊很猛烈。一顆炮彈打穿了聖敘爾比斯教堂，我的母親葬在那裡，我也是在那兒結的婚。

一月十二日。今天上午我們吃了大象肉排。

一月十三日。一只雞蛋要二法郎七十五生丁，大象肉每斤四十法郎。一袋蒜頭八百法郎。[6]

6　維克多‧雨果著，張容譯，《見聞錄》，頁561-597。

從雨果身歷其境的回憶錄看來，當時巴黎城內果真物價飛漲，人們已經不得不將動物園裡的大小動物們宰殺肢解以求果腹了。「天地不仁，以萬物為芻狗」，動物園裡大象在臨終之際流下了眼淚，閱讀史料至此，不禁掩卷為之鼻酸。

連續幾個月的炮擊與圍城，使巴黎人每日都飽受草木皆兵的恐慌狀態，更嚴重的是糧食短缺的饑荒問題，普魯士軍方相當清楚，與其強攻巴黎造成重大的傷亡，還不如採取持久圍城的心理戰術，只要能讓巴黎人因缺糧而產生人心浮動，則城內必定會自亂陣腳，屆時普方樂於坐收漁翁之利。

果不其然，特羅胥所領導下的國防政府已在討論選擇投降談判的人選、該以法國或是以巴黎名義來投降，還有選擇投降該如何對付群眾反抗等相關問題。布朗基黨人曾試圖組織一批勞動群眾攻占市政廳，奪取國防政府的政權，但不僅沒有成功，反而在衝突當中造成數人遭槍擊身亡。1871年一月二十八日，經過雙方的協商溝通，國防政府終於和普魯士達成了停戰協議，歷經五個月的巴黎圍城行動宣告結束。令人鄙夷的是，為了逃脫賣國求和的歷史罵名，特羅胥在投降前便辭去了國防政府主席一職，因此最後由茹費理代表法國政府，前往早已被普魯士所占領的凡爾賽會晤俾斯麥，簽署投降書。而在外省帶兵持續抵抗的甘必大，聞訊後憤而離職。

二月份，喪權辱國的國防政府舉行了國民議會的選舉，這是一招愚蠢的臭棋，在兵馬倥傯的混亂局面時，政府應想方設法先穩定社會浮動的人心，以及妥善處理戰後的龐雜事務。未料國防政府亟欲擺脫臭名昭著的投降惡名，而想利用選舉來進行改朝換代，如此倉促行事卻讓君主派從中漁利，在六百四十五位議員當中，親波拿巴派或奧爾良君主派者多達四百二十位，幾乎是壓倒性的勝利。而這個由君主派所掌控的議會，意圖讓第三共和政府向普魯士簽下象徵恥辱的條約，待該政府盡失民心時，以遂行君主制捲土重來之勢。

國民會議成立後，選出曾兩度短暫擔任過七月王朝內閣首相，具有濃厚資產階級色彩的梯也爾（Adolphe Thiers, 1797-1877）作為臨時政府首腦，這個臨時政府最重要的任務即是盡速與普魯士簽訂媾和條約，允諾割讓亞爾薩斯與洛林兩個省份，並以三年為期交付賠款五十億法郎。不僅如此，梯也爾還答應讓普魯士象徵性

的占領巴黎，當趾高氣昂的普魯士鐵騎以壯盛的軍容由香榭麗舍大道進入這座現代化的城市時，道路兩旁的巴黎群眾心如刀割的憤懣情緒可想而知。嚴苛屈辱的條約以及普魯士挑釁意味的閱兵儀式，不僅引發了議會中少數派共和黨人的抨擊，更讓巴黎民眾與二十個區的武裝自衛軍相當不滿，在野的左派團體紛紛呼籲團結起來力抗君主派與資產階級所代表的議會與內閣。

梯也爾，請讀者務必記住這個名字，他將在本章後續的內容中扮演重要的角色，**這個名字也將在未來的法國歷史上與巴黎公社的大屠殺緊密相繫在一起**。梯也爾出生於南法的馬賽，並在普羅旺斯的艾克斯（Aix-en-Provence）接受過紮實的法學教育，畢業後憑藉優異的文筆擔任過保王派《立憲報》（*Le Constitutionnel*）的主筆記者。他對於時事觀察入微，也具有雄辯家特有的激進話術，曾撰寫過一部《法國革命史》（*Histoire de la révolution française*），獲得學界的矚目與讚賞。然而，野心欲望強烈的梯也爾並不甘心只單純當個學者或文字工作者，由於他時常混跡於巴黎上流沙龍，結交了不少社會關係，使他在七月王朝初期順利進入政界，並由內閣成員逐步登上閣揆之位。

梯也爾個子矮小，其貌不揚，卻又自視甚高，最令人感到生厭的，是他那咄咄逼人的語氣和睚眥必報的性格。早在七月王朝時期，雨果便因議員的身分與他有所接觸，也對他做過詳細的觀察與記述：

> 梯也爾想用議會的老一套來對待人、思想和革命運動。他在風雲變幻的現實面前玩弄他老一套的政治手腕。他沒有意識到一切都在改變，……他依然我行我素，……當梯也爾的講話被打斷時，他就像熱鍋上的螞蟻坐立不安，把雙臂交叉在胸前，又突然分開交叉的手臂，然後又把手放在嘴上、鼻子上、眼鏡上，接著又高聳肩膀，最後用雙手神經質地抓著後腦勺。
>
> 下面這句話是梯也爾描寫自己形象的絕妙話語：「我沒有同事！」
>
> 梯也爾是個完全意義的小人。心眼小，詭計小，欲望小；偶爾攀登上某個位置，那高度也小；他做出無數的動作來掩蓋他的渺小；與偉大的事

件、偉大的思想、偉大的人物親密相處以便引起少許的注意，達到某種程度
上的平等；他在交談中沒有閃光的語言，也沒有智慧的光芒，只有令近視眼
眼花撩亂的小火星；在風格上，有不少自然的平庸；尤其是膽量小，勇氣
小，信任度小；個子矮，但頭很高，在他身後的行李箱裡有一堆各種尺寸的
理論，也就是可以攀登一切的梯子。

　　我對這個著名的政治家、這個聞名於世的演說家、這個引人注目的歷史
學家、這個平庸的作家、這個狹隘的心靈有一種難以形容的熱情、厭惡和
蔑視。

　　梯也爾是個偉大的小人。[7]

雨果相當清楚，這樣的人或許成為演說家或歷史學家都能得到傑出豐碩的輿論評
價，但若踏入政壇甚至手握權柄，這類型的小人為了成就自己的事業，所有泯滅
人性的歹毒手段都能使得出來，如此國家社會或許將陷入萬劫不復之地。事實證
明，1834年當梯也爾擔任路易‧腓力的內政部長時，便曾對街頭的勞動示威群眾
進行了血腥殘暴的鎮壓，他素來瞧不起這些下層群眾，隨時準備好要消滅他們，
幸虧在七月王朝時代，梯也爾僅短暫擔任過兩任半年多的內閣首相，並於第二帝
國時期一度沉寂。孰料，雨果昔日擔心的事情終究要發生，自1871年二月的臨時政
府組成後，梯也爾攀上了權力的頂峰，躁動不安的巴黎街頭將面臨一場血腥的滔天
巨浪。

✦ 曇花一現 ✦

　　新選出的國民議會終止了國防政府之前頒布的典當品延期償付令，這是先前在
巴黎圍困時期，執政當局對生活拮据的民眾所做出的優待法令，使戰時的家庭與民

---

[7]　前引書，頁368-370。

眾得以透過公營當鋪的典當機制，撐過那段艱困的時期，然而延期償付令被取消後，許多下層民眾實在無力於短期內去贖回典當物。此外，議會也廢止了房租延緩交付令，這無疑是對大批勞動租屋階級的一大打擊；而部分國民自衛軍的津貼也將遭到取消，使得更多的小資產階級與平民將被迫淪落到破產者或貧困者的行列。顯而易見，君主派掌握的議會企圖使共和政府的施政離心離德，至於**對政府首腦梯也爾而言，強力打壓下層勞動階層的生計始終是他樂此不疲的施政策略。**

臨時政府以及國民會議決定將政治中樞暫時遷徙至凡爾賽鎮，與巴黎這樣的四戰之地相比，附近的瓦勒里昂山（Mont-Valérien）至少能作為屏障緩衝。然而，眾所周知巴黎雖然在普魯士的圍城行動中遭受猛烈的炮擊，但未曾遭到致命性的摧毀，停戰協定與條約皆已簽訂，因此也用不著擔心後續的威脅。**執政當局之所以選擇將政治中心轉移至凡爾賽，完全就是顧及到當時巴黎社會底層蠢蠢欲動的民心，對梯也爾與君主派勢力而言，這些躁動不安的勞動階級比起普魯士人更為可憎，更須嚴加提防。**因此在三月十七日，梯也爾進一步由凡爾賽下令，要收繳巴黎國民自衛軍的所有大炮，欲解決城區內的武裝問題。

在巴黎，抵制臨時政府各項法令的聲浪與行動此起彼落，對大多數的勞動階層而言，國民自衛軍的武裝象徵著真正由基層動員起來的力量，他們看不起臨時政府梯也爾所領導的正規軍，尤其是那些見到普魯士人一味摧眉折腰，而反過來對勞動群眾惡言相向的官兵。受到巴黎民眾支持的國民自衛隊，無視梯也爾發出的命令，擅自將一百七十一門大炮運輸到蒙馬特高地，另外有七十四門炮則轉往貝爾維爾存放，這兩處都是勞動階層的集中地區，此舉不僅展現了基層勞動群眾的心聲，更表達了與那個喪權辱國的凡爾賽臨時政府澈底決裂的意願。

今日大多數拜訪巴黎的遊客，皆會將第十八區的蒙馬特列入行程當中，造訪那座屹立於山坡頂端的聖心教堂，不過在1871年時的山坡上尚未興建聖心教堂，因此當一百七十一門大炮全數排列架設在這片山丘的平臺時，可以想見其一派壯觀肅穆的景象。梯也爾聞訊後大怒，增派了兵員進入巴黎欲強行解除武裝，帶隊的將軍勒孔德（Claude Lecomte, 1817-1871）在三月十八日清晨進駐蒙馬特高地，隨即與當地留守的國民自衛軍和民眾爆發衝突，勒孔德三度下令軍隊向現場群眾開槍，但士

兵抗命並未開火，甚至將槍托朝上以示抗命，火冒三丈的將軍威脅說誰不開槍就殺了誰，此番言論反而惹怒了所有官兵，在下屬一哄而散之後，勒孔德遭到了國民自衛軍的俘擄。

國民自衛軍將勒孔德帶回到薔薇街（Rue des Rosiers，1885年後改名為rue du Chevalier-de-la-Barre）的指揮所，另一批自衛軍又俘獲到托馬（Clément-Thomas, 1809-1871）將軍，這位將軍曾在1848年六月的血腥鎮壓中瘋狂地下令對群眾進行掃射，早已惡名昭彰的他由於身著便服，因此被認定是凡爾賽政府所派來的間諜。儘管勒孔德不斷地向自衛軍求饒，但憤怒不已的群眾仍舊決定將兩人帶到後面花園的圍牆邊處決，並曝屍兩日。[8]事態發展至此，無疑已向凡爾賽當局宣戰。原本一場只是單純保衛大炮的行動，經過血腥的衝突摩擦而釀成了一場起義。國民自衛軍隨即控制了各區市政廳，並升起了象徵勞動群眾的紅旗，全市的四千名警察人員中，有兩千五百名立即加入了自衛軍行列，許多街區再度堆起了街壘。**三月十八日的衝突事件成為了代表整個巴黎公社事件的起點。**

得到消息後的梯也爾政府，立即撤出巴黎所有的行政官員，而原本待在市區內的資產階級，也紛紛逃往凡爾賽，「巴黎公社的火花因戰爭——普魯士軍圍城下的絕望——與戰敗的屈辱而點燃，但真正供其燃燒的原料卻是在資本主義緩慢改造巴黎歷史地理的韻律中匯聚而成的。」[9]可以這麼認為，**巴黎與凡爾賽儼然成為了基層的勞動群眾以及資產階級聯合君主派勢力壁壘分明的兩大陣營。**

即便如此，巴黎基層民眾的日常生活仍舊一如往常，一般商店正常營業，街上仍舊是熙來攘往的人群，偶遇前方的長排街壘只須繞路前行即可。作家愛德蒙‧龔古爾在半年多前失去了他親愛的弟弟，這段日子他時常在街頭漫步散心，在

---

[8]　李平漚、狄玉明編譯，《巴黎公社公報集‧第一集》（*Le Journal Officiel de la Commune de Paris*），〈1871年三月二十一日〉（北京：商務印書館，2013），頁48：「為了立論公允，必須澄清兩件事實：一、勒孔德將軍在皮加勒廣場曾四次命令他的軍隊開槍射擊手無寸鐵的成群的婦女和兒童。二、托馬將軍是在他身著便服，繪製蒙馬特防禦工事時被捕的。可見這兩人是違反了不准屠殺婦女和不准進行間諜活動的戰時法令的。」兩位將軍遭槍決的地點，大約位於今日聖心教堂後的Rue du Chevalier-de-la-Barre街。巴黎公社事件過後，兩位的遺體被安葬於拉雪茲神父公墓，由公墓正門入口處進入，沿著中央墓道前進至第四區，便可見到由第三共和政府為勒孔德與托馬將軍所建立的墓，上頭有一座身披鎧甲、倒持長劍的女神紀念碑，象徵為兩名捐軀的將軍致意。

[9]　大衛‧哈維著，黃煜文、國立編譯館譯，《巴黎，現代性之都》，頁320。

《龔古爾日記》中他也描述了當時所見：「此時此刻的法國和巴黎成了工人的天下，……這會持續多久？誰知道？這一切令人難以置信。……大批貝爾維爾的民眾擠滿了我們征服的大道，……政府正從那些擁有者的手中，轉到那些一無所有者的手中。」[10]國民自衛軍的中央委員會在這個過渡時期領導局面，力求穩定各區的治安，並向凡爾賽當局發出聲明：巴黎人有權用選票選出各個行政區的區長與代表、被國民議會終止的租金延緩令應繼續實行、國民自衛隊有權自選軍官、凡爾賽軍禁止進駐巴黎，還有最重要的事項，巴黎政府才是代表人民的合法政府。

可想而知，這些聲明沒有一項會被凡爾賽方所接受，同時梯也爾召集了君主派以及保守派人士，商討如何回應與鎮壓巴黎的暴動，凡爾賽方已定調，巴黎的國民自衛軍及勞動階級發動了一場暴動，凡爾賽臨時政府將無法姑息這種試圖分裂國家的行為。對此，中央委員會透過發行的《巴黎公社公報》（*Journaux de la Commune de Paris*）予以駁斥：

> 挑釁的事不斷發生，凡爾賽政府一再使用最卑鄙的手段試圖製造最可怕的罪惡事件，發動內戰。政府誹謗巴黎，並煽動各省反對巴黎，……政府在被我們阻止它把大炮交給普魯士人之後，竟用夜間偷襲的辦法，企圖奪取我們的大炮。
>
> 它夥同波爾多的那些嚇得驚慌失措的人對巴黎說：「你表現得很英勇；不過，我們對你感到害怕，由此我們不再尊你為首都。」……請問：究竟誰光明正大？誰心懷叵測？[11]

《巴黎公社公報》於三月二十日開始刊行，得到許多巴黎民眾的擁護，[12]原本「公社」之詞僅在圍城期間被部分人士提及，但隨著《公報》的發行普及，由公社

10　約翰‧梅里曼著，劉懷昭譯，《大屠殺：巴黎公社生與死》，頁33。
11　李平漚、狄玉明編譯，《巴黎公社公報集‧第一集》，〈1871年三月二十日〉，頁3-4。
12　《巴黎公社公報》之所以能夠得到眾多底層民眾的擁護，在於其能夠真實反映出底層的想法：「資產階級政治上的無能和精神道德上的沒落，已使法國陷入重重災難，這足以證明資產階級的時代已經結束，它已完成89年賦予它的使命；現在，即使它不讓位給勞動者，但至少也應當讓勞動人民獲

來建立一個政治實體的概念逐漸深入人心，**昔日奧斯曼對巴黎的整建工程除了落實現代化城市的生活模式，卻也拉大了階級之間的歧異與分配不均現象，大多數的社會底層期盼著公社的體制能夠透過基層心聲的出發點為社會帶來變革，並能因此改善生活。**

　　既然得到了大多數民意的支持，巴黎在中央委員會的管理之下，於三月二十六日舉行了各區的直接民主選舉，總共選出八十六位代表共同組成巴黎公社，中央委員會的管理權順利移轉到公社手上，而人類歷史上第一個由勞工階層所組成的政權就此誕生。

　　巴黎公社成立後，力倡無產階級專政，因此致力於打破資產階級壟斷國家機器的局面，[13]廢除了舊有的官僚機構和法院檢警單位，並釋放了所有的政治犯，並解放所有的報禁與言論自由；公社轄下建立了軍事、司法、財政、教育、糧食等十個委員會，分別處理各級公共事務；另外，公社也沒收了逃亡的資產階級工廠，轉交給勞工合作社經營，並調整薪資結構，進行勞工權益的改革與立法，諸多措施切中時弊，獲得了勞動階級的支持。

　　經過奧斯曼改造後的巴黎，在不同區域的經濟和政治上的分化極為明顯，較為繁華的西半部與巴黎的東半部地區的階級矛盾即為巴黎公社事件的重要起因。在公社建立之後，許多城東的勞動階層紛紛來到前所未至的西部繁華地帶，象徵著第二帝國榮光的杜樂麗宮已向所有民眾開放，儘管尚須酌收入場費五十生丁，而這份款項是用來護理保衛巴黎的傷兵。群眾們優閒地穿梭於杜樂麗花園，體驗中產階級的

得自身的社會解放，……無產階級的權利經常受到威脅，他們的一切正當願望遭到斷然否認，祖國的山河已經破碎，人們的希望已成泡影，面對這種情況，無產階級認識到：奪取政權，以掌握自己的命運，勝利完成自己的使命，是他們義不容辭的職責和絕對的權利。這就是無產階級為什麼要用革命來回答一個昏庸腐敗的政府（它在外敵侵占我國領土之際，竟悍然發動內戰）的罪惡的無端挑釁的原因。」轉引李平漚、狄玉明編譯，《巴黎公社公報集·第一集》（*Le Journal Officiel de la Commune de Paris*），〈1871年三月二十一日〉，頁42-43。

13　參閱李平漚、狄玉明編譯，《巴黎公社公報集·第一集》，〈1871年三月二十三日〉，頁73中的工會呼籲宣言：「我們處在當前的艱難時刻，應當對我們工人的社會地位認真地想一想。我們應當問問自己，我們這些創造財富的人，是否還要繼續供養那些游手好閒之輩，是否還要讓那個沿用至今並專門用來壓迫我們的制度長期存在下去。我們要以我們對神聖的民主事業的熱愛，來證明我們完全是理當受到尊重的人。工人們，行動起來！」

社交活動，涉足此地原是他們一輩子從未奢望的事，而今可以盡情於花叢中奔跑跳躍，坐在那座偉岸的八角形噴泉（Bassin Octogonal）旁享受和煦春光，使他們感受到這才是真切的改造巴黎。穿過花園逕直漫步在香榭麗舍大道上，「杜樂麗宮後方天空染成青石板的顏色，花園裡的樹木形成了兩個高大的樹叢，尖端呈現淡紫色。煤氣街燈點亮了，塞納河一片青綠，河水沖激著橋墩，漩捲出銀光閃閃的波紋」，[14]這等曾在《情感教育》中腓德列克親眼見過的黃昏美景，如今也能夠為勞動階層所共有。

公社的成員們大都來自底層，其中不乏大量工廠工人、手工藝者、木匠、建築工和家庭幫傭，當然也有部分經營小本生意的商家、低薪白領職員或自由業，這些人都是每日兢兢業業，恪守本分，仰賴一份微薄的低薪養家餬口的無產階級。在第二帝國的巴黎整建工程之時，他們被刻意區隔在城市邊緣，無權享用現代化革新所帶來的改變；而在巴黎圍城之時，這批人又得忍受饔飧不繼的困頓窘境，值得注意的是，公社成員裡也有相當多比例的婦女勞動階層，有些來自紡織業、服飾業或是傳統手工業，**公社在各個區的行政體系將這些群眾緊密地聯繫起來，並為其增取更多的工作權益與福利，這場起義確實逐漸改善了原先受到壓迫的狀況，這樣的想法深植於巴黎許多勞動者的集體記憶中。**

在當時公社的幹部中，也有值得讓人留意，值得歷史為其記下一筆者。

拉烏爾・里戈（Raoul Rigault, 1846-1871），在第二帝國時期就是一個令當局十分在意的帝制反動者，生性叛逆的里戈年輕時就被父親趕出家門，他獨自搬到左岸聖米歇爾廣場附近的聖安德列街（Rue Saint-André des Arts）的一間小閣樓上，以微薄的家教收入為生。即便如此，對大革命精神心馳神往的里戈，時常到圖書館裡研讀大革命時代的文獻與研究，沉醉良久。此外，里戈還是個十分左傾的布朗基信徒，**就連他到酒店餐館用餐，也絕對選擇左邊的位子坐下。**1868年，里戈與幾位激進的友人因發表了一篇關於無神論的社論，遭到三個月的監禁，此後使他更

14　古斯塔夫・福樓拜著，梁永安譯，《情感教育》，頁39。

加留意警方的組織動員與人事部屬等相關議題。

　　由於時常在酒店咖啡館中高談闊論，針砭時事，里戈時常成為警方查緝的對象。在一次的逃亡行動中，里戈跑到里昂車站，跳上了一輛駛往巴黎南方的列車，他糊裡糊塗地在楓丹白露（Fontainebleau）附近的默倫（Melun）鎮下了車。飢腸轆轆的里戈在森林裡躲了兩天，正當他已經餓到體力透支時，正巧撞見了到森林裡寫生的畫家雷諾瓦（Pierre-Auguste Renoir, 1841-1919），此時尚未成名的年輕畫家眼見這個蓬頭垢面、衣衫襤褸的野人，頓時也嚇了一大跳，情急之下還舉起了畫架想要自衛。奄奄一息的里戈表明了自己的身分，一向對共和派和基層群眾表示同情的雷諾瓦向他伸出了援手，提供了麵包與衣物給他，並安慰里戈這一帶並不會有人追緝他，也協助他回到了巴黎。畫家這一飯千金的恩情，里戈銘感五內。

　　巴黎公社成立後，里戈獲選為第八區的代表，並成為了巴黎警署的警長。里戈上任後底下有一支兩百人的特務隨時任他調遣，而他果斷又冷酷的作風也引發了爭議，里戈深知城內各地將充斥著由凡爾賽當局派遣的間諜，這些人將會是公社穩定局面的隱憂，因此他時常雷厲風行，蠻橫無理地帶隊闖進各機關或商家抓人，確實接連破獲了不少潛伏的凡爾賽間諜，但也難免會波及連累到無辜民眾或店家的營生，也因此里戈的作風讓他樹立了不少敵人，更引發了許多抨擊。不過話說回來，里戈是相當知恩圖報的，在巴黎公社統治期間雷諾瓦因出城作畫而被當作是間諜遭到了逮捕，里戈再遇恩人除了即刻為其釋放之外，還特別為雷諾瓦辦妥了通行文件，讓他之後得以自由往返城內外，不再受到刁難。百餘年後的今日，回顧雷諾瓦在1871年早期的作品得以保留，或許還可算得上里戈的一份功勞呢！

　　不過像里戈這樣一位獨斷專行、強硬粗鄙的治安要員，相形之下對藝術文化的影響和保護顯然就沒有另一位公社的重要幹部古斯塔夫・庫爾貝（Gustave Courbet, 1819-1877）來得廣泛了。

　　庫爾貝出生於巴黎東南方的奧南（Ornans）一個小地主農場家庭，自幼在教會學校的學習期間便表現出剛烈叛逆的個性，他曾與一位老神父學習基礎的素描，也時常以自己的三個妹妹當作臨摹對象，繪畫大概是少年時期的他唯一能夠靜下心

來從事的活動。1839年，因家族中有位表哥在巴黎的大學教授法律，為了學得一技之長，庫爾貝遂離開家鄉到了巴黎學習法律，但不久便發現這不是他有心想要走的道路。在巴黎期間，庫爾貝時常流連於羅浮宮，並仔細地臨摹歷代名家的作品，因此在得到開明的父親的首肯之後，庫爾貝開始在幾位學院派畫家的畫室學習，不過幾年便在沙龍展上嶄露頭角。

　　青年時期的庫爾貝一心一意在技巧與作品上專研，尚未涉足於太多政治活動，不過他的畫室倒是時常是藝術家與文人聚會的場所，如杜米埃、波特萊爾和柯洛[15]等人，都是庫爾貝交往甚密的對象。1848年六月份的恐怖屠殺，庫爾貝親眼見到許多殘酷血腥的場面，給了他前所未有的震撼，這是庫爾貝首次反思**如何運用藝術來改造社會、反省社會**。到了第二帝國時期，庫爾貝屢屢繪出佳作，如《採石工人》（*Les Casseurs de pierres*）[16]、《奧南的葬禮》（*Un enterrement à Ornans*）、《藝術家的畫室》（*L'Atelier du peintre*）等，他的作品除了表現出強烈的樸實民風，以及著重刻畫社會底層的生活細節之外，畫面中寫實與晦暗也引發了當時極大的輿論爭議。

　　在十九世紀中葉以前，社會長期習慣浸濡於鮮明純淨、光彩明亮的學院派藝術風格當中，而庫爾貝對底層生活的寫實描繪打破了傳統的視覺習慣和審美觀念，因而遭到評論界不少非議。對此，庫爾貝曾發表如此聲明：

---

[15] 柯洛（Jean-Baptiste Camille Corot, 1796-1875）是當時代享有盛名的風景畫大師，藝術史上一般將他視為法國巴比松畫派的先驅。他生平最愛旅行與大自然的原野風光，也習慣一路素描和油畫寫生他所看到的風景，在柯洛的作品中，觀者時常可以領略到一股自然樸素，幽遠迷濛的空間感。他不僅深刻地影響巴比松畫派的創作風格與內涵，也對稍後的印象派風景畫產生相當程度的啟發。臺南的奇美博物館藏有柯洛的作品《島嶼尖端的渡船夫》（*Boatman by the Island*），整體畫面皆籠罩在一片柔和寧靜與朦朧的氣氛當中，柯洛將畫面裡的藍天與水面以淺灰色進行調和，使得天水間的色澤彼此交融，呈現浪漫的氣息。

[16] 《採石工人》（*Les Casseurs de pierres*），這幅庫爾貝在1848年所創作的作品，如實描繪了分別為成年人與少年的兩位採石工，背對觀賞者正專心致志地勞動著，從他們的穿著打扮以及身旁的簡陋工具，可以感受到畫面故事中的滄桑與卑微。庫爾貝曾如此介紹這幅作品：「當我驅車到聖丹尼城堡去做風景寫生時，在路上看到兩個打石的工人，我停下車，腦中突然出現了繪畫的靈感。七十歲的老人正佝僂著身體在工作，他的頭上戴著草帽，粗劣質料的褲子是由破補丁所打成，在他破了的農夫鞋中，一隻藍色的破襪子露出了他的腳跟。老人跪在地上，年輕人站在他的身後，那是因為一個剛做完了工，一個才剛開始。」轉引何政廣主編，《寫實主義大師庫爾貝》（臺北：藝術家出版社，1999），頁26-27。令人遺憾的是，這幅收藏於德國德勒斯登美術館的作品，不幸於1945年的二戰期間毀於空襲的戰火之中。

我曾經毫無偏見地研習過古代與現代的作品，也沒有受到什麼特別根深柢固的技法或學院派教誨，我也不願再模仿別人所創下的風格作品。只希望自己能從對整體傳統的繪畫知識與了解中抽離出來，以傳統為根基，合理地、個別地創造出屬於我自己的個人風格。[17]

誠如此言，庫爾貝一向忠於自我，像個孤傲的獨行者勇敢走出自己的風格。德洛克拉瓦讚道：「這裡有位發明家，是一種革新，突然地冒了出來，是史無前例的。」[18]對庫爾貝而言，**他的寫實主義風格，就是應該摒棄原先學院派美學中的文學或象徵意義，反對歷史與神話題材，他強調既然從沒見過天使，就不應該在畫作中出現長著翅膀的人物，繪畫應該是個人對當代社會現狀的一種如實客觀的反應。**

1870年六月，在普法戰爭爆發前夕，庫爾貝獲頒政府授予榮譽軍團十字獎章（Ordre national de la Légion d'honneur），但他卻絲毫不稀罕去領取拿破崙三世政權頒贈的這枚獎章，領取象徵著資產階級的榮譽，就是和他向來貼近社會底層面貌的寫實主義信念相互違背，而該年也是他的聲望到達如日中天之時。巴黎公社成立之際，庫爾貝大聲疾呼：「藝術要從國家的約束和品味中解放出來，……巴黎是一個真正的天堂，各社會團體都建立了自己的聯盟，成了自己命運的主人。」[19]

隨後庫爾貝獲選為巴黎第六行政區的區長，並擔任了巴黎藝術家聯合會（Fédération des artistes de Paris）的主席，在藝術道路上向來獨來獨往的庫爾貝，如今決意挺身而出，扭轉經第二帝國官方所贊助吹捧的浮誇矯飾文風，重建法國良善道德的藝術本質。他透過《巴黎公社公報》廣發英雄帖，邀集支持公社理想的藝術家同行共同加入他的行列：

---

[17] 前引書，頁47。
[18] 前引書，頁19。
[19] 約翰·梅里曼著，劉懷昭譯，《大屠殺：巴黎公社生與死》，頁57。

今天，我向藝術家們發出呼籲，要求他們發揮他們的智慧和感情，表達他們的感激之情。巴黎曾經像母親那樣哺育過他們，使他們具有了天才。在當前，藝術家們應當通過自己的努力（這是一件有關榮譽的事），共同使巴黎恢復它原來的精神，重新展現它寶貴的藝術。因此，我們應當馬上重開博物館，認真研究在近期舉辦展覽的問題；從現在起，我們都要行動起來；我們還希望友好國家的藝術家也響應我們的號召，……啊！巴黎，偉大的城市巴黎，已掃除了一切封建的灰塵，把殘酷的普魯士人和剝削窮人的人都趕到凡爾賽去了。革命是人民發動的，因此是公正的。它的信徒是工人，它的基督是蒲魯東。[20]1800年以來，善良的人們憂憂鬱鬱地死去，然而英雄的巴黎人民將打敗凡爾賽的祭司和酷吏，讓人民自己管理自己；讓聯盟的工作得到人們的理解，巴黎將獲得歷史上前所未有的光榮。……

是的，只要每個人都充分發揮自己的天才，巴黎便可加倍發揮它重大的作用，這個歐洲的國際城市將對藝術，對工業和商業，對各種交往和各國的遊客，提供一個長治久安的秩序。由公民治理的秩序，是那些醜惡的追名逐利之徒的罪惡野心所不能破壞的。

我們的時代即將開始；真是可喜可賀！下一個星期天就是復活節；到那一天，我們能復活嗎？

讓舊世界和它的外交家見鬼去吧！[21]

庫爾貝是個熱情洋溢的性情中人，他對巴黎未來的藝術願景感動了大眾，四百多位來自不同領域的繪畫家、雕塑家、建築師和手工藝者紛紛響應了他的號召。柯洛、杜米埃、米勒、[22]馬內這些在藝術史上富有盛名的巨擘，皆熱情支持了藝術家聯合

---

20 蒲魯東（Pierre-Joseph Proudhon, 1809-1865），法國互惠共生論經濟學家，無政府主義的奠基者。在1840年寫下代表作《什麼是所有權？》（*Qu'est-ce que la propriété？*），提出「財產就是盜竊」之觀點。

21 李平漚、狄玉明編譯，《巴黎公社公報集・第一集》，〈1871年四月六日〉，頁472-473。

22 米勒（Jean-François Millet, 1814-1875），法國巴比松派畫家，以鄉村風俗畫中蘊含的情感在畫壇上聞名，被譽為法國近代最偉大的農民畫家。其代表作《拾穗》（*Les Glaneuses*）與《晚禱》（*L'Angélus*）最為大眾所熟知。

第五章　公社的巴黎　255

會的活動。[23]

　　藝術家聯合會承擔起巴黎市內所有博物館、圖書館、美術館與紀念碑的保護重任，[24]庫爾貝甚至將羅浮宮的所有門窗重新加固，在各場館都增派人力看守，並將部分重要文物運往布雷斯特（Brest）安放，以防止遭到凡爾賽軍方的戰火破壞。四月二十一日，庫爾貝又兼任教育委員會主席，他還特別研擬了一套國家培育未來藝術家的獎助金計畫。[25]

　　對庫爾貝及藝術家聯合會而言，維護國家的藝術與文物，將樸實真誠的藝術風貌透過教育普及社會，是他們首要的職責。然而，對待那些象徵著帝國與階級意識的作品或紀念物，庫爾貝則是欲除之而後快。位於第一區的凡登廣場（Place Vendôme）上的仿羅馬風格的紀念柱，便是第二帝國的最佳威權象徵，拿破崙三世為了對伯父表達歌頌致意，特別將紀念柱頂上的拿破崙一世塑像添加了羅馬戰袍。庫爾貝早在第二帝國統治時代，便對這根柱子嗤之以鼻，多次發表要推倒它的言論：「凡登廣場帝國圓柱是一個野蠻行為的紀念物，是暴力和虛假的光榮的象徵，是對軍國主義的讚揚、對國際公法的違背，是戰勝者強加於戰敗者的永久恥辱，是對法蘭西共和國三大原則之一——博愛——的澈底破壞。」[26]如今身兼藝術家聯合會與教育委員會首腦，他將更有公權力來貫徹多年來的這項主張了。

---

[23]　李平漚、狄玉明編譯，《巴黎公社公報集・第二集》，〈1871年四月二十二日・巴黎藝術家協會〉，頁210。

[24]　李平漚、狄玉明編譯，《巴黎公社公報集・第一集》，〈1871年四月十三日〉，頁676：「公社現授權由大會選舉的畫家協會主席古斯塔夫・庫爾貝公民，在最短時間內對巴黎市內的博物館進行整頓，使之恢復正常，向公眾開放畫廊，並使館中的工作能順利進行。」

[25]　關於藝術委員會在公社期間的藝術規劃與教育推廣，參閱前引書，〈1871年四月十五日〉，頁752-755：「巴黎的大建築物和博物館，包括畫廊和收藏的藝術作品與圖書，從藝術的角度看，它們不屬於任何個人，因此，應由委員會妥善保護和管理。委員會應繪製圖表，開列藝術品清單，編製索引和目錄，並在必要時對這些圖表、清單、索引和目錄加以修改和完善。……委員會應採取考試才能和審查品德的辦法，任命管理人員、祕書、建築師和門衛，擔任各大建築物的各項工作，為下面即將談到的各種展覽的順利進行做好準備，……委員會應在公社辦的初級學校和職業學校中實施繪畫和製作模型的教育，教師通過競賽選聘。委員會鼓勵教師採用能吸引人的好教法，並贊助它們製作模型，提出可以使教師發揮天才的課題，由公社出資，讓他們去進行研究……。最後，委員會將通過口頭和文字宣傳，並在法國各小城小鎮廣泛張貼藝術傑作的複製品和有教育意義的圖像，使我們城鎮的繁榮得到新生，使我們的未來日益昌盛，並共同建立全民擁戴的共和國。」

[26]　前引書，〈1871年四月十三日〉，頁673。

凡登廣場與紀念柱

　　平心而論，庫爾貝並非如後來第三共和梯也爾執政當局所描述地如此偏激，藝術家出身的他除了尊重他人的創作之外，仍舊保有冷靜的專業判斷，因此他認為：「或許可以保存這座紀念物的底座，因為它的淺浮雕表現的是共和國的歷史，至於帝國時期建的圓柱，可以由一座代表三月十八日革命的神像所替代。」[27]公社委員會中的代表不乏支持倒毀整座圓柱者，但經過投票表決後，多數代表贊成庫爾貝的意見，推倒圓柱即可。

　　五月十六日，公社在凡登廣場將拿破崙的紀念柱推倒，廣場南北方向的卡斯蒂利奧內街（Rue de Castiglione）與和平街（Rue de la Paix）被層層的街壘包圍，即使欲進入觀禮須酌收門票，當天仍舊是萬頭攢動，廣場被擠得水洩不通，上萬名巴黎群眾興奮地想親眼見證這樣的歷史時刻。為了確保紀念柱倒塌時不會壓傷人與

27　前引書，〈1871年四月二十七日〉，頁428。

建築物，公社也採取了預防措施，在倒下的方位事先拉出封鎖線，人們用纜繩將圓柱纏繞，彷彿像是拔河比賽似的，數十名壯丁與馬匹竭盡全力將圓柱硬生生拉離基座，紀念柱轟然倒地斷裂為好幾段，頂部的拿破崙像也難逃厄運，在地上碎成殘破不全的石塊，雕像原本手持的地球儀還在地上滾動了幾圈，幾個好事的民眾還設法繞過封鎖線撿走幾塊碎石以茲紀念。

拆毀凡登紀念圓柱的事件可說是公社統治巴黎時期，相當受人矚目的一件事。當天的盛況也特別動用到了攝影師留下不少影像紀錄，斷成幾節的圓柱，破碎不堪的拿破崙雕像，眼見帶有威權色彩的形象被搗毀，興奮不已的民眾群集在廣場當中，神采奕奕地與這一個特殊的歷史片刻合影留念。直到今天，凡登廣場這一帶向來都是達官顯貴與政商名流這些資產階級的匯集區域，對大多數的勞動階層來說此前都未曾能夠到此溜達閒遊，然而公社成立後的巴黎讓群眾再也沒有區域間的階級差異，相對於奧斯曼時代的處境，毋寧對社會改革具有正面意義。

至於拆毀凡登紀念柱的發難者庫爾貝，日後也將因這起事件而受到第三共和梯也爾政權的法律制裁，以至於落得晚景淒涼之命運，此為後話，暫且按下不表。

為了使巴黎廣大的支持群眾維持生計，並持續正常的作息與生活，公社除了推動新的勞動法規來保障其權益外，還計畫建立提供信貸的機構，使基層群眾能享有勞動自由以及逐步獲得財富。而在落實勞權的保障之餘，公社更致力於公權力的伸張以及市區內商業活動的秩序，還針對了攤商做了嚴格的規範：

> 鑑於最近一段時間以來，很多小商販占據於各區規定的市場周圍的空地做生意；此等小商販阻攔了道路，使顧客難以走近經行政部門批准並在其監督下對顧客誠實營業的攤棚；而攤棚商人為了和小商販競爭，把貨物從攤棚挪到公共道路上；這種現象擾亂秩序，影響交通，有可能引起嚴重的交通事故。
>
> 這種惡劣現象必須立即制止，我們每天都接到公眾表示不滿和批評的信件，因此決定

第一條　攤棚商人不得在未准許的地方擺攤售貨。

第二條　小商販及其他或擺攤、或用筐、籃賣東西的人，以後不得在區市場周圍賣貨。[28]

《公報》當中所提及的商販隨意設攤的亂象，在今日我們所居住的臺灣環境屢見不鮮，數十年來除了沒有任何相關法規具體改善，更不見相關單位嚴加取締，致使此亂象一再充斥於我們的生活周遭。相形之下，建立僅僅一個月的公社就針對都市的攤販現象進行糾舉，他們認為應該關注的要點並非是與民爭利或剝奪攤販謀生的問題，首先這些違法設攤的商販已經妨害到合法申請營業的攤棚之權益，這是極其不公的行為；其次這些違法商販涉及到公眾秩序的擾亂，並嚴重影響了交通，這又是非常自私且干擾社會秩序的行為。很顯然地，**公社治理下的巴黎，格外強調公共秩序的和諧以及守法的概念，就這點看來，公社的管理精神確實符合當今現代化國家的基本素養。**

在這些具體而微的細部法令和規範之外，公社當務之亟需要維護的便是巴黎的治安問題，其中包括嚴防凡爾賽當局所派遣間諜的滲透，以及許多趁火打劫的宵小，除了警察局長里戈以及他的特務們隨時在巴黎各區監控外，《巴黎公社公報》也公開向民眾宣示：

當一群波拿巴分子和奧爾良分子以金錢誘騙居民，要他們不盡公民義務的時候，已將他們當場逮捕。

今後，凡行賄或企圖行賄的人，將立即被扭送國民自衛軍中央委員會，予以懲處，……凡被當場抓獲的竊盜犯，將立即槍決。[29]

不少觀察家表示，公社統治期間的治安比起之前或之後都還要來得好，僅發生過一兩起刑事案件。這當然是嚴苛的罰責起了震懾作用，但持平而論，**巴黎公社僅僅在**

---

[28]　前引書，〈1871年四月十九日〉，頁118-119。
[29]　前引書，〈1871年三月二十四日〉，頁80-81。

世上存在兩個月的時間，統治時間過於短暫使得這樣的犯罪數字難以成為客觀的研究參考。

由於公社的統治時期過短，因此他們曾經提出的許多國家社會改革制度都未曾施行。不過，光就已經頒布的法令或推動的改革看來，確實有不少提振人心之處，例如政教分離法令使得巴黎所有的教會財產成為公共財，學校教育中也剔除了宗教思想的滲透；婦女平權的觀念也經由路易絲・米歇爾[30]的倡導之下，開始注重婦女的權益和訴求，並提出婦女參政的議題；[31]另外還有推遲商業債務的償還，廢除了借款利息以及廢除麵包工坊的夜班等措施，總的來說，公社的社會改革確實是站在基層勞方的立場來推動，也喚醒了不少民眾開始關注公眾事務與政治議題。

就巴黎公社的立場上來看，他們非常看不起在凡爾賽由梯也爾所領導下的執政當局，那些資產階級簽下了屈辱的投降條約，對普魯士割讓了亞爾薩斯與洛林兩個省份，還使國家必須賠償五十億法郎的鉅額負擔，**凡爾賽政府面對普魯士所表現出來的懦弱與膽怯，讓不少身處巴黎的基層民眾感到不屑**。曾有民眾於史特拉斯堡[32]親眼見到法軍戰俘被釋放回國的狼狽景象，並向公社反映了這件令人心痛的消息，《公報》上如此陳述這些被無能的執政當局作為炮灰的士兵：

---

[30] 路易絲・米歇爾（Louise Michel, 1830-1905），法國無政府主義與女權運動者，在巴黎公社期間積極倡導女權運動，1871年五月公社覆滅後被流放至法國海外屬地新喀里多尼亞（Nouvelle-Calédonie）。晚年回到法國，持續倡導無政府主義，時常成為警方監控的對象。

[31] 參閱約翰・梅里曼著，劉懷昭譯，《大屠殺：巴黎公社生與死》，頁70：「許多公社社員更熱衷的依然是改善自己的生活而不是實現政治平等，而女性話語在此方面也嚴重缺席。」在短暫的公社統治時期，民主人權意識的養成與女權觀念的進展，仍在初步發展的階段。

[32] 史特拉斯堡（Strasbourg，字面意義為「街道城堡」），是今天法國大東部大區與下萊茵省的首府，也是亞爾薩斯的首府。今日的史特拉斯堡屬於法國，不過在歷史上，這裡的主權曾由法國和德國輪番交替擁有，是故在語言和文化上兼具了法國和德國的特點。印刷術改良者古騰堡、宗教家喀爾文、文學家歌德、音樂家莫札特、諾貝爾和平獎得主史懷哲博士等人都與史特拉斯堡這座城市有深刻的淵源。

史特拉斯堡也是今日眾多國際組織總部所在地的城市。例如歐盟當中許多的重要機構，包括歐洲議會、歐洲人權法院、歐盟反貪局等，因此這裡也被譽為歐盟的「第二首都」。史特拉斯堡的歷史中心位於伊爾河兩條支流環繞的大島，這一塊區域內代表了中世紀以來的大量精美建築與文化，包括宏偉的史特拉斯堡大教堂與美麗小法蘭西。1988年史特拉斯堡歷史中心被聯合國教科文組織列為世界文化遺產，是當時世界上首次一座城市的整個市中心區域獲此榮譽。

此外，目前高雄捷運環狀輕軌CAF Urbos第二階段的列車，也是與史特拉斯堡市區輕軌皆屬於阿爾斯通Citadis的同型列車。

他們做夢也在想法國，所以，他們要不是親眼看見祖國受到屈辱的話，他們這些為長官的無知和背叛所害的人，也許會把一切都忘記的，把失去那麼多夥伴的憂鬱和悲哀通通忘掉的。

他們滿以為回國時可以昂首挺胸地懷著堅定的信心為國家忠誠服務，使法國體面地復興起來，然而，當他們畏畏縮縮地出現在回法國的第一站——史特拉斯堡的街頭的時候，他們的心都涼了，臉上都感到羞愧。

看見這些可憐的士兵穿著又髒又破不成套的軍裝，面容蒼白消瘦，沒精打采地在街上走著，而普魯士人卻神氣十足地坐著敞篷車，放聲大笑，用嘲弄的目光看人，對人們的痛苦無動於衷；看見這種情景，我們的心都碎了。[33]

公社為這些遭受俘擄的前線男兒感到同情，並強力譴責「凡爾賽（當局）的愛國主義乃是君主專制的愛國主義，國王高於一切，甚至可以和普魯士相勾結」，[34]一切因執政當局與前線的領導無方，致使巴黎遭圍，國家內部動亂。更可恥的是，「那幾個在普魯士人面前膽小如鼠的將軍，現在搖身一變，竟成了屠殺法國的人的勇將。」[35]這些將炮口往內朝向自己人的軍人，皆被公社視為懦夫以及國家的背叛者。

在凡爾賽的梯也爾政權，自然無法容忍巴黎城被這些市井階層所建立的政權給占領，因此**定調這是一場國家叛變**。在得知兩位將軍慘遭公社處刑後，勃然大怒的梯也爾在三月下旬向巴黎西部的工事發動一場試探性的攻擊，雙方在庫爾布瓦（Courbevoie）[36]與塞納河畔訥伊（Neuilly-sur-Seine）一帶展開了激戰，最後以凡爾賽軍的勝利告終，占據了庫爾布瓦。此戰凡爾賽軍俘擄了三十名公社成員，鑑

[33] 李平漚、狄玉明編譯，《巴黎公社公報集・第一集》，〈1871年三月28日〉，頁194。
[34] 前引書，〈1871年三月二十六日〉，頁128。
[35] 前引書，〈1871年三月二十六日〉，頁130。
[36] 今日在塞納河西岸的這裡已被涵蓋於巴黎大都會區的範圍內，拉德芳斯新凱旋門（La Grande Arche de la Défense）就在附近，這裡是巴黎西部拉德芳斯商業區的著名新地標建築。

於兩位將軍也被公社殺害，俘虜們在未經審判關押就遭到了處決。梯也爾政府的軍隊不會留下任何活口，得知這項消息後的公社防守方，更加堅定了保衛巴黎的決心，誓死與該城共存亡。

四月二日至四日兩天，雙方又先後在南部的沙蒂隆（Châtillon）、默東（Meudon）、塞夫爾（Sèvres）與西部的聖克盧等區交戰，儘管公社集結了號稱兩萬人的兵力，但人數可能沒有那麼多，在凡爾賽軍密集的炮火猛攻下，公社方節節敗退，其中一名領導人，著名的學者古斯塔夫・佛羅倫斯（Gustave Flourens, 1838-1871）在戰鬥中被抓獲，遭到了殘忍的斬首，失去佛羅倫斯這麼一位受過高等教育且富有幹勁的領導者，對公社造成了災難性的打擊。在兩天的慘烈戰鬥中，公社方遭到俘虜或陣亡的戰士將近三千人，是相當大的一次慘敗，隨後公社退回了巴黎市區繼續防守，但塞納河南岸與西岸的邊陲城鎮盡皆落入凡爾賽軍的控制之下了。

之所以未曾對巴黎進行總攻擊，梯也爾有著自己的盤算，儘管凡爾賽軍的裝備、人員素質與戰鬥力皆勝過巴黎公社的自衛軍，然而貿然發動總攻進入巴黎決戰，將與眾多基層勞動群眾進行街頭巷戰，不免有些投鼠忌器。因此梯也爾一方面指示幾個旅團占據巴黎西部與南部地帶，對城市形成夾殺之勢；另一方面派人與普魯士國家統一後的德意志政府協商，希望盡速釋放前線遭俘的法軍，並確認對凡爾賽方的人數與軍備已達到壓倒性的優勢後，梯也爾便能夠自信地下達一場反掌折枝的總攻擊行動。

巴黎城，即將迎來十九世紀最慘痛的一頁。

* *

◐ 時空遊覽 ◑

巴黎公社在凡登廣場上將象徵著拿破崙第二帝國的威權象徵推倒移除，是短暫的兩個月統治時期內相當受人矚目的亮點。許多行程倉促的遊客往往會忽略，甚至不知道這個景點，事實上凡登廣場這一帶也具有相當多的傳奇色彩。

凡登廣場（Place Vendôme，或譯「旺多姆廣場」）的名字源於凡登公爵（César of Bourbon-Vendôme, 1594-1665），他是亨利四世與加布里埃爾（Gabrielle d'Estrées, 1573-1599）所生的私生子，但不久身分地位就被合法追認，受封為凡登公爵，亨利四世還下令建造凡登官邸來慶祝喜獲麟兒。

到了路易十四時代，國王買下了凡登官邸以及附近嘉布遣修道會（Couvent des Capucines）這一帶的土地，並令宮廷建築師孟薩爾[37]設計這座廣場，孟薩爾是十八世紀影響巴黎建築景觀相當重要的一位建築專家，今日在左岸那座拿破崙的長眠之地——巴黎榮軍院（Les Invalides）也是他的傑作。出身於建築世家的他，在青少年時期便在伯父的工作室磨練實習，勤勉的學習與優異的天分使得他在三十歲之前便得到了令人稱羨的宮廷建築師一職，並有幸參與舉世聞名的凡爾賽宮建築工程。深受路易十四寵幸的孟薩爾，為了報答國王的知遇之恩及襯托其豐功偉業，於廣場中擺上了馬上英姿的國王青銅塑像，當時這座廣場被稱「路易大帝廣場」（Place Louis-le-Grand）。只可惜，這尊路易大帝的雕像在大革命時期遭到損毀，如今僅存一條馬腿保存於卡納瓦雷博物館中。

聖法爾戈侯爵（Louis-Michel Lepeletier de Saint-Fargeau, 1760-1793），他是大革命時代國民公會裡最後一位投下路易十六死刑贊成票的人，就在國王死刑的前一晚，聖法爾戈侯爵在王家宮殿的餐廳遭到暗殺。隔日，侯爵的遺體被放置在路易大帝廣場的雕像下，被利刃刺中的胸膛上滿是乾掉的血漬，足以令現場觀者群情激憤，以至於巴黎人稍後在處決國王時會陷入瘋狂偏激的情緒當中，畫家大衛也在現場臨摹了這樣的歷史關鍵時刻場景。

在1810年的拿破崙第一帝國時期，凡登廣場上豎立起由藝術家貝格瑞（Pierre-Nolasque Bergeret）所設計的四十四公尺高的紀念青銅圓柱，其外型仿造羅馬的圖拉真紀功柱（Trajan's Column），上方有著四百二十五個螺旋型的淺浮雕，銅柱是從拿破崙於奧斯特

---

[37] 孟薩爾（Jules Hardouin-Mansart, 1646-1708）是十七世紀法國古典主義建築師弗蘭索瓦‧孟薩爾（François Mansart, 1598-1666）之姪。今日法國有許多建築都設有屋頂閣樓，而最常見的風格即為屋頂為兩段式折線組成，由外部觀察可見下半段的整齊排列的老虎窗，在內部的房間頂棚傾斜角度很大，往上延伸則逐漸變緩，此風格被稱為是孟薩式屋頂，這種建築風格的實際運用在使街道得以滿足採光。不過仍有研究者存疑該屋頂樣式是否確為弗蘭索瓦‧孟薩爾發明，僅推論是在他手上推廣流傳。弗蘭索瓦至今留存於巴黎市區的作品並不多，如左岸的聖寵谷教堂（Église Notre-Dame du Val-de-Grâce）、瑪黑區的瑪黑教堂（Temple du Marais）、勝利廣場旁作為法蘭西銀行使用的土魯斯官邸（Hôtel de Toulouse）與巴黎聖母院中的聖母祭壇。

里茲戰場上所繳獲的一百八十門大炮熔製而成。銅柱頂端有一具帶有新古典主義風格的拿破崙圓雕，身著羅馬長袍頭戴桂冠，右手持劍，左手捧地球儀，如此形象曾在七月王朝時期稍加變化，改為身著法國當代戎裝，直到拿破崙三世執政時才又將這尊伯父的塑像造型穿回古羅馬長袍。凡登紀念柱在整個十九世紀的巴黎，帝國威權的象徵意義非常濃厚，巴爾札克也曾在1832年的作品《夏倍上校》（Le Colonel Chabert）中，透過主人翁夏倍上校的口中喊出：「我要到凡登廣場的銅柱下面去，我要在那裡喊：『我是夏倍上校，在埃洛戰役中，我曾衝垮過俄國大軍的方陣！』那尊銅像一定會認識我！」[38]以表示一位身處於七月王朝時代的老兵，在蕭索滄桑的孤寂晚年對光輝前朝歲月的追念。

　　巴黎公社覆滅之後，梯也爾政府決定再度重建這根紀念銅柱，並開始進行清算報復。遭到政府關押的庫爾貝，由於在公社時期所擔任的職務以及首倡推倒凡登紀念柱的言論，法庭宣判他必須一肩扛起重建紀念碑的費用，總計三十二萬三千元法郎。但身為藝術家的庫爾貝根本無力承擔如此鉅額費用，即便他有能力負擔，相信他也不願接受這樣的判決。1873年，不得已的庫爾貝選擇了流亡瑞士一途，政府將他的許多作品充公拍賣來抵部分的工程款，身處異鄉的庫爾貝儘管在瑞士仍有不少風景畫作，但終日借酒澆愁的他卻已身心俱疲。1877年，庫爾貝終因飲酒過量造成的肝硬化於瑞士去世。

　　稍早之前的1849年九月初，病重的鋼琴詩人蕭邦也曾搬到凡登廣場居住。當時受肺結核纏身的他幾乎已經無法活動，友人為他租下了凡登廣場十二號的公寓，這是一個寬敞有朝陽的房間。凡登廣場的房租價位極高，以蕭邦當時的財務狀況不可能負擔得起，專家研判極有可能是他晚年的守護伴侶珍妮‧史特林所包辦。[39]蕭邦自搬進這裡後，便未曾再走出房門，十月十七日凌晨他在幾位友人的陪伴下安然離世。今日我們仍可在凡登廣場十二號的公寓門口，見到鑲嵌著紀念蕭邦的石牌。

---

[38] 巴爾札克（Honoré Balzac）著，王曉峰譯，《夏倍上校》（Le Colonel Chabert，上海：上海三聯書店，2015），頁198。

[39] 珍妮‧史特林（Jean Wilhelmina Stirling, 1804-1859），家境富有的蘇格蘭業餘鋼琴家，是蕭邦晚年的學生及密友，終身愛慕著蕭邦。珍妮不僅在蕭邦人生晚期為他承擔許多生計，更在蕭邦過世後負責整理其遺物與作品，儼然以蕭邦的另一半自居，但沒有進一步的證據可佐證兩人曾是戀人關係。值得注意的是，珍妮在1848年帶著蕭邦在英格蘭與蘇格蘭等地馬不停蹄地巡迴表演，也被認為是造成蕭邦結核病惡化的罪魁禍首。參閱Tad Szulc. Chopin in Paris: The Life and Times of the Romantic Composer. (Boston: Da Capo,1998).

凡登廣場十二號是蕭邦過世之地，公寓大門上方鑲嵌著紀念石牌

　　此外，在巴黎公社於1871年推倒凡登銅柱之前，這根龐然大物內部設有螺旋狀的樓梯，是可以讓遊客拾級而上，登上拿破崙塑像的頂端遠眺巴黎景觀的。或許是開放登柱的年代過於久遠，或是今日銅柱已不再開放的緣故，我們幾乎不曾在任何一本介紹這個景點的旅遊書籍中看到這項敘述。還好，自然主義文學作家左拉（Émile Zola, 1840-1902）曾在他的代表作《酒店》（L'Assommoir）中，描述第二帝國時期人們登上凡登紀念柱遠眺的休閒活動，為後世保留了可供參考的資料與想像：

　　　　然後他們來到凡登塔，仰視圓柱形的塔身。馬丁尼爾先生想到一個獻給女士們的好禮物。他提議到塔頂去看巴黎的風光，大家都認為很有意思。是的，是的，他們一定要上去，往後很久很久還能給他們一個談笑的題材哩。而且對這些一輩子不曾比草地上的母牛爬得更高的人來說，必然很有趣味，……於是他們都上去了。十二個人在狹窄的迴旋樓梯間列隊往上爬，不時撞到破舊的階梯，手緊扶著牆壁。

馬丁尼爾先生已經在平臺上，指出山水等界標。福康尼爾太太和雷曼柔小姐想到這一路上冷冷熱熱的滋味都嚐遍了，乾脆拒絕走出樓梯間；她們最多隔著小門看幾眼。拉瑞特太太膽子比較大，繞著窄窄的平臺走，腦袋離古銅色的圓頂好近好近。不過想起來，真的很刺激；真的，一腳踏空，唉呦，可就掉下去囉！男士們俯視下面的廣場，下顎慘白。簡直像浮在空中，脫離一切支點，叫人五臟凝結，真的！但是馬丁尼爾先生勸大家抬起眼睛，直望著遠處，就不會頭暈了。他接著指出「傷兵院」、先賢祠、聖母院、聖雅各塔以及蒙馬特高地。洛里羅斯太太突然想起一個問題：這裡能不能看見禮拜堂大道，以及他們待會兒要去吃飯的「銀磨坊」餐廳？接下來的十分鐘，他們都想找出那個地點，人人指的都不一樣，甚至爭論起來。四周是巴黎灰濛濛的廣大空間，有深坑、有浪花般綿延的屋頂，一直伸到灰藍的地平線；整個塞納河右岸平鋪在密雲的陰影中，一線陽光從滾金的雲層邊緣射下來，照亮了左岸的無數窗扉，投下萬道光芒，使半邊城市亮閃閃的，和暴風雨洗得清清爽爽的天空相映成趣。[40]

　　左拉透過生動的角色互動以及細膩的景觀描繪，在那個普羅大眾絕少登高遠眺的年代，為讀者展現了一幅塞納河兩岸的寫意畫卷，無論是由絲絲入扣的情景鋪寫，或是從鉤玄提要的史蹟刻畫來看，都是極為難得且精彩的。

　　麗池飯店（Hôtel Ritz Paris）於1898年在凡登廣場十五號開始營業，當時是歐洲第一間在套房內提供浴室、電話與電力的飯店，自它開張後，無數社交名流、文人騷客、貴族政要與影視紅星，皆在凡登廣場旁這個華麗的舞臺上輪番上臺，演出一幕幕的經典傳奇，直至巴黎被占領的二戰期間仍相當活躍。今日飯店內部還保留了可可·香奈兒[41]和馬塞爾·普魯斯特等人的套房，飯店其中一間酒吧也被命名為海明威酒吧，這些都是為了紀念曾與飯店有

---

[40]　左拉（Émile Zola）著，宋碧雲譯，《酒店》（*L'Assommoir*，北縣：書華出版社，1994），頁79-81。

[41]　香奈兒（Gabrielle Bonheur Chanel, 1883-1971），是法國前衛時裝設計師，著名的女性時裝店香奈兒（Chanel）與香水品牌（Chanel No.5）的創始者。

過深刻緣分的歷史名人。[42]

　　麗池飯店，也是已故的黛安娜王妃（Diana, Princess of Wales, 1961-1997）與男友多迪‧法耶茲（Dodi Fayed, 1955-1997）享用最後的一道晚餐之處，由於遭受「狗仔隊」的干擾，黛安娜的這頓晚餐或許也無法盡興享用。1997年八月三十一日晚間，用餐過後的兩人在麗池飯店的電梯監視器裡留下了最後的身影，過不多時，他們所乘坐的賓士轎車便在距離凡登廣場僅十分鐘車程的阿爾瑪橋（Pont de l'Alma）隧道發生失控撞車意外。黛安娜王妃的早逝，不僅是這個世界的遺憾和損失，也是許多支持熱愛她的民眾心中永遠的傷痛。

　　凡登廣場上無論是青銅紀念柱，或是麗池飯店與蕭邦最後的歸宿，都代表了這個具有傳奇色彩的廣場見證了時代更迭的潮起潮落與歷盡千帆，這也正是巴黎這座城市真正的迷人之處。

* *

✦ 公社覆滅 ✦

　　　　閣下，

　　　　當我們匍匐在您所設的寶座階梯下面時，我們的心都碎了。

　　　　閣下，為什麼要這樣拖延呢？

　　　　巴黎公社中的那幫搗亂分子（他們的人數有好幾萬咧！）做了一個決定，要把工人們從我們使他們已經幹了多年的苦役中解放出來。

　　　　尊敬的閣下，您千萬不能批准他們的這個決定！

　　　　您知道他們要把我們——您所庇護的人——弄成什麼樣子嗎？他們要把可憐的百萬富翁弄得傾家蕩產！……巴黎成了一個自由城，尊敬的閣下，您

---

[42] 美國文化史學者緹拉‧瑪潔歐（Tilar J. Mazzeo）曾著有《烽火巴黎眾生相：麗池酒店內上演的諜報密謀和生死愛欲》（*The Hotel on Place Vendome: Life, Death, and Betrayal at the Hotel Ritz in Paris*）一書，道盡了凡登廣場在此一時期的繁華與衰弱景象，相當具有可讀性。

明白嗎？唉！巴黎成了無產者的財產；房租減少了。唉！這簡直是要把可憐的百萬富翁、投機商、做小額證券交易的人、庶務員和神父置於死地……。尊敬的閣下，您要保護我們，對那些為我們創造財富和為你們這些大人物的闊綽生活提供財源的該死的工人，要嚴加約束。……您瞧這個工人，這個微不足道的人物，竟想靠勞動吃飯，想收穫他勞動和智慧的果實！這幫人簡直是想把整個社會都推翻！他們想得多美啊，……工人們是否明白他們這樣做是不對呢？豈有此理，他們要和我們爭他們的權益嗎？該死！難道他們想建殘疾人平民院，把錢攢起來當產業主嗎？

閣下，您看這是多麼令人生氣！

閣下，我們請求您這位如此偉大又如此可愛的人惠予賜復。[43]

這是公社統治期間，巴黎城內的資產階級聯名向凡爾賽政府的梯也爾求救的一封公開信，信中明顯流露許多對公社做法不以為然的言論。或許會讓百餘年後的我們感到訝異的，是文中充滿著更多對勞動階層歧視、不屑的觀點，事實上這樣的觀點想法在今日的社會仍未完全消弭，只是話語還會經過某些包裝，較不那麼露骨罷了。

當時許多待在巴黎城內，無法在第一時間脫身離開的資產階級，身處在公社的統治改革下，幾乎是如坐針氈地度過每一天，他們心中無時不翹首盼望著凡爾賽軍能盡速解放巴黎。這些人面對公社欲清點資產階級財產、關閉工廠的命令感到憤怒，其中部分人士還想方設法與凡爾賽方取得聯絡，試圖提供城內消息給對方，由此可見，公社在巴黎全城的控管及內外的防範措施仍舊是百密一疏。此外，在巴黎的美國使館也擠進了愈來愈多申請護照的法國資產階級公民，尤其當公社軍隊節節敗退，形勢愈來愈不看好時，許多人對公社的前景感到愈來愈悲觀，最可怕的想像還是凡爾賽軍最終殺進城內，是否會不分青紅皂白展開無差別殺戮呢？據美國使館官員觀察，「財富、商業、公共和私人信貸、工業、勞動力、金融業，都埋進一

---

[43] 李平漚、狄玉明編譯，《巴黎公社公報集・第一集》，〈1871年四月四日〉，頁407。

個共同的墳墓裡。它是無處不在的破壞、廢棄、毀滅。城市的面貌變得愈來愈凄涼，……而巴黎，沒有了燈火通明的咖啡館，已不復是巴黎。」[44]

除了城中充斥著不少離心離德的資產階級民眾之外，公社內部也不乏勾心鬥角的鬥爭，內外交迫的緊張態勢也不斷削弱著巴黎的防禦。公社與底下的國民自衛軍在編制組成以及防禦的部署上有著極大的歧異，使得城區缺乏嚴密周到的防禦工事。而國民自衛軍的軍官來源複雜，缺乏訓練，軍紀也相對渙散，後世研究者對巴黎公社敗亡的討論皆曾論及軍事方略問題，認為最初在凡爾賽政府軍尚未集結之際，並未以占領首都，號令全國，奪取全國政權為目標。反而在戰爭頻仍時，將重心放在巴黎城內的選舉，追求政權的合法性，以及內部派系鬥爭上。[45]論者認為若能掌握時間直搗凡爾賽，徹底推翻資產階級政權，則對公社建立新秩序政府大有可為。平心而論，以當時巴黎才剛由圍城窘境解除的匱乏狀態，公社內部派系紛亂內鬥，加上並無實戰經驗的國民自衛軍，僅僅固守巴黎城就已顯得捉襟見肘，若要主動向凡爾賽方進軍，勢必還得面臨戰線拉長後的後勤補給問題，選擇主動出擊是否對公社有利需要再度商榷。

無獨有偶，卡爾·馬克思之女珍妮當時人也在巴黎城中，她也意識到公社內部的局勢相當危急，曾去信向父親描述自己的觀察：「由於缺乏軍事計畫，加上領導人互相傾軋，巴黎公社的末日已隱約可見。……我們正重蹈六月大屠殺的覆轍。」[46]從四月份起，公社與凡爾賽軍的對陣，幾乎皆以公社方的撤退敗走收場，凡爾賽軍攻城掠地，逐步收復塞納河周邊市鎮，由西部與南部對巴黎形成夾擊之勢。可以說，**打從基層勞動群眾起義的那一天起，勝利的天秤從未向公社這一方傾斜過。**

---

44 轉引約翰·梅里曼著，劉懷昭譯，《大屠殺：巴黎公社生與死》，頁83。
45 此論點最早提出也是最有代表性者，當屬卡爾·馬克思（Karl Marx, 1818-1883）在1871年所發表的《法蘭西內戰》（Der Bürgerkrieg in Frankreich）裡的評論：「當梯也爾通過偷襲蒙馬特已經發動了內戰的時候，中央委員會卻不肯把這場內戰打下去，因而犯了一個致命的錯誤，即沒有立刻向當時毫無防禦能力的凡爾賽進軍，一舉粉碎梯也爾和他那幫鄉紳議員們的陰謀。中央委員會沒有這樣做，反而容許秩序黨在三月二十六日的公社選舉中再次進行較量。」參閱卡爾·馬克思（Karl Marx）著，中共中央馬克思恩格斯列寧斯大林著作編譯局譯，《法蘭西內戰》（Der Bürgerkrieg in Frankreich，北京：人民出版社，2016），頁53。
46 轉引約翰·梅里曼著，劉懷昭譯，《大屠殺：巴黎公社生與死》，頁126。

此外，面對凡爾賽當局，公社的態度未免顯得過於姑息優柔。每當凡爾賽軍俘虜了公社成員與戰士，公社往往以1863年所簽訂《日內瓦國際公約》（*Resolutions of the Geneva International Conference*）[47]中的協議為由，認為交戰雙方無權處決俘虜而應給予照顧，然而梯也爾完全無視這項要求，**凡爾賽政府絲毫不認為彼此是「交戰方」，而視公社成員皆為叛亂者、竊盜與罪犯，沒有資格受到國際公約的保護。**[48]

眼看著凡爾賽方屢屢處決俘虜，莫可奈何的公社只得發出嚴正聲明，表達將採取以牙還牙的報復行動：

> 凡爾賽政府的這種違反戰爭法規和人道主義的行為，迫使我們不得不採取報復措施。
>
> 今後，如果敵人再繼續無視文明人之間的戰爭法規，哪怕只殺害一名我方士兵，我們就要報復，就要殺掉一個或兩個敵方士兵。
>
> 人民雖內心憤怒，但行事仍然很寬大和公正；他們憎恨內戰，也憎恨流血的事情。他們有權利進行自衛，防止敵人的這種野蠻的殺人暴行；今後不論要付出多大代價，他們也要以牙還牙，以眼還眼。[49]

---

[47] https://ihl-databases.icrc.org/applic/ihl/ihl.nsf/INTRO/115?OpenDocument (2020.9)

[48] 除了某些戰俘曾遭到凡爾賽軍方當場處決之外，被關押監禁受到非人待遇者亦不在少數。《巴黎公社公報》曾刊載某位客居巴黎的英國民眾歐布萊恩（O'Brien）先生向英國陸軍部的投書，認為凡爾賽政府的行事作風應該受到文明世界的譴責。概因這位歐布萊恩先生在巴黎公社期間，陪同前國民自衛軍的法國友人前往凡爾賽領取軍餉，卻陰錯陽差地遭到凡爾賽軍方逮捕。據他而言：「我寧願被就地槍決，也不願意受如此的待遇。在我們的抗議下，他們同意不把我們鎖起來，但是，看守人卻增加了一倍。過了一會兒，我們到了法院，在那裡，我們被關進了地窖，裡面大約有兩百五十至三百人擁擠在一起。當時的情景實在難以描繪。裡面有國民自衛軍戰士，有普通百姓，其中有許多人是專業人員，他們亂哄哄地擠在這個可怕的地方（「專業人員」，指醫生、律師、法官和軍官）。這些不幸的人等待對他們的判決已經十天或半個月了，每天除了有極壞的麵包和水之外，再沒有別的食物。尿桶散發出來的臊味兒實在使人難以忍受。一位六七十歲老人可以說是被蟲子活活地咬死的。當天晚上，一位約十五歲的男孩滿臉是血，被帶了進來。他被俘之後，一個前線軍官衝他打了一槍，他幸而只受了點傷。對我來說，那天夜裡真正是令人恐怖的一個夜晚。」歐布萊恩先生隔日被確認身分後獲釋，回到英國後他立即向陸軍部投書，並擬一併向梯也爾去信抗議：「我並不希望得到他的答覆，只是覺得我理應對這種連世界上最野蠻的民族都已經放棄了的做法，表示反對。」參閱李平漚、狄玉明編譯，《巴黎公社公報集·第二集》，〈1871年五月三日〉，頁615-616。

[49] 李平漚、狄玉明編譯，《巴黎公社公報集·第一集》，〈1871年四月六日〉，頁447。

話雖然說得很重，實際上公社政府始終都未放棄以談判的方式與對方互換戰俘。例如社會主義者布朗基，公社精神上的導師和領袖人物，在公社成立的初期便遭到凡爾賽方的逮捕，梯也爾清楚布朗基在公社中所代表的地位，並未將其處決。公社曾經提議以七十四名凡爾賽俘虜來換取布朗基的自由，甚至還拿巴黎總主教達爾博伊（Georges Darboy, 1813-1871）的性命相要脅，但梯也爾全然不為所動，[50]固執地認為公社不具對等談判的權力，甚至暗地裡希望透過巴黎公社的以牙還牙手段，激起凡爾賽軍隊的怒氣，增強其戰鬥力。很顯然地，**巴黎公社整起事件都被梯也爾政府視為是一場內戰叛亂，這也是後續會引發慘烈的大屠殺的重要原因。**

不僅是在戰俘的問題上顯得冷酷無情，凡爾賽政府從四月份開始便不斷對巴黎城內展開瘋狂式的炮擊，除了炸毀中西部各區在大炮射程範圍內的數百幢建築之外，成百上千的巴黎人被炸死，其中也包括了不少的婦女及孩童。更有甚者，**即便在戰爭狀態下的炮火無情，凡爾賽方幾乎不會刻意避開醫院與教堂等設施，對剛剛才歷經過普魯士軍圍困的巴黎人而言，普魯士尚不至於如此野蠻無人性，梯也爾所代表的資產階級政府在面對外國敵對勢力時顯得唯唯諾諾，奴顏婢膝，但回過頭卻對基層的勞動群眾毫不留情，一股勁兒就是想將公社往死裡打。**[51]

梯也爾始終堅信，凡爾賽方的火炮攻擊將能有助於攻城戰的順利。直至四月

---

[50] 在凡爾賽軍攻占巴黎所進行的最後血腥屠殺周，巴黎總主教達爾博伊（Georges Darboy, 1813-1871）最終與六十三名人質危如累卵的公社給處決。對此，卡爾·馬克思如此評論：「資產階級及其軍隊在1848年六月恢復了槍斃沒有自衛能力的俘虜這一早已絕跡的戰爭慣例。自此以後在歐洲和印度，凡是鎮壓民眾動亂的時候，就都不同程度地嚴格照此野蠻慣例行事了。這證明它真是『文明的一個進步』！……殺死大主教達爾博伊的真正兇手是梯也爾。公社曾再三提議以大主教，而且加上許多個教士，來交換當時被梯也爾扣押的布朗基一人。梯也爾頑固地拒不接受。他知道，放走布朗基就是給公社一個首腦，而大主教則在成為死屍之後對他最有用。梯也爾仿效了卡芬雅克的先例。在1848年六月，卡芬雅克和他那些秩序人物不就是通過汙衊起義者是殺害大主教阿弗爾的兇手而掀起了一片義憤填膺的喧囂嗎？」轉引卡爾·馬克思著，中共中央馬克思恩格斯列寧斯大林著作編譯局譯，《法蘭西內戰》，頁85。

[51] 李平漚、狄玉明編譯，《巴黎公社公報集·第一集》，〈1871年四月十三日〉，頁696-697：「昨天，一位在香榭麗舍戰地醫院值班的國際傷員救護協會的會員氣憤地告訴我們說，一枚炮彈正好擊中了他們的醫院，當時在醫院裡的傷員不下兩百人。設在艾魯大街上的報界戰地醫院，與凡爾賽的那些普魯士先生們毫不相干，可是炮彈仍像傾盆大雨一樣落在戰地醫院的帳篷周圍，當時帳棚裡有五百多名受傷的公民。到目前為止，該醫院尚未被擊中，可是凡爾賽分子是不會死心的；這樣轟擊下去，總會擊中的。星期五，他們從杜爾火車站向巴黎打了兩百萬發尖頭子彈。這種子彈，九月四日政府對普魯士人都沒有用過。」

底，來自沙蒂隆、巴紐（Bagneux）與蒙特陶特（Montretout）等幾個高地對巴黎的炮轟持續加強，巴黎城中傷員成倍數增長。女權主義者路易絲・米歇爾藝高人膽大，槍法不錯的她起了一個念頭：「行刺梯也爾」，認為這樣或許能引發凡爾賽政府的恐慌，為公社爭取到一點緩衝時間。喬裝打扮後的米歇爾成功地混進了凡爾賽，並確實見到了人群中的梯也爾，但她卻始終無法取得貼身靠近的機會，最終只能無功折返。

隨著塞納河邊陲的衛星城鎮逐一遭到攻占，公社自衛軍僅能以在城內不斷構築街壘來因應，在在顯示出其落伍過時的觀念；**經奧斯曼改造拆除的街巷，開拓大道後的巴黎，街壘再已無法成為穩固險要的的防禦工事，不管是石牆、沙包或木塊，寬廣的大道已讓街壘防守出現層層漏洞，幾乎無險可守，足見奧斯曼都市改造意圖的實踐。**儘管當時不乏先見之明者提出這些防禦工事的建造缺乏效率，然而公社的公安委員會依然故我，聽不進任何建言，執著於街壘的構築工作。

五月三日，凡爾賽軍挺進了巴黎南部蒙魯日堡壘（Fort de Montrouge）以及伊夫里堡壘（Fort de Ivry）一帶，在西部則是攻克了伊西堡壘（Fort d'Issy），兇殘的凡爾賽軍不僅野蠻地殘殺救護隊的醫護人員，更將陣亡的公社戰士們的遺體進行肢解，如此行徑實在令人髮指。接下來幾日，在協和廣場上集結了七千名左右的自衛軍，公社進行了好幾波的衝鋒，試圖奪回這些堡壘，然而在凡爾賽軍的猛烈火炮支援下，公社自衛軍不僅無法順利奪回陣地，只是徒勞增加傷亡罷了。**軍紀渙散、士氣低落、命令無法協調，加上物資裝備不足，凡此種種皆是公社致命的敗因。**

正當公社面臨內部種種致命的條件時，巴黎城中的小資產階級們正翹首盼望著凡爾賽政府的早日解放，並開始主動積極投入到反抗公社的戰鬥中。有些首鼠兩端者暗中將城內的部署與狀況，設法傳遞到凡爾賽軍所占領的堡壘中，梯也爾也樂得利用這些貪生怕死之徒作為間諜；也有不少人在城內散布厭戰或影響士氣的言論，成功製造了巴黎城的恐慌氛圍。公社政權實在無法兼顧內外交迫的窘境，坐困愁城，莫知所措。

五月中旬，凡爾賽軍幾乎兵臨城下，公社在一籌莫展之際想藉著拆毀象徵性的建築來凝聚人心，因此庫爾貝曾提出的拆毀凡登廣場紀念柱之主張被貫徹。此外，

出自於對梯也爾的恨意，他在巴黎市區內的原住所也遭到了公社成員澈底拆除，並在拆除之前先將建築物裡的所有收藏品與書籍先行搬走，預備賣給國外收藏家以充實軍資，此舉被雨果斥為「醜陋而愚蠢的行為」。[52] 慶幸的是，具有藝術專業與良善品性的庫爾貝及時攔下了公社這批繳獲的「戰利品」，經過他的大略挑選，將其中一部分具藝術價值的物件轉移到安全之地保存，這些藝術收藏陸續在戰後被梯也爾尋回，但他絲毫不曾也不屑對庫爾貝表示感謝。

　　五月二十三日凌晨，集結了十三萬兵力的凡爾賽軍終於完全進入到巴黎城內，資產階級主要集中地的西部幾個區，只象徵性地做了零星抵抗便輕易投降，有些街區根本沒有發生過任何戰鬥，凡爾賽軍得以快速地通過西部地區。但越往東部，實際的抵抗就越加猛烈，公社勉強湊到了萬餘人的兵力在尚未被占領的城區加固防禦工事。凡爾賽軍對這些巴黎的「暴民」已經忍受了好幾個月，打從一開始就壓根兒沒想過要手下留情，「在普魯士人面前打得提不起勁，打巴黎人卻打得很兇」，[53] **前一年曾屈辱慘敗在普魯士軍隊之手的憤懣，此刻竟藉由痛殺巴黎人來得到報復心理的慰藉，並且成了法國軍隊鼓舞士氣挽回聲譽的重要方式。**許多帶隊的軍官，也告知手下的軍士們這群巴黎人是無法無天的叛亂分子與罪犯，因此也將會對陸續即將發生的燒殺劫掠採取睜一隻眼閉一隻眼的態度。

　　一向春光明媚的蒙梭公園（Parc Monceau）門口，數十位公社成員被殘酷處決；協和廣場上，象徵里爾市的女神雕像被炮彈炸得身首異處；公社成員眼看已無力再防守市政廳，便將這座昔日由奧斯曼坐鎮十餘年的大本營付之一炬；與此相同命運的還有宏偉的杜樂麗宮，這座塞納河邊歷代封建帝制的象徵標的物，很快地也被吞噬於熊熊的怒火當中。當凡爾賽軍在巷弄中遭到樓房中的狙擊時，接著便是一陣粗魯殘酷的搜索和處決，聖奧諾雷路的公寓中一名清掃煙囪的清潔工被抓了出來，由於其身上與臉上都布滿了煙灰，可憐的清潔工遭到殘忍的擊殺，只因為凡爾賽軍認為他身上有火藥殘留物；瑪德蓮教堂裡有將近三百名的公社社員也遭到掃射，無一倖免，即使他們已經舉起白旗試圖投降；凡登廣場與周邊的皇家路上，三

52　維克多・雨果著，張容譯，《見聞錄》，頁618。
53　李平漚、狄玉明編譯，《巴黎公社公報集・第二集》，〈1871年四月二十四日〉，頁290。

十名男女被殘酷殺害後丟進壕溝裡，只因堆疊在地上的紀念柱殘跡引發了凡爾賽軍的惱怒。巴黎自凡爾賽軍攻陷之後，一場慘絕人寰的殺戮悲劇就此登場，一名照顧過公社傷患的英國醫生事後回憶道：「五月二十一日、二十二日和二十三日這三天，我們只接受情況最嚴重的傷員。我們的花園、庭院、走廊和地板上到處是剛剛在戰鬥中受傷的社員，……很多人沒能救活。」[54] **凡爾賽士兵只要一見到疑似公社的可疑人物便開槍，並對遺體進行殘酷的施虐動作，甚至不管對方是否採取抵抗，完全不想進一步求證。此刻的巴黎儼然已是人間煉獄景象。**

應當注意到，公社在這場保衛巴黎的戰爭中，女性的參與也占了相當大的一部分。《公報》明確提及：「凡爾賽的劊子手對巴黎保衛者們的屠殺，極大地激起了廣大女公民的憤慨，她們要起來為被殺害的人報仇；許許多多女公民已經下定決心，一旦敵人進入巴黎城，她們將為保衛我們的共同權利去戰鬥，不勝利，就寧願戰死。」[55] 即便是女性，也逃不過凡爾賽軍的殘忍對待，他們將抓獲的許多女性視為城市混亂當中的縱火者，成排地將她們處決。歌劇院附近一名神色慌張的婦女被一槍斃命，只因被懷疑想對歌劇院縱火；巴黎東站附近的維奈格里爾街（Rue des Vinaigriers），一戶人家被搜出藏有三十瓶裝滿了硝化甘油的容器，這戶人家及鄰居都逃不過死神的召喚，其中一名背著小孩的婦女還趴在地上苦苦求饒，只聽見凡爾賽軍的軍官怒斥：「都殺掉，省得留下後患！」語畢，槍聲響起。許多在巴黎圍城與巴黎公社中戰死的群眾是為了忠於巴黎而犧牲。他們與庫爾貝一樣，參與公社的理由只是因為巴黎是他們的家鄉。[56]

畫家馬克西米連・呂斯（Maximilien Luce）的作品《1871年五月，巴黎一條街》（*A Street in Paris in May 1871*），如今收藏於奧塞美術館中的這幅畫，恰如其分地表現出巴黎街頭遭到凡爾賽軍燒殺擄掠的亂象。在畫面前景，數名男女或仰或臥被擊殺於街壘旁，儘管畫家呂斯刻意淡化了作品中的血腥色彩，但前方倒臥者頭顱旁滲出的汩汩鮮血，仍舊令觀者不免怵目驚心。奧斯曼改造後的巴黎已使得街壘

---

54 約翰・梅里曼著，劉懷昭譯，《大屠殺：巴黎公社生與死》，頁170。

55 李平漚、狄玉明編譯，《巴黎公社公報集・第一集》，〈1871年四月十四日〉，頁714。

56 大衛・哈維著，黃煜文、國立編譯館譯，《巴黎，現代性之都》，頁249。

完全失去在歷史上曾經發揮的重要作用，許多凡爾賽軍刻意避開大道上的街壘，繞過這些費勁搭建起的防禦工事，他們選擇潛入相連街道的樓房，占據制高點從上掃射這些街壘。比較起來，雙方不僅在人數與武器配備上有著懸殊的差距，即使在戰鬥力與實戰的戰術方面，公社也遠遠不是凡爾賽軍的對手。

面對十三萬大軍和五百門大炮的掃蕩，公社統治下的巴黎顯得蒼白無力。當時不僅只有在右岸發生恐怖的血腥屠殺，在左岸的第五、第六區一帶也是雙方殊死拚鬥的修羅場。盧森堡公園南端到天文臺的交叉路口，不少公社戰士也躲在街壘後方對著凡爾賽軍進行零星的射擊，但很快地便遭到肅清，美第奇噴泉裡躺滿了血肉模糊的屍體，在海仙女葛拉蒂雕像的悲情故事前上演了血淋淋的一幕悲劇。另外在先賢祠附近有數百名公社成員殉難，其中包括了警察局長里戈，他在先賢祠前的蘇弗洛路（Rue Soufflot）失守後遭到生擒，在喊出：「公社萬歲！」的口號後，被凡爾賽士兵們推靠到牆邊擊斃。今日人們甚至還能在先賢祠外觀的側面牆上依稀找到當年的彈孔，遙想當年此處慘烈的景象。

在今日巴黎第六大學（Université Pierre et Marie Curie）旁的紅衣主教路（Rue du Cardinal Lemoine），一位無辜的數學教授安德烈（Eugène André）被從家中拖了出來，他向來反對帝制，卻也從未加入公社的活動，甚至還拒絕獲聘教職，然而凡爾賽軍方不由分說，一槍就讓他死去，生前最後一刻他仍在房間裡繪製他的數學圖表。凡爾賽軍如此野蠻粗鄙的暴行，堪比昔日羅馬士兵對待阿基米德（Archimedes of Syracuse；前287－前212）般的兇惡專橫。

蒙馬特，今日巴黎的旅遊勝地，不少各國觀光客都喜歡到此俯瞰巴黎全景的拍照熱門景點，昔日可是勞動階層的大本營。不知何故，或許是因為無法再集結更多的自衛軍兵力，公社並未在蒙馬特的側翼加派駐防，導致這裡面臨災難性的後果。正是在此，公社處決了勒孔德與托馬將軍兩位將軍，是故凡爾賽軍面對此地將完全採取報復性的攻擊與破壞行動。第一波的攻勢是猛烈的炮擊，轟天震地的炮擊將這一地區的不少建築摧毀殆盡，緊接著凡爾賽士兵們在硝煙嫋嫋的環境中，以迅雷不及掩耳的速度，展開第二波的突擊行動。

勒皮克街五十四號（54 Rue Lepic）這個路口的大轉彎處，十五年後文森·梵谷將會與親愛的弟弟西奧一同到此客居，此時的人行道上躺了二十具死屍，有些往生者軀體還遭到凡爾賽軍腰斬，慘不忍睹。往山腰處的煎餅磨坊，藝術史上因雷諾瓦的作品而聲名大噪的勝地，也發生了好幾起的屠殺，隨處可見倒臥於牆邊或溝渠的屍體，其中一名無辜的老者，被槍斃時他的忠犬仍堅守在旁不停地狂吠。

　　很難想像，今日人聲鼎沸、摩肩如雲的蒙馬特山丘，在經過凡爾賽軍澈底的掃蕩之後，整片山丘呈現出一片死寂。山腳下許多住屋都受到炮擊而崩毀傾倒，在斷垣殘壁的瓦礫堆中，僅傳來細微片段的哀號聲。山丘上更是彷彿才經歷了一場毀天滅地的浩劫，熊熊的烈火燒毀了成排的矮房，一股股濃煙火舌直奔天際，滿目瘡痍的街區杳無人煙，屍體、碎石與雜物散布各處，一派鶴怨猿啼。

　　與此同時，凡爾賽政府成立了被賦予處死士兵和平民權力的軍事法庭，這是戰爭狀態下的法庭機構，因此在判決審理上必定比起承平時期還要嚴苛，然而對凡爾賽政權而言，「**每個巴黎公社之成員皆有罪**」的觀點早已定調，因此對這些被俘虜至法庭上的疑犯，都不將其視為政敵、難民或交戰方來看待，而皆以「叛亂內亂罪」來起訴。五月二十四日，軍事法庭在夏特雷（Châtelet）成立，在往後的一週內不間段地開庭，庭審速審速決，有時過堂只須數十秒鐘，被告對被起訴的罪名無從置喙便被帶下去處決。盧堡（Lobau）軍營在一天當中槍決了不下一千人，成為了凡爾賽軍最臭名昭著的屠宰場。許多受害者也從夏特雷被押往市政廳的廢墟殘垣旁，大約每組二十人輪番受刑，殘酷的行刑隊往往不等他們站好便開槍掃射，一名女子只因腰間繫了一條紅色腰帶而被視為公社成員遭槍決。實際上，在公社統治的兩個月期間，許多群眾仍是維持正常的生活作息，不見得有參加過公社的行動或組織，**這些人民何其僥倖地撐過了普魯士軍隊的圍城行動，卻又何其不幸地死在自己國家軍隊的槍口下。**

　　巴黎西部區域的戰事已被凡爾賽政府完全底定，因此身為資產階級，一向對公社的理念與行徑並無好感的龔古爾，在忍受了兩個月的荒唐局面後，走在帕西（Passy）區街上的他，深刻觀察周遭所看到的一切：

我望見有俘虜被士兵押送著，我跨過被打爛的街壘柵欄來到路邊，只見這些俘虜正準備動身前往凡爾賽。他們人數很多，我聽到有位軍官將一份文件給上校時低聲說：「四百零七人，其中六十六個女的。」男人八人一組，手腕上繫著條繩子綁在一起，被抓的這些人多數沒戴帽子，由於上午開始雨下個不停，頭髮都黏在了額頭和臉上。有些平民就用藍格子手帕蓋在頭上。其他被雨淋透的人，有的拽著單薄的外套裹住胸部，那裡往往藏著一片麵包。這些人來自各個社會階層，有面容憔悴的勞工、身穿寬鬆夾克的工匠、頭戴社會主義帽子的中產階級、來不及換掉軍褲的的國民自衛軍軍人、兩個面色如死屍般蒼白的步兵──愚蠢、兇惡、冷漠、表情沉默。[57]

可想而知，這些俘虜將被送往毫無法治精神的軍事法庭，與在街上陣亡的那些戰士們相比，遭到俘擄只是多了一道受侮辱的程序。

　　蒙馬特被攻陷後，公社僅存第十九區的拉維萊特（La Villette）以及第二十區的貝爾維爾（Belleville，或譯美麗城）兩個據點，儘管公社成員中有人號召將兩區僅存的兵力合而為一，但在缺乏軍事權威有效的協調之下，公社戰士只能堅守在自己的社區中等待最後一刻的來臨。[58]拉維萊特與貝爾維爾這兩處也是大量勞動階級的聚集地，因此公社將在此進行最後力量的死守，儘管是困獸之鬥，卻是用盡最後一絲力量的反撲行動。

　　凡爾賽軍沿著第十一區的伏爾泰大道（Boulevard Voltaire）向第二十區挺進，路旁的商家店鋪盡皆被砸爛，有些躲藏在道路兩旁建築樓上的公社民眾，一經軍隊發現後即刻從陽臺扔了下去，每一處街壘後方都倒臥著衣衫不整的男女，**空氣間瀰漫著屍體腐爛的惡臭，巴黎從來沒有經歷過如此慘烈的景象，美麗城儼然已成為煉獄之城。**

　　蒙馬特與貝爾維爾這一帶自中世紀起即為石膏礦區，1666年發生於倫敦的一場

57　約翰・梅里曼著，劉懷昭譯，《大屠殺：巴黎公社生與死》，頁232。
58　大衛・哈維著，黃煜文、國立編譯館譯，《巴黎，現代性之都》，頁249：「在巴黎公社期間，許多人寧可以市區分界為準也不願以城牆來進行防衛，因此使得反動的軍事力量得以猝不及防地攻入巴黎。」

世紀大火，燒毀了一萬餘戶住宅與八十七座教區教堂，並且讓七萬多人無家可歸，但在這場大火中某些覆蓋著石膏的房屋卻未受到損害，此後人們認識到這種建築材料的防火性，因此巴黎東北地區這一地帶也就開始了石膏礦的積極開採作業。[59] 幾個世紀下來，這裡遍布著許多礦坑與礦山，例如第十九區著名的肖蒙山丘公園（Parc des Buttes-Chaumont），即是在奧斯曼時期利用礦山改建而城，公社僅存的戰士最後希望藉著這個區域的地形優勢，對凡爾賽軍進行伏擊。

肖蒙山丘的遭遇戰極為慘烈，儘管有著礦山有利地勢的掩護，公社戰士仍舊被猛烈的炮擊給轟了出來，凡爾賽軍至少在這裡俘擄了千餘名公社成員，最後都送往凡爾賽去接受審判。「政府在對抗貝爾維爾人上面所付出的心力，顯然要比對抗普魯士人多得多。」[60]

最後一場壯烈的抵抗戰，竟然是在哈斯蒂涅向巴黎發出挑戰的地方上演——拉雪茲神父公墓。公墓擁有四十五公頃的廣闊面積，以及綠樹成蔭的環境，讓僅存的公社成員得以在一座座精雕細琢的墓碑後安全躲藏。五月二十七日，凡爾賽軍砸毀了公墓大門，以人海戰術蜂擁而入。雙方在兩百年來巴黎眾多先人的長眠之地進行激戰，為了尋求掩護，不少墓碑或塑像都遭到槍彈擊碎震裂，這裡原本應是最為寧靜祥和之處，卻成了喊殺震天的沙場。巴爾札克的墳上有一尊他的半身頭像，墓碑前方放著一本厚重的《人間喜劇》石雕，故去多年的他永遠無法料到，數百挺步槍在他的墳前猛烈地射擊著，還有些人持槍展開白刃肉搏戰，鮮血四濺。隨著凡爾賽軍源源不斷地擁入，公社戰士逐漸不支，一個個相繼倒在墳堆墓碑之間，激戰過後的倖存者都被俘擄，然而他們已經無法再走出公墓去接受審判了。總計一百四十七名被俘擄的公社成員都被集中到北面的圍牆邊，側邊有一道挖得極深的壕溝，成員們排成了兩列靠牆站立，兇殘的凡爾賽軍瘋狂地向這些公社戰士掃射，斃命者紛紛跌進壕溝裡，隨著一陣陣的煙硝飄散，巴黎公社的歷史在此畫下了句點。時至今日，參訪拉雪茲神父公墓的人們，還能在墓園的角落找到這堵「公社之牆」（Mur

---

[59] 美國白宮以及自由女神像基座的石膏原料，也是開採自此。參閱Alain Clement, Gilles Thomas. *Atlas du Paris souterrain: La doublure sombre de la Ville lumière.* (Paris:Parigramme, 2001) , p.88.

[60] 大衛‧哈維著，黃煜文、國立編譯館譯，《巴黎，現代性之都》，頁333。

des Fédérés）與紀念碑，在紀念碑上方鑲嵌著一塊「1871年，五月二十七－二十八日」的石牌，作為巴黎公社事件中「血腥的屠殺週」（*La semaine sanglante*）永遠的見證與控訴。[61]

　　百餘年來不少研究者皆深信，**整起公社的大屠殺事件乃事先計畫好的**，當時凡爾賽軍令人髮指的行徑也遭到各國媒體的抨擊撻伐，「認為大屠殺不僅僅是『針對公社社員實施的殘酷鎮壓』。它針對的是『所有巴黎人，而非僅僅是公社的擁護者』。自1572年發生天主教徒屠殺新教徒的聖巴托羅繆日（Saint Bartholomew's Day）大屠殺以來迄今，在首都還從未再見過類似狀況」，[62]甚至將矛頭指向當時執政者梯也爾。遺憾的是，**梯也爾的餘生始終辯解屠殺並非出自於他的命令，造成血腥的悲劇也不是他所能預見**，但這套說詞或許只能說給三歲孩童聽聽，試問屠殺若非出自他的本意，那麼整整「血腥的屠殺週」七天的時間他在做些什麼？顯然，**梯也爾沒有勇氣面對歷史，面對該負起的責任**，百餘年前的法國還沒有所謂「轉型正義」的概念，但雨果所評價的這位「完全意義的小人」卻持續擔任了第三共和的總統。[63]**正義無法轉型，公理無法實現**，法國政局與社會也因此陷入無可自拔的糜爛當中，直至下一個世紀將得到應有的懲罰與付出代價。

---

[61] 這是巴黎公社事件裡，至今最惡名昭彰的一堵牆。據約翰‧梅里曼著，劉懷昭譯，《大屠殺：巴黎公社生與死》，頁238：「丹尼斯‧阿瑟‧賓漢（Denis Arthur Bingham）在大屠殺後去公墓看了，他看到墳墓被炮彈炸開了。那些就地處決留下的屍體就暴露在光天化日之下，任人打量。賓漢估計，有一條長溝裡躺著八百具屍體，另一條溝裡也有三百具，多數都是在靠近公墓的一堵牆的地方。他注意到：『多數死者的表情都是震驚和悲憤交加的，令人觸目驚心。那景象如此可怕，令我惶惶然拔腳就走。那一幕縈繞了我很久時間。』……可怕的步槍齊射，可怕的一梭梭子彈，與老式槍搭搭作響的嘈雜聲交織在一起，明明白白地訴說著大規模的屠殺，……財產、宗教和社會再一次獲得了拯救。」以及，卡爾‧馬克思著，中共中央馬克思恩格斯列寧斯大林著作編譯局譯，《法蘭西內戰》，頁11如此評價：「這堵『公社戰士牆』至今還矗立在那裡，作為無聲的雄辯見證，說明一旦無產階級敢於起來捍衛自己的權利，統治階級的瘋狂暴戾能達到何種程度。」

[62] 前引書，頁226。

[63] 卡爾‧馬克思著，中共中央馬克思恩格斯列寧斯大林著作編譯局譯，《法蘭西內戰》，頁39-43這樣評價梯也爾：「梯也爾這個侏儒怪物，將近半個世紀以來一直受法國資產階級的傾心崇拜，因為他是這個資產階級的階級腐敗的最完備的思想代表。還在他成為國家要人以前，他作為一個歷史學家就已經顯露出說謊才能了。他的政治生涯的記錄就是一部法國災難史……。梯也爾始終不忘的，只是對財富的貪得無厭和對財富生產者的憎恨，……梯也爾是一個謀畫政治小騙局的專家，一個背信棄義和賣身變節的老手，一個在議會黨派鬥爭中施展細小權術、陰謀詭計和卑鄙伎倆的巨匠；在野時毫不遲疑地鼓吹革命，掌權時毫不遲疑地把革命投入血泊；他只有階級偏見而沒有思想，只有虛榮心而沒有良心；他的政治生涯劣跡昭彰，他的私生活同樣為人所不齒。」

巴黎公社之牆

　　自「血腥的屠殺週」開始，除了軍隊任意在巴黎各區街巷施暴之外，令人不寒而慄的是，**巴黎城內興起了一陣白色恐怖的社會亂象，凡爾賽當局接獲民間舉報的公社成員亂黨分子共有三十多萬件，這是一個極其駭人的數字**。被舉報的嫌疑人事實上都很難坐實是否曾參與公社相關活動，當中許多人只純粹因為藉機發洩私憤、企圖解決債務或衝突，甚至貪圖舉報獎金而來，倘若凡爾賽當局一時不察，接受了這些舉報案件的指控，可想而知將會造成許多冤案與枉殺的悲劇發生，因此在當時的巴黎群眾除了會產生是否隨時遭到軍隊施暴的隱憂之外。還因這股甚囂塵上的告密之風而時時提心吊膽，一時之間人人自危，草木皆兵。

　　實際上，凡爾賽當局以及轄下的軍事法庭，其一貫的立場也確實不想嚴正查明這些投訴案件，從社會階層的意識形態看來，**他們寧可相信每個巴黎人或多或少都**

涉入了公社的運動當中。[64]代表資產階級利益的凡爾賽政府，在歷經了巴黎公社事件後，更加地敵視社會主義分子與無政府主義者，當局甚至認為過多的外移者導致了群眾策畫革命，並使**巴黎在往後的一個多世紀的時間裡沒有市長一職**。路易・瓦倫丁（Louis Valentin）將軍，梯也爾所任命的巴黎警察署長，就大言不慚地表示：「**居住在公社治下的巴黎本身就是犯罪。每個人該受到譴責，如果我有辦法的話，每個人都將受到懲罰。**」[65]在今天看來，這是一段充滿威權觀念與階級意識，且毫無法治概念的可恥言論，遺憾的是在當年這樣的人當上了警察署長，**具有相同觀念想法的人充斥了整個凡爾賽政府，這不僅僅是巴黎人民的悲劇，也是法國歷史進程的一段悲劇。**[66]

百餘年來，整起巴黎公社事件的死亡者數字始終眾說紛紜，有說兩萬至三萬人，甚至也有將近五萬的數據，之所以無法得到一個精確的統計數字，也在於巴黎各區的區政廳因內戰的炮火攻擊，許多戶籍檔案個資皆付之一炬，以至於第三共和政府永遠無法有效地做出統計比較。當然，或許第三共和是否確實有心做這樣的統計調查，也是值得討論的問題。往後數年，有萬餘人相繼受到處決、關押或流放的刑責，其中有五千人被流放到南半球遙遠的新喀里多尼亞，[67]整起事件影響了成千

---

[64] 巴黎公社事件的發生以及隨後凡爾賽當局的大屠殺行動，背後存在著極為深刻的階級對立意識形態。參閱大衛・哈維著，黃煜文、國立編譯館譯，《巴黎，現代性之都》，頁257：「在一個工人階級占多數的城市裡，要求自治體自治的呼聲相當高昂，如果說當時不存在階級利益幾乎沒有人會相信。如果巴黎公社只是要求自治體自由，為什麼共和派資產階級（資產階級多半支持共和主義）要如此迅速地逃離巴黎，為什麼君主派分子（長久以來，這些人一直努力爭取政治分權）會組成軍事領導核心在1871年五月血腥周中將公社成員當成『紅色分子』而予以殘殺？」

[65] 約翰・梅里曼著，劉懷昭譯，《大屠殺：巴黎公社生與死》，頁257。

[66] 不僅是官方的對巴黎公社事件的立場有著強烈的階級與威權意識，當時的主流媒體評論也時常流露出相同的看法，連帶影響了社會主體意識。例如代表右派的法國第一大報《費加洛報》（Le Figaro）如此評論公社：「巴黎仍有五萬多名武裝分子，⋯⋯什麼是共和分子？野生動物而已，⋯⋯過去二十年來，巴黎已經被道德壞疽腐蝕得爛透了，如今是千載難逢的治癒的時機，⋯⋯姑息邊就無異於喪失理智，⋯⋯來吧，高尚正直的人們！幫我們消滅這些民主和社會主義害蟲。」在第三共和時代，時常可見這些主流媒體與刊物以煽動偏激的語言，刺激並加深社會階級的矛盾與衝突。參閱前引書，頁259-262。

[67] 新喀里多尼亞（Nouvelle-Calédonie），位於澳洲東北部，是法國在大洋洲的屬地。1774年，英國航海家詹姆士・庫克（Captain James Cook, 1728-1779）發現此島，因該島形似蘇格蘭的風光，故庫克船長遂以蘇格蘭古羅馬時期的拉丁語名稱喀里多尼亞（Caledonia）命名。1853年新喀里多尼亞島成為了法國殖民地，直到二戰後升格為法國海外領地。儘管該島百餘年來皆受到法國文化的強勢影響，但近年來在教育、稅收與交通等地方行政上的權力也逐漸獲得自治，因此獨立的呼聲也開始升高。2018年十一月四日以及本書出版前的2020年十月四日，新喀里多尼亞舉行了兩次獨立公投，最終結果均為暫

上萬巴黎民眾的生活，也使眾多的家庭流離失所。

此外還應該注意的是，在巴黎公社短暫的兩個月統治期間，一度被壓制的教會力量又在第三共和時期死灰復燃，他們藉著大主教達爾博伊之死強力抨擊公社的惡行，試圖重塑其社會與經濟優勢地位。1875年，教會開始興建一座兼具永恆紀念碑式的教堂，他們認為要使「這座教堂代表公眾的悔恨和補償，它將矗立於我們之中，對那些為了榮耀邪惡與不虔誠的紀念性建築與工程表示抗議」，[68]這就是位於蒙馬特山丘上的聖心聖殿（Basilique du Sacré-Cœur，簡稱「聖心堂」）。聖心堂在百餘年後的今日是各國觀光客到蒙馬特必定造訪的勝地，教堂前方的廣場總是擠滿了俯瞰巴黎全景的遊客，許多民眾排隊魚貫進入教堂裡參觀那面全巴黎最大的穹頂壁畫，但卻很少人明瞭**這座建築物代表了仍追求君主制復辟的教會以及保守的共和派之間的聯繫**。這裡始終是左派分子的眼中釘，1971年當巴黎公社事件百年紀念時，不少示威者持紅布條闖入抗議，嘲諷這座建築在公社成員屍體上，試圖抹滅公社集體記憶的教堂。絕大多數的遊客更毫無知悉，**這座教堂始終對巴黎本地的勞動階層群眾不具任何的吸引力，其本身所代表的耶穌聖心之崇拜容易使巴黎人聯想到舊體制的威權崇拜**，「自由、平等與博愛原則的信仰者也很少迷戀聖心崇拜」，[69]也因此百餘年以來這裡僅能以觀光的性質招徠訪客。

巴黎公社短暫的兩個月統治期間，建立了人類歷史上首次的無產階級政權，馬克思讚美「巴黎戰勝普魯士侵略者，無異是法國工人戰勝法國資本家及其國家寄生蟲」，[70]認為這是無產階級向資產階級發出挑戰的先聲，[71]也揭示著未來一個世紀裡全球歷史將依循這個課題持續運轉著。左派史家E. J. 霍布斯邦也以肯定的態度評價巴黎公社的精神力量：

不獨立，最新數據由該地親法的選民贏得百分之五十三點二六的選票。根據1998年法國與新喀里多尼亞雙方所簽署的《努美阿協議》（Nouméa Accord），在2022年之前該島應該會再舉行最終的獨立公投，後續發展值得繼續關注。

68　大衛‧哈維著，黃煜文、國立編譯館譯，《巴黎，現代性之都》，頁343。
69　前引書，頁327。
70　卡爾‧馬克思著，中共中央馬克思恩格斯列寧斯大林著作編譯局譯，《法蘭西內戰》，頁36。
71　列寧則認為這是一場「受壓迫者的慶典」（festival of the oppressed），參閱Vladimir Ilyich Lenin. *Two Tactics of Social-Democracy in the Democratic Revolution.* (New York: International Publishers,1989).

巴黎公社的重要性不在於它取得了什麼成就，而在於它預示的信息：作為一個象徵它確實十分可怕，但作為事實則不然。巴黎公社在法國以及（透過馬克思）國際社會主義運動中產生了無與倫比的神話，一個直到今天還響徹雲霄的神話。……巴黎公社是異乎尋常的、重要的、激烈的、悲壯的，但也是十分短暫的，大多數嚴肅的觀察家都認為它注定會失敗。巴黎公社是由城市工人造反所成立的政府，公社的主要成就是它確實是個政府，儘管它只存在不足兩個月，……雖說巴黎公社並沒有嚴重威脅到資產階級秩序，但光是它的存在就足以把資產階級嚇得魂不附體。[72]

　　不過，知識界與文化界也有對於巴黎公社事件給予負面評價者，例如福樓拜就認為「公社是中世紀陰魂的最後一次出現，但願這是最後一次」，而雨果則較持平地表示反對公社的屠殺行為，卻也認為世界的「未來誕生於此」，他厭惡法國人民之間的相互仇殺，「這邊是法國，而那邊也是法國！住手！你們的勝利只能夠帶來苦難。每一次法國人向法國人發射炮彈——因為謀殺罪都會有一個水落石出——向前面撒下死亡，在後面留下恥辱」。[73]在雨果看來，「凡爾賽有管區，巴黎有公社，但在他們之上，高於一切，有一個法蘭西」。[74]

　　巴黎公社事件可以說是二十世紀「亞美尼亞種族大屠殺」（Armenian Genocide）[75]之前所發生的最嚴重的屠殺事件，美國學者約翰・梅里曼（John Merriman）總結整起事件：「如果1871年的巴黎公社可以被看作十九世紀最後一場革命，那麼國家隨後進行的血腥的、系統化的鎮壓就無異於放出了二十世紀的惡魔」，[76]換句話

---

[72] E. J. 霍布斯邦（E. J. Hobsbawm）著，張曉華等譯，《資本的年代》（The Age of Capital: 1848-1875，臺北：麥田出版社，1997），頁241-242。

[73] 安德列・莫洛亞（André Maurois）著，程曾厚、程千澤譯，《雨果傳：奧林匹歐或雨果的一生》（Olympio ou la Vie de Victor Hugo, étude historique et biographie，杭州：浙江大學出版社，2014），頁532-533。

[74] 轉引中央電視臺《大國崛起》節目組編著，《法國》（北京：中國民主法制出版社，2006），頁178。

[75] 亞美尼亞種族大屠殺（Armenian Genocide），1915年至1917年發生於土耳其對其轄境內亞美尼亞人所進行的種族屠殺，受害者數目達到一百五十萬人。遺憾的是，至今土耳其當局仍不願承認這是一場有計畫性的謀殺事件。

[76] 約翰・梅里曼著，劉懷昭譯，《大屠殺：巴黎公社生與死》，頁281。

蒙馬特山丘上的聖心堂

說，這起事件也預告了二十世紀將會迎來「國家恐怖主義」（State terrorism）的
腥風血雨。

　　1871年八月，梯也爾續任第三共和國總統，兩年後由君主派的麥克馬洪（
Marie Mac-Mahon, 1808-1893）將軍接任，此二者皆為鎮壓巴黎公社起義的元
凶，但**他們從未對這起事件負起該負的責任，終身均迴避相關事件的討論**。以當
代轉型正義（Transitional Justice）的角度視之，在真相調查以及對加害者的審判
（公布罪名）方面，[77]一個多世紀以來，仍是法國執政當局無法澈底落實的難題。
而正因當初的第三共和政府無法堅持正義，無心面對屠殺行為的原罪，社會階層的

---

[77] 與巴黎公社相關的紀念標的物很多，例如Plaque-Commune-Narbonne 1871、Le siège de l'association des amis
de la Commune de Paris等處。還須注意的是，在2016年十一月，法國議會通過了對巴黎公社所有成員
名聲平反的決議，認為當時的公社是為了爭取「自由」的理念而戰（參閱https://www.lemonde.fr/societe/
article/2016/11/30/l-assemblee-rehabilite-les-communards-victimes-de-la-repression_5040565_3224.html）。

矛盾、種族歧見的擴大，乃至國家體制的沉痾腐敗，也隨之每下愈況，世紀末那場造成國家族群分裂的「德雷福事件」浩劫，亦在此種下禍端。

　　最後，令吾人稍感寬慰的一點在於，梯也爾之名從此將被歷史釘在恥辱的柱上，在今日滿布著歷史紀念雕像的巴黎各個街區裡，遊人絲毫看不到任何一尊這位獨夫的紀念雕像。[78]

＊　＊

◑ 時空遊覽 ◐

　　本章講述了許多巴黎公社起義事件的紛擾，想必讓許多讀者感到分外沉重，也因此在這裡我們岔開話題，聊一件與巴黎公社有關的藝術史小插曲。

　　1886年二月，時年三十三歲的荷蘭畫家文森・梵谷由比利時來到巴黎，與他最親愛的弟弟西奧同居。此時距離巴黎公社起義那件悲劇已不知不覺過了十五年的時間，兄弟兩人居住在蒙馬特的山腰勒皮克街五十四號，正是昔日曾發生過血腥屠殺的路口。

　　文森來到巴黎後，正好趕上了印象派第八次的聯合展覽，這也是印象派的最後一次聯展。這項展覽對始終在繪畫道路上摸索，尚未成功走出自我風格的他而言，產生了極大的衝擊。儘管印象派本身在色彩的調和、濃抹與快速鬆散的筆法，不見得是文森所欣賞的，但經由畫商弟弟西奧的介紹，他認識了秀拉、畢沙羅與席涅克，這幾位畫家正在嘗試以科學的方法，將原色以互補色的方式透過視網膜重新對焦調色，藉此形成更高純度的色彩感受的「點描法」（Pointillism，又稱分光畫派或新印象派），文森對此產生極大的興趣，並時常與這幾位畫友學習切磋。

　　對文森而言，花都巴黎向來有奪目迷人的斑斕色彩，這是文森之前在北方荷蘭與比利時一帶很難觀察到的，更難能可貴的是，此時的巴黎藝文活動鼎盛，不少歐洲著名的畫派以及活躍的畫家、個人工作室皆集中於此，文森彷彿選擇來到這座五花八門的大城市修行，像一

---

[78] 說來遺憾，在第九區的巴黎第九大學（Université Paris-Dauphine）附近，仍有一條僅五十公尺的小巷弄以梯也爾街（Rue Thiers）為名，這條巷弄會坐落在巴黎西部地區或許並不讓人那麼意外。諷刺的是，與這條梯也爾街相交的馬路是以一向看不起他的人為名之大道——維克多・雨果大道（Avenue Victor Hugo）。

塊海綿似的急切吸收一切的見聞，印象派理論、點描畫派技法、羅浮宮歷代佳作……，這個時期的文森是正向積極、歡欣喜悅的，而這樣的愉悅之情也不時流露在他的作品當中。

目前收藏於羅丹美術館（Musée Rodin）的作品《唐基老爹》（*Père Tanguy*），是文森由原本在荷比時期的暗鬱深沉的色調風格，轉為巴黎時期的明亮炫目代表作之一。朱利安·唐基老爹（Julien Tanguy, 1825-1894），出生於波旁復辟時期的布列塔尼，於1870年代末期在蒙馬特山丘下的克羅澤街（Rue Clauzel）開設一間經營美術用品與經銷的商店。唐基老爹與印象派的畫家們過從甚密，畫家們時常到他的店裡光顧，甚至在經濟拮据時還能向老爹賒帳，豪邁爽朗的老爹非但不以為意，還將許多畫家們的作品掛在店內牆上藉機向其他顧客推銷。百餘年來，唐基老爹的名字已經牢牢地跟印象派畫家相連在一起，不少介紹印象派的書籍甚或電影，都會附帶提到這位重要的藝術推手。

由於唐基的店距離梵谷兄弟的住處不遠，因此文森在巴黎時期也時常到克羅澤街拜訪老爹，這時的唐基已是位年逾花甲的和善老者，但在他青壯年時期卻是一名血氣方剛的巴黎公社成員，還曾擔任過當時第一區所選出來的區代表，[79]公社覆滅後唐基遭到了關押與流放，但總算逃過了死劫。後來經政治家也是藝術家的友人杜瓦爾營救[80]獲得釋放，在滿腔的熱血夢想破滅後，於克羅澤街開設了這間藝術用品商店，打算安享晚年。

只不過，青壯年時期的際遇對他仍舊產生了不少影響，唐基老爹畢生信仰無政府主義思想，參加過公社的他堅持社會公義，反對貧富差異，主張應該消弭一切的階級意識。儘管他曾獻身的理想最終化為泡沫，他也因年老體衰而淡出社會運動，但經營小店鋪的老爹仍時時

---

[79] 李平漚、狄玉明編譯，《巴黎公社公報集·第一集》，〈1871年四月三日〉，頁347、〈1871年四月八日〉，頁522。

[80] 杜瓦爾（Armand Félix Marie Jobbé-Duval, 1821-1889），學院派畫家，最著名的代表作是在雷恩（Rennes）的布列塔尼議會（Parlement de Bretagne）建築裡的壁畫。杜瓦爾還長期擔任巴黎市議會第十五區的議員代表，身為共濟會分子的他時常熱心公益，響應社會服務運動。值得一提的是，法國在2015年流出了一張群體照的老相片，推測應拍攝於1887年左右，在這張相片當中除了白髮皤皤的杜瓦爾外，還有後來知名的影評家、導演安德烈·安托萬（André Antoine, 1858-1943）、那比派畫家埃米爾·貝爾納（Émile Bernard, 1868-1941）以及後印象派畫家保羅·高更（Paul Gauguin, 1848-1903）。然而引發人們好奇的是，在相片當中左邊數來第三者，嘴裡叼著煙斗的男人，被認為就是成年後極少相片傳世的文森·梵谷本人，至於真實性為何，目前仍眾說紛紜，無法判定。
https://fr.wikipedia.org/wiki/Armand_F%C3%A9lix_Marie_Jobb%C3%A9-Duval#/media/File:VAN_GOGH,1887_(third_from_left)_with_GAUGUIN,_Emile_BERNARD,_F%C3%A9lix_Jobb%C3%A9-Duval_and_Andr%C3%A9_Antoine.jpg

關懷窮人、照顧弱勢者，足見他心中的熱血精神依舊不減。老爹的名言是：「每天花用的生活費超過半法郎以上的，就是個混蛋！」唐基老爹的豪邁與良善，與文森一向同情勞動階層、妓女與窮人等弱勢族群的理念不謀而合，兩人很快便成為了忘年之交，彼此惺惺相惜。

藉由與唐基老爹的交往，文森對店內所收藏的日本浮世繪深深著迷，先前他在比利時就已對浮世繪有所知悉，然而到了巴黎後有更多的機會接觸這類東洋風格的作品。有別於傳統的西方美學概念，浮世繪以不同的透視結構，不同的色彩線條，以及不同的文化景觀，讓文森與當時多位印象派畫家感到新奇且沉醉。文森並非受西方美術學院的科班訓練出身，也因此反而能使他不受傳統藝術理論與技法所圍，敞開心胸、不帶成見地去包容各種文化視覺表達經驗。

細看這幅《唐基老爹》，畫中的老爹交疊著雙手，神色自若，背後的牆上琳瑯滿目地陳列著他所收集的日本浮世繪。這幅肖像畫的表現手法如同當時的攝影正面對焦技術，將人物包圍在眾多能說明其身分的元素當中，強調了人物的身分概念。如果以傳統西方透視概念的觀點來看，會察覺畫中主角與背後的浮世繪之間缺乏角度與透視深度，然而文森在這幅作品中刻意以疊加交錯的東方筆觸與視角來呈現出人物的內在特質，卻是這幅作品的不凡之處。

時常在唐基老爹的店裡流連的文森，也藉此機會認識了不少常來光顧的青年畫家，如貝爾納與羅特列克（Henri de Toulouse-Lautrec, 1864-1901）等人，這幾位正在巴黎學習修行中的畫家，一見如故，互動也逐漸熱絡，有了更多彼此切磋砥礪的機會。值得注意的是，每回文森與其他畫家的交往過程中，都能擴大他的視野以及學習新的技法與觀念，在不久的將來，他將會接受羅特列克的建議，前往南方的普羅旺斯作畫，為自己的繪畫風格開創一條新的道路。

從事多年顏料商以及藝術品經銷的唐基老爹，不僅在文森短暫的藝術人生中扮演關鍵性的輔助作用，他也非常肯定這位好學、良善、技巧不拘一格的年輕人，老爹對文森而言就像一位理想化的勞動階層，兩人同樣都關懷社會底層的弱勢，文森也從老爹的口述得知了不少昔日公社時期的理念與非凡的過往，而老爹對印象派畫家的一貫支持態度更是讓文森感到無比的溫暖。

很遺憾，最終文森早逝的結局讓老爹感到心痛不已，他曾在文森逝去後沉痛地表示：

唉！可憐的文森！真不幸，實在太不幸了！像他那樣的天才畫家！又是這麼好的小伙子！我再讓你看看他一些傑作！可不是嗎？這些都是沒話說的傑作，……還有很多很多！真美，是不是？我看著看著就難過，真想哭！再也見不到他了，米爾博先生，我們再也見不到他了！這事我簡直沒法兒接受！高更先生那麼喜歡他！簡直比死了還難過！

看看這天空！這樹！畫得可真好。還有這兒，……這兒！顏色多好，多有氣勢！像他這種人怎麼能死？你說，有沒有天理？……他上次來，就坐在您現在這個位子上！他看起來很傷心，我跟我太太說：「文森太悲傷了，……他的眼睛專注在遙遠的地方。他腦子一定還沒有完全好！」可憐的文森！

您一定沒有見過他的鳶尾花，那是他最後的幾幅畫之一。實在太好了！我一定要拿給您看！您知道，對於花的感覺沒有人像他那樣！他對什麼都有感覺，可憐的文森，他的感覺太過敏銳了！所以他才會想要表現那些畫不出來的東西！我去找那張《一盆鳶尾花》。畢沙羅先生看那張畫看了好久，還有其他那些人，他們都說：「文森畫中的花好像公主。」沒錯，的確有那種味道！[81]

唐基老爹懷著對文森的追憶和悼念喟然長嘆，他是早期慧眼獨具能看重文森才華的人，早在其聞名於世的數十年前，就在店裡擺滿了這位青年藝術家的作品。**對社會議題的關注，以及對弱勢族群的同理心，讓他們成為了無話不談的忘年之交，在彼此的生命裡留下深刻的印記。**文森離世後的第四年，年近七旬的老爹跟著走了，直到生命終結的最終時刻，他始終惦念著當年這位懷抱熱情與天分的青年藝術家。

從巴黎公社的血腥屠殺浩劫下餘生的唐基老爹，晚年仍舊不改早年的社會關懷與爽朗性情，供給了眾多藝術家的創作工具，更滋潤了他們藝術創作中的人道精神與純真心靈。

今日在皮加勒廣場（Place Pigalle）附近的克羅澤街十四號（14 Rue Clauzel），唐基老爹的舊店鋪在百年後依然存在著，這是一間專營日本版畫與浮世繪相關作品的小藝廊。訪客

---

[81] 轉引拙著，《直到我死去的那一天：梵谷最後的親筆信》，頁390-392。

可在店門口上方所鑲嵌的紀念石牌上，清楚看到文森‧梵谷以及高更、塞尚、羅特列克、雷諾瓦、貝爾納……多位知名偉大藝術家的大名鐫刻於上，**這裡是臺灣眾多旅遊書籍與部落客從未提及的地方，但卻是唐基老爹在歷史上為藝術創作者們永遠留下的一個值得紀念的小天地。**

　　讀者不妨嘗試下回拜訪巴黎時，抽空路過這間可愛的小店鋪，相信在踏進門口的那一步，您會與筆者懷著相同的緬懷與感動……

克羅澤街十四號，唐基老爹的舊店鋪在百年後依然存在著

6

左拉的巴黎

1850年代，是巴黎脫胎換骨的新紀元，奧斯曼大刀闊斧地將整座城市由中世紀遺留的景象，改造為現代化城市的韻致，即便後來歷經了巴黎公社事件的毀損，但第三共和政權依舊沿襲了第二帝國奧斯曼的建設藍圖，將整體的都市造景與交通網絡等硬體設施完善提升，直至世紀末舉辦世界博覽會之際，成功展示了巴黎令人稱羨的「美好年代」在世人的眼前。

遺憾的是，1850年僅以五十一歲的壯年逝去的巴爾札克無緣見到經奧斯曼整建過後的現代巴黎，倘若天假之年，《人間喜劇》順利完成，至少巴黎的蛻變過程以及第二帝國時期的人文風貌與時尚，巴爾札克勢必能劓切地描繪另一幅嶄新的巴黎畫卷。

1858年，一名青年由法國南部的普羅旺斯艾克斯（Aix-en-Provence）風塵僕僕地來到了巴黎，由於家境清貧致使他年幼失學，時值十八歲的他這時才要來到巴黎就讀高中。儘管巴黎是他的出生地，但因為童年成長時期皆在南法度過，因此這座大城市對他而言顯得格外陌生，自幼觀察力敏銳的他在顛簸的馬車行進途中，聚精會神地觀察這座城市：

> 我還記得，當我年紀很輕，初次坐馬車到巴黎的時候，我曾在那裡感到我一生最刺心的失望。我原來試想能看到連綿的宮殿，可不料在兩三公里之內，笨重的馬車仍然在醜陋的建築、不像樣的小酒店、可疑的房屋中間滾動，兩旁的景色絕對像鄉下的一個小村莊。接著，我們進入了黑暗的巷道。巴黎的外貌，簡直比我們剛離開的那個小城，還要狹隘、還要陰慘。[1]

---

[1]　埃米爾・左拉（Émile Zola）著，畢修勻譯，〈到鄉間去〉收錄於《蒲爾上尉》（*Le Capitaine Burle*，上海：上海錦繡文章出版社，2013），頁162。

此正值奧斯曼的巴黎改造之際，大興土木的市容想必絕不會令人賞心悅目，對自小在南方生長的年輕人而言，巴黎曾經擁有拿破崙的偉業與波旁、七月王朝的奢華，凡此種種都是由書本、口耳相傳的刻板印象，也因此親眼目睹如此醜陋不堪，狹隘陰慘的情景，會顯得如此失落。

此刻，這名少不更事的青年無以預料，他的命運從此將和這座大城市緊密相繫，此後的四十年間他將以揮灑淋漓，胸羅錦繡的文筆，延續巴爾札克未竟的經國偉業，呈現出巴黎在十九世紀下半葉的人間世態、森羅萬象，他是埃米爾・左拉（Émile Zola, 1840-1902）。

儘管左拉畢生都將與巴黎這座城市有著千絲萬縷的關係，但他的身世以及生活經歷也極富傳奇性的色彩，因而必須從他身上所遺傳的義大利豪邁多情血統談起。

左拉的生父是威尼斯人弗蘭索瓦・左拉（François Zola, 1795-1847），早年曾於帕多瓦大學（Università degli Studi di Padova）進修，取得了工程師文憑資格，曾參與過奧地利的貝德威斯到林茲（Budweis-Linz）之間鐵路的鋪設工程，這是歐陸史上第一條的鐵路工程（1825）。隨後，弗蘭索瓦先後擔任義大利炮兵團與法國外籍兵團的軍官，遠赴北非阿爾及利亞前線，增添了不少閱歷及視野。遺憾的是，弗蘭索瓦在外籍兵團期間與德籍軍官之妻大搞婚外情，旋即東窗事發，被感情一時沖昏頭的弗蘭索瓦遭到軍方開除，落得了身敗名裂的窘境。

幾經考慮後，弗蘭索瓦決定赴法國南部另起爐灶，投身於公共建設的事務，他在馬賽擔任了多年的工程建築師，並在1839年於巴黎和來自杜爾當（Dourdan）的女子愛蜜莉・奧貝爾（Émilie Aubert, 1819-1880）結為連理，這對年紀相差了二十三歲的夫婦鶼鰈情深，隔年就擁有了共同愛的結晶埃米爾・左拉。

1843年，弗蘭索瓦帶著全家移居到普羅旺斯的艾克斯城定居，多年前，他觀察到這座南方古城每到夏季總會鬧水荒，作為一名懷抱雄心壯志的工程建築師，他提出了要在艾克斯附近的聖維多克山建造水渠引水進城的計畫，將能一勞永逸地解決長年的缺水問題。只不過由於該項工程有著相當難度，所費不貲，使得七月王朝政權在接下來的幾年內遲遲不肯核准該計畫。弗蘭索瓦為此殫精竭慮，到處苦心遊

說，終於在1844年獲得政府允諾，與他成立的水渠開發公司簽訂了建渠的合作協議。說來實在諷刺，為了一展長才，多年來弗蘭索瓦到處遊說請託，直到最後發揮關鍵作用，促使七月王朝贊同該項興利地方建設計畫者，便是後來巴黎公社屠殺事件中的首謀──梯也爾。

年幼時的左拉時常跟隨父親前往施工現場督導，他仍依稀記得工地上的父親像個沙場上指揮若定的將軍，無論在丈量土地、炸山開石方面，都是那麼地從容不迫，氣定神閒，這是左拉兒時對景仰的父親最深刻的形象，卻也是最後的形象了。

艾克斯的水渠工程在1847年二月份開工，弗蘭索瓦幾乎夜以繼日地在工地操勞著，冬季的普羅旺斯吹著旺盛的密斯托拉風，[2]再加上連日酷寒的冬雨，使得弗蘭索瓦的體能逐漸透支。最終，由於炸藥引爆中引發了一些問題，弗蘭索瓦本人須前往馬賽解決，但一路的顛簸再加上旅途受到的風寒侵襲，使得他在馬賽的旅店裡倒了下來。高燒不退的弗蘭索瓦經當地醫生的診治，認定是感染肺炎，而且凶多吉少，旅館主人連忙設法通知弗蘭索瓦的髮妻愛蜜莉，得知丈夫病危的她頓時五雷轟頂，她完全不敢相信年輕時曾擔任過軍官，強健如牛，多年來走遍南法各城市的丈夫竟會猝然病倒。六神無主的愛蜜莉即刻帶著七歲的小左拉趕往馬賽，好不容易來到了氣息奄奄的弗蘭索瓦身旁，即便母子兩人在病榻旁輪流細心呵護，弗蘭索瓦仍舊在三月二十七日嚥下了最後一口氣。

禍不單行，當這對母子仍沉浸在哀痛逾恆的情緒當中時，由弗蘭索瓦所成立的水渠開發公司，趁著集資者猝逝之時，大小股東紛紛跳出來興風作浪，威脅對財務一竅不通的愛蜜莉讓出股權，否則將與未亡人對簿公堂。可憐的孤兒寡母只得將弗蘭索瓦生前苦心積攢的一些家底盡數抵押給對方，生活登時陷入窘蹙的地步，愛蜜莉還曾帶著年幼的左拉搬往城外的貧民區，過了一段桑樞甕牖的歲月，後來幸好得到愛蜜莉娘家的周濟，才足以勉強安穩度日。

2　所謂的密斯托拉風（Mistral），其形成原因是在冬季時，大西洋上的亞速高壓和歐陸的溫帶氣旋兩者互相牽引，使得法國境內有股從北往南的冷冽空氣吹送，最明顯的位置便是法國東南部的隆河谷地。隆河谷地的地勢是北高南低，因此就形成類似落山風的下坡風，再加上狹窄谷地所產生的山谷效應加速，風速強而冷，時常造成寒害，這股風乾燥強大，使得隆河谷地的氣候較不穩定，當地農人混種多種類葡萄，而這裡的葡萄收成後所釀成的酒也較其他區域來得特別。

令母親愛蜜莉還十分煩憂的是，年滿七歲的左拉大字不識，連講話的發音都口齒不清，在她看來，身為卓越工程建築師之子的小左拉，即使日子過得再困頓，也不能耽誤了學業，丟了弗蘭索瓦的面子。於是母親將小左拉送往專收貧困學子的市郊小學校，儘管這間學校設備落後，師資也不齊，但愛蜜莉仍舊努力為人幫傭貼補家用，期望將小左拉培育為一個人才，望子成龍的心情十分殷切。

不過，左拉的兒童時期的表現確實乏善可陳，直到十二歲的他依舊無法正確讀寫，無人能料到這個孩童將來會是個大作家，甚至在身後會入祀法國先賢祠備受榮耀。此時的愛蜜莉僅唯恐兒子在城郊的小學校無法得到妥善正規的教育，遂向市政府以「先夫曾對艾克斯市做出貢獻」的名義，申請一筆獎助學金，意外地得到了批准，欣喜之餘的愛蜜莉遂將兒子送往艾克斯城內的波旁中學就讀，相形之下這裡的校風與教學都嚴格許多，只不過家境清寒且程度較差的左拉到了這裡卻備受同儕排擠，生性靦腆、不善言詞的他時常受到校內許多闊少的惡作劇欺侮。

就在左拉屢次受到同學霸凌時，終於有人挺身而出了，一名皮膚黝黑、濃眉大眼的高個男同學，勇敢上前將欺侮左拉的那幫人打得落花流水，令在旁的左拉一時間瞪著眼睛說不出話來。從此，凡是有同學想要霸凌左拉，這位男同學必定會拔刀相助，豪邁爽朗地打退對方，令左拉崇拜不已，久而久之再無人膽敢捉弄左拉，兩人成為了無所不談的好朋友。這個人，將成為左拉未來人生道路上肝膽相照的知己，彼此的名字也會在百餘年後的文化史、藝術史上相互輝映，他就是未來的後印象派主要代表畫家，被稱為「現代繪畫之父」的保羅・塞尚（Paul Cézanne, 1839-1906）。

與左拉的背景判若雲泥，塞尚出生自銀行家的家庭，從小就過著衣食無虞的生活，年長左拉一歲的他極富正義感，好打抱不平，塞尚從未因左拉坎坷多舛的人生而看輕他，反而樂於結交這位內向的朋友，即便身為銀行家的父親不樂意見到兒子與家境清寒的左拉深交，但反叛性格強烈的塞尚絲毫不理會父親那套資產階級的虛榮觀點，非但與左拉形影相隨，還時常邀請左拉到家中的別墅作客。在校時，還有一位名為尚－巴蒂斯坦・巴耶（Jean-Baptistin Baille, 1841-1918）的同學與他們交好，巴耶後來成為了研究光學的科學家，這三位男孩終日形影不離（Les trois inséparables），親如手足。左拉之女丹妮絲（Denise Zola, 1889-1942）日後對父親的生平追憶著作中提到：

> 在艾克斯市郊的長久漫步使得塞尚、左拉和巴耶這三個朋友與大自然為伍，這培養了他們的詩歌興趣：塞尚和左拉作詩，巴耶也受到薰陶。曠野裡迴響著他們熱烈的、永無止境的討論，閱讀名詩人的作品在這三個形影不離的朋友心中喚起的熱情活躍了他們的討論。他們穿過田野，沿著阿爾科河岸（L'Arc）奔跑，在河裡洗澡、釣魚，漫步於左拉運河邊和四周荒無人煙的峽谷。他們常常一大早就去爬聖維克多山坡，欣賞那裡的一片片紅土，那沐浴著南方炙熱的陽光的自然景觀，然後從包裡拿出食物和詩歌，一邊休息一邊吃午飯，直到天黑才下山回艾克斯城。[3]

左拉畢生都對這段兒時的回憶永難忘懷，後來他也曾將這樣的景象改編為小說《傑作》（L'Œuvre）的故事背景，孩提時期緊密的友誼始終溫暖著左拉的那顆因失怙而孤獨的心靈，左拉逐漸適應了在艾克斯校園裡的生活，學習狀態也改善許多。[4]

由於對青少年時期的艾克斯生活留有太多的眷戀，左拉在他最具代表性的多卷體長篇小說集《盧貢－馬卡爾家族》（Les Rougon-Macquart）中，以普拉桑的虛構之名展現了艾克斯城的風貌，他故事當中的多位主人翁均自此城出生，而這些橋段也是他的著作當中最為精彩的一部分。

每當回憶起艾克斯這座故鄉，左拉總是用最柔情似水、細膩生動的詞彙來形容：

> 即便是現在，我一閉上眼睛，艾克斯城的每一個街角，每一片老城牆，每一塊陽光普照的地面都栩栩如生地呈現在眼前。我又看見了城郊的一條條

---

[3] 丹妮絲・左拉（Denise Zola）著，李焰明譯，《我的父親左拉》（Emile Zola raconté par sa fille，桂林：廣西師範大學出版社，2002），頁5-6。

[4] 2017年由法國製作的電影《塞尚與左拉》（Cezanne et Moi），是目前在大螢幕上所呈現這對金蘭之交最完整詳盡的故事。劇中也演譯了童稚時代，三位同窗好友共度的天真爛漫歲月，並讓觀眾感受到普羅旺斯的鄉間自然之美。

小徑，淺灰色的小橄欖樹，有著蟬叫的細細的巴旦杏樹，常年乾涸的小河，塵土像積雪一般踩在腳下咯格作響的白馬路。昔日的艾克斯就像希臘，純淨的陽光下是無任何修飾物的莊嚴景色和一片片倒塌的淺黃褐色的巨岩。[5]

　　無獨有偶，左拉的莫逆之交塞尚，中晚年後也將自己的藝術熱忱與觀點，盡數揮灑在艾克斯這片土地。他在一生的繪畫生涯裡，描繪了六十多次的《聖維克多山》（Mont Sainte-Victoire），從早期著重山勢的崇高敦厚體積感，直到後期從地面向無限廣闊天穹隆起的橙、綠、藍、紫各色相間的塊狀色調，聖維克多山就如同塞尚心靈的母親之山，不斷地滋潤著他的藝術的生命力，使其表現出各色塊間內在的節奏取代了形象的塑造，也打破了西方傳統美學的視角跟表達意念。

　　很遺憾這樣的愜意的生活無法享受太久，1857年左拉的外婆過世，母親愛蜜莉失去了娘家的奧援，決定隻身北上巴黎求助弗蘭索瓦的故交，順便尋求一份穩當的謀生工作。愛蜜莉在巴黎四處奔走，甚至曾向當時失勢在野的梯也爾求援，經過輾轉介紹，心靈手巧的愛蜜莉找到了一份編織的手藝活，省吃儉用尚能勉強度日。值得慶幸的是，一位先夫早年的律師朋友布代也伸出了援手，為兒子爭取到一筆助學金，讓左拉有機會進入巴黎的聖路易中學（Lycée Saint-Louis）就讀。

　　由於母親的強烈要求，左拉必須離開他自幼熟悉的生長環境，這無疑是逼他割捨掉生命中最喜愛的一切，風光旖旎的普羅旺斯山野田園，以及處處可見街頭古老噴泉的千泉之城艾克斯，當然還有他最惦念不捨的友情。對左拉而言，與塞尚、巴耶的交往象徵著他整段青少年時期的印記，也是他最忠實坦誠的情感，遙望遠方陌生的巴黎方向，他無法想像沒有摯友的陪伴該如何面對未知的未來。此刻，又是爽朗豪邁的塞尚開導了他，他應允左拉會保持通信，儘管無法時常相伴，但仍會盡量使這位小老弟感受到來自遠方的支持與溫暖。

　　左拉在三歲時便隨父母遷居南法，也因此對巴黎的印象非常陌生，本章開篇段落即是他搭乘馬車駛入巴黎城區時留下的第一印象，當時正值二月的連綿霪雨季

5　丹妮絲‧左拉著，李焰明譯，《我的父親左拉》，頁7。

節，空氣中夾帶了一層濃厚的濕氣，更增添了左拉與南法別離的惆悵情緒。

聖路易中學位於左岸拉丁區的聖米歇爾大道上，巴黎索邦大學（Université Paris-Sorbonne）正對面，是以索邦大學的原校舍改建，該校教學風氣嚴謹，作育英才無數，夏爾·佩羅、[6]波特萊爾、狄德羅、古諾、[7]孟德斯鳩、[8]巴斯德[9]等各個領域的傑出菁英，均是這裡的校友。但對左拉而言，這次的轉學令他感到極度不悅，巴黎的空氣與這裡的一切步調，都與他所熟悉的南法風情截然不同，再加上他的外省口音在此顯得格格不入，因此左拉在聖路易中學求學時期並未結交到任何知心好友，這裡的一切都令他渾身不自在。

唯一值得寬慰的，就是遠在艾克斯的塞尚果真給左拉來了一封又一封的信，這些文字幾乎可稱得上是支持著左拉在巴黎初期的溫暖堅定力量。今人對塞尚的印象或了解均為一位晚熟的後印象派畫家，殊不知塞尚在詩歌方面也有相當高的天分，在這對總角之交早年的來往信件中，有著許多塞尚與左拉相互唱和的詩歌，透過信紙上文字所傳遞的溫度，左拉才得以撐過數百個煩悶的夜晚：

> 自你離開艾克斯以後，親愛的朋友，陰暗的苦惱令人難耐；我沒騙你，我發誓。我已不知道自己變成什麼人。痛苦，傻瓜，愚鈍。的確，巴耶告訴我，兩週內他高興地寄出一封書信到出色且偉大的你的手中，信中表達遠離

6　夏爾·佩羅（Charles Perrault, 1628-1703），法國波旁王朝時期著名作家、詩人。提起他的名諱也許不為今日大眾所熟悉，但其代表作品《鵝媽媽的故事》（Les Contes de ma mère l'Oye）直至今日仍是家喻戶曉，這本故事集包含了好幾篇膾炙人口的短篇故事，如《睡美人》（La Belle au bois dormant）、《小紅帽》（Le Petit Chaperon rouge）、《灰姑娘》（Cendrillon）、《藍鬍子》（La Barbe bleue）、《穿靴子的貓》（Le Chat botté）等。

7　夏爾－弗朗索瓦·古諾（Charles-François Gounod, 1818-1893），法國作曲家，代表作有歌劇《浮士德》（Faust）、改編巴赫作品《聖母頌》（Ave Maria）、梵蒂岡國歌《教宗進行曲》（Inno e Marcia Pontificale）等。

8　孟德斯鳩，原名夏爾·路易·德·塞孔達（Charles Louis de Secondat, 1689-1755），法國啟蒙時期思想家，也是西方國家與法學理論的奠基者。與伏爾泰和盧梭並稱「法國啟蒙運動三傑」。代表著作為《論法的精神》（De l'esprit des lois，或譯《法意》）。

9　路易·巴斯德（Louis Pasteur, 1822-1895），法國微生物學家、醫學家。他以倡導疾病細菌學說和發明預防接種的方法而聞名，為歷史上第一位研發狂犬病和炭疽病疫苗的科學家，也被稱為「微生物學之父」。有趣的是，2005年法國國家二臺舉行了「史上最偉大的法國人」的票選活動，巴斯德名列第二名，僅次於前總統夏爾·戴高樂（Charles de Gaulle）。

你的痛苦與煩惱。——我真的想見你。暑假，我與巴耶（當然）想見你。屆時，我們去郊遊，進行先前三人已經定好的計畫；但是，我因你的不在而嘆息。

再見，親愛的埃米爾：
不，乘著蕩漾的流水，
喧囂，疾行，
如過往的昔日一樣。

當我們的手腕，輕輕地，
如爬蟲類，
乘著流動的流水，
一同游泳一樣。

再見，美好歲月，
葡萄酒助興！
大魚的，
幸運的釣魚！
我釣魚時，
在那清涼河岸，
我笨拙的線，
絲毫釣不到討厭的東西。

你記得阿爾科河堤防上，伸展樹枝，扎根到深淵的那棵松樹嗎？綠色松葉讓身體免於太陽燠熱的松樹，啊！請眾神保護它，免遭樵夫斧頭的悲慘砍伐！

我們想暑假你會回到艾克斯來。屆時，太棒了！太棒了！我們定下了與

以前一樣去釣魚的出色狩獵計畫！[10]

透過來信得知遠方的塞尚也非常想念自己，想念昔日結伴同行的每個情景，令左拉得到了不少的慰藉。更令他感到雀躍的是，塞尚邀請左拉在暑假期間回到艾克斯住，屆時他們又可以回到往昔那段最愜意溫馨的時光。

　　1858年的暑假，得到母親同意後，左拉飛也似地回到了朝思暮想的艾克斯，重新投入他最好朋友的懷抱當中。左拉、塞尚與巴耶，昔日的好兄弟又重新相聚在一起，整個暑假他們一起游泳、釣魚、爬山和誦詩，左拉發現塞尚愈來愈專注於畫畫，絲毫不願意接受銀行家父親為其安排的法律之路，而巴耶也立志想朝科學之路邁進。成年後的他們開始會聊起各自的未來，探討人生議題或愛情，只是每當左拉一想起自己窘迫的家境，面對茫然的未來人生道路，仍舊顯得憂心忡忡。

　　暑假很快便結束了，潛意識裡極度排斥回到校園生活的左拉，一回到巴黎馬上感染傷寒大病一場，整整六個星期，他都重病在床，不僅發著高燒，連帶也使原本的近視加深了。左拉回憶道：「我只見眼前一團漆黑。場景十分怪誕，我似乎從遙遠的旅途歸來，卻又記不得從何處出發。我發著高燒，如有頭野獸在我的血管裡奔騰……。」[11]大病初癒後的左拉，卻又面臨到因繳不起房租，只得與母親再遷移到更狹窄、居住環境更差的地區的窘境。此時的左拉萬分著急，他不忍讓整個家庭的重擔都壓在母親愛蜜莉瘦弱的肩頭上，因此他急於參加高中畢業會考，取得業士文憑，[12]方能得到一份穩定的收入，補貼家計。

　　時乖命蹇，造化弄人，左拉先報名巴黎學區的中學會考，儘管在筆試方面以第二高分的優異成績通過，卻在口試時遭到面試官的刻意刁難而名落孫山。[13]1859年

10　塞尚等，潘襎編譯，《塞尚書簡全集》（*Cézanne Correspondance*，臺北：藝術家出版社，2007），頁36-39，〈1858年四月9日塞尚書信〉。

11　傅先俊編著，《左拉傳》（臺北：業強出版社，1997），頁30。

12　業士文憑（baccalauréat，簡稱bac）是法國高中課業結束時，學生為了進入大學、大學校預備班或就業而必須參加的考試。「業士文憑」一詞可以指畢業文憑，又指獲得文憑的考試。在十九世紀左拉的年代，擁有業士文憑就足以找到一份穩定的白領工作。

13　據丹妮絲・左拉的追憶，他的父親在口試時因對詩人拉封丹的評價觀點與面試官產生歧異，而面試官猛然提問歷史上的查理大帝駕崩於何年，讓左拉頓時驚慌失措，最終因口試未通過而被刷掉。參閱丹妮絲・左拉著，李焰明譯，《我的父親左拉》，頁14。這真的是非常惱人的情況，持平而論，

十一月，不甘放棄的左拉再到南法馬賽學區報考，卻不料這一次連最初的筆試也沒通過，兩次的挫敗使得他對學業的深造完全失去信心，眼看著家計亟需他的負擔幫助，經過和親愛的母親深談一夜後，左拉毅然放棄升學的機會，投入社會工作。

這次仍是透過父親舊交布代之協助，左拉出社會的第一份工作是在海關碼頭的辦公室當謄寫抄錄的小職員，這裡的工作環境跟氛圍令左拉覺得難受，整天埋首在文案紙堆中，身邊同事盡對上司行阿諛奉承之能事，此輩皆見識短淺，談吐索然乏味，朝九晚五的生活就只能是期待午餐跟下班，左拉無法想像人生往後數十年都得過上這種一成不變、行屍走肉的生活，僅在那裡待了兩個月就離職了。

二十歲的左拉終日鬱鬱寡歡，每每想起未來的人生就苦悶不已，[14]在這段人生的煎熬時期左拉開始嘗試寫詩和短篇故事，藉此排憂解悶。好友巴耶來信表示願意將自己爭取到的那筆獎助學金讓給他，被左拉謝絕了，儘管窮困但他仍覺得不須勞煩他人。自幼年喪父後，左拉就不時看著慈愛的母親為了維持家計日夜操勞，因此很早之前他就立志要早日擺脫貧困，讓母親能夠過上衣食無虞的生活。這段期間，「由於沒有工作，他不得不典賣家當，常常是光著身體睡覺，用麵包蘸油吃，啃一顆蘋果，甚至連偶爾來他閣樓窗前棲息的麻雀也被捉來烤著吃」。[15]

除了經歷人生的失意，發育成熟的左拉也產生了某些戀愛滋味的苦澀，此時的他並沒有戀愛的對象，也自知眼前的拮据生活實在沒有資格讓他談一場戀愛，但對感情的渴望以及對性的需求，仍舊在他心中勾勒起一股朦朧美好的情愫。[16]因此，

以「背誦年代、事件、專有名詞」來學習歷史，絕對是最沒有效率、完全沒有意義的錯誤方法。

[14] 塞尚等，潘𤠣編譯，《塞尚書簡全集》，頁83，〈1860年一月五日左拉書信〉：「誠如你所知，我身無恆產。特別是最近以來，我充分覺得，我已經二十歲，還成為家庭負擔。因此，決定做一些事情，自食其力。」以及頁83-84，〈1860年二月九日左拉書信〉：「數日來我感到悲傷，相當悲傷。寫信給你是為了排遣心中紛擾。我感到沮喪，……思索未來，覺得如此黑暗，如此黑暗，我驚恐地退卻。沒有財富，沒有職業，只有失望而已。沒有人支持我，沒有女人，沒有朋友接近我。到處都是漠視與輕視，……有時我覺得愉快，正是想到你與巴耶的時候。從無數人群中發現了解我心的你們兩人的心靈，就此感到幸福。我告訴自己，不論我們身分將來如何，我們持續保有相同情感；如此我覺得精神輕鬆起來。」

[15] 丹妮絲・左拉著，李焰明譯，《我的父親左拉》，頁18。

[16] 為了紓解性的需求，左拉曾於1860年冬天將街頭上一名年輕性工作者貝爾特（Berthe）帶回家，兩人曾有過短暫的交往，但這個女人懶惰又俗氣，全然不是左拉欣賞的類型，雙方很快便終止了來往。

磊阿勒的聖潔噴泉，左拉青春歲月不時流連之處

左拉曾經在經過磊阿勒中央市場的「聖潔噴泉」（Fountain of the Innocents）時，望著噴泉基座上由十六世紀雕塑家讓・古戎[17]所製作的精美半裸女神像，令他發出了驚人的讚歎與遐想：「這些優雅、美貌和笑容可掬的仙女，我多麼想在寂寞時，

這段短暫的感情經歷，日後經左拉改編為《克洛德的懺悔》（La confession de claude）一書。
此外，這個時期的左拉與母親愛蜜莉分租在拉丁區先賢祠後方的聖艾提安杜蒙街（Rue Saint-Etienne du Mont）相鄰的兩棟小屋，左拉住在二十四號，母親則住在二十一號。讀者朋友若曾觀賞過2011年由美國知名導演伍迪・艾倫（Woody Allen, 1935-）所執導的《午夜巴黎》（Midnight in Paris）一片，劇中男主角Gil每當午夜十二點時會坐在教堂階梯上，等待著一輛經典老爺車載他穿越時空，該座階梯就是聖艾蒂安杜蒙教堂（Saint-Étienne-du-Mont）的北側門，而階梯旁的道路即為狹窄幽靜的聖艾提安杜蒙街。正是在此，左拉曾歷經了最苦悶煩躁的青春時期。

[17] 讓・古戎（Jean Goujon, 1510-1565），法國文藝復興時期宮廷雕刻師與建築師，曾受到弗蘭索瓦一世及亨利二世重用，設計了羅浮宮建築外牆雕飾以及楓丹白露宮的噴泉。其代表作品除了聖潔噴泉基座浮雕外，今日羅浮宮女像柱廳（Salle des Caryatides）中的女像柱也是極為神采俊逸的作品。

聖艾提安杜蒙教堂

能與她們在一起快活一番呵！」[18]

　　唯一令左拉感到欣喜的事情，是塞尚即將來到巴黎居住。

　　塞尚始終不願接受家人為他安排好的法律道路，而決心獻身於繪畫事業，最初左拉也對這樣的選擇感到納悶，但既然身為塞尚的摯友，便一無反顧地支持他。此時對巴黎生活感到輕車熟路的左拉為好友分析來此習畫的好處：

　　　　當然不論是巴黎或者其他地方，都能盡情學習。但是，巴黎有其他地方
　　所沒有的美術館這種豐厚賜予，從十一點到四點為止可以學習大師們的繪
　　畫。如下使用時間就可以了。六點到十一點將模特兒請到工作室畫畫。午餐

---

[18] 傅先俊編著，《左拉傳》，頁37。

之後，從十二點到四點為止，你可以在羅浮宮或者盧森堡宮臨摹自己喜歡的傑作。如此，一天九小時學習的話，也就足夠了，終將有成！而且，晚上完全是自由的，可以隨你喜歡使用，也不會成為學習障礙。……關於經濟層面，每月一百二十五法郎，當然不能奢侈。……因此，請鼓起勇氣試看看。如果有麵包、酒的保障，專心於藝術絕不危險。[19]

　　不過，在1861年初次來到巴黎的塞尚，雖然勤於到羅浮宮與盧森堡宮等地習畫，但他似乎對這座正歷經奧斯曼改建中的城市風貌和生活方式全都看不慣，左拉發現兩人間的歧異拉大了，不僅是對藝術的觀點，有時甚至連一同到餐館點菜都得爭執半天，左拉不免感到失望：「要想說服塞尚，簡直比要使巴黎聖母院的兩棟鐘樓翩翩起舞還難！他甚至不願把他的想法說出來；他厭惡討論，首先因為他覺得說話累，其次當對方有理時，他還得改變自己的想法，……我若不願毀了我們的友誼，就得順著他的性子。」[20]當然他們仍舊是好朋友，**左拉永遠不會忘記，年少時有多少次是塞尚為他挺身而出，勇敢擊退霸凌者；有多少個寂寥失眠的夜晚，都是藉由塞尚的書信讓他感受到溫暖的力量。**只不過，左拉清楚地意識到，「再也回不到我們在艾克斯的那段日子了。那時，我們都才十八歲，無拘無束，也不為未來憂愁」，[21]塞尚天生的暴躁脾氣變得更加極端，而現實的社會壓力或多或少也改變了他們的想法與觀點。那年秋天，塞尚在親手擊破了自己的作品之後，堅決果斷地離開了巴黎，使左拉心中交雜著一股如釋重負卻又依戀不捨的複雜情緒。

　　律師布代先生再一次幫助了意志消沉的左拉，在1862年推薦他前往出版商路易‧阿歇特（Louis Hachette）的書店去工作，儘管最初左拉被分派在包裝部門，每天負責打包與郵寄的機械式工作，但這份工作的月薪是一百法郎，確實足以分擔家中的經濟了。或許有人會納悶同樣的機械式工作，左拉先前既然無法忍受終日在

---

[19] 塞尚等，潘襎編譯，《塞尚書簡全集》，頁95，〈1861年三月三日左拉書信〉。
[20] 傅先俊編著，《左拉傳》，頁44。
[21] 丹妮絲‧左拉著，李焰明譯，《我的父親左拉》，頁21。

海關辦公室裡的抄寫謄錄，難道就對書店裡的包裝作業甘之如飴嗎？對左拉而言，這兩份工作最大的差別，在於他天生就對文學出版以及閱讀的熱忱，阿歇特並非是一般提供銷售開架式的書店，這裡更主要還負責出版許多學術、旅遊和文學類的書籍，[22]琳瑯滿目的書海以及出版通路的行銷策略引發了左拉極大的興趣，這份職業能夠讓他有所收穫，增廣見聞。左拉懷抱著學習的熱情投入阿歇特的工作，果然用不了幾個月，阿歇特的高層有鑑於左拉的努力，提拔他進入廣告部門，月薪足足翻了一倍。

　　書店的穩定收入，對左拉影響甚大，如今他已不再需要母親的資金補助，反而能再回饋一些餘額，減輕愛蜜莉的生活負擔了。此外，左拉時常利用休息或下班後的閒暇時間，在塞納河河堤旁成排的舊書攤裡覓書挖寶，有時候只要發現一些已絕版的雨果、繆塞等人的詩集，就讓他樂不可支。自幼便喜愛閱讀，再加上得到一份有前景的出版事業工作，左拉在這段期間的閱讀量成倍數增加，莎士比亞、巴爾札克、喬治・桑乃至狄更斯的作品都被他如飢似渴地廣泛瀏覽，他甚至研究並試著模仿不同作家之間的文風筆觸，早年左拉較喜愛詩歌也僅嘗試創作詩歌，正是在這個時期，他逐漸將興趣及重心放在散文上。

　　投入出版事業的工作對左拉還有一個重要性的影響，由於身在廣告部門的緣故，所以時常會與阿歇特公司所出版的書籍作者有所聯繫，久而久之，左拉開始與戈蒂埃、[23]聖伯夫、拉馬丁、米什萊[24]這些當代著名的文人互相往來，文壇前輩們也提供給左拉不少的建議與指教，透過與這些文化界重要人士的交往，左拉大膽地

---

[22] 這間書店一直維持到二十一世紀的今天，阿歇特出版公司（Hachette Livre）由路易・阿歇特在1826年創立，在左拉於此服務的年代，店址設於聖日耳曼大道與聖米歇爾大道的交會處，如今遷移至第十五區的Rue Charles de Coulomb。阿歇特今日是法國國內首屈一指的出版集團，也是名列世界十大出版集團之一。阿歇特出版公司的官方網站為 https://www.hachette.com/en/homepage/

[23] 戈蒂埃（Pierre Jules Théophile Gautier, 1811-1872），法國十九世紀詩人、劇作家與藝評家，與巴爾札克和雨果均有交情，前面章節曾提及雨果在1870年底的巴黎圍城期間救了他的一匹馬。戈蒂埃的代表作有《莫班小姐》（*Mademoiselle du Maupin*）、《琺瑯與雕玉》（*Emaux et Camées*）等。

[24] 米什萊（Jules Michelet, 1798-1874），為法國著名歷史學家，被譽為「法國史學之父」，今日法國有許多道路、學校與圖書館皆以他為名。他深受啟蒙思想的影響，擅長以華美的辭藻、瑰麗的語言來撰寫歷史著作。代表作為《法國史》（*Histoire de France*）、《法國大革命史》（*Histoire de la Révolution française*）與《女巫》（*La Sorcière*）。另外，他在聖女貞德議題上所做的研究，有助於這名聖女的傳奇故事日後在法國的流傳與推展。

向公司高層提出增設「當代作家叢書」系列來出版，該建議不僅獲得採用並且銷售成功，左拉還因此被擢升為廣告部主任。否極泰來的轉變，讓左拉的生活與觀念變得正向積極許多，他也不忘將這樣的樂觀情緒與好友塞尚分享：「再次恢復自信；我相信，我希望。我毅然投入工作。我每晚關在自己房內，讀書、寫作直到深夜。這樣的最好結果是我已經發現了某部分的快活。」[25] 進入阿歇特後，左拉的生活便與文學密不可分，凡此種種，都是使他如此喜愛這份工作的重要原因。

1863年，相當具有代表性的一年，左拉開始不定期地在報上投稿社論與文藝性質的評論文章，儘管都是些短篇小品，卻也擲地有聲，極富見解，看著自己的本名被印刷為醒目的粗體字，左拉雖感到興奮卻不因而自傲，對他而言，這只是初試啼聲的文學洗禮罷了。多年來茹苦含辛將左拉帶大的愛蜜莉，也欣然見到兒子逐漸茁壯能獨當一面，她極為用心地將報章上的一篇篇左拉的社論剪下，視為最珍視的寶貝來收藏。

沒多久，塞尚又重新回到了巴黎，這回他成功說服了銀行家父親，為他在巴黎租了間畫室。而巴耶也於一年前考上了巴黎綜合理工學院（École Polytechnique），即便課業繁忙，仍會在每週抽出兩天時間與老友會晤，總角之好再度重聚於此，又回到了昔日親密的互動。左拉與塞尚時常喜歡相約到巴黎郊區遠足踏青，有時塞尚會準備好他的畫具及畫架，而左拉則帶著一本輕便的書籍，乘著火車離開巴黎：

> 從前，在艾克斯附近時，星期天我們就一起走路，往往連走數十里，毫無倦容，而且有時睡在美麗的星星下。可是在巴黎，我們就無法重新做這種長途的步行了，因為我們必須想到，很快就要到來的是公事房裡無法通融的上班鐘點。所以我們只好乘星期天的第一班火車出行，為的是一早就可以離開堡壘區的邊界，……我們頭靠在火車的窗口，舒服地呼吸著最初的草香。

---

[25] 塞尚等，潘襎編譯，《塞尚書簡全集》，頁101，〈1862年九月二十九日左拉書信〉。

這對我們來說真是忘掉一切、忘掉巴黎，進入一星期中夢想了六天的天堂。

　　我們在豐特奈－奧－玫瑰（Fontenay-aux-Roses）的車站下來。那裡有兩旁栽著樹木的、很漂亮的道路。接著，我們穿過田野，我們發現小河邊緣闢著一條小徑。這裡十分幽雅，左邊或右邊都是花圃，尤其是種滿了玫瑰花和向日葵植物的田野。……樊里埃森林（Parking Forêt De Verrières）雖然不很廣大，最初幾次，我們卻容易在這裡迷路，……綠塘終於變成我們每次散步的目的地。我們對它懷著詩人和畫家的偏愛。我們以真的愛愛它，我們在它四周的纖草上，度過我們每星期的休息日。保羅開始描繪它，水與其搖曳的大水草占去前面的位置，樹木向後伸展，如劇場兩旁的布景一樣，自大而小地蓋上它們濃密的枝幕。我呢，我仰臥在草上，一本書放在我的身邊，可是我不大讀它，我從枝葉之間凝視天空，許多藍孔，隨著風吹立刻消失在擺動的波濤中。纖細的陽光，如金線似地透過樹蔭，使草地上映現閃亮的圓斑，它們的斑影慢慢在向前移動。我毫無牽掛或毫無憂悶地待在那邊幾個小時，間或與我的同伴交換極少的談話，有時閉上我的眼皮，模糊而玫瑰色的光明沐浴著我的身體，我就隨意地夢想，許多美妙的幻影，連續不斷地湧現到我的腦海之中。[26]

　　這段時期是兩人的生活最為親密，也是最心有靈犀的時期，每週的出遊讓他們有了互訴衷腸的機會，再加上此時的兩人皆尚未揚名，因此都還能保持初衷理解對方的藝術語言及內涵。

　　起初塞尚再度來到巴黎是想進入法國美術學院（l'École nationale supérieure des Beaux-Arts）學畫，並能將作品送去參加沙龍畫展，但後來投考的結果未能錄取而希望落空，不過卻也因此結識了另外幾位同樣被沙龍展拒之門外的青年畫家馬內、畢沙羅、莫內、雷諾瓦等人，這些受到時代的新觀念以及思想啟發的年輕人們，時常聚集在巴提紐勒大道（Boulevard Des Batignolles）上的蓋爾波瓦咖啡館

---

[26] 埃米爾・左拉著，畢修勺譯，〈到鄉間去〉收錄於《蒲爾上廚》，頁170-176。。

（Café Guerbois）交換創作心得，激辯藝術概念。透過塞尚的引介，左拉也逐漸和這群藝術家結為好友，在他看來，這些青年藝術家大膽地向守舊的古典學院派發出挑戰，欲顛覆傳統的美學觀點及表達技法之舉是值得讚賞的，左拉也認同未來藝術的方向是走出戶外、走向庶民題材，以及描繪真實世界。

是故，當馬內在1863年發表的《草地上的午餐》（Le Déjeuner sur l'herbe）受到藝術界與社會輿論的強力抨擊時，左拉毫不猶豫地挺身而出，在報章上撰文為其辯護，勇敢地以自己的筆捍衛這場藝術文化界的真理之戰，關於此事我們留待後續探討印象派的章節再做討論。在此，我想先向讀者朋友介紹一幅收藏於巴黎奧塞美術館中的巴齊耶[27]作品《巴齊耶的工作室》（Bazille's Studio）。巴齊耶是社會大眾較少關注到的印象派畫家，嚴格說來，他並不屬於印象派畫家，甚至他也從未聽聞過「印象派」（Impressionnisme）這個名稱，原因是巴齊耶早在1870年的普法戰爭中便不幸犧牲，沒能趕得上在1874年所舉辦的印象派首次聯展。即便如此，出生於南法蒙佩利爾（Montpellier）醫生家庭的他，在巴黎學畫的過程中，與雷諾瓦、莫內等人患難與共、相濡以沫，時常在生活費用與畫室的租賃上欣然與好友們分享，因此透過他的作品確實能使我們了解這些藝術家們在創作初期的艱辛與歷程。

這幅《巴齊耶的工作室》中所呈現的地點位於拉孔達米納街九號（9 rue de la Condamine），巴齊耶因為每月有來自南法雙親的定期資助，因此在巴黎的生活不虞匱乏，他大方地與好友雷諾瓦共享這間畫室以及模特兒，這裡距離巴提紐勒大道上的蓋爾波瓦咖啡館很近，所以其他年輕藝術家也時常到此拜訪閒談。這幅作品當中，牆面上掛滿了巴齊耶與雷諾瓦的多幅作品，如《梳妝》（The Toilette）、《漁家少年和網》（Fisherman with a Net）等，身材高大的巴齊耶本人則站在畫面中央，手上拿著調色板，似乎正與戴帽的馬內以及身旁的莫內，評論著畫架上的作品。而畫面右方正在彈琴的青年是巴齊耶的好友愛德蒙·馬特（Edmond Maître,

---

27 弗雷德里克·巴齊耶（Jean Frédéric Bazille, 1841-1870），與莫內、雷諾瓦和希斯萊共同組成了「四好友集團」，經常走出畫室到大自然去寫生。由於出生自醫學世家的他家境較為優渥，因此經常幫助莫內等人解決生活支出的問題，可惜沒能等到印象派成名，他便在1870年的普法戰爭中的Beaune-la-Rolande戰役陣亡，年僅二十九歲。儘管英年早逝的巴齊耶較少受後世關注，不過印象派聯展的概念是他最早提出的。

1840-1898），後來成為著名的藝術評論家與收藏家，他始終支持著印象派藝術的創作。至於左邊那道樓梯則是呈現了站立於上方的左拉正在與下面的雷諾瓦交談的情景。與他的好友們相較之下，巴齊耶顯然較為注重線條，因此作品當中的形體輪廓也較為清晰，用色也極其鮮明，更重要的是他為後人展示了這些日後皆曾為藝術巨擘的年輕藝術家們的生活日常，在這群人中馬內是受人推崇與矚目的前輩，時常會給予小老弟們豐富且啟發性的建議，左拉時常與這些才華洋溢、志向遠大的好友們相互唱和，在藝術理論與觀念上也深受影響，使他能夠日後在小說《傑作》裡具體真切地描繪藝術家群體的生活。不過，使人感到遺憾的是，這幅創作於1870年的《巴齊耶的工作室》，作者本人就在該年年底於戰場上犧牲了。[28]

1864年十月，左拉的第一本專著《給妮儂的故事》（*Contes à Ninon*）出版了，這是由八則溫馨的短篇故事所集結的小書，相較於後來他的那些宏篇巨著，這本小書或許顯得微不足道，但至少是左拉進軍文壇之始，此時的他已燃起了無比的熱情與自信心，接著投入下一本他構思已久的自傳體小說《克洛德的懺悔》（*La confession de claude*）。在第二本著作當中，左拉將昔日與性工作者貝爾特的短暫交往情事，改編為落魄詩人與風塵女子的愛情悲劇，這本書出版後果然引發了社會的注目與爭議，左拉被人以描寫骯髒情欲、敗壞社會道德的罪名告上法院，儘管後來開明的檢方不接受這樣的指控，整起事件虛驚一場，但已清楚可見左拉的作品確實有撼動社會、感染人心的力量，這樣的影響力我們將會在左拉的中晚年時屢次見證。

這個時期，左拉也時常在左傾的《勞動報》（*Le Travail*）上發表一些小詩，並與該報的主辦人克里蒙梭（Georges Clemenceau, 1841-1929）結識，這位日後將成為法國總理的年輕人，此時卻因屢屢抨擊拿破崙三世執政而遭到列管，而連帶使當局懷疑左拉的言論與政治傾向，並派人查抄了阿歇特出版公司。儘管最終並未查出對左拉有任何不利的證據，但對於老東家無故受到牽連而心生愧疚的左拉，還是在1866年的年初離開了這個改變他人生志向的工作，決定往後專職寫作。

---

[28] 由此看來，這幅巴齊耶的作品是左拉與這群藝術家朋友，至少在相識六年過後才繪製的。

雖然已經出版過兩本書，左拉所賺取的版稅收入仍相當有限，善於觀察世局變化的左拉意識到，隨著報紙發行量的劇增，小說在出版為單行本之前，都會先在報上以連載的形式來吸引讀者，藉由劇情的曲折離奇與引人入勝，報紙的發行量也隨之蒸蒸日上，十九世紀有相當多的小說家，如巴爾札克、狄更斯或大仲馬等人也都是依靠長期的作品連載來維持生計，並進而累積聲望。也因此左拉開始嘗試這種新穎的寫作方式，以每天固定字數篇幅來進行連載，並由此累積聲望與銷售量。

　　離開阿歇特後的左拉，正式展開專職作家的繁忙生活，他一方面接了不少報社的社論稿約，另一方面馬不停蹄地陸續寫出《馬賽的祕密》（*Les Mystères de Marseille*）、《戴蕾絲・拉甘》（*Thérèse Raquin*）與《瑪德蓮娜・費拉》（*Madeleine Férat*）等作品，這些故事當中有許多構思都來自於他熟悉的環境與題材，例如《馬賽的祕密》的取材便來自南法的幾件刑事訴訟案的改編，而《戴蕾絲・拉甘》這則有關紅杏出牆的故事場景新橋拱廊街，即為今日左岸法蘭西學會後方的賈克・卡洛街（Rue Jacques Callot），此處距離馬內所居住的波拿巴街五號（5 Rue Bonaparte）的宅邸僅一箭之遙，是左拉時常拜訪之處。之所以能夠同時應付如此多的約稿工作，重點還在於此時的左拉找到了一位賢內助。

　　亞麗山德琳（Alexandrine Meley, 1839-1925），是經由塞尚介紹給左拉認識的女子，她的童年身世坎坷，親生父母很早便過世，亞麗山德琳被繼父的一個從事花卉生意的妹妹收養，因此與左拉認識時，她是一位在克利希廣場附近謀生的賣花女。儘管亞麗山德琳全然不像左拉所喜愛的那座聖潔噴泉上的女神雕塑，身材和臂膀也略顯豐腴，但舉止落落大方，性情賢淑，且善於操持家務，更燒得一手好菜。左拉與亞麗山德琳相識不久便展開熱烈交往，如膠似漆，很快地便同居在一起了，不過兩人並未馬上結婚。亞麗山德琳非常體貼另一半，從不在左拉工作時去打擾他，並將家事處理得井井有條，讓左拉在她身上找到了溫暖的安全感，不須為了生活瑣事或開支而煩惱。

　　是故，左拉自從有了生命中的另一半後，創作的效率增加了，生活的品質也更加穩定，有了一定的經濟基礎的左拉在皮加勒廣場（Place Pigalle）附近的孟薩街一號（1 Rue Mansart）租了一層兩房兩廳的舒適公寓，他將辛苦多年的母親愛蜜莉接過來同住，不再讓她獨居受苦。如今左拉已能夠憑藉自己的筆養活一家人，並

維持基本的生活開銷，但他的企圖心並不僅於此，馬內曾多次引介他出入不少的藝文沙龍，並由此結識了雨果、福樓拜、龔古爾兄弟等當世傑出文人，他意識到要在這座人才濟濟的大都會中殺出重圍並不是一件容易的事。還好，巴黎這座城市並不乏許多有趣又動人的傳奇，但若只是一篇篇將其簡單鋪成出來卻又顯得過於單薄無奇，左拉需要一個極大的故事架構，這樣的架構必須足以撐起整個城市裡的森羅萬象，他知道在此之前曾有個偉大的小說家做過這樣的嘗試，儘管壯志未酬卻仍舊留下許多無與倫比的寶藏。

「就是巴爾札克！他無法達成的偉業將由我來實現。」左拉的腦海中逐漸浮現出一個宏大的計畫。

* *

❂ 時空遊覽 ❂

左拉在1867年的作品《戴蕾絲・拉甘》裡，將故事場景新橋拱廊街（Passage du Pont-Neuf）設定於今日左岸的賈克・卡洛街，這裡除了鄰近馬內所居住的波拿巴街之外，商博良位於馬薩林路的故居也是近在咫尺。有機會在此從容散步的朋友們應該不難發現，從賈克・卡洛街到美術街（Rue des Beaux Arts）這一帶，坐落著許多琳瑯滿目、色彩繽紛的畫廊，之所以會產生這種聚集經濟（Economies of agglomeration）的效應，原來是數百年來法國美術的最高殿堂「法國美術學院」便位於周邊的波拿巴街十四號地址。

所謂「學院」，是以古希臘語Άκαδημία為藍本的知識文化管理機構，最早源自柏拉圖在雅典所創立的授課講學場所的名稱，十五世紀的義大利人文學者在翡冷翠的美第奇家族支持之下，復興了這樣的知識學術機構，並由此傳播至義大利各地，一時之間academia的設立蔚為風潮。然而歷史上第一所專門培養美術從業人員的學院，應該是由瓦薩里[29]所創建的

---

[29] 瓦薩里（Giorgio Vasari, 1511-1574），文藝復興後期著名藝術家、建築師，極為推崇米開朗基羅，藝術觀點深受其影響。代表的畫作為翡冷翠舊宮市政廳（Palazzo Vecchio）的巨幅壁畫，以及在聖母百花大教堂（Cattedrale di Santa Maria del Fiore）的穹頂畫；建築方面的代表作為今日的烏菲茲美術館（Galleria degli Uffizi），以及橫跨亞諾河（Arno）連接舊宮和碧堤宮（Palazzo Pitti）的瓦薩利走廊（Corridoio Vasariano）。不過他在藝術史上最卓越的貢獻，還在於撰寫了《藝苑名人傳》（*Le vite*

「美術學院」（Académie du dessin de Florence），儘管這時期的學院皆繼承了雅典學院的精神與傳統，但卻更多屬於私校性質的概念。

至於學院在法國的創始，如我們在第一章中所提過的，是1635年由黎希留樞機主教創立的法蘭西學術院，目的在藉著編纂《法蘭西學術院辭典》來規範法語的純正性與清晰性，並確立語言的正確運用。這個法國歷史上最早的學院，創立初期在路易十四的命令下是設於羅浮宮內部，直至1672年宮廷建築師路易‧勒沃（Louis Le Vau, 1612-1670）在左岸的四國學院（Collège des Quatre-Nations）完工才遷移至此。

1648年，路易十四批准法蘭西學術院轄下成立法國王家繪畫暨雕刻學院（Académie royale de peinture et de sculpture），**目的在探求並規範國家精神意志的理想藝術，這是史上首次由官方所創辦的美術人才培育及推廣機構。**當時的財政重臣柯爾貝（Jean-Baptiste Colbert, 1619-1683），深諳藝術文化對政治能起到宣傳與塑造的作用，而樹立美術學院的權威地位，除了能夠為官方培養專職的藝術人才之外，也能夠貫徹政府所安排的藝術性宣導計畫，因此在得到國王首肯之後，柯爾貝遂在1666年於羅馬設立法蘭西學院的外派機構（French Academy in Rome），資助有潛力的學生送往該地深造，最初學院設於曼奇尼宮（Palazzo Mancini），十九世紀之後改設為美第奇別墅（Villa Medici）。至於法國本地的美術學院則直到1816年，路易十八復辟之後才將其由羅浮宮遷至今日的波拿巴路的地址。

之所以將學院的外派機構設於羅馬，主要還是因為從當時西方藝術美學的立場上而言，羅馬被視為古典文化的發源地，而當時的學院思想基礎幾乎是以古典文化的模仿與再生為主題，換句話說，自十七世紀始法國的藝術規範與理論，便是在古典主義的正統基礎上建構起來的。幾百年下來，數以千計的美術學院學生們前仆後繼想要爭得獎學金，親臨古典文化的發源地羅馬延修學習，但有限的名額導致競爭相當地激烈，這筆被稱為「羅馬大獎」（Prix de Rome）的獎金在數百年的時間裡是法國藝術界的至高榮譽。[30]在當時，經過羅馬大獎競

---

de' più eccellenti pittori, scultori et architettori）一書，這是西方第一本講述藝術史的專著，內容從十三世紀的畫家契馬布埃（Giovanni Cimabue, 1240-1302）開始，一直寫到十六世紀的藝術大師米開朗基羅（Michelangelo di Lodovico Buonarroti Simoni, 1475-1564），該書的最末卷則是他自己，全書篇幅超過百萬字，共介紹了兩百六十多位義大利文藝復興時期藝術家的生平及其重要作品。另外，「文藝復興」（Renaissance）這個詞彙也是首次在他的書中提出的概念。

[30] 羅馬大獎除了角逐激烈之外，其遴選方式也非常嚴苛，參與競爭者的條件必須是法國籍的男性、三十歲以下且未婚，並須得到著名藝術教授之推薦。這些學生將在學院所規定的題材與風格標準的層

賽脫穎而出的年輕畫家將能確保他未來在畫壇上的地位與聲望。

　　由於長期掌控著法國美術的審美觀以及技法風格，美術學院也因此確立了兩大特性，**其一是以繪畫的題材來界定作品的層次**，居首的是歷史畫，其次是肖像畫以及聖經、神話題材作品，最不被看重的則是風景畫與風俗畫；**其二是擁有官方身分的學院長期壟斷了作品展覽的特權**，透過每年在羅浮宮舉行的沙龍展，這批學院派專屬畫家的作品方能陳列在民眾面前，在左拉所活躍的十九世紀中晚期，布格羅（William Bouguereau, 1825-1905）、卡巴內爾（Alexandre Cabanel, 1823-1889）、傑洛姆（Jean-Léon Gérôme, 1824-1904）等人則成為了當時代最富盛名的學院派畫家，他們的作品也代表了當時最高尚的品味和雅致。

　　大多數的學院派畫家生活皆一帆風順，幾乎沒有遇上太多挫折，憑藉沙龍展的壟斷與宣傳，足以為他們吸引爭取到眾多的工作邀約。此外，學院派所呈現出的作品也與他們平順安逸的生活極其類似，其光滑平順，過於理想化的表達方式總是一成不變，儘管確實使觀者賞心悅目，卻容易造成視覺疲乏。杜米埃曾以一幅《又是維納斯》（*Alweer Venus!*）的漫畫嘲諷了這樣的現象，畫面中景的兩位貴婦面對牆上懸掛眾多的維納斯裸像，表現出不耐，歇斯底里之模樣，生動地表達出學院派藝術的千篇一律，不知變通。十九世紀後期，法國藝術長期受到學院派壟斷的一言堂視角，也開始受到了庫爾貝的現實主義與稍後的印象派潮流的挑戰。

　　隨著二十世紀現代藝術與前衛藝術的蓬勃發展，學院派藝術曾一度遭到激烈地詆毀抨擊，被認為是庸俗的資產階級藝術象徵，在藝術拍賣市場上長期受到冷落，導致賤價拍賣，幸而該現象於二十世紀末年已逐漸扭轉，如今許多美術館也開始以收藏學院派作品為重要指標了。

　　2017年，美術學院為了迎接遷移至此的兩百週年，進行了學院門面與校舍的翻新。讀者若有機會經過左岸這一帶的靜謐街區，不妨可以順道抽空拜訪，學院當中的畫廊及圖書館中所保存的四十五萬件大小油畫、素描，以及三千七百件歷代雕刻家的作品，還有上萬幅古典建築的設計原稿，絕對會讓初次參觀的訪客目不暇給，品味一趟法國近代藝術之旅。

層競賽中過關斬將，淘汰到最後的十人將在各自的畫室中閉關七十二日，以完成最終的歷史畫題材，合格者始能獲得該年度的羅馬大獎優勝，得到留學羅馬五年的獎學金。這項大賽在數百年間不知消磨也摧毀了多少年輕藝術工作者的青春歲月與意志，例如後來成為拿破崙御用畫家的大衛，年輕時便曾因兩度參與羅馬大獎鎩羽而歸，一度有了輕生的念頭；而德拉克洛瓦、馬內與竇加更是從未在這項競逐中獲得青睞。

* *

✦ 《人間喜劇》的傳承者 ✦

　　1870年前後，左拉持續穩定在報章上撰寫社論，也陸續推出了幾本描繪社會人性，爾虞我詐的寫實小說，小說主題大都集中描寫關於人性之惡的危害，故事中主人翁往往在犯罪後不安、恐懼、焦躁的病態心理因素下，走向自我崩潰，自取滅亡，儘管這些作品獲得了毀譽各半的評價，但畢竟引起了當時輿論對他的關注與討論，也連帶改善了左拉的經濟狀況，物質上的豐沛保障了他維持家庭生活的穩定。然而，對於過去那些為了餬口而創作的作品，左拉難免覺得不忍卒睹，他開始構思一部多卷本的浩瀚巨作，透過《第二帝國時期一個家族的自然史和社會史》（*Histoire naturelle et sociale d'une famille sous le Second Empire*）為主標題來呈現，更重要的是，左拉希望這部巨作將是能夠與巴爾札克的《人間喜劇》相互媲美的長篇故事。

　　只不過，若是全然模仿巴爾札克，就算寫得再多再好，也僅是一個出色的模仿者，將來在文學史上也無法與巴爾札克並列，因此他一定得走出自己的寫作模式與風格。首先，和巴爾札克相較之下，左拉格外強調資料的考證與客觀描寫：「從1868年到1869年，他成了王家圖書館最勤奮的讀者。他做了大量的筆記，全身心撲在作品提綱的擬定上。」[31]特別的是，左拉在這段時期參閱了大量的生理學和自然史著作，尤其是透過醫生友人盧卡（Prosper Lucas, 1808-1885）的代表作《論自然遺傳論》[32]所受到的啟發，左拉認為人的性格與思想是由遺傳和環境兩個因素所

---

[31] 丹妮絲・左拉著，李焰明譯，《我的父親左拉》，頁44。
[32] 盧卡醫生的《論自然遺傳論》完整標題實在是過長：《關於神經系統健康和病態的自然遺傳的生理學和哲學論著，將生育法則系統地應用於疾病的普遍治療中，還把遺傳問題同繁殖、性慾、本性改變以及各種神經症狀和精神異化現象聯繫起來加以參考》（*Traité philosophique et physiologique de l'hérédité naturelle dans les états de santé et de maladie du système nerveux, avec l'application méthodique des lois de la procréation au traitement général des affections dont elle est le principe. Ouvrage où la question est considérée dans ses rapports avec les lois primordiales, les théories de la génération, les causes déterminantes de la sexualité,*

決定的，並且還會受到外在社會與經濟條件的制約，所以人往往無法決定自己的命運。是故，左拉決定在撰寫這部巨著的每一分卷開場時，將先鋪陳各個人物的出身家庭與所處的環境背景，他認為這樣的撰文方式已全然脫離了傳統文學的抒情敘事，而近似於科學家在實驗室中的實驗模式。**左拉心中衍生出的遺傳演化與科學進步的觀念，正符合了十九世紀社會所奉行的「日益精進」（progress）的概念，這種高度理性心態之下產生的進步觀念，其流行淵源固然與十九世紀中後期黑格爾、馬克思、達爾文等學者所提倡的進化理論有關，但事實上與工業革命、科技進展和民生經濟的改變關係更大，左拉深信這種來自於自然科學與物質性的革命，「也必將給文學帶來未曾發現的、獨特的東西，尤其是環境對人的影響」**，[33]**這是他與巴爾札克最基本的相異之處。**

其次，左拉認為：「巴爾札克是寫了幾部作品之後，才想到組織《人間喜劇》總集的。這樣，在總體結構上難免存在若干不連貫的鬆散弊病，構成龐大體系的某些作品間的聯繫，牽強於重複出現一些不重要的配角或啞角。」[34]左拉在最初就將整部著作的總架構擬定完畢，預定用二十部小說和兩千個人物來概括他的筆下世界，總稱為《盧貢－馬卡爾家族》，他將追溯這個家族的起源，論述該家族是由一名墮落腐化的女子和兩名男子結合的產物，這兩名男子當中其中一位身強體壯，另一位則是體弱多病，隨著他們的後代子孫不斷繁衍，有些人遺傳了祖先強壯的體質；也有人身體羸弱，未老先衰，他們都在第二帝國時期受到當時周遭環境的間接影響下展開各自不同的命運篇章。「如果說巴爾札克在寫作過程中，隨著他的想像力可以任意增刪人物的話，左拉則嚴格地按照自己的構思，從一個家庭出發，將家庭成員作為主要人物後，排到各部作品中去，並根據當時科學的最新理論，讓人物

---

les modifications acquises de la nature originelle des êtres, et les diverses formes de névropathie et d'aliénation mentale），真是令人望之卻步的一部著作。

[33] 前引書，頁44-45。此外，丹妮絲也引用了父親左拉筆記：「（左拉）打算從生理學角度對一個家族的生理元素與其後代的種種關聯和必然性進行科學研究；另一方面，還要表現外部世界對這個家族的影響，描寫時代的狂熱行為使其衰弱的過程，最後是說明環境的作用。同一個家族，如果生活在另一個時代，其行為方式可能完全不同。」頁46。

[34] 傅先俊編著，《左拉傳》，頁69。

不同程度地打上遺傳和環境的印記。」[35]因此《盧貢－馬卡爾家族》近似於巴爾札克的《人間喜劇》，某些人物會在幾部作品中重複出現，**除了敘事手法比起巴爾札克更顯得有邏輯性外，左拉也更加強調群體和社會環境的背景描寫。**

最後，則是左派研究者最為關注的要點，即**巴爾札克的《人間喜劇》中並未出現工人階級與群眾**，原因可想而知是受到了時代的侷限，相較於英倫工業在十八世紀的蓬勃發展，法國直到第二帝國時期才在工業生產以及第二級產業上急起直追，巴爾札克在晚年即使已經注意到這個階級所表達的時代意義與現象，日漸衰頹的體力也使他力不從心再去著墨了。而左拉準確地瞄準了這一點差異，**身處1870年代時空環境下，也親眼見證了巴黎公社的興衰，將比起巴爾札克能夠更掌握勞動階層的心理狀態與價值觀，在往後的《酒店》、《萌芽》（*Germinal*）這些作品中，左拉將成功塑造以勞資衝突為背景的感人故事。就這點而言，《盧貢－馬卡爾家族》確實是比《人間喜劇》還別開生面。**

是故，左拉雖然承襲了巴爾札克《人間喜劇》的架構概念與人物再現法，但細究其內在語言、哲學、背景或是人物性格與情感的表達方式上，他和巴爾札克卻有著極大的差異，再加上左拉融入了若干生理和遺傳學的概念於作品當中，也因此這種創作方式被視為是一種實驗小說，這種實驗性的概念左拉日後也透過小說《傑作》中的配角桑多斯之口，向讀者提出：

> 我要研究人的本質，不是看他的傀儡般的表面，而是要從生理學來看這個人，他的本質由他所處的環境所決定，以此為基礎，他充分表現出他的一切生理機能。這就是我的自然主義觀點！……我已找到了我的人生目標。我的要求並不高，一個小書房足矣，不過要能容得下一個男人的一生和他超大的野心。我還要成立一個家庭，我要逐一研究他的成員，他們從哪兒來，將要到哪兒去，他們的相互作用——總之，我將在一個極小範圍內擁有一個小宇宙，從一滴水裡窺看全人類，研究它的發展進化和行為。另一方面，我將

---

[35] 同前註。

把我小說中的男男女女設定在某個歷史時期，它將給我提供必要的環境氛圍
——你明白我的意思了嗎？我是說，我要創作一個小說系列，一共十五本到
二十本，由一條主脈絡串起的一部龐大的章回小說，儘管每一本書都有其單
獨的架構和故事。這個長篇小說系列將能讓我買得起一套房子養老，只要我
沒被它們壓垮的話！[36]

這名書中人物桑多斯，實際上就是左拉形象的象徵，透過這段自述得以使讀者了解
左拉如何以生理和遺傳學的概念架構他的《盧貢－馬卡爾家族》體系，這套著作也
使左拉創立了吸收實證主義、遺傳學和決定論而成的自然主義文學。

　　時序來到1870這一個令人不安的年份，左拉除了勤跑圖書館收集相關資料，絞
盡腦汁架構這一部著作之外，與亞麗山德琳同居了近五年的他，儘管未能得到母親
的贊同，兩人仍在教堂完成了終身大事，亞麗山德琳終於方便向外自稱為左拉夫人
了。可想而知，這場婚禮絕不會漏掉當年撮合這對愛侶的那位嘉賓——塞尚，畫家
滿心歡喜地同摯友分享著這份幸福。

　　婚禮過後不久，關心時局的左拉查覺到法國與普魯士雙方的敵對狀態已成千鈞
一髮之勢，濃厚的火藥味在歐洲大陸間迅速飄散開來，俾斯麥咄咄逼人的野心以及
拿破崙三世的自傲蠻橫成了當時媒體關注的焦點，不少極右派的報紙一味鼓吹著民
眾近乎盲目的愛國狂熱，一時之間整個社會只聚焦在政治議題與軍事力量的報導
上，左拉原已將《盧貢－馬卡爾家族》系列中的第一卷故事《盧貢家的發跡》（*La
Fortune des Rougon*）在報上刊登連載，卻絲毫得不到任何眷顧。無奈之餘的左拉
只好先將連載暫停，轉而在報紙上發表了一篇名為〈法蘭西萬歲〉的措詞十分激烈
的文章，內容中盡是批判拿破崙三世當局的言論，這番言行終於被第二帝國執政當
局給盯上，左拉以及報社編輯，甚至是印刷廠負責人皆受到傳訊，官方強烈質疑左
拉有煽動蠱惑人心之嫌。幸而此時的拿破崙三世政權已無暇他顧，旋與普魯士軍交

---

[36] 埃米爾・左拉（Émile Zola）著，冷杉、冷欉譯，《傑作》（*L'Œuvre*，北京：金城出版社，2014），
頁147-148。

戰，並於短短兩個月的時間內便遭到擊垮，左拉因此未遭到官方起訴，逃過了牢獄之災。

　　由於左拉身上流淌著一半的義大利血統，受到當時的國籍法阻撓，他直到二十一歲後才正式取得法蘭西的公民權，這樣的出身背景卻也使他因禍得福，未被徵召入伍前往戰場。這場無謂的戰爭，改變了左拉身邊的一切，蓋爾波瓦咖啡館昔日的文藝舊友們如今紛紛四散，莫內與畢沙羅都帶著家人逃往倫敦避難；塞尚則回到了南法不再過問巴黎的政局；馬內與竇加則是被分派到國民自衛隊協防巴黎；而雷諾瓦從軍後卻感染了痢疾，在醫院躺了好一陣子；最令人難過的還是未滿三十歲的巴齊耶，兩顆無情的子彈就此奪走了一個畫壇明日之星的性命。在前一章節裡我們也曾提及，普法戰爭結束後，巴黎城才真正迎來它最為悲慘的一段時期，幸而左拉早已感到苗頭不對，偕同母親與妻子於普魯士軍圍困巴黎前，回到了兒時最親近的南法故鄉。

　　在南法避難的時期，左拉也前往馬賽西部的村落埃斯塔克（Estaque）探視了老友塞尚，從小養尊處優，但個性較為孤僻的塞尚相對於政治與社會議題顯得冷漠許多，當戰亂使得好友們流離四散時，似乎只有塞尚躲在這個南方的愜意漁港，與世隔絕，繼續專研在他畫布裡的世界。

　　為了生計，左拉想找人推薦謀求一份地方政府專員的工作，他得知甘必大從巴黎乘坐熱氣球出逃後組成的國防政府總部設於波爾多（Bordeaux），於是只好湊錢在冬季的陰雨連綿時節狼狽地前往，未料好不容易找到請託者為他關說後，得知僅存布列塔尼幾個小地區留有空職，左拉最想待的南法早已沒有缺額了。就在左拉一籌莫展之際，收到了母親一封溫暖窩心的來信，愛蜜莉在信中鼓勵著愛子：「假如由於意想不到的情況而失敗，使你的期望落空，也不要灰心，因為只要堅持不懈地努力，你總會擺脫因失望而可能處於的某種逆境……」[37]，閱讀著母親信中的開導，左拉感動萬分，他想起母子兩人共度的那些艱苦歲月，愛蜜莉時常給他的觀念：「**身體健康，遇事不氣餒，這就是我的座右銘。**」[38]想到一向堅強不屈的母

---

[37]　丹妮絲・左拉著，李焰明譯，《我的父親左拉》，頁52-53。
[38]　同前註。

親，左拉再度燃起了信心，尋求其他的工作機會。[39]

　　皇天不負苦心人，左拉總算遇到了一位有過交往的文化界人士，正在國防政府裡擔任部長，名為亞歷山大・格萊－比左安（Alexandre Glais-Bizoin, 1800-1877），他早年也曾在阿歇特出版公司發表過若干作品，眼看左拉需要一份安穩的工作，便招攬他為自己的辦公室祕書，負責文稿的撰寫與開會記錄工作，左拉也因此暫時能將家庭安頓於南法生活。好景不常，遠在凡爾賽的梯也爾政府與新成立的德意志帝國簽訂了停戰協議，戰敗條約中允諾割讓亞爾薩斯和洛林兩省，以及賠償五十億法郎，至此國防政府名存實亡，格萊－比左安不得不辭去部長職務，巴黎也成立公社政府與凡爾賽政權相互抗衡。丟了祕書工作的左拉仍舊發揮了他搖筆桿的功夫，在馬賽當地有名的《鐘聲報》（Le Sémaphore）擔任政論記者，這段期間他以犀利獨到的見解和生動活潑的文筆，向該報讀者分析國內混亂不堪的政局，以及各派系之間的政治角力。

　　1871年五月，左拉帶著家人回到了巴黎。儘管在公社統治期間他曾為了撰寫報導回到巴黎，竟被視為間諜而遭逮捕，所幸經友人周旋很快被釋放，左拉目睹並經歷了巴黎公社事件，雖不能認同其抗爭的暴力手段，卻也對凡爾賽當局之後的殘忍屠殺行徑感到寒心，為基層勞動群眾發聲，認同無產弱勢族群的意識形態逐漸在他心中萌芽，也觸發了他在之後撰寫《酒店》、《萌芽》的動機。

　　《盧貢家的發跡》在1871年下半年正式出版，這是「盧貢－馬卡爾」這個家族興衰史系列的第一部作品，由於左拉將整套系列故事的背景設定於第二帝國的統治時期，因此在第一部作品中便交代了路易・拿破崙總統在1851年為了奪權所發動的政變，故事的主要場景發生於左拉所虛構的的南方城市「普拉桑」（Plassans），實際上這便是作者本人自幼所熟悉的艾克斯的投射，由於這部作品的寫作時間正值普法戰爭至巴黎公社事件之際，眾多的政治算計、權力角逐以及欲望貪念充斥著整個法國社會，因此左拉也在書中刻意著墨了現實事件的影射，並流露出對野心政客

---

[39]　母親愛蜜莉的信中曾向左拉提議，不妨前往凡爾賽尋求梯也爾的協助，或許這位總理會顧及昔日與弗蘭索瓦・左拉的舊情，為故人之子安排個一官半職。我們很慶幸最後左拉最終沒有聽取這項建議，畢竟若加入凡爾賽當局而涉入之後的巴黎公社屠殺事件，或許走上那條道路的左拉就不會是文學史上的左拉了。

與投機者的厭惡與撻伐。

　　左拉對於創作所持的態度相當嚴謹，除了會事先查閱許多參考資料外，尤其還會對書中提到特定的職業與工作場域進行親臨考察核實。另外，他的寫作速度也非常地快速，左拉在書房的壁爐上方用拉丁文刻下了一行字「**生命不息，創作不止**」（*Nulla dies sine linea*）用來激勵自己維持每日的進度。果不其然，自1871年始，左拉幾乎是以每年出版一本作品的速度向讀者展現他的能力與毅力，直到1893年《巴斯卡醫生》（*Le Docteur Pascal*）為止，終於結束了長達二十二年的《盧貢－馬卡爾家族》系列，而這整個系列的作品分別是：

1. **盧貢家的發跡**（*La Fortune des Rougon, 1871*）
2. **貪欲的角逐**（*La Curée, 1871-1872*）
3. **巴黎之胃**（*Le Ventre de Paris, 1873*）
4. **普拉桑的征服**（*La Conquête de Plassans, 1874*）
5. **穆雷教士的過失**（*La Faute de l'Abbé Mouret, 1875*）
6. **盧貢大人**（*Son Excellence Eugène Rougon, 1876*）
7. **酒店**（*L'Assommoir, 1877*）
8. **愛情的一頁**（*Une Page d'amour, 1878*）
9. **娜娜**（*Nana, 1880*）
10. **家常事**（*Pot-Bouille, 1882*）
11. **婦女樂園**（*Au Bonheur des Dames, 1883*）
12. **生命的喜悅**（*La Joie de vivre, 1884*）
13. **萌芽**（*Germinal, 1885*）
14. **傑作**（*L'Œuvre, 1886*）
15. **土地**（*La Terre, 1887*，或譯泣血鄉戀）
16. **夢**（*Le Rêve*1888）
17. **人面獸心**（*La Bête humaine, 1890*）
18. **金錢**（*L'Argent, 1891*）

19. 崩潰（*La Débâcle, 1892*）
20. 巴斯卡醫生（*Le Docteur Pascal, 1893*）

和獨善其身，對公共事務一向不敢興趣的塞尚不同，**左拉具有兼善天下的胸懷，除了對藝文活動富有熱情之外，社會福利乃至政治議題都能引發他的關注，更特別的是，他對該時代社會各個層面的事物都有獨特而細膩的觀察力，以至於他能夠在一系列的作品當中，將法國不同社會領域階層的各種面向，透過敏銳深刻的文筆表達出來**，無怪乎左拉足以成為十九世紀中期自巴爾札克以降，最能展現該時代生活面貌的小說家。

✦ 《盧貢—馬卡爾家族》與巴黎浮世繪 ✦

大多數到巴黎觀光的遊客，無論是參加旅行團或是自助旅行，不外乎選擇巴黎鐵塔、凱旋門、羅浮宮、聖母院或拉法葉百貨等幾個知名景點參訪，若是行程時間較為充裕，或許還會增添奧塞美術館、蒙馬特、凡爾賽宮以及到左岸品嚐咖啡的活動，然而若提起巴黎「十九世紀被真空保存」[40]的人文造景拱廊街（Passages couverts），或許就不為那麼多的遊客所熟悉了。

所謂的拱廊街，指的是玻璃屋頂覆蓋下的通道，而且絕對禁止車輛進入，只讓一般行人通行。這些拱廊街的原型是由前面章節曾介紹過的巴黎王家宮殿的木拱廊轉型而來，歷史上第一條拱廊街是在1791年所開通的費多拱廊街（Passages Feydeau），位置在今日巴黎證券交易所（Bourse de Paris）與黎希留街這一帶，與王家宮殿的木拱廊之間的差異，是木拱廊當初設立於王家宮殿的中庭位置，而費多拱廊街則位於兩條公有道路之間的通道，遺憾的是這條最古老的拱廊街今已不存，於1824年遭到拆除。

---

40 鹿島茂著，林佩儀譯，《巴黎夢幻拱廊街》（臺北：麥田出版社，2009），頁10。

拱廊街內的兩側，聚集了不同類型的商店、骨董店、舊書店與琳瑯滿目的飾品店，由於**可以滿足摩肩接踵的群眾不受日曬雨淋即可享受購物的樂趣，因此一時之間整個城市便興起了一陣開通拱廊街的風潮，總計到了十九世紀上半葉拱廊街的全盛時期，整個巴黎擁有一百五十條左右**。拱廊街在建成之初就是作為商業街來使用的，因此大都群聚於商業活動頻繁的右岸和寬闊的林蔭大道之間，但**隨著十九世紀中葉奧斯曼的巴黎改造工程，以及百貨公司的興起，拱廊街陸續遭到淘汰與拆除的命運，直至二十一世紀的今日僅存二十餘處。**

提到拱廊街的議題，德國文化史學者華特‧班雅明（Walter Benjamin, 1892-1940）是一位絕對不能忽略的重要人物，**1927年班雅明開始著手於拱廊街的研究計畫（*Passagenwerk*），期望透過這項大都市異化景觀來分析十九世紀下半葉「資本主義盛世」（high capitalism）的現象**，他花費了十多年時間參閱了大量資料，並抄錄了兩箱的筆記手稿，目的是希望能夠撰寫一本揭示時代辯證意象的文化學專著。然而，出身自猶太血統的他卻在1940年，因恐懼納粹的迫害而選擇了輕生，壯志未酬，《拱廊街研究計畫》僅完成了兩篇提綱以及兩篇關於波特萊爾的論文。

讓後世稍感欣慰的是，班雅明仍在計畫中的提綱裡清楚地提到對拱廊街的看法：

> 巴黎拱廊街大部分是在1822年以後的十五年間建造的。它們得以發展的第一個條件是紡織品貿易的繁榮。「時新服飾用品商店」，即最早備有大量商品的設施開始出現了。它們是百貨商店的先驅。巴爾札克描寫的就是這個時代：「從馬德連教堂到聖丹尼門，一首宏大的展示之詩吟誦著五光十色的詩節。」拱廊是奢侈品的商貿中心。通過對它們進行裝潢，藝術也被用來為商人服務。當代人從未停止過對它們的讚美。在很長的一段時間裡，它們始終是吸引遊客的一個地方。一份巴黎導遊圖寫道：「拱廊是新近發明的工業化奢侈品。這些通道用玻璃做頂，用大理石做護牆板，穿越一片片房屋。房主聯合投資經營它們。光亮從上面投射下來，通道兩側排列著高雅華麗的商店，因此這種拱廊就是一座城市，甚至可以說是一個微型世界。」拱廊是最早使用汽燈的地方。

拱廊出現的第二個條件是鋼鐵開始應用於建築，……自羅馬人以來，第一次出現了人造的建築材料：鋼鐵。它歷經了進化過程，在這個世紀加快了發展速度，……鋼鐵沒有應用於住房，而是用於拱廊、展覽館和火車站這些供人們穿行的建築。[41]

班雅明是歷史上最早著手於拱廊街研究的學者，**這個題目之所以值得研究，在於拱廊街宛如一條長長的時光隧道，保存了巴黎昔日熱鬧繁榮的記憶。拱廊街代表了資本主義才剛萌芽，人類的物質欲望寄託於此，再加上歐洲歷史開啟了以鋼鐵為建築材料的時代，[42]使得鋼鐵得以構架拱廊街華麗的空間，藉此象徵十九世紀對未來充滿樂觀與希望的集體意識。**

尤其，班雅明醉心於拱廊街所代表風華綽約的社會文化，源於自身的移動經驗與感受，他從波特萊爾對巴黎街景的耽溺詩作，演繹出「閒逛者／漫遊者」（**Flâneur**）這個象徵現代城市空間經驗而唯妙唯肖的形象，這些閒逛者意指在城市當中無所事事地晃蕩、閒逛，在街頭張望，觀賞街上發生的一切情景故事，自身也融入在都市景觀中的人：

在奧斯曼改造城市之前，寬闊的人行道很少，狹窄的街巷讓人無法躲避車輛。沒有拱廊，閒逛也不會像後來那麼重要，……正是在這樣的世界裡，閒逛者適得其所。他們給「散步者和吸菸者喜歡逗留之地、平民百姓經常光顧的好去處」提供了編年史家和哲學家……。對於閒逛者來說，街道變成了居所：他在諸多商店的門面之間，就像公民在自己的私人住宅裡那樣自在。對於他來說，閃亮的商家琺瑯標誌至少也是一種漂亮的牆上裝飾，正如

---

[41] 班雅明著，劉北成譯，《巴黎，十九世紀的首都》，頁35-37。

[42] 史蒂芬・柯克蘭著，鄭娜譯，《巴黎的重生》，頁191：「工業革命後，金屬逐漸作為建築材料使用，土木工程完全發展為一個研究領域。長途旅行速度愈來愈快，愈來愈安全，圖像複製隨處可得，建築師和客戶的文化參照物範圍拓寬。隨著考古學出現新進展，古蹟知識和建築表達形式不斷增多。與此同時，建築客戶開始出現多樣化趨勢，不再侷限於宮廷和教堂，而是擴展到政治家、公務員、新機構和普通市民。」

資產階級市民看著自家客廳掛的一幅油畫。牆壁就是他用來墊筆記本的書桌。報攤就是他的圖書館。咖啡館的露臺就是他工作之餘從那裡俯視他的庭院的陽臺。[43]

值得注意的是，由於Flâneur常以中文翻譯為漫遊閒逛的語義，致使今日不少的旅遊書籍或專欄當中，誤將在街上放慢腳步，或四處遊覽一番便算是漫遊，實際上班雅明的研究中**真正意指的閒逛者應是以一種閒適的心情，對城市文化做過一番內在性格的觀察，隨後做出反思的人**。[44]班雅明也提到這樣的閒逛者特別喜愛在拱廊街裡漫遊的原因：

> 如果沒有煤氣燈，讓閒逛者充滿幻想的那種成為「室內」的街道幾乎不可能出現。最早的煤氣燈就是在拱廊裡設置的。在波特萊爾的童年時代，人們開始在露天使用煤氣燈；凡登廣場安裝了蓮花路燈。在拿破崙三世統治時期，巴黎的煤氣路燈數量飛速增長。城市的安全度因此提高，夜裡人們在街上也會覺得很安逸……。在第二帝國的鼎盛時期，主要大街上的店鋪在晚上十點鐘以前是不會打烊的。這是夜間遊蕩的時代，……閒逛者在拱廊裡不會遇到不把行人放在眼裡的轎車，因此拱廊一直被人們所稱道。這裡既有硬往人群裡擠的行人，也有要求保留一臂間隔的空間，不願意放棄那種優閒紳士生活的閒逛者。他把優閒表現為一種個性，是他對勞動分工把人變成片面技

---

[43] 前引書，頁100-101。

[44] 這種閒逛的文化至今仍完整保留，巴黎作家年度協會主任約翰巴克斯特（John Baxter, 1939-）便曾在他的書中談及：「巴黎是屬於行人（piétons）的。人們會自然而然用走的（à pied）。也唯有走路，才能讓你發掘巴黎的豐富多樣。誠如另一位熱愛巴黎的外國作家愛德蒙‧懷特在他優美的小品《漫遊者》中所言：『巴黎是一個只有步行者才能盡觀其妙的世界，唯有優閒漫步，方能吸收到所有豐富（儘管未必有聲音）的細節。』另一位作家亞當高普尼克則認為，沿著我家附近的塞納河路一路散步『是世界上最優美的漫步路線』。對他來說的確如此，不過每個巴黎人，以及每一個來此想了解巴黎的人，都會找到屬於他們自己的『世界上最優美的漫步路線』。漫步不是遊行或賽跑。它是由一連串的剎那所組成，而每一個剎那都有可能照亮你的一生，也許是蓦然的一眼、一抹香味、短暫的一瞥、光線瀟落的情景……，或某個『美麗』的片段。沒有任何導遊或旅遊指南能告訴你那會是什麼。」轉引巴克斯特（John Baxter）著，傅葉譯，《浪漫的巴黎文學徒步之旅：世界上最美的步道》（*The Most Beautiful Walk in the World: A Pedestrian in Paris*，新北：四塊玉文創有限公司，2014），頁23。

工的抗議。這也是對人們勤勞苦幹的抗議。[45]

在此班雅明強調了煤氣燈對於拱廊街漫遊文化所具有的推波助瀾效果，再加上毫無車水馬龍的喧囂阻擾，以至於這裡成為優閒的行人徒步區。班雅明甚至在書中舉例1840年前後，曾一度流行帶著烏龜在拱廊裡散步，閒逛者的步調隨著烏龜隨心所欲地漫遊，這絕對是拱廊街兩百年歷史裡最為獵奇的景象了。

拱廊街是足以代表法國十九世紀社會面貌的都市文化景觀，許多中產階級可以盡情在此享受隔絕了外部的喧囂干擾，閒情適意地流連於時尚且詩意的廊道裡，穿梭於舊書店、飾品店、鐘錶行及老古玩店，有時選擇在咖啡館或酒館消磨時光。當餘暉燦燦透過玻璃帷幕，懶洋洋地灑落柔和的斜暉，拱廊街頓時也變得朦朧起來，彷彿使人墜入夢境，置身在另一個世界裡。值得注意的是，**拱廊街的商品櫥窗提供了閒逛者及群眾一種滿足視覺性的展示概念，透過五花八門，琳瑯滿目的絢麗展示品，既方便使觀者在最短時間內明瞭店家的銷售特色，也滿足了觀者窺探內部的欲望，甚至所謂的「消磨時間」也提升成為了一種新形態的休閒活動，凡此種種皆是拱廊街為十九世紀所帶來的社會文化現象。**拱廊街內部商店的百年興衰，以及樣貌或時尚，甚至與法國文化發展緊密聯繫，因此今日僅存的二十餘處拱廊街均成為受到保護的國家文化資產。

在這其中，有著「拱廊街女王」稱號的薇薇安拱廊街（Galerie Vivienne, 1823），以美麗的馬賽克磁磚和典雅精緻的裝飾浮雕顯出雍容華貴的氣息，今日除了知名的酒窖Legrand Filles et Fils以及別致爾雅的舊書店Librairie F Jousseaume坐落於此之外，薇薇安拱廊街十三號的地址也是歷史上值得世人留意之處，以《高老頭》裡的伏脫冷以及《悲慘世界》的尚萬強的原型而聞名的怪傑維多克，[46]便曾

---

45 前引書，頁116-117、121。
46 維多克（Eugène-François Vidocq, 1775-1857），世界上第一位私家偵探。早年曾因逃兵而入獄，但多年的監獄生活使他澈底學習到盜賊宵小的犯案技巧，並得以了解其做案模式，也因此維多克憑藉著對犯罪手法與心理的描寫，幫助警方破獲了多起刑案，獲得減刑開釋。出獄後維多克成了警方的密探，開設了史上第一間私家偵探社，並屢破奇案。維多克擅長劍術、推理、跟蹤與易容術，是法國歷史上相當具有傳奇色彩的一號民間人物，巴爾札克、雨果或大仲馬皆從其身上借用了許多實例來改編為自己的作品。不僅如此，維多克在偵探生涯中的傳奇形象，使他成為了後世著名推理小說家的創作原型，

第六章　左拉的巴黎　325

經在這裡設立了歷史上第一間的私家偵探社；此外與薇薇安拱廊街相互平行的科爾伯特拱廊街（Galerie Colbert），最初在1826年的建造是為了與隔壁的「拱廊街女王」互別苗頭，商業競爭。而今，科爾伯特拱廊街已成為法國國家圖書館（BnF）的分部國家遺產研究所（Institut National Du Patrimoine）的所在地，參觀者仍可在此欣賞它美麗雅致的大圓廳及散發出柔和光輝的水晶球燈柱。這兩條拱廊街以及不遠處的舒瓦瑟爾拱廊街（Passage Choiseul）都建造於十九世紀上半葉的巴黎繁華鬧區——王家宮殿與林蔭大道之間，「奧斯曼改造之前的巴黎，車道與步道皆未完備，行人必須走在泥巴路上」，[47]因此這一帶的拱廊街解決了行走不便的問題，而深受昔日的貴族與資產階級所喜愛。

讓我們再回到左拉的故事。

面對拱廊街這項足以代表法國十九世紀社會面貌的都市文化景觀，當然絕不會被左拉這麼一位關注社會生態、文化遞嬗的文學家所忽略。早在三十歲之前他在撰寫《戴蕾絲·拉甘》這部引發社會議論的小說時，便已將這則有關紅杏出牆的故事場景設定於左岸的新橋拱廊街了，不過那卻是令人望之卻步的破敗景象：

> 巷堂至多有三十步長、三步寬，鋪著破裂的已經鬆動的淡黃色石板，經常發出濃烈的濕味，頂上直角地鑲蓋著的玻璃，沾滿了一層烏黑的灰塵。
>
> 在夏天晴朗的日子裡，當悶熱的陽光燃烤著街道之際，一條淡白的光線，從骯髒的玻璃頂上射下來，在這狹小的弄堂裡投下可憐的影子。在惡劣的冬季裡，那些空際瀰漫濃霧的上午，玻璃頂則把齷齪醜陋的陰影映在石板上。
>
> 左邊，開設著幾間店鋪。店鋪低矮而昏暗，簡直像從洞穴中發掘出來似的，散發著寒冷氣息。這裡有舊書商人、兒童玩具商人、紙板製造商人，他

從推理小說鼻祖愛倫·坡（Edgar Allan Poe, 1809-1849）的《莫格街兇殺案》（*The Murders in the Rue Morgue*）中的杜賓和推理小說巨擘柯南·道爾（Arthur Conan Doyle, 1859-1930）筆下的夏洛克·福爾摩斯（Sherlock Holmes），到法國小說家盧布朗（Maurice Leblanc, 1864-1941）所創造的怪盜亞森·羅蘋（Arsène Lupin）的身上都有著維多克的影子。參閱拙著，《名偵探與柯南：福爾摩斯藝文事件簿》。

[47] 鹿島茂著，林佩儀譯，《巴黎夢幻拱廊街》，頁25。

們陳列的商品罩滿了灰塵，模糊地沉睡在陰影裡⋯⋯。越過玻璃頂，高牆仍然向上升去，烏黑的牆壁敷著粗劣的灰土，彷彿布滿了癩瘋病的症狀，到處都是難看的疤痕。

新橋拱廊街不是遊人散步的地方。人們只是為避免多走路，節省幾分鐘時間，才走這條狹道的。只有忙忙碌碌的人，一心想走得快些，不願多轉彎，才樂意經過這裡。[48]

這條開發於1823的新橋拱廊街今已不存，昔日破落腐敗的景象透過左拉的作品保存了下來，「左岸並不像右岸有公共馬車的發車點，也沒有類似王家宮殿或林蔭大道的鬧區，人潮原本就不多，前往拱廊街的客人更有限」。[49]但也正因為如此，《戴蕾絲・拉甘》除了是一部關於出軌的社會小說之外，左拉也藉由主人翁蝸居於新橋拱廊街的寒酸景象，刻畫了社會低階群眾對物質文明的渴求與貪欲。

相對於此，為了描繪第二帝國時期的拱廊街繁盛情景，左拉選擇了更具有代表性的**全景拱廊街（Passage des Panoramas）**作為書中的情節場景。**這條開通於1799年的全景拱廊街是巴黎現存的二十餘條拱廊街中最為古老的，而過去這裡的繁華景況也堪稱巴黎的拱廊街之最。**所謂的全景（Panoramas）與荷蘭在十七世紀所興起的全景畫有關，全景之所以產生，就在於嘗試壯麗景觀的再現，當時「荷蘭畫家的做法，如同一臺移動攝影機，將全景風光一次攬進畫面。如此呈現的視角不再是固定的，而是自由移動的廣角鏡頭，彷彿一面映照出完整自然風光的明鏡。這正是荷蘭人觀看世界的方式，當他們的航海貿易廣布各地的同時，畫家則站在自己的平坦小國上將整個世界收納進平面的畫布」。[50]今日在荷蘭的海牙仍存在著一處全景畫館（Panoramas Mesdag），以一幢高度約十五公尺的環形建築，使觀畫者站在中央觀看三百六十度雄偉的海景畫。而這樣的全景畫風格也在1799年開闢這條介於蒙馬特大道（Boulevard Montmartre）與聖馬克街（rue Saint-Marc）之間的

---

[48] 埃米爾・左拉（Émile Zola）著，畢修勺譯，《戴蕾絲・拉甘》（*Thérèse Raquin*，上海：上海三聯書店，2014），頁1-2。

[49] 鹿島茂著，林佩儀譯，《巴黎夢幻拱廊街》，頁142。

[50] 郭書瑄等，《新荷蘭學》（臺北：前衛出版社，2011），頁62。

薇薇安拱廊街一景

拱廊街之時傳入了巴黎。

　　羅伯特・富爾頓（Robert Fulton, 1756-1815）是一位幾乎就改變了法國歷史的美國人，這位偉大的發明家已經在十八世紀末便成功試驗出以人力旋轉螺旋槳的潛水艇、魚雷以及用蒸汽機作為動力的蒸汽船。時值歐洲聯軍對抗拿破崙戰爭的年代，富爾頓原先將他的發明帶到巴黎向拿破崙政府兜售，不料當時在戰場叱吒風雲、用兵如神的拿破崙對這項新時代的科技絲毫沒有半點興趣，當時的富爾頓苦於資金的周轉，便將珍藏多年的一幅長約一百公尺、高二十公尺的全景畫賣給了當時正在興建之中的拱廊街的經營者，攤開後的全景畫就懸掛於拱廊街兩旁上方，果然吸引了巴黎民眾成群結隊、蜂擁而至地參觀。在1800年全景拱廊街剛開幕的年代，放眼整個巴黎，僅王家宮殿的木拱廊和較短的費多拱廊街能夠提供遮風避雨的散步購物空間，因此全景拱廊街的問世頓時成了市區中數一數二的人氣景點，隨著1807年綜藝劇院（variety theater）由王家宮殿遷移至全景拱廊街旁，此處的逛街與購物人潮更是川流不息，在當時能夠進駐於此的商家皆為一時之選，高昂的店租自是

可想而知，但不分晝夜接踵而至的人潮終究是為商家帶來更巨大的盈利。至於那位因賣出全景畫而得到不少資金的發明家富爾頓，則是將他的發明成果帶到對岸的倫敦成功售出，英法雙方在船艦速度威力的比較上從此將有著雲泥之別，拿破崙由此與歷史的勝利錯身而過。

班雅明於《拱廊街研究計畫》裡所提到巴黎街頭最早的瓦斯燈，便是在1816年安裝於全景拱廊街的，得到夜間照明後使這裡的夜生活更加的光輝璀璨，特別是在七月王朝上臺使得王家宮殿逐漸沒落後，由林蔭大道至全景拱廊街這一帶成為了巴黎最喧囂繁華的娛樂鬧區。

左拉在1880年的作品《娜娜》（Nana）裡，特意安排了一段繆法伯爵（comte Muffat）為了等待在綜藝劇院演出的紅牌歌妓娜娜下班，[51] 在全景拱廊街當中遲疑流連的情景，堪稱文學史當中對拱廊街文化最為生動細緻的敘述：

> 十二月份的一天晚上，繆法伯爵在全景拱廊街溜達。這天晚上非常溫暖，一陣驟雨把行人都趕到這裡來了，整條拱廊街人頭攢動，人們擠在店鋪之間，很難前進，只能緩慢地移動，耀眼的霓虹燈，光華四射，把玻璃櫥窗映得通明透亮，白色的燈罩、紅色的燈籠、藍色的透明畫、成排的煤氣燈、用燈管做的巨型手錶和扇子，在空中熠熠生輝。攤檔五光十射的商品，珠寶店的金飾、糖果店的水晶玻璃瓶、時裝店鮮豔的絲綢，在反射鏡的強光照射下，光彩奪目地映在一塵不染的鏡子裡。在光怪陸離的招牌之中，遠處有一隻深紅色手套，像一隻被砍斷的手，血淋淋地掛在黃色的袖口。
>
> 繆法伯爵慢吞吞地踱到大街口，向大街望一眼，然後又貼著店鋪，慢慢地踱回來。濕熱的空氣在狹窄的拱廊裡凝成閃閃發光的霧氣。在被雨傘滴得濕漉漉的石板地面上，只聽見川流不息的腳步聲，聽不到談話聲。每一個來回，都有一些溜達的人與他擦肩而過，上下打量他，因為他總是板著被煤氣

<hr />

[51] 綜藝劇院（variety theater）被左拉設定為筆下知名角色娜娜的表演舞臺，這座劇院在百餘年後的今日仍舊輝煌地進行著諸多的戲劇表演。筆者曾旅居於綜藝劇院和全景拱廊街周邊，這一帶的商家與川流不息的購物人潮，與左拉的年代相比依舊是不遑多讓。

燈照得灰白的臉。為了躲避這些好奇的目光，伯爵在一家文具店前停下，全神貫注觀看櫥窗裡的玻璃球鎮紙；那些玻璃球裡面浮著山水和花草。

　　他什麼也沒看見，而是在想著娜娜。為什麼她又一次說謊呢？……伯爵根本還沒有意識到，就被一個行人擠離了鎮紙櫥窗，到了一個小擺設櫥窗前面，呆頭呆腦地望著裡面陳列的小記事本和雪茄菸盒，那些東西都在一個角上印有一隻藍色的燕子……。他被人群又一擠，就到了拱廊對面，停在一家餐館前面，目不轉睛地盯著玻璃櫥窗裡幾隻拔了毛的雲雀和一條直挺挺的大鮭魚，而腦子裡苦苦思索著自己提出的問題……。他又開始踱步了，一邊回想起他到戲院門口接娜娜時在這個地方消磨的夜晚。這裡的每家店鋪他都熟悉，在充滿煤氣味的空氣中，他能辨別出每家店鋪的氣味，有俄羅斯皮革嗆人的氣味，一家地下室巧克力店飄上來的香草味，化妝品店敞開的大門裡散發出的麝香味。[52]

左拉以耀眼的霓虹燈、成排的煤氣燈以及透亮的玻璃櫥窗的視覺描繪，搭配了俄羅斯皮革、巧克力的香草味與化妝品的麝香氣味等種種嗅覺摹寫，特別是將繆法伯爵為情所困以及徬徨無措的舉止心態表現得恰如其分，是書中相當出色的一段情節。此外，**左拉作品當中也充分展現了拱廊街在昔日除了提供櫥窗豐富的商品展示功能外，更增添了滿足觀者窺探商家內部的欲望，以及透過繆法伯爵為了等待情人的描述，將十九世紀社會裡「消磨時間」概念提升成為了一種新形態的休閒活動表達得淋漓盡致。**全景拱廊街全盛時期的歷史風貌也藉著左拉揚葩振藻的文字，在文學史上留下了時代的見證。

　　今日巴黎尚存的二十餘條拱廊街，如同時光隧道般，瞬間能將參訪的旅人帶回十九世紀的巴黎氛圍，置身於此，我們依稀能夠體會繆法伯爵流連徘徊的惆悵心情，也彷彿聽見拱廊對著我們訴說那一段曾經光彩璀璨的繁榮光景。拱廊街的全盛

---

[52] 埃米爾‧左拉（Émile Zola）著，羅國林譯，《娜娜》（*Nana*，上海：上海三聯書店，2014），頁178-180。

時期，在歷經奧斯曼對巴黎的城市改造工程，以及百貨公司的興起之後而逐漸黯淡沒落。其箇中緣由，班雅明曾以閒逛者優雅且詩意的眼光，解析「閒逛者在人群中尋找自己的避難所。對於閒逛者來說，人群是一層面紗，熟悉的城市在它的遮掩下化為一種幻境。城市時而幻化成風景，時而幻化成房屋。這些後來激發了百貨商店的裝潢。百貨商店利用『閒逛』來銷售商品。總之，百貨商店是最後的閒逛場所」。[53]而學者李政亮則有段更為精闢的闡述：

> 百貨公司之所以取代拱廊街，與巴黎的城市改造以及萬國博覽會的舉行有直接的關聯。十九世紀中期，奧斯曼所進行的巴黎城市改革，例如交通網絡的開拓、下水道等衛生設備的完善等因素，奠定了一個大都會所需的基本要件。第二帝國時期的法國政府不僅著手基本建設，也透過鼓勵消費、輔助奢侈品產業發展等方式帶動消費，更重要的，則是透過萬國博覽會的不斷舉行，讓巴黎從一個閉鎖型的城市一躍為開放型的世界大都會。除此之外，識字率的提高、大眾媒體的發達，使得訊息得以快速傳播。這些十九世紀中期所形成的條件，正提供了嶄新消費空間形成的契機。[54]

1852年，從時尚與風俗的角度來說，是值得在歷史上特別書記的一個年代。這一年，布希可（Boucicaut）夫婦創立了樂蓬馬歇（Le Bon Marché）百貨公司，[55]身為人類歷史上的第一間百貨公司，草創時期的規模並不大，內部僅有十二名員工與四個賣場，不過在歷經十年的用心經營下，透過每期舉行週年慶與年中慶的折扣活動，以及商品有效的退換貨機制，逐漸在消費市場上闖出一片天，不僅興建了在

---

[53] 班雅明著，劉北成譯，《巴黎，十九世紀的首都》，頁48。
[54] 李政亮，《世界花都，巴黎城市風景》（臺北：日月文化出版社，2010），頁42-43。
[55] 樂蓬馬歇百貨公司（Le Bon Marché，又譯好市場、好商家、好交易等），位於巴黎第七區的色佛爾街二十四號（24 rue de Sèvres），以及巴比倫街（rue de Babylone）和巴克街（rue du Bac）轉角處。這裡最初是由維多（Videau）兄弟於1838年所創立的流行品專賣店，於1848年被布西可夫婦收購，並在改裝後成為了百貨公司。如今世界各地參訪巴黎的遊客，時常都會選擇到右岸知名的拉法葉百貨（Groupe Galeries Lafayette）或是春天百貨（Printemps）購物，相較之下，**不少在地的巴黎人，反而會選擇在左岸的樂蓬馬歇百貨圖個清靜**。

樂蓬馬歇百貨外觀

左岸的巨型宏偉新館，並在印象派舉辦首次展覽之後的1877年，樂蓬馬歇百貨公司成為了一間擁有一千七百名員工，年銷售額高達七千三百萬法郎的企業。[56]

　　樂蓬馬歇百貨的問世，與受到世界（萬國）博覽會的影響有關。1851年五月一日，人類歷史上首屆的世界博覽會（Universal Exposition）在倫敦盛大開幕，一座象徵著英國維多利亞時代繁榮昌盛的巨大建築物「水晶宮」（The Crystal Palace）矗立於倫敦的海德公園。這座水晶宮以鋼鐵為骨架、玻璃為主要建材而搭建，建築物及其內部的展覽內容震驚了當時的整個歐洲：棉紡紗機、蒸汽錘、電報機、印刷機、大小噴泉、瓷器工坊，甚至是栩栩如生的恐龍模型和史上第一座自動沖水馬桶，各項展示品都令人嘖嘖稱奇。這些展品所傳達的訊息清晰且強烈——英國具有實力與資源，將人類的夢想完全實現。在首屆世博會開幕式中維多利亞女王便驕傲地表示「這是英國歷史上最光輝的一日」，僅僅在五個月之內，就有近六百萬的群

---

[56] Ruth E. Iskin. *Modern Women and Parisian Consumer Culture in Impressionist Painting.* (Cambridge: Cambridge University Press,2007) p.183.

樂蓬馬歇百貨大廳

眾前來參與博覽會,各國不少的參訪遊客也前來共襄盛舉。原先世界博覽會展期預計六個月,水晶宮也應在展後進行拆除,但由於這項展覽勝況空前,來自歐洲各國的與會人士絡繹不絕,最後水晶宮在肯特郡重新被建造起來,並擴建了其規模與裝飾,整座建築與展品均為工業革命時代的重要象徵物。此後並非每一屆世界博覽會的展覽都能對時代產生文化與生活上的衝擊,而該年的水晶宮博覽會卻被視為英國開始審視自身並意識自身實力的轉折點。[57]

　　世界博覽會的成功模式對歐洲各國產生了極大的衝擊,尤其是第二帝國統治下的巴黎,彷彿想與海峽另一端的英倫互別苗頭似的,在前四屆的世博會便是由各兩個城市輪流舉辦,甚至在整個十九世紀後半葉,巴黎就總共承辦了五次的世博會。值得注意的是,世博會開創了一種新的大眾消費模式──「透過高聳絢麗的建築、蒐羅龐大的展覽品並將之分類、相對低廉的票價,讓大眾都能在這個空間裡自由觀

---

[57]　參閱拙著,《名偵探與柯南:福爾摩斯藝文事件簿》,頁16-20。

賞。這樣的展示空間，改變了人們對『物』的既有看法，就如同班雅明所指出的，『世界博覽會將商品的交換價值神聖化！』博覽會的空間裡，被觀賞的物品被擺設到前所未有的崇高地位，此時的物，不僅是為人所使用的東西，還包含許多人們所賦予的價值。」[58]這樣的商品展示空間的新穎概念，直接催生了百貨商場的崛起，與流行了半個世紀的拱廊街相比，百貨公司擁有更具創意的促銷手法、薄利多銷、絢麗的展示空間以及更吸引消費者的退換貨機制，甚至在十九世紀後半葉那個美好的年代裡，商場中還設有專為客人提供休閒的接待室，能夠在裡頭輕鬆自在地閱讀看報，進行交誼，也因此百貨公司在短短的時間內迅速成為布爾喬亞資產階級的最愛，拱廊街無論在行銷手法、商品種類與售後服務上皆無法與之抗衡，勢必得走上沒落一途了。

從拱廊街的櫥窗展示以及閒逛者自身的遊蕩經驗，到百貨商場的分類展示與促銷特賣，對社會氛圍具有高度敏銳度的左拉也嗅出了其中的進化趨勢，1883年他推出了《婦女樂園》（*Au Bonheur des Dames*），內容敘述百貨公司的崛起過程和營運方式，而書中這間名為「婦女樂園」（Au Bonheur des Dames）的百貨公司原型即為樂蓬馬歇百貨，左拉對這部作品的取名實為鞭切，他巧妙地將第二帝國的消費文化融入作品當中，並細膩地呈現出百貨這種新時代的產物，藉由薄利多銷、寬敞的購物空間與便利的郵購機制，達到使女性為主的客群意亂情迷、瘋狂採購的行為。[59]《婦女樂園》是世界文學史上第一部探討百貨公司消費文化的小說，從百貨業的投資經營與擴展併購的角度來審視，這本書也絕對稱得上是唯一的一本專門探

---

[58] 李政亮，《世界花都，巴黎城市風景》，頁46。

[59] 關於婦女在時尚消費的迷戀，社會學者大衛‧哈維（David Harvey）如此分析：「最早出現的引誘方式是櫥窗展示，……早在七月王朝時期，大道就已被確立為重要的公共展示中心，到了第二帝國時期，大道又再度受到重視並且被加以延伸擴大。大道的戲劇性質融合了劇院、咖啡館與其他娛樂場所中的表演世界，使得大道沿線開展出許多展示資產階級富裕、鋪張浪費與女性時尚的空間。……商品景觀逐漸跨界支配了公共／私人空間，並且有效地將兩者合而為一。當資產階級婦女的角色隨著拱廊街逐漸為百貨公司所取代而更加重要時，她們仍無法改變被剝削的命運，儘管這一次她們擔任的角色是消費者而非家庭的管理者。對婦女來說，逛街、看櫥窗、購物以及在公共空間展示她們的戰利品而非將其儲藏於家中與閨房之內，乃是出於時尚的必要。婦女自己也成為景觀的一部分（尤其當龐大的大蓬裙開始流行時），不僅吸引目光，並且也成了商品與商業（其中散發著一股性欲與性交換的氣息）的展覽場。」參閱大衛‧哈維著，黃煜文、國立編譯館譯，《巴黎，現代性之都》，頁232-233。

討該行業生態的社會小說。

　　左拉除了擁有迅猛的寫作速度之外，也極為重視寫作的態度，每當為下一部題材設定環境與場域後，左拉必定會花費相當多的時間親臨現場，仔細觀摩並詳盡記錄，務求在作品中能將原貌表現得栩栩如生，活靈活現。《婦女樂園》是左拉利用數月時間，多次拜訪樂蓬馬歇百貨，在不同樓層、商場與專櫃反覆觀察，高層主管的經營理念，和店員的推銷話術、商品的分類擺設，乃至顧客的比價心態，皆被左拉詳細考察，並透過《婦女樂園》鉅細靡遺地描繪出。

　　起初，左拉在書中第一章便透過女主人翁丹妮絲（Denise Baudu）的視角，為讀者描繪了第二帝國時期新穎的百貨商場的宏偉外貌與誘人的商品櫥窗：

　　　　百貨面對凱永廣場（Place Gaillon）[60]的出入口，是幢約高於一層樓半的巨大玻璃門，四周是各式各樣鍍金的裝飾，兩尊希臘女神雕像昂首托著商店招牌「婦女樂園」。除了轉角上的店面外，沿著米秀帝業和新聖奧古斯坦街（Rue Saint-Augustin）共有四間新買進的房子，兩左兩右經過重新裝潢的門面，全是嵌入式的玻璃櫥窗占領了整條街……。從露天街道到走廊上，沿街陳列著用來引誘過路客人的特惠商品。從挑高樓層垂下一件件呢絨織品和帷幔、綿羊毛料、蘇格蘭羊毛呢、莫列頓雙面起絨呢等衣物如旗幟般飄揚，而素色如深灰色、水藍色、橄欖綠被白色價目標籤截斷。在門的四周也掛著毛皮條，裝飾禮服用的窄鑲邊，如馬背般的細緻灰毛，天鵝肚般的雪白毛料，兔毛製成的假白鼬皮和假貂皮。在樓下的抽屜和桌子上，成堆零碎布料裡裝滿廉價針織品、手套、毛織圍巾、遮陽闊邊女軟帽和背心，這些冬季商品五顏六色，還有帶著血紅斑的雲紋花條布。[61]

───────────

[60] 儘管「婦女樂園」是一座虛構的百貨商場，但左拉卻實際地將故事中的場景設定於右岸的凱永街（Rue Gaillon）、Rue de Port-Mahon與米秀帝業街（Rue de la Michodière）三者的交叉口，此處位於今日巴黎歌劇院（Palais Garnier）的不遠處。

[61] 埃米爾·左拉（Émile Zola）著，李雪玲譯，《婦女樂園》（Au Bonheur des Dames，新北：野人文化出版社，2013），頁14-15。

接著是絲襪、手套和絲絨的櫥窗展示：

> 最上面斜擺著展開的雨傘，像鄉村陋舍上搭了個茅頂；下面是套在圓桿
> 上的絲襪，能清楚看到腿肚側面的弧度與花樣，有的是玫瑰花束的圖樣，各
> 色絲襪斑斕多彩，黑絲襪鏤空處鑲繡著紅絲線，裸色絲襪如光滑的肌膚略帶
> 微微的金色；在鋪著呢絨布的展示架上，對稱陳列著修長手指與細窄手掌般
> 的拜占庭風的女式手套，這些未被穿戴過的全新飾物彷彿有著少女特有的莊
> 重優美。

> 然而最後一個櫥窗更令他們瞠目結舌，裡面陳列著絲綢、緞子和絲絨系
> 列，色系柔和生動、如花般爭奇鬥豔。最上層是乳白色和烏黑色的絲絨，下
> 面擺著一些玫瑰色、藍色緞子，各種對比色從深到淺一應俱全，再下面的絲
> 綢宛如天上的彩虹，捲成蝴蝶結打在衣服上，經過店員的巧手後好像有了
> 生命一般。每一種擺設和色彩組合之間，飄動著一條不太容易察覺的乳色
> 絹帶。櫥窗的兩旁有兩大落獨家專賣的絲織品——「巴黎幸福」和「金皮
> 革」，這兩款特別的商品將在巴黎的時裝市場掀起革命。[62]

果然，琳瑯滿目、美不勝收的櫥窗展示令眾多的婦女為之瘋狂，使其情不自禁撩起
購物的欲望，紛紛湧入商場裡瘋狂搶購：

> 人們在櫥窗外觀望，駐足的女士在鏡前妳推我擠，貪婪地看著那些商品，
> 動作也開始粗暴了起來。布匹在街道上激動人群的注視下漸漸有了生命；花邊
> 緞帶微微飄動著，紊亂地從上而下將櫥窗遮起來，透露出神祕的氣息；厚厚方
> 方的呢絨布料本身，吐出誘人的氣息；至於那些短大衣穿在那些似乎擁有靈魂
> 的模特兒身上更顯堅挺；絲絨大外套以胸脯的跳動和腰身的輕抖鼓脹起來，柔
> 軟溫暖，如肩上肌肉。百貨商店的熱烈氣氛可從結帳的人潮中看出端倪，即

---

[62] 前引書，頁15-16。

使在牆後都可以感受到櫃檯的擁擠推撞。有如機器運轉般的轟隆聲不斷，客人湧入店中，在貨架前推擠，在貨品下昏頭轉向，再奔向收銀檯付款。這一切都以機械式的嚴謹來調整和運作，成群的婦女規律地轉換自己的位置。[63]

百貨公司承襲了拱廊街櫥窗的展示手法，並以更大的面積展示最新穎、最豔麗的的時尚商品，目的就是要吸引來往過客的眼球，進而勾起他們內在購物的欲望，但凡只要被輕易吸引進商場，百貨業者便盡其所能使顧客掏出錢包付帳。左拉在《婦女樂園》中以男主人翁，婦女樂園百貨的經營者奧克達夫・穆雷（Octave Mouret）的一席話，道盡了資本家的內心想法：

> 如果我們吸引住所有的女人，她們就會任憑我們擺布，在堆積如山的貨前，被瘋狂誘惑，不計一切的將她們荷包裡的錢通通掏出來！總而言之，親愛的，我就是要點燃她們的欲望之火，為此我們需要一個劃時代的產品，之後，其他產品您儘管賣跟別人同樣的價錢，她們將認為在我們這裡買到的都是物美價廉的商品。[64]

左拉不僅透過《婦女樂園》，將十九世紀的大眾消費模式，由拱廊街演進到百貨商場的趨勢生動細膩地如實刻畫，也將資本主義運作的模式藉由商品交易呈現得淋漓盡致。不過，這部著作最能令讀者感到瞠目結舌的部分，還是左拉花費數月時間親臨商場考察，鉅細靡遺還原了距今百餘年前百貨公司的風貌。

首先，是百貨公司一樓的空間規劃與商品陳設，這些都是經過刻意排列，以消費者的心態來設計的：

> 打從進大門起，所有人就心醉魂迷，驚豔不已。穆雷想到這個好主意：
> 第一位在東方國度購買商品的客人，可享受新品與骨董地毯等成套商品的優

63　前引書，頁27。
64　前引書，頁53。

惠折扣。這些稀珍地毯，原本只有古玩商才賣，而且很貴，但他將大量供應市場，幾乎以原價出售，並用誇張華麗的裝潢，來吸引應該會上門來的藝術界高級客戶。從凱永廣場中央，人們可一眼瞧見純以地毯和門簾打造而成，在穆雷指令下夥計們掛上的東方沙龍。首先，在高高天花板上，張掛著從紅底脫穎而出圖案複雜的士麥拿毛毯。接著，在四面牆上垂懸卡拉麥尼和敘利亞綠、黃、朱砂紅斑紋門簾。較大眾化的迪雅巴克爾門簾，手工粗糙，好似牧童身穿的寬袖外套。此外，還有用來當牆飾的伊斯法罕、德黑蘭和克曼沙長掛毯；以及盛開牡丹和棕櫚樹奇異花朵的蘇馬喀與馬德拉斯寬毛毯，新穎別致地瀰漫在這座夢幻花園裡。地面上，大肆鋪張地毯，遍野油脂羊毛，擺在中央的是一條白底鑲淡藍寬邊，延伸著粉紫裝飾，創意細膩，相當出色的阿格拉地毯。然後是一望無際的奇觀大展，麥加的映光呢絨、達吉斯坦的宗教圖騰拜毯、灑滿嬌豔花朵的庫德斯坦地毯。最後，在一個角落裡，葛爾丹、庫拉、和克爾齊的地毯成堆坍塌，以十五元法郎起的售價廉價拋售。在帕夏富麗堂皇的帳蓬裡布置了以駱駝峰袋製成的沙發和躺椅，土耳其、阿拉伯、波斯、印度通通到齊，有裁成菱形的五顏六色花紋，並插植上野生的玫瑰。皇宮被人們掏空了，清真寺和東方市集也被洗劫一空。金碧輝煌凸顯在褪色的老地毯裡，依然保留了其深沉的悶熱，猶如老師傅熬煮的美麗斑斕色彩，在鎔鑄大火爐中緩緩熄滅一般。而這股東方幻影在蠻族藝術的精華下，在古老的羊毛中留下的當地跳蚤以及陽光的強烈味道中不斷的浮現。[65]

若非閱讀左拉的文字，實在難以令人想像，僅須利用各式多樣的地毯分類，就能將商場中的東方風情描繪得栩栩如生。上述文字確實能讓讀者產生對阿拉伯、波斯到土耳其等東方情懷的浮想聯翩，甚至彷彿還從中嗅出了一股古老的神祕氣味。

　　但相對於資產階級富商們所愛好的地毯和門簾，絲織品才是名媛貴婦們競逐消費的要件：

---

[65]　前引書，頁113-114。

絲品部在大廳的底端，在一根支撐玻璃屋的鑄鐵圓柱四周，一匹沸騰檯布從高處垂下，猶如一條布河淌流，逐漸變寬。明亮的緞和柔軟的絲先噴射出來：皇后緞，文藝復興風格的綢，在布泉的珠光色調裡；水晶透明輕絲，尼羅河的綠，印度的天空，五月的玫瑰，多瑙河的藍，色彩紛陳。接著，迎面而來的是較堅韌的布料，神奇的緞，公爵夫人絲，色彩溫暖，在愈來愈洶湧的人潮裡滾動。下方一個淺口盆裡，躺睡著布料，像是色調沉重的提花織紋，錦緞花樣，珠光閃閃和飾有金銀箔片的絲，在深厚呢絨床中間，陳列出所有呢絨，黑、白、彩色，讓人印象深刻的絲或緞，以鮮活的斑點組成了一道似乎正在舞弄著天空和靜止湖泊的景致反光。因欲望而臉色蒼白的婦女們，好似為了觀看自己的倒影而俯身。面對著這道瀑布，充滿無力感，所有女人站立在如此氾濫的豪華之中，低沉的擔憂自己將被俘虜，陷入無法抗拒的欲望因而迷失自我。[66]

左拉將商場中明亮的緞與柔軟的絲比喻為流動的瀑布，在大廳底部匯聚為一池由呢絨、絲與緞合成的湖水，繽紛多姿的室內造景，令女性賓客們嘖嘖稱奇，無法自拔，如此別出心裁的設計，無怪乎該商場能夠成為女性的天堂了。

　　在這座婦女的享樂天堂裡，除了隨時可見的搶購人潮以及物欲橫流的貪婪景象之外，左拉更生動地將每日商場打烊前一刻，斜陽餘暉照射進這座婦女的天堂，閃耀奪目的光芒照耀在每一個人的身上，左拉將群眾的激情與躁動刻畫得入木三分：

　　　　此刻已是下午四點鐘，落日陽光從正門的寬敞門窗斜射進來，迂迴照亮廳堂的彩繪玻璃。在如此火紅燃燒的明亮光芒下，從今早起就因人群的踐踏而飛揚上升的塵埃，猶如金黃色蒸氣，穿越中央大陳列廊，在火焰底端勾勒出樓梯、活動甲板和所有懸空鐵鍛的鏤空花邊。鑲嵌磁磚和柱頂盤中楣的彩釉閃閃發光，陳列的商品被金碧輝煌的光亮給點燃，好比炭火正在活躍燃燒

---

[66] 前引書，頁131。

的火爐，手套和領帶搭蓋而成一座宮殿，緞帶和花邊也像是煙火般燦爛，還有堆積如山的毛料和白布，以及如同色彩繽紛花圈中綻開花朵般的輕絲和薄綢。鏡子閃耀著光芒、展開的花洋傘如同圓盾般投射出金屬反光。遙遠處的櫃檯也在發光，朦朧的太陽光在擁擠裡的商場中搖曳著光亮。

在這最後時刻，空氣不斷加溫，女人統治一切。她們襲擊百貨商店，如同在被征服的國度裡紮營，亦像一群駐紮在雜亂商品中的遊牧部落。耳朵被震聾，累得筋疲力盡的店員被那群女人以極端暴虐指使著。臃腫婦女在人群中任意推擠前行，瘦小的則努力守住自己的地方，變得狂妄傲慢。所有的女人都高抬著頭，粗魯地像在自己家一樣，互不相讓，盡失禮儀，盡其所能的使用這間商店，就連牆上的灰塵都想帶走。……櫃檯送出的氣球數突破四萬大關——四萬個紅氣球在商店的人山人海中飛舞飄揚，此時此刻，一大群紅氣球從巴黎的一方飄浮到另一方，在天空中承載著婦女樂園的店名。[67]

對於十九世紀下半葉的資產階級婦女而言，人生不再僅僅是傳統的相夫教子或洗衣燒飯，對物欲的渴求以及時尚品味的追逐，將成為生命中不可或缺的一部分，我們相當容易理解，如馬斯洛的需求層次理論（Maslow's hierarchy of needs）中所提到的，當基本的生理需求（physiological needs）與安全需求（safety needs）皆已達成的資產階級，將進而渴望追尋下一階段的社交需求（Love and belonging needs）以及尊嚴需求（esteem needs）。因此在法國第二帝國時期一片海晏河清的社會氛圍下，**資產階級將得以順遂地盡情追求他們想要的社交、成就、名聲，與地位，而在這個時期開始崛起的百貨業正好成為了中產階級消費文化的主要媒介**。[68]左拉的小說則描繪了第二帝國時期的女性，屈從於百貨商場無止境的操控，以蓄意迷宮般的布局，引人注目的奢華展示到琳瑯滿目的誘人商品和宮殿式的建築環境緊抓住讀者的目光。[69]

---

[67] 前引書，頁319-320。

[68] Michael B. Miller. *The Bon Marché: Bourgeois Culture and the Department Store, 1869-1920.* (Princeton: Princeton University Press, 1994) p.183.

[69] 前引書，頁91。

不只是有座豪華宏偉的大廳，婦女樂園內部還興建了一條大陳列廊，其空間結構沿用了傳統拱廊街的鋼鐵拱頂，彷彿將民眾帶回了昔日的光景：

> 宛如火車站的圓形拱頂被兩層樓的扶把圍繞著、被懸空樓梯截斷，被活動甲板穿過。鐵製樓梯的雙重革新：一來大膽的呈現其曲線，二來增加平臺數。從空中拋下的鐵甲板在高處直直延伸。所有搭在那裡的鐵製建築，在玻璃門窗的白光照射下，變得更加輕巧；被日光穿透的複雜花邊、夢幻宮殿的現代創造、巴別塔的實現，拓寬了廳堂增加透視感，各樓層和廳堂間也無止境地讓光線自由來去。[70]

而這麼一個擁有拱頂的陳列廊，最美的時刻卻是在傍晚時分，當大廳一盞盞的電燈開啟之後，搭配著白色織物與帷幔的點綴，新科技為這個時代帶來了前所未有的視覺享受，營業時段更是因此延長：

> 六點的鐘聲即將響起，外頭降落的日光從罩頂的陳列廊撤退，天色已暗，大廳也漸漸昏暗，幽暗緩緩入侵。在這尚未完全熄滅的日光裡，電燈一盞盞地點亮，乳白球體電燈像密集的月亮布滿在櫃檯的深處。這是一片令人炫目的白色亮光，像褪色星辰殺死黃昏的迴光返照。然後，當全部點燃時，人群悄悄歡呼，白色絲織品的大型陳列，在此新式照明下，化為仙境般的崇高美妙。這片龐然的白色絲織品似乎也像燈光一樣燃燒，光芒四射，白色絲織品之歌在金光閃閃的白色火焰裡迴盪。麻布和蒙西尼陳列廊的平布射出一道白光，猶如東方天空的第一道鮮明曙光。沿著米秀帝業陳列廊，縫紉用品部、花邊緞帶部、巴黎本地商品和飾帶，如同遠方山丘的反光，投射出螺鈿鈕扣、鍍銀的銅和珍珠的白色光澤。中央大殿更是歌詠著淬過火的白色光芒：環繞圓柱的白色平紋細布皺泡飾帶，覆蓋樓梯的白色凸紋條格細平布和

---

[70] 前引書，頁304。

凸紋布，白色毛毯像旗幟般被懸掛，在空中飛舞的白花邊和鏤空花邊，展開一穹夢幻天空，像雲隙在天堂耀眼奪目的白皙上慶祝不知名皇后的婚禮，以白帷幔，白細紗，白珠羅紗絲織品搭起的大廳帳篷是一間寬敞的臥房，其光輝護衛著新娘白色裸露的目光。只剩下令人炫目的一道星塵，在混合所有白色絲織品的光芒裡，如雪花般飛舞。[71]

百貨商場顛覆了傳統拱廊街單一動線與煤氣燈所營造的幽暗視覺，讓整個大廳藉由新式科技的照明，配合著光彩奪目的室內裝潢，使顧客渾然不覺夜晚的來臨，耀眼繽紛的夢幻場景也使人更加陶醉其中，**營業時間得以拉長，改變了社會消費文化裡的傳統作息。**

《婦女樂園》既是文學史上首部專注描寫百貨商場故事的小說，淋漓盡致地表現出十九世紀商場裡的規模及擺設，此外更令人拍案叫絕的是，左拉甚至還在讀者眼前生動演示了那個美好年代商場中的竊盜行為：

> 正巧此時，穆雷陪著其他貴婦們來到，他又多留住她們一會兒，只為了指給大夥兒看一直尾隨著孕婦和她朋友的警衛朱復。說也奇怪，我們在花邊部門逮到的小偷數字，真是多到令人不可思議……。此時，朱復遺憾地決定出手，他懷疑她以高明手法，逃過了他的嚴密監視，而把口袋裝滿，所以無法將孕婦當成現行犯逮個正著。然而，當他把她帶到一旁搜身時，令他錯愕的是，她身上竟然什麼也找不到，沒領帶、沒鈕扣，倒是她朋友消失了。他突然領悟到——孕婦只是個障眼法，用來吸引他的注意，好掩護她的朋友下手行竊。[72]

集團結伴式的偷竊手法，很容易讓許多曾有過法國旅遊經驗的朋友們，回想起今日仍可在巴黎街頭四處溜達、伺機搜尋下手目標的竊賊，這些偷兒時而偽裝成問路的

---

[71] 前引書，頁502。
[72] 前引書，頁318。

旅人，時而假作街頭民調問卷者，甚至還能喬裝為一群旅行團在狹窄空間或排隊時將受害者團團圍住，伺機翦綹，簡直令人防不勝防。

另外，左拉還敘述了另一種內神通外鬼的竊盜，這種相對來自於外部的偷竊情形，往往受害損失會更加的嚴重：

> 特別是有一天，烏雲密布，有個警衛以為自己看到手套店員米紐偷東西，他的櫃檯總有形跡可疑的女孩不懷好意地在打轉；其中一個正好被捉住，腰部和胸脯塞了滿滿六十雙手套。從那時起，對他的監視就更加嚴密了，後來警衛當場逮到現行犯米紐，他跟一個曾是羅浮宮商店店員、後來淪落到街上拉客的高大金髮女孩合作。方法很簡單，他假裝幫她試戴手套，等到她塞滿時，再帶她到出納處付一雙手套的錢……。卜東克趕來，擔心醜聞爆發，在穆雷耳邊悄悄說幾句話。因為事態太過嚴重，他決定帶米紐到靠近凱永大道門口的一樓警衛辦公室。那個女人就在那裡，正平靜地穿上她的胸衣，她抖出亞爾伯・龍盟。米紐再度被質問，失去冷靜，抽泣說道：他是無辜的，是亞爾伯把他的情婦們往他這裡送。起初，他只是給她們一點甜頭，讓她們占點廉價品的便宜；然後，當她們開始幹起偷雞摸狗的勾當時，他很清楚必須稟報給上級知道，但他已經涉入太深而無法自拔。上級也因此知道了一系列高超的偷竊手法：被女孩子們偷走的商品，就在靠近吧檯旁豪華小廳裡那間綠色植物圍繞的廁所，將商品繫在襯裙裡；售貨員略過付帳流程，將女客人帶到那裡，再和收納員分贓，甚至還有假「退貨」，將商品虛報為店裡的退貨，以便把虛擬的退貨金放入自己的口袋；更不用說是那些一般的偷竊行為，像是把包裹藏在大衣裡，捆捲在腰上，有時甚至掛在大腿上，夜晚時將貨夾帶出店。十四個月來，多虧米紐和其他他們拒絕指認的售貨員，讓收納處的亞爾伯多了好幾筆爛帳，無恥透頂，因為那些不知確切數目的爛帳根本無從查起。[73]

---

[73] 前引書，頁408。

左拉的《婦女樂園》獲得了意想不到的成功，不僅在銷售量的表現上亮眼，也得到了當時評論界的一致讚賞，這部作品對新時代消費文化的精確描繪，[74]以及對資本家複雜心態與女性顧客消費心理的著墨，刻畫得活靈活現，躍然紙上。[75]對後世而言，這部作品不僅僅是左拉虛擬創作的一本小說，「它不但實錄了法國十九世紀誕生的那種鋼筋與玻璃結構的大商場建築全貌、商場經營管理、資本籌畫、進貨銷售的組織、職工的勞動條件、售貨員的心理狀態等大商場內部運作情況，而且還如實反映了當時新興的大商業資本和傳統的小本經營商鋪之間『大魚吃小魚』的商業競爭、商人們鉤心鬥角的心理，以及與商業有關的法律等大商場外部的歷史和社會背景」。[76]在《盧貢－馬卡爾家族》的系列故事中，這部作品擁有極高的評價與地位，甚至左拉本人也非常喜愛這個故事，以致日後他為女兒取了書中女主角的名字丹妮絲。[77]

　　如果說《婦女樂園》恰如其分地從女性的角度表現出資產階級的物欲，那麼左拉的另一部著作《金錢》（*L'Argent*）則是完全站在男性資本家的立場，如實地呈現出第二帝國時期的證券金融交易景象：

　　　　在一陣狂亂的手語之中，叫嚷聲變得更加驚人，證券經紀人之間都互相

---

[74] 百貨業發展的成熟也顯示十九世紀因資本主義影響下的商品服務的廣泛流通，進而促進了商品廣告的行銷。參閱福井憲彥ふくい　のりひこ著，黃耀進譯，《歐洲霸權的光和影──「近代」的形成與舊秩序的終結》（近代ヨーロッパの霸權，新北：八旗文化出版社，2018），頁256-257：「十九世紀中葉，在主要都市剛出現的百貨公司，到了世紀末時已成熟。在邁向因工業化帶來大量生產的時代，如何挑起大眾的消費欲望，成為經濟上的重要課題。到了十九世紀末，歐洲的勞工大眾不僅生產力，連消費力也會遭受評估。百貨公司這種大型零售商店，為了向顧客宣傳商品魅力而在櫥窗陳設上花費功夫，也呈現出一種商品展演舞臺的概念。」

[75] 美國著名作家亨利・詹姆斯（Henry James, 1843-1916）評價本書在描繪現代商場競逐時有著生動的比喻：「《婦女樂園》處理的是那個龐大的現代商店，追溯了像『樂蓬馬歌』和羅浮宮百貨商店這樣的機構的發展過程，深入地探測龐大的現代商店的內心生活，讓它的人口、各層次的職員、櫃檯、部門、分支和次分支各就各位，投身到它的員工的相互關係的迷宮之中，尤其是追溯了做生意的小人物的災難，描繪了這樣一幅畫面：這些小人物因龐大的現代商店的巨肺吸光空氣而張大著嘴喘息。」參閱吳岳添編選，《左拉研究文集》（*Anthologie des Etudes d'Emile Zola*，南京：譯林出版社，2014），頁215。

[76] 傅先俊編著，《左拉傳》，頁140。

[77] 這部作品百餘年來曾多次被搬上舞臺，以及改編為電影或電視劇演出。距今最近的一個版本是在2012年由英國廣播公司第1臺（BBC One）所製播的影集《天堂百貨公司》（*The Paradise*），但將原先故事場景搬到了英格蘭東北部，該劇總共播出兩季共十六集。

聽不見了。他們完全陷入職業性的瘋狂中，他們繼續比手畫腳，有些人因為噪音低沉早就無法突圍，另一些人的聲音像是尖銳的笛音，發出來後變得細弱、飄渺。人們只看到嘴巴張得很大，卻毫無一個清晰的聲音發出來，只好用手說話：從內到外的手勢代表供應，從外到內的手勢則代表接受；舉起的手指表示數量，頭的擺動則表示是或否。這些只有內行人才懂，看不懂的人會以為精神錯亂。樓上電報長廊上，女人的腦袋往前俯，在這種不尋常的景象之前，感到驚心惶恐。在定期交易部門，簡直像在叫罵打架一樣，甚至是要動起手來；至於大廳這邊的群眾，隨著人來人往的潮流，不斷改變自己的位置，分散、靠攏，持續不斷騷動著。而現金處和證交所廣場之間，在人頭浮動的浪潮上，只剩下三個開價員依然坐在他們高高的椅子上，左右搖擺著，手上拿著像似沉船後的漂浮物，就是人們丟給他們的股價登記簿。現金包廂間，尤其擁擠不堪到極點，密密麻麻的頭髮，甚至沒有臉孔，只有被小冊子的明淡小白點照亮的人頭，在那裡胡亂鑽溜著。而在證交所廣場，被揉皺的紙張像似各種顏色的盛開花朵；水池四周的人群，有的白髮蒼蒼，有的頭頂光光，有些人是因吃驚而變得臉色蒼白，雙手焦躁地伸直，一整個身體的舞動，好像在做模仿表演，假如扶手沒制止他們的話，又好像會互相吞噬。此外，這最後幾分鐘的慌亂傳染給群眾了，人們在大廳裡互相擠壓，狂亂踐踏，像是鬆散潰亂的大軍在太狹窄的走廊裡奔走；外套都因為擁擠而看不見了，玻璃窗外的光線只有透過帽子間隙才發出亮光。[78]

透過左拉對十九世紀法國金融圈的觀察，他在作品中為讀者重現了該時代的證券交易的情景，包含證券經紀人之間買進賣出的手勢，以及空頭投機者失落絕望的表現，在書中左拉極力描寫了金融市場的弊病，諷刺了社會大眾的投機心態，也引用了多種像是結算、溢價、過帳、空頭賣方所付差價等等的專有名詞，表現第二帝國時期因炒股的貪欲所衍生出的人間悲劇。

---

[78] 埃米爾・左拉（Émile Zola）著，李雪玲譯，《金錢》（*L'Argent*，新北：野人文化出版社，2014），頁401-402。

附帶一提，《金錢》故事當中這幢與劇情發展環環相扣的重要舞臺——巴黎證券交易所（Palais Brongniart），便是今日右岸交易所廣場（Place de la Bourse）後方的這座被科林斯柱所圍繞的建築，由建築師布隆尼亞爾（Alexandre-Théodore Brongniart, 1739-1813）在拿破崙第一帝國時期開始籌畫設計，直至1998年以前這裡始終作為證券交易所使用，近二十年來則成為會議、展場的使用地。著名的後印象派畫家高更，大多數的研究者或藝術書籍皆關注他後來在南法阿爾（Arles）小城與梵谷短暫的互動，或是他在大溪地（Tahiti）期間的風格變化，反而甚少提到早年的高更曾是一名成功的證券交易商，而這座交易所即為昔日高更日擲千金的戰場。左拉《金錢》故事的背景年代，與高更涉足於此的時間點相隔不遠，因此可以想見，文中所述投資客的激情，乃至交易所中瞬息萬變的成交量，或許便是高更早年習以為常的景象。

　　當然，左拉對於該時代這種資產階級的投機心態以及對財富的瘋狂與癡迷，進而造成社會階級間的隔閡與壓迫，也給予了毫不留情的批判：

> 　　在這些金錢的交戰裡，暗潮洶湧，人們對弱者開膛剖腹，無聲無息，不再有關係，六親不認，友誼不再：這是為吃人而不被吃的強者設立的殘酷法令。他（主人翁薩卡）也感覺到絕對地孤單，沒有他人的支持，唯有他貪得無厭的胃口，支撐著他挺立，不停地吞噬。[79]

在故事的終章，左拉也進一步透過女主人翁的反思，表現出對追名逐利欲望的反感：

> 　　凱洛琳夫人突然對機構的巨大豪華起了奇異的反感。這由宏偉行政大樓串聯起來，兩邊男女宿舍的壯麗側翼建築，有何用？寬敞得像公園的大院子，廚房的彩釉陶器，食堂的大理石，樓梯，走廊，大到像一個迷宮，有何用？所有這宏偉布施有何用，假如人們無法在這寬敞且有益健康的地方，調

---

[79] 前引書，頁409。

教一個不受歡迎的人，讓一個墮落的孩子變成品行端正的男人，而只是擁有健康的話，又有何用？[80]

　　不僅對於資產階級的生活狀態及活動場域進行了深刻地描寫，左拉在撰寫《盧貢－馬卡爾家族》的初期，也屢屢關注第二帝國時期的政治權貴階層的奢靡腐敗習性，並藉由《貪欲的角逐》與《盧貢大人》（*Son Excellence Eugène Rougon*）等書來進行辛辣的諷刺與毫不留情的批鬥。例如在《盧貢大人》裡，透過一場在杜樂麗宮所舉辦的宴會，統治階層的虛榮奢靡的面目活生生地呈現在讀者眼前：

　　　　長長的餐桌上方，五盞大吊燈將桌子上的大銀盤照得光華燁燁，……桌布四周，一只只銀盤子像無數皎潔的月亮，組成了一道光環；餐桌中央，火鍋映著燭光，熠熠生輝；水晶玻璃器皿上燈影如血，晶瑩欲滴；還有裝在藤籃裡的水果和鮮豔的玫瑰色花瓶點綴其中，將皇家的餐桌布置得富麗堂皇，使寬敞的大廳裡充滿了奇光異彩。客人們款款而行，過了侍衛室，跨過雙扇門，進入了宴會廳。男人們高視闊步，由於虛榮心得到滿足，心裡都有甜絲絲的感覺；他們偶爾俯下身去，說上一言半語，又將身體挺得筆直。夫人們裸著肩膀，光豔照人，喜而不露；她們長裙曳地，使一對對來賓拉開了距離；她們的服裝絢麗多彩，颯颯生風，使這個行列更顯得雍容華貴。他們溫情脈脈，向著一個目標靠攏；在那裡，他們將沐浴在奢華、明亮、溫暖的氣氛中，享進口腹之樂、聲色之娛；在那裡，衣裙上的麝香味和餐桌上的野味香氣融成一片，而那些切成小片的檸檬使這種香味更加濃烈。客人們一踏上門檻，富麗堂皇的餐桌對面忽然響起了迎賓曲，原來樂隊深深地隱藏在近旁的一條長廊裡。這軍樂宛如一支瑤琳仙曲，使穿著短外褲而稍覺行動不便的男賓們露出笑容，不由自主地夾緊了夫人們的手臂。[81]

---

[80] 前引書，頁482。
[81] 埃米爾・左拉（Émile Zola）著，劉益庾譯，《盧貢大人》（*Son Excellence Eugène Rougon*，臺北：光復出版社，2001），頁141-142。

《盧貢大人》充分展現了上流社會的驕奢淫逸，也生動描繪了統治階層奢靡無度的生活態度，在書中他極力鋪陳第二帝國時期虛偽的君主立憲制度以及這個腐敗墮落的統治階層，藉由盧貢這號人物，**左拉揭露了當時官場中的層層黑幕，並如實刻畫了政客的心理特質：對權欲的追求、反民主的立場及卑劣的靈魂。**左拉不曾忘記，普法戰爭帶給國人的恥辱以及後續巴黎公社事件所造成的國家創傷，一切均歸咎於拿破崙三世政權的荒淫無恥和道德淪喪，他那位大有可為、前景光明的藝術家好友巴齊耶，便是因這個腐敗政權而失去了寶貴的年輕生命的，也因此**《盧貢－馬卡爾家族》的故事主調儘管是詳繪一個家族的生態發展史，卻也是圍繞著對腐化的第二帝國的嚴厲抨擊所展開的。**

因此，左拉也不時在作品當中特意安排巧妙的諷刺場景，藉以象徵第二帝國的窮途末路。例如在《娜娜》的結局，以大街上群情激憤，呼喊著「進軍柏林！進軍柏林！進軍柏林！」的瘋狂群眾，譏諷人們對拿破崙政權的盲從；又如在《人面獸心》（*La Bête humaine*）的結局部分，左拉安排了一列掛著十八節車廂的大長列車，滿載著即將開往前線與普魯士交戰的法國士兵，「車廂裡只有木板條凳，士兵是按班分配車廂，拚命往裡塞，有的人甚至坐在別人腿上。站著的士兵也是一個挨一個，連胳膊都動彈不得」。[82]卻不料，這部列車因司機與司爐（負責添煤炭者）的爭鬥扭打，雙雙跌落車底慘死，整輛車頓時成了一列無人駕駛的恐怖列車：

> 無人駕駛的列車繼續奔馳，這臺倔強、古怪的機車煥發了青春的活力，像從牧馬人手中逃脫的一匹馬，自由自在地馳騁在平坦的原野上。由於鍋爐裡加滿了水，爐膛裡填滿了煤，火勢熊熊。所以在最初半小時之內，壓力迅速上升，車速快得驚人。列車長可能累得睡著了。士兵們擁擠在列車裡，在飛奔的列車上如醉如癡，興高采烈，叫唱得更兇。列車閃電般通過了馬羅默火車站。列車在遇見信號燈或通過車站時既不鳴笛也不減速。它像一頭猛獸，勇往直前。遇到障礙，它就把頭一低，一聲不響地衝過去。它似乎

82　埃米爾‧左拉（Émile Zola）著，張繼雙、蔣阿華譯，《人面獸心》（*La Bête humaine*，板橋市：林鬱文化出版社，1993），頁362。

被刺耳的蒸汽聲所激怒，跑得更快。

　　列車原計畫在盧昂加水，但盧昂站的員工一見這狂怒的列車飛奔而來，嚇得直冒冷汗。機車上既不見司機，也不見司爐，它噴煙吐霧，一陣風似地衝了過去。車廂裡塞滿了士兵，他們在高唱愛國歌曲，他們要奔赴前線，認為車速如此快，是為了讓他們及早抵達萊茵河畔，……魔鬼列車猶如森林中的一頭大野豬，橫衝直撞，既不理睬紅色信號燈，也不怕槍聲恫嚇，……壓死幾名行人，它毫不在乎，照舊向前奔跑，對灑在路基下的鮮血，它根本不聞不問。無人駕駛的列車在夜色下極速奔馳，像一隻既瞎又聾的野獸奔向死神王國。列車上坐滿了去充當炮灰的士兵。士兵們都十分疲勞，神智遲鈍，一個個醉醺醺地扯著嗓子高聲叫唱。[83]

　　這部小說的結局相當耐人尋味，更是在文學史上別樹一幟，匠心獨運。讀者很明顯能夠感受到，故事中這列失控的長列車，就是陷入瘋狂腐敗的拿破崙三世政權，彷彿一頭野獸般，牠一往無前地只管找普魯士人拚命，非得拚個你死我活不可，但最令人感到遺憾的卻是那十八節車廂裡的大小官兵們，仍在酒酣耳熱下高唱著洗腦的軍歌，殊不知將全數成為第二帝國的炮灰，這是一趟永劫不復的行程。[84]

---

[83] 前引書，頁364-365。

[84] 左拉如此別出心裁的結局設定，構想很有可能來自於1871年三月法國所發生的一起嚴重列車事故。據李平漚、狄玉明編譯，《巴黎公社公報集・第一集》，〈1871年四月四日〉，頁397-398載：「三月二十二日在圖爾線上的莫特橋附近發生了一件可怕的事情。……大約在子夜零點一刻的時候，從杜爾丹開來的第七十次列車（凡爾登線）停在普萊西圖爾對面的調車盆道上，等待前方的道路暢通以後進站。列車在該處停了一段時間以後，人們突然發現，在鐵路的轉彎處有一輛火車從已經有車占用的軌道上向圖爾方向行駛：該車是從芒市開來的一列運兵專車，有兩個司機開車。眼見這一列火車即將開到，第七十次列車上有幾位旅客便跳下火車，車上的司機早已下車。一秒鐘以後，從芒市開來的火車便猛地一下撞在第七十次列車的尾巴上。車頭撞著了後面兩節車廂，使兩節車廂像馬直立那樣豎立起來。從車廂下面發出了令人心膽俱裂的叫聲。兩列火車上的旅客都趕緊下車去救那些不幸的人，並同時跑去報告站上的高級職員和醫生。……在兩節撞壞的車廂裡有四十多位旅客。有八位旅客從破爛的車廂下拖出來時已經死了；二十六位或輕或重地受傷的旅客，有的被送到附近的農莊，有的被送到醫院和小波蒙，有三位在路上死去。有一個受傷的旅客被卡在機車下面，花了大約五個小時的工夫才把他拖出來。此時，這個不幸的人不斷發出呻吟聲。人們發現他被壓在五個死人下面，而在死人的上面壓有一部分機車；他沒有受任何傷，但他幾乎嚇傻了。在出事的地方，人們看見一個四歲小女孩到處亂跑，令人悲痛欲絕地哭叫著找她的媽媽，而她的媽媽早已死了。這個可憐的婦女的丈夫——《辯論報》編輯部秘書茹爾・杜瓦爾的慘狀更是難以形容：他也在車禍中死

在《盧貢－馬卡爾家族》的系列故事裡，左拉花費了相當多的筆墨細緻入微地展現出第二帝國時期的統治階層和資產階級的生活方式、心理狀態與活動場景，無論是奢靡浮華的宮廷宴會，或是優遊於拱廊街的氣定神閒，甚至是代表夢幻時尚的百貨商場，左拉均描繪得絲絲入扣，就文學史與社會史的觀察角度而言，他完全足以與巴爾札克比肩並列了，而「以講究的文筆更具有藝術性並產生了繪畫的效果」的角度來說，左拉更是明顯地優於巴爾札克。[85]此外，左拉清楚地意識到，儘管巴爾札克當年除了細緻描繪上流社會的一切面相外，也對下階層的民眾生活做了不少鋪陳，但身處十九世紀下半葉的工業化社會，仍舊有許多新鮮的事物與行業是巴爾札克未能緣慳一面的。

左拉明白，站在巨人的肩膀上，他還能創作出更多巴爾札克未曾著墨的題材。

✦ 梵谷與左拉的世界 ✦

> 如果你想要真相、生活的本來面目，那麼，左拉的《生之喜悅》和《酒店》以及其他很多傑作，他們對生活的描摹都令我們身歷其境，因而滿足了我們的下述需求：有人對我們說真話。
>
> 法國自然主義作家左拉、福樓拜、居伊・德・莫泊桑、德・龔古爾、里什潘、都德、于斯曼的作品都很精彩，如果你對它們不熟悉，那就不能自稱屬於這個時代了。
>
> ——文森・梵谷，〈巴黎，1887年十月末致威廉敏娜〉[86]

上面這封信件，是文森・梵谷與妹妹威廉敏娜所分享的讀書心得，藉此可以約略觀察出他一向的閱讀習慣之種類，以及他最為欣賞的幾位作家。值得注意的是，

了，身子已被車廂壓成了幾段。」
[85] 丹妮絲・左拉著，李焰明譯，《我的父親左拉》，頁62。
[86] Nienke Bakker, Leo Jansen, Hans Luijten (Editor). *Vincent van Gogh: The Letters: The Complete Illustrated and Annotated Edition*. (London：Thames & Hudson,2009), W574.（巴黎，1887年十月末致威廉敏娜信件）

凡是聊起文學的話題他就時常將左拉掛在嘴邊，左拉的書籍和思想對文森‧梵谷的影響，還得追溯到寫這封信件的五年之前……

　　1882年七月，文森在荷蘭海牙的生活轉眼之間已過了半年。由於半年多前與父親的一場激烈爭執，文森被父親逐出了家門，而後他選擇來到荷蘭的第三大城海牙生活，一方面他能夠有機會向在這裡的表姊夫莫夫[87]學畫，另一方面這裡也曾經是他當年在畫廊工作時所熟悉的城市，幸而身為畫商的弟弟西奧願意全力支助文森的習畫與生活費用，讓他在這段時間內不虞匱乏。[88]

　　只不過，文森在此時期的最大壓力與影響，則是他正在與一名性工作者同居。西恩（Sien），一位大腹便便，臨盆在即，身邊還帶著一位幼小的女兒的流鶯，在街上與文森偶遇，眼看著這名被腹中孩子的生父拋棄而流離失所的可憐女人，激發了文森已飢已溺的同理心，遂收留了這對母女，希望至少讓西恩能有個安靜待產的環境。不料文森開始與西恩同居後，除了讓西恩擔任自己的模特兒，兩人日久生情，還展開了交往，文森無微不至地照顧起西恩母女的生活起居，並有意與她共結連理，承諾未來將照顧兩個孩子。此舉不僅讓原本教授文森作畫的莫夫表示反對，不惜與其絕交，也引起了身在遠方的西奧有所不滿，他無法認同兄長的決定，畢竟長期以來西奧任勞任怨般地金援兄長，就是為了成就他走出自我，使其日後能在畫壇獨當一面，未料兄長在原本經濟拮据的條件之下，竟然還想多撫養至少三個人，這已澈底扭曲了原來兄弟倆的願景了。

　　在海牙生活了半年左右，西恩產下了一名男嬰，取名為小威倫，文森欣喜欲狂，將其視如己出般地扶養。這是他人生當中，第一次擁有自己的家庭的感覺，他並不在乎是否與西恩舉行任何婚禮儀式，重要的是，他覺得西恩與兩個孩子都愛著他，當文森與母子三人共同擠在小套房裡，卻能感受到無比的溫暖，他將其視為天倫之樂。

[87]　安東‧莫夫（Anton Mauve, 1838-1888），荷蘭風景及動物畫家，海牙畫派之一員。海牙畫派沿襲早年法蘭德斯畫派所擅長的柔和色調來鋪陳景物，也善於表現荷蘭農村樸實無爭的寧靜氛圍。
[88]　參閱拙著，《直到我死去的那一天：梵谷最後的親筆信》，第二章〈為了藝術為了愛〉。

當然，文森知道親愛的弟弟無法接受這樣的事實發展，因此這段時間以來，他不斷在給西奧的信中安撫弟弟，盡可能為身旁的女伴說些好話，也不時分享著這段時間以來的作畫心得與進度報告，想證明自己並未因感情的羈絆而荒廢了正事。就在這段時期，文森首次接觸到了左拉的著作，他迫不及待地向西奧分享了他的心得：

　　　　在埃米爾・左拉的《愛情的一頁》這本書中，我發現有幾幅城市景觀畫畫得很不錯，手法非常巧妙，非常精緻，……而且左拉的這本小書讓我下定了決心，要拜讀他每一部作品。[89]

文森起初是希望透過文學閱讀心得的分享話題，來沖淡這段時期與弟弟之間的嫌隙，而他也時常利用西奧的金援購買畫冊來習畫，卻在偶然的機會裡讀到了左拉的作品，令他眼睛為之一亮。

　　在藝術史對文森・梵谷的關注以及研究上，往往均聚焦於他的藝術表現與精神疾病，甚或其死因的探討等等，甚少討論到這位早逝畫家的宗教觀以及廣泛閱讀所帶給他的價值觀。事實上，出身自牧師家庭的文森，自幼除了熟讀聖經之外，**他有著手不釋卷的長期閱讀習慣，並能夠信手拈來地與人分享該時代的許多文學及思想理論著作**。[90]早年，由於曾在倫敦的畫廊工作過相當長的一段時期，文森極為喜愛閱讀狄更斯的作品，回到歐洲大陸後，他的閱讀更為廣泛但卻零碎，直到1882年才終於接觸到左拉，自此左拉也成為了文森・梵谷畢生最喜愛的一位小說家。

　　如前文所述，在《盧貢－馬卡爾家族》的系列故事裡，左拉花費了相當多的筆墨細緻入微地展現出第二帝國時期的生活百態，除了上一節所探討過包含統治階級的浮華奢靡景象，以及拱廊街到百貨商場的時尚與消費模式的演變外，左拉更希望能有別於巴爾札克的描繪之處，將工業革命後的社會現象及眾多中下階層的民眾生

---

[89]　Nienke Bakker, Leo Jansen, Hans Luijten (Editor). *Vincent van Gogh: The Letters: The Complete Illustrated and Annotated Edition.* L244.（海牙，1882年七月6日星期四致西奧信件）

[90]　參閱拙著，《直到我死去的那一天：梵谷最後的親筆信》，頁43-46。

活如實呈現，而這點就令文森極為欣賞：

> 聽著，左拉是第二個巴爾札克。
> 第一位巴爾札克描述了1815年至1848年的社會，左拉接著描述了巴爾札克留下的年代，並接著描述了色當甚或是當今的社會。[91]

　　之所以選擇從文森・梵谷的角度來作為本節的敘事主軸，除了一方面是左拉這些專注於中下階層社會的生活情景與心理狀態的作品，幾乎是與文森內心發自宗教觀及價值觀念裡的同情弱勢、關注底層的思想完全契合之外，更重要的部分是，**以往學界儘管曾留意過文森・梵谷喜讀左拉的作品這一點，卻絲毫未曾進一步進行過分析或討論。經過筆者將文森・梵谷一生當中與弟弟西奧及友人總共九百零二封的來往信件查閱爬梳之後，發現文森曾提及左拉或其作品的次數共達九十五次之多，遠遠超過其他的讀物或作者名，足可證明文森・梵谷絕對是左拉的狂熱敬慕者。**因此若將這對看似不相干的小說家與畫家放在同一個視角來論述，應能得到一些前所未有的結論與視野。

　　自從接觸了《愛情的一頁》的文森，便決定一頭栽進左拉所打造的《盧貢－馬卡爾家族》文學世界中，當然以他的經濟狀況而言，不可能時常將弟弟寄給他的生活費拿來買書，但凡是兄長論及哪些好書或近期想讀哪些書，貼心的西奧總是想辦法幫文森買到手，再寄給遠方的兄長閱讀，是故我們會時常在兩人的信件交流中，讀到許多彼此交換的閱讀心得。

　　左拉在推出《盧貢－馬卡爾家族》的前六本作品時，尚未真正稱得上是暢銷作家，這六本的銷量以及影響程度僅是差強人意，但到了第七本作品《酒店》推出之後，才真正打響了左拉在文壇上的名聲，奠定了《盧貢－馬卡爾家族》在文學史上的地位。這本書銷路極佳，在短短的數月時間內便狂刷了三十五版，出版商甚至願

---

[91] Nienke Bakker, Leo Jansen, Hans Luijten (Editor). *Vincent van Gogh: The Letters: The Complete Illustrated and Annotated Edition.* L250.（海牙，1882年七月二十三日星期日致西奧信件）

意和左拉重定契約，讓他以銷量提成方式來結算版權，《酒店》總計讓左拉獲得了十八萬五千法郎的版稅收入，比當時雨果的版稅收入都還要來得高。從此，左拉澈底擺脫了窮困潦倒的日子，不久便開始著手《酒店》的續篇《娜娜》的取材規劃，他更實現了要讓母親愛蜜莉過著安詳舒適晚年的夢想，在巴黎西北邊三十多公里處的梅塘（Médan）買下一幢莊園別墅，將母親和妻子安置於此。

在文森下定決心，要拜讀左拉的每一篇作品後，也是先選擇從《酒店》與《娜娜》兩本著作入門，[92]在閱讀過後他喜不自勝地與西奧提起：「左拉的作品真是美極了，……時常最讓我回味的是那本《酒店》。」[93]並且因為這段期間正與西恩母子同居，自身的遭遇也使他進而對左拉書中的描述與觀點產生了更進一步的認同：

> 在我看來，左拉的話似乎很正確。「儘管這些女人本性不壞，但由於在這種謠言四起、惡言誹謗、墮落的近郊環境中『沒法』過上一種正人君子的生活，最終導致了她們的犯錯和墮落。」你看過《酒店》這部小說，應該明白我的意思。
>
> 我非常清楚地知道，我現在跟她的關係與《酒店》裡那工人跟雪維絲的關係有著區別，但是也有著一些相似之處。小說中有一段講述那工人看到雪維絲日漸墮落，知道自己絲毫影響不了她，因為她紅杏出牆，態度曖昧，兩面三刀，又看不清擺在她眼前的一切。[94]

《酒店》的主題講述的是一個窮人因酗酒和怠惰，逐漸走向人生的悲劇終點的故事。遇人不淑的雪維絲遭同居人朗蒂埃遺棄後，帶著兩個兒子流浪到巴黎，受到鐵匠古波的照顧和收留，兩人結了婚，還生了一個女兒娜娜。雪維絲將辛苦工作攢下來的錢開了一間洗衣店，安分守己的她希望藉著這間店與丈夫過著衣食無虞的嶄新生活，此時的她人生充滿著幸福與希望。不料丈夫古波在一次工作時從屋頂跌落

92　同前註。
93　Nienke Bakker, Leo Jansen, Hans Luijten (Editor). *Vincent van Gogh: The Letters: The Complete Illustrated and Annotated Edition.* L338.（海牙，1883年四月三十日星期一致西奧信件）
94　前引書，L379.（海牙，1883年八月二十三日星期一至八月二十九日星期三前後致西奧信件）

摔斷了腿，成了殘疾人的他自此墮落厭世，終日流連於酒店酗酒裝瘋，雪維絲為此嗟嘆不已。此時朗蒂埃到了巴黎介入雪維絲一家的生活，他不斷慫恿古波酗酒，更強占雪維絲，需索無度，儼然成為真正的一家之主。無法擺脫惡人糾纏的雪維絲自此對生活失去了原有的希望，洗衣店也因債臺高築而關門大吉，為了供養兩個男人與孩子們的雪維絲最終淪為娼妓，她也染上酒癮，鎮日藉酒澆愁，無力面對這個現實殘酷的世界。最終，古波與雪維絲都因酒精中毒慘死。

　　《酒店》在當時引發社會與文壇的轟動，批評它的人認為這是一部敗壞道德、宣揚墮落、汙衊窮人的小說；但有更多的評論家和讀者支持左拉，認為這本書確實刻畫出社會底層的生活實況與心理狀態，也如實地呈現出第二帝國時期貧富之間差距的擴大。面對這部作品的成功以及對社會所引發的爭議，左拉回應自己是為當時的法國的社會底層做出一番有益的觀察，並希望喚醒群眾共同消除滿目瘡痍的社會底層中的痛苦與罪惡。他認為：

　　　　關閉小酒吧，開放學校。酗酒摧殘著人民。你們問問統計學家，去醫院看看，做個調查，你們就知道我是不是在撒謊，……「清潔郊區環境，提高工人的工資。住房問題是最重要的，臭氣熏天的街道，骯髒不堪的樓梯，父親和女兒、兄弟和姊妹混睡在一起的狹小的屋子，這些是造成郊區工人墮落的首要原因。人畜不分的繁重勞動，令人沮喪的微薄工資，最終使酒吧和妓院爆滿。」[95]

左拉極力呼籲，政府應加強義務教育使工人具有道德感，使其由貧困的生活中解脫，此外也應避免酗酒，這種惡行將會戕害身心、減退智力、毒害人民。政府有責任提升公共建設的品質，改善空氣混濁、擁擠不堪的城市生活環境。

　　左拉特意將《酒店》的故事背景設定在1850年代的蒙馬特，如今這裡已是巴黎第十八區的著名旅遊景點，聖心堂、小丘廣場（Place du Tertre）、紅磨坊（Moulin

---

[95] 丹妮絲・左拉著，李焰明譯，《我的父親左拉》，頁92。

Rouge）、狡兔酒吧（Le lapin agile）和愛牆等處，皆是遊客如織的景象。但在1859年奧斯曼將其併入巴黎市之前，此處仍是充斥著破舊簡陋房舍、雜亂無章的郊區。在《酒店》的內文中時常可見到左拉對該地破敗建築景象的描繪：

> 臨街的一面有六層樓，每一層有十五個窗子排成一列，黑黑的百葉窗，破爛的石板瓦，使大牆面顯得寥落不堪……。因為大樓夾在兩間搖搖欲墜的矮房子中間，緊緊相連，看起來更像龐然大物，四四方方，有如一個粗水泥塊，風吹雨打，弄得褪色剝蝕……。它那不討人喜歡的側面，顏色像爛泥，光禿禿可比監牢的牆壁，露出一排排凸出的石頭，真像憑空亂動的下巴……。牆壁呈灰色，有一塊塊剝落的黃斑，被屋頂留下來的水滴弄成一條一條的，由地面到頂樓板沒有一處花邊，只有排水管隔斷了單調的牆面，每一層樓都有彎管，開口的管頭生出不少鐵鏽斑。沒有百葉窗的窗戶露出光禿禿的窗板，呈現汙水般的青灰色。有的打開來，晾著藍格子的墊被，有的架著曬衣繩，……三樓有一個窗戶掛著嬰兒屎尿斑斑的尿布。從頂樓到樓下，狹窄的居住空間彷彿要炸開了，每一道裂縫都洩露出他們的貧窮慘境。[96]

這是女主人翁雪維絲所居住的貧民區之淒涼環境，與當時正歷經奧斯曼重整工程的現代化景觀相比，左拉透過雪維絲的雙眼襯托出相形見絀的自卑感：

> 巴黎這一區使她自覺低賤，因為它變得太壯觀了，向四面八方開展。馬真塔大道（Boulevard de Magenta）由巴黎市中心通上來，奧南諾大道（Boulevard Ornano）通往鄉村，把舊城門弄出一道缺口——拆了好大一片地方，兩條大街還白花花布滿膠泥……。前一陣子拆市稅區的城牆，林蔭外道加寬了，兩邊都有人行道，中間也有一條行人走的地方，種了四排法國梧桐小樹。現在這兒是巨大的十字路，順著漫無止境的通衢伸到遠遠的天

---

[96] 埃米爾・左拉著，宋碧雲譯，《酒店》，頁43-45。

邊，路上人潮洶湧，到處建房子建得凌凌亂亂。但是嶄新的大廈群中仍夾著不少東倒西歪的舊房子；雕花的石樓間出現一個個黑洞，破窗破窩露出慘兮兮的窗口。貧民窟的窮相浮在新起的奢靡浪潮中，一覽無遺，染汙了這個匆匆冒出的新城市。

　　雪維絲夾在人堆裡踏上小梧桐樹下的寬步道，覺得孤單又絕望。遠處大街的街景只能加重她的空虛；想想人潮中有不少同胞過得相當富裕，卻沒有一個基督徒猜到她的慘境，偷塞十蘇錢給她！一切都太壯觀太雅致了，她腦袋發昏，兩腿在無限寬闊的灰色天空下繼續往前挪。暮色是巴黎黃昏特有的黯淡黃色，看了叫人不得立刻死掉，街道的生活實在很恐怖。[97]

　　多年前在畫廊工作時期的文森便曾客居巴黎，儘管也曾住在蒙馬特一帶，正在閱讀《酒店》時的他料想不到，兩年多之後他將會再次到巴黎與弟弟西奧寄宿在這則故事背景的這一區，儘管當時的街區面貌已和十九世紀的五〇年代產生若干的變化。[98]但對文森而言，《酒店》以及續篇《娜娜》裡的主旨和內涵與他的內心有了深刻的共鳴，他完全能理解這些女子的良善本性，是因社會的階級壓迫與資源的分

---

[97] 前引書，404-405。

[98] 左拉除了在《酒店》中以蒙馬特舊城作為故事主要場景之外，另外在《金錢》裡也曾花了許多筆墨描繪，景象甚至更加破落寒酸，作為與證券投機商的生活環境之間的強烈比較。參閱埃米爾‧左拉著，李雪玲譯，《金錢》，頁190-191：「荒蕪的土地、被挖的坑坑洞洞，垃圾堆積成一片骯髒。人們全將垃圾往那兒丟，既沒挖坑、也沒排汙水的滲井，這是一處不斷延伸廣大的垃圾場，使空氣發出陣陣惡臭……各式各樣無名的簡陋汙穢住所，坍塌一半的底樓，用最混雜的材質來加固的廢牆壁。好幾間只以塗柏油的紙板來覆蓋。很多房子沒有門，讓人瞥見黝黑的地窖，從那兒散發出令人作嘔的悲慘氣息。有些家庭是八到十人擠在這些公墓裡，甚至沒有一張床，男人、女人、小孩成堆，所有人猶如變質的水果，漸漸腐爛，打從童年起就被最可怕的混亂雜交所侵蝕，把自己交給本能的淫蕩。還有成群的小鬼頭，蒼白消瘦，被淋巴腺結核和遺傳性梅毒所吞噬，不斷地充斥在死巷，可憐兮兮地生長在這貧困和蟲蛀的蘑菇上，在一個偶然的擁抱裡，不確定哪一位才是真正的父親。當傷寒或天花流行病吹刮時，它會一下子將舊城一半人都掃到墓地……。這是在死巷之底，垃圾街壘後方最惡臭的一個洞，被碾壓在地裡的一間破房，好似被幾塊板子端頭支撐住的一堆瓦礫。沒有窗戶，為了有光線，一扇加襯薄鋅版的老舊玻璃門必須一直開著，而可怕的冷風會吹進來，……看不出有任何其他家具，亂七八糟破裂的酒桶、被拔除的格子架、半腐朽的簍筐，通通被用來充當椅子和桌子。濕黏黏的堵牆在滲漏，黑黝黝的天花板有一道裂痕，綠色的縫隙，讓雨水流進來，直到褥墊腳下。而味道，尤其是恐怖的味道，人類的卑鄙下流都表現在極端的貧困裡。」令人遺憾的是，左拉這部發表於1891年的《金錢》裡如此栩栩如生的描寫，在前一年已然離世的文森再也無緣閱讀。

配不均造成了她們的墮落，文森始終是以宗教性的出發點來看待社會的底層群眾，也是出於這樣的理由才收留了西恩。令人遺憾的是，西恩後來選擇重操舊業，深深刺痛了文森的內心，再加上弟弟與家人極力的反對之下，他不得不在1883年的九月與這對母子忍痛分手告別，不同的生命個體至此奔向各自的軌道，再也不曾交錯。[99]

透過西奧貼心的採購與寄送，文森如飢似渴地不斷閱讀著左拉的《盧貢－馬卡爾家族》，如《貪欲的角逐》、[100]《穆雷教士的過失》、《盧貢大人》[101]與《家常事》[102]等書，而這其中讓文森再次心有戚戚焉者，則非左拉發表於1885年的《萌芽》莫屬了。

《萌芽》是《盧貢－馬卡爾家族》系列裡的第十三部作品，也是與此前系列與眾不同的一本，故事的背景是礦區的生活以及罷工，為了描寫這個對左拉而言完全陌生的採礦生活，他專程前往法國北部的昂贊（Anzin）礦區考察。他以做調查報告的研究態度，在該地區待了一個多禮拜，並且與礦工比鄰而居，訪問礦工家庭生活、參加他們下工後的酒店消遣和會議、見證女工與童工的非人待遇、向礦局醫生詢問職業病症狀與病理，甚至還陪同工人搭乘升降車直抵地面下六百多公尺深的礦井，考察煤礦工人的工作情形與環境。此外，左拉還採訪了礦區中高層人員，如領班、礦局股東、董事與工程師，務求能在故事裡盡可能地表達來自不同階級的思想與觀點。最難能可貴的是，**左拉不僅希望能寫出這些中高層階級對勞工的剝削心態和奢侈生活，還希望能從中尋找出這些人尚存的良善人性與懦弱的一面，他並不想將一切剝削壓迫的過錯強加在白領階級身上，左拉認為真正應該受到抨擊的，是這個不合理的社會制度。**

---

[99] 關於西恩與孩子們的人生後續發展，參閱拙著，《直到我死去的那一天：梵谷最後的親筆信》，頁97-100。

[100] Nienke Bakker, Leo Jansen, Hans Luijten (Editor). *Vincent van Gogh: The Letters: The Complete Illustrated and Annotated Edition.* L255.（海牙，1882年八月十日星期四或八月十一日星期五致西奧信件）

[101] 前引書，L259.（海牙，1882年八月二十六日星期六致西奧信件）

[102] 前引書，L283.（海牙，1882年十一月十六日星期四或十一月十七日星期五致西奧信件）

《萌芽》將礦區生活描繪得唯妙唯肖，透過左拉細膩的文字，讀者的腦海中彷彿迅速浮現出一張張黝黑的臉，顛簸於軌道上前進的運煤車，以及那悶熱不通風的地底黑暗世界。首先，左拉描寫了每日礦工如何乘坐罐籠進入豎井：

　　　　在豎井不遠處，信號裝置正在工作著，這是一個沉重的槓桿錘，用繩子拴著，在井底一拉繩子，大錘就敲一下砧板。敲一下表示停止，兩下表示下降，三下表示上升。它不停地發出沉重的敲擊聲，伴隨著清脆響亮的鈴聲，成為這一片喧囂中的主音。這個時候，那個操作罐籠的工人正在用喇叭筒大聲指揮著機械師操作，使得那場面更加熱鬧了。在這一片忙亂聲中，兩個罐籠一會兒上來一會兒下去，一會兒卸空一會兒裝滿，……四點鐘開始罐籠就往井下送工人了。礦工們都光著腳，手裡提著安全燈，從破舊的更衣棚裡走出來，在井口三三兩兩地等著，夠了數下去。鐵罐籠像頭黑夜裡偷偷從地底下鑽出來偷襲的野獸，無聲無息地從黑乎乎的豎井裡鑽出來，停在了制動閘上。……只見罐籠又升上來了，動作自如，似乎絲毫不覺得疲憊。這次輪到這個礦工進罐籠了。等他和同伴們蹲進去之後，罐籠又沉了下去，還不到四分鐘它又冒了上來，準備吞裝下一批人。半個小時的工夫，礦井就這樣用它那饕餮的大嘴吞食著人們，因為工人們下到罐籠站的深度不一樣，它一口吞下去的人數有多有少，但是它一刻不停地吞食著，總是那樣飢餓，它那巨大的腸胃簡直能把一個民族消化掉。茫茫的黑夜依舊死氣沉沉，罐籠一次又一次地大口裝滿了人下去，然後又以同樣貪婪的姿態悄無聲息地從黑洞裡冒上來。[103]

待罐籠下到礦坑底層時，左拉藉由主人翁艾蒂安的遭遇，為讀者展開了礦坑中的情景：

---

[103] 埃米爾・左拉（Émile Zola）著，袁翔華譯，《萌芽》（*Germinal*，北京：北方文藝出版社，2016年三刷），頁18-19。

他們藉著礦燈的微光一個跟著一個，一聲不響，不停腳地走著。艾蒂安一步一磕碰，兩隻腳在軌道間總是絆來絆去，有一種空悶的聲響讓他惴惴不安地有一會兒了，這聲音像是遠方在下一場暴風雨，聽起來像是從地心中刮過來的，而且愈來愈猛烈。難道是山體滑坡把一塊巨大的石頭捲壓到他們頭上發出的雷鳴般的響聲，使他們永遠不見天日？一道亮光劃破黑暗，他覺得岩石在震顫。當他學著同伴們的樣子貼牆站定的時候，一匹肥壯的白馬拖著一列斗車緊貼他跟前走過去，……他特別感到驚奇的是溫度的急劇變化。在豎井底下非常清涼，而到了主巷道裡，因為全礦的空氣都從那兒過，則寒風刺骨，並且在狹窄的岩壁間穿過的時候，更是變得猛烈。後來，等到他們走進其他那些只能從通風口獲取氣流的支巷道裡的時候，大風便不見了蹤影，而且溫度變得愈來愈高，悶熱得讓人喘不過氣來……。各條礦脈裡終於漸漸塞滿了人，每一層直到每條巷道的盡頭的掌子面上都活躍起來了。狼吞虎嚥的豎井已經吞夠了每天的口糧，也就是將近七百個工人，現在他們正在這個巨大的蟻穴裡工作著……。在這沉悶得寂靜中，在厚厚的煤層下，如果把耳朵貼在岩石上，就可以聽見這些螞蟻似的人幹活的動靜：從罐籠上上下下時那根鋼索的飛馳聲，到掌子面深處各種工具的挖煤聲。[104]

文森對《萌芽》這部以描寫礦區勞工生活的著作感同身受，書中的描寫讓他不禁回想起1878年的年底，他被教會派往比利時的博里納吉（Borinage）礦區的瓦斯美（Wasmea）村傳教的回憶。在此之前，他僅讀過狄更斯小說中描寫的工業革命後工人階級受到壓迫的場景，整個村莊充滿疾病、貧窮、骯髒、酗酒與殘破，文森也如同左拉的經歷，乘坐著罐籠在凌晨三點鐘時與工人們下到地底七百公尺深的坑道中，忍受汙濁惡臭且悶熱的空氣，以及濕氣的侵蝕，為的是陪伴當地的勞工一起工作，爭取他們的認同，以順利傳教的工作。

《萌芽》當中對礦工患上職業病的描寫，也勾起了文森沉痛的回憶：

---

[104] 前引書，頁26。

老爺子咳嗽吐黑痰，轉為水腫的風濕病又犯了；馬厄患著氣喘病，兩膝水腫；母親和孩子們患的是遺傳性淋巴腺結核和貧血症。毫無疑問，這些都是職業病，他們只是到了沒有飯吃快餓死的時候才埋怨幾聲[105]……。艾蒂安研究過礦工的疾病，他把這些病一一列舉出來：貧血、淋巴腺結核、矽肺、窒息性哮喘以及會引起癱瘓的關節炎，詳細至極，令人吃驚。可憐的窮人們有的被當作草料扔進粉碎機裡，有的像牲畜一樣被圈在礦工村裡，各大公司把他們的血一點一點吸乾，給他們規定了和奴隸一樣的勞役，威脅說要把全國的勞動者都集中起來，讓千萬雙手為不足一千個懶漢們發財致富。[106]

這些礦工不僅容易罹患職業病，更得時常冒著職業災害的危險，隨時擔心遭到公司的裁員，不僅如此，他們還不時被公司藉故苛扣工資，過著寅吃卯糧的生活。文森還記得，曾經為了拖欠已久的薪資，他大膽地為村民出頭，向礦業公司高層力爭抗議的往事。此外，他也時常將教會所供給的白麵包與牛奶發放給礦區裡的貧困孩童，自己僅靠著酸乳酪和黑咖啡來度日。在瓦斯美的傳教時期，文森的義舉贏得了村民的擁護愛戴，甚至在當地獲得「礦坑裡的基督」的美名。好景不常，文森為了傳教的所作所為並不為教會所認同，1879年七月他被解除了牧師的職務，再一次失去了工作。

《萌芽》這部作品的悲劇性更甚於《酒店》，書中情節絲毫沒有可以讓讀者感到喜悅的滋味，甚至還會讓讀者產生巨大的心理衝擊，「他們驚訝地發現在十九世紀的法國，竟然還存在著如此的『悲慘世界』。如果說雨果的《悲慘世界》描寫了1832年七月王朝時代，城市平民遭受欺凌及揭竿而起的暴動場面，作品多少還帶有一些浪漫主義的誇張成分的話，那麼在左拉的《萌芽》裡，就逼真地表現了煤礦工人被剝削的豬狗生活，和要求社會正義的強烈願望。」[107]**從這部作品開始，左拉盡**

---

[105] 前引書，頁189。
[106] 前引書，211。
[107] 傅先俊編著，《左拉傳》，頁151。

心竭力地在文章當中流露出他傾無政府主義的政治思想以及對下層受迫階層的人道關懷，我們後續將能夠看到，他將秉持著這般的信念積極地投入世紀末法國德雷福事件的戰鬥中。

《萌芽》的故事場景雖然無涉於巴黎的發展歷史，但卻也側面描繪出第二帝國時期社會所造成的階級壓迫與隔閡現象，文森在閱讀本書的那段期間也是他最為苦悶抑鬱的時期。

1883年年底，文森回到了荷蘭的努能（Nuenen）小鎮與家人同住，這裡是他擔任牧師的父親迪奧多魯斯（Theodorus van Gogh）被派任的傳教地區，當地兩千多位居民，絕大多數是信仰天主教，新教徒約僅一百人，因此迪奧多魯斯在這個天主教勢力為主的地區傳教顯得力不從心，倍感壓力。而文森回家後又與父親的關係處得並不好，父子倆時常為了生活瑣事爭執不休，甚至後來為了文森在努能鎮裡引發的一起「感情自殺」風波[108]而大發雷霆，幾乎要再次將兒子趕出家門。

遺憾的是，連日的心情鬱悶與壓力的負荷之下，迪奧多魯斯於1885年三月底外出散步時因中風暈厥，撒手人寰。父親的驟逝使文森傷心欲絕，悲痛萬分，想起之前與父親之間產生過無數的衝突和齟齬，一份悲痛莫名的愧疚感始終在他心中盪漾徘徊，久久揮之不去。

在經過一陣子的沉澱靜心之後，文森創作了一幅靜物畫《攤開的聖經、燭臺和小說》（*Still Life with Bible*），這是以懺悔贖罪的態度來緬懷父子之間動輒爭吵的過往，在作品畫面當中擺放著一部巨大厚重的聖經，這是昔日父親布道時專用的，也是迪奧多魯斯留給文森最深刻的遺物，除了象徵父親的權威性之外，也代表了自幼文森所承襲的宗教觀及價值觀之緣由。[109]需要注意的是，聖經旁擺放的則是左拉在1884年的作品《生命的喜悅》（*La Joie de Vivre*），這是描述馬卡爾家族的第四代寶琳（Pauline），畢生為他人做盡犧牲，破費錢財，歷經思想鬥爭，最終孤獨

---

[108] 1884年的年中，文森在努能小鎮與鄰居瑪格（Margot）小姐有了短暫的交往，但女方後來卻因家人對這段感情的反對，而採取激烈的輕生行為，幸而被文森及時搶救，保住了一命。該事件使得文森被這個保守小鎮的鄰里議論紛紛，嚴重影響到父親的傳教事業。參閱拙著，《直到我死去的那一天：梵谷最後的親筆信》，頁108-113。

[109] 前引書，頁112-113對該作品的解釋。

度過此生的故事。傳統藝術史研究者，在介紹《攤開的聖經、燭臺和小說》這幅作品時，儘管都會明確指出聖經旁擺放著左拉《生命的喜悅》這件事，但卻無法做出「為何選擇這本書」的合理解釋。實際上，在文森看來，驟逝的父親就像是《生命的喜悅》故事當中的寶琳，在他虔誠篤敬的一生當中，永遠為著他人奉獻犧牲的精神，文森回想起父親多年來一路從艾田（Etten）到努能一個個教區的辛勤傳教，以及為了兒子能順利得到教會任職而四處奔走，之後不忍心兒子在如同人間煉獄的黑鄉博里納吉礦區受苦而親身來陪伴……，**文森以《生命的喜悅》這部作品擺放在象徵父親權威的《聖經》一旁，襯托出父親畢生的奉獻和無私的愛，這是他內心深處最想獻給父親的一幅畫。**

這段喪親的苦悶期間，始終是左拉的作品在陪伴著文森，在該年六月他繼續讀了《萌芽》，書中的情節又將他拉回了昔日在博里納吉礦區瓦斯美村，那裡的暗無天日以及絕望慘狀，不少貧困老病的村民都成為了文森筆下的時代見證，可想而知，他也不斷憶起父親到礦村來探望的往事。

藉由閱讀左拉的《萌芽》，文森也繪製了一幅《戴白色便帽的農婦》（*Head of a Peasant Woman in a White Bonnet*），該形象是來自《萌芽》書中的女主人翁凱瑟琳（Catherine），[110]文森特意請當地一位農村女孩當他的模特兒，他向來欣賞喜愛這類女性勞動者，畫中農婦的臉孔從陰暗的背景中浮現，彷彿散發來自靈魂深處的光芒，她的嘴是以刮刀快速勾勒而成，唇上一抹亮光，出色地傳達了勇敢面對勞動人生的尊嚴。在文森看來，不管是終日在礦坑中揮汗如雨的礦工，或是弓著腰在田裡播種的群眾，都是世上最美麗、最動人的畫面之一。因此幾天之後他繼續依循著這樣的思緒，創作了繪畫生涯早期的代表作《食薯者》（*The Potato Eaters*），關於這幅一家五口圍坐在家徒四壁的室內，共同分食著馬鈴薯的寒酸景象，百年藝術史上有過太多的專業分析，為免離題此處不再多做討論。[111]但必須強調的是，**藉由左拉《萌芽》的啟發而使文森先後創作了《戴白色便帽的農婦》與《食薯者》兩**

---

[110] Nienke Bakker, Leo Jansen, Hans Luijten (Editor). Vincent van Gogh: The Letters: The Complete Illustrated and Annotated Edition. L506. （努能，1885年六月二日星期二前後致西奧信件）

[111] 參閱拙著，《直到我死去的那一天：梵谷最後的親筆信》，頁122-128之間的作品內容賞析。

件重要的作品，這也是往後藝術史家必須要注意的要點。

在完成這兩件重要作品後，文森又再度展開了他顛沛流離的生活，母親一度認為他是導致父親驟逝的罪魁禍首，文森成為了家中不受歡迎的人物；再加上文森遭受牽連，捲進了努能當地的醜聞事件，[112]讓他百口莫辯，不得不離開這塊傷心地，前往比利時的安特衛普暫居，並於隔年1886年的二月到達巴黎與西奧會合，從此文森永遠離開了他的荷蘭家鄉。

對於巴黎，文森曾透過雨果、巴爾札克和龔古爾等人的作品來了解這座城市，然而相較之下仍是左拉的作品令他感受到最深刻的印象與嚮往。《婦女樂園》這部關於資產階級消費文化的作品，確實得到文森不少的讚賞：「最近我聽人說《婦女樂園》不會為左拉的聲譽錦上添花。而我在其中發現了一些最偉大和最好的東西。」[113]他特別喜愛書中主角穆雷，曾摘錄了不少書中主角的觀點，於信中和西奧交換不同意見。然而，對比《婦女樂園》這部著重在視覺描摹的作品，另一部交雜著視覺、嗅覺與聽覺的《巴黎之胃》（*Le Ventre de Paris*），則更是讓文森拍案叫絕。

磊阿勒中央市場（巴黎大堂）是奧斯曼改造巴黎工程當中的重點項目。解決這裡幾個世紀以來的雜亂與擁擠成為了革新工程的當務之急，拿破崙三世也曾親自與奧斯曼就市場的改建問題提出過願景想法。在前面第四章裡我也曾簡單敘述，在奧斯曼的前任塞納省省長朗布托伯爵任內，就已屬意由曾獲得羅馬大獎的年輕建築師巴爾塔來實行中央市場的整頓計畫，這項計畫包含在市場區域內製作八座宏偉的金屬結構與屋頂、石頭外牆與角樓的大廳，以方便將市場內販賣的不同商品做有效的分類，分別配置於八座大廳當中，但這項計畫在早年受到不少質疑與抨擊，一度被束之高閣，直到奧斯曼時期才正式被重新啟動，並仍由巴爾塔來監督建造。磊阿勒中央市場的改造工程由1854年開工，至1874年徹底完工，落成後的中央市場擁有巴黎最巨大宏偉的鑄鐵玻璃建築，象徵著十九世紀工業革命後所展現的新物件與新的

---

[112] 前引書，頁128-129。

[113] Nienke Bakker, Leo Jansen, Hans Luijten (Editor). *Vincent van Gogh: The Letters: The Complete Illustrated and Annotated Edition.* L464.（努能，1884年十月二日星期四致西奧信件）

語言。

令文森最為佩服的，是左拉那種具有社會觀察家的敏銳眼光，要想描繪巴黎這座城市的故事，不只是《盧貢大人》、《貪欲的角逐》裡所表現的統治階級奢華腐敗的面貌，或是《婦女樂園》和《娜娜》當中所呈現物欲橫流的資產階級價值觀，更需要透過像《酒店》與《巴黎之胃》這樣聚焦於社會底層生活面相的視角，才能更加完整地展現出十九世紀中葉巴黎的真實風貌。

《巴黎之胃》的書名取得恰如其分，磊阿勒中央市場自十二世紀設立以來，始終擔當這座城市肚腹的角色，各式的熟食、蔬果、乾貨、生鮮攤匯集在此，左拉運用極富想像力的筆觸將這席巴黎真正流動的饗宴，妙筆生花地呈現在讀者面前。**這部小說表面上看來似乎僅是講述十九世紀中葉巴黎批發市場的消費文化，但究其背後寓意則是象徵腐敗的第二帝國的寓言，左拉將磊阿勒中央市場作為巴黎的新舊商業與消費的衝突匯集點來呈現，並且透過這座市場揭示了第二帝國統治階級飽食終日、尸位素餐的現實。**[114]「埃米爾‧左拉是個了不起的藝術家。我正在讀他的《巴黎之胃》，真是聰明過人」，[115]文森一接觸到這本書之際，整個人就完全沉浸在書中的氛圍裡，讚不絕口。

磊阿勒中央市場的景象在故事中是透過藝術家克羅德指引主人翁佛羅鴻的親眼所見來表現的：

> 克羅德手指長椅的另一端，那是香料市場。沿著一長條的人行道，讓人以為那裡種滿了百里香、薰衣草、大蒜與紅蔥頭。那些商販在人行道上小株的法國梧桐周圍豎起了一把把的月桂葉，像是一座座綠色獎盃，而空氣裡充斥著濃厚的月桂氣味。
>
> 聖厄斯塔什教堂牆上發光的日晷漸漸變暗，就像黑夜被白日殺個措手不及般消逝。鄰近街上的那些酒館，煤氣燈一盞接著一盞熄滅，彷彿星辰落入

---

[114] Ruth E. Iskin. *Modern Women and Parisian Consumer Culture in Impressionist Painting*. p.182.

[115] Nienke Bakker, Leo Jansen, Hans Luijten (Editor). *Vincent van Gogh: The Letters: The Complete Illustrated and Annotated Edition*.L245.（海牙，1882年七月六日星期四或七月七日星期五致西奧信件）

了日光裡。佛羅鴻看著偌大的巴黎大堂擺脫了陰影，走出了夢鄉，他在這裡看到那些新蓋的商館一望無際地往前延伸。它們聚集在一起，整片綠灰色顯得更廣闊，那些驚人高大的支架如同船上的桅杆支撐著屋頂上無窮無盡的遮布。這些幾何狀的商館櫛比鱗次，當裡面所有的光線熄滅，整個大堂便浸淫在日光當中，整齊的大片方塊，彷彿是一具不可計量的現代機器，有幾架蒸汽機，幾座為人們的食物所著想的鍋爐。有個巨大的金屬肚子，螺栓鉚釘銜接著木頭、玻璃還有鑄鐵，這座既優雅又強力的機械馬達，藉著讓人頭暈的暖氣熱度以及瘋狂擺動的齒輪，在這裡運作。[116]

這八座由巴爾塔所建造的宏偉大廳，被視為一望無際的巨大金屬機器，矗立在古老的聖厄斯塔什教堂旁，產生了強烈的反差對比。左拉更進一步在書中藉由藝術家克羅德之口闡述如此強烈對比下的意義：

> 這是個有意思的交會，這塊教堂框在這條盡是鐵的大道上。這個會破壞那個，鐵將取代石頭，而這樣的時刻將不遠了……。這座教堂是個雜種建築，此外，中世紀時人們抨擊它，文藝復興時則說不清楚。……人們並不相信上帝住在裡面。上帝的砌石工已經死了，要是聰明的話就別再建造這種醜陋的石頭架構，反正沒有人會住進去。從這一世紀初開始，人們只建了一座獨創的紀念性建築物，一座沒有任何抄襲的建築物，自然而然地在這個時代的大地上聳起，就是巴黎中央的巴黎大堂。[117]

左拉書中的論點預示了由巨大鋼鐵所鑄造的磊阿勒中央市場，代表著新時代的消費機構與市場價值，將逐漸會淘汰石造的哥德式教堂所代表的傳統巴黎，另一方面由資本主義與工業革命所形塑的新世界，亦將完全取代舊式的宗教政權，就該時代的

---

[116] 埃米爾・左拉（Émile Zola）著，周明佳譯，《巴黎之胃》（*Le Ventre de Paris*，臺北：聯合文學出版社，2016年），頁37。
[117] 前引書，頁268。

社會氛圍看來似乎也是循此方向發展，我們將在後續的世紀末章節裡，見證更多由資本主義所構築的鋼鐵建築面貌。

　　為了撰寫《巴黎之胃》，左拉整整一個月都待在磊阿勒市場收集資料，市場裡的每一個攤位與店鋪都被他詳細考察，「各種各樣的食品店，如肉店、魚鋪、水果店、奶酪店、鮮花和蔬菜商店都被一一貼上了標籤。警察局和市稅徵收處的規章制度也被他研究得很仔細。左拉弄到了一張中央菜市場的詳圖和巴黎警察局的各種印刷品；他繪了一張該區的平面圖，包括它所有的商業繁華、人口稠密的街道。最終這將成為一部小說，左拉可以闡述其關於環境不僅對個人、而且對人類群體的影響之理論」。[118]

　　左拉向讀者詳盡地敘述了每日天未亮時，凌晨時分的市場周遭環境便已開始熱絡起來：

> 在這些被遮蓋的大街裡，到處充滿了生命力，那些蔬果農人都還在，自家種植的農人從巴黎近郊來，在幾個籃子上攤開了他們前晚的收成，一綑綑的蔬菜，一把把的水果。在人來人往當中，車輛進入這些館內，他們的馬也緩下了腳步。其中兩輛車子在路中間橫行，擋住了去路。為了要走過這一段路，佛洛鴻顯然用手壓了一個跟那些裝煤炭的袋子一樣的灰色袋子，裡面的重物得以壓垮車軸。而這些潮濕的袋子裡有股新鮮的海帶味，其中一個袋子的一邊破了，滾出許多黑色的淡菜。現在他們每走一步都要停一下。人潮到來，跟著滿載魚筐高木箱的大貨車。火車帶來了所有從海上來的貨品。為了避開那些愈來愈多載滿海鮮的卡車，他們只好跳到裝載牛油、雞蛋與乳酪的卡車下，這些四匹馬的黃色大車，點著有顏色的燈籠。那些強壯的工人搬起一箱箱的雞蛋、一籃籃的乳酪與牛油，送進了商館裡，戴著帽子的工作人員在煤氣燈的光線下寫著筆記。[119]

[118] 丹妮絲・左拉著，李焰明譯，《我的父親左拉》，頁65。
[119] 埃米爾・左拉著，周明佳譯，《巴黎之胃》，頁31。

巴黎大堂在凌晨時分就充斥著喧鬧聲，從巴黎四處近郊的生鮮蔬菜以及布匹花卉都陸續由一輛輛的貨車送達，我們可以想見左拉在天色尚且昏暗的時分，帶著筆記本來到市場當中，專心致志地記下商販與工人們的每一個動作步驟，與每一車貨物駛抵市場的畫面。

左拉在筆記當中如此概述他的創作意圖：「凡是沒有被我寫進對話、搬上舞臺的，我都在該章的中間把它們寫成一段漂亮的文字。比如，每個時期的漁船抵港、鹽場、貝殼、水獺，各種天氣如冷天、熱天、陰雨天、冰雪天等時候的菜市場，菜市場日落的景象、民眾、魚鋪的顧客、幻想，佛羅鴻的噁心、漲潮，等等。」[120]

因此在他的筆下，菜市場裡的蔬菜生鮮顯得如此鮮嫩多彩、清脆水靈：

> 萵苣、生菜、苦苣與橘苣，葉片盛開，還帶著土，顯現出它們雀躍的心。一包包的菠菜與酸模，一把把的朝鮮薊以及一堆堆的四季豆與碗豆，還有用一束稻草綁住的一叢叢蘿蔓萵苣，吟唱出各種綺綠的色調，從豆莢的亮綠色到大片菜葉的深綠色，還有那些逐漸消逝的高雅色彩，加上芹菜根與韭蔥的靡爛。然而最高最尖的音調永遠都是紅蘿蔔生動色調，或是蕪菁純粹的鮮綠，以極大的數量布滿了整個市場，兩個色彩交錯讓一切顯得明亮不已。[121]

至於寫到肉攤時，左拉筆鋒一轉，讓現代對傳統市場陌生的讀者們，彷彿迅速回到了那個充滿了腥味與吆喝聲的濕地板肉攤前：

> 在高處，那些有掛勾的長桿上吊掛著肥胖的鵝，鉤子穿進了脖子上流著血的傷口中，脖子既長又僵直，加上一個在纖細的羽毛下粉紅色的巨大腹部，在白如被單的尾巴與翅膀中間，鼓起如同一具裸體。長桿上也掛那些灰色背脊的兔子，摻雜著翹起的尾巴上一搓白毛，耳朵下垂，兔腳分開著像

---

[120] 丹妮絲‧左拉著，李焰明譯，《我的父親左拉》，頁66。
[121] 埃米爾‧左拉著，周明佳譯，《巴黎之胃》，頁38。

要做幾個大跳躍；而臉上露出利齒、驚恐的眼睛，有著一種死了的動物的笑容。在陳列臺上，拔了毛的雞被烤叉給撐開，露出牠們多肉的胸腔；柳條托盤上擠著一些鴿子，有些像無辜的動物般無毛且柔嫩的皮膚；那些皮膚比較粗糙的鴨子，攤著鴨蹼；三隻漂亮的火雞，布滿了藍色的斑點，像是剛刮過鬍子的下巴，喉嚨已被縫合起來，躺在臺子上，身下是牠們如黑色扇子般的大尾巴。在旁邊的盤子裡則擺著些內臟：肝、腰子、脖子、腳掌與翅膀。[122]

儘管不是一段令人感到舒服的描述，但年齡稍長的讀者想必閱讀過後會有較深刻的感觸，左拉鉅細靡遺地呈現過往的傳統市場生態，不管是青翠欲滴的蔬菜或是血肉模糊的肉攤，都不曾逃過他那對敏銳的雙眼。又或是在描寫魚市裡的漁貨時，左拉極為仔細地將數十種魚類的色澤、種類與形象傳神地摹寫出來，令人嘆為觀止：

那些隨機的天羅地網亂糟糟地，將海藻也一併送進了市場，上頭躺著海洋深處的神祕生物：新鮮鱈魚、黑線鱈、菱鮃、鰈魚、黃蓋鰈；還有一種常見的魚，帶著深灰色卻有著近白色的斑點。海鰻，這種藍色的大型水蛇，有著細小的黑色眼睛，非常黏滑，好像還活著在地上匍匐前進。扁大的鰩魚，白色的腹部鑲著淡紅色，背脊十分好看，有著一長串突出結點，直延展到魚鰭上；像大理石花紋般的斑紋，是佛羅倫斯青銅色條紋搭配朱紅色圓片，如同被暗綠以及不健康的花色給弄得黯淡的雜色。而那些有著圓頭的棘角鯊真是醜陋，有著像中國式瓷娃娃的大闊嘴，加上蝙蝠翅膀般的肥厚短鰭，這些怪物真該留在海裡守護那些洞穴裡的寶藏。

接著才是那些被單獨呈現的漂亮的魚，每一條魚放在一個柳條盤上：鮭魚，銀色雕紋，每個鱗片都像被打鑿過的拋光金屬；鯔魚，鱗片較大，雕鏤的花紋也較粗糙；大菱鮃與大鯰魚，鱗片的紋理較緊密，白的就像凝固的牛乳；鮪魚，既滑順又光亮，簡直跟那些黑黝黝的皮包一樣；那些圓潤的鱸

---

[122] 前引書，頁255。

魚，張著一張大嘴，讓人想到某些過分敏感的靈魂，在痛苦的震驚當中，張開喉嚨吶喊。還有各式各樣其他的魚：一對對灰色或是白色的鰨魚；細扁且直挺挺的玉筋魚，像極了那些切掉邊的錫器；身體稍微扭曲的鯡魚，交織著金屬線條的外皮上顯現出所有流血的傷斑；肥胖的鯛魚被染上了一抹胭脂紅；而鍍了一層金的鯖魚，背上漸層的青色條紋，襯著會改變色彩且發亮的朱色腹部；粉紅色的魴魚，有著白色腹部，整齊地被排在雙耳柳條筐的中間，尾巴發光，混雜著珍珠白與亮紅，綻放出奇特的色彩。此外還有紅鯔魚，精緻的魚身像鯉魚般通紅；一箱箱有著乳白色反光的牙鱈，一籃籃的胡瓜魚⋯⋯[123]

左拉將每一種魚都做了不同的描述，讓人真切實在地感受到陳列在魚攤上每一個「過分敏感的靈魂」，我們實在難以想像他是運用何等專注細膩的觀察力聚焦在每一個籠筐、每一個攤位，平日時常到市場採買的主婦們甚至也無法鉅細畢究地將市場裡的食物分辨得如此條理分明。

　　需要特別注意的是，左拉除了將生鮮蔬菜、肉類魚蝦與各種水果做了分門別類的視覺描述之外，正當大多數的讀者認為整個市場的分類大抵皆已提及，嗅覺異於常人敏銳的他還特別譜了一段各式乳酪的嗅覺摹寫，此段堪稱世界文學史上千載難逢的一首「乳酪交響曲」（Cheese Symphony）：[124]

　　　　她們四周的乳酪發出臭味，店裡深處的兩層物架上排滿了巨大的奶油塊。不列塔尼的奶油放在籃子裡，快溢出來；諾曼第的奶油包在布裡，像是一個雕塑家可能在上面丟下浸濕布料的肚子草樣；其他已經切開的大塊奶

---

[123] 前引書，頁132-133。

[124] 莫泊桑特別讚賞這樣的描寫手法：「《巴黎之胃》，這是對市場、蔬菜、魚肉的禮讚。在這本書裡人們可以嗅到漁船返航時的那種海潮味，可以嗅到蔬菜的泥土氣息和田野的清香。寫到鮮貨倉庫的地窖時，書頁中好像騰起一股令人嘔吐的腐肉臭味，堆積如山的野味的腥氣和奶酪的酸氣，所有這些氣味混合在一起就像現實生活中的一樣。我們讀的時候，得到的感覺就像經過了這座巨大的食物儲藏庫——『真正的巴黎之胃』。」轉引吳岳添編選，《左拉研究文集》，頁10。

油，用鋸齒大刀修整後顯出許多裂隙與凹洞，恍如坍塌的山峰，映照在一個秋夜的黯淡裡。在陳列臺下有著帶灰色紋路的紅色大理石，許多籃的雞蛋看上去白如粉筆。稻草小筐上的箱子裡放著一個個的圓木塞形軟乳酪，谷內爾乳酪則像獎牌一樣平放排列，點綴著綠色色調，一整片看上去像陰暗的檯布。陳列桌上著實堆滿了乳酪。就在論斤販售的奶油麵包旁，菁蓬萊葉當中躺著一個巨大的康塔爾乳酪，彷彿被斧頭劈出了許多裂隙；然後是黃金般的柴郡乳酪；瑞士格魯耶爾乳酪，硬得跟從粗魯的馬車上掉下來的車輪沒什麼兩樣；……淺黃色的金山乳酪，有股淡淡的臭氣；非常厚的特華乳酪，四周傷痕累累，已經十分明顯的澀味，更增添一股地窖潮濕的惡臭。卡門貝爾乳酪帶著一種略微發臭的野禽氣味；新堡乳酪、林堡乳酪、瑪霍勒乳酪、主教橋乳酪，這些方形乳酪在這樣生硬的氣味當中各自散發出尖銳而特殊的定調。略帶紅色的立瓦侯乳酪，讓喉嚨感覺就像吞下一道硫的蒸氣。……有著野禽味的卡門貝爾乳酪掩蓋住瑪霍勒乳酪與林堡乳酪那種更重的氣味。它擴散了其氣味，以一種大量驚人的腐臭氣息壓制住其他的香氣。然而在這強烈的氛圍中，帕瑪森乳酪偶然發出一股鄉間笛音輕柔微細的調性，而布里乾酪則顯現出低音鼓那種淡而無味。立瓦侯乳酪那種讓人窒息的氣味又再現。這個交響曲有一剎那停留在一個放了茴香地傑拉爾梅乳酪那種管風琴延長音時的尖銳調性上。[125]

左拉花費整整一個月的時間，利用了他那非凡的觀察力與嗅覺官能，將巴黎大堂裡的各種氣味辨別得清晰透徹，他將不同的氣味深淺以及層次感透過文字來向讀者述說：從遠處屠宰場與肚腸業所冒出無血味的煙，到近一點距離蔬菜與水果發出酸白菜與青菜殘渣的氣味，再到家禽館中藉由風扇所排出的熱氣，總結出十九世紀磊阿勒中央市場的角色定位——「這所有的氣味形成的雲霧集結在屋頂上方，覆蓋住鄰近的屋子，沉重大塊的烏雲擴散到整個巴黎。巴黎大堂在其太窄的鑄鐵腰帶

---

[125] 埃米爾・左拉著，周明佳譯，《巴黎之胃》，頁305-311。

中被勒死，過分的消化不良讓其發熱，夜裡這個城市吃得過多了。」[126]左拉在書中將巴黎大堂裡的生態擴展為巴黎社會中享有富足生活的「胖子（飽漢）」，以及受盡剝削壓榨的「瘦子（惡漢）」兩種階級之間的衝突所在，更使得這部著作除了在文字內容上的精細與實景包羅萬象的描寫之餘，思想境界提升為更高的一個層次。[127]無怪乎文森當年如此喜愛這部作品：「我沉迷在左拉的書裡。那些中央市場上的景象被描繪得多麼精彩啊！」[128]這部作品也成為了文森對巴黎街景物件的整體印象。

　　附帶一提，磊阿勒中央市場上由巴爾塔所設計的八個巨大鋼鐵結構的展示廳直到二十世紀中葉一直作為市場使用，但卻在1969年遭到執政當局愚蠢的政策給拆毀了，致使今日許多巴黎年輕的一代都對此無所知悉。今日的原址上建起了一座現代化的多層商業中心以及地鐵夏特雷－磊阿勒站（Châtelet - Les Halles），或許就二十一世紀的角度而言這裡的商業與交通模式將因此更加順暢便捷，但巴黎歷史上第一座由鋼鐵製成的公共空間建築卻也消失在這塊土地上，展示廳在拆除過後僅存一座，被遷移至馬恩河畔的諾讓（Nogent）小鎮，用於舉辦音樂會。中央菜市場數百年的面貌已蕩然無存，今人只能藉由左拉的作品，去體驗那座市場昔日的榮景和風光了。

　　即便文森是一位荷蘭畫家，但究其藝術成就與文化的底蘊，顯然是來自法國的文化和土地給予他更多的養分滋潤，**透過文森當年所留下的數百封信件的展示，可以側面觀察出他所受到法國文化的影響何其深厚。我們幾乎很難看到他提及任何一**

---

[126] 前引書，頁361。
[127] 《巴黎之胃》中透過佛羅鴻的異母兄弟和其妻麗莎這對虛榮夫婦所經營的熟食店，從原本在巴黎大堂中的小店面成為了朗布托街（Rue Rambuteau）上寬敞明亮的大店，左拉暗示了從漆黑的舊風格店面，轉型為以消費者為導向的現代零售業的過程，這類型的零售業象徵著迎合中產階級需求的消費模式，不同以往在傳統市場裡的商品還帶著自然的最後一絲氣息，現代化熟食店裡的肉製品已成為了加工的食品。其次，新形態的零售業與櫥窗的展示也是另一種資產階級商業化的象徵，左拉在書中對這間熟食店櫥窗商品的展示，也呼應了《婦女樂園》裡的主旨，呈現出這種十九世紀巴黎消費文化新秩序的微型版本。參閱Ruth E. Iskin. *Modern Women and Parisian Consumer Culture in Impressionist Painting*. pp.184-185.
[128] Nienke Bakker, Leo Jansen, Hans Luijten (Editor). *Vincent van Gogh: The Letters: The Complete Illustrated and Annotated Edition*.L251. （海牙，1882年七月二十六日星期三致西奧信件）

位荷蘭作家的名諱，但左拉之名以及其作品就在其信中反覆出現達九十五次之多，這是相當值得關注與探討的現象。1886年文森到了法國之後，他更表現出對左拉著作當中所介紹給他的法國文化表示服膺：「來到法國之後，對於德拉克洛瓦和左拉我也許比許多土生土長的法國人領悟得更深刻，我對他們有著真誠的、發自內心的崇拜。」[129]

　　兩年後，文森到了法國南部的阿爾去追尋更多的陽光，追尋更多內在的藝術思想的發酵，更重要的是他懷抱著組建「南方畫室」的藝術大計，希望能如同高更在阿凡橋作畫，身邊追隨著好幾位年輕晚輩一樣，在南部的普羅旺斯建立一個藝術新據點。這段期間，除了等待高更的到來，文森過得十分地孤獨，在阿爾的大部分時間他都是形單影隻，但這個南方小鎮仍舊喚醒了文森對生命的熱愛，這裡的陽光激發了他對繪畫更深刻的情感。同時，文森致信給弟弟西奧，希望能寄來左拉的著作與他分享，也就是在南法這段既充滿了繪畫的熱情能量，又倍受寂寞煎熬的時光，文森閱讀了這本最能與他的工作使命相呼應的著作——《傑作》。

　　《傑作》在左拉的寫作歷程裡是相當重要的一部作品，他把自己的一部分生活以及思想都寫進了這部小說裡，藝術史上甚至有許多人認為就是這部作品導致了左拉與摯友塞尚兩人的友情絕裂。《傑作》更是左拉突破了以往巴爾札克的社會群眾視野，在貴族、中產階級與底層民眾之間，以畫家的生活以及心理狀態來作為整個故事的主軸。[130]書中故事圍繞著先前曾在《巴黎之胃》裡登場的畫家克羅德的悲劇一生來展開，克羅德同時也是《酒店》故事中雪維絲與同居人朗蒂埃所生的兩名兒子中的老大，許多讀者都認為克羅德身上具有塞尚的影子。此外，小說裡克羅德的作家好友桑多斯也是左拉自身的投射，他將本身的思想、意念與審美觀，甚至

---

[129] Nienke Bakker, Leo Jansen, Hans Luijten (Editor). *Vincent van Gogh: The Letters: The Complete Illustrated and Annotated Edition*.L651.（阿爾，1888年八月十三日星期一前後致西奧信件）

[130] 巴爾札克曾在1831年發表過一篇短篇小說《未知的傑作》（*Le Chef-d'œuvre inconnu*），這部作品主要是呈現對藝術的反思，對畫家的生活狀態與繪畫創作的細節處理則甚少提及。此外他於1839年所寫的《皮耶‧格拉蘇》（*Pierre Grassou*）則是透過描寫一位善於模仿他人作品的二流畫家，藉此嘲諷十九世紀學院主義繪畫的風格，兩部短篇作品立意雖然良好，但就繪畫者的生活刻畫與藝術風格的區別，則不若左拉的《傑作》詳實。文森‧梵谷則評價巴爾札克「筆下的畫家們也是一樣地沉悶乏味，令人十分討厭」。參閱Nienke Bakker, Leo Jansen, Hans Luijten (Editor). *Vincent van Gogh: The Letters: The Complete Illustrated and Annotated Edition*.L359.（海牙，1883年七月三日星期二前後致安東‧凡‧拉帕德信件）

本人矮壯的身材都賦予了這位虛構人物。在克羅德與桑多斯的身邊還圍繞著一群年輕的藝術家，更無法令人不聯想到昔日蓋爾波瓦咖啡館那群對時局不滿卻胸懷大志的藝術家團體：馬內、莫內、雷諾瓦、巴齊耶、希斯萊、畢沙羅……，這是左拉第一次用不著勤跑圖書館翻閱文獻資料就能寫成的作品，整部小說的素材僅須將自己多年的記憶稍加改編即可。在巴黎生活的數十年來，他接觸過許多畫家、畫商與藝術評論家，也參觀過許多畫展以及多次涉足工作室，正因為極為看重塞尚與這批藝術家好友們的奮鬥歷程，他才毅然將其改編為《盧貢－馬卡爾家族》中的一部作品。

然而，在《傑作》當中的主人翁克羅德，遺傳了其母馬卡爾家族的精神耗弱體質，在其天分不為當世所接受賞識後，變得自怨自艾，懷疑自己，最後選擇在一幅永遠無法完成的作品前輕生棄世，結束其悲劇性的一生。百餘年來不少藝術評論者皆認為，正是這本書的悲劇性結局，讓塞尚在閱讀過後感到不悅，導致他與左拉間友情的決裂。

1886年四月四日，塞尚此生最後一次致信給左拉這位親密的竹馬之友：

> 親愛的埃米爾：
>
> 　我剛收到你誠懇寄給我的《傑作》。感謝《盧貢－馬卡爾家族》叢書作者的回憶見證。當我想起昔日歲月的時候，允許我為此握手致意。
>
> 　一切都因你而湧現飄逝的日子。
>
> 保羅・塞尚
艾克斯地區，加爾達尼[131]

這確實是塞尚與左拉在彼此的人生當中的最後一次交集，此後塞尚始終待在艾克斯的鄉間專心作畫，即使後來左拉深陷德雷福事件的風波，仍不見他致信慰問，彷彿兩人從此風流雲散。2016年上映的法國電影《塞尚與左拉》（*Cezanne et*

---

[131] 塞尚等，潘襎編譯，《塞尚書簡全集》，頁204，〈1886年四月四日塞尚致左拉書信〉。

Moi）是近年來少數聚焦於這對密友之間情誼的作品，劇中也採用了如此觀點來呈現。然而，彼此形同陌路是否為這段故事最終的結局？又是否因《傑作》一書導致了兩人的決裂？筆者認為這當中有不少的謬誤，相當值得探討做一釐清的必要。

　　儘管塞尚與左拉之間的情誼在藝術史上得到不少的關注，然而這樣的關注點似乎往往都是藉由《傑作》所引發的決裂事件後才開始，甚少人將雙方的成長軌跡以及長年情感的互動來作為考察的切入點審視，以下筆者舉幾個雙方之間的互動例證以諦視絕裂之可能性。1859年六月，年滿二十歲的塞尚情竇初開，暗戀上一位裁縫女工，他迫不及待地將心中的雀躍與當時已遠赴巴黎的好友分享：

> 　　我愛一位朱絲婷（Justine）這位相當美麗的女子……。中午鐘響，朱絲婷從裁縫工作坊出來，而我呢？遠遠看到她。塞馬爾德為我做著手勢，告訴我：「就是她！」在此我什麼都沒了！天旋地轉……。我告訴自己，假使她不討厭我，我們一起到巴黎，在那裡我當藝術家，一起生活。我告訴自己，就這樣子，我們將會幸福，我夢想於繪畫，五樓有工作室，她與我，這時候我們由衷微笑。如同你知道我一般，我並不要求成為有錢人，數百法郎，我想生活就能滿足，但是對我而言，那是我的一場大夢……。唉呀！能與你握手見面將會是多麼難以磨滅的喜悅呢？你母親告訴我，七月底你將回到艾克斯。如果我是一個出色的跳高選手，將會碰到天井。[132]

試著貼近弱冠時的塞尚的心情去體會，當吾人情竇初開之時，最想將這樣的喜悅以及祕密與哪一位友人分享呢？年少輕狂時的愛戀情懷，總是會有意無意將心中的那份悸動與真誠，對著與心靈性情與我們最為相通者直抒胸臆。

　　此外，不僅是將那種戀愛當下小鹿亂撞的情感與其分享，當塞尚失意之時，左拉更是從未缺席：

---

[132] 前引書，頁70-71，〈1859年六月二十日塞尚致左拉書信〉。

上封信中你似乎感到喪失勇氣；你只說將畫筆拋到天井。在圍繞著你的孤獨中，你感到震撼，感到厭倦。——我們不是都生病了嗎？倦怠不是我們的世紀災難嗎？憂鬱帶來的結果之一，不是喪失勇氣掐住我們喉嚨嗎？——誠如你所說的，假使我在你身邊，我將能給你慰藉，給你鼓勵；現在卻不可能，所以我告訴你，我們已經不是小孩，未來要求我們，面對要求我們的努力，畏縮不前是怯懦。……因此鼓起勇氣，再此拿起畫筆，讓你想像力出沒不定。我相信你；如果我將壞東西推給你，那個東西也會掉在我頭上。勇氣，特別是充分反省，在使你投入這條路之前，在你能遇見困難上。[133]

除了一同分享喜悅，彼此砥礪打氣之外，左拉更給予塞尚許多的實質金援。緣因塞尚在1869年與裝訂書籍的女工奧爾丹絲·菲凱（Hortense Fiquet）同居，女方後來還為塞尚生下了孩子，但由於擔心身為銀行家的父親反對這段戀情，而切斷對自己的金援，因此遲遲沒有舉行婚禮，並與奧爾丹絲分居讓她獨力撫養孩子，塞尚也盡量對外界隱瞞這對母子的存在。可想而知，這個祕密塞尚僅能與最為知己的友人分享，但每個月生活費有限，且在畫壇仍未闖出一片天的塞尚，實在無力負擔奧爾丹絲母子的生活。在一封1878年塞尚致左拉的信中，可以讀到：

又到了每個月拜託你的時候了。我希望這個拜託不要過度使你操心，也不會讓你覺得過於冒失。但是，你的供應的確解除我的困境，再次致謝。我的家庭的確相當好，然而對於從不曾做什麼的不幸畫家而言，這就是我的家庭的稍微缺點，而這種缺點在鄉下或許能輕易被原諒。

上述這種不可避免的結果，請你為我寄六十法郎給奧爾丹絲。她身體應該還不錯。

我想去民主黨派的藍貝爾書店購買附插圖的《酒店》，我從馬賽《平等報》（L'égalité）文藝欄知道這則消息。[134]

---

[133] 前引書，頁89，〈1860年六月二十五日左拉致塞尚書信〉。
[134] 前引書，頁152，〈1878年六月一日塞尚致左拉書信〉。

儘管兩人幼時的家境與成長環境有著懸殊的差異，但在各自領域的表現上，左拉遠比塞尚還早得到社會的肯定以及自我實現的成就，尤其在《盧貢－馬卡爾家族》一部部的作品推出後，直到《酒店》的出版使左拉成為了當代炙手可熱的暢銷作家，他除了能夠買下梅塘鄉間的豪宅讓母親安享天年之外，當然也有餘力照顧摯友的妻兒生活。透過信中塞尚之言，可以感覺到左拉這項援助是長期性的，而且絕對使塞尚的生活負擔減輕不少，也因此塞尚心中始終懷抱著一份對左拉的感激崇敬之心。

1872年，塞尚遷居奧維，這裡正是十八年之後文森的棄世之地。塞尚除了在此認識後來文森的精神疾病主治大夫保羅・嘉舍（Paul Gachet, 1828-1909）之外，也結識了居住在臨鎮蓬圖瓦茲（Pontoise）的畢沙羅，時常結伴一起作畫。在塞尚居住於巴黎近郊的這幾年間，他更是惦念著最親愛的友人左拉，不時興起前往探視的念頭：「我順利到達特里爾（Triel）車站了。我手腕伸出車門揮手，當我通過你城堡前，我必須讓你知道我在車上，車子沒誤點。」[135]以及「居住在蓬圖瓦茲，阻礙不了我去看你。我計畫由陸路與雙腳氣力到梅塘。我想不會力不從心。」[136]可以想見，僅是行車路過友人家門口便想透過揮手來向對方致意，這是一份何其純樸踏實的情感啊！

塞尚對於摯友在文壇上的成就與表現更是感到與有榮焉，左拉的每一部作品他都會細細品讀，對於評論界對這些作品的評價，他往往表現得還比作者本人更加的殷切與在意。1880年當《娜娜》出版不久時，塞尚提到：

> 道謝你寄大作給我已經稍遲了。然而，新作魅力使我陷入其中，昨天讀完《娜娜》。──真是好書。我擔心，是否是先入為主的默契，新聞媒體沒有談論這本書。事實上，我訂閱的三份報紙中沒有看到任何論說或報導。這種事實使我稍感困惑，因為這不是顯示對藝術的一些東西的過大不關心，就是對於某種主題不感興趣而有意疏遠與故作高尚。
>
> 或許《娜娜》出版必然引發的騷動現今尚未傳到我這裡，可能因為錯在

---

[135] 前引書，頁164，〈1879年六月二十三日塞尚致左拉書信〉。
[136] 前引書，頁177，〈1881年五月二十日塞尚致左拉書信〉。

我訂購的報紙，如果如此我就心安了。[137]

塞尚視左拉作品的榮辱評價為自己的作品一般，左拉也將塞尚的妻兒當作自己家人般地照料，這段友誼之間的深厚絕非尋常事故所能加以撼動。更令人動容的是，塞尚在1882年年底立了一份遺囑，考慮到孩子尚年幼，他還特別將這份遺囑交給左拉保管，[138]似有託孤之意，著實將這個竹馬之交視為遺願的代理人。多年以來，塞尚始終認為自己將會比左拉先走一步：「如果我比你先死的話，我會為你在天主旁邊謀個好位置。」[139]**人的一生，能夠結交這麼一位值得託付家人，並放心交代後事的刎頸之交，夫復何求？**

因此，一段歷經多年風霜考驗、情逾骨肉的情感，是否就輕易因一本著作的內容而產生嫌隙導致情感生變？或許吾人仍須透過《傑作》的文本來做觀察，方能釐清整起事件之原委。

首先，左拉確實將許多印象派畫家朋友們早期遭受到的懷才不遇、冷落與心境，經過稍加改編並呈現於作品情節中。例如在沙龍落選者畫展一節裡，就暗示了現實場景裡的印象派聯展：

> 它布展的水平一流，和那些官方的畫展布置得一樣豪華、漂亮：大門口高高垂掛著古色古香的幔帳；墨綠的粗呢給展出的畫作做襯底；座位都有深紅色的絨面；屋頂開著很大的天窗，下面有亞麻布的白色屏風，……目光沿著畫廊初看過去，第一眼印象與其他畫展沒什麼不同——都是一樣的鍍金畫框，畫布上都是一樣色彩斑斕。然而接下去就能覺出一種特別的歡快，一種特殊的青春氣息，這是在傳統畫展上體悟不到的。……天氣很熱，地毯上揚起一層微塵；很顯然到下午四點鐘的時候，人們在裡面會感到憋悶。[140]

---

[137] 前引書，頁169，〈1880年二月塞尚致左拉書信〉。
[138] 前引書，頁185，〈1882年十二月二十七日塞尚致左拉書信〉。
[139] 前引書，頁195，〈1885年五月十四日塞尚致左拉書信〉。
[140] 埃米爾‧左拉著，冷杉、冷樅譯，《傑作》，頁137。

其次，除了畫展之外，左拉也透過書中人物的對話，直言不諱地表達出昔日印象畫派對傳統畫派的抨擊、反動心聲：

> 難道還要讓藝術家就像學校的小孩子那樣，只為參賽、參評、考級、獲獎而存在嗎？難道為了得高分、獲大獎，就只能伏首帖耳順從於傳統、聽命於經院、跟著體制亦步亦趨、不能有絲毫離經叛道嗎？[141]

最後，在書中象徵著左拉本人形象的角色桑多斯，也以主人翁克羅德幼時玩伴的摯友身分規勸他：「你，作為一個為只畫真實景象而自豪的印象派畫家，豈能把虛幻想像的東西引入畫面呢？」[142]無疑，**左拉在這裡直接引出了「印象派畫家」的名稱，絲毫不隱諱地告訴讀者，這部作品正是在描寫這一群畫家的故事。**

然而，若對《傑作》的內文章節經過細讀體會之後，讀者或許會有更深一層地體會，例如書中克羅德窮盡一生的氣力，卻永遠也無法完成的那幅作品《露天》（*Plein Air*），畫家甚至最後灰心喪志之下自縊於這幅作品前。文中如此描述畫中情景：

> 左面是聖尼古拉河港，右面是游泳場，背景是塞納河和巴黎舊城。可是令桑多斯吃驚的，不是船夫划的一條小船，而是占據畫面中央的一條較大的船，上面坐著三個女人。其中一個穿著泳衣在划槳；另一個坐在船板上兩腿在水中晃蕩，上衣半敞開，露出裸肩；第三個站在船頭索性一絲不掛，色調如此之亮乃至通體放光，像太陽那樣……。他的畫風近來有了悄悄的改變，浪漫主義在他身上復活了，它讓他在那個裸女身上彷彿見到了巴黎這座風情之都的縮影；用裸女象徵巴黎再貼切不過了，他把它畫成袒胸露體熱情四射的女性，發散著女子的萬種風情。[143]

---

[141] 前引書，頁318。
[142] 前引書，頁222。
[143] 前引書，頁221-222。

就文字上的形容看來，這幅《露天》的構圖以及題材，甚至是寓意，全然不是塞尚的風格。對印象派作品稍有概念的讀者應該不難發現，**書中所描述的作品《露天》正是暗指1863年馬內所發表的《草地上的午餐》之概念**，當年輿論抨擊他全然不顧現實的道德規範，作品內容竟敢表現在光天化日下，一名全身赤裸的女子與兩位穿戴整齊的男子，泰然自若地坐在樹林草地上午餐。這樣的作品打破了傳統西方藝術中，女性裸體往往必須以女神的形體現身（至少須假託為女神）的不成文規範，以至於被視為傷風敗俗的墮落之作，激起了許多衛道人士的反彈。也因此左拉在書中還特別以畫家好友桑多斯的話來提醒讀者：「只是我擔心公眾會再次不能理解你。噢，在巴黎市中心，大白天站著個裸體女人，這是不可能的。」顯然，以書中主人翁的作品特點視之，克羅德的形象是來自於馬內。

然而，左拉又在書中為克羅德安排了一段賺人熱淚的劇情，描述畫家的孩子因病夭折，悲痛萬分的克羅德靜靜地在床邊畫下孩子的遺容：

> 克羅德在畫室裡踱來踱去，完全無法平靜下來。他的面目抽搐，五官扭曲，流下幾顆很大的淚，用手背猛地抹去。每次經過兒子的小屍體時他都忍不住瞥一眼。那兩隻玻璃球似的眼睛瞪得溜圓，好似在對他唸符咒。他突然有股衝動，想把這個場面畫下來。起初他還抵制這個該死的念頭，但腦子裡畫面卻很快成了形，並且甩不掉了。他最後扛不住了，擺好一塊小畫布，開始給死去的兒子畫一幅習作。頭幾分鐘他還淚眼迷濛，看一切都像在雲裡霧裡；但他不住地抹去眼淚，堅持畫下去，不顧手中的畫筆在顫抖。畫著畫著，藝術的認真止住了他的眼淚，平穩了他的手抖，有一陣子他甚至覺得躺在眼前的不再是他漸變得僵冷的亡兒，而只是一個模特，他描繪的客體，激發著他怪怪的興趣，就想把它畫好。那個大腦袋，那身蠟白的皮膚，那兩隻空洞的、似乎瞪著太虛的眼睛……，這一切都讓他興奮得戰慄。他後退幾步，似乎很享受自己的工作，甚至朝著畫中「模特」淡淡地微笑……。整整五個小時，克羅德都在畫兒子的小屍體。[144]

---

[144] 前引書，頁247。

這個令人印象深刻的場景，亦非左拉所憑空杜撰，其構想來自於1879年莫內為亡妻卡蜜兒（Camille Doncieux, 1847-1879）的遺體作畫之典故。卡蜜兒在莫內早期的作品中扮演著特殊的位置，她始終是丈夫最鍾愛的模特兒，並相伴莫內度過藝術生涯裡最苦悶難捱的時期。好景不常，卡蜜兒於三十二歲時罹患了子宮頸癌去世，最深愛她的莫內伴隨著她走完最後的一刻，並以最寧靜平實的畫筆，不帶絲毫矯情地畫下這名自己曾深愛過的女子的死亡。

莫內此番作畫的心情，藝評家蔣勳如此形容：

> 莫內凝視著這張臉，很深的一種凝視。彷彿要用這樣的凝視喚醒卡蜜兒，喚醒一個即將死亡的生命。
>
> 莫內拿出畫筆，拿出畫布，擠出油彩，開始畫畫，畫下卡蜜兒最後的面容，畫下那臉孔上一直在消逝的光，畫下他自己深深的凝視，彷彿要在來世還要相認的凝視。
>
> 這張畫裡沒有什麼色彩，只是一種近於灰色的淡紫藍，一種光，一種光的消逝，像落日餘暉最後留在天空的灰紫色的雲，是死亡的光與色彩。
>
> 一生要在畫布上留住光、記錄光、描寫光、感覺光的畫家，最終發現在自己最親密的人臉上還是無法挽回那光的消逝，他一直凝視著，凝視著那最後一抹光在卡蜜兒臉上消逝，他終於領悟體會到「光」原來就是「生命」，而他一生對光的迷戀追求，原來也只是對生命的迷戀追求。[145]

卡蜜兒過世後，莫內的畫風不變，他不再專注往昔以卡蜜兒為主體的人物畫，乾草堆、岩石、教堂都成為了他筆下用來進行光影實驗的主題，好一陣子，他的作品中時常帶有那麼一絲的孤寂感傷。《傑作》中的克羅德也與莫內有著相同的切膚之痛，同樣是面對最親愛的家人，一樣想將流逝的生命用畫來作為保存，無奈的是克羅德無法像莫內撐過這個難關，在喪子後不久又面臨到作品不被社會所接受的窘

---

[145] 蔣勳，《破解莫內》（臺北：天下遠見出版社，2010），頁60。

境，萬念俱灰下的他選擇結束了自己的生命。因此，由書中重點情節看來，克羅德的生命歷程又有著莫內的影子。

《傑作》之所以被後世讀者認為是導致塞尚與左拉感情絕裂的關鍵在於，小說中克羅德的出身背景是來自於南法的普拉桑，實際地點即艾克斯；再加上關於克羅德與桑多斯兩名角色幼時的生活情景，皆來自於左拉兒時在艾克斯與塞尚相處的記憶移植；尤其塞尚的藝術生涯直到1890年他五十餘歲過後的中晚年時期，才開始陸續舉辦個展，嶄露頭角，**常年的懷才不遇像極了《傑作》中的克羅德的際遇，因此該角色往往被視為塞尚人生的影射。**

實際上，儘管《傑作》確實是以印象派畫家的生活與角度來呈現的一部作品，但**克羅德這號悲劇人物卻是集多位印象派畫家的特性於一身，塞尚、馬內、莫內，甚至左拉也將自己一部分的性格注入於其中。**[146]更何況，在《傑作》出版的1886年前後，塞尚仍舊在巴黎社會是沒沒無聞的畫家，當時的讀者反而會認為該角色是在影射1883年去世的馬內，甚至昔日那些左拉所結交的印象派藝術家好友們也是這麼認為，大都覺得不太舒服。[147]

塞尚完全明白，**克羅德這個角色並不完全是在影射自己**，在故事中引用了不少曾在艾克斯共同度過的兒時記憶，塞尚甚至還對老友表達感謝：「當我想起昔日歲月的時候，允許我為此握手致意。一切都因你而湧現飄逝的日子。」整起事件**最讓塞尚在意的是，這位莫逆之交竟然不能理解他的藝術，甚至認為他的藝術無法走出自我的道路，至此塞尚已領悟到左拉將無法在這條道路上與他常伴相隨了。**這時的塞尚不比已經憑藉筆墨闖出一片天的左拉，仍舊不為俗世所容，他不像左拉那樣擁有洞悉人性、人道關懷的世俗眼光，能夠在俗世社會超越巔峰，披荊斬棘，並在名聲顯赫後所享受資產階級的生活模式；**塞尚始終對這個社會冷眼旁觀，早已看破名**

---

[146] 丹妮絲‧左拉著，李焰明譯，《我的父親左拉》，頁123：「克羅德身上也有左拉的影子，因為克羅德『有著創造者的痛苦、追求和苦惱，以及面對已經著手寫卻又擔心永遠寫不完的作品時的種種疑惑』。」

[147] 為此莫內曾致信給左拉表示了不滿：「您說曾小心翼翼地避免您的小說人物像我們中的任何人，但儘管如此，我擔心在報上和公眾中，我們的敵人提到馬內的名字，或者至少把我們這批人都當作失敗的畫家，這不是您的初衷，我不相信。」參閱傳先俊編著，《左拉傳》，頁156。

聲與欲望的他，仍舊希望回歸樸實的自然本質，並逐漸走向解析一切之所見，將世間萬象解構為不同色相的色塊。

這一對情感已超越生死的好友，並沒有真的絕交，在他們之間絕不存在所謂的是與非，彼此的隔閡僅是藝術理念的分道揚鑣罷了。左拉的自然主義重視客觀的呈現且入世地活在當下，而塞尚的前衛藝術眼光重視主觀而出世並遠眺未來，在兩人的最終一封信裡，沒有絲毫的怨言與齟齬，僅有誠摯衷心的祝福，從今而後，各自藝術的道路及理念，風流雲散。[148]

除了塞尚與印象派的老友們對左拉的《傑作》頗有微詞之外，反應最為激烈的或許是龔古爾了，這對在文學領域的詩歌、小說與藝評方面皆有佳作的兄弟，在1886年左拉推出這部作品時，龔古爾兄弟中的弟弟朱爾‧龔古爾已棄世多年，尚存於世的兄長愛德蒙‧龔古爾認為《傑作》故事的構想是抄襲他們兄弟倆在1867年的作品《瑪奈特‧沙洛蒙》（Manette Salomon），後者也是一部以懷才不遇的藝術家為本的故事，氣急敗壞的愛德蒙甚至在一次晚宴的場合裡與同為貴賓的左拉兩人發生了激烈爭論，爭鋒相對，最終雙方鬧得不歡而散。

文森在南法的阿爾生活時，《傑作》陪伴他度過一段寂寥煩悶的日子，故事中不僅述及印象派畫家早年艱辛地挑戰法國畫壇的學院傳統，激起文森籌組南方畫派的夢想外，克羅德不為世俗所接受的抑鬱，也令文森感到百感交集，感同身受。身

---

[148] 據左拉的女兒丹妮絲的看法：「其實，塞尚一開始根本沒有因為把他寫進書裡而生氣。他十分理解左拉的意圖：把幾個人物融為一個形象，並遵循環境遺傳之規律……再說，塞尚也不會對關於他小學和少年時代以及他與左拉的友情這些往事的美好回憶而不高興。只是對塞尚來說，在腦海裡重建往事似乎是件容易的事。沒有誰的性格比左拉的這位朋友更古怪，更反覆無常，更放蕩不羈。他難以順從舒適、規律的生活，看見左拉自得其樂地待在一間豪華的工作室裡，『伏在橡木桌上寫作』或走在地毯上，他感到不理解！我認為全部的誤會就來自於此。塞尚始終是喜歡左拉的，但左拉窮的時候塞尚在左拉家裡感到更愜意。塞尚躲避的不是左拉，而是他梅塘的住所。他酷愛大自然，並不了解獲得一種舒適的生活多麼艱難，那些住宅對他來說太奢侈了。普羅旺斯草地上簡樸的晚餐，乾草堆上的小憩都已不見蹤影！左拉完全變了！另外，除了像從前那樣討論藝術和繪畫，塞尚還忙於別的事情。在左拉保存的從1858年四月九日到1885年八月二十五日的信件中，至少是在左拉夫人去世時從他的文稿中找到的那些信裡，我們能感到塞尚對左拉最真摯的情感和一種信任感，正是這些使塞尚向他傾訴內心的隱密。……談論《傑作》的那封信很短，塞尚只提及了回憶時的種種心情，我再說一遍，所有這些信件始終流露出一種深深的默契和濃厚的感情。每當有人在我父親面前談論塞尚時，每當阿萊克西敘述某件事提到他的名字時，左拉都微笑著，整個臉都變得開朗起來。」參閱丹妮絲‧左拉著，李焰明譯，《我的父親左拉》，頁123-124、130。

處在南法的他，得知塞尚正在距離他八十公里之遙的艾克斯，曾提出想去見識這座撫育了《盧貢－馬卡爾家族》作者故鄉的念頭，遺憾最終未能成行。他更在給弟弟西奧的信件裡，分享閱讀《傑作》後帶給自己最大的反思：「你希望功成名就，出人頭地，但你真的知道自己想要什麼嗎？因此我對成功有著一種恐懼感，我害怕迎來印象派大獲成功的翌日清晨，即便是今天的艱難時光以後在我們看來也會像是『幸福時光』。」[149]這個時期的文森並不奢望著在繪畫道路上大放異彩，他仍舊期待自己歷經更多的磨練以及靈感的啟發。

1889年五月，文森的躁鬱症精神疾病發作，進入南法聖雷米（Saint-Rémy-de-Provence）的聖保羅療養院（Saint-Paul-de-Mausole）就診治療。在此期間文森曾創作《麥田與收割者》（*Wheatfield with a reaper*）、《午睡》（*The Siesta*）、《鳶尾花》（*Irises*）和《星夜》（*The Starry Night*）這些膾炙人口的佳作外，西奧也為他寄來了《莎士比亞全集》以及左拉的《夢》，這部關於孤女愛上身分懸殊的貴族，強調第二帝國階級差異的故事是文森所閱讀左拉的最後一部著作，隔年的七月文森便不幸因槍傷而過世。

左拉最後的幾部《盧貢－馬卡爾家族》的系列作品，繼續為當世與後代的讀者，交織出許多法國第二帝國時期的浮光掠影，例如在《人面獸心》裡嚴謹且細膩地寫出巴黎勒阿弗爾（*Le Havre*）車站裡的所有面相：蒸汽火車的駕駛操作、鐵路沿線的風光、車站裡人來潮往的景象以及發生於車廂內的一起兇殺案。整部作品情節生動，劇情緊湊，令讀者感到心跳加速，暢快淋漓。

值得注意的是，左拉為後世的讀者保留了昔日蒸汽列車包廂裡的景象，這種十九世紀的新型運輸形式，最早便是按照階級來劃分，美國紐約大都會博物館（Metropolitan Museum of Art, New York）中便收藏了一幅杜米埃經典的作品《三等車廂》（*Le Wagon de troisième classe*），透過畫中滿布風霜的老婦以及清貧乘客的姿態，濃縮了該時代階級差異所造成的眾生相。實際上，**在早期的列車上為了區別上層階級旅客和一般旅客，鐵路公司特別設計了各個孤立而不相通的車廂，**

---

[149] Nienke Bakker, Leo Jansen, Hans Luijten (Editor). *Vincent van Gogh: The Letters: The Complete Illustrated and Annotated Edition*.L660.（阿爾，1888年八月十三日星期一前後致西奧信件）

列車長還得冒險在行進中的列車開啟各車廂門始得進入，如此刻意區別等級的制度直到後來在形同密閉的車廂中發生了兇殺案才遭到淘汰，[150]左拉《人面獸心》裡的主要靈感便是得自此真實事件而來。然而，不管是任何等級的車廂，與人共乘的方式已完全打破了個人的私密性及隱私行為，也因此「鐵路交通所革命的，不只是空間關係的物質性，還包括了社會關係、私密性與感受。市郊以及更遠的農村地帶都被捲入巴黎生活的混亂當中，這也表示在都市化的過程中，人們無處可逃，至於中產與富裕階級拚命地在如今比較容易抵達的鄉村中尋找休閒與愉悅，這一點很快就成為印象派繪畫的主要主題。」[151]

　　左拉不僅在《盧貢－馬卡爾家族》描繪出第二帝國時期的生活風貌與社會現象，他更在整個系列作品當中，不時以戲謔性的情節來表達對這個政權的諷刺與控訴。像是在《娜娜》故事中，藉由交際花娜娜勾魂攝魄的姿色，「把在平民百姓中發酵的腐化墮落之風帶上來，腐蝕著貴族階級」，娜娜代表著一種「自然的力量，一種破壞的因素，不自覺地在她兩條雪白的大腿之間腐蝕和瓦解著巴黎」。[152]一場娜娜與繆法伯爵在床笫之間的尋歡遊戲，左拉更是刻意讓繆法伯爵身著第二帝國的朝服，讓交際花享受著侮辱輕蔑的樂趣：

　　　　娜娜心血來潮，一天晚上要求他穿上皇室侍從的朝服來見她。於是，他配上寶劍，戴著帽子，套著白短褲，穿著鑲金線條子的紅呢禮服，左邊的下擺上還掛著一把象徵性的鑰匙，渾身上下十分華麗，跑到她面前。娜娜捧腹大笑，……對達官顯貴嗤之以鼻，見繆法穿了這套豪華的官服，便一個勁兒拿他取樂，貶低他，搖他，搗他，對他嚷道：「呸！滾出去，皇室侍

---

[150] 人類史上最早的鐵路謀殺案發生在1864年七月九日，於英國的北倫敦鐵路公司（North London Railway）的列車上，一名二十四歲的德國裁縫弗蘭茲·穆勒（Franz Müller, 1840-1864）向六十九歲的銀行家托馬斯·布里格斯（Thomas Briggs）打劫，並將銀行家丟出車外致死。警方後來在現場所遺留的一頂海狸帽追查到嫌犯穆勒，並在其欲乘船逃往紐約的途中捕獲他。儘管整起案件所有直指穆勒的都是間接證據，穆勒本人也始終否認涉案，但最終仍遭到法庭判決絞刑。這起事件引發了公眾對當時分級密閉式車廂的抨擊討論，此後各鐵路公司才陸續改為帶有側邊走廊的車廂，使得乘客能夠在列車運行時從包廂中進出。

[151] 大衛·哈維著，黃煜文、國立編譯館譯，《巴黎，現代性之都》，頁129-130。

[152] 埃米爾·左拉著，羅國林譯，《娜娜》，頁189。

從！」最後竟至使勁踢他屁股。這一腳又一腳都是惡狠狠地踢在杜樂麗宮身上，踢在皇室的威嚴上——那高高在上，人人害怕、魚肉百姓的皇室的威嚴上。她對社會就是這麼看的！這是她的報復，……皇室侍從脫掉官服，把它攤開在地上。她叫他往上跳，他跳了；她叫他往上吐痰，他吐了；她叫他踩在鍍金的肩章上，踩在鷹徽上，踩在勳章上，他也踩了。於是，啪嚓嚓，一切全踩碎了，沒剩下一樣囫圇東西。娜娜踩碎一位皇室侍從，就像打碎一個小瓶或一個糖果盒一樣，踩碎以後就變成了垃圾，變成街角的一攤污泥。[153]

在左拉看來，第二帝國時期盡是一片耽於肉欲與淫樂的瘋狂景象，踐踏朝服與肩章的動作，不僅單純是娜娜所代表的下層群眾對統治階級的報復與嘲弄，「人必自侮，然後人侮之」，是拿破崙三世以降的帝國統治階層先侮辱了自己的身分，才造成了當時代的現象。在左拉筆下，**這些低俗下流、烏煙瘴氣，不僅存在於巴黎統治高層，更充斥著沙龍、文藝界、商業界等各階層，透過《婦女樂園》與《金錢》等故事，左拉首次在法國文學中揭示了資產階級的淫靡驕奢之風如何滲透到公眾文化的生活當中**，其識見與膽氣在法國文壇確有過人之處。

自從文森在1882年於海牙接觸左拉的作品以來，便成了左拉的狂熱敬慕者，左拉的每本著作他無一不讀，文森將這個作家視為人生的一個行為榜樣，對其以堅定寫實的手法來描繪貧民與礦工的生活極為欽佩，「多讀讀左拉，那是健康讀物，有利於清醒頭腦」。[154]相較於同時代人，**文森的閱讀量顯得相當地廣泛，這點是後世大眾往往因聚焦其藝術上的成就，而容易忽略的事實，在他當年如此豐富的閱讀習慣與心得裡，左拉的作品占了相當大的比例，並且給予了文森豐厚的人生價值觀與信念。**「我的作品就像左拉的書那樣永保美麗，因為它們有生命力」，[155]文森直至身處精神療養院裡，仍舊對自己的藝術創作保有自信，這股源源不斷的生命力，正是左拉的著作給予他的力量。

---

[153] 前引書，頁399-400。

[154] Nienke Bakker, Leo Jansen, Hans Luijten (Editor). *Vincent van Gogh: The Letters: The Complete Illustrated and Annotated Edition*. L250.（海牙，1882年七月二十三日星期日致西奧信件）

[155] 前引書，L784.（聖雷米，1889年七月二日星期二致西奧信件）

在《盧貢－馬卡爾家族》系列故事裡，文森最喜愛的是盧貢家族的第三代次子巴斯卡醫生（Docteur Pascal），這是整個家族當中少數的善心人士，文森如此讚譽這個人物：

> 我發現巴斯卡・盧貢醫生是個高尚的人——他出現在好幾部作品裡，但總是充當同樣的背景。他的存在證明了，不管一個家族裡有多麼腐敗墮落，總有可能通過意志力和道義節操來挑戰命運。在他的職業裡，他發現了一種更偉大的力量，戰勝了他從家族裡所繼承的那種天性，他並沒有向他的那種本性所屈服，而是走了一條正直、乾淨的道路，從而避免了像他的家人那樣滑入那一潭髒水而溺斃。[156]

作為一個故事裡的正面人物，巴斯卡醫生的良善與正直被文森由衷地喜愛著，儘管在前幾部作品裡他並不算是故事裡的要角。當筆者在研究左拉的著作對文森・梵谷的人生觀以及藝術表現之影響這個題目時，最感到難過遺憾的是，在文森於1890年猝逝的三年之後，左拉終於出版了《盧貢－馬卡爾家族》系列的最後一部作品《巴斯卡醫生》，這是文森生前最為滿意欣賞的角色，在系列故事的最終章，左拉特意以其為主角將這個家族的悲劇性做了完美的回顧與收尾。筆者在閱畢《巴斯卡醫生》這部作品時，不禁喟然而嘆，**除了多麼惋惜不捨文森的英年早逝，也為他來不及讀到整部系列的終曲而感到揪心。**

或許有一天，當筆者再次回到巴黎近郊的奧維小鎮，探視文森與西奧兩兄弟合葬的那座小墳時，我願意帶著一本《巴斯卡醫生》前去，並攤開書本的終章結尾，喃喃地與梵谷兄弟倆分享他們當年無緣欣賞的故事結局吧！

*　*

---

[156] 前引書，L259.（海牙，1882年八月二十六日星期六致西奧信件）

◉ 時空遊覽 ◉

　　左拉的《盧貢－馬卡爾家族》為世界文學及後世，譜出了一曲完美的法國十九世紀中葉的生活交響曲，也深入到法國各社會階層、行業職人的生活面相，此外，左拉的文字中還保留了許多法國著名的景觀與建築，直到百餘年後的今年仍然足以提供給我們不少參考。

　　在那本引發後世不少藝術研究者討論的《傑作》裡，左拉曾藉由男女主人翁克羅德與克莉絲蒂娜的腳步，從左岸出發穿越塞納河，走過巴黎的各個區域，最後直抵蒙馬特，左拉以寫實細膩的筆觸，寫出許多段從藝術家眼中所呈現出的巴黎景致。其中，在他們經過塞納河上西堤島（Île de la Cité）旁的聖路易島（Île Saint-Louis），左拉描繪了一段在文學史中難得提及的聖路易島生活景觀：

　　　　克羅德又開始讚美聖路易島周圍的那些幽靜的堤岸的時候，克莉絲蒂娜同意了和他出去散步的請求。他們沿著波旁堤岸和安茹堤岸上行，每走一小段就停下來，饒有興趣地觀賞沿河的風光和河民生活的場景。挖泥船上的鏈斗喀吱喀吱地磨蹭捆住它們的鐵鏈；浮動的洗衣船裡傳出人吵架的聲音；蒸汽起重機忙著給船隻卸貨。看著眼前的河景她不斷大驚小怪。她沒想到河對岸的榆樹堤岸那邊那麼熱鬧，那裡的亨利四世堤岸的堤防寬闊，河灘低緩，有許多兒童和寵物狗在沙灘上嬉鬧玩耍，這一火熱的生活景象映襯出首都巴黎的人口稠密。難道那邊與她剛到巴黎時在電閃雷鳴、暴雨傾盆的那一夜所看到的可怕景象竟是在同一區？她難以置信。他倆繞過小島的尖端，更加優閒地倘佯在那些有歷史故事的老建築中間，看著河水在柵狀突堤的木樁之間流淌，享受那裡的荒涼與僻靜。然後他倆經由白求恩堤岸和奧爾良堤岸返回，眼見河面愈來愈寬他倆也本能地愈挨愈緊。面對滔滔河水他倆遠眺遠方的葡萄酒莊和植物園。在灰白的天空下，許多公共建築的塔樓和穹頂呈現淺藍的顏色。兩人到達聖路易橋後，克羅德不得不把巴黎聖母院指給克莉絲蒂娜看，因為她從背後認不出那座建築。它看上去像個巨獸，蹲伏在其飛扶壁之間，看似伸開的巨爪；在其海怪般的長屋脊上伸出雙頭怪般的雙塔，刺

向天空。不過，他們那天真正的發現還在於小島的西端，那一端真像一艘急於拋錨泊岸的船的船首，飄浮在兩股迅疾的潮流之間進退不得，眼見巴黎在即，就是進不了港，乾著急。他倆在這兒邁下一些很陡的臺階，發現了一段偏僻的河岸長滿高大的樹木。這裡可是個世外桃源，塵世中的一片淨土。那些堤岸、那些橋樑，……整個巴黎都在他倆周圍喧囂聒噪，唯獨他倆躲在河邊享受超然之樂，被世俗澈底忘了才好。從那天起，這段河岸就成了他倆獨處的村邊一隅，他倆最喜歡去的戶外勝地。[157]

相對於大多數巴黎的熱門景點，聖路易島向來是很少受到一般觀光客矚目的地方，或許因為這裡沒有名牌購物商店，也沒有顯著聞名的地標建築，因此在普遍的旅遊網站以及書籍裡，也很少看到這個區域的相關介紹。然而，正因為如此，聖路易島才會吸引許多在地人到此優閒散步與河邊賞景，十八世紀劇作家梅西耶認為此島當時「似乎逃避了城市的高度腐敗」；[158]法國詩人卡爾科（Francis Carco, 1886-1958）亦提及聖路易島「在詩人眼裡，這是世界上獨一無二的地方」，[159]位於這個都市中心卻顯得邊緣的地帶，聖路易島的居民總是能遠離城市喧囂而保有自身的生活特性。因此百年來有不少上流社會權貴選擇到此置產，正是看中此地相較於其他巴黎各區名勝，較能擺脫喧嘩紛雜的觀光人潮吧！

今日遊客所能見到的聖路易島，是一座面積僅十一公頃的小島，**更是巴黎少數幾乎完全保留昔日景觀的場所，這裡的建築街道與最初建成時的模樣是如此地相近，彷彿整個島嶼都保存在時空膠囊之中。**也因此當吾人漫步於聖路易島上的堤岸旁時，完全可以重現《傑作》裡克羅德優遊散步時的歷史氛圍。

聖路易島曾經是兩座不同的島嶼，其中較大的一座名為聖母院島（Île Notre-Dame）[160]，另一座小島則稱作牛島（Île aux Vaches），中世紀曾有一些牛羊於此放牧因而得名。透過

---

[157] 埃米爾・左拉著，冷杉、冷櫳譯，《傑作》，頁90-91。
[158] 轉引鍾文音，《情人的城市：我和莒哈絲、卡蜜兒、西蒙波娃的巴黎對話》（臺北：玉山社出版，2003），頁132。
[159] 尚－保羅・克萊貝爾（Jean-Paul Clébert）著，李雅媚譯，《尋訪感動的瞬間》，頁18。
[160] 之所以名為此名稱，是因為此地隸屬於旁邊西堤島上聖母院主教堂的轄區。

蘭伯特府邸

一幅1609年的早期地圖，可看出這兩座島嶼上在當時尚未有什麼建築景觀或人煙。[161]

當初法國國王亨利四世平息內戰紛爭，開創了波旁王朝後，便著手這兩座小島的開發作業，他打算在塞納河上建設一座除了西堤島之外，另一個適合居住的區域。遺憾的是，亨利四世在尚未完成這個夢想前便在1610年遇刺身亡，這項開發計畫也為此延宕多年。

十七世紀的二〇年代，聖母院島及牛島的合併工程開始進行，工程單位將許多木樁與橋墩牢牢地打入塞納河底部，並以石塊建築堤防來加固這座島，將原本粗糙不規則的島嶼邊緣修齊，劃分島上垂直相交的道路，最終在島嶼的兩側分別以馬利橋（Pont Marie）[162]與托內爾橋（Pont de la Tournelle）[163]來連接左右兩岸。此外，因傳說中聖路易國王（Saint

---

[161] 參閱網路https://commons.wikimedia.org/wiki/File:%C3%8Ele_aux_Vaches_%26_%C3%AEle_Notre-Dame,_Plan_de_Vassalieu_ca._1609.jpg?uselang=fr

[162] 馬利橋（Pont Marie）得名來自建設該橋的工程師克里斯多夫・馬利（Christophe Marie），亨利四世之所以有整建島嶼的計畫便來自於他的建言。

[163] 托內爾橋（Pont de la Tournelle）之名可追溯至十二世紀時，卡佩王朝的腓力二世・奧古斯都（Philippe II Auguste, 1165-1223）曾於此建築的要塞炮塔名稱。托內爾橋上有尊巴黎的守護聖者——

Louis，即路易九世Louis IX；1214-1270）曾多次來到此島做禱告，因此兩島合併後的名稱也漸漸習慣被稱為聖路易島。

島嶼完工後的那些年，並不如波旁政府所預見的吸引大批人潮前來定居。直至十七世紀四○年代，在波旁王朝重臣布列東維利耶爵士（Claude Le Ragois de Bretonvilliers, 1582-1645）於此興建了布列東維利耶府邸（Hôtel de Bretonvilliers），以及金融家蘭伯特（Jean-Baptiste Lambert, d. 1644）的蘭伯特府邸（Hôtel Lambert）相繼坐落於島嶼東端後，才開始大量吸引達官顯貴對這塊島嶼的興趣。

尤其是蘭伯特府邸，這位藉由國家參與三十年戰爭[164]而致富的金融家，竟能重金禮聘凡爾賽宮的建築師路易‧勒沃為其設計宅邸，其奢華氣派自不在話下。勒沃創造了全新的室內布局觀

聖艾提安杜蒙教堂前的聖珍妮維芙雕像

念，打造了橢圓形房間，並設計了歐洲史上最早的浴室，一時蔚為風潮。蘭伯特府邸還與布列東維利耶府邸共享著號稱全巴黎最美的景色——塞納河的美景，原此美景可在新橋上有幸見到，但隨著聖路易島的合併與兩座豪宅的興建，如此景觀僅能被其掠奪，因此昔日兩座府邸時常高朋滿座，不少豪門權貴紛紛到此拜訪，一覽美景。

布列東維利耶府邸有相當多的部分在1874年的巴黎城市改造期間被拆毀，亦即今日的敘利橋（Pont de Sully）與亨利四世大道（Boulevard Henri IV）這一帶，殊為可惜。不過

聖珍妮維芙（Saint Genevieve，約422－約502）的巨像，傳說中五世紀時遊牧民族匈人部落在阿提拉（Attila, 406-453）的率領下曾攻打巴黎，該行動被珍妮維芙給阻止。日後珍妮維芙受教廷封聖，其聖骨匣今日被安奉於先賢祠旁的聖艾提安杜蒙教堂（Saint-Étienne-du-Mont）。

[164] 三十年戰爭（Thirty Years' War, 1618-1648），是以神聖羅馬帝國之內戰演變而成的一場歐洲大規模戰爭。戰爭初期以波希米亞人反抗哈布斯堡家族統治為始，英格蘭、蘇格蘭、法蘭西、瑞典、丹麥－挪威、西班牙、匈牙利、波蘭十多國先後捲入這場戰爭。雙方陣營在最終元氣俱傷的狀態下，簽訂《西發里亞和約》（*The Peace of Westphalia*），此後歐洲加強了各國主權和國際法的概念。

就歷史意義而言，蘭伯特府邸更勝一籌，這裡不僅收藏著許多十八至十九世紀的藝術品，昔日也曾是巴黎著名的沙龍盛宴場合，伏爾泰與情婦沙特萊侯爵夫人、蕭邦與喬治‧桑、巴爾札克、德拉克洛瓦、白遼士、李斯特常是這裡的座上賓，蕭邦還提及曾經在1846年的二月二十日參加過這裡所舉辦的三千五百人狂歡派對。[165] 2013年七月，蘭伯特府邸因建築施工不慎引發火災，建築天花板與部分壁畫遭到毀損，主管單位耗費三年的時間將其修復。

由於蘭伯特府邸與布列東維利耶府邸的奢華，吸引了不少權貴名門至此居住，在島嶼東端處，數棟樓房均為路易‧勒沃設計，也使得這一帶建築風格上的和諧統一，今天佇立於每戶豪宅門前尚能見到鑲嵌著勒沃名諱的紀念石板。值得注意的是，勒沃當年為這些財力雄厚的客戶們所設計的豪宅，均一體使用表面磨平的白色方琢石作為建材，在此之前的巴黎，石材僅用於羅浮宮、王家宮殿或古監獄等公用建築，尋常的私家建築大都以木材為主。**聖路易島上的豪宅府邸區域，在十七世紀中葉落成後立即成為一整片整齊耀眼的建築群，白色石材的外觀隨後便陸續影響帶動到左右兩岸的建築風格，因此由聖路易島始，巴黎開始了從木材建築向石材和砂漿建築的轉型，整個城市正逐步脫離中世紀的形象。**

這種整齊一致的住宅風格，特別適合作為遠景欣賞，十七世紀中葉後也為此興起了一股旅遊風氣，不少來自外省或異國的旅人結伴至塞納河畔的堤防邊，絡繹不絕地觀賞著這排如波浪般起伏的建築，在河中如夢似幻的倒影。

今日許多旅遊指南與網站常常提到，巴黎因城市建築的風格和諧一致，層次分明，在世界上最美城市的排行榜上總是名列前茅，一般評論往往都將這樣的城市美景歸功於奧斯曼的巴黎改造工程，殊不知在十九世紀的城市改造之前，這座塞納河上的人工島就已經使當時的不少文化界人士相信，**外觀整齊劃一，灰白色表面的石材，這將是巴黎城市美觀建築的未來。**

讀者若有機會踏上聖路易島，除了欣賞風格整齊協調的建築特色，以及體驗《傑作》裡克羅德優遊散步的想像情調之外，還能順道探訪古往今來曾居住在這座島上的風流人物：

若由西堤島與聖路易島相連接的聖路易橋（Pont Saint-Louis）進入，沿著右手邊的奧爾良堤岸（Quai d'Orléans）前行；

---

[165] Henryk Opienski編，潘保基譯，《蕭邦書信集‧下》（*Chopin's Letters*），頁150。

奧爾良堤岸二十六號，是曾獲得龔古爾文學獎的象徵主義作家艾勒米爾・布爾日（Élémir Bourges, 1852-1925）的故居，他的代表作是《鳥兒飛翔而花朵凋零》（*Les oiseaux s'envolent et les fleurs tombent*）和《船》（*La Nef*）。

穿過托內爾橋後則來到白求恩堤岸（Quai de Béthune）。

波特萊爾最初曾居住於白求恩堤岸十號，可惜今日此建築已不復見，後來他又遷移至北面的安茹堤岸十七號，怎麼搬家都還是選擇在此島上移動，可見他是多麼喜愛聖路易島上的環境呢！

白求恩堤岸三十六號，則是大名鼎鼎的瑪麗亞・斯克沃多夫斯卡－居禮（Maria Skłodowska-Curie, 1867-1934；即臺灣慣稱的居禮夫人）的故宅。她是巴黎大學聘請的第一位女教授，也是史上首位獲得諾貝爾獎殊榮的女性，更是至今唯一獲得兩次諾貝爾科學性獎項（物理學獎及化學獎）的人。

白求恩堤岸二十四號，是已故的法國前總統喬治・龐畢度（Georges Jean Raymond Pompidou, 1911-1974）故居。龐畢度總統生前致力於巴黎城市的現代化建設及更新，包含龐畢度藝術中心（Centre Georges Pompidou）前身的籌畫、磊阿勒中央市場的拆除、蒙帕納斯大樓（Tour Montparnasse）的興建等，至今仍有不少評價兩極的看法。

越過亨利四世大道及敘利橋，走到島嶼東端的巴里廣場公園（Square Barye），可別輕易錯過了一件非常值得臺灣朋友們探訪的標的物。這座小公園裡，矗立著一座法國十九世紀著名雕塑家巴里（Antoine-Louis Barye, 1796-1875）的代表作《鐵修斯戰勝人馬獸》（*Theseus Fighting the Centaur Bianor*）紀念碑，這尊生動的作品表現了人馬獸原欲疾速奔馳卻猛然遭到英雄鐵修斯壓制，人獸之間的搏鬥呈現出緊繃的肌肉線條，展現出雕塑家動物肉體曲線經過細膩的研究，進而表達十足的戲劇張力。這座紀念碑在1894年即被安放於聖路島上，不料卻於二戰期間遭到熔毀，1999年巴黎市政府為了重修此碑，得知《鐵修斯戰勝人馬獸》的原作後來收藏於臺灣的奇美博物館，因此遠渡重洋向奇美博物館商借。巴黎市政府最終製作了兩尊經放大後的作品，除了在聖路易島上原點重新豎立起這座紀念碑外，另一尊則安放於奇美博物館的停車場前，下回有機會入館參觀的讀者可以留心觀賞。至於在聖路易島上巴里廣場公園裡的紀念碑，碑身的後方更是以清楚的繁體中文刻上了「感謝臺灣奇美文化基金會」的字樣，令當時站在紀念碑旁的筆者感動不已，更以身為臺灣的一分子為榮！

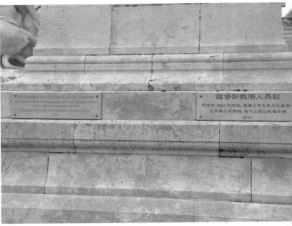

左　鐵修斯戰勝人馬獸紀念碑全貌
右　紀念碑後可見到感謝臺灣奇美文化基金會的繁體中文字樣

　　離開公園後，沿著安茹堤岸（Quai d'Anjou）繞到島嶼北端，蘭伯特府邸即映入眼簾，旁邊連續幾棟建築均為勒沃所設計興建，風格樣式均保有一致性。安茹堤岸五之一號的建築正面還鑲嵌著紀念勒沃的文字石牌。

　　安茹堤岸九號，是前文曾多次提及的漫畫家、插畫家杜米埃的住所。

　　安茹堤岸十五號，塞尚在巴黎短暫停留的期間曾在此客居。

　　安茹堤岸十七號是洛桑公爵府邸（Hôtel de Lauzun），亦是十七世紀勒沃的傑作，其中保存了許多路易十四時代的雕刻、彩繪、鏡廳和鍍金裝飾品。這裡曾招待過音樂家拉辛，以及莫里哀、拉封丹、波特萊爾和戈帝耶等知名文豪。經過建築物外部可特別留意其正立面鏤空鍍金大門、精緻的燈籠型吊燈與生動的海洋動物造型水管，無不展現其精雕細琢之工藝水準。

　　到了馬利橋之後，前方則是波旁堤岸（Quai de Bourbon），《傑作》故事裡的克羅德和克莉絲蒂娜曾在這裡駐足遠眺對岸亨利四世堤岸的風光。

　　波旁堤岸十五號，是十九世紀的學院派畫家梅松尼耶（Ernest Meissonier, 1815-1891）的住所，他那幅收藏於奧塞美術館的代表作《法國出征》（Campagne de France），描繪

了拿破崙大軍遠征俄羅斯的作品，至今仍不時在藝術圖書或歷史課本插畫中頻繁出現。同一個地址，後來這裡成為了文森・梵谷的少數幾位好友、那比派畫家貝爾納（Émile Bernard, 1868-1941）的故居。身為晚輩的貝爾納，向文森與高更學習切磋了好一陣子，並不時與他們交換作品及通信。貝爾納更是唯一以文字記錄述說參加文森喪禮的見聞者。

波旁堤岸十九號，則是與雕塑大師羅丹有著剪不斷、理還亂的情感糾葛之雕塑女傑卡蜜兒・克勞戴（Camille Claudel, 1864-1943）故居。卡蜜兒是羅丹的繆思，雙方也互相滋潤了對方的藝術創作，最終卻無法有一個美好結合的結局，卡蜜兒淪落至精神療養院度過後半生，其悲劇性實在叫人不勝唏噓，而這座故居便是她最後被強行帶走送至療養院之處。有興趣的讀者可參考《羅丹與卡蜜兒》（*Camille Claudel*, 1988）與《最後的卡蜜兒》（*Camille Claudel 1915*, 2013）這兩部相關的電影。

在享受了一整段的歷史人文行旅，即將要與聖路易島做個告別之前，何妨犒賞一下自己，最後記得品嚐號稱是巴黎最好吃的冰淇淋──貝蒂永（Berthillon）。或許何謂最好吃，見仁見智，並沒有絕對的評判標準，但至少真正的巴黎人，絕不會沒有人知道貝蒂永的名氣。這間家族企業的冰淇淋小店，從1954年開幕至今，在巴黎僅有一間在聖路易島的總店，面對著近年來美式和義大利冰淇淋品牌的大舉入侵，貝蒂永依然堅持他們的傳統做法與販售理念，絕不大量生產為原則，尤以眾多的水果冰沙口味獲得當地人的喜愛。最令人感到驚奇的是，這間無論在旅遊書籍或網路上都擁有超高人氣的冰淇淋店，不只在每週一和週二店休，甚至在整個暑假七月到八月期間也是停業的，試想在整個炎熱的夏天竟然不賣冰淇淋，這可需要多大的勇氣，也可見平日季節裡的販售銷路相當亮眼。在歷經一番聖路易島的朝聖之旅後，再來一球道地的法式冰淇淋，相信會令遊人的這趟聖路易島旅程畫下一個美好難忘的句點。

7
信仰的巴黎

✦ 教權與王權 ✦

　　1831年二月十四日，位在羅浮宮旁的聖日耳曼奧塞教堂（Saint-Germain-l'Auxerrois）為波旁王朝的前任王儲貝里公爵舉行了一場紀念會，追悼他在1820年於魯瓦爾街（rue de Louvois）的歌劇院前不幸遇刺的憾事，與會人士皆為夏爾十世和復辟政權的忠實追隨者。不料在紀念儀式結束後，數百位巴黎市井小民在教堂毫無戒備的狀態下，突然衝進教堂肆意破壞。講道臺被砸毀，祭壇也被推倒，供奉的聖像、告解室與欄杆都遭受毀損，祭壇畫和帷幕亦隨地任人踐踏，現場景象令人觸目驚心、痛心疾首。社會主義學者路易・布朗（Louis Blanc, 1811-1882）曾針對此事件寫道：「如此熱衷於保護小店鋪的國民自衛軍，任由一大群人暢行無阻地破壞教堂，……可恥的縱情狂歡，在此顯露出道德上的混亂，而這種道德上的混亂是不信神與偽善在十五年的時間裡長期鬥爭造成的，……這一切均是一時衝動的結果。人們狂笑著，叫喊著，彼此以厚顏無恥的大膽進行挑逗。」[1]

　　禍不旋踵，在教堂慘遭洗劫之隔日，喪失理性的群眾蜂擁闖進巴黎總主教宅邸進行破壞，原本幽靜雅致的館舍被砸得面目全非。巴黎聖母院在隨後也成為了狂暴群眾洩憤的主要目標，幸而及時受到國民自衛軍的阻止才得以逃過一劫。在這波行動中，盛怒的人們仇視教會、聖徒像與百合旗幟，自1793年以來巴黎還未曾爆發過如此大規模的反宗教與反王室符號運動。該事件之緣由因何而起？

　　綜觀法國歷代王朝，天主教會之教權始終伴隨著王權勢力交織互滲，時而相生與共，時而頡頏相剋：十四世紀震驚歐洲的亞維農之囚、[2]十六世紀慘烈的胡格諾

---

[1]　轉引Michel Winock: *Les voix de la liberté: Les écrivains engagés au XIXe siècle*.(Paris: Seuil ,2001), p.105.

[2]　緣起於十四世紀初法國國王腓力四世（Philippe IV, 1268-1314）與梵諦岡教皇博義八世（Bonifacius PP. VIII，約1235-1303）之間的政教衝突，在軍事武裝的逼壓之下，博義八世遭法國國王幽禁，悲憤而死。腓力四世除了扶植親信波爾多主教當選新任教皇為克萊孟五世之外，亦逼迫羅馬教廷搬遷至南法亞維農，此後近七十年的歲月，前後共有七任的亞維農教皇幾乎是法王的人質，因而有「亞維農之囚」之稱號。直至1377年，格利高里十一世再度將教廷遷回羅馬，才正式結束亞維農教廷的歲月。1995年，位於亞維農昔日的教皇宮，經由聯合國教科文組織認定為世界文化遺產。

戰爭與聖巴托羅繆大屠殺、紛亂的三亨利之戰或《南特敕令》（*Édit de Nantes*）的頒訂及廢除，[3]……更遑論自西元1027年的卡佩王朝亨利一世（Henri I, 1008-1060）時代起，漢斯主教座堂（Notre-Dame de Reims）[4]便確立為法國歷代君王的加冕地點，足見教會勢力在法國政治上扮演了複雜交錯的角色。

進入波旁王朝時代，教權與王權之間結合為依存關係，甚至於政治事務上的涉入更顯緊密。樞機主教黎希留、馬薩林（Jules Mazarin, 1602-1661）先後於路易十三至路易十四統治前期執掌中樞、權傾一時，並致力於法國稱霸歐洲之遠略，為路易十四日後的圖強事業奠定厚實之基礎。該時期的天主教高級教士在國家的權力結構乃至社會秩序均位居要津，他們與國王、貴族階層分享著國家的財富和宮廷的奢華，慢說統治者在政權的穩固控制方面必須借助於這批人，甚至在私人領域的精神層面上亦不可須臾離之，耶穌會教士拉雪茲神父（François de la Chaise, 1624-1709）即為其中之佼佼者。自1674年起，他就成為了路易十四的告解神父，除了深諳國王的性情習氣之外，他更能夠不留痕跡地對路易產生適度的影響，以至於當時許多貴族領主試圖通過他接近國王。最難能可貴的是，拉雪茲神父向來謙沖自牧，「伏爾泰描寫他『是一個個性溫和的人，跟他和解總是容易的事』，他在這個職位達三十二年，寬恕每一件事情，人人都喜歡他。路易說：『他太好了，有時候我都責備他不要如此好心腸』，但這位安靜而耐心的神父對路易發生很大的影響，最後指導他走向正常的家庭生活，並信服於教宗」。[5]後來儘管年事已高的拉雪茲神父多次向路易提出退休的請求，但直至1709年神父離世前不久，國王才勉為其難允諾了這項要求。國王對於這名告解神父的信任與熱愛，化為行動則是大量賜予其豐厚

3　1598年，波旁王朝的開創者亨利四世為了弭平法國新舊教衝突多年所造成的裂痕與悲劇，特別頒訂《南特敕令》（*Édit de Nantes*），承認了新教胡格諾派的信仰自由，並於法律上享有和公民同等的權利，這條人類文明史上首創的宗教寬容法令確實讓該王朝開創初期的社會邁向平和寬容的方向發展。遺憾的是，日後亨利四世之孫路易十四於1685年頒布了《楓丹白露敕令》（*Édit de Fontainebleau*），再次宣布國內新教為非法，《南特敕令》之良意因而遭到廢除。

4　漢斯主教座堂位於法國大東部大區城市漢斯，主體建築完成於十三世紀末，塔高八十一公尺。漢斯教堂自從被確認為法國歷代王朝君王的加冕地點以來，僅有七位國王不在此舉行加冕禮。其中最具代表性及歷史意義的一次加冕禮，即為1429年七月十七日的百年戰爭時期，瓦盧瓦王朝的查理七世（Charles VII, 1403-1461）在聖女貞德的支持見證下，於漢斯主教座堂接受加冕，重振戰爭時期法國王室之威望。1991年，漢斯主教座堂經由聯合國教科文組織認定為世界文化遺產。

5　威爾・杜蘭著，幼獅文化公司編譯，《世界文明史・第八卷路易十四與法國》，頁62。

的鄉間莊園土地回報，今日位於巴黎十一區蒙特路易街區（Rue de Mont-Louis）一帶的土地，則是日後成為巴黎最大的墓園拉雪茲神父公墓（Cimetière du Père-Lachaise）之濫觴。[6]

值得注意的是，波旁王朝時期的天主教教士在國家權力結構中左右逢源，並藉此從中漁利，此一態勢於1685年《楓丹白露敕令》的頒訂後愈為明顯，[7]即便如此，教士所傳布的信息福音也確實足以安定窮人與失意者的心。當時代除了王朝政權以外，教會堪稱為穩定社會民心的一大支柱，透過教義福音帶來的撫慰與希望，社會底層的群眾才得以耐心地屈從於國家法律、戰爭及勞役的控制之下。

波旁政權消除了國內胡格諾派勢力，新教的制衡力量瓦解，進一步促使天主教會掌控政治與社會資源的獨尊局面，因此在進入十八世紀後，思想界所興起的啟蒙運動便填補了這場反專制王權和反教會封建的真空地帶。啟蒙思想家以科學和理性為武器，揭發宗教的蒙昧主義，抨擊依附於專制王權下的宗教狂熱與迷信，更反對教會長期壟斷的土地財富和社會資源。伏爾泰從自然神論出發，認定基督信仰「絕對是世界上最可笑、荒謬又嗜血的宗教」，[8]並「認為教會是建立在『最下流的無賴編造出來的最卑鄙的謊言』基礎之上，是『最卑鄙的混蛋所做出的各種最卑劣的欺騙』的產物，是『分裂、內戰和罪惡』的根源；『踩死敗類』成為他號召人們行動起來向天主教會發動總攻的口號」。[9]同時代的百科全書派學者狄德羅（Denis Diderot, 1713-

---

[6] 當路易十四的元配瑪麗・特蕾莎（Marie-Thérèse de Habsburgo, 1638-1683）王后於1683年病故後，國王立即與情婦曼特農夫人（Françoise d'Aubigné, Marquise de Maintenon, 1635-1719）舉行了祕密的婚禮，而這場婚禮儀式的主持人，便是拉雪茲神父。由此可知拉雪茲涉入路易私生活領域層面之深。

[7] 《楓丹白露敕令》明令法國國內所有胡格諾派教徒的崇拜形式和學校教育全數禁止，並將其原有的聚會場所改建為天主教堂，且胡格諾派教士被限期驅逐出境，法國此一期間傳出了不少迫害胡格諾派新教徒的事件。威爾・杜蘭對此評論道：「《南特詔書》之撤銷也許直接有助於法國生活中的藝術、風氣與典雅。喀爾文教派的精神，棄絕裝飾、圖像、過分沉重的態度，壓抑了藝術，優雅與機智；一個清教徒的法國是反常的，而且是一個錯誤。但是《南特詔書》之撤銷，對法國宗教卻是一大災害……現在法國天主教徒的心目中，在天主教與不信之中再無任何餘地。在瑞士、日耳曼、荷蘭與英國尚有新教主義以表示對教會的反叛，但法國再沒有這種表示反對的工具了；現在對羅馬天主教的反動發現全盤的懷疑較公開的抗議（新教徒稱為抗議教徒）安全得多。於是法國的文藝復興，沒有受到新教主義的影響，在路易十四死後直接進入啟蒙時代。」轉引威爾・杜蘭著，幼獅文化公司編譯，《世界文明史・第八卷路易十四與法國》，頁98-99。

[8] 蘇迪爾・哈札里辛格（Sudhir Hazareesingh）著，陳岳辰譯，《法國人如何思考？》（How the French Think，臺北：商周出版社，2017），頁90。

[9] 劉金源，《法國史：自由與浪漫的激情演繹》，頁51。

1784）也不約而同在早年的兩部作品《哲學思想》（*Pensées philosophiques*, 1746）與《懷疑論者之路》（*Promenade du sceptique*，1747）中提出以理性為依歸，對專制政權與盲目的宗教神學進行嚴厲批判，視宗教為較低層次的智識理解之論點。十八世紀啟蒙思想在質疑宗教、抗拒形而上和超自然的信仰，並力主摧毀宗教迷信的觀點上，始終與反專制王權的價值觀並行不悖，這樣的思想價值在法國社會資產階級與群眾當中逐漸得到了廣泛的傳播，並為隨之而來的大革命提供了理論旗幟。

大革命時期，制憲議會（Assemblée constituante de 1789）首先在1790年七月十二日通過《教士的公民組織法》（*Constitution civile du clergé*）限制教權，「規定教士為政府的官員，並且承認天主教為國教，……所有的教士，接受政府薪金前，必須發誓完全服從新憲法」。[10]全國的教區和八十三個省份重新劃分疊合，並將教會財產收歸國有，裁撤了五十名主教，縮減了教區的數目。透過一系列打擊教會勢力、讓教士宣示效忠新憲政，使教會完全從屬於國家的措施，大革命後的新政確實沉重打擊了封建制度，有助於國家朝向共和與資本主義的方向發展。

大革命有意識地開始對傳統教權進行壓抑，並使之與政權隔離，然而卻因國家內政陷入黨派傾軋與恐怖統治時期的紛亂，[11]外部又面臨各國聯軍環伺及教廷勢力反撲之壓力，致使宗教問題無法獲得一次性的澈底解決。拿破崙統治初期，為了爭取教廷與國內教士階層對新政權的支持，不得不暫時與之妥協，在1801年七月十五日所簽訂的《教務專約》（*Régime concordataire français*）中，重新承認天主教為大多數法國人所信仰的宗教，並規定此後主教由法國第一執政拿破崙本人任命，再經由教皇授職；而1790年後歸公的教會財產並不發還，但政府將確保全國教士的薪金待遇。為了體現新政權的宗教平等觀念，此後路德教派、喀爾文派與猶太教於法國國內的傳播亦受到法律保護。如同當年亨利四世頒訂《南特詔書》的精神，拿破

---

[10] 威爾・杜蘭著，幼獅文化公司編譯，《世界文明史・第十一卷法國大革命》，頁39。

[11] 從1793年秋至1794年春季之間，正值大革命後的恐怖統治如火如荼之際，法國國內不少地區均不約而同展開反教會運動，這當中除了啟蒙思想中的反宗教情感與群眾運動中的反教權主義的融合外，也與當時教會的反革命狂熱主張結合。例如1793年十月六日，一群無套褲漢侵入了巴黎北郊的聖丹尼聖殿教堂（Basilique cathédrale de Saint-Denis），將教堂裡安放的法國歷代王朝陵寢毀棺戮屍，大量的陪葬品及藝術珍寶隨之被劫掠一空。

第七章　信仰的巴黎　401

崙政權透過寬容妥協的宗教保護與和平策略，使其政權紓解了不少反對勢力的衝擊。[12]

好景不常，滑鐵盧的悲劇使得拿破崙永遠退出了歷史舞臺，以路易十八為首的波旁反動勢力再次復辟，大革命和帝國時代的擁護者遭到猛烈的清算鬥爭，此前的國家政策與方針紛紛改弦易轍，白色恐怖的陰影始終壟罩著法蘭西。1820年王儲貝里公爵遭刺，被視為企圖讓波旁王朝絕嗣的陰謀，更加激化了法國極端保王派的恐慌和反擊，當局開始對異議者實行蠻橫的處置：包括不經審判便可先監禁三個月；加強書報檢查制度；落實更嚴格的選舉辦法。此舉無異加速了極端保王黨與國內自由派、資產階級之間的政治兩極化進程。政治緊張的態勢，隨著1824年九月夏爾十世的繼位進一步惡化，極度仇視君主立憲制度和自由思想的他，處心積慮欲恢復大革命前所有的舊制度。首先，夏爾回到了漢斯大教堂進行了一場別開生面隆重的加冕典禮，暗示其政權統治的氛圍與手段將延續大革命前的路易十六時代，而對於昔日的流亡貴族，也是夏爾十世政權最堅定的支持力量，他也力求將大革命時期遭到沒收的土地歸還甚至加倍補償給這些人。

夏爾十世在1825年四月二十日頒布《褻瀆聖物法》（Loi sur le sacrilege），目的在恢復昔日教會的領導尊嚴，明令對褻瀆聖物者處以死刑，而盜竊宗教財物者則判處終身苦役。除了憑藉傳統舊勢力貴族這般極端保王派的擁護外，夏爾十世也將權力與教會分享結盟，試圖再次以耶穌會教士和聖會的活動對社會進行滲透加以控制。是以，1830年七月那場「光榮的三日」革命，顯然讓當時群眾將理應推翻的波旁王朝制度與天主教勢力視同一律，與波旁王朝抗衡，意即與復辟後的王位所依賴的天主教會進行鬥爭。從「光榮的三日」直到半年後聖日耳曼奧塞教堂遭受攻擊毀壞的期間，教會所崇拜的象徵物件皆已成為騷動損毀的目標，與此同時，報刊和文

---

[12] 英格蘭皇家學會研究員、前威爾斯大學現代史教授羅傑‧普瑞斯（Roger Price）對此評論：「它（《教務專約》）反映了波拿巴憤世嫉俗的宗教價值觀，將宗教作為一種社會控制的手段。這同樣也使天主教徒更加容易接受他的政府，並實際削弱了保王黨人的活動。在承認天主教的顯著地位，為大多數人民信仰的宗教的同時，宗教協定也使政府更得以控制神職人員。但是人們普遍歡迎結束教會和政府之間的惡性衝突，這種衝突將會威脅國教的基礎。甚至拿破崙後來對教宗領地的占領和被教宗逐出教會，也未能動搖這國內的新共識。」參見羅傑‧普瑞斯（Roger Price）著，譚鍾瑜譯，《法蘭西的榮耀與堅持——革命與共和的國度》（A Concise History of France，新北：左岸文化出版社，2002），頁152。

學戲劇中對教會表達反動嘲諷情感的內容也與日俱增。此一時彼一時，復辟時期藉由波旁政權重振旗鼓的天主教會勢力，隨著自由派結合資產階級的革命力量再次被拉下神壇，深陷泥淖。

→ 邁向政教分離之路 ←

> 那些是神學家嗎？我還以為是六隻大笨鵝，是聖珍妮維芙女神送給魯尼采邑的賀禮。
>
> ——維克多・雨果，《巴黎聖母院・第一卷》[13]

1830年那場急促短暫的革命，使當時代不少知識分子感受到複雜又迷亂的情緒，專制王權的崩毀，連帶使得傳統社會所依循的教會組織和信仰全面裂解，突如其來的世局演變叫人顯得手足無措，無所依傍。「許多好的東西被摧毀了，有的還繼續在剛發生的地震中搖擺欲墜。尤其是搞藝術的人不知所措，在混亂的思想中向四方無目的地奔跑。」[14]七月革命爆發後不久，時年二十八歲的雨果在其日記中寫下如此感受，這場革命完全顛覆了他才建立不久的脆弱信仰。曩昔貝里公爵遇刺，雨果曾寫過一首悼詩追念，還受到年邁的路易十八特別賞賜。1825年五月，雨果甚至還榮獲夏爾十世之邀，前往漢斯大教堂參觀那位極端保守者的加冕禮。可以說，此前的他無疑是個極端保王派。

1830年在雨果的文學戲劇生涯裡亦是相當重要的一年。法蘭西劇院向來是波旁政權擁護者——古典主義保守派的聖殿，然而雨果的《艾那尼》（*Hernani*）一劇成功在該年二月於此進行首演，一群奇裝異服的年輕人混處於正襟危坐的紳士之間，劇中的國王貴族和教士階層被刻意地形塑成丑角，而向來嚴謹的十二音節詩體

---

13 維克多・雨果（Victor Hugo）著，管震湖譯，《鐘樓怪人》（*Notre-Dame de Paris*，臺北：遠流出版社，2005年二版三刷），頁19。

14 維克多・雨果著，張容譯，《見聞錄》，頁4。

被拉長跨行的不成體統。欲強烈抵制該劇的保守派也派出了大陣仗混在觀眾席中製造混亂，「收拾全院的垃圾和汙穢，從屋頂上，向下面包圍著戲院的人們兜頭倒下來，巴爾札克吃著一個白菜根。每晚的戲劇都變成一場震耳欲聾的喧嘩。包廂裡的人只管笑，正廳裡的人只管嘯。當時巴黎人有一句時髦話，是『上法蘭西劇院去笑《艾那尼》』」。[15]即便如此，《艾那尼》之後的演出絲毫不受影響，一連四十五場的票房爆滿與社會討論熱度證明該劇獲得空前的成功，雨果也因此成為了浪漫主義文學運動公認的領袖（儘管他本人從未認同這樣的看法），這起風波在法國文學史上最終被稱為古典派和浪漫派之間的「艾那尼之戰」（Bataille d'Hernani）。值得關注的矛盾在於，雨果在此前無論在政治主張或文學形式上，無疑都具有古典保守之傾向，然而該年推出的《艾那尼》非但宣告雨果文學傾向的轉變，更對愈來愈不得人心的夏爾十世政權之覆滅起了推波助瀾的作用，在保守當局和古典主義陣營看來，《艾那尼》的演出是當時最大的醜聞，以至於雨果稍後的作品皆遭受到政府檢查部門的刁難或查禁，只不過這樣的抵制行動再過不了幾個月便隨著七月革命而不了了之了。

　　顯然，1830年是雨果在政治傾向與文學觀點上重要的思想緩衝，[16]值得留意的是，在《艾那尼》於該年度上半年獲得演出成功後，下半年的雨果立即投入了他生涯前期最具代表性的作品《巴黎聖母院》的寫作，對於中世紀的政教結合下的惡行惡狀，以及反教權腐敗的思想抨擊，雨果將七月革命之後的信念一概寄託於巴黎聖母院這座偉大的建築物，透過人格化的方式使之成為小說外在結構的輻輳中心，點出新時代政治及藝術的趨向。

15　阿黛爾・福歇著，鮑文蔚譯，《雨果夫人回憶錄》（上海：上海譯文出版社，1985），頁340。
16　雨果不僅在早年特別具有極端保王的政治傾向，在宗教思想方面，他也連帶受到青少年時期的偶像夏多布里昂之影響，堅信教會神權統治的靈性真理。夏多布里昂曾撰有《基督教信仰的真髓》（Génie du christianisme）一書，深得雨果年少時欽慕神往，書中「將宗教感情觸及的所有話題聯成一篇護教理論，包括日常生活、自然、內在、社會、政府、歷史和藝術，遍及一切，卻強烈偏向美感與異象……此書非常轟動，一時蔚為流行，夏多布里昂還得趕往法國各地，遏止那些正忙著盜版的印刷商。」參見巴森（Jacques Barzun）著，鄭明萱譯，《從黎明到衰頹：今日文明價值從何形成？史學大師帶你追溯西方文化五百年史》（From Dawn to Decadence: 1500 to the Present: 500 Years of Western Cultural Life，臺北：貓頭鷹出版社，2004年初版三刷），頁807。

《巴黎聖母院》的寫作雖然僅耗費雨果六個月的時間，[17]但相關資料至少在三年前就開始收集，「這部小說是以事物的生命為生命的。真正的主角，是『巴黎聖母院這巨大的教堂。繁星滿天的夜空，襯映出它兩座塔樓、石砌的柱槽稜角和巨大的端部屋面的黑影，宛似蹲在城市中間的一座巨大的雙頭獅身人面像……』」。[18]聖母院也象徵著主宰整個社會結構的教會勢力，當副主教克洛德・弗羅洛（Claude Frollo）面對純潔的愛絲梅拉達（Esméralda），經歷了一場虔誠守貞與貪念私欲的天人交戰，並在最終無可奈何地接受了命運，走上了自我毀滅的道路，這當中或多或少反映了1830年時雨果面對七月革命政權及社會巨變時紛雜的心情。[19]

　　曾經在波旁復辟時期東山再起的教會勢力，受自由派及資產階級合作的革命力量壓制而再次重挫，雨果不僅於該年底的日記中沉痛表示：「如果教會不提高警惕，改變其生活。法國人很快就會只相信三色旗，而不相信其他的三位一體了。」[20]更在《巴黎聖母院》裡特闢獨立章節藉由弗羅洛副主教的反智言論「書將扼殺建築」進一步闡述其觀點：

　　　　教士對於一種新動力——印刷術的恐懼。這是聖殿裡的人，面對古騰堡發明的、散發著光輝的印刷機感到恐怖和驚愕。這是教壇和手稿、說出的言語和寫下的言語，面對印出的言語而感到驚慌，彷彿是一隻燕雀看見群天使展開他那千百萬隻翅膀而目瞪口呆。這是先知已經聽見解放了的人類雜沓蟻動，預見到睿智將使信仰蕩然無存，眾論將推翻信念，世人將擺脫羅馬的桎梏，因而發出驚呼。是哲學家看見人的思想借助於印刷機而得到擴散，會從神權牢籠中逃逸，因而預感不幸。是士兵仔細察看青銅撞角，驚呼「炮臺一

17　Bertrand Audouy: *Les Trésors de la Culture.* (Paris: ORACOM,2019)，pp.78-79：「雨果買了一瓶墨水和一身灰色毛線襯衣，將全身從脖子到腳尖統統包住。他把衣服鎖在櫃裡，免受出門的誘惑，一心鑽入小說裡，像被關進牢房一樣。」

18　安德列・莫洛亞（André Maurois）著，程曾厚、程千澤譯，《雨果傳：奧林匹歐或雨果的一生》（*Olympio ou la Vie de Victor Hugo, étude historique et biographie*），頁202。

19　事實上，1830年前後雨果亦發現其夫人與文學評論家聖伯夫之間的婚外情，因此書中弗羅洛副主教對欲念情感所產生的絕望掙扎，或多或少也是作者本身的心情投射。參考Bertrand Audouy: *Les Trésors de la Culture.* (Paris: ORACOM,2019)，p.78.

20　維克多・雨果著，張容譯，《見聞錄》，頁9。

定會給撞坍的」，因而恐慌萬狀。這意味著：一種威力即將取代另一種威力；也就是說：「印刷機將要扼殺教會。」[21]

在雨果看來，在七月革命後教會神權的頓挫，顯然便是印刷術背後所代表的知識啟蒙所致，無可置疑這便是當時自由派所主張的立憲，以及資產階級所推動的社會共識。在書中他將傳統的教會信仰視為「神權建築」（亦即巴黎聖母院），而將新時代的智識比為「人民建築」，繼續舉例論述：

> 新思想就要出現。於是，開始了札克雷農民運動（Grande Jacquerie）、[22] 布拉格運動、聯盟運動。權威搖搖欲墜，統一破裂瓦解。封建制度要求與神權政治平分秋色，然而其後必定是人民登上舞臺，人民必將一如既往，占有支配權，……任何神權建築的普遍特徵是永世不變，恐懼任何進步，保守傳統格式，把原始型加以凝固，隨時任意歪曲人和自然的形象以遷就象徵的不可理解的奇想……。相反，人民建築藝術的普遍特徵是變異、進步、獨創、豐富、永遠運動。它已經擺脫宗教的羈絆，足以考慮美化，善加培育，堅持不懈改進塑像裝飾或花紋圖案。它們屬於世俗生活，內中含有屬於人的東西，卻與神聖象徵糅合交融，因而得以再生這種藝術。[23]

在分別論述「神權建築」以及「人民建築」的特徵及內涵後，雨果透過時代演進的觀察角度，斷言兩者的交鋒最終的結局：

> 十五世紀……發現了另一種辦法可以永恆保存人的思想，不僅比建築更

---

[21] 維克多・雨果著，管震湖譯，《鐘樓怪人》，頁267-268。
[22] 札克雷農民運動（Grande Jacquerie），指的是英法百年戰爭時期在法國北部的農民起義，「札克雷」（Jacquerie）一詞是往昔貴族給農民階層所起的蔑稱，蓋因農民日常所穿的棉布白袍被稱作「Jacques」。這場於1358年以巴黎北部瓦茲河河谷為中心，由紀堯姆・卡爾（Guillaume Carle）所領導的反貴族封建起義，由於缺乏嚴密的組織和紀律，僅兩週時間便遭到壓制，至少有兩萬農民軍慘遭屠戮。
[23] 前引書，頁271-275。

持久，更能經受考驗，而且更為簡單易行。建築藝術被趕下了寶座。奧菲斯（Orphée）的字母[24]即將為古騰堡的字母取代。

書籍將扼殺建築！

發明印刷術是歷史上最為重大的事件。這是產生一切變革的革命。這是煥然一新的人類表達方式，……生命力離開建築藝術而去，盡歸於印刷術。隨著建築藝術的低落，印刷術發展壯大了。人的思想原來將雄厚力量用於建築，從此全部用於書籍。因此，早在十六世紀即已壯大、堪與日漸衰弱的建築藝術較量的印刷術，現在與它角鬥，把它扼殺。到了十七世紀，印刷術完全戰勝，進占主宰地位，勝利已經鞏固，足以使全世界歡慶偉大學術世紀的到來。十八世紀，在路易十四宮廷裡長久休養生息之後，印刷術重新拿起路德的舊兵刃，武裝了伏爾泰，大聲喧嚷，衝過去攻擊其建築表現已被扼殺的舊歐洲。在十八世紀行將結束之際，它已經摧毀一切。等到十九世紀，它將重新建設，……建築藝術將不再是社會的藝術、集體的藝術、支配的藝術。偉大的詩篇、偉大的建築、偉大的人類創作，不再通過建築，而是通過印刷。

今後，建築藝術即使偶爾復興，也不會獨霸天下了。它將受文藝規律的支配，而這個規律原是文藝從它承受的。這兩種藝術的相互地位將顛倒過來，……這是人類第二次建造巴別塔。[25]

對於以往年代教會攀附政權緊密結合，掌控了階級和社會利益，雨果在《巴黎聖母院》中直言「最高法院畏懼主教。當紅黑二袍發生摩擦的時候，法袍敵不過教袍」，[26]除了控訴專制暴政和教會黑暗的狼狽為奸之外，更直指對於教會長期假上帝之權威的不滿。同時，在書中開頭作者序裡雨果便提出「天數」和「命

---

[24] 奧菲斯（Orphée）是希臘神話中擅長演奏七弦里拉琴的音樂家，除了曾參與英勇的阿爾戈（Argonauts）英雄聯盟的金羊毛任務外，他為了拯救深愛的亡妻歐律狄刻（Eurydice）而勇闖陰間地府的故事亦讓人動容。該處以奧菲斯泛指從希臘克里特島時代所建立的愛琴海文明象徵。

[25] 前引書，頁276-284。

[26] 前引書，頁554。

運」（*Ananké*）的概念，「蒼蠅被蜘蛛逮住的悲劇是命運；純潔無辜的姑娘愛絲梅拉達陷入教會法庭羅網的悲劇是天命；而最大的Ananké，是人類心裡內部的天命」，[27]七月革命將虛偽不實的教會去其神威，並還其人道面目，正是雨果認定符合人心的天命。藉由巴黎聖母院這座殿堂，雨果融合了世間的善惡、美醜於其中，亦是將長期受到教會控制的信仰真諦還於人間，還諸社會。

與此同時，七月革命也讓同時代的另一位文豪巴爾札克眼見舊時代貴族階層的沒落趨勢，並精確地預測社會領導階層將逐步朝向資產階級過渡。有趣的是，相對於雨果該年在政治傾向與宗教思想上的轉變，巴爾札克卻對保王黨的支持日益強烈，甚至對舊教會的傳統眷戀不已，聖日耳曼奧塞教堂遭到群眾毀損破壞令其感到震驚又憤怒，他透過自辦的《巴黎評論》表達政治理念以及對天主教的欽慕之情，也痛斥七月王朝統治下的社會失序和紛亂。

在巴爾札克看來，唯有當王位建立在祭壇之上時，教會才能夠讓當權者與社會的各階層安分守己，各司其職，「宗教是一種反對人類墮落傾向的完整制度，而專制統治是壓抑對立的社會利益的完整制度」，[28]因而兩種制度應當相輔相成，緊密配合。在《巴黎評論》的社論中，堅定的反革命言論俯拾即是，擁有終身無法治癒的「貴族情節」的巴爾札克一再為傳統的階級制度辯護，深信唯有王權與神權的結盟方能促使社會步上正軌，他痛陳七月革命後教會的頓挫致使社會人心的淪喪：

> 人們只有通過宗教來克制民眾。國家不再有占支配地位的宗教，教士成了公務員，……資產階級不再有信仰，食品雜貨店店主信仰的是伏爾泰的宗教，而你們想要人民信仰什麼？……由世俗人士控制的公共教育缺乏凝聚力。[29]

---

[27] 安德列・莫洛亞著，程曾厚、程千澤譯，《雨果傳：奧林匹歐或雨果的一生》，頁203。
[28] Michel Winock: *Les voix de la liberté: Les écrivains engagés au XIXe siècle.* (Paris: Seuil, 2001), p.234.
[29] 前引書，237。

巴爾札克的反革命思想中含有一種強烈的宗教服從的概念，他明言思想上「更傾向於選擇上帝而非人民」，隨著一八三〇至四〇年代巴爾札克在文壇上的功業彪炳，不少極端保王派甚至將他視為絕佳的代言者甚或傳聲筒。

正如本書第二章關於巴爾札克的性格分析所言，他的身上具有兩種對立的矛盾性格，其敏銳獨到的眼光能觀察出所屬時代的脈動趨勢，並將資產階級的生活樣貌如實地呈現在《人間喜劇》中；但另一方面巴爾札克背負終身的「貴族情結」卻又使得他始終貪戀於社會階層意識的窠臼，沉溺於傳統王權與祭壇結盟的統治形態而不可自拔，或許這不僅是巴爾札克性格或生命中強烈的矛盾性，也是他最為可愛之處。果不其然，他在《巴黎評論》報刊裡所表現出來的保守思想，與《人間喜劇》的微型世界觀裡的呈現又形成了強烈的反差對比。

1833年，正是巴爾札克與深刻影響他後半生的韓斯卡夫人首次會晤的那一年，他發表了《人間喜劇》裡相當別富深意的一則中篇故事《都爾的本堂神父》（*Le Curé de Tours*），該篇故事恰如其分地透過兩位巴爾札克家鄉的教士表現出傳統教會的顢頇與貪婪：迦瑪（Gamard）太太是承租脫羅倍（Troubert）與皮羅多（Birotteau）兩位神父膳宿的房東，她睚眥必報，氣量狹小，更是愛慕虛榮。而脫羅倍神父是道貌岸然、工於心計的陰謀家，一心想在教會奪權升等。至於皮羅多則是個天真無知、顢頇昏聵的享樂主義者。為了爭奪皮羅多神父那間舒適典雅的套間，脫羅倍神父和迦瑪太太沆瀣一氣，使盡惡毒卑鄙的手段，逼迫愚昧無知的皮羅多神父讓出了這間房。原本僅是發生於鄉間無聊瑣碎的小事，不料引發的仇恨卻釀成了當地貴族和布爾喬亞階層彼此的鬥爭，甚至還促發了遠在巴黎政界的關注，一則原本看似單調樸素的鄉間小事經巴爾札克的如椽巨筆，鋪展為細緻深刻的社會寫真。

《都爾的本堂神父》一如巴爾札克以往的作品，對於故事中人物性格的描寫刻畫入微，幾乎每個角色都能夠單獨成為一個主體來討論。當然，這則在一八三〇年代所發表的故事，最具意義之處並不僅在於分析當中的人物個別心理層面，而是身為極端保王派與傳統教會捍衛者的巴爾札克，藉此暴露政治與教會的黑暗內幕。對於皮羅多神父如此熱衷名位，甚至對起居寢食的舒適感到戀戀不捨，巴爾札克寫起來活靈活現：

夏波羅神父生前是聖・迦西安的教區委員，和皮羅多是好朋友。副堂長每次去拜訪教區委員，對他那套住房、家具和書櫃，總是不勝美慕。這個美慕的心後來變了想取而有之的心。皮羅多的欲望實在無法抑制；而一想到只有最知己的朋友死了，他暗中那個愈來愈強烈的欲望才能滿足，心裡就覺得說不出的痛苦。[30]

這位顧頇昏瞶的享樂主義者為此最終身敗名裂，巴爾札克實是寫活了該時代教士階層既可笑又可憐的一種面貌。

至於對另外那名道貌岸然、滿口仁義道德，卻又工於心計的道學家脫羅倍神父，寫起來又是另一番風貌，這名思想保守已然跟不上時代的神父，時常「懷疑拿破崙是不是真的死了；相信路易十七躲在一根大木頭的窟窿裡逃出性命，至今活著，……議會開會是為了要消滅教會，大革命時期有一百三十萬人死在斷頭臺上」，[31]自以為是的神父「既不知日報有多少種，更不知這個現代的利器是怎麼回事，偏偏大談其報紙」。[32]巴爾札克透過神父在與李斯多曼（Listomère）這位代表皮羅多神父擔任說客的男爵夫人言詞交鋒時，以一段心口不一的答辯，使讀者足以了解到這位開口慈悲，閉口仁愛的修行者，內心世界竟是充滿了卑鄙齷齪的想法：

神父口氣很嚴重地說：「太太，禍已經闖下了。賢德的迦瑪太太快死了。（他心上想：那蠢姑娘跟約翰教士一樣不在我心上；可是我要把送她性命的責任推在你們頭上，叫你們良心不得安寧，只要你們發傻把事情當真。）」

男爵夫人回答說：「先生，我知道了迦瑪太太的病，就要副堂長撤回訴訟，公事我特意帶來，交給那位賢德的太太。（她心上想：壞東西！你的心思我猜到了。現在我們撇清了自己，看你還能不能汙衊我們！可是你啊，你

[30] 巴爾札克（Honoré Balzac）著，傅雷譯，《傅雷譯巴爾札克名作集：都爾的本堂神父》（Le Curé de Tours，鄭州：河南人民出版社，1998），頁267。
[31] 前引書，頁285。
[32] 同前註。

要收下了撤回的公事，你就不打自招，承認是同黨！）」

　　雙方不出一聲，靜默了一會。

　　終於神父低下大眼皮蓋住他的老鷹眼睛，免得洩露心中的情緒，一邊說：「迦瑪太太的俗務與我不相干。（嘿！我不上你的當！可是謝謝上帝！那般混帳律師不會再把官司打下去帶累我了。李斯多曼迦這樣奉承我有什麼作用呢？）」

　　男爵夫人回答說：「我對皮羅多先生的事正如先生和迦瑪太太的利益一樣渺不相關；不幸他們的爭執會影響教會，我出來調解，認為先生也是個中間人……（她想：脫羅倍先生，咱們都心中有數。我話中帶刺，你感覺到沒有？）」

　　副主教說：「太太，怎麼談得上影響教會呢？宗教高高在上，不是凡人所能侵犯的。（他想：教會就是我啊！）」又道：「太太，上帝對我們的判斷才不會錯誤，我心目中只有上帝的法庭。」

　　男爵夫人道：「那麼讓我們使人間的判決和上帝的判決歸於一致吧！（對，教會就是你。）」[33]

　　藉由對話與心中所想，巴爾札克揭露了那個自命為挽救世道、捨己救人的教會，暗地裡為了滿足私欲卻顛倒是非，不僅宣教教士與政府高層彼此勾結利用，教會亦成為脫羅倍打擊皮羅多的幫兇，將其降級並調職至遠郊，甚至對外聲稱他信用破產，使其聲敗名裂。小說的結尾，升任主教的脫羅倍在驅車趕往巴黎述職的途中，眼見鄉間路旁皮羅多已被他折磨得槁木死灰，了無生機，「此刻只剩下一副骨骼了。主教對他的犧牲品不勝輕蔑地瞟了一眼，才算寬容大量把他忘了，車子過去了」[34]。

　　巴爾札克本身的矛盾性恰好也是這位文豪最具趣味性的一面，政治傾向是極端的保王黨，對於傳統教會的獨攬眷戀不已，在《巴黎評論》裡隨處可見其保守頑固的論點；然而蓄志以社會觀察家的角度透過《人間喜劇》全面描繪該時代巴黎眾生

---

[33] 前引書，頁314。
[34] 前引書，頁320。

相與社會趨勢的他，亦不得不在作品中明白揭示君主政體的腐化墮落以及傳統教會的黑暗糜爛，即便他不願明指，但作品的內涵仍留給讀者教會偽善面目的強烈印象與結論。

　　面對七月革命後教會勢力受到社會主流的強烈反動與陵夷趨向，除了雨果所代表著浪漫主義舵手的自由先聲，在作品當中針對教權展開抨擊與嘲諷；以及巴爾札克所兼具的矛盾性格，一面在社論評騭中擁護傳統政教結合的思想，另一面卻又不得不在作品裡將兩者的沉痾窠臼如實揭示的對立態度之外，尚有試圖使教會跟上時代潮流，並嘗試透過內部的改革做出調和者，以德拉梅內為代表人物。

　　與前兩者不同，在大革命時期成長的德拉梅內（Hugues Felicité Robert de Lamennais, 1782-1854）本身是位天主教教士。復辟時期他便以《論對宗教的冷漠》（*Essai sur l'indifférence en matière de religion*, 1817-1823）著作蜚聲文壇，這是一部以雄辯寫就的護教之作，一時之間洛陽紙貴，更獲得了夏多布里昂、拉馬丁及雨果等人一致的激賞。到了復辟時代晚期，德拉梅內與他擔任聖職的兄長讓－馬利（Jean-Marie de La Mennais, 1780-1860）共同創辦了聖彼得聖會（la Congrégation de Saint-Pierre），該團體的目標是通過教育和研讀的方式來重振天主教信仰，此時期的他與巴爾札克同屬於保王主義和教會勢力的堅定捍衛者。然而，一八三〇年代已屆天命之年的德拉梅內，在親眼見證教會歷經大革命、第一帝國、復辟時期到七月王朝的幾載浮沉後，出於對教會信仰的熱忱及其腐敗沉淪表達沉痛之意，除了先後發表《論在與政治和非宗教秩序的關係中被思考的宗教》（*De la religion considérée dans ses rapports avec l'ordre politique et civil*, 1826）以及《論革命的發展與反對教會的戰爭》（*Des progrès de la révolution et de la guerre contre l'Église*, 1829）兩部著作指責教會維繫傳統神權統治，亦抨擊教會主導之下的國家教育政策外，還主辦《未來報》（*L'Avenir*, 1830）呼籲教會應走向自由主義精神，[35]開啟改革路線。

---

[35] 自由主義思想運動（Libre Pensée）原本是一種以理性主義為基礎、反對所有教條的哲學思想立場，後來變成一種反教權、反宗教信仰的運動。最初出現在一八四〇年代的法國，在一八六〇年代後半期出現相關報刊，支持者漸多且遍布西歐各國，通稱為自由思想者（libre penseur）。此運動在第三共和時期逐漸受到許多政治人物支持，1905年法國正式通過政教分離法案，可視為是此思想運

德拉梅內決心不讓自己成為保王思想和神權統治下盲目的僕從，他從主張宗教至上的保王主義者轉變成為自由主義的宗教捍衛者。

　　德拉梅內以堅定且富熱情的語言影響了當時的不少知識分子及信徒，他不僅對於傳統上王權正統性的君權神授說予以駁斥，更確信人類未來將走向更為自由寬容、平等開放的社會，《未來報》主張捍衛各個領域裡的自由，尤其是針對教會長期所壟斷的信仰自由和教育自由，唯有貫徹政教分離後的教會方能適應時代的變遷得以獲得新生。可想而知，德拉梅內與《未來報》的思想主張對於歐洲傳統政治制度和宗教信仰，乃至始於維也納會議的梅特涅體系來說具有何其重大的顛覆性，羅馬教廷旋即對德拉梅內本人的學說和《未來報》予以駁斥，並揭示其為異端邪說。

　　教皇額我略十六世（Gregorius PP. XVI, 1768-1846）本身就是一位頑固的保守派，整個歐洲和教皇國在當時所面臨社會四起的自由主義和民主改革聲浪，均被額我略十六世與他的教廷視為激進左派的洪水猛獸，並試圖增加教廷與各國教會的權威。1832年八月十五日，教皇發布曉諭（*Mirari vos*）駁斥德拉梅內與《未來報》中關於自由主義的主張，文章中批判了信仰自由是純粹的妄想，指謫新聞自由屬於有害的自由，並重申反對各國進行中的民族運動之立場。遺憾的是，縱使法國大革命已然經過了四十多年，但對保守的教會來說，絕對君權仍舊是其最為認同的政體形態，傳統教會似乎注定與自由主義思想二律背反，在十九世紀的國際潮流中一意孤行，頑固不化，作為意欲調和教會與自由思想的一派，德拉梅內僅能功虧一簣。

　　教皇的譴責以及教廷的態度使德拉梅內澈底醒悟，試圖調和自由主義和傳統教會之間的分歧眼看是窒礙難行，但為基層民眾服務並致力於教會的世俗化仍是他堅定的道路，為了表達放棄對羅馬教會和舊時代封建思想的決心，他將原本的姓名F. 德・拉梅內（F. de Lamennais）去掉代表貴族的姓氏，改為F. 拉梅內（F. Lamennais）。在1834年的《信徒之言》（*Paroles d'un croyant*）中，拉梅內寫下

動之極盛時期。轉引皮耶・諾哈（Pierre Nora）編，戴麗娟譯，《記憶所繫之處II》（*Les Lieux de Mémoire*，臺北：行人文化實驗室，2014），頁87。

了其信仰價值與羅馬教會分道揚鑣的宣言：「我看到另一個不懈鬥爭的卻並未從這種鬥爭中汲取新力量的民族。這一民族的心靈中有基督的標誌。」[36]此後，儘管教廷和極端保王黨仍對拉梅內的言論及思想不斷挖苦嘲諷，但對這位早已放棄自命清高的羅馬教會，決心在俗世實現其教會理想的修道者來說，早已是無所畏懼，仁者無敵了。

十九世紀中葉之後的教廷，面對自由主義政治轉型和尊重自由信仰此起彼落的呼聲，反而愈加倒行逆施，違背歷史潮流，致使教會與反教權兩派之間的鬥爭幾乎貫穿了整個十九世紀。教皇庇護九世（Beatus Pius PP. IX, 1792-1878）[37]自1846年登基，在他長達三十一年的教廷統治期間力行傳統保守主義，並成為十九世紀最為反動的教皇。1864年十二月八日庇護九世頒訂教皇通諭《邪說匯編》（Syllabus of Errors），強烈譴責了自由主義、公共學校教育、教會世俗化、宗教寬容、民事婚姻以及政教分離，他認定這些引發社會騷動的思想觀念盡皆與基督信仰相互違背。1869年十二月八日，他召集了七百四十四名主教於梵蒂岡聖彼得大教堂舉行第一次梵蒂岡大公會議（Concilium Vaticanum Primum），會中頒布了《教皇無誤論》（Papal Infallibility），此論點並非意指教皇是永遠正確，但此後只要是代表教會所宣告關於信仰及道德方面的訓令，教皇的論點便永遠無誤。該信條在新教國家德國、荷蘭和瑞士等地區引發了諸多的不滿與紛爭，而法國天主教會自然在整個十九世紀期間以教廷的準則馬首是瞻。實際上，直到1963年教宗聖若望二十三世（Sanctus Ioannes PP. XXIII, 1881-1963）頒布《和平於世》（Pacem in Terris）通諭，向世界各國呼籲以和平以及國家平等、合作、互信取代武備競爭前，教廷始終都是故步自封，與所有進步思想的歷史潮流背道而馳。

---

[36] 轉引Michel Winock: *Les voix de la liberté: Les écrivains engagés au XIXe siècle.* p.165.

[37] 庇護九世是教皇國的最後一位君主，1870年羅馬遭到義大利王國的軍隊攻陷，隨後被併入義大利國土，教皇國從此滅亡。此後教皇避居於梵蒂岡，並自稱為「梵蒂岡之囚」（Prisoner in the Vatican），庇護九世之後的四任繼承者亦此自稱，並始終不承認義大利對羅馬的所有權。如此僵局直至五十九年後雙方所簽署的《拉特蘭條約》（Patti Lateranensi, 1929）才獲得解決，義大利正式承認梵諦岡擁有的國家主權。

隨著法國第二帝國時期城市化不斷的發展，宗教的地位以及影響力也日漸衰落，「與之俱來的是，個人要求道德自主，並對自己從屬於什麼表現冷漠。勒南[38]在《童年回憶》（*Souvenirs d'Enfance et de Jeunesse*）中非常明確地表明了這種演變的重要性：『宗教無可挽回地成了個人興趣的事。』」[39]即便如此，傳統教會仍在十九世紀後半葉的兩起法國國內爭議事件裡無可避免地涉入其中，分別為「聖心崇拜」對巴黎公社事件後所產生的回應，以及世紀末轟動全國的「德雷福事件」。

十九世紀後半葉「聖心崇拜」觀念的運用是失勢多年的教會針對巴黎公社事件後所給予的回應及其反制。史上對耶穌的聖心祈禱在教會傳統中由來已久，不過到了十七世紀瑪加利大・亞拉高修女（Margaret Mary Alacoque, 1647-1690）在見證了基督的顯靈後逐漸將這種膜拜祈禱轉化為教會裡的特定儀式。[40]聖心崇拜的觀念不僅在十八世紀和法國的理性主義相牴觸，更與大革命的價值觀念背道而馳，聖心雖非唯一反對大革命的象徵，但無疑是卻是最普遍的象徵。對於社會上存在著視革命為騷擾、動亂觀念者而言，耶穌受難之心的形象上具有慰藉安撫的作用，[41]因此從十九世紀之初，由偏郊村落直達首都巴黎，聖心遂成為了某種象徵性的鏈鎖，牢牢維繫了國內的保守派。「反過來說，自由、平等與博愛原則的信仰者也很少迷戀

---

[38] 約瑟夫・歐內斯特・勒南（Joseph Ernest Renan, 1823-1892），法國十九世紀語言學專家、政治哲學家、早期教會史研究學者，代表作有《雅典衛城祈禱》（*Prière sur l'Acropole*, 1865）以及《何為國族？》（*Qu'est-ce qu'une nation?*, 1882），他所主張的法蘭西民族主義思想深刻影響著第三共和時代的社會思潮。

[39] 讓－皮埃爾・里烏（Jean-Pierre Rioux）主編，朱靜、許光華譯，《法國文化史卷三》（*Histoire culturelle de la France*，上海：華東師範大學出版社，2012），頁330。

[40] 耶穌基督藉由向瑪加利大・亞拉高的顯聖，要求法國國王將國家奉獻給聖心（即耶穌的心臟），修建一座以聖心為名並崇拜聖心的教堂。藉由尊奉聖心，國王將得到神的恩典和永恆的榮耀，憑藉此恩典榮耀國王必將戰勝並統治他的仇敵和教會的敵人。參見雷蒙・瓊納斯（Raymond Jonas）著，賈士蘅譯，《法蘭西與聖心崇拜》（*France and the Cult of the Sacred Heart*，臺北：麥田出版社，2003），頁25：「在天主教教會的大力支持下，耶穌會宣揚耶穌聖心的圖像為天主愛世人的象徵。在天主教教士和教會的贊同下，世俗的天主教徒配戴聖心的標誌，以為防禦危險、疾病和邪惡的護符……由1789年起，天主教徒愈來愈為法國大革命的趨勢所困擾，他們配戴聖心以求保護，深信革命表示真正魔鬼的出現，……耶穌聖心進入法國政治文化的時間與大革命相合。在1789年以前，聖心針對的是由於背教、錯誤和分裂宗教所引起的焦慮感。在1789年以後，它是向被認為與天主教信仰、公共秩序以及天主教基本性質和法國神召為敵的革命，進行挑戰。自此以後，就共和政治文化來說，聖心是反對派的象徵」。

[41] 前引書，頁319：「在法國歷史上最重要的許多時刻，聖心的標誌都曾出現，如在瘟疫流行時期的馬賽；在革命時代的皇宮和旺代地區；在羅馬和羅轟的法國教廷志願軍的制服上，……簡言之，聖心變成了追求『聖心社會統治』的天主教實踐主義者的記號，意即公共生活再基督教化的速記法。」

聖心崇拜，……集結於聖心崇拜旗幟下的，不只是那些從天性與環境上來看容易受溫和而寬恕的基督形象吸引的虔信者，以及那些夢想恢復舊社會秩序的人士，還包括那些覺得自己受到新社會秩序的物質主義價值威脅的人。」[42]聖心崇拜不僅在十九世紀的保守教徒之中廣泛流傳，甚至與極端保王黨之間的政治主張具有深厚的連結性，第二帝國時期國內在經濟結構、政治制度和社會秩序上的劇烈轉變，對國內傳統的保守教派信徒而言，資產階級文化不啻代表著浮華奢靡與道德墮落的象徵，而這種日益激化的階級與觀念衝突，在巴黎公社事件中更進一步地浮上檯面。

　　普法戰爭之際，「旺代」（Vendée）地區的子弟為了保衛羅馬教皇，亦協力抵抗普魯士軍的入侵，聖心旗幟在其頭上飄動著，制服上縫著聖心，義無反顧地衝進槍林彈雨中，[43]即便如此仍不免使國家面臨更悲劇性的衝突和災禍。1870至1871年法國所面臨到的一連串禍事，讓憤懣隱忍多年的教會開始展開一系列的反撲行動，[44]除了教宗將巴黎公社的成員描述成「來自地獄的惡魔，將地獄之火帶到巴黎街頭」的聲明外，「公社的名稱極其魯莽地使人想到法國大革命時代的激進民主主義（公安委員會），使天主教人士可以說它事實上是個昔日為人熟悉的敵人——可恨的革命又回來了」。[45]甚至在公社事件發生後，「絕大多數的天主教徒都認為法國有罪，因此產生贖罪的主張與虔信的運動」，[46]教會保守派堅稱必須使國家回歸對權威的尊敬，並得在巴黎建設一座奉獻給聖心的教堂以示贖罪，此項意見於1872年七月獲得教宗庇護九世的認可，並開始著手募款的準備。

　　眾所周知，教會最終選擇的地點便位於蒙馬特山丘建造聖心教堂，視其為國家許願教堂，從宗教的神聖意味而言，從這裡俯瞰巴黎的全貌恰似天堂與塵世之接觸點，並具有朝聖的意義；[47]非但如此，就政治觀察角度看來，唯有設立於此才能

---

[42] 大衛・哈維著，黃煜文、國立編譯館譯，《巴黎，現代性之都》，頁327-328。
[43] 雷蒙・瓊納斯著，賈士蘅譯，《法蘭西與聖心崇拜》，頁240-241。
[44] 尤其是巴黎公社期間巴黎大主教達爾博伊的犧牲更使得教會人士感到心疼肝斷。
[45] 雷蒙・瓊納斯著，賈士蘅譯，《法蘭西與聖心崇拜》，頁259。
[46] 大衛・哈維著，黃煜文、國立編譯館譯，《巴黎，現代性之都》，頁340-341。
[47] 雷蒙・瓊納斯著，賈士蘅譯，《法蘭西與聖心崇拜》，頁314：「一般街坊上的教堂是舉行每週每年儀式和舉行洗禮、婚禮和喪禮儀式的地方。但聖心堂不是一般街坊上的教堂。蒙馬特區已經有一個

「象徵性地支配整個巴黎」。[48]如本書第五章所言，聖心堂是今日許多國際觀光客到蒙馬特必定造訪的聖地，教堂前的廣場往往擠滿了俯瞰巴黎全景的人潮，不少民眾也會選擇排隊魚貫進入教堂裡參觀，但卻甚少人會關注這座建築物之內涵代表了仍追求君主制復辟的教會以及保守的共和派之間的聯繫。[49]

聖心教堂的建造標誌著傳統教會於十九世紀後半葉的捲土重來之勢，緊接著教會又於一八九〇年代，利用極右派的教徒愛國主義，結合狂熱的布朗熱民粹運動，挑動普法戰後國內社會此起彼伏的戰敗復仇情緒，造成一股具復辟思想、種族主義歧見並且動搖第三共和統治基礎的社會潮流，這樣的極端對立態勢，至世紀末之交的「德雷福事件」達到巔峰，[50]一度使法國政局和社會面臨到瓦解分裂的危機（布朗熱事件以及德雷福事件之始末，留待後面章節詳述）。舊勢力教會的保守派和君主制復辟思潮的結合，使國內社會情勢陷入躁動及政治對立的僵局，在世紀初上任的艾米·孔布（Émile Combes, 1835-1921）內閣政府時開始進行一系列的緩衝和壓制，除了特赦德雷福並將涉案人員逐步獲得平反外，執政當局「不斷削弱教會的地位與力量，切斷政府資助，把教會趕出校園，解散掌握大權的教團，接收教會剩餘財產，禁止教會干政」。[51]1905年頒布的《政教分離法》（ *loi du 9 décembre 1905*

聖彼得教堂處理這些一般的事務，國家許願教堂有其特殊的朝聖地點的作用」。
[48] 大衛·哈維著，黃煜文、國立編譯館譯，《巴黎，現代性之都》，頁344。
[49] 對此宗教史家雷蒙·瓊納斯也提出了截然不同的意見，認為聖心堂是一座反公社主義者的建築，完全是第三共和時期左派有心人士刻意散播之言論，欲使聖心成為一個方便的政治攻擊目標。雷蒙·瓊納斯在研究中較傾向這座建築使傳統教會獲得新生的正向概念。參閱雷蒙·瓊納斯（Raymond Jonas）著，賈士蘅譯，《法蘭西與聖心崇拜》，頁321、351：「法國主教團和教士透過修建這座不朽建築物、道德重建的暗喻、朝聖之旅、公共領域再基督教化的暗喻，利用蒙馬特這個地點，一方面培養新的精神，一方面諄諄教誨法國天主教徒，指給他們看法國光榮的基督教過去：其墮落、世俗化、後革命的現在以及其光榮的未來。聖心的願景部分援引了一個傳奇化，乃至中古化和在宗教上整合的法國理想，但是其贊助者的技巧卻是完全新穎和現代的。」
[50] 皮耶·諾哈編，戴麗娟譯，《記憶所繫之處II》，頁104-105：「布朗熱將軍於1889年落敗，但其勢力的殘餘部分則在日後衍生出以反德雷福為訴求的國族主義之左翼，……法國國族主義從未整合一致，……從德雷福事件到第一次世界大戰，他們從未找到共同的路線，也沒有一個天降的合適領導者。不過，這股思潮畢竟傳播了一些能夠深植人心的刻板印象，包括對所謂的『猶太與共濟會的共和國』（République judéo-maçonnique）之一再指控，……猶太人被當成典型的外來人、有組織的反法國勢力。」
[51] 威廉·夏伊勒（William L. Shirer）著，高紫文譯，《1940法國陷落》（ *The Collapse of the Third Republic: An Inquiry into the Fall of France in 1940* ），頁95。

concernant la séparation des Églises et de l'État），終於認可行政中立和信仰自由，並澈底落實百餘年前大革命隔離教會與政府的精神，長期懷有復辟思想的保王派完全敗下陣來，共和國政體因而得到了穩固和喘息的時間。

對教會而言，與政治的澈底分離或許確實使其在國家的影響力和經濟效益上蕩然無存，但落實世俗化、致力於社會救助、濟貧與精神撫慰的方向，或將使教會於新世紀撥雲見日，重獲新生[52]。

＊　＊　＊　＊　＊　＊　＊　＊　＊　＊　＊　＊　＊　＊　＊　＊　＊　＊　＊　＊

◑ 時空遊覽 ◑

2019年四月十五日約莫十八時三十分，世界文化遺產，擁有八百五十年歷史的巴黎著名地標聖母院慘遭祝融，儘管英勇的巴黎警消人員冒險犧牲搶救，但聖母院屋頂尖塔以及主體木結構天花板全數燒毀，鉛製瓦片也因此融化，教堂的石造拱頂還燒破了三個大洞，塞納河畔兩岸擠滿了成千上萬名虔誠禱告和仰天長嘆的民眾，親歷聖母院這場世紀災難。2019年巴黎聖母院和日本沖繩縣首里城先後遭遇回祿之災，均為世界文化遺產的重大損失，更是人類文化史上的悲劇浩劫。不過比較沖繩首里城而言，巴黎聖母院正面雙塔與建築整體結構在火勢延燒得到控制之下得以完存，其次教堂內包括耶穌荊棘冠在內的大多數文物也順利被搶救出，仍屬不幸之幸也。

聖母院的起火原因遲遲未被調查單位公布，不過火勢之所以在短時間內迅速蔓延，經查應與第一時間未能即時通報以及火警系統的設計失當有所關聯。[53]法國總統馬克宏在第一時間便宣布希望以五年的時間將其重建，很顯然是希望配合2024年的巴黎奧運，只不過這一期限被專家認為過於緊迫，未免好大喜功。筆者曾在聖母院災後的半年回到事故現場考察，除了教堂建築主體已被施工柵欄層層圍繞外，先前為了進行翻修工程而搭建的棚架仍原封不

---

[52] 2020年十月十六日，在巴黎郊區的Conflans-Sainte-Honorine鎮一名歷史教師Samuel Paty遭受激進宗教份子斬首，稍後同月二十九日位於南部的尼斯亦發生三人死亡的恐怖攻擊，與2015年一月《查理週刊》（*Charlie Hebdo*）總部的遇襲事件性質相仿，可以想見，跨地域性的宗教文化與種族價值觀念之差異及對立，將是本世紀法國社會內部亟需正視的難題和困境。

[53] 參考《紐約時報》網頁https://www.nytimes.com/2019/07/17/world/europe/notre-dame-cathedral-fire.html?_ga=2.133462093.2117670412.1572878779-420378389.1572878779

動地屹立於上方，並成為了日後修復所須面對的第一項難題。由於當晚的火勢猛烈，不少金屬棚架被燒到嚴重變形且交疊纏繞在一起，這些被燒過的棚架又非常地脆弱，或有被強風吹倒的可能，但貿然迅速拆除又恐傷害到保存下來的建築部分。其次，法國執政當局亦因為棚架遲遲未移除飽受抨擊，專家擔心燒熔後的金屬支架會產生鉛微粒，隨風飄揚將危害公眾的健康。由此看來，聖母院的修復工作仍然未全面展開，眼下僅能盡力鞏固教堂結構，未來進行全面修復前，有關單位恐怕還得進行安全性的評估與造價。

在巴黎，沒有另外一座地標像聖母院如此悠久的具有代表性。與它一起競爭作為國家象徵的艾菲爾鐵塔歷史僅僅超過一個世紀，羅浮宮直到大革命後的1793年才對外開放，而凱旋門則是在七月王朝統治時期的1836年才完工，上述這些大多數人印象中的巴黎著名地標，沒有一座能像聖母院遠從十三世紀起便已經屹立在塞納河畔。

羅馬帝國統治時期，西堤島上聖母院的原址是一座邱比特的神殿，後來在四世紀左右被改建為巴西利卡式的教堂，但這座教堂到了十二世紀時便毀損不堪。巴黎主教莫里斯·德·敘利（Maurice de Sully，約1105-1196）發起教堂的重建計畫，以當時代正開始流行的哥德式建築造型為本，並由教皇亞歷山大三世（Alexandre III，約1105-1159）在1163年埋下教堂首座基石，期望能打造一座與聖丹尼聖殿相互媲美的教堂。儘管敘利主教順利地通過王室、貴族、各地神職人員與下層群眾的捐獻募得大量的建造資金，但他終究沒能親眼見證聖母院落成的那一刻，西元1345年，埋下首座基石的一百八十二年後聖母院才正式竣工。

這座早期的哥德式教堂具有開西方建築先河的劃時代意義。教堂正立面共有三層，底層分別並列著三道後退型拱券的瑪麗亞門、末日審判門及聖安妮門，門柱上除了耶穌和聖徒群像之外，最醒目者便屬瑪麗亞門旁那尊抱著自己的頭顱的殉教者聖丹尼（Saint Denis，?-250）莫屬了。三座拱門上方是長條型壁龕，陳列著二十八尊希伯來先王的雕像，此處俗稱「列王長廊」（Galerie des rois），遺憾的是這數十尊塑像在大革命時期被誤認為代表法國王室的封建象徵而遭致斬首破壞，今日所見的塑像物件是十九世紀重修時的新作，當年遭到破壞的塑像殘件如今展示於左岸的國立克呂尼中世紀博物館（Musée national du Moyen Âge）。教堂正立面中層的部分有一扇號稱歐洲最大的巨型玫瑰花窗（Rosace ouest），直徑達十三點一公尺，這是中世紀的原物件，在此次的災難中幸而得到保存。正立面最上層是單薄的花窗拱廊，以一排纖細的雕花圓柱支撐著沉重的平臺，兩側偉岸的鐘塔藉此連結成一

個和諧的有機體。南北雙塔皆為六十九公尺高，據聞雨果筆下的鐘樓怪人加西莫多往昔所敲打的那口名為「瑪麗」的大鐘，仍懸掛在南塔上方。若想在教堂頂部的展望臺一覽巴黎塞納河兩岸的風光，遊客須攀爬三百八十一道階梯才能抵達，「假如我們順著鐘樓牆壁裡面垂直開鑿出來的螺旋樓梯，長久在黑暗中摸索、盤旋而上，最後會忽然來到陽光充足、空氣流通的兩座高高的平臺之一，此時，向四面八方伸展的美景就會盡收眼底」，[54] 藉由多次現場俯瞰的觀察，雨果在《巴黎聖母院》的第三卷中運用了將近一萬七千字的篇幅，向讀者展示當時他在巴黎建築之巔所見到的壯麗遼闊景象，倘若讀者能在遊歷聖母院之前先瀏覽過這部作品的文字之美，屆時登上西堤島頂端，佇立在著名的石像鬼（雨漏，Gargoyle）群像旁，必能領略到昔日文豪心中對這座城市無盡的傾慕之情。

巴西利卡式的教堂內部正殿比起兩旁的附屬結構要高出一些，由屋脊延伸出弧形結實的肋拱，緊密紮實地透過厚重的壁柱支撐著整座建築主體。堂前祭壇上供著天使和聖女圍繞殉難耶穌的大理石雕塑，兩旁的立柱像分別為敘利主教以及當年曾參與十字軍東征的路易七世（Louis VII, 1120-1180），四周迴廊、石壁和門窗上的聖母子像、聖女貞德、耶穌生平浮雕長廊等藝術品均充滿莊嚴和靜謐的氛圍。無怪乎面對這座精緻華美的宗教藝術殿堂時，雨果不由得在書中發出讚歎：

> 這座可敬歷史性建築的每一側面、每塊石頭，都不僅是法國歷史的一頁，更是科學、藝術史的一頁，……它表明——巨人時代的遺跡、埃及的金字塔、印度的巨型浮屠也同樣表明——建築藝術的最偉大，在於它不是個人的創造，而是社會的創造；與其說是天才人物的作品，不如說是人民勞動的成果。它是一個民族留下的沉澱，是各個世紀形成的堆積，是人類社會相繼昇華而產生的結晶。[55]

往昔就在這座莊嚴綺麗的宗教聖殿裡，法國歷史上一齣齣的重要戲碼輪番上演：腓力四世召開了法國史上首次的三級會議；教廷在此為貞德設立了平反訴訟會；拿破崙一世更是選擇在

---

[54] 維克多・雨果著，管震湖譯，《鐘樓怪人》，頁177-178。
[55] 前引書，頁170-171。

此舉行加冕禮，向全歐洲宣示行將就木的神聖羅馬帝國覆滅後，新的「皇權」所有者將於此誕生。顯然，聖母院也藉由歲月向世人證明，想了解法蘭西的政治及文化史，就不得不理解它、親近它。

雨果《巴黎聖母院》的問世及暢銷，當時就引發了社會和官方對年久失修的聖母院是否應進行維修保存等方面問題的關注探討，[56]因此聖母院便在1840年代開始對內外部進行一系列的修復工作，這其中以建築師維奧萊－勒－杜克（Eugène Emmanuel Viollet-le-Duc, 1814-1879）的工程部分最為知名。維奧萊－勒－杜克此前就曾參與修復過聖丹尼聖殿、亞眠大教堂（Cathédrale Notre-Dame d'Amiens）皮耶爾雷豐德（Pierrefonds）、卡爾卡松城等名勝，甚至西堤島上另一座華美殿堂——聖禮拜堂的修復工作亦由其所主導，是故在當時他儼然是國內中世紀建築修復工程的權威。維奧萊－勒－杜克認為哥特建築既不屬於浪漫主義，亦非宗教熱情，而是在材料、形式、規則、細節裡均體現彼此的邏輯關係，各個構件與建造的統一性才是建築的源頭，在他對聖母院進行長達二十年的修復工程時間裡，除了舉世聞名的石像鬼怪獸群像乃出自其詮釋之外，聖母院建築頂端那座高約一百零六公尺的尖塔也是他所搭建上去的，維奧萊－勒－杜克所設計的尖塔拱頂較輕、空間較大，一改先前教堂厚重的拱壁、空間狹小的缺陷，使之成為法國宗教建築的標竿。當年教會為了感念維奧萊－勒－杜克對聖母院的再造之恩，還特准地將尖塔拱頂上那排聖徒群像裡的聖托馬斯，製作成自己的面容，似乎也是有意讓他永遠伴隨著自己建築生涯中的頂尖之作。但最令人感到遺憾且難過的是，2019年這場祝融之禍卻使得維奧萊－勒－杜克當年的尖塔拱頂付之一炬，當晚尖塔在眾目睽睽下轟然倒塌的那一幕，相信讓現場和電視機前的每一個愛護聖母院的民眾都感到痛心刻骨。

聖母院前廣場的地上鑲嵌著一塊圓形銅板，被稱為巴黎原點（Point zéro des routes de France）。全法國任何一座城市與巴黎的距離，至今都是以該原點為基準，這個原點向來也是觀光客來此會特意尋找的地標。據聞凡是踩一下原點，就能再次如願回到巴黎，因此不少真正喜好熱愛巴黎的人，在離開聖母院前都不忘順便踩一下原點。火災過後，因教堂外部被層層柵欄隔離，以至於筆者此回考察時無法順利踩到原點，但無論如何，期待巴黎聖母院

---

[56] Bertrand Audouy: *Les Trésors de la Culture.*(Paris: ORACOM, 2019), p.78.

在日後能順利進行全面的修復工作，於不久的將來浴火重生般地回到全世界喜愛它的人們眼前。我衷心地盼望著……

祝融災後半年的聖母院景象

8

印象派與世紀末
喧鬧、繽紛的巴黎

✦ 走進印象派世界 ✦

　　1874年四月十五日，位於巴黎歌劇院附近嘉布遣大道三十五號（35 Boulevard des Capucines）的建築，原是著名攝影師納達爾的工作室，然而自從這一天起，歷史對這裡所發生的一切評價與看法將會有所不同。

　　一場名為「無名畫家、雕刻家，版畫家協會展」（*Société anonyme des artistes peintres, sculpteurs et graveurs*）的公開展覽活動在此舉行，本次展出作品的藝術工作者們，大都是在藝術界尚未闖出名聲、年輕且敢於挑戰傳統、並往往不為學院沙龍所接受者，這個聯合展覽邀集了總共三十名的藝術家參展，他們當中將有好幾位的名諱至今仍享譽國際：莫內、雷諾瓦、畢沙羅、希斯萊、竇加、塞尚……，只不過在參展的當時他們僅奢求能獲得一些社會對他們的關注。之所以租用納達爾的攝影工作室為展廳的原意亦是如此，身為十九世紀後半葉巴黎知名攝影家的納達爾，多年來憑藉純熟的攝影技術和善於捕捉人物神韻的能力，成功拍攝過當時代歐洲不少富有盛名的人物，如克里蒙梭、大仲馬、李斯特、喬治·桑、波特萊爾和德拉克洛瓦等人，因此這一群青年藝術家的聯展之所以選擇於此，亦為藉由納達爾的名聲來增加宣傳效果。

　　然而，這次聯展帶給外界的觀感卻遠遠超乎他們所預料，儘管在開幕當月便吸引了三千五百名參觀人次的入場，但包含專業評論乃至一般社會大眾，對這個聯展都給予無情的抨擊和嘲諷。有人嘲笑畢沙羅根本不會調色，雷諾瓦的構圖也顯得雜亂無章，尤其莫內的《印象·日出》（*Impression, soleil levant*）更被批評是「一味追求印象般的效果」，這幅作品以紅、黃、藍等鮮明的色彩來表現日出的氛圍，是對色彩運用的全新嘗試，但當時的觀賞者向來習慣傳統的構圖與透視法，完全無法接受這般的色彩塗鴉。《喧鬧報》[1]記者路易·萊羅伊（Louis Leroy, 1812-1885）索性在報導中嘲諷莫內這群年輕人所組成的藝術團體為「印象派」，但這群年輕人

---

[1]　《喧鬧報》（*Le Charivari*）是由夏爾·菲力彭（Charles Philipon, 1800 -1862）所創辦的諷刺畫報，見第三章。

似乎不以為意，因為這個語帶諷刺的名稱剛好符合他們欲掌握光影瞬間變化的藝術特色，不久後他們便欣然地以此自稱起來。「印象畫派」於焉誕生。

自1874年的首次聯展，直至1886年的十二年之間，這群藝術家始終以「印象派」之名稱舉辦聯展，總計舉辦了八次。不過，想要把這麼一群才華、性情及風格均截然不同的繪畫英才長期聚集在一起，確實是令人為難的事。後世一般所泛稱的印象派成員，即前述章節所提及時常聚會於巴提紐勒大道上的蓋爾波瓦咖啡館為主的幾位好友，《巴齊耶的工作室》這幅作品中也為後世描繪見證其日常交往情景。最初這群年輕藝術家只是因為反對學院僵化的美學而聚集，然而細究每一位的背景與個性理念，便會發現存在著相當大的差異。馬內堅決不參加印象派所舉辦的任何一次聯展，他始終認為參加沙龍展才是對傳統學院派藝術的回應，對於這群好友們選擇在體制外的挑戰，馬內僅給予友誼上的支持；莫內則喜歡研究光線與光影的流動；竇加偏愛描繪人物的各種日常形象與姿態；雷諾瓦喜愛描繪歡愉的場合與美麗的胴體；畢沙羅側重空間與形體之間的平衡；性格孤僻的塞尚則更在乎體積與形體的描繪。有些人仍舊習慣在畫室裡作畫，有的則主張走出戶外寫生，有人特別偏好鄉間樸實的景物，也有人擅長描繪都市中產階級的生活風貌。**因此所謂的印象派並非專指特定的風格、題材與技法，其美學亦無法以一定範疇來詮釋，每位藝術家的創作理念以及對於舉辦聯展的態度也都大相逕庭，**[2]因此並非每一位印象派成員都參加了這八次的聯展，隨後的參展者也並不限定是印象派成員。值得注意的是，**僅有畢沙羅一人自始至終參加了每一次的印象派聯展，可見他對於印象派運動這項事業投入極大的熱情。**

印象派在十二年之間所舉辦的八次聯展始終未能引起藝評界與社會的共鳴，**外界的冷漠對待使得這批藝術家彼此之間對挑戰傳統學院的初衷有了不同的分歧，有些人仍未忘懷沙龍展和傳統藝評界，因此對印象派的行動總是顯得若即若離；另有**

---

[2] Francoise Cachin著，李瑞媛譯，《馬內：我畫我看到的！》（*Manet*，臺北：時報文化出版社，2001），頁101-102：「馬內與竇加有一共同點，就是他倆與二畫派劃清界線：雷諾瓦、希斯萊和莫內的阿讓特伊（Argenteuil）畫派，及畢沙羅、塞尚領導的奧維（Auvers-sur-Oise）畫派。不同之處在於風景畫對他倆而言僅是附屬畫題，除兩人都是人像畫家外，即使馬內1870年的戶外畫作亦如是，畢竟他倆都是『都會市民』。」

一些畫家則索性獨立出走另闢蹊徑，潛心研究出自己的藝術理念，因此印象派活動也隨之分離四散而逐漸瓦解。 不過直至世紀末，印象畫派在藝術界發展的影響力已不能小覷，因為他們已成功從窒礙難行的傳統藝術裡走出了一條新的創作道路，透過他們的作品不僅能清楚地展現十九世紀後期巴黎的生活樣貌，印象派更為即將來到的新世紀藝術運動開展了一個更寬廣的表現舞臺。

印象畫派之所以會在十九世紀下半葉崛起並逐漸成為時代的象徵，仍必須從當時代的背景來探討。以下，筆者將藉由分析當時代的幾點社會背景因素，從而釐清印象畫派的發展故事以及他們筆下的巴黎風貌。

嘉布遣大道三十五號印象派首次聯展場地

（一）科學原理運用於藝術領域

法國化學家謝弗勒爾（Michel Eugène Chevreul, 1786-1889）於1839年發表《色彩的和諧和對比原理》（*Loi du contraste simultané des couleurs*），使新一代的畫家們對於原色的對比及陰影明暗的對比效果開始注重，其中受其影響最強烈的便是後來的新印象派畫家秀拉（Georges-Pierre Seurat, 1859-1891）。秀拉的繪畫方法為「點描法」（Pointillism）或「網點分色法」（divisionism），點描法的運用與謝弗勒爾色彩理論的發展息息相關，技法上是根據光學原理，將原色（紅、黃、藍三色）以點狀的筆觸畫在畫布上，讓雙眼在觀畫時於視網膜中自動調色，藉此形成更高純度的色彩感受。[3]

---

[3] 關於這套對新印象派的繪畫理論，王德育教授提出了不同的論點，認為：「『點描法』屬於客觀的形

今日收藏於美國芝加哥藝術博物館（The Art Institute of Chicago），秀拉的代表作《大碗島的星期天下午》（*Un dimanche après-midi à l'Île de la Grande Jatte*）即是光學原理運用於藝術領域的最佳例證。大碗島（或譯大傑特島）是今日塞納河下游，巴黎邊陲的塞納河畔訥伊（Neuilly-sur-Seine）與庫爾布瓦（Courbevoie）之間的河岸島嶼。整座島嶼長約兩公里，最寬處近兩百公尺，今日島上大約有四千多名居民，包括法國前總統薩科奇（Nicolas Sarkozy, 1955-）和知名影星尚・雷諾（Jean Reno, 1948-）等人。早在1818年時路易・腓力便因買下訥伊城堡（Château de Neuilly），便時常與家人到這座尚未開發的島上度假休閒，到了奧斯曼時期該島進一步開發過後，島上的河濱公園綠地成為了不少中產階級假日休閒的去處。不同於傳統印象派擅長用粗獷的筆觸描繪自然的光與色，秀拉在這幅畫中以許許多多的小色點，組成了畫面中的人群、樹木、河水與陰影，除了簡化當中人物的形體與姿勢之外，更加表現出畫面的靜止感以及背後所寓含的優閒氛圍。事實上，**秀拉也是在盛行多年後的印象主義走入瓶頸之際，試圖在印象派對於光線的強調追求道路上，以新的科學理論配合印象派的抒情性來解決與調適繪畫的感官問題。**

（二）工業革命對現代生活的影響

　　法國相較於英倫的工業革命儘管落後近半世紀，但在第二帝國時期後，工業化的逐漸普及所帶來的都市現代化亦改變了巴黎人的生活面貌。尤其奧斯曼針對城市改造所進行的施政，老舊破落的建築幾乎難逃拆毀的命運，林蔭大道與公園綠地的公共空間之擴展，也為這個城市帶來了嶄新的面貌，有別於中世紀時代巴黎暗無天日的窄街陋巷，拓寬革新後的巴黎市區迎來了充沛的陽光與朝氣，寬闊筆直的林蔭

容，關注的是描繪色點的筆觸，『網點分色法』則偏向於色彩學理論的觀點，『新印象派』則是著重這種風格與印象派繪畫的關係。根據一般的說法，印象派繪畫是以牛頓的彩虹色系原理作為色彩運用的基礎，先在調色盤調配顏色後再畫到畫布上，色彩的彩度與亮度會因而降低，於是新印象派畫家就運用光學原理，利用觀者的視網膜作為調色盤，例如黃色的點與藍色的點經由觀者的視網膜就混合成為綠色，而紅點與黃點就混合成為橙色，紅點與藍點就成為紫色等等……。如果仔細觀看以點描法所繪製的原作，就可清楚看到畫面的色點本來就是綠色、橙色、紫色等等各種色點，這些色點都是事先就調配的顏色，根本就不是藉助觀者視網膜的轉化才產生不同的顏色。……秀拉雖然採用印象派的彩紅色系，但他所探討和想要表達的不僅僅是光影的閃爍，而是著重如同皮維德夏宛拿所追求的永恆存在感。」參閱王德育，《藝術史101：從印象派到超現實主義》（新北：活字出版社，2015），頁52、60。

大道、春光明媚的公園和現代化便捷的交通設施，吸引了來自川流不息的來往人潮。因此印象派的作品，完全跳脫於傳統學院的歷史畫與聖經、神話等窠臼題材，以全新的視野來描繪改造過後的城市風貌，宏偉的公共建築以及熙來攘往的街區皆能成為其入畫的新題材。

須特別注意的是，因工業水準之進步所帶來的生活便利，也是促使印象畫派崛起極為重要的因素，這些畫家們正好活躍於這麼一個煥然一新的時代，例如十九世紀中葉之後蒸汽火車、車站與鐵道橋等新興事物的普及，工業革命後所帶來的便捷使得人類的世界逐步地縮小，城鄉之間的距離也逐步地拉近當中，畫家們只要買張車票跳上車，便能輕鬆自如地在城市近郊進行來回的巡遊寫生，**鐵道與火車更有別以往而成為了畫中的新鮮物件。**

然而，能使畫家迅速地到達寫生的目的地還遠遠不夠，還得**搭配繪畫工具的改良**，讓畫家們得以輕鬆自如地搭車往來於各城鄉之間。例如**畫架的縮小和折疊性**讓其攜帶更加方便，後世時常在文森·梵谷的作品和形象裡看到他背著畫架遊走各地的姿態；而傳統習慣由鼬科動物的毛髮製成的畫筆，也在這個時期由原本光滑纖細的貂毛，改為更粗、更硬的豬毫，搭配**裝上金屬箍（ferrule）的平頭刷畫筆**，這種材質的畫筆能在畫布上盡情描畫出一條條由顏料構成的溝壑，因此更具表現力，更適合以點擢的筆觸來呈現水波、景物與人群；更特別的是1841年由美國畫家約翰·蘭德（John Rand, 1801-1873）所發明的**金屬顏料管（the paint tube）**，使顏料商方便將不同的油彩裝在容易擠壓的錫管裡，印象派畫家不再需要像傳統畫家必須在畫室內費時調色，再將研磨調好的亞麻仁油的油彩裝進易破損的豬膀胱來攜帶顏料；科學技術的進步也連帶研發大量的**合成顏料**，火星紅（Mars red）、鈷藍（cobalt blue）、法蘭西群青（French ultramarine）……，不少前代畫家聞所未聞、前所未見的水彩顏料問世，更增加了印象派繪畫比起傳統藝術在色彩上的豐富性。凡此種種，皆是身處在十九世紀中葉之後拜科學文明進步之賜所帶來的改變。

位於第八區的聖拉札車站（Gare de Paris-Saint-Lazare）是1841年巴黎建造的第一座火車站，至今仍是法國國鐵（SNCF）在巴黎的七大列車始發站之一，也是歐洲第三繁忙的鐵路車站，過去莫內曾在這裡留下七幅描繪該車站及它周邊場景的

畫作。其中收藏於奧塞美術館的《聖拉札車站》（*La Gare Saint-Lazare*）堪稱最為經典的一幅，透過火車站罩幕所投射下來的天光，以及蒸汽火車頭所噴發出的煙霧所形成的瞬間光影變化，莫內曾對雷諾瓦這樣敘述著他的創作理念：

> 我想要表達火車剛開動時的情景，……蒸汽火車頭噴出來的濃煙讓周邊
> 變得煙霧瀰漫，這是多麼令人著迷的情景……。我要請他們將開往盧昂的火
> 車延遲半小時出發，那樣光線會更好。[4]

聖拉札火車站是莫內極為喜愛的車站，由這裡發車可抵達他的故鄉諾曼第，許多印象派畫家也時常至此搭車前往奧維、蓬圖瓦茲和阿讓特伊等地，今日不少遊客欲前往莫內往年所居住的那座美麗的吉維尼（Giverny）花園，也是得在本站出發。這座火車站以及蒸汽火車的影像深深吸引了莫內的目光並得到了絕佳的詮釋，同時**莫內也藉由七幅對聖拉札車站的影像描繪表現了對新時代工業革命文明的讚頌與無限的憧憬**。儘管今日車站裡蒸汽火車頭已不復見，但當我站在百餘年前莫內於月臺作畫的角度端詳這座車站的玻璃罩幕與鐵軌，仍舊為空間中剎那間的光線投影感到著迷。

古斯塔夫・卡玉伯特（Gustave Caillebotte, 1848-1894）另有一幅收藏於日內瓦小皇宮美術館的《歐洲之橋》（*Le Pont de l'Europe*），也選擇了聖拉札車站類似的主題來呈現。不過與莫內不同的是，卡玉伯特畫中的場景是在車站軌道上方的鐵橋，這是由聖拉札車站出巴黎的鐵軌上方所搭建的橋樑，橋樑兩端連接著六條不同方向的道路皆以歐洲的大城市命名，旁邊即為今日歐洲－西蒙娜・維爾（Europe-Simone Veil）地鐵站[5]所在的歐洲廣場圓環（Quartier de l'Europe）。佇立於鐵橋

---

[4]　陳淑華著，《印象巴黎：印象派足跡尋旅》（臺北：雄獅出版社，2002），頁68。

[5]　西蒙娜・維爾（Simone Veil, 1927-2017），法蘭西學術院院士、歐洲議會前議長、人權鬥士。西蒙娜出生於南法尼斯的猶太家庭，她曾在二戰期間被關進惡名昭彰的奧斯維辛集中營，因此手臂始終留有集中營的囚號78651，早年困苦的經歷使她萌發了畢生為人權主張奮鬥的信念。戰後逃過一劫的西蒙娜進入著名的巴黎政治學院（Paris Institute of Political Studies）學習法律，並在三十年後成為法國政

上的行人正俯視著下方的鐵軌，而一對穿著雅致高尚的男女正朝著前景走來。可以想見卡玉伯特著重描繪了十九世紀下半葉的都市革新風貌，然而他「筆下所傳達的情境少了雷諾瓦對於現代生活那般積極樂觀的明亮色彩」，[6]相較於其他的印象派作品，「卡玉伯特的都會景觀裡少了炫麗的享樂色彩，多了憂懷的人文情調」，其作品時常展現特別的孤傲審美視角，「他關照的並不是俗世生活著重享樂觀的盡興美學，而是逐漸被俗世價值潮流吞沒，被動改變的人們充滿迷惘的疏離心情。」[7]相較於大多數臺灣民眾所熟知的莫內與雷諾瓦等人，卡玉伯特始終在印象派的陣營中屬於邊緣性的畫家，這不僅與其創作風格有關，更源自於他的私人性格。

話說從頭，1870年代初期，一場普法戰爭使得原蓋爾波瓦咖啡館的青年藝術家聚會分崩離析，而**巴齊耶的陣亡不只讓這個同儕團體痛失摯友，更是喪失了一個在經濟上能夠給予眾人支持的堅定力量。**但莫內等人並沒有忘記巴齊耶當年為好友們所做的努力與鼓勵，眾人始終記得**是他率先提出要獨立於沙龍之外舉辦聯展的想法，並且果然在日後付諸實行了，巴齊耶的作品在聯展上也被好友們一同展出，以示不忘這位昔日團體中的一員**。但就經濟實際面上而言，巴齊耶的缺席之後，缺乏有力的資金負擔工作室租金、模特兒與畫商仲介，確實讓印象派畫家們在發展的初期顯得左支右絀，捉襟見肘。如此的窘境，直至卡玉伯特加入這個團體後才得到了改善。

生於1848年的卡玉伯特，來自於巴黎一個富裕的紡織與地產商家庭，也由於家族事業的關係，他**自幼便深刻感受到奧斯曼改造後的巴黎，正逐漸充滿著現代化的**

壇女性崛起的象徵。1974年，她出任季斯卡政府的衛生部長，在她力爭之下，《自願終止妊娠法》獲議會通過，使人工流產在法國成為可能，讓法國女性獲得了更多掌握自己身體的權利。1979年，西蒙娜擔任了歐洲議會的首位女議長，她事業的另一個重心便是為捍衛歐洲的繁榮與各種族間的和解而努力。2010年八十二歲的西蒙當選法蘭西學術院院士，成為該院成立三百多年來的第六位女院士。西蒙的夫婿安東・維爾（Antoine Veil）於2013年去世，生前是政治家與社會改革者，夫婦均是法國現代史上少見的、廣受社會尊重的政治人物。西蒙娜於2017年六月三十日去世，維爾夫婦的靈柩在七月一日由家人和法國總統馬克宏與現場上千名國民的目送之下進入先賢祠安奉，當天先賢祠正中懸掛著維爾夫婦的巨幅像，左右分別掛著法國國旗與歐盟旗幟，維爾夫婦成為法國歷史上第三對入祀先賢祠的夫婦，而西蒙也是法國史上第五位入祀先賢祠的女性。巴黎市議會並於2017年決議將原歐洲廣場地鐵站更名為歐洲－西蒙娜・維爾地鐵站。

6　何政廣主編，黃舒屏撰文，《卡玉伯特》（臺北：藝術家出版社，2004），頁8。
7　前引書，頁141。

濃郁氣息、交通網絡的順暢以及都市景觀的巨變，也使得他對於空間景物與人物之間的互動對比關係顯得格外地敏銳。1869年卡玉伯特從法律系畢業之後，並未繼續往法界發展，意識到藝術才是他想追尋的道路，他進入了藝術學院，在那裡奠定了繪畫的基礎。1874年，卡玉伯特在參觀印象派的首次聯展後大為激賞，並結識了竇加、畢沙羅等人，開始給予該團體若干的資金援助。兩年後，由於認同印象派的挑戰傳統束縛之理念，卡玉伯特參加了第二次的聯展，《歐洲之橋》這幅作品即是此一時期所創作的。

儘管後世對於印象派藝術家一向都聚焦在莫內、雷諾瓦或竇加等人，實際上對印象派各次聯展的舉辦最為熱情投入者，除了畢沙羅之外就屬卡玉伯特了。為了如期舉辦每一次的聯展，畢沙羅總是展現他調和鼎鼐、居中協調的長處，聯絡並平息每一位藝術家不同的意見與紛擾。而卡玉伯特則利用家族事業所掌握的人脈，為了租借場地四處奔走，並與畢沙羅細心整頓策展空間。也因此，在後續的第四、第五屆的聯展，藝術家因理念造成的分歧，希斯萊、雷諾瓦、莫內相繼地退出聯展，對畢沙羅與卡玉伯特而言是顯得多麼無力與疲憊。

1878年前後，三十歲的卡玉伯特接連遭逢家變，最親愛的父親、母親與弟弟相繼過世，他得知了家族原來有早逝的遺傳因子，自此價值觀與心境產生了相當大的轉變，縱使家財萬貫依舊留不住最親愛的家人的生命，**感嘆人生無常與短暫的卡玉伯特愈益顯得孤獨與空虛。**[8]今日收藏於美國德州金堡美術館（Kimbell Art Museum）的《於歐洲橋之上》（*Sur le Pont de l'Europe*）延續了《歐洲之橋》的主題，但卡玉伯特利用紫羅蘭色的處理，搭配畫中立於橋上觀看車站遠景的紳士背影，**既能襯托出工業都市中鋼鐵物件的反光，也營造出整體畫面的憂鬱落寞氛圍，此畫象徵著藝術家心境的寂寥與對大都會空間的疏離感。**

---

[8] 1878年，卡玉伯特遭遇了喪母之痛，曾受過其金援的塞尚由南法致信慰問：「當您遭受新的不幸打擊時，知道我遠離巴黎，將會原諒我沒有對您盡應有責任。……即使在您處於不幸中，請接受您對我們所盡各種努力的謝意。我雖不知道令堂，然而我知道所愛之人消逝的難受，對於您的苦痛感同身受。親愛的卡玉伯特，誠摯握手致意。請將時間與注意力轉移到繪畫方面。繪畫才是排解我們悲傷的最確實手段。」參閱塞尚等，潘襎編譯，《塞尚書簡全集》，頁159-160，〈1878年十一月十三日塞尚致卡玉伯特書信〉。

因此雖然莫內與卡玉伯特皆選取了車站、鐵路或鐵橋作為新時代風貌的主題，「但是莫內所表現出來的是洋溢著繁華熱鬧的都會氣氛，強調生氣盎然的活力，而卡玉伯特在類似畫題上投注的觀察卻全然相異，他表現一種疏離漠然的冷感氛圍，人物在現代化所營造的偌大空間中，反而失去安全感與彼此依賴的親密人際關係」，[9]**此後紫羅蘭色成為卡玉伯特最頻繁、最擅長使用的色調，而他所描繪的都會風格也時常帶著一股冷漠疏離的氣息。**

　　如前所述，鐵路交通的便捷讓印象派畫家們得以拉近都市和郊區城鎮之間的距離，從此寫生活動的範圍拓展了許多，像是巴黎東邊的**楓丹白露森林**，便是這些年輕畫家初期時常造訪之處。第五章我們曾提及曾擔任巴黎公社警署警長的里戈，早年便曾在逃亡至楓丹白露森林時偶遇在此作畫的雷諾瓦，得到畫家的出手營救。又如希斯萊早在1864年便習慣在楓丹白露一帶作畫，俄羅斯普希金博物館（Pushkin Museum）於2018年曾來臺展出一幅希斯萊的《楓丹白露的林間空地》（*The Outskirts of the Fontainebleau Forest*），畫面中以嚴峻黯淡的色調呈現出該森林秋季的蕭瑟情景，希斯萊極為喜愛楓丹白露，甚至還選擇遁居於森林東側的莫瑞特（Commune Moret Sur Loing）小鎮，於此終老。

　　至於畢沙羅則與塞尚時常結伴到**蓬圖瓦茲、奧維**等地寫生，巴黎西北郊的瓦茲（Oise）河谷擁有起伏多變的河谷地形，以及純樸無華的村鎮風光。奧塞美術館裡所收藏塞尚兩幅極具代表性的作品，《自縊者之家》（*The Hanged Man's House in Auvers*）與《奧維嘉舍醫生之家》（*The House of Dr. Gachet in Auvers*），有別於傳統印象派作品裡的平坦視野，前景中的巨大建築遮蔽觀者的遠眺視線，卻也展現出村莊裡一派平和穩定的鄉間氣息。

　　此外還有塞納河下游河灣處的**阿讓特伊**（Argenteuil），因寬闊的河谷平野則更加吸引大量的巴黎中產階級至此遊覽，莫內、雷諾瓦、卡玉伯特與從未參加過聯展的馬內就特別喜愛這裡。阿讓特伊一帶有涼爽的林蔭步道，以及許多俱樂部與餐

---

[9]　何政廣主編，黃舒屏撰文，《卡玉伯特》，頁72。

館，在此提供了划船玩水等休閒活動，為此莫內還在一艘帶槳的船上搭蓋了工作室，如此他便可依照畫面構圖的需要，將船身移動到適當的位置。**從莫內身後所留下的作品數量分類來看，除了晚期大量的睡蓮主題之外，就是以阿讓特伊的湖面風光最多了，並且由莫內首任妻子卡蜜兒時常擔任作品中的模特兒看來，這裡更是充滿著莫內與卡蜜兒最難忘、最深刻的回憶。**[10]印象派畫家們大都在一八七〇年代來到這裡作畫，此時期他們對水面、天光、橋樑等景物的處理方式極為接近，也共同讚頌同一主題與美景，可說是印象派畫家早期最有默契、共通表現手法之時。

當然，印象派畫家也絕不會錯過經由奧斯曼改造後的嶄新巴黎之風貌，透過他們每一位的眼光及感受，世紀末變動中的巴黎以一種繁華富生命力的形象在藝術史上保存了下來。在印象派首次聯展裡，後世皆對莫內的印象僅僅是那幅著名的《印象・日出》，實際上早在同一個時期，莫內便創作了《通往嘉布遣的林蔭大道》（*Boulevard des Capucines*），[11]這是印象派畫家當中最早意識到以俯視的角度來呈現出變動中的巴黎，並以點擢的筆觸來表現移動中的人群，造成視覺模糊的意象；同時透過遠方的天空與浸潤於飽滿氤氳水氣中的建築物來表現出空間與時序的變化。世紀末時的畢沙羅則援用了此原則，針對巴黎的更多場景如蒙馬特大道、歌劇院大道、新橋、羅浮宮與杜樂麗花園，呈現出在四季晨昏變換下巴黎迷人的不同風貌。[12]

除了具體描繪工業革命後的都市全景風貌之外，印象派更是**將新興的中產階級所從事的休閒活動以及日常社交，諸如野餐、郊遊、划船、散步或旅行，納**

---

[10]　可參考奧塞美術館藏《阿讓特伊之橋》（*The Bridge at Argenteuil*）、《阿讓特伊的塞納河》（*The seine at Argenteuil*）、《阿讓特伊的鐵道橋》（*The Railway Bridge at Argenteuil*）與《阿讓特伊的罌粟花田》（*Poppies at Argenteuil*）；美國波士頓美術館藏《阿讓特伊藝術家花園內的莫內夫人及孩子》（*Camille Monet and a Child in the Artist's Garden in Argenteuil*），均為此一時期經典作品。

[11]　此畫原作現藏於美國堪薩斯尼爾斯阿德金博物館（Nelson-Atkins Museum of Art, Kansas City）。

[12]　該系列之經典作品，可參考美國紐約大都會博物館藏《春日早晨的杜樂麗花園》（*The Garden of the Tuileries on a Spring Morning*）、《冬日午後的杜樂麗花園》（*The Garden of the Tuileries on a Winter Afternoon*）、《冬天下午的杜樂麗花園》（*The Garden of the Tuileries on a Winter Afternoon*）、《冬日早晨的蒙馬特大道》（*The Boulevard Montmartre on a Winter Morning*）；美國賓州費城藝術博物館藏《巴黎新橋的午後陽光》（*Afternoon Sunshine, Pont Neuf*）與《早晨的陽光》（*Morning Sunshine*）；美國華盛頓國家畫廊藏《早晨日光下的義大利大道》（*Boulevard des Italiens, Morning, Sunlight*）、《巴黎凱旋門廣場》（*Place du Carrousel, Paris*）；俄羅斯聖彼得堡冬宮博物館藏《巴黎蒙馬特林蔭大道》（*Boulevard Monmartre in Paris*）；巴黎小皇宮美術館藏《皇家橋和花神樓》（*The Pont Royal and the Pavillion de Flore*）等。

入了他們的繪畫題材。藝術史家克拉克曾引述十九世紀法國知名記者伯納迪爾（Bernadille）在1878年於《巴黎的週日》（*Le Dimanche à Paris*）當中對該時代休閒現象的描繪

> 那一天，一個新的群體占據了整個巴黎：占據了巴黎的景觀、咖啡館、公共休閒場所、公園、林蔭大道、王家宮殿、火車站、郊區。在那一週裡，你可以毫不費勁地找到他們的影子，混雜在普通人群裡，而那些普通人群則被淹沒在他們的身影裡。現在，他們正在大搖大擺、招搖過市；他們布滿街道，在整個巴黎氾濫。這座偉大的城市從早到晚都屬於他們。[13]

　　在十九世紀之前，散步、野餐、划船、旅遊等休閒宴樂活動幾乎只能壟斷於上流貴族階層之專利，我們可透過洛可可時期繪畫大師華鐸（Jean-Antoine Watteau, 1684-1721）著名的《舟發西苔島》（*Le Pèlerinage à l'île de Cythère*）以及同時代畫家布雪（François Boucher, 1703-1770）或福拉哥納爾（Jean-Honoré Fragonard, 1732-1806）的系列作品窺見端倪。然而**自工業革命及資本主義所帶來的社會轉變後，新興階層得以透過新時代交通之便利與城市改造後之革新享受到這種前所未有的宴遊休閒之樂，這是十九世紀在人類歷史上於民生物質方面相當重大的轉變和進步**，而這樣的生活新形態轉變自然而然也成為了印象派畫家筆下絕佳的主題。例如莫內早期受馬內所影響而繪製的《草地上的午餐》，巧妙地運用樹蔭之間的光影對比，將一群在楓丹白露森林野餐的青年男女的宴遊之樂刻畫得極其生動，特別是畫面當中的男女模特兒還是巴齊耶與卡蜜兒，這幅色彩斑斕與清新爽朗的作品對莫內顯得特別重要。[14]當然，雷諾瓦最為人所熟知的代表作《煎餅磨坊的舞會》（*Bal du moulin de la Galette*）與《船上的午宴》（*Le Déjeuner des*

---

[13] T. J.克拉克（Timothy James Clark）著，沈語冰、諸葛沂譯，《現代生活的畫像：馬內及其追隨者藝術中的巴黎》（*The Painting of Modern Life: Paris in the Art of Manet and his Followers*），頁208。

[14] 可惜的是當初莫內在困頓之餘將這幅作品抵押出去，待日後有餘力時將其贖回，卻發現作品嚴重受潮，懊惱下的莫內將畫進行裁剪。今日奧塞美術館所藏之原作，僅存畫面左半部兩塊，而尺寸較小的版本（130 x 181 cm），則收藏於俄羅斯普希金博物館，並於2018年十一月曾來臺展出。

canotiers）亦為這類型題材中之佼佼者。這類型作品所展現的休閒娛樂，不僅代表了十九世紀下半葉資產階級的生活形態，通過主題的表達與藝術表現手法，也反映了印象派藝術特別的藝術觀念，即**藝術並不涉及思想或任何動機，乃是純粹的娛樂和生活的展現**。

在印象派一系列描繪十九世紀下半葉資產階級之生活樣貌的題材作品當中，筆者尤偏愛卡玉伯特於1877年繪製的《雨天的巴黎街景》（*Rue de Paris, temps de pluie*）。卡玉伯特透過幾位在雨中撐傘漫步的行人、街旁林立的高大建築、規劃完整的大道與筆直豎立的街燈，強調了畫面中整體的氛圍均為歷經現代化改造後的巴黎都會形象。此外，**人行道以及被雨淋濕的鋪路石，除了刻意呈現出潮濕的光澤效果，也象徵了巴黎改造後有別以往的工程品質**。值得注意的是，前景中向觀者迎面走來的一對男女，透過身穿的服飾與禮帽、女性的面紗與閃亮的小耳環，都顯示出其身分是引領巴黎時尚消費文化的資產階級。我最為欣賞這幅作品的小插曲，便是畫中這對撐著傘走在人行道上的資產階級男女，即將要與畫面中右方進入畫面的男子擦肩而過，這名背對著觀賞者的男子同樣也是撐著傘，不料狹窄的人行道似乎無法容納雙方所撐的傘，資產階級男士的注意力此時卻被吸引至對街上，絲毫未曾注意接下來雙方幾乎會是狹路相逢。此時，右方男子只好調整了自己手中的傘的角度，以免與對方的傘發生碰撞。**這僅僅是現代化都市裡偶然邂逅的一個極細微的場景，或許都不約而同發生於今日世界的你我之間，但卡玉伯特的作品裡不僅呈現出新時代巴黎的都會樣貌，更是具體而微地描繪了都市生活中稍縱即逝的小細節**，因此將其作品視為最善於描繪資產階級都市生活史詩般畫面之佳作，一點也不為過。[15]

此外，印象派除了在室外描繪了大量的都市休閒風貌外，比起傳統的藝術題材，更增添了巴黎資產階級的都會新興夜生活，諸如劇院、夜總會、咖啡館等娛

---

[15] 這幅《雨天的巴黎街景》今日收藏於美國芝加哥藝術學院（Art Institute of Chicago）。另外卡玉伯特這幅作品的實地場景，位於右岸聖拉札車站附近的歐洲區一帶，由歐洲橋沿著聖彼得堡街（Rue de Saint-Pétersbourg）向北行，至杜林街（Rue de Turin）與莫斯科街（Rue de Moscou）的交叉路口便是。讀者可以試著站在聖彼得堡街及杜林街的路口拍張照片，將會發現周邊建築物一如往昔，與百餘年前卡玉伯特作品中的背景並無大大差異。

樂場景皆能入畫。收藏於倫敦大學科陶德藝術學院（The Courtauld Institute of Art）的雷諾瓦名作《劇院包廂》（La boîte de théâtre）是他在1874年印象派首次聯展中推出的作品，儘管畫中只有兩位人物卻能充分感受到劇院包廂裡雍容華貴的氛圍，雷諾瓦以溫馨的色調凸顯出畫面前坐的貴婦，並以粗獷的黑色線條與白色相間的淺色，襯托出她光彩照人的豔麗。最有趣的是後方的紳士，他的興趣很明顯地並不在表演舞臺上，而是心無旁騖地舉起望遠鏡仔細觀察其他的包廂，至於他正在瞧些什麼呢？這確實是一個頗耐人尋味的問題，**雷諾瓦極其生動且寫實地為後世保存了十九世紀都會風華的風貌，並習慣將畫面定格於最巧妙美好的一瞬間，形成了他獨有的個人特色。**除此之外，印象畫派裡的美國女畫家卡莎特（Mary Cassatt, 1844-1926），也分別於1878年至1879年推出兩幅關於劇院題材的作品：《包廂中》（In the Loge）與《包廂中戴珍珠項鍊的女人》（Woman with a Pearl Necklace in a Loge），在前一幅作品畫面中除了前景裡的女士正透過望遠鏡聚精會神地注視前方外，我們還可見到背景包廂中的男士也正以大膽的姿態觀察這位女士。**不同於雷諾瓦以男性角度的窺探寓意呈現，女性畫家更能夠站在該時代女性的立足點上，表現十九世紀的社會氛圍中，女性成為男子進攻性目光注視對象的情形，展現男女觀看行為策略上的社會差異。**後一幅作品則成功地描繪了一位具教養的氣質女性，她衣著高雅，光彩奪目，優雅的粉紅色晚禮服襯托出她穠纖合度的身材，頸上的珍珠項鍊也象徵著她高貴典雅的出身，此刻她正顯得一派輕鬆，以合乎資產階級禮儀規範的姿態，自信優雅地在劇院中展現自己的身段，後方一面大鏡子反射出遠方觀眾的看臺包廂以及上方的水晶吊燈，同時也反射出女主人翁的美麗背影，卡莎特這幅作品巧妙地運用了實際空間與映影空間虛實互見的構圖，作品層次與豐富性則更勝雷諾瓦一籌。**藉由印象派作品中對歌劇院與包廂細節的描繪，搭配巴爾札克《交際花盛衰記》、福樓拜《情感教育》或左拉的《娜娜》，確實已完整將十九世紀劇院裡的風花雪月及活色生香如實演繹在百餘年後的我們眼前。**

當然，這種新興的夜生活娛樂活動，不僅存在於上層階級的歌劇院裡，中下層群眾時常混跡的咖啡館、酒館，乃至聲色場所、妓院等地，印象派畫家們幾乎鉅細靡遺地展現出該時代巴黎形形色色的面貌，竇加那幅人物正處於微醺狀態下的《在

咖啡屋》（*In a cafe or L'Absinthe*），以及文森·梵谷那幅時髦率性的《鈴鼓咖啡館老闆娘塞嘉托莉》（*Agostina Segatori in the Cafe du Tambourin*）都無疑彰顯了傳統學院藝術作品裡所缺乏的下層群眾之生命力。而來自南方土魯斯（Toulouse）擁有貴族血統的羅特列克，更是比起絕大多數的畫家顯得更有膽識，常年流連於蒙馬特各酒館、舞廳與風化場所的他，從不吝於向世人展現這些酒鬼娼妓們的真實生活樣貌。《紅磨坊》（*Au Moulin Rouge*）、《磨坊街的沙龍》（*Salon de la rue des moulins*）這些作品不僅顯得活潑生動，舞女、酒客或性工作者在他的筆下也顯得趣意盎然，快意人生的灑脫形象躍然紙上。

印象畫派將十九世紀晚期的嶄新社會風貌透過新時代的技術以及工具，如實地為歷史留下了最美好、寫實的見證，並加以開拓了藝術題材的寫生範圍。

（三）攝影技術的崛起

實際上攝影技術的崛起亦與工業革命後的時代轉變有著緊密的聯繫，但印象派繪畫在這個部分的作品表現，值得我們再另立單獨要點來做介紹。

如本書第四章所述，攝影技術早在1826年便由法國人尼埃普斯以「日光蝕刻法」發明，並先後歷經了達蓋爾、馬維爾等專業人士的改良，先後運用於人像與街景紀錄的作業方面，確實為後世提供了相當豐富的歷史影像保存工作。直至十九世紀下半葉，人像及景物攝影皆已成為社會上一股新潮流與進步的普及象徵，不只是歐洲各國，攝影技術也在當時流傳至亞洲諸國，在印象派崛起的十九世紀七十至八〇年代，清國恭親王奕訢、李鴻章或日本的坂本龍馬、木戶孝允等人也都接受了該項新技術留下了歷史影像。

攝影技術對於十九世紀的新世代畫家而言，既可作為構圖上的輔助工具，亦可捕捉到瞬息之間光影變化的特色，然而相較之下，攝影對於畫家所產生的衝擊也是極其重大的，畢竟以擬真程度而言，傳統的繪畫無論如何都不會是攝影的對手，即使當時的技術僅能沖印出黑白相片，畫面的解析度也不高，但作為一個新時代兼具新穎時髦與擬真的功能，不少畫家的生計確實受到了相當程度的競爭威脅。的確，對藝術學院裡擅長繪製肖像與神話題材的傳統畫家而言，來自於上流社會的訂單仍

舊可使他們坐享衣食無虞的生活，不過攝影的普及與推廣卻更能夠將這項技術傳播到社會中下階層，況且**攝影師有別於學院派的傳統畫家，能夠扛著機器隨時出外拍攝，沖洗照片的時間也比作畫要來得省時，這也是在奧斯曼看來，之所以選擇馬維爾的攝影來為舊巴黎留存影像，而非以傳統之繪畫最大的優勢所在。**

受到這股新時代技術的衝擊，印象派畫派跳脫以往的傳統學院畫派的框架，努力開拓一條與眾不同的藝術道路。首先在對瞬息間光影的捕捉與變幻的掌握，印象派以莫內和雷諾瓦為代表，完全勝出黑白照片所能達到的境界，例如他們兩人在早期結伴在布吉瓦爾（Bougival）附近所繪的《蛙塘》（*La Grenouille*），這裡是塞納河畔一處露天咖啡和遊艇中心，莫內拋棄了注重色調和形式的傳統繪畫方法，以分解的筆觸顯示畫家視覺重組過後的形象；而雷諾瓦則強調畫面當中景物的聚集，並以淺色和粉色的基調帶出一股溫暖詩意的氛圍，兩人都不約而同將塞納河的粼粼水光，兩岸的綠樹搭配輕盈的遊艇，以及紳士仕女的遊宴玩樂的瞬間效果捕捉入畫，完全超越了當時代攝影技術的侷限。此外，莫內晚年不斷一再創作的《睡蓮》（*Nymphéas*）系列作，更是充分表現光的反射特性，將物體的形態在瞬間變幻的光影裡所呈現的詩意，成功地營造出一股寧靜恬適的氣氛。

有趣的是，受到攝影技術的構圖影響，印象派作品往往能踰越以往傳統均衡構圖的定律，呈現出畫面以一種偶發、捕捉瞬間的自然效果，或是消失線急劇退縮的現象，例如前述卡玉伯特《雨天的巴黎街景》裡右方那位撐傘的男子，僅有半邊的身形進入畫中，以一種突然闖進鏡頭畫面中的氛圍來呈現，這極其明顯是受到攝影技術而產生的鏡頭概念，此類表現手法不僅在凸顯科學性質的新時代概念，更是傳統學院派作品中絲毫不曾採用的。

在印象派當中，受到攝影所影響畫面的構圖最深刻者當屬竇加。在1875年的《協和廣場》（*Place de la Concorde*）這幅作品中很明顯地我們可看出這類呈現手法，在前景中竇加的好友勒皮克子爵（Ludovic Lepic, 1839-1889）與兩位女兒正漫步於廣場中央，三人身後還跟了一隻獵犬。身為拿破崙一世時期將領的後代，勒皮克子爵也是個第二帝國政權死忠的擁護者，即使這幅畫創作的當下拿破崙政權已崩潰多年，但子爵仍過著養尊處優的生活，時常帶著孩子與狗兒上街溜達。在一片

昏黃的協和廣場背景當中，竇加刻意使勒皮克子爵的身軀將後方代表史特拉斯堡的女神雕像遮蔽，在本書第一章裡我們曾介紹過這尊雕像的模特兒是大文豪雨果的情婦朱麗葉・德魯埃，十九世紀初期法國一位色藝雙絕的名伶。可惜的是，普法戰爭後史特拉斯堡被割讓給德國，因此這尊女神雕像在長達近半個世紀的時間裡，全身上下均籠罩著花圈與黑紗，彷彿受到百姓們的致哀。因此這幅畫也展現出竇加的愛國情懷，故意遮去這種悲傷落寞的景象，不忍卒睹。畫面的左方一名手持拐杖的男子與背景中的馬車，不約而同都僅將前身置入畫面當中，極其明顯這便是竇加受攝影構圖之影響，所要表達的瞬間捕捉的畫面效果。此外，收藏於奧塞美術館的《歌劇院管弦樂團》（*L'Orchestre de l'Opéra*）、《舞蹈課》（*La Classe de danse*）、《苦艾酒》（*L'Absinthe*）或《浴盆》（*Le Tub*）這些竇加具有代表性的作品，也都自然不造作地採用了這項特殊的攝像構圖原則。

（四）寫實主義與巴比松畫派的影響

早在印象派崛起之前，庫爾貝對底層生活的寫實描繪便開始打破了傳統的視覺習慣和審美觀念，勇敢發起對鮮明純淨、光彩明亮的學院派藝術風格的挑戰。如前所述，庫爾貝所強調的寫實主義風格，主張摒棄原先學院派美學中的文學或象徵意義，反對保守的歷史與神話題材，他聲稱既然從沒見過天使，就不應該在畫作中畫出長著翅膀的人物，真正的繪畫應該是個人對當代社會現狀的一種如實客觀、理性觀察的反應。

受到寫實主義觀念之影響，**印象派畫家們也欣然接受應以客觀理性的態度去觀察自然以及社會上的各種浮光掠影。只不過他們並未像寫實主義者想藉由藝術的呈現去凸顯社會的貧富差距或醜惡的陰暗面，進而達到社會的改革，他們鍾情於自然祥和的事物，運用畫筆選用了各自喜愛的題材加以記錄。**被稱為「幸福畫家」的雷諾瓦對於舞會、戶外休閒等活動特別傾心，他更鍾情於少女胴體的描繪，主張將樂天歡欣的氛圍永遠留在作品當中；竇加則對舞孃、賽馬或時尚行為顯得格外關注；卡玉伯特習慣以俯視的取角，旁觀者冷靜態度看待巴黎都會的一切；至於莫內、畢沙羅、希斯萊則選擇自然純樸的風光作為他們反覆練習的題材。

儘管馬內畢生都不認為自己屬於印象派畫家，也從未參與過每一次的印象派聯展，卻得到印象派畫家們一致的肯定與崇敬，其中最重要的原因，則是**馬內扮演了寫實主義與印象派之間關鍵傳承的橋樑地位。承接著寫實主義的客觀理念**，馬內曾說：「沒有自然，我畫不了，我不會編造。哪怕我按照教材來畫，我也畫不出有價值的東西。」[16]他主張在風景畫中表現最自然的人物，也是由寫實主義的一貫脈絡下而來，但1863年那幅著名的《草地上的午餐》卻使馬內成為該年度沙龍展的眾矢之的，飽受藝評界冷嘲熱諷與惡意攻訐。為此，左拉勇敢挺身而出捍衛馬內，特別撰文為其辯護：

> 　　在羅浮宮，至少有五十幅作品表現穿衣人和裸體者在一起的主題。但是，沒有人會在羅浮宮裡鬧事。觀眾只是非常不願意把《草地上的午餐》當作真正的藝術作品來看待。他們只看到一些人洗完澡後，在草地上吃東西，他們因此認為畫家在主題設計上存在著陰暗和淫穢的動機，而畫家只是想獲得強烈的對比和真實的主題畫面。畫家，尤其像愛德華·馬內這樣的顏色分析畫家，並不關心這個攪得人們心神不寧的主題，主題在他們眼中只是繪畫的藉口。但對觀眾而言，主題是唯一的存在。因此，《草地上的午餐》中的裸女只是給畫家提供了一個表現一點肉體的機會。應當從這幅畫上看到的，不是一頓草地上的午餐，而是整個風景，它的力度和細膩，它如此寬闊結實的前景，如此輕優閒雅的背景。[17]

馬內在1863以《草地上的午餐》及隔年的《奧林匹亞》（*Olympia*）不僅衝擊了整個藝評界與畫壇，更是完全顛覆了傳統的學院派古典美學，向傳統價值觀做了最大的挑戰。值得注意的是，受到寫實主義影響的馬內，並非一味追求對繪畫對象的如實再現，「而是在工業革命的浪潮中，城市的面貌快速蛻變，緊守傳統宗教與哲

---

[16] 埃米爾·左拉（Émile Zola）著，冷杉譯，《印象之光：左拉寫馬內》（*The Light of Impressionism: Zola on Manet*，北京：金城出版社，2013），頁105。
[17] 前引書，頁75。

學的架構作為現代思想和價值的指導原則，已顯得左支右絀。藝術家必須貼近現代社會文明，從當下的議題取材，反思現代化所產生的諸多矛盾與挑戰，從而浸泡揉合出與時俱進的存在風貌」。[18]從這角度看來，寫實主義是最早發起對學院派傳統古典美學的挑戰，但要論及那股澈底的顛覆力量，則必須歸功於馬內的壯舉。

也因此，左拉譽其「不懈鬥爭，用自己藝術家的罕見品質，感染那些有思想的人，讓他們接受他創作的真誠、他設色的明亮和非凡的獨特性，以及對自然的質樸情懷。這是勇敢獻身藝術的一生。」[19]與印象派交好的畫家亨利・方丹－拉圖爾（Henri Fantin-Latour, 1836-1904）的作品《巴提紐勒畫室》（Un atelier aux Batignolles）正是一幅形容馬內受到年輕一代畫家之擁戴，以及讚譽其開創新時代藝術趨向之地位的作品。畫中的場景即位在巴提紐勒大道的馬內之畫室內，手持畫筆坐在畫面正中心，正在向旁觀者解說的人便是馬內；在他的身旁，捧著書本正聚精會神盯著畫架者是雕塑家、藝評家札卡理・阿斯特呂克（Zacharie Astruc, 1833-1907）；[20]後方由左至右分別為：德國畫家奧圖・修德赫（Otto Scholderer, 1834-1902）、雷諾瓦、左拉、愛德蒙・馬特爾（Edmond Maître, 1840-1898）、[21]身形最高挑的巴齊耶與最角落的莫內。受到這批新世代藝術家、文學家與音樂家的簇擁，足以顯示馬內在當時所象徵的精神領袖地位，巴提紐勒大道的馬內畫室將這群新世代的觀念緊密地結合在一起。無怪乎波特萊爾也稱讚：「空前絕後的馬內，是現代潮流的第一人，衰老頹廢的改革先驅。」[22]

除了藉由馬內承先啟後地聯繫起寫實主義和印象派之間的關係外，巴比松畫派（École de Barbizon）也對印象派的創作題材與美學表現具有濃厚的影響。十九世紀的三〇年代，一批厭惡傳統學院刻板制式化美學的畫家，決定拋棄理論與教條，遷徙至巴黎東南方的楓丹白露旁的巴比松小鎮，這群主張由大自然汲取靈感的團

---

[18] 張志龍，《繁星巨浪》（臺北：布克文化出版社，2016），頁152-153。
[19] 埃米爾・左拉著，冷杉譯，《印象之光：左拉寫馬內》，頁135。
[20] 或許藝評家札卡理・阿斯特呂克形似庫爾貝，張志龍先生在《繁星巨浪》一書當中將此二者混淆，庫爾貝並未出現在此畫中；此外他也將札卡理・阿斯特呂克誤植於愛德蒙・馬特爾身上，見該書頁178。
[21] 第六章曾提及《巴齊耶的工作室》這幅作品，畫面最右方那位彈琴的男子便是他。
[22] Francoise Cachin著，李瑞媛譯，《馬內：我畫我看到的！》，頁11。

體，後來被稱為巴比松畫派。[23]柯洛（Jean-Baptiste Camille Corot, 1796-1875）是巴比松畫派當中最早意識到以自然風光作為寫生的畫家，更是該派系當中的靈魂人物。天生喜愛大自然風光的性格驅使他遠離都市塵囂，他將大多數人生的精華時光都用來旅行描繪樸素幽靜的鄉間景色，更將這樣的理念與感動傳遞給了許多年輕一輩的畫家們。晚年的柯洛因順利出售了不少作品，收入甚豐，但無意追求過多物質享受的他時常捐款給窮人，也時常接濟窮困的畫家們，如米勒、杜米埃都曾受過他不少的援助。除了為巴比松畫派起了領頭示範作用之外，受到柯洛影響最早與最深的印象派畫家非畢沙羅莫屬。

1830年生於聖湯瑪斯島[24]的畢沙羅，在印象派畫家團體當中是年齡最長者，緣於自身的猶太裔身分以及海外出生的背景，始終讓他對十九世紀的大都會景象和氛圍顯得若即若離。畢沙羅家族先祖原先是西葡一帶的猶太人，後來遷居法國波爾多，自祖父那一代才來到當時受丹麥統治管理的聖湯瑪斯島。由於複雜的環境關係，**畢沙羅自幼便熟悉各種語言，在家使用法語和西語，同時也會和島上住民用英語、丹麥語溝通，因此對畢沙羅而言，他較能用寬容開闊的心胸來看待不同族群的觀念與事物。**少年時代，畢沙羅曾被父母送至巴黎念書，這是他首次接觸大城市的風貌，就讀中學時的他時常跟隨老師到羅浮宮賞畫，也開始學到一些繪畫基礎，這都成為他日後事業的重要基礎。

十七歲後畢沙羅回到聖湯瑪斯島，在父親的商行裡協助進出口貿易事業，儘管衣食無虞，但畢沙羅實在對於經商無多大興趣，始終難以忘情他喜愛的繪畫，這段期間他結識了丹麥畫家弗利茲·梅爾貝（Fritz Melbye, 1826-1869），兩人還結伴至委內瑞拉作畫兩年，回到聖湯瑪斯島後的畢沙羅已經對經商感到索然無味，欲振

---

[23] 巴比松畫派是法國浪漫主義畫派轉向寫實與印象主義的起點，更重要的是，巴比松畫派中的鄉村景物、自然優雅風光使人感動著迷，讓傳統不受重視的風景畫地位逐漸提升。該畫派中人物眾多，一般常提到的有所謂的「巴比松七星」：即臺灣民眾較為熟悉的米勒（Jean-François Millet, 1814-1875）、以及梵谷所崇拜的杜比尼（Charles-François Daubigny, 1817-1878）、作品成為奇美博物館鎮館之寶的杜培（Jules Dupré, 1811-1889）、擅長繪畫動物的特華雍（Constant Troyon, 1810-1865）以及盧梭（Étienne Pierre Théodore Rousseau, 1812-1867）、賈克（Charles-Emile Jacque,1813-1894）與迪亞茲（Díaz de la Peña,1807-1876）等人。

[24] 聖湯瑪斯島（Saint-Thomas），位於加勒比海，今日為美屬維京群島。

乏力，終於在1855年得到家人同意後，二十五歲的他飄洋過海回到了巴黎的繁華世界，此後他再也沒有回到出生地的美洲。

　　讀者試著從畢沙羅的角度來想像，1847年在他中學畢業離開巴黎時，仍舊是七月王朝的末期，但過了八年後再度踏上這塊土地，他所再見到的巴黎已經接受了奧斯曼的改造計畫，整座城市正如火如荼地進行環境地貌上的轉變，許多街區和建築對他而言是如此地陌生。**不僅是整個城市的外在環境令畢沙羅感到生疏，在藝術領域也是如此，此前他深刻的記憶是年少時在羅浮宮裡接觸過那些傳統的學院派古典作品，但僅僅在這些年之間，不少新興的藝術派別此起彼落地發出對傳統美學的挑戰。**尤其，這一年正逢巴黎首次舉辦世界博覽會，學院派的沙龍展於香榭大道上的工業宮[25]舉辦，而庫爾貝得到了富商阿弗雷德・布魯亞斯[26]的贊助，在工業宮旁架設了一個臨時性的個人展，受到了不少的爭議與迴響，庫爾貝的叛逆以及重視寫實客觀的態度，令畢沙羅大感驚奇，印象深刻。此外，1850年代的巴比松畫派已逐漸形成氣候，畢沙羅更是欣賞這批不迎合於流俗，獨立走出城市生活的喧囂，使作品真實回歸單純寧靜的自然描繪的畫派。

　　儘管到過一些學院古典畫家的畫室裡習畫，畢沙羅卻深知自己正處在一個沙龍傳統美學與反傳統寫實主義的激烈競爭浪潮中。實事求是的他拜訪了該時代的每一位大師級人物：安格爾、[27]德拉克洛瓦、庫爾貝和柯洛等人，而柯洛和藹地接見這位沒沒無聞的年輕人，更使得畢沙羅倍感親切，此後相當長的一段時間他不時向柯

---

[25] 工業宮（Palais de l'Industrie），為了1855年舉辦世界博覽會而興建的主場館，意在與倫敦的水晶宮互別苗頭。整座建築長一百零七公尺，寬四十七公尺，高度三十五公尺，占地兩公頃，外型是以石材混合鋼鐵、玻璃打造的折衷主義風格，正立面是採用了一個長兩百零八公尺的巨大凱旋門門廊，內部大廳融合了塞納河景觀的全景圖。可惜這麼一棟宏偉巨大的建築在1896年拆除，為了迎接1900年的世界博覽會，官方在原地重新修築了今日的大皇宮（Grand Palais）與小皇宮（Petit Palais）。

[26] 阿弗雷德・布魯亞斯（Alfred Bruyas, 1821-1877），出生於蒙佩利爾（Montpellier）的銀行家，致力於藝術品收藏。慧眼獨具的他，始終支持著庫爾貝、德拉克洛瓦、柯洛等人的藝術創作。過世後，布魯亞斯將收藏品全數捐贈給蒙佩利爾的法布爾博物館（Musée Fabre）。庫爾貝曾於1854年繪製一幅《你好，庫爾貝先生》（Bonjour Monsieur Courbet），畫中間那位翻翹的紳士即為布魯亞斯。

[27] 安格爾（Jean Auguste Dominique Ingres, 1780-1867）是法國新古典主義畫派的最後一位領導者，他和浪漫主義畫派的代表人物德拉克洛瓦分庭抗禮，兩者間的著名爭論與互別苗頭撼動了當時的法國畫壇。安格爾的畫風線條工整，注重素描輪廓，構圖嚴謹，對後世許多畫家如竇加、雷諾瓦，甚至是畢卡索均產生影響。

洛請教繪畫的技巧與觀念，並間接認識了米勒、杜比尼等巴比松畫家。**身為一個在中美洲海洋島嶼出生的人，畢沙羅認同巴比松畫派那股與自然直接觸動的感受，對純樸不假修飾的自然風格感到著迷，因此畢沙羅繪畫生涯的初期可以說是由巴比松畫派的訓練與影響中，一步步成長起來的。**

今日較不容易見到畢沙羅在1860年代的作品，這個時期他參加過幾屆的沙龍展，並有幸在1864年、1865年與杜比尼擔任評審的1868年時入選，在沙龍展的目錄介紹上，畢沙羅曾自述是柯洛的學生，似乎也想將此成就歸於指導過他的柯洛。吾人從收藏於美國大都會博物館的《蓬圖瓦茲的加萊斯山丘》（*Jallais Hill, Pontoise*）以及藏於紐約古根漢美術館（Solomon R. Guggenheim Museum）的《蓬圖瓦茲的隱蔽處》（*The Hermitage at Pontoise*）兩幅1867年左右的作品中可以看出，畢沙羅當時的風格確實深受巴比松畫派與柯洛的影響，整體畫面具有安寧祥和、靜謐清幽的感觸，但他的用色較為鮮明，又沒有柯洛作品中常見的銀灰色調，這也證明畢沙羅在承襲巴比松的傳統之外，也開始試著走出自己風格的道路。**這樣的風格傳承，畢沙羅也在稍後結識了莫內這一群年輕晚輩後，逐漸地感染到他們身上，對寬厚仁慈的他而言，交流以及分享才是彼此進步的動力，因此畢沙羅在印象畫派團體中，總是不吝與同儕做最真心的技巧和觀念交流，從塞尚、高更、秀拉到梵谷，我們都能看到他在後輩身上給予的指點與關愛，這一點無疑也是柯洛對於畢沙羅身體力行的影響。**

值得注意的是，畢沙羅始終是印象派這個團體之中的催化劑與潤滑劑，如果沒有他，後世或許很難想像印象派的發展道路會是何等的模樣。早在1860年代，這群年輕的「巴提紐勒之友」就已產生聯合向藝術學院舉辦的沙龍發起挑戰的志向了，最早提出共同舉辦聯展構想者是巴齊耶，但該計畫隨著普法戰爭的爆發以及他的陣亡而遭到擱置，從這個角度而言，**巴齊耶是真正印象派的首倡發起者，可惜他卻沒能活到親眼見證這個團體的誕生。**直至1873年左右，畢沙羅才重新向巴提紐勒之友諸位同儕重新提起當年巴齊耶的未竟夢想，並且在他的熱心奔走協調之下，[28]首次

---

[28] 當年時常在巴提紐勒大道蓋爾波瓦咖啡館群聚的這群青年藝術家團體，實際上每個人都有著各自不同的堅持與脾氣，而且內部也不如後世所想像般那麼地合群。法國十九世紀末的著名畫商、塞尚的經紀人安布羅斯・沃拉爾（Ambroise Vollard, 1866-1939）曾在其晚年的回憶錄《我見證了法國現代藝術史》（*Souvenirs d'un marchand de tableaux*，直譯為《藝術畫商之回憶》）中回顧大半輩子與印象派畫

的聯展才順利在名攝影師納達爾的工作室裡舉行。往後的十二年間，每一屆的聯展總是在畢沙羅的極力撮合下勉強舉行，期間發生過竇加想要掌控主導整個印象派聯展，致使卡玉伯特憤而退展；[29]以及秀拉、席涅克等人的加入引發莫內、竇加等人不滿而退展的事件，畢沙羅總是希望能弭合各方的紛爭而勞心傷神，儘管最終這個團體仍舊不免分道揚鑣，風流雲散，但這八次的印象派聯合展覽終究對藝術史產生了深遠的影響，其背後畢沙羅所付出的心力和熱情著實令人敬佩激賞。

在臺灣，也許提起印象派畫家，畢沙羅並不是那麼為人所熟知，然而其**作為巴比松畫派精神對印象派的傳承者，以及對同儕寬厚仁愛、勤勉不倦的修行態度**，[30]

家們的交往，並在書中多次提到該團體中不少的摩擦與不合。例如馬內雖然從未參與過印象派聯展，卻時常對印象派表示意見，且強烈地表示不欣賞塞尚，「作為一位趣味高雅的巴黎人，他認為塞尚的作品反映出畫家本人的粗俗趣味」，馬內「只欣賞莫內。他說塞尚是個『用鐵鏈畫畫的泥水匠』！至於雷諾瓦，他認為是個不知怎麼弄起繪畫來的幸運兒」。又「竇加與雷諾瓦由於性格差異太大而難以互相理解」，竇加甚至觀看雷諾瓦的部分作品後表示後者是「用一團毛線作畫」，沃拉爾認定「竇加是一個難以相處的人」，並且對畢沙羅的處境表示同情理解：「畢沙羅是個善良、富於同情心而又無憂無慮的人，這種無憂無慮是他樂呵呵的生活所產生的。可是，自從他離開祖居的聖湯瑪斯島來到法國之後，沒有誰的生活像他這麼艱難！他家人丁眾多。畢沙羅夫人勇敢地挑起種植房子周圍那一小塊地的重擔，把它變成了土豆的可靠來源。巴黎公社那『恐怖的一年』來到了，畫家被趕出了畫室。待他回去時，發現它已被弄得一蹋糊塗，他費了那麼多心血的作品全都不翼而飛！可是畢沙羅並未一蹶不振，一幅又一幅作品又從他筆下產生。看著這些散發著原野芬芳的風景畫，看著這些俯身收穫白菜和優閒地放鵝的農女，誰會想到，這大部分作品都是畫家在最艱難的歲月裡創作的！」參閱安布羅斯．沃拉爾（Ambroise Vollard）著，陳訓明譯，《我見證了法國現代藝術史》（*Souvenirs d'un marchand de tableaux*，上海：上海社會科學院出版社，2017），頁35、103、113、197。

29　何政廣主編，黃舒屏撰文，《卡玉伯特》，頁132-136：「1880年，印象派因為成員們不同的階級身分、政治理念、對於新進畫家的分歧意見，以及彼此對於沙龍畫展的兩種極端意見，導致於向心力漸漸失去。1879年，雷諾瓦、希斯萊以及塞尚決定不參加印象畫展，1880年，莫內退出印象畫展。由於印象畫展備受批評，許多畫家開始認為最終的肯定與成就不可避免地要經由正統沙龍的參展系統，而與之相抗衡的印象畫展顯然對這些畫家來說漸漸失去吸引力。這些造成分歧的經濟壓力、成就壓力，雖然對於卡玉伯特這樣一個家境出身的畫家來說很難體會，但他仍堅信畫展還是可以依據單純而嚴謹的審美標準繼續舉辦下去，不論成員們是不是選擇參加沙龍展。然而這樣的理念卻造成他和竇加之間的嚴重分歧。竇加堅決反對成員參與沙龍展，對於他來說，印象畫展是絕對對立於沙龍展所存在的。竇加由於成員日益縮減，於是引進了一些新進的成員，而卡玉伯特卻對於這些新進成員的藝術評價有所保留，兩人的分歧與衝突於1880年爆發，……卡玉伯特於是自1876年第一次（參加）的印象畫展以來，在1880年的印象畫展上首次缺席。……1880年至82年間印象派歷經一個重要的關鍵轉變，這個印象派危機不僅僅源於風格的轉型，也關乎於整個的社會政治氛圍的轉變。卡玉伯特在印象派裡的角色漸漸淡出，他積極的贊助者角色在1883年宣告終止。」

30　由於畢沙羅與家中女僕成婚，很長的一段時間得不到家人（雙親）諒解，金援中斷的他面臨到極大的生活壓力。此外，1830年出生的他在印象派畫家中年齡最長，所以在1874年印象派首屆聯展之時，畢沙羅已經是個屆滿四十四歲的中年人了，眼看天命之年即將到來卻尚未成名，對此更使得他有種難以言喻的精神壓力，並不時將這種憂愁流露於不少信件之中：「不久，我就要老了，我的眼

絕對是令人動人感佩的。最後吾人還可以發現，後世所謂的「印象派三傑」——塞尚、梵谷與高更，在印象派畫家裡唯一與此三者有過親密互動、觀念與技法交流者，僅有畢沙羅一人，因此後三傑不約而同均由這位仁慈長輩的身上得到過許多指導和關照，進而開展出更多內在性、具哲理省思的藝術風貌。[31]是故，畢沙羅於印象派裡甚至在藝術史上的地位，是絕對需要重新做一番評價的。

（五）日本浮世繪版畫的影響

日本自從1853年因黑船事件[32]被迫門戶開放以後，歐洲各國相繼接觸到日本文化與藝術，諸如扇子、和服、瓷器與版畫等，其東方裝飾性的主題、重視視覺傳達的色彩對比，一時之間令當時歐洲社會及藝文界為之瘋狂，爭相收購日本藝術品，這股日本風潮（Japonisme）隨即席捲了英法等國，1867年巴黎所舉辦的世界博覽會還為此特別設立了日本館，展示多項日本工藝品與藝術品。

當時的歐洲藝術界也由日本浮世繪版畫的構圖與色塊獲得新藝術思潮的啟發，江戶時代浮世繪大師葛飾北齋、喜多川歌麿和安藤廣重的作品受到收藏家與畫家熱烈地喜愛。**浮世繪本身就有許多反映民間生活題材之作品，這種表達理念正與印象畫派不謀而合，另外其鮮豔的色彩處理、誇張不對稱、俯視角度和大前景的構圖，皆為印象派畫家提供了嶄新的繪畫技巧與視野。**

馬內、莫內、竇加等人很早就開始接觸並收藏日本藝術品，莫內甚至還以第一任的妻子卡蜜兒為模特兒繪製了《日本人》（La Japonaise）的作品，頭戴金色假髮的卡蜜兒身著豔麗繽紛的日本和服，以嬌柔多情的姿態面對著觀賞者，畫面中也充

晴開始花了，但我還必須像二十年前那樣前進。」與「我的痛苦非筆墨所能形容，我現在所承受的苦是可怕的，比我年輕時要苦得多——那時我充滿信心與熱誠，現在我得承認，我正在放棄未來。但無論如何我似乎不得猶豫，如果我必須從頭開始，我會走同樣的路。」參閱何政廣主編，陳英德、張彌彌著，《畢沙羅》（臺北：藝術家出版社，2002），頁100。

[31] 在十八世紀八〇年代後期至九〇年代，後印象派與象徵主義畫家們都由早期印象派休閒、時尚和唯物主義的內容逐漸轉向了富精神性、表現主義與內在性相關的主題。參閱Michael B. Miller. *The Bon Marché: Bourgeois Culture and the Department Store, 1869-1920.* (Princeton: Princeton University Press, 1994) p.120.

[32] 日本嘉永六年（1853年），美國海軍准將培里（Matthew Calbraith Perry, 1794-1858）率領艦隊駛入江戶灣浦賀海面。培里帶著美國總統菲爾莫爾（Millard Fillmore, 1800-1874）領銜的國書向江戶幕府致意，雙方於次年（1854年）簽訂《神奈川條約》〔《日美和親條約》（にちべいわしんじょうやく）〕，日本被迫開放下田與箱館（今函館）兩港口與美國通商。

滿了大量的團扇與摺扇，顯現十足的東方風味。

　　不過，在這一批印象派受到日本浮世繪影響最有代表性的例子應為1868年馬內所繪製的《埃米爾·左拉肖像》（*Portrait d'Émile Zola*）。在馬內先後因《草地上的午餐》與《奧林匹亞》受到輿論攻訐撻伐時，是左拉挺身而出為其辯護，甚至認為「馬內先生的地位，同庫爾貝一樣，應在羅浮宮有一席之地」，[33]這幅作品足以證明馬內與左拉兩人之間的深厚情誼。畫中是時年二十八歲的左拉，以幾乎側身的角度一派輕鬆地坐在畫家的工作室裡，畫面色調以赭色、紫色和黑色的暗色調為主，這不僅是馬內慣用的色調表現，亦表達了畫中人物的穩重與專業，而左拉手中攤開的書本以明亮的色彩與整體畫面更形成了鮮明的對比，畫家此舉非但象徵其光明的文壇前景，自然也贊同左拉當年對自己的聲援與慧眼。為了加強此一寓意之暗示，在桌上一堆零亂的書籍中，還能清楚地看見左拉過去為他發聲捍衛的文章。然而在這幅畫中，比起人物而言反而較吸引人的卻是背景的部分，除了左拉身後的東洋屏風之外，牆上還有一幅《奧林匹亞》的複製品、一張歌川國明二代的版畫[34]和一張維拉斯奎茲[35]的酒神作品之摹本，之所以會選取此三者作為背景來呈現，則是因為**《奧林匹亞》代表著馬內初期藝術表現的高峰，而日本與西班牙的藝術作品則在其美學觀念與影響上至關重要，這樣的呈現是呼應著左拉對馬內藝術的總評的**。當然，以某種程度而言，這幅畫也是馬內藉由左拉的主題來繪製的一幅自畫像。

　　另外，某些浮世繪作品當中所呈現的誇張神情與動作、精簡的構圖與色彩，也對印象派造成了間接的影響，例如羅特列克著名的海報作品《巴黎花園裡的簡·艾薇兒》（*Jane Avril*）、《大使酒館：阿里斯蒂德·布呂翁》（*Ambassadeurs: Aristide*

---

[33] 埃米爾·左拉著，冷杉譯，《印象之光：左拉寫馬內》，頁27。
[34] 這幅版畫是歌川國明二代（Utagawa Kuniaki II, 1835-1888）在1860年所繪的相撲力士「阿州大鳴門灘左衛門」（*Sumô Wrestler Ônaruto Nadaemon of Awa Province*），僅過了八年便出現在馬內的畫室當中。
[35] 維拉斯奎茲（Diego Velázquez, 1599-1660），西班牙巴洛克時期的國寶級畫家，擅長處理肖像畫中人物的內在情感。維拉斯奎茲的作品受到宮廷賞賜，後來榮任宮廷總管等級，並受封為騎士。其代表作《侍女》（*Las Meninas*）、《鏡前的維納斯》（*La Venus del espejo*）與《煎蛋的老婦》（*Old Woman Frying Eggs*），展示了維拉斯奎茲在肖像畫、風俗畫與神話各種題材皆遊刃有餘，出色傳神。**馬內畢生的風格受到西班牙藝術，尤其維拉斯奎茲的影響極其深刻。**

Bruant），在在顯示**浮世繪的東方風格提供了印象派作品氣韻生動的特質。**

　　除了不少印象派畫家收藏、迷戀與模仿日本浮世繪版畫之外，還有一些畫商或經商者也投入了這股風潮之中，像是顏料商唐基老爹也與他所交好的畫家們有著相同的審美嗜好，透過文森的《唐基老爹》畫中背景的描繪，讓世人也非常清楚了老爹昔日的藝術品味。以及，文森時常造訪的鈴鼓咖啡館，經營者是一位風韻猶存的義大利女子塞嘉托莉（Agostina Segatori），當年她年輕時期曾擔任過竇加的模特兒，兩人始終保持著穩定的友誼，為此竇加也贈送給她不少浮世繪版畫，還成為了咖啡館裡牆上的陳設。短暫客居巴黎的文森，便時常在唐基與塞嘉托莉的店裡盡情地欣賞浮世繪，還情不自禁愛上了這種東方風格的技法和傳統，隨後他也開始狂熱地收集這類畫作，嘗試以油畫的素材來臨摹浮世繪。最終，**也是浮世繪以及那份永難忘懷的日本夢，驅使他前往法國南部普羅旺斯尋求一條嶄新的繪畫道路。**

　　以世界博覽會中的展示、印象派畫家的收藏，以及作品風格的呈現看來，無疑日本藝術在當時的巴黎的確蔚為風潮，而所造成的影響在藝術史上更是令人驚歎的！

　　印象派的崛起正逢法國的美好年代（Belle Époque），[36]拜資本主義與工業革命的發展所賜，印象畫派如同一面時代的鏡子，將十九世紀的巴黎風尚、都會生活的風貌，如實深刻地展現在世人眼前。提及美好年代的畫面，除了前述幾位在今日皆享有盛名的印象派巨匠外，最後在此還要為讀者引介一位也許不是那麼知名，但卻相當有時代意義的畫家讓·貝勞德（Jean Béraud, 1848-1935）。貝勞德是一位出生在俄羅斯聖彼得堡的法國畫家，當時因身為雕塑家的父親接下了一份遠在聖彼得堡最大的教堂——聖以撒主教座堂（Saint Isaac's Cathedral）的裝飾工作，舉家

---

[36] 美好年代（Belle Époque）是後人對此一時代的回顧，1871年普法戰爭結束後，歐洲大陸有長達近五十年的時間裡沒有大規模的實質戰爭爆發。長時間表面的和平狀態以有助於工業革命的持續進行，加上此時期歐洲國家對世界其他地區的殖民掠奪，連帶促成了經濟空前的繁榮。此時期被上流社會認為是「黃金時代」，除了資本主義與工業革命的持續發展，科學技術也日新月異，汽車、電話、電燈、電影乃至飛機都陸續出現，歐洲文化、藝術及生活方式等均在這個時期發展日臻成熟。美國好萊塢知名劇作家、導演伍迪·艾倫（Woody Allen）於2011年拍攝的《午夜·巴黎》（*Midnight in Paris*），便是以對美好年代的嚮往為主軸，探討懷舊觀念、存在主義等議題，獲得了第八十四屆奧斯卡金像獎的最佳原創劇本獎，全劇詼諧逗趣，相當值得推薦。

遷往俄羅斯時而生下了他。遺憾的是貝勞德在四歲時就失去了父親，母親只好再帶著貝勞德與其他孩子回到巴黎生活。或許多少也遺傳了父親的藝術天分，貝勞德自幼便對繪畫產生了無比的興趣，以至於他雖然讀了法律系卻仍選擇以繪畫作為他的人生志業（這點相當有趣，從竇加、塞尚、卡玉伯特到貝勞德，當初多少法律系畢業的學子後來轉換跑道都成為了大畫家了）！

　　貝勞德相當沉醉於巴黎的都會生活題材，其風格往往介於古典學院派與印象派之間，透過他的筆下，十九世紀下半葉的香榭大道、蒙馬特、塞納河沿岸和街頭咖啡館等諸多都市情景，以及資產階級的生活姿態，都被描繪得鮮明而生動。貝勞德曾經以寒風中的藝術橋為題，創作了四幅同一系列的作品，這其中有一幅《藝術橋的女帽商》（Modiste sur le Pont des Arts）是最為傳神的傑作。貝勞德捕捉到強勁的風勢吹拂在塞納河藝術橋上的一刻，路上行人紛紛緊抓著自己的帽子，甚至還有人不得不以身體傾斜的角度來抵擋強風。在整個畫面當中，最吸引觀賞者目光的便是那位正輕盈地步下階梯的年輕女帽商，手中提著三盒女帽，以幸福洋溢的笑容面對著觀賞者。我們可以想像，由於藝術橋的背景是極其顯眼的法蘭西學院穹頂，因此年輕女帽商或許正攜帶著新款式的女帽，前往右岸那座在1855年開幕的羅浮宮百貨（Grands Magasins du Louvre）進行專櫃展示。年輕女帽商全身所散發出那種都會時尚的綺麗魅力，也吸引了她身邊一位男子的回望，男子手上的畫架與顏料盒在在顯示了他的身分，也許這位因大風而壓緊帽簷的畫家，此刻也被女帽商的青春洋溢氣息所感染，想要捕捉這一瞬間的畫面吧！

　　當大多數的印象派畫家於世紀末選擇遁居鄉間，風流雲散之際，貝勞德卻仍然待在他最為喜愛的巴黎，透過《聖丹尼大道》（Le Boulevard St. Denis）、《嘉布遣大道》（Boulevard des Capucines）、《離開瑪德蓮教堂》（Sortant De La Madeleine）、《巴黎報亭》（Paris Kiosk）與《穿過林蔭大道的年輕女子》（Jeune femme traversant le boulevard）等作品，將美好時代的生活畫面如實展現，拄著拐杖的紳士、戴著蝴蝶結女帽的仕女，以及提著竹籃的賣花童，在他的筆下都顯得活靈活現；巴黎改造後的寬敞大道與宏偉的奧斯曼建築、繽紛多姿的莫里斯廣告柱，以及車水馬龍的街景也都隨著他具體而微的呈現，成為美好時代絕佳的見證。

印象派作為一種美術思潮，不僅推動了傳統藝術技法的革新與觀念的轉變，在表達作品的感情與思想、追求動態，捕捉瞬間的永恆之追求、或是展現時代的風尚與特有氛圍、掌握情緒與冥想等方面，也是無以倫比的。更重要的是，**印象派不僅在藝術史上開創了一條革新顛覆傳統的道路，也為後世增加了一種觀看世界的新視野。**

* *

◉ 時空遊覽 ◉

一般提及印象畫派的莫內，最常浮現在民眾腦海裡的便是他那幅成就了印象派之名的代表作《印象・日出》，這是莫內於故鄉諾曼第的勒阿弗爾（Le Havre）所繪，又或者是他晚年隱居在吉維尼（Giverney）時期那一系列的睡蓮作品，[37]不過這些傑出的代表作都不屬於巴黎題材的生活面貌或風光。

雖然莫內於1840年在巴黎的第九區出生，但在他五歲時舉家便遷徙至諾曼第定居，因此自幼對巴黎的記憶是相當陌生的。莫內的父親很早便經營船具雜貨的買賣，再加上他的成長歲月幾乎都是在諾曼第的海邊一帶，造成了**他一生中都執迷於一種對海水、湖面的留戀，或許這也是以水作為主題的上述作品成為了他數量最多、最具特色的重要原因。**

終其一生，莫內很少在巴黎長期居留，是故他不同於其他的印象派成員擁有如此多關於以巴黎為寫生的作品，相較於他偏愛在塞納河下游阿讓特伊等地描繪的創作，莫內早期有幾幅關於羅浮宮一帶的風景畫，值得讓我們稍加留意。

1867年，二十七歲的莫內與百年來許多青年藝術家一樣，申請進入羅浮宮臨摹古代大師的名作，然而他與以往的藝術家最大的不同在於，各廳室牆上所懸掛著眾多歷代精品並未引起他的興趣，莫內往往背對著這些畫作，尋找適合的窗戶與角度，從羅浮宮向外遠眺，將這一帶的風光透過他的畫筆描繪出來。這是百餘年來在羅浮宮裡相當特別的行為，各時代

---

[37] 莫內的《印象・日出》（*Impression, soleil levant*）收藏於巴黎瑪蒙丹美術館（Musée Marmottan Monet），曾於1985年遭竊，時隔五年才尋回。而《睡蓮》（*Les Nymphéas*）系列中最巨大尺寸的作品則收藏於協和廣場旁的橘園美術館（Musée de l'Orangerie）。上述兩處美術館均為奧塞美術館之外，擁有最多、最重要莫內作品的收藏地。

的青年畫家們盡皆至此朝聖並臨摹琳瑯滿目的藝術精品，卻從未有過一名畫家至此只是在尋找適合的取景角度畫下羅浮宮窗外的景色。

首先，是收藏於荷蘭海牙現代博物館（Haags Gemeentemuseum voor Moderne Kunst）的一幅《羅浮宮堤岸》（*Quai du Louvre*）。據筆者親自走訪羅浮宮內部各館廳所得出的判斷，莫內當初是位在羅浮宮敘利館（Sully）三樓轉角處的窗臺前繪製了這幅作品。畫面中近景可見到今日密特朗堤岸（Quai François Mitterrand）與羅浮堤岸（Quai du Louvre）交接處的河岸路口，資產階級淑女以及紳士們優遊於明媚的春光下，後方還可見到新橋上那座亨利四世的騎馬座像，以及左岸高聳宏偉的先賢祠及聖艾提安杜蒙教堂的塔頂。遺憾的是，百餘年後的今日以同樣的角度遠眺，先賢祠後方的景觀已被第十三區車站區域（Quartier de la Gare）那一排排的住宅大樓給遮蔽，不若莫內當年畫面中所呈現天際線的整潔清爽。

其次，藏於美國俄亥俄州歐柏林學院藝術博物館（Allen Memorial Art Museum, Oberlin College, Ohio）裡則是另一幅《公主花園》（*Jardin de la Princesse du Louvre*），與前作採取了類似的視角的塞納河堤岸寫生作品，只是這幅更聚焦於遊人如織的羅浮堤岸上，背景除了高聳的左岸的先賢祠與聖艾提安杜蒙教堂外，右方那座索邦大學的穹頂也清晰可辨。值得注意的是，在畫面前景中羅浮宮東面的海軍上將科利尼街（Rue de l'Amiral de Coligny）這一帶，莫內留下了昔日曾為精緻典雅的小花園之見證，比起今日此處寬闊但單調的人行道，似乎徒留了一絲陵谷滄桑的遺憾。

最後，則是莫內於敘利館中這座昔日由商博良盡心打造的埃及館廳的樓上，面對海軍上將科利尼街的對面所畫下的聖日耳曼奧塞教堂（St. Germain l'Auxerrois）。之所以連續三幅作品皆選擇在羅浮宮東面寫生，應該是莫內創作的年代正逢該街區才經過奧斯曼的整建修復。而且我們能清楚注意到，莫內在這些作品裡都使用了鮮明亮麗的色調，以及堅實穩定的筆觸，與他在五年之後所創作的《印象·日出》裡的快速簡潔之筆觸迥然相異。1867年是莫內的藝術生涯初期當中，少數值得歡欣慶幸的一年，在這個時期他與未來的首任妻子卡蜜兒開始同居，卡蜜兒也在該年年底為他生下了第一個孩子。儘管當時莫內的經濟狀況並不優渥，但時常與堅定的畫壇戰友雷諾瓦、巴齊耶共同切磋創作，並在這一年於羅浮宮裡寫生的過程中結識了久仰的前輩馬內，整體而言莫內的心境與氣色仍是相當歡喜的，以至於他在三幅作品裡都流露出輕鬆愉悅的風格。

位於羅浮宮東側的聖日耳曼奧塞教堂，儘管相較於聖母院或聖心堂這類觀光客時常造訪之處，它的名氣和重要性並不被彰顯，然而羅浮宮這一帶因為數百年來皆屬於王室教區，因此聖日耳曼奧塞教堂經常被視為是羅浮宮的教堂。這座創建於七世紀時的教堂，千餘年間歷經了多次的改建，因此混雜了羅曼式、哥德式與文藝復興形態，其中最有特色的建築構建是哥德式的門廊、玫瑰花窗，以及環繞整座教堂上方的欄杆。除了莫里哀、丹東等人皆在此結婚，以及知名的建築師勒沃、洛可可時代畫家布雪、夏丹等人葬於其中之外，聖日耳曼奧塞教堂也在法國歷史上曾扮演過關鍵的要角。1572年八月二十四日，法國歷史上發生駭人聽聞的聖巴托羅繆大屠殺（Massacre de la Saint-Barthélemy），這是一場由王太后凱薩琳・德・美第奇（Catherine de Médicis, 1519-1589）發動天主教徒對全城的新教徒胡格諾派（Huguenot）所進行的瘋狂屠殺行為，[38]而聖日耳曼奧塞教堂那口名為「瑪麗」的鐘正是當晚恐怖屠殺行動的暗號。有趣的是，畢生迷信占星術的王太后凱薩琳・德・美第奇，當她聽聞占星家對她的死亡預言——「最後將死於聖日耳曼旁」，由於手上沾染過太多的鮮血，自知罪孽深重的她趕緊搬離了羅浮宮與杜樂麗宮，不僅希望遠離東側的聖日耳曼奧塞教堂，甚至也刻意避免接觸包括聖日耳曼昂萊城堡（Château de Saint-Germain-en-Laye）等一切有關聖日耳曼地名之處，最終選擇遷居至羅亞爾河谷的布盧瓦城堡（Château de Blois）。但死神仍然很快地追上了她，臨終之時當她氣若游絲地問起身邊為她做最後禱告與膏油禮的神父大名時，神父僅簡單地自我介紹：「我叫聖日耳曼。」

* *

✦ 軍官與間諜：德雷福事件 ✦

　　普法戰爭後所建立的法蘭西第三共和政府，在歷史上維持了相當長的一段時間，然而自法國大革命後國家政體已歷經十次的輪替，改朝換代在許多老百姓看來

---

[38] 海軍上將科利尼（Gaspard de Coligny, 1519-1572），是胡格諾教派中的首要人物，並在該屠殺事件中罹難，是故今日羅浮宮東面與聖日耳曼奧塞教堂之間的這條街以他為名。

成為司空見慣，再加上巴黎公社事件梯也爾政府的殘酷鎮壓手段，議會中的席次也以保王黨占據多數，[39]因此第三共和政權並不見得會獲得社會的多數支持，該政權之所以能在十九世紀末期帶領法國走向二十世紀，關鍵因素還在於其建立在國內各種派系勢力的均衡上。

巴黎公社事件的創子手梯也爾原為支持復辟的奧爾良派，但眼見苗頭不對復辟無望後便轉而支持共和，以致在1873年受到保王派的不滿逼迫下而辭職，繼任的麥克馬洪則是位堅定的波旁保王派人士，他希望能為國家重建君主政體鋪路，但由於保王派陣營各擁其主，無法妥協的緣故，致使支持共和的一方從中得利，使復辟計謀遲遲無法順利進行。這段期間，第三共和通過了1875年的共和國憲法，這是在保王派、共和派各方的制衡妥協下的產物，卻也為第三共和的存在與延續提供了法律的保障。

1879年，共和派贏得參議院多數席次，推舉穩健的格雷維（François Paul Jules Grévy, 1813-1891）為總統，至此國家終於在共和派的全面執政之下，通過攻陷巴士底監獄的紀念日七月十四日為國慶日的決議；〈馬賽曲〉（*La Marseillaise*）成為法國國歌，此舉為向社會宣告舊政權走入歷史的濃厚意味。只不過，保王派仍舊未放棄復辟的一絲希望，於是興起了最後的反撲，使第三共和政府遭逢一次重大的政治危機。

（一）布朗熱事件

此番危機是保王派與國內右翼欲藉著軍人獨裁陰謀顛覆共和政府，之所以會有這樣的陰謀，還在於普法戰爭後法國對德割讓了亞爾薩斯與洛林兩省，而十餘年來法國國內民族運動分子始終叫囂著對德復仇與收回失地的聲浪，並得到不少輿論的支持。然而第三共和執政當局對外的政策與戰略的制定始終底氣不足，唯唯諾諾，引發了不少派系及群眾的不滿，在這樣的局面下，扶植一個對德強硬派的軍人來取

---

[39] 這個時期保王派一干保守勢力相當龐大，當中又可細分支持波旁家族復辟的保王派（Légitimisme）、支持七月王朝奧爾良家族的保王派（Orléanisme），以及支持流亡至英國的拿破崙三世之子的派系，彼此間也存在著許多矛盾隔閡，明爭暗鬥。

代原有共和政府成為了保王黨與右翼分子共謀的目標。

布朗熱（Georges Ernest Jean-Marie Boulanger, 1837-1891）正是這樣的態勢之下孕育而生的人物。聖西爾軍校（École spéciale militaire de Saint-Cyr）畢業的他，曾於1850年代參加過阿爾及利亞、義大利（克里米亞戰爭）和交趾支那（越南戰爭）等地的軍事行動，也曾於突尼西亞擔任過駐軍司令，還率軍鎮壓過巴黎公社起義，軍事履歷相當豐富。

只不過這名勇敢的軍人在從政之後便開始學會包裝形象了。1886年，布朗熱擔任軍事部長，他致力改善軍人的生活待遇，獲得軍方的高度支持；並且時常以煽動性的民族言論來抨擊德國，得到了民族主義分子和右翼人士的青睞；甚至在法國南部市鎮代卡澤維爾（Decazeville）發動工人罷工事件時，布朗熱下令軍隊不准鎮壓，還贈送許多物資給予罷工團體，此舉亦得到了國內左派人士的一致讚賞。一時之間，布朗熱的支持度、風采得到了社會一致的好評，並受到了前所未有的吹捧，商場飾品許多關於他的半身像、肖像銷售一空，甚至還有許多人為他寫歌稱頌。1887年，布朗熱在塞納省的地方選舉中獲得十多萬選票，共和國政府只好藉機將其調到地方當指揮官，[40]出發當日布朗熱在里昂車站受到上萬名支持者的送行，許多民眾甚至跳下了月臺欲癱瘓整條鐵路不讓火車駛離。不久之後，共和國總統格雷維又被揭發其女婿賣官鬻爵之醜聞，政治聲望一落千丈，政府的腐敗貪墨確實讓不少人認為只有布朗熱才能拯救法國，未幾布朗熱回到了巴黎準備實際參選下一屆選舉。

人氣扶搖直上的布朗熱確實有意將第三共和政府取而代之，他一方面與共和派陣營保持友好，另一方面又與保王黨人頻頻接觸，為了追求個人的野心而左右逢源，布朗熱預計若能在幾次眾議院的補選中獲得半數以上的選票，將證明自己是眾望所歸，他的幕僚團隊也不停在背後大力鼓吹著如此的做法，顯而易見布朗熱希望藉著高人氣當選議員後循著當年拿破崙三世的政變路線奪取政權，此時他的狼子野心已昭然若揭。

---

[40] 實際上，布朗熱當時仍有軍職在身，因此儘管選上議員仍舊不能就職，他的參選僅僅是測驗自己的聲望。

果不其然，1889年十一月二十七日，布朗熱以二十四萬票的絕對多數贏得了巴黎眾議院的席位，再一次見證他高人氣的聲望，不少迎合者都建議他在開票結果出爐後隨即發動政變攻占愛麗舍宮，第三共和的地位眼看著岌岌可危之際，法國的歷史在當天晚上卻匆匆繞了個彎。

　　開票結果出爐時，布朗熱正和情婦瑪格麗特於馬德蓮廣場附近的皇家路杜宏餐廳（Durand）用餐，整個廣場湧進了五萬名支持者狂歡慶祝，就在幕僚與支持者勸進他趁著民氣可用發動政變時，布朗熱卻顯得猶豫不決，並在與瑪格麗特兩人酒足飯飽之後回到了家中睡覺。此舉不僅大失人心，而部分共和派人士與社會主義分子眼見共和國幾乎不保，便向當局揭發布朗熱圖謀政變之陰謀，很快地對他發出了叛逆罪的逮捕令。眼見苗頭不對的布朗熱絲毫不想做任何的反制行動，便和情婦迅速搭車逃往比利時，這起威脅政權存亡的荒唐事件最終因為他的躊躇遲疑和怯懦而宣告落幕，布朗熱的狼子野心計畫被公開後聲望也在國內直落谷底，從頭到尾彷彿在國內演了一場鬧劇。

　　兩年後，流亡於比利時的布朗熱因情婦瑪格麗特的病逝，萬念俱灰下在情婦的墳前飲彈自盡。昔日未能一股作氣顛覆政權，卻在感情路上執念甚深，布朗熱戲劇化的一生確實也令人唏噓長嘆。

　　布朗熱事件後，保王派勢力經此挫敗而元氣大傷，從此復辟主張不再受到國內多數群眾認可，但儘管整起事件看似荒腔走板地結束，卻「差點擊垮稚嫩的議會制共和國，雖然右派利用它來推翻政權，但許多左派民眾卻認為它是在表達人民怨恨政府貪腐，以及沒有積極解決社會經濟問題」。[41]同時，**布朗熱事件所引發國內的民族主義情緒是空前的高漲，對德復仇的呼聲也日益升高**。無力化解國內這項態勢的第三共和政府，隨即又遭逢了新一波的醜聞侵擾。

（二）巴拿馬運河醜聞

　　斐迪南・德・雷賽布（Ferdinand de Lesseps，1805-1894），早年曾擔任過外

威廉・夏伊勒著，高崇文譯，《1940法國陷落》，頁53。

交官，憑著結緣四海的人脈關係和表妹歐仁妮皇后[42]的支持，成功在第二帝國時期集資成功開鑿了蘇伊士運河（Suez Canal）。年逾七旬但名利雙收的他想繼續複製在蘇伊士的經驗，於中美地峽的巴拿馬再開鑿另一條運河。為了取信公眾，雷賽布邀著名的工程建築師艾菲爾（Alexandre Gustave Eiffel, 1832-1923）合夥，聯手成立了巴拿馬運河公司，並得到了政府的支持。因此前蘇伊士運河的順利通航，以及巴黎鐵塔設計者的背書，不少大小投資人也紛紛買下了巴拿馬運河公司發行的股票，僅在一年之內就籌集了四億法郎的鉅款，並於1881年進行開工。

然而，巴拿馬運河的工程難度遠超過雷賽布與艾菲爾的估算，首先是巴拿馬的地形氣候條件完全不同於埃及的蘇伊士，埃及屬於副熱帶高壓帶，而巴拿馬是熱帶海洋氣候，兩地的降雨量和土壤環境截然不同，也因此巴拿馬當地的疫病（瘧疾、黃熱病肆虐）情形也遠遠多於蘇伊士，導致大量的工人病亡，工程進度也一再落後。再加上年邁的雷賽布都在法國籌措資金，並不熟悉當地的工程情形，工程的困難度與資金的周轉很快便出了問題。

1889年該公司終於宣告破產，在八年的時間內總共負債了十二億八千萬法郎，全國竟有八十萬大小投資者血本無歸，在面對許多一生積蓄均化為烏有的投資者的控訴後，第三共和政府追查釐清整起事件的相關責任，竟發現巴拿馬公司早已知道本身的財務虧損狀況，卻仍掩蓋真相並挪用資金，令人髮指的是，**多達百位政要包含國會議員及內閣閣員收受巴拿馬公司的回扣賄賂，協助遮掩整起事件**，其中大多數皆屬於共和派人士，調查的結果引發群情激憤。但無論是巴拿馬公司或是涉案官員、議員皆矢口否認與此案有關，雷賽布和艾菲爾在堅稱無罪的情況下分別被判處五年及兩年徒刑罰款，整起事件被稱為「巴拿馬運河醜聞」（The Panama Canal Scandal），造成了巨大的政治與社會動盪，不少反政府的街頭示威與言論此起彼落，**第三共和政府的威信蕩然無存，而人民自此對政府的信賴也盡失**。

在歷經布朗熱事件與巴拿馬運河醜聞的衝擊後，第三共和政府內部確實是千瘡

---

[42] 歐仁妮皇后（Eugénie de Montijo, 1826-1920），出生於西班牙格拉納達（Granada）的貴族家庭，1853年成為了拿破崙三世的皇后。在歷史上，她以美貌與時髦著稱，今日有許多世界知名品牌的崛起都藉由她的熱衷與宣傳所賜，例如嬌蘭（Guerlain）香水、卡地亞珠寶（Cartier）、路易・威登（Louis Vuitton）行李箱等。

百孔，在風雨之中飄搖生存，[43]不料一波又平，一波又起，十九世紀法國政治與社會最大的一場危機風暴才正要來臨。

（三）德雷福事件

　　巴拿馬運河醜聞傷害了法國民眾對政府的信任感，不少右翼分子更極力宣稱整個第三共和是操控在國內猶太金融財閥手上的，議會政治充其量只是這些人操縱國家的工具。值得注意的現象是，**整起醜聞案使得鬧得滿城風雨的「反猶聲浪」益發狂熱。**[44]「巴拿馬醜聞使隱藏的事物顯形了，它揭發了兩件事：第一，它揭發出國會議員和政府官員變成了商人。第二，它顯示出私人企業（此案中的公司）與國家機器之間的中間人幾乎全是猶太人。」[45]當時的法國內政確實在許多方面可看出羅斯柴爾德家族（Rothschild）[46]涉入，以當時第三共和的歷史背景而言，在歷經普

[43] 此一時期的社會亂象與暴力衝突事件不勝枚舉：「十九世紀八○年代，中立派的共和主義者（被譏為機會主義者）要面對的不只是保王派的不滿，外國貨物輸入引起的競爭加上農業危機，顯示出法國的經濟發展不夠平衡，新的民眾抗議隨之而起。社會主義派人數大增，有組織的罷工在1885年只有一百起，但是在1894年德雷福事件發生前夕已增至六百餘起……。1892年至1894年間，巴黎發生了十一次爆炸事件，而1894年夏天，一名持刀的義大利無政府主義者為了報復法國同志遇害，在里昂行刺了第三共和總統卡諾（Marie François Sadi Carnot, 1837-1894）。」參閱麥可・本恩斯（Michael Burns）著，鄭約宜譯，《法國與德雷福事件》（*France and the Dreyfus Affair: A Documentary History*，臺北：麥田出版社，2003），頁2、4。

[44] 一年後左拉也藉由這次金融投資泡沫化的危機，以及社會日益高漲的反猶主義，改編反映在他《盧貢－馬卡爾家族》系列中的《金錢》一書當中：「啊！猶太人！他對猶太人有種族的古老仇恨，這種仇恨心態尤其在法國南部處處可見；這就像是身體上的互相牴觸，稍微一碰觸就產生皮膚的排斥，會充滿憎惡和被侵犯的感覺，超出所有的理智，無法自制。但奇怪的是，他，薩卡，這可怕的掮客，這手腳不乾淨的錢財揮霍者，只要關係到猶太人，他也會昧著自己的良心，會粗暴地自以為是正義之士，指責猶太人的高利貸交易。他控訴這不再有祖國、不再有王子，活在民族裡的寄生蟲，假裝認同法律，實際卻從事竊盜、是遭神憤怒詛咒的種族，……吸吮所有的血，以他人的生命來養肥自己，我們從未曾見過一個猶太人以其十隻手指頭工作？有猶太農夫、猶太工人嗎？不，勞力的工作有失體面，他們的宗教幾乎禁止，只熱衷對他人工作利益的剝削。啊！無賴！薩卡似乎同時產生一股更大的狂怒，那是他妒忌他們，羨慕他們令人驚異的金融才幹，與生俱來的數字敏感度，在最複雜的金融操控中顯得自在輕鬆，這種嗅覺和機會確保了他們所從事一切事業的勝利……。薩卡預言，猶太人最終將奪取所有人民的財富，他們有朝一日將獨攬全世界的財富。」轉引埃米爾・左拉著，李雪玲譯，《金錢》，頁112-113。

[45] 漢娜・鄂蘭（Hannah Arendt）著，林驤華譯，《極權主義的起源》（*The Origins of Totalitarianism*，新北：左岸文化出版社，2009），頁150。

[46] 羅斯柴爾德家族是十九世紀時世界上最為富有的猶太家族，這一個名稱來源於德語zum rothen Schild，意為「有紅色標記」或「紅盾」。該家族於十八世紀發源於法蘭克福的銀行業，在不到半個世紀的時間裡，透過與哈布斯堡王室的關係、拿破崙戰爭的軍費投資之便，勢力涵蓋了金融、地

法戰爭的失利、巴黎公社的肅清屠殺和政局的動盪，該政權的統治能力始終受到強烈的質疑，因此猶太資本家對國家的投資本身當然對政權的穩定與經濟發展發揮正向有益的作用，然而**由商業與政治之間結合所掩蓋的醜聞遭到曝光後，自中世紀以來所盛行視猶太人為腐敗社會寄生蟲之言論，將被重新操作愈發扭曲。**[47]

德雷福事件（Affaire Dreyfus），標誌著右翼主義和反猶主義匯總的最高峰，也是十九世紀末全歐洲最轟動的新聞事件，德雷福甚至在當時被稱為繼拿破崙之後法國最有名的男人，這起事件更是嚴重挫傷共和政府的威信，並撕裂了全國社會族群間的感情與團結，其後續的負面發酵，亦將影響到法國下一個世紀在面臨兩次世界大戰所造成的腐化與崩潰，因此我們須以較多的篇幅來詳述了解這起事件。

阿爾弗雷德·德雷福（Alfred Dreyfus, 1859-1935），出生於法國東部的米盧斯[48]一個猶太的紡織家庭，這個家庭不僅是一個虔誠的猶太教之家，也是極富熱血的愛國者。1871年，普法戰爭的挫敗致使亞爾薩斯省割讓給予德國，德雷福全家選擇繼續當法國人，隨後遷居巴黎，阿爾弗雷德在巴黎完成了中學學業後，更以優異的成績通過了巴黎綜合理工學院[49]嚴格的入學考試，並在畢業後順利成為職業炮兵

產、礦業、能源、農業、釀酒等方面。

[47] 麥可·本恩斯著，鄭約宜譯，《法國與德雷福事件》，頁6：「十九世紀末葉，過去頑強的偏見加上了種族歧視的新元素。『反猶太主義』這個名詞雖是在此時期由一名德國人創造出來的，卻是由法國人普及流傳開來。……身為小說作家、布朗熱主義政客的德雷福敵人的巴雷斯（Maurice Barrès）以『對法國國魂及國土構成威脅』來形容猶太人，他這句話是在競選活動時說的，這時恰好是德雷福事件的高峰期；實際上，他只是複述十九世紀八〇年代及九〇年代的制式言詞。」

[48] 米盧斯（Mulhouse）位於法國東部，是上萊茵省最大的城市，也是亞爾薩斯大區僅次於史特拉斯堡的第二大城市。米盧斯為工業重鎮，曾有「法國的曼徹斯特」之稱號。

[49] 巴黎綜合理工學院（École Polytechnique，別稱「X」），位於巴黎西南方十八公里的帕萊索鎮（Palaiseau），於1794年創立，是法國最頂尖的工程大學，由於該校隸屬於法國國防部，因此許多學生畢業後選擇從事軍職，因此該校不僅培養了法國眾多的理工人才，也是名將的養成機構。從拿破崙時代，這所大學就備受社會看重，至今每年七月十四日的法國巴士底日國慶，該校的學生仍享有走在國慶隊伍最前方，手持當年拿破崙贈與的校旗護衛著共和國總統的禮遇，而法語詞彙中還有「綜合理工人」（polytechnicien）一詞來專門代表該校校友。兩百多年來，該校校友也在法國歷史上各領域獨領風騷，包括前總統「歐洲憲法之父」季斯卡·德斯坦（Valéry Giscard d'Estaing, 1926-）、物理學家安培（André-Marie Ampère, 1775-1836）、拓撲學的發明者龐加萊（Jules Henri Poincaré, 1854-1912）、雪鐵龍汽車創辦人雪鐵龍（André Citroën, 1878-1935）、一次世界大戰的名將霞飛（Joseph Jacques Césaire Joffre, 1852-1931）與福煦（Ferdinand Foch, 1851-1929）、清法戰爭時曾率軍攻打基隆，後死於澎湖的海軍將領孤拔（Anatole-Amédée-Prosper Courbet，孤拔為當時中文譯名，實際上他與畫家庫爾貝同姓氏，1827-1885）、實證主義

軍官。德雷福於軍職期間得到進入巴黎高等軍事學校（École de guerre）受訓的機會，這是一所在普法戰後成立，為了檢討敗戰而全面改革軍方素質的重要機構，能進入此單位受訓者皆為全國最優異的軍官，德雷福憑藉著勤勉的求學態度與滿腔的愛國熱忱，在結訓後得以進入法國參謀部任職，擔任見習上尉。此時的德雷福擁有一個優渥薪資的好工作，並和美麗的妻子共組一個溫暖的家庭，過著舒適的中產階級生活，卻沒料到如此傑出的表現已引人側目與嫉妒，並直接使他的人生引發劇變。

1894年九月，法國軍方情報單位接獲一份重要情資，德國大使館武官史瓦茲科彭（Maximilian von Schwartzkoppen, 1850-1917）的廢紙簍中被發現有一份被撕成了六片的備忘錄（bordereau），經過情報單位復原判讀後，認為該備忘錄中洩露了法國軍隊炮兵隊部署、野戰炮發射手冊的草稿、掩護軍隊的文件等資料，軍方情報單位的亨利上校（Hubert Henry, 1846-1898）得知此消息後大驚失色，這很明顯是一份法國軍方間諜向德國軍官洩露軍事情報的嚴重事件。亨利上校連忙將此事呈報給陸軍部長梅西耶（Auguste Mercier, 1833-1921），緊接著軍方各部門首長均收到這份備忘錄的照片，命令在最短的時間內揪出這名間諜判國者，尤其是普法戰爭後全國對於仇視德國的態度日益加深，如今卻發生這樣的弊端，軍方全都繃緊神經不敢大意。

根據情報部門的偵查與推斷，首先該名洩露軍情者應為最近才進入參謀部的見習軍官，因為備忘錄中涉及多個部門的機密，而見習軍官尚未正式分派至參謀部的特定部門，只在各部門輪調實習，只有少數幾個人符合這項條件。其次，備忘錄中提及關於不少炮兵的情資，而在見習軍官中最為熟悉炮火問題者便是德雷福上尉。**實際上情報部門一路下來的思路皆為有偏見前提的臆測，這其中夾雜著若干的嫉妒心理和反猶主義所導致的成見。**在逮捕德雷福之前，軍方還特別將其筆跡與備忘錄上做了一回比對，只不過這樣的程序僅屬過堂性質，兩者之間再如何地不像，軍方仍以潦草處確實極為類似為由，判定了備忘錄文件出自於德雷福的手筆。

哲學家孔德（Isidore Marie Auguste François Xavier Comte, 1798-1857）等人。

除了偏見以及反猶主義的作祟外，指控德雷福有罪也和整個封閉腐敗的軍方體系有關，當內部傳出有間諜滲透，並將軍事情資暴露給敵國後，軍方高層無不想撇清責任歸屬，盡速將此案做個了斷。就德雷福這名猶太裔年輕軍官而言，他的筆跡「似乎吻合」備忘錄上的字跡；而且德雷福深諳德語，這也被視為從事間諜活動的重要技能；還有他來自於亞爾薩斯省，儘管他年幼時便隨父母移居巴黎，但在那個被割讓給德國的省份裡或許還有德雷福家族已成為德國人的其他親友；**最重要的一點，猶太人德雷福在軍中無黨無派，也未與任何袍澤有過深交，因此無任何裙帶關係的他即使被處理掉，也不會牽連到任何一個長官。**以上種種皆可看出，對德雷福的指控毫無一點確鑿的證據，卻因軍方陳腐墮落的苟且心態，造成了整起案件的偏見與邪惡。

　　陸軍部長梅西耶收到了底下的彙報，時常受到國內右派言論抨擊的他，心中充滿了偏見與恐懼，加上官僚主義性格使然，僅擔心一名間諜案將對自己往後的仕途產生不利的影響，因此**若能盡速處理這起事件，順應國內民族情緒及反猶主義的高漲，將罪名推給這名猶太裔軍官來定罪，應能加以證明自己的愛國熱忱進而保住官位。**

　　1894年十月十五日，德雷福在接到上級審查的命令前往陸軍總部時，在百思不解地情形下遭到收押，並馬上遭到了隔離：

> 　　我很早就抵達陸軍總部，在外邊散步幾分鐘才進去。皮卡（Picquart）中校在門口接我，好像正在等我似的，他立即帶我到辦公室。對於沒有見到任何一位同僚，我感到非常驚訝，因為一般審查通常是軍官集體進行。寒暄幾分鐘後，皮卡中校帶我進入參謀部部長辦公室。我並未看到部長，反而見到穿著制服的帕蒂司令（Armand du Paty de Clam, 1853-1916）。我大吃一驚，在場還有三個我不認識，穿著便裝的人……。帕蒂司令站起來，把手放在我身上，聲音如雷地大叫：「我以法律之名逮捕你，你被控判國。」就算雷擊中我的雙膝也不能使我產生更劇烈的情緒，我語無倫次地反駁那不名譽的指控。有生以來，我從未做過什麼能惹來這樣控訴的事……。在刑事調

查部人員的陪同下，亨利上校把我押解到謝許米迪監獄。

　　抵達後，我被關在一間有窗戶可看到監獄庭院的牢房。我被關在單人牢房，不許和家人接觸，沒有紙、筆、墨水……。當我明白自己已被鎖在陰森的牢房裡時，仍因稍早的經歷和那些對我荒謬的指控而感到顫抖、震驚不已。當我想到被迫離開的事物時，想到幾個鐘頭前仍享有的快樂與幸福時，不禁精神崩潰，悲傷地大叫。

　　我在牢房裡來回踱步，用頭撞牆壁，典獄長及看護長只能幫助我平靜幾分鐘。[50]

　　德雷福在獄中不停反問究竟所犯何罪，竟然足足兩個星期得不到任何的理睬回應。十一月一日，情報部門的亨利上校私下將案情進展透露給《自由言論報》（La Libre Parole），該報社雖然名為自由言論，卻是一家立場極右與反猶的媒體，善於發表鼓動人心的言論，這樣的報導果然引發了全國各地的熱烈關注，後續的媒體亦皆採用偏見觀點來加以報導，並幾乎以一面倒的姿態抨擊德雷福和猶太人：

　　有一名軍官——但不是高級軍官——正被囚禁在謝許米迪監獄。

　　他犯了軍隊中最卑鄙的罪行。為了金錢，他出賣他的祖國。

　　祕密調查已經有結論，資料已經收集好，證據確鑿。

　　因此，我們沒有理由再做任何保留。

　　這名下流到要出賣國防機密、卑鄙到要背叛祖國的軍官就是第十四炮兵團的（阿爾弗雷德‧）德雷福上尉……。無論這個發現多麼令人難堪，……有一點我們感到欣慰的是，犯下這起罪行的不是真正的法國人。[51]

從軍方到媒體的立場都是未審先判，**只因德雷福的種族與出身便立即認定他便是罪魁禍首的間諜了，喪失中立報導立場的媒體竟然以卑鄙的形容詞套用在德雷福**

[50]　麥可‧本恩斯著，鄭約宜譯，《法國與德雷福事件》，頁26-27。
[51]　前引書，頁33。

頭上，這是相當沒有職業水準與道德的。[52]無疑地，對德雷福的指控皆違反程序正義，在「軍事法庭開庭審判他之前，巴黎新聞界就判他有罪上百次了。」[53]

另一方面，急得像熱鍋上螞蟻的德雷福之妻露西，趕緊聯絡德雷福家中的成員，商討如何從法律的手段來營救夫婿。其中，在整個營救聲援的行動中就屬年長德雷福兩歲的兄長馬蒂安（Mathieu Dreyfus, 1857-1930）最為積極，繼承家中紡織事業的他擁有處事圓融和隨機應變的手腕，在往後的五年當中，他幾乎投入全副的心力在此行動上。馬蒂安聘請了當時著名的刑事律師艾格・德蒙吉（Edgar Demange, 1841-1925）來為弟弟辯護，這名律師向來以便捷的口才與冷靜的作風聞名，但德蒙吉對這起訴訟的結果並不樂觀，他也自知接下這件受到全國矚目的案件必將承受極大的社會壓力。

開庭前，德蒙吉細心地調閱了軍方的檔案，發現到其中疑點重重，**至今唯一能指控德雷福的證據就是那份備忘錄，但其中光是幾次筆跡的鑑定報告就兜不攏**，他向德雷福的家人們坦言：「這件事很醜陋，我從未見過這樣的檔案。」[54]或許當德蒙吉律師見到如此醜陋羅織罪狀的檔案，勝訴的信心又提升了幾分，然而同時間軍方的陰謀詭計卻沒空閒著，情報部門亨利上校等人在開庭前，馬不停蹄地**將參謀部由別處收集到的間諜字條檔案，變造了當中的日期以符合備忘錄的日期；並且將德國大使館武官史瓦茲科彭和義大利使館武官的往來信件中，提到間諜特務的地方改為代號「D」**。這樣的竄改捏造證據也顯示出當時軍方內部的腐敗和隻手遮天的跋扈囂張程度。很不幸地，經過變造的檢方也以國家安全機密為由，不讓被告律師知道這些祕密檔案的存在。

1894年十二月十九日，德雷福案在軍事法庭開庭審理，社會民眾均矚目這場判

---

[52] 與臺灣今日充斥著諸多製造假新聞的不肖媒體業者雷同，當時亦不乏這般唯恐天下不亂者，紛紛對德雷福落井下石，編造假劇本：「《果敢報》（L'Intransigeant）說德雷福嗜賭如命，每晚輪掉兩三千法郎。巴黎最保守、看似最有責任感的兩家報社《時代報》（Le Temp）和《晨報》則向讀者解釋，說德雷福之所以當間諜，是因為迷戀一位尼斯的義大利美女，而那位女士是『愛情魔術師』、『出生豪門』，是義大利祕密特務，色誘德雷福交出法國參謀總部的祕密資料。」轉引威廉・夏伊勒著，高紫文譯，《1940法國陷落》，頁60-61。

[53] 前引書，頁59。

[54] 麥可・本恩斯著，鄭約宜譯，《法國與德雷福事件》，頁36。

決。整場法庭上幾乎沒有任何攻防，彷彿想迅速了解此案似的，**法官不斷打斷德蒙吉律師的辯駁，還命令辯方律師進行陳述時不得看稿，並迅速傳喚軍方參謀部的二十多位軍官為證人，證詞皆對德雷福極為不利**，在德蒙吉律師從業的二十餘年來這還是首次遭遇到如此不公且不堅守程序正義的審理過程。三天後軍事法庭做出了最後的判決：德雷福有罪，並裁定須至武裝監獄服刑且公開拔階。

判決出爐後，輿論和媒體似乎都大大鬆了一口氣，認為該項判決是各方均能接受的結果。《時代報》（*Le Temps*）宣布：「案件已獲公平裁決，而且判決得合宜。」該報進一步指出軍事法庭並未引發一場歐洲大戰，保護了法國的安全。[55]**及時抓獲這位判國的邪惡猶太人，軍方和政府公信力似乎有止跌回升的跡象，不少輿論甚至仇視德雷福者稱其為「猶大二世」或「汙穢的靈魂」，認為這樣的罪魁禍首即使判處死刑也無妨**。同一時間，英、德、義等國的媒體也對該起事件大幅報導，[56]可想而知德雷福本人及其家人、律師承受了多少社會壓力。

百餘年後的今日，許多關於十九世紀法國歷史或歐洲近代史的書籍都曾提及德雷福冤案所蒙受的不白之冤，但卻不見得會寫下**當中最令人憤怒、感到羞辱的片段**。1895年一月六日星期日，也是猶太人的安息日，**德雷福必須在眾目睽睽之下，於他的母校高等軍事學校的中庭裡接受拔階的懲處，對任何一個人來說這都將會是終身難忘的人格侮辱**。當天在場有四千名士兵列隊圍繞在整個廣場的四周，阻隔著整片廣場上萬頭攢動的人群，有些人甚至攀爬至榮軍院（Les Invalides）的金色圓頂和機械陳列館[57]的樓頂尋求制高點觀看，媒體估計圍觀的群眾超過兩萬人，爭先

---

[55] 前引書，頁43。

[56] 英國《泰晤士報》（*The Times*）中曾特別提及德雷福案的社會氛圍以及未審先判的效應：「同時我們不能忘記，指控德雷福上尉的人有意在軍方及民間的心中營造對德雷福的偏見，而公開辯護的論點和交叉盤問證人是有效預防這種偏見的唯一方式。同樣令人感到擔憂的是，法國的反猶太宣傳助長了對德雷福的敵視。德雷福來自有名的猶太家庭，巴黎猶太拉比曾被法院傳喚為他的品格作證。當然，前提是軍事法庭的裁決是只依據呈堂證據，可是在此同時涉及拔階和嚴厲懲處的重大指控案件中，因案情保密而使人產生的種種懷疑應當予以澄清。對法國人而言，保護陸軍機密或許很重要，但更重要的是，法國人民更要捍衛公共正義，防止不義之嫌或是受民眾一時激情的影響，……但是在上訴尚未有結果之前，視他被控的罪狀為真並不恰當；然而，不利於他的判決已經將他清白的假設給完全轉變了……當我們細看審訊的過程之後，我們實在無法抑制我們的驚訝之情，因為不只巴黎的民眾，包括新聞界也早已認定被告有罪。」轉引前引書，頁46。

[57] 為1889年世界博覽會之建築，運用當時最先進的鋼鐵結構和施工技術，跨度達到一百一十五公尺，

恐後觀賞著這場極盡羞辱的遊街示眾儀式。

　　整場羞辱的儀式大約十分鐘，四周充斥著此起彼落的喊叫聲：「猶太人該死！處死猶太人！」廣場中央的德雷福依舊抬頭挺胸地文風不動，聽著軍方書記官宣讀完他的罪狀，宣讀完畢後頭戴鋼盔的執行官大步走向德雷福，毫不遲疑地用力扯下他軍帽上的徽章和金色穗帶，接著是扒掉外套與衣袖上的飾物，在執行官殘酷的動作當中，德雷福曾用盡力氣喊道：「無辜！清白！法國萬歲！」但他的喊叫聲卻敵不過四面八方傳來憤怒的吼聲與噓聲，很快便被淹沒了。儀式的最後階段，德雷福的軍刀被執行官無情地拔下，先是惡狠狠地將刀鞘丟擲在地，接著隨即將軍刀置於自己的膝上，以迅雷不及掩耳的速度將其折斷。眼見一分為二的軍刀被棄置於地，德雷福閉上雙眼不忍卒睹，儀式結束象徵著德雷福被他所熱愛的法國軍方免職驅除，此後他再也不是年輕有為的炮兵軍官了，此後僅有恥辱以及暗無天日的監禁與他相伴。

　　1895年一月六日的這場儀式，成為了許多在場觀眾與報章讀者那一代人畢生難以忘懷的場景，但絕大多數盡是嘲諷與謾罵的負面記憶。《自由言論報》在隔天還以極為惡毒的態度評論道：「這不單是個人因其罪行敗壞自身的人格，整個民族的臉都被丟光，只剩下恥辱。」[58]著名的短篇小說家都德之子里奧‧都德（Léon Daudet, 1867-1942），終身受到父親強烈的反猶意識影響，他也是當天在場目睹整個儀式中憤怒的人群之一，後來里奧‧都德在為《費加洛報》（Le Figaro）撰寫評論時也語帶仇視和敵意稱德雷福為「可憎可惡的賣國禽獸」、「十足的外國人，一個猶太殘軀」。[59]

　　拔階儀式結束後，德雷福隨即被押解入獄，他先被囚禁在左岸天文臺附近的桑戴監獄（La Santé Prison），過幾天又被遷移至距離巴黎五百公里，法國西部比斯開灣濱海夏朗德省外的雷島（Île de Ré），最終在三月份被移送到**南美洲法屬圭亞那旁的惡魔島（Île du Diable）**，[60]這裡可是與巴黎有著一萬多公里的遙遠距離，

長度為四百二十公尺，內部毫無阻擋的龐大室內空間，可惜於1920年遭到拆除。

[58] 威廉‧夏伊勒著，高崇文譯，《1940法國陷落》，頁66。

[59] 麥可‧本恩斯著，鄭約宜譯，《法國與德雷福事件》，頁51-52。

[60] 惡魔島（Île du Diable），又譯「魔鬼島」。是法屬圭亞那外薩呂群島（Îles du Salut）中的其中一座小

到了這裡也代表德雷福此生再也沒有機會活著與家人團聚的機會了。

　　自從德雷福被流放到惡魔島之後，他的名字與新聞也逐漸淡出人們的視野，整個社會上僅有他的家人與律師仍堅信其清白，但也無力改變法庭所做出的判決。整起事件原本似乎到此已經結束了，孰料在兩年之後，新任的情報局反諜報處處長喬治・皮卡中校（Georges Picquart, 1854-1914）為遠在海外的德雷福發出了第一聲的不平之鳴。事實上，皮卡中校也是個標準的反猶主義者，他原先並不喜歡德雷福這個人，但當他接觸到參謀部內關於德雷福案的檔案時，卻因此案的備忘錄證據顯得如此薄弱而感到不解。未幾，情報局竟然在德國大使館武官史瓦茲科彭的廢紙堆中又找到了一份被撕碎的藍色便條紙，經拼湊還原後得以辨認內容：

　　　　先生：有關您還在考慮的事情，我正在等待較您日前給我的說明更為詳盡的指示。所以，您若能以書面方式告訴我，好讓我決定是否繼續與R或C公司保持關係，那就再好不過了。[61]

截獲該則訊息的皮卡中校顯得非常吃驚，**德雷福既然已經被判終身流放，那麼顯然若非德雷福是冤枉，就是間諜不只有一人。**此外，在這份便條中竟然還「大意地」留下了收件人的姓名地址：埃斯特哈齊，巴黎善心路27號。皮卡中校動用了情資去查詢埃斯特哈齊（Ferdinand Walsin Esterhazy, 1847-1923）的背景：一個匈牙利貴族私生子的後裔，深諳德語並具有現任參謀部軍職人員的身分，好色與好賭是身

島，面積僅三十四點六公頃，距離陸地有十一公里遠。自1852年起，惡魔島被法國設為流放重刑犯的監獄，由於流放至此幾乎難以脫逃，再加上監獄的嚴酷對待使得該地犯人的死亡率高達七成五，因此獲得了「惡魔島」的恐怖稱號。1938年，法國當局裁撤了島上的監獄，後來這裡成了法國海外的航太研究機構，由於當年監獄的硬體設施已作為歷史古蹟保存，因此百餘年後的今日每年仍有上萬名觀光客至此探訪。亨利・夏爾葉（Henri Charrière, 1906-1973），是惡魔島上極少數成功出逃者，晚年他將監獄生活以及逃亡過程寫成了小說《蝴蝶》（*Papillon*），美國好萊塢先後將這個故事於1973年和2018年拍攝為電影，舊版由史蒂夫・麥昆（Steve McQueen, 1930-1980）與達斯汀・霍夫曼（Dustin Hoffman, 1937-）主演，新版則由《環太平洋》（*Pacific Rim*）男星夏爾・杭南（Charles Hunnam, 1980-）詮釋。
[61] 麥可・本恩斯著，鄭約宜譯，《法國與德雷福事件》，頁59。

邊同事對他最為深刻的印象。考慮到埃斯特哈齊經常周轉不靈的經濟狀況，這樣的人會出賣情資或許並不令人意外。

　　當然，光是埃斯特哈齊簡單的個資並不能證明什麼，因此皮卡中校進一步暗中設法取得前者的信件筆跡，經過與德雷福案中那件備忘錄上的字跡相互比對，**皮卡竟發現相較於德雷福的筆跡，備忘錄顯然更符合是出自埃斯特哈齊的手筆**。接著皮卡也比對了1894年時軍事法庭的德雷福檔案，發現**當中由德國武官史瓦茲科彭寫給義大利武官，內容標示著代號「D」的文件有著明顯竄改過的痕跡，皮卡驚覺這起案件的內部相當不單純，即使本性厭惡猶太人也不喜歡德雷福，但他心中堅持的司法正義和國家榮譽更甚於個人的主觀好惡**。皮卡將私下調查的心得呈報給情報局長與參謀部長，並與亨利上校等人提及此案中的疑點，不料非但沒有得到繼續追蹤此案的授權，皮卡反而在1896年秋天被調離了情報部門，派往阿爾及利亞和突尼西亞的前線，而反諜報處處長的職缺則由那位變造德雷福檔案的亨利上校接任。

　　至此，皮卡中校心裡有數，軍方高層絕對在此案中動了手腳，但被派赴前線的他暫時無法參與此案，這也是軍方高層想要的。與此同時，德雷福的親屬與律師仍然堅信德雷福的清白，即使那位可憐的人被流放到天涯海角的惡魔島後，他們仍動用一切的可能手段：向國會請願、託人撰稿，甚至還請「靈媒通靈」，雖看似荒謬，但確也值得同情與理解。

　　德雷福的兄長馬蒂安不希望社會忘了他弟弟的冤案，他設法籌款請人寫文章登報，指控軍方司法的錯誤，還將多篇文章集結成冊，四處分送散發。馬蒂安的行動，引發了反猶立場的《晨報》不滿，報社私下向一位曾為參謀部做筆跡鑑定的專家買到了德雷福案備忘錄的複印本，而毫不避諱地將備忘錄刊登出來，希望再度燃起讀者民眾對猶太人的仇視憤怒。《晨報》此舉在百餘年後的臺灣或許會被冠上「豬隊友」這樣的戲謔稱號，馬蒂安眼見報章將備忘錄刊出，立即聘請了多位國內外的筆跡鑑定專家來做鑑定，並將鑑定結果連同弟弟的筆跡印在備忘錄旁製成海報，在巴黎街頭四處分發，他相信社會大眾裡一定還是有明眼人的。

　　史瓦茲科彭，那位德國駐法大使館的武官，確實多年來始終與法國軍方的間諜保持著密切的往來。**在整起案件最初，他便在備忘錄上認出了埃斯特哈齊的筆跡，**

他也知道德雷福始終是事件的受害者，整起事件的來龍去脈他是非常清楚的，但一來他也不喜歡猶太人，再說他怎能供出間諜的真實身分呢？眼看著法國軍方將全副精力放在一起糊塗的案件上，推諉卸責，對他們德國絕對是大有益處，因此從頭到尾他除了向德國軍方高層彙報過之外，始終不置一詞。

正義的力量遲早會集結起來。首先，馬蒂安在街上四處散發的海報確實得到了關注和回應了，一名叫卡斯楚（de Castro）的銀行界人士，無意中在海報裡認出了備忘錄裡的筆跡，很像他那位聲譽糟糕的客戶埃斯特哈齊寫的，他主動和馬蒂安聯絡，並提供給他其他關於埃斯特哈齊的信件與簽名，供筆跡鑑定專家來做鑑定。在今天看來，這位卡斯楚先生顯然是違反職業道德的，但或許就是埃斯特哈齊給人的印象實在太壞了，加上卡斯楚先生或許也想真正抓到出賣國家情資的真兇吧！

此外，被派赴前線的皮卡中校時刻憂慮自身的安危，他知道的祕密已經太多了，以臺灣今日的戲謔詞彙來說，或許哪一天會沒來由地「被消失」或「被自殺」，所以皮卡趁著休假回到巴黎的期間，將掌握到的德雷福案疑點寫成一封信，並委託他擔任律師的摯友勒布盧瓦（Louis Leblois, 1854-1928）為他製作一份遺囑，囑託如果自己不幸身亡，希望律師友人一定要設法將這封信和遺囑交給總統。勒布盧瓦律師認為茲事體大，他絕不想看到摯友受到生命的威脅，於是向皮卡建議不該沉默以對，遂將整起案件的發現吐露給參議院副議長舍雷爾－克斯特納知悉。

舍雷爾－克斯特納（Auguste Scheurer-Kestner, 1833-1899）是一位擁有化學家背景的清廉政治人物，相當受到民眾的敬愛，尤其他也是出生於亞爾薩斯的米魯斯，與德雷福是同鄉。實際上，他相當同情這位鄉親的遭遇，並對國內甚囂塵上的反猶主義表示擔憂，此前他只能尊重軍事法庭對德雷福的判決結果，但在得知律師勒布盧瓦對他的報告後增加了他的疑慮。擁有豐富政壇經驗的他，在不透露皮卡與叛國者的姓名前提下，他長期聘用偵探監控著埃斯特哈齊的日常舉動，並向總統和陸軍部長提出了他對德雷福案的幾點質疑，要求以行政命令重啟調查，但當時的共和國總統福爾（Francois Félix Faure, 1841-1899）向來唯唯諾諾，對於該案始終抱

持不聞不問的態度，儘管多次在參議院中呼籲支持對該案的重審，但執政者的冷漠卻使得舍雷爾－克斯特納感到力不從心。

此時，軍方參謀部與情報部門已發覺皮卡將案情透露給參議院副議長舍雷爾－克斯特納，並開始在調查埃斯特哈齊之事，軍方高層開始感到莫名的焦慮，**一旦埃斯特哈齊曝光，則德雷福之無辜必將得到證實，而前前後後涉及此冤案的軍方各階層人員均將會受到瀆職、偽證的追究。**因此反諜報處處長亨利派人主動接觸埃斯特哈齊，要求他服從上頭的命令，不可輕舉妄動，還答允派專人保護他。很顯然地，**軍方高層已知道真正的間諜為何人，但卻絲毫沒有想將真兇法辦的念頭，為了文過飾非，軍方甘願一錯再錯，就是不能讓德雷福案的真相曝光，以免懲處牽連甚廣，這就是當時世紀末法國軍方高層的無恥態度。**

德雷福的兄長馬蒂安在得到了埃斯特哈齊這個名字後，主動求見副議長舍雷爾－克斯特納，並提供了字跡鑑定的證據。舍雷爾－克斯特納立即表示，自己也透過私人管道得知真正的間諜應為此人，無論德雷福家族是否與他為同鄉，身為人民選出的參議員以及面對國家司法的扭曲，舍雷爾－克斯特納都自認應該澈底追究這件案子，但目前共和國總統和政府高層均無意重啟這件案子的調查，因此他認為應當再從它處尋求突破口，以一種強而有力的聲音與力道帶動整個社會的氛圍。

十九世紀自八〇年代以來，第三共和政府便因派系鬥爭傾軋而紛爭不已，布朗熱事件與巴拿馬運河醜聞更使得人民喪失了對政府的信任，右派與民族主義的反德與反猶的激進言論更造成了社會的進一步撕裂，德雷福事件的爆發正是整起風浪的高潮，直到世紀末，法國國內將因爭論這件案子的對與錯，導致家庭失和、好友反目、多人枉送性命、街上衝突暴動，幾乎引發激烈殘酷的內戰。

副議長舍雷爾－克斯特納想到了有一個人能夠不畏軍方的保守勢力，他不僅具有強烈的正義感，更擁有鼓動人心的口才以及理性分析事物的能力，如果這樣的正義之士願意為德雷福案挺身而出的話，那麼這件案子或許有扭轉乾坤的機會。

深陷愁雲慘霧多年的德雷福案與法國社會，此時正需要磊落的正義之聲為其掃除一切的陰霾……

✦ 我控訴 ✦

　　1893年，左拉終於完成了《盧貢－馬卡爾家族》系列的最後一部作品《巴斯卡醫生》，他以冷靜寫實的態度將十九世紀第二帝國時期的生活風貌與社會現象刻畫得絲絲入扣，這套作品使他的事業攀上了高峰，他的稿酬遠高於雨果，還榮任法蘭西作家協會的會長，至此可說是功成名就，名利雙收了。

　　只不過，左拉的內心深處還隱隱約約藏著幾許的遺憾，首先是母親愛蜜莉於1880年猝逝，亦即《娜娜》出版的同一年，在文壇成就最巔峰閃耀的時期卻失去了他最親愛的母親，左拉有太多的感激與喜悅來不及與她分享，成為了永遠的落寞和遺憾；其次，1886年的《傑作》也讓左拉與畢生最重要的摯友塞尚兩人因藝術理念的不同，各自選擇了不同的道路，從此風流雲散；再者，儘管創作的事業達到巔峰，左拉仍希望他的地位受到官方的認可，這樣的想法與馬內始終選擇在官方沙龍的場域中拚搏，而不願與印象派的友人們開創另一個戰場的感受極其相似，左拉開始試著尋求進入法蘭西學術院擔任院士的機會，之所以會產生進入這個歷來被具有革新思想者視為厚古薄今的保守大本營，或許是受到巴爾札克之影響，左拉也想仿效這位在文壇上具先行者地位的前輩，獲得官方與學術界的殊榮。然而，幾乎與他的前輩面臨到相同的命運，左拉在遴選院士的過程中屢屢碰壁；[62]最後，與亞麗山德琳結縭多年的左拉始終因膝下無子而感到焦慮無奈，約莫在1888年他愛上家中的女傭珍娜（Jeanne Rozerot），並與她有了愛的結晶，內心感到愧疚的左拉始終不敢讓亞麗山德琳知道他在外頭有另一個家室，當然最終紙仍然是包不住火的，亞麗山德琳需要好些年的心情調適才接受了這個事實，同時有著兩個家庭的不同生活需

---

[62] 左拉之所以在晚年對爭取成為法蘭西學術院院士有著強烈欲望，或許還有其他動機。當時他鼓吹的自然主義文學運動經過近二十年的風風雨雨開始式微。運動內部成員們各奔前程，漸漸地與大師疏遠了，運動外部則面臨心理小說和象徵主義等新興文學流派的強力衝擊，左拉感到需要官方的支持，自然主義作家一旦能進入法蘭西學術院，自然主義文學不就占住陣地了嗎？他曾坦率地表示：「當對我個人、對我的作品有好處時，我為何不接受尊卑有序的等級制度呢？」轉引傅先俊編著，《左拉傳》，頁170。

要照應的左拉，內心也極為尷尬不好受。

　　為了略對元配亞麗山德琳做一些感情上的彌補，進入九〇年代之後的左拉時常帶著她四處旅遊散心，特別是在他們遊覽西南部庇里牛斯山以及義大利的行程當中，左拉得到了繼《盧貢－馬卡爾家族》系列作品後新的創作靈感，他嘗試以即將結束的十九世紀所面臨的危機作為思考，包括了信仰危機、科學精神危機和社會思想危機等面向，平素對社會現象觀察入微的左拉，當然也強烈感受到當時第三共和政府在面臨布朗熱事件、巴拿馬醜聞事件所引發的社會動盪，因此在他心中逐步構成了一部新的三部曲：《盧爾德》（Lourdes）、[63]《羅馬》（Rome）和《巴黎》（Paris），總標題定明為《三名城》。眼看著當前社會充斥著扭曲人性的種族主義以及復仇言論，左拉特別在新著作當中指出了當代社會可怕的不確定性，並嘗試討論「科學與信仰之間搖擺不動的深刻危機」。[64]

　　左拉先前也曾聽聞過德雷福這件引發社會議論的案件，但並未多加關注，當時他正和家人旅居義大利，同時也專注於手上《羅馬》的撰寫，他認為該案件既然已經得到司法最終的判決，也就不須再費心思或社會成本去討論了。1897年十一月中，參議院副議長舍雷爾－克斯特納邀請左拉共進午餐，當然這頓飯吃得並不單純，皮卡中校的律師友人勒布盧瓦也參加了這次的餐會，左拉經由他們的詳細分析後得知了德雷福案件中的種種隱情，大為震驚的左拉喚醒了心中的正義感與良知，**曾經堅持透過文字將第二帝國時代的社會生活與奢靡浮濫的一面帶給讀者的他，在得知當今國內竟有愛國的軍官只因種族因素而蒙受不白之冤，左拉再也無法坐視不管。**

　　左拉隨即安排與德雷福的兄長馬蒂安的會晤，閱讀到數封德雷福寄自惡魔島上的家書，透過信中深刻感受到遠在天涯海角的受冤者，仍懷有一顆想報答祖國的熱

---

[63] 盧爾德（Lourdes），位於法國西南部上庇里牛斯省。原屬地方偏遠小鎮，卻在1858年由一名當地的農家女親眼見證聖母馬利亞顯靈了十八次，使得該鎮頓時成為法國最大的天主教朝聖地。直至今日，盧爾德每年都有來自世界各地的六百萬遊客，這群源源不斷的朝聖者與遊客使原本寧靜的盧爾德成為了法國西南部重要的旅遊中心。

[64] 丹妮絲・左拉著，李焰明譯，《我的父親左拉》，頁170。

忱，以及關愛家人的慈心，儘管德雷福自述在惡魔島的生活極為困苦，也不諱言曾有尋短的念頭，但最終仍相信正義會獲得伸張，並與家人相互鼓舞等待真相大白的一天。眼見近來國內政局的紛擾，以及日益高漲的反猶聲浪，左拉相信德雷福無疑是這股風潮以及保守顢頇的軍方聯合操作下的犧牲品。**面對社會與制度的不公，左拉無法讓自己保持沉默，他意識到自己在民眾前的影響力，身為知識分子應有挺身而出說真話的義務**。從這個角度來看，這也是左拉與塞尚兩人性格上最大的歧異之處，性格孤傲、潔身自好的塞尚，從未表現出對公共事務的關心，直至生命的尾聲，他始終堅持在自己的世界裡開創出一條劃時代的藝術道路；而左拉的任何一部作品從未與社會脫節，不曾與現實的環境脫鉤，**在他看來沉默是相當可恥的一件事，因為選擇沉默意味著將成為加害者的幫兇！這就是血性的左拉，也是堅持道德良善的左拉，正是因為如此，同樣血性的文森・梵谷才如此欣賞他的作品，欣賞這麼一位作者**。[65]

1897年年底，左拉陸續在《費加洛報》發表了數篇評論文章，不僅抨擊了軍方司法的怠惰，也稱讚了參議員舍雷爾－克斯特納崇高的人格，推崇他敢冒天下之大不韙，在反猶陣營的極力詆毀之下，仍極力聲援受冤屈的德雷福。評論當中，左拉留下了一句載於青史的名言：「**真理前進，所向披靡。**」（*La vérité est en marche, et rien ne l'arrêtera.*）左拉的正義之聲果然激起了社會大眾對這起案件的再度關注，更重要的是，在左拉和舍雷爾－克斯特納這些在社會上富有公信力及聲譽的知識分子的領頭之下，多年來在社會上面對著反猶主義始終擔任沉默者和旁觀者的群眾也逐漸受到他們的感召被喚醒，愈來愈多的聲音質疑這起事件的公平性和合法性，軍方也開始感受到來自輿論的壓力。

透過大眾媒體的力量，埃斯特哈齊已經人盡皆知，連軍方也無法再隱藏這號人物了，即便如此，顢頇的軍方卻自信能操控庭審，只傳了埃斯特哈齊應訊表示過個

---

[65] 參閱丹妮絲・左拉著，李焰明譯，《我的父親左拉》，頁179：「左拉當時在全世界的影響不亞於托爾斯泰，他感到有責任把他所知道的事實真相大聲地公布於眾；沉默，對他而言，不只是一種痛苦，而且是恥辱。如果不說出真相，他就再也不敢坐在親人的身旁，同老朋友握手時也會羞得臉紅。青年時代的那個理想主義者振奮了，他被一種新的鬥志所激勵，四十年的文學戰鬥和不斷的艱苦創作並沒有磨滅他的這種意志。」

場，便以證據不足將其釋放，此舉無疑視法律於無物。非但如此，保守勢力的反撲力道這次顯得更加兇猛，1898年一月參議院正式拒絕了舍雷爾－克斯特納參加副議長的改選，同時皮卡、馬蒂安與左拉等人皆不約而同收到了許多匿名的威脅警告，一時之間，聲援德雷福的運動遭受到來自官方與民間雙重的打擊。

面對來自四方的打擊與威脅，左拉並未感到喪志或退縮，**多年來他已經受夠社會上充斥著扭曲與誇張的反猶言行，尤其更看不起擅用職權與公器來迫害無辜者之人**。出於一個知識分子的良知，「左拉完全明白，講真話、公開衛護德雷福，對自己來說意味著什麼；意味著他安逸舒適的作家生活的從此結束、意味著受社會普遍尊重的名人地位的喪失、意味著通往官方一切榮譽之門永遠關閉，甚至意味著冒犯司法當局、冒犯軍方，有可能因此沾染官非、身敗名裂」，[66]**在真理面前，進入法蘭西學術院或者今後出版著作的銷量都顯得不重要了，如果無法堅持正義以及說出真相，那麼左拉寧可不要繼續寫作，他早已做出要為真理殉道的準備。**

1898年一月十三日，左拉在早年報業結交的友人克里蒙梭所經營的《震旦報》（*L'Aurore*）上刊出了一則長達四十頁的社論，文章一發表如一石濺起千層浪，引發海嘯般的熱烈迴響，當日的《震旦報》僅在發行後短短數個小時便售出三十多萬份，這便是永載於青史的〈我控訴……！〉（*J'accuse*…！）一文。[67]這篇文章主要是一封左拉寫給共和國總統的信，他花費了兩晚的時間寫出這篇文章，希望喚起執政者堅持正義的初衷，「夜晚的人行道能看見他家窗內的燈光異乎尋常地一直亮著，這微光便是法蘭西意識的覺醒」。[68]

左拉藉由〈我控訴……！〉一文，向法國執政當局發出不平之鳴的怒吼，他控訴並指名道姓涉及此案的軍方高層、控訴了軍事法庭的不公判決，以及操弄社會情緒的惡毒媒體，甚至還控訴了偽造證詞的筆跡鑑定專家，左拉特別在文章結語胸懷坦蕩地陳述撰文控訴的目的：

---

[66] 傅先俊編著，《左拉傳》，頁233。
[67] 左拉〈我控訴！〉（J'accuse）全文達八千餘字，故附於本書附錄二。
[68] 丹妮絲・左拉著，李焰明譯，《我的父親左拉》，頁182。

我只有一個目的：以人類的名義讓陽光普照在飽受折磨的人身上，人們有權享有幸福。我的激烈抗議只是從我靈魂中發出的吶喊，若膽敢傳喚我上法庭，讓他們這樣做吧，讓審訊在光天化日下舉行！[69]

這篇文章的發表牽動了整個法國社會的情緒，挺德雷福和反德雷福兩派壁壘分明，兄弟鬩牆、朋友反目、家庭失和，**如今雙方爭執的問題已不限於德雷福是否有罪這個問題了，當中涉及到法國社會的道德價值觀**。就右派與反德雷福陣營而言：「首要議題不再是德雷福是否有罪（不過他們相信他有罪），而是就算他是無辜的，讓他承受極刑（他確實在惡魔島承受極刑），也好過讓法軍的威望與名譽受損，因為法國必須仰賴軍隊來保家衛國。一個人的生命與聲譽和『祖國』（la patrie）的生命與聲譽相比，有何意義呢？」[70]反德雷福的陣營極力捍衛國家的利益，認為若因追求「小我」完整的真相與落實正義，因而使國家之「大我」受到損害，便是本末倒置的做法。

此番論述乍聽之下似乎堂而皇之，但在挺德雷福派看來無異是強詞奪理：「第一，真相就是真相，正義就是正義，不論會造成什麼後果；第二，社會與軍隊必須獲得絕對的尊重，否則無法穩定發展，人民也不該忍受它們的墮落。若軍方做了不公義的事，害無辜的人被判叛國罪，就該改過遷善。」[71]在他們看來，國家的聲譽必須立基於真相與正義，假使連「小我」的公義都無法維護，又談何捍衛「大我」的國家政府呢？

〈我控訴……！〉一文在全國社會投下一枚震撼彈後，左拉受到了來自反德雷福陣營前所未有的詆毀與謾罵：「義大利佬，滾出法國！」還有人在大街上叫囂、發送傳單，傳單上寫著：「正直的法國人對義大利佬左拉的唯一回答是：他媽的！」[72]仇恨者以左拉具有的義大利血統來大做文章，甚至還有不入流的媒體誣陷

---

[69] 麥可・本恩斯著，鄭約宜譯，《法國與德雷福事件》，頁100。
[70] 威廉・夏伊勒著，高崇文譯，《1940法國陷落》，頁67。
[71] 前引書，頁69。
[72] 傅先俊編著，《左拉傳》，頁245。

左拉的父親弗蘭索瓦昔日在阿爾及利亞外籍兵團期間由軍費中盜用公款，[73]左拉位於巴黎布魯塞爾街的寓所門窗也時常遭到投擲的石塊擊破。在憤怒偏激的群眾眼中，左拉膽敢為叛國的猶太人說話，他也一定不是一位純正的法國愛國人士。[74]

遭到控訴的軍方不甘示弱，非但執意不將德雷福案重審，反而起訴左拉汙衊誹謗軍事法庭的罪名，「由於事關國防機密，左拉的上述指控都不可能獲得任何證據，因此軍事當局的策略就從此下手，既可置左拉於無法抗辯之絕境，又能將整個德雷福事件完全排除在起訴左拉『誹謗罪』的官司之外」。[75]不只軍方有此大動作，甚至共和國總理朱爾・梅林（Jules Méline, 1838-1925）也在眾議院公開宣稱：「愚蠢的猶太人掀起這次風波是有預謀的、是為了製造仇恨，我們永遠不能寬恕他們。不只猶太人，那些菁英知識分子似乎也樂於毒害社會風氣，煽動血腥仇恨。」他保證：「從今以後會用最嚴苛的法律制裁他們。」[76]

1898年二月七日，塞納省重罪法庭開庭審理左拉的誹謗案件。左拉在律師費爾南・拉波利（Fernand Labori, 1860-1917）、勒布魯瓦、堅定戰友克里蒙梭、馬蒂安和幾位出版界友人的陪同下，乘坐著四輪轎式馬車，來到位於西堤島上太子廣場（Place Dauphine）前的巴黎司法宮（Palais de Justice de Paris）。法院門口前擠滿了成群激憤抗議的民眾，見到左拉便喊著：「打倒左拉！處死猶太人！」儘管左拉面容蒼白，但卻顯得堅毅且從容，他在友人的團團護衛下堅定地邁上了法院的臺階，**面對威脅與謾罵他顯得毫不畏懼，左拉自知正在捍衛人類社會裡最崇高的一種**

---

[73] 丹妮絲・左拉著，李焰明譯，《我的父親左拉》，頁188-189：「德雷福案件給左拉招致了無數凌辱，對他來說，沒有什麼比《小報》卑鄙的記者埃內斯特・朱代對他父親的指控更讓他氣憤的了。……沒有比朱代的行為更無恥、更卑劣的了，居然以損害一個受人尊敬的死者的名聲來傷害他的兒子。」實際上，弗蘭索瓦當年在軍中遭到革職的原因是陷入一起不名譽的婚外情事件。在左拉的代表作《娜娜》故事中，曾虛構了一位迷戀女主人翁而挪用軍費公款的癡情軍官腓力，此一橋段或許啟發了好事者編造對左拉父親的詆毀罪狀。

[74] 前引書，頁94左拉之女丹妮斯對這些侮蔑做了這樣的回憶：「我不想提任何人的名字，只想回憶人們用『癩蝦蟆』汙衊我父親的情景，當時每天都能在報紙上看到這個詞。辱罵對左拉來說是一種刺激物，……左拉善於蔑視他稱之為『癩蝦蟆』的東西。對於荒唐的行為、惡意、仇恨，他在1896年做出這樣的反應：『人們總是攻擊我，所以我還活著，**文學真正的死亡起始於對作品和作者保持沉默**。因此，侮辱者其實不過是為作者的勝利歡奏的號手，他們在奮力為作者喝采。』」

[75] 傅先俊編著，《左拉傳》，頁245。

[76] 威廉・夏伊勒著，高崇文譯，《1940法國陷落》，頁75。

價值，即公理和正義。

整場庭訊，左拉「囑咐他的律師要千方百計讓公眾知道德雷福是無罪的，而不要把精力用於證明左拉是無罪的。在這種情形下，左拉再一次表現出了最偉大的犧牲精神」。[77] 遺憾的是，法庭早已下令不許提及任何有關德雷福的話題，每當拉波利律師試圖用各種方法舉證該案的荒謬判決時，便遭法官喝道：「不准再提這個問題！」反觀身為軍方代表的證人均在毫無干擾的情形下作證，不僅一概以國家機密為由拒絕拉波利律師的提問，並有意無意地暗示德雷福有罪的證據，以便進一步延伸到左拉的誹謗罪。[78] 當軍方證人代表佩利厄將軍以蠻橫無理的態度質疑左拉的愛國精神時，左拉則以坦蕩自信的語氣回應：「為法蘭西效勞有各種方式，可以用劍也可以用筆。佩利厄將軍先生也許取得了偉大勝利，但我也是勝利者。通過我的作品，法蘭西語言被帶到了全世界，這就是我的勝利！我把佩利厄將軍的名字和左拉的名字傳給了後代，他們會選擇的！……正是考慮到軍隊的名譽，我才請求你們做到公正。」[79]

法庭前後公開庭審了十五天，然而陪審團只用了不到一個小時就判決左拉有罪，這同樣又是一場未審便先判的過堂程序，政治力強烈地干預了司法。左拉曾在他的小說《人面獸心》當中揭露過司法腐敗的情景，卻沒料到有朝一日自己也成了受迫害的主角，在聆聽判決的當下，他突然想起可以將親身經歷的這一幕改寫為另一部小說，書名或許可以定為《正義》（Justice），他只遺憾出庭時無法像往常一樣帶著筆記隨時做觀察記錄。左拉被判以最大刑度的刑罰，須入監服刑一年以及繳納三千法郎的罰金，我們實在難以想像在判決結果的當天，左拉以及友人是如何毫髮無傷地從幾近瘋狂暴動的群眾包圍中逃出法院現場的，他們的內心感受又是如何呢？

雖然被判處一年刑期，法蘭西最高法院卻及時為左拉多爭取了一些時間，撤銷了巴黎重罪法庭的判決，宣布應由軍事法庭傳訊左拉，而非先前的軍事部，因此這起案件應在該年的五月重新審理。我們無法得知最高法院是本著法制的精神，給予

77　丹妮絲・左拉著，李焰明譯，《我的父親左拉》，頁184。
78　麥可・本恩斯著，鄭約宜譯，《法國與德雷福事件》，頁100。
79　丹妮絲・左拉著，李焰明譯，《我的父親左拉》，頁184。

了左拉重新申冤的機會，抑或是虛偽的公正，反覆地浪費社會資源，想再給予左拉一次變相的凌虐。可以確定的是，在等待案件重審的期間，左拉承受著無可計數的威脅與霸凌，小報上幾乎每日都有他的諷刺漫畫，雪片般的謾罵信件寄到家裡，官方的密探也不時在家附近走動，監視著一家人的行動，甚至連未滿九歲的小女兒丹妮斯在學校都收到一封匿名的信，裡頭夾帶了一張左拉被挖掉雙眼的照片，為此左拉的妻女都受到了極度的驚嚇。為了幫德雷福申冤，不僅毀了自己的事業，還連累家人擔心受驚，一念及此，左拉仍不禁流下了男兒的熱淚。

即便如此，真理與正義並未完全沉睡，包含法朗士、[80]普魯斯特、[81]雷納爾、[82]索雷爾[83]和莫內等一干國內知名的文化界人士、知識分子，聯名在《時代報》上發表聲援左拉的聲明。[84]在法國以外的歐洲各國和美洲大陸，著名的文化界人士如托

---

[80] 法朗士（Anatole France, 1844-1924），原名雅克・安那托爾・弗蘭索瓦・蒂博（Jacques Anatole François Thibault）。法朗士為法國著名小說家，也是左拉文壇上多年的好友，代表作有《鍍金詩篇》（Les Poèmes dorés）、《企鵝島》（L'Île des Pingouins），於1921年獲得諾貝爾文學獎。左拉去世後，法朗士曾感嘆：「他曾在一段時期內是人類的良知。」轉引丹妮絲・左拉著，李焰明譯，《我的父親左拉》，頁227。

[81] 普魯斯特（Marcel Proust, 1871-1922），法國意識流作家，美好年代的代表人物。最主要的作品《追憶似水年華》（À la recherche du temps perdu）以恢弘與細膩兼具的視角，呈現出第三共和社會的環境與生活。

[82] 雷納爾（Jules Renard, 1864-1910），法國小說家、散文家，著有《胡蘿蔔鬚》（Poil de carotte）、《博物志》（Histoires naturelles）等書。對於左拉遭判刑，雷納爾自己在日記裡寫道：「我對此感到滿腔厭惡，……我為自己是梅林政府的國民而感到羞愧。我敢起誓：左拉無罪，……我釋放他！」轉引牛先俊編著，《左拉傳》，頁261。

[83] 索雷爾（Georges Eugène Sorel, 1847-1922），法國哲學家，工團主義革命派理論家，主張菁英管理式的社會主義。

[84] 須特別交代的是，不僅此時隱居在吉維尼的莫內挺身而出，捍衛青年時期時常於巴提紐勒大道相聚的舊友，世紀末這場顛覆法國社會的德雷福事件，也對當時仍在世的幾位印象派畫家產生了相當的影響。除了莫內署名聲援左拉外，畢沙羅也因自己是猶太人的身分而對這件冤案表達同情。相反地，印象派畫家當中，竇加是個極端的種族主義者，尤其痛恨、看不起猶太人，據著名畫商、塞尚的經紀人安布羅斯・沃拉爾在回憶錄《我見證了法國現代藝術史》中的回憶，世紀末年逾六旬的竇加愈發討厭猶太民族，當客人來訪時還會過濾是否為德雷福支持者才願意接見。他不僅在發現模特兒似乎曾參加支持德雷福的遊行後，將其逐出畫室，後來甚至與許多支持德雷福的友人絕裂；而且竇加親口承認，經過德雷福事件之後，他就再也不欣賞畢沙羅的作品了。參閱安布羅斯・沃拉爾著，陳訓明譯，《我見證了法國現代藝術史》，頁66、196-197。此外，**印象派聯展在1880年所產生的歧異與分裂，很大的一部分原因也是在於竇加逐漸不滿於猶太裔的畢沙羅對每屆聯展的主導，而欲奪取聯展的掌控權和風格走向，導致看不慣的卡玉伯特起身與之掀起理念紛爭所致。這是坊間一般藝術史或印象派賞析的書籍皆不曾關注或討論過的細節。**

爾斯泰、契訶夫、[85]梅特林克[86]和馬克‧吐溫，也都紛紛撰文表示支持左拉。例如馬克‧吐溫便大加讚賞：「在那些由懦夫、虛偽者和阿諛諂媚之徒所組成的教會和軍隊中，這類人每年會產生上百萬，但還有另一種人，貞德和左拉五百年才能產生一個。」[87]

左拉的重審案件原定於1898年五月在凡爾賽開庭，但由於拉波利律師對法院的擇定提出異議而延期至七月，至此左拉已為了這個案子耗去大半年的時間，該案件除了嚴重干擾影響到他與家人的生活外，也幾乎使他無法專心於寫作，有案在身的他亦無法隨意外出散心，令他感到極其厭倦，他不禁反問自己是否還是個作家，究竟還要被這起事件折騰到幾時呢？

七月十八日，左拉在拉波利律師的陪同下進行最後的一次出庭，律師向法庭提出辯論應就〈我控訴〉的全文來做審理、且應出示軍方有關德雷福案的證據，均遭到法庭的駁回。為了表示對整起開庭過程不公的抗議，左拉與拉波利律師在現場充斥著一片「義大利佬，滾出法國」的謾罵聲圍繞之中，憤而退席，如此激烈的行動也無疑宣示被告將等待著司法的緝捕了。

當天晚上，左拉在與拉波利律師、克里蒙梭幾位友人的商討之下，決定在當局前來押人之前，流亡逃往英國。左拉原本主張寧可坐牢，也不願選擇逃避的行為，這是他在寫下〈我控訴〉之時就考慮到的結果之一。但未來將兩度擔任共和國總理的克里蒙梭以嚴肅冷靜的態度為左拉做出分析：「左拉，真正的勇氣有時表現為接受看似怯懦的決定。」[88]面對國內目前不公的司法體系，如果身陷囹圄將會遭受到如德雷福悲慘的命運，左拉的正義之聲也將澈底被掩蓋，這樣就使反德雷福陣營稱心如意了，因此**倒不如像當年雨果因反對第二帝國政權而流亡海外，反而能繼續在**

---

[85] 契訶夫（Anton Chekhov, 1860-1904），俄羅斯著名短篇小說家、劇作家，畢生注重描寫俄國人民的日常生活，忠實反映出當時俄國社會與農村現況。代表作有《六號病房》（*Ward No. 6*）、《櫻桃園》（*The Cherry Orchard*）等。

[86] 梅特林克（Maurice Polydore Marie Bernard Maeterlinck, 1862-194），比利時詩人、散文作家，時常在作品中探討生命與生死的意義，臺灣民眾對他最為熟悉的著作即為童話寓言故事《青鳥》（*L'Oiseau bleu*），梅特林克於1911年獲得了諾貝爾文學獎。

[87] 傅先俊編著，《左拉傳》，頁261。

[88] 前引書，頁265。

國外著書立說，宣揚抗暴的理念。最後左拉被說服了，儘管他心有不甘：「真可惡！我只追求真理和正義，只希望富饒自由的法國在其他民族面前有好名聲，卻落得被迫逃跑的地步。」[89]左拉面臨情非得已的狀態，甚至也來不及與家人交代解釋，便在友人的掩護下匆促搭船逃往英國。選擇離開這塊孕育他成長的土地，也捨棄了他苦心經營四十多年的文壇成就，隻身前往他未曾生活過的國度，即便如此，左拉未曾失志：「只要我活著，握得住一支筆，我就有麵包吃。我貧窮起家，也許貧窮還會再來，但它嚇不倒我。」[90]

回到法國國內，德雷福案所引發的社會觀感正強烈地發酵著，1898年五月的國會選舉中右派勢力大敗，反猶的共和國總理梅林以及他的內閣被迫辭職下臺，新任的陸軍部長卡維尼亞（Godefroy Cavaignac, 1853-1905）仍是個堅定的反德雷福派。不過這位新任部長實在過於自信，當他在議會裡接受質詢報告時，斬釘截鐵地向質詢的議員宣稱軍方握有德雷福犯罪的鐵證，並當場秀出了三份文件，這其中包含了當年情報部的亨利上校將德國大使館武官史瓦茲科彭的往來信件中，變造日期與偽造間諜為代號「Ｄ」的那一份藍色便條，儘管部長本人確實不知該文件是偽造的，但這樣的聲明立即遭到多年來鍥而不捨追蹤此案的皮卡中校「打臉」，他在《震旦報》上立即公開表示有證據顯示部長手上的藍色便條文件是軍方刻意偽造的。盛怒之下的卡維尼亞部長立即革去皮卡的軍職，並以洩露國家機密之名將其逮捕，同時也將素行不良的埃斯特哈齊一併革職。而為了反駁皮卡的說法，部長另行指派參謀部的調查小組[91]再次調查藍色便條的真實性，結果令卡維尼亞部長大失所望。

參謀部的調查小組發現了那封**有著代號「Ｄ」的藍色便條偽造手法非常粗糙，只是多年來受軍方高層的刻意掩蓋才隱瞞至此，**「祖國的災難就是由於這些無能

---

[89] 丹妮絲・左拉著，李焰明譯，《我的父親左拉》，頁184。

[90] 前引書，頁208。

[91] 這個調查小組主要由路易・奎轟（Louis Cuignet, 1857-1936）上尉領導，儘管他的調查讓亨利上校當年偽造文件的醜事曝光，也讓一心文過飾非的軍方顏面盡失。奎轟上尉對顢頇保守的軍隊始終有著一份愚忠，此後他感到懊悔自責，在餘生積極撰文演說，堅稱德雷福才是真正的叛徒。

的、掛滿勳章的人在特務機關中製造成的」,[92]盛怒下的部長立即把當事者亨利傳來訓斥一番,亨利也當場在長官面前坦承自己偽造了該份文件。亨利隨即遭到逮捕,監禁於瓦勒里昂山要塞(Fort du Mont Valérien)的監獄中,或許是出於畏罪以及擔心株連甚廣,亨利上校當晚便用刮鬍刀片割喉自盡。亨利一死,竟被反德雷福派擁護歌頌為殉道的英雄,《自由言論報》與《公報》(La Gazette)等諸多保守媒體上充斥著諂媚奉承的悼文,認為亨利之死是猶太勢力和虛偽的知識分子向軍方施壓所造成的結果,甚至還有一群反猶的軍方支持者聲稱要為其立紀念碑。

聽聞皮卡遭到逮捕以及亨利的死訊,埃斯特哈齊再也無法忍受坐以待斃,狡猾的他不禁想到案件遲早會被查出真相,屆時軍方鐵定會將他推出來頂罪,因此他立即選擇借道比利時逃往英國,並偽造了新的身分了殘餘生。埃斯特哈齊的逃亡也算是為軍方解決了一件麻煩事,他們可以指控尚在獄中的皮卡空口無憑,也讓德雷福案的重啟調查增加了難度。正氣凜然的皮卡中校在獄中所做的筆錄中,依舊堅持埃斯特哈齊才是真正的間諜,並表達自己願為一切的言論負責,也不可能選擇自殺,以今日的新世代網路用語看來,這恐怕就是十九世紀末的一份「不自殺聲明」了。

時序到了1899年,德雷福案幾乎動搖國本,也造成了社會族群的分裂,但拖了四年多的案子仍懸宕未決。克里蒙梭曾在報上社論悲嘆地說:「法國在哪?法國人成了什麼樣子?」擁有正義感挺身而出的皮卡中校身陷囹圄;捍衛公理正義的左拉被迫放棄家庭與事業流亡出境;元兇埃斯特哈齊逃亡海外,杳無蹤跡;而惡劣的軍方從頭到尾只管一味掩飾塞責,誣陷猶太人德雷福,亨利上校寧可自殺也不願面對真相,卻仍被反德雷福陣營讚揚是位烈士。這就是當時的法國,克里蒙梭痛斥如此道德淪喪的社會。[93]

二月十六日,整起事件出現了轉機,向來對德雷福案不置一詞,即便收到左拉所寫〈我控訴〉仍不理不睬的共和國總統福爾,在這一天突然於情婦的床上猝死,說來的確諷刺,人們對福爾總統任內的表現或許不會有太多印象,卻開始繪聲繪影

---

[92] 吳岳添編選,《左拉研究文集》,頁79。
[93] 威廉‧夏伊勒著,高紫文譯,《1940法國陷落》,頁80。

地聊起他離奇的死因。[94]對德雷福陣營來說，總統的猝逝，無疑就是在該案的重審道路上搬走了最大的障礙。

福爾的繼任者盧貝（Émile François Loubet, 1838-1929），是位堅定的德雷福支持者，他的當選引發反德雷福派以及保守陣營的反彈，甚至有野心分子陰謀製造一場政變，幸好盧貝總統與共和政府處置得宜，及時弭平一場災難。[95]1899年六月，重重的黑幕裡終於露出正義的曙光，最高法院做出裁定，宣告1894年德雷福有罪的判決無效，並下令在諾曼第的雷恩（Rennes）重開軍事法庭；皮卡中校也在被關押了十一個月後出獄，左拉的罪名也被撤銷，流亡十一個月的生涯也宣告結束了。

該年八月七日，軍事法庭在雷恩市開庭，於惡魔島上監禁近五年的德雷福，終於回到了他祖國的國土，重新面對審判。雖然此時的德雷福尚未年滿四十歲，但鬚髮皆已斑白，惡魔島上的瘧疾使他的皮膚由白轉為暗紅，長年的營養失調也使得他的身子佝僂，儼然就像是一個小老頭兒。軍方和各國媒體大陣仗出席了這次的庭審，為了法庭的秩序和德雷福的人身安全，警方加派了兩百名的警力在會場四周戒備。

庭上傳喚了五年前的陸軍部長梅西耶等人作證，這些昏聵愚昧的昔日軍方高層仍然堅稱德雷福有罪，面對被告律師詢問為何從未對外公布備忘錄原件時，他信口雌黃扯說備忘錄上還有德國皇帝威廉二世的親筆批示，輕易對外公布將引發嚴重的國際事件。至於當初為何提供亨利等人製作的藍色便條給軍事法庭，梅西耶甚至厚顏無恥地辯稱，基於道德良知和愛國情操，所以才偽造證據讓這個可惡的間諜

---

[94] 福爾總統葬於拉雪茲神父公墓第四區的死亡紀念碑（MONUMENT AUX MORTS）前，由公墓正門進入沿著Avenue Principale直走到底即可見到。有趣的是，福爾總統的墳上雕像卻是採仰臥姿態，加上覆蓋在上方的共和國國旗不禁會令人想起蓋著被單躺在情婦床上的他，真可謂是做鬼也風流吧！克里蒙梭評論他的過世說道：「他想當凱撒，卻只成了龐貝。」參閱繆詠華，《長眠在巴黎-探訪八十七個偉大靈魂的亙古居所》（臺北：貓頭鷹出版社，2009），頁122。

[95] 布朗熱信奉者，作家戴乎雷德（Paul Déroulède, 1846-1914）曾在福爾總統的葬禮儀隊出巡時，陰謀教唆何捷（Gaudérique Roget, 1846-1917）將軍率軍隊圍攻總統府愛麗舍宮，幸而計畫失敗被捕。幾個月後，戴乎雷德又預謀勾結失勢的保王派餘孽顛覆政權，最終被判處驅逐出境。此外，該年六月四日盧貝總統在出席隆尚賽馬場（Hippodrome Paris Longchamp）的活動時，遭到事先預謀的右派民族主義者團團包圍，克里斯蒂安（Fernand de Christiani, 1857-1928）男爵冷不防掄起棍棒往總統頭上揮去，所幸只弄皺了總統的禮帽，儘管事後偵訊時男爵供稱是因打賭輸了才做出如此舉動，最終仍遭判處四年徒刑。

入獄。梅西耶這般的無恥之徒，竟能藐視法律而公然在法庭上說謊，自從他在軍事部長的任上退休後，接著還選上了參議員，法國世紀末政壇之墮落腐化，可見一斑。

在經過一個月的訴訟後，法庭於九月九日做出了判決：德雷福仍然是犯了通敵罪，但刑期由十年減半為五年。除了反德雷福陣營的狂熱分子之外，這項判決再度引起社會譁然，原以為司法總算會還給德雷福一個清白了，為何庭上仍會採信軍方的瞞天大謊呢？克里蒙梭於《震旦報》上再度表達了對法國司法的絕望：「通敵罪豈有減刑的道理？……明日震驚的人民就會問，我們曾為全世人捍衛權利與正義，如今那些歷史傳統殘存幾多？……法國現在不再捍衛百姓的自由、生命與榮譽了。」[96]剛回到國內的左拉，仍不改其猛烈的炮轟性格：「整個審訊過程顯露的『無知、愚昧、瘋狂、殘忍、欺騙和罪惡』將使『未來的一代慚愧到震撼』」。[97]

內閣總理瓦爾德克－盧梭（Pierre Marie René Ernest Waldeck-Rousseau, 1846-1904）也對軍事法庭的判決結果感到不滿，儘管他嘗試讓德雷福陣營再提上訴，不過他心知肚明，**新政府上臺後未對整體的司法體系做根本的司法改革，那麼就算再舉行第三次、第四次的重審，結果都會是一樣的**。基於此，瓦爾德克－盧梭總理決定請總統特赦德雷福，這恐怕是當時讓整起事件落幕最好的解決辦法了。此外，總理已經得到不少外國使館和媒體的詢問關切，**表示不少國家都因德雷福的冤案而對法國共和政府感到失望，甚至有些國家還打算抵制參加在巴黎舉行的世界博覽會**。[98]念及國家的聲譽和跨世紀博覽會的壓力，總理更覺得此案有在世紀末結案的急迫性。

---

[96] 威廉・夏伊勒著，高紫文譯，《1940法國陷落》，頁84-85。

[97] 麥可・本恩斯著，鄭約宜譯，《法國與德雷福事件》，頁144。

[98] 前引書，頁154-155：「1898年，有報導指出外國製造商和供應商考慮『聯合抵制』（boycottage），……建議讀者『不要參觀法國的博覽會，……因為在一個權利受損的國家裡，在一個只有反猶太主義和盲目的愛國者才能立法、並威脅將異端人士拋入塞納－馬恩省河的國家裡，實在毫無安全可言』，……以前在巴黎舉行的博覽會可以說是國家大難過後的『康復儀式』。1878年的博覽會在幾乎使第三共和垮臺的議會大動亂之後舉行，而一切都開先例的1889年博覽會則在布朗熱危機後舉行。可是，在1900，國際間第一次把商業和人權問題聯繫在一起。雖然主權獨立國家從未正式呼籲抵制（事實上不少政府拒絕這樣做），但成千上萬的市民和數十個組織，由舊金山到柏林，將德雷福事件與世界博覽會的經濟混為一談。」

不過對於特赦，德雷福陣營也有不同的意見：克里蒙梭、皮卡中校和辯護律師都認為德雷福若接受特赦，就表示認罪，如此數年大家所共同堅持的信念究竟為何而戰？但德雷福的兄長馬蒂安與妻子露西等人則認為，德雷福已經為了這個冤案，幾年下來被折磨地不成人樣，體力、精神也都耗弱了，這件事最好能盡早解決，否則孰料當事者還能撐得了多久？德雷福本人在聽完雙方的理由後，最後做出了接受特赦的決定。

　　1899年九月十九日，德雷福終於獲得了總統特赦，得到了完整的自由。只不過，他的名聲和冤屈還得等到下一個世紀的1906年，高等上訴法院的三大分院共同審理，除了撤銷在雷恩法庭的判決外，也認定德雷福的通敵並無任何的證據，當年他的確是遭受到冤屈，因此還給他真正的清白。**整個世紀之交的法蘭西第三共和，充斥著保守的種族主義和極端的政治腐敗，一件無中生有的冤案拖了十二年才取得真相與正義，卻也耗損了整個社會的資源與國力。**

　　1906年，軍方恢復了皮卡和德雷福的軍職，皮卡升任為准將，而德雷福被升為少校，並獲頒榮譽軍團勳章，整場儀式同樣在高等軍事學校廣場舉行。那一刻，德雷福的內心百感交集，十二年前極盡羞辱的那場拔階儀式，是他監禁在惡魔島每個午夜夢迴時的夢魘，我們實在很難相信，德雷福直到晚年是否會忘掉那段痛苦的記憶。

　　兩年後，德雷福參加了政府為左拉舉行的入祀先賢祠儀式，還曾遭到激進的種族主義者開槍射擊，幸而德雷福僅受到輕微的皮肉傷，兇手也被當場逮捕，很顯然地，**法國的社會紛亂和種族衝突並未因德雷福案的真相還原而平復。**著名的女演員莎拉・伯恩哈特為此致信給這位從未蒙面的愛國軍人，向同為猶太裔的德雷福表示，十餘年來不斷在默默地支持著他，堅信著他的清白。1914年第一次世界大戰爆發時，年屆五十五歲的德雷福仍為他熱愛的國家上前線作戰，但他的侄兒－馬蒂安之子卻不幸戰死沙場。

　　德雷福在1935年七月去世，享年七十五歲，他活得比當年那起事件的所有關係人都還要久，當時法國的媒體談起他時，仍不時爭論圍繞著他是否有罪。令人痛心的是，1940年六月，法國第三共和遭納粹德國入侵而垮臺，納粹所扶植的傀儡政權維琪政府（Régime de Vichy）配合德國方面一系列的反猶太法律，包括清除德雷

福無罪的教科書紀錄、成立猶太事務部、進行邪惡的種族清洗活動。德雷福的孫女瑪德蓮（Madeleine），這位當年最受祖父疼愛的女孩，遭到納粹的蓋世太保拘捕，最終死於惡名昭彰的奧斯維辛集中營（Auschwitz concentration camp）。到此為止，這便是歷史給予德雷福案最後的諷刺，**祖父當年受到高漲的反猶意識而受到冤獄的迫害，而半個世紀後這股勢焰熏天的反猶風潮甚至奪去了孫女的性命，誠可謂人類文明史裡最黑暗、醜陋的一頁。**

　　二十世紀著名的政治哲學家漢娜・鄂蘭，針對德雷福事件的政治意義對下一個世紀所造成的負面延續，做出清楚的分析：

> 第一是對猶太人的仇恨，第二是對共和國本身、對議會、對國家機器的懷疑。公眾的大部分仍然會想到後一點，無論正確與否，都是受到了猶太人和銀行力量的影響。直到我們當今時代，「反德雷福派」這個詞仍可用作識別一切反共和主義、反民主、反猶太主義的名稱，……使法國沒落的事實是它並沒有真正的「德雷福派」，無人相信在共和國裡還能維護和實現民主、自由、平等和正義。最後，共和國像熟透的水果一樣落進了舊日反德雷福派集團的口袋。此時法國很少有敵人，但也幾乎沒有朋友，……這個事件揭示了相同的非人性特點，在肆無忌憚的激情和仇恨的火焰折騰之中，留下了一種令人難以置信的冷漠心靈和鐵石心腸。當然，這一事件真正後果並非是在法國才見到，然而，法國為何在納粹入侵時如此輕意地成了犧牲品，其中的原因不難找到。[99]

　　在法國第三共和邁入二十世紀之際，沒有一件重大的事變能如同德雷福案一般造成國家與社會的動亂紛擾。德雷福與皮卡的冤案雖然都獲得了洗刷的機會，並且國家給予復職，**但以今日轉型正義的標準看來，他們並未受到國家的賠償，更重要的是，我們完全看不到政府、軍方和司法體系的任何一個人，事後受到了國家對整**

---

[99] 漢娜・鄂蘭著，林驤華譯，《極權主義的起源》，頁145-146。

起弊案之究責。這或許有一部分原因是囿於時代的眼光和格局，但我們也確實能看到，**未徹底落實轉型正義之下的國家，日後在政務的推動上、社會族群間的關係處理上，甚或經濟發展的基礎上，都將顯得窒礙難行。**

進入二十世紀的法國，政局依舊是左派與右派的水火不容，保守主義和種族主義意識形態的高漲，甚至是官場及軍方的絕對腐化，種種弊端的積累都層層壓在這個死氣沉沉的共和國身上。「在德案中，表現得無恥至極的軍方變弱了，國家也衰敗了。全國十年來都為德案所擾，忽略了其他迫切的問題：經濟發展停滯、社會福利落後、勞資衝突惡化、出生率下降、外交政策錯誤」，[100]如此千瘡百孔下的共和國，卻即將在新世紀與那個統一後不久、國力蒸蒸日上、走上好戰軍國主義的德意志交手，雙方的勝負結局似乎早已注定。

＊　＊

◑ 時空遊覽 ◑

德雷福案雖然及時在世紀末以特赦的形式結束，受害者也先後受到了官方的恢復名譽及**復職，但國內的司法弊端、軍方的腐敗與社會情緒的撕裂，卻絲毫未曾因案件的結束而平息，檯面下的暗潮洶湧依舊侵蝕著這個國家的根基，直至新世紀另一次大戰的爆發，惡狠狠地摧毀一切美好時代的幻夢。**

舍雷爾－克斯特納，這位勇敢無私的參議員，當他得知這起冤案時，完全不做任何的選舉考量，首先在政壇上為德雷福喊冤，並呼籲執政當局應重啟調查。而在面臨官方毫無作為、一味諉過敷衍之際，未曾放棄的舍雷爾－克斯特納轉而邀請左拉以紮實的社會影響力與撼動人心的文筆加入德雷福陣營，逐漸引發社會的關注與探討。可以說，德雷福案的始末和扭轉乾坤都有著這位古道熱腸的議員的參與，但令人遺憾的是，由於罹患咽喉癌，舍雷爾－克斯特納人生最後的時間僅能在病房裡聽取案情的發展，最終他在1899年的九月十九日溘然長逝，而那也正是共和國總統盧貝對德雷福頒布特赦令的同一天。

---

[100] 威廉・夏伊勒著，高紫文譯，《1940法國陷落》，頁90。

1908年二月十一日，在舍雷爾－克斯特納七十五歲冥誕的這天，參議院為了表彰這位前輩對自由與人權的貢獻，決定在議院所在地的盧森堡宮前為他豎立起一座紀念碑。今日來自世界各地的遊客在尋訪盧森堡公園時，可在廣大的八角形水池旁的花圃，見到那座以舍雷爾－克斯特納為名的方尖碑造型紀念碑。[101]

除了這位可敬的議員的結局以及在巴黎所代表的場景值得介紹之外，我們還需要交代整個章節中的要角──左拉故事的尾聲。

在整起德雷福案件結束後，左拉又回到了他的的書堆中，重拾筆墨繼續奮戰。完成《三名城》之後，晚年的他又迅速投入《四福音書》（*La série des Quatre Évangiles*）的計畫，在經歷了一連串的社會紛擾以及波折之後，左拉想透過作品描繪未來人類新生社會的基礎和雛形，他感受到國內局勢正走在需要翻轉改變的邊緣，因此他打算利用四部曲故事的形式：《繁殖》（*Fécondité*）、《勞動》（*Travail*）、《真理》（*Vérité*）和《正義》（*Justice*），闡述社會、教育和人權各方面的改革理念，[102]盼望能為國家的未來發展建構一條實用的方略。

恢復了往日生活作息的左拉，創作速度依舊迅捷，不過這並不影響他與家人的良好互動，在四十九歲才老來得子的他，相當疼愛珍娜為他所生的兩個孩子，時常帶著孩子們四處散心。[103]當然他也未曾輕忽亞麗山德琳，大多數時間也都還陪在原配身旁，儘管愧疚的他曾試著撮合兩個家庭在一起，但對兩位太太似乎都過於牽強而尷尬了，因此生涯的晚期他時常在兩地的住處來回分居。

---

[101] 此外，在亞爾薩斯美麗的科爾馬（Colmar）小鎮上，也有一座以舍雷爾－克斯特納為名的廣場。而在上萊因省的坦恩（Thann），當地的通識教育及技術學院也以其名作為校名。

[102] 左拉曾在寫作筆記裡寫道：「我是從這樣的觀點出發的：人類進步之所以如此緩慢，是因為民眾中絕大多數人的無知，因此教育是基礎；有了知識，尤其是了解了真理，就能很快地實現一切進步，保證人類的幸福，德雷福事件為我們提供了近例。」轉引傅先俊編著，《左拉傳》，頁298-299。

[103] 據左拉之女丹妮絲的回憶，與父親的最後一年相處，左拉曾帶著她與弟弟雅克去巴黎歌劇院前欣賞那座雕塑大師卡爾波的作品《舞蹈》（*La Danse*），今日我們可以在奧塞美術館中見到這件作品的原件；另外，他們也去凱旋門前欣賞卡爾波的老師弗蘭索瓦‧呂德（François Rude, 1784-1855）所創作的《馬賽曲》（*Le Départ des volontaires de 1792*），這件作品上的女神頭像原奉於凱旋門頂層的展示廳，卻在2018年十二月法國的黃背心運動（Mouvement des gilets jaunes）中遭到不肖人士破壞；最後，左拉還帶著孩子們走到磊阿勒那座無辜者噴泉前，觀賞十六世紀雕塑家古戎的作品，也是左拉年輕時最喜愛的女神雕像。不僅是觀賞雕刻，左拉還在1902年最後的暑假裡，帶著孩子們去欣賞莎拉‧伯恩哈特的戲劇，可想而知，身為藝術評論者的左拉，是多麼希望孩子也能夠從小培養藝術感染力。參閱丹妮絲‧左拉著，李焰明譯，《我的父親左拉》，頁224。

左拉曾利用《酒店》豐厚的版稅收入，以九千法郎的價格在距離巴黎西北三十公里的郊區梅塘（Médan）買下一幢擁有大花園的別墅，花園中有一片生意盎然的葡萄棚架，視野極其遼闊，別墅前方就是鐵路，再往前不遠處就是潺潺流水的塞納河，他還在河岸邊準備了一艘小艇，隨時招待來訪友人搭船遊河。左拉特別喜愛這個環境，每當他站在三樓書齋的窗前遠眺，盡可望見瓦茲河與塞納河交匯合流的壯觀景色，由於花園前方就是鐵路經過，因此我們可以想見塞尚當年所說，搭乘火車經過時想要向左拉揮手，指的就是這是這裡。在這幢梅塘別墅，左拉寫下了《娜娜》、《婦女樂園》、《萌芽》與《傑作》等多本膾炙人口的作品，塞尚、莫泊桑、福樓拜、龔古爾等不少文人雅士也曾到此拜訪到他。左拉過世後，他的遺孀亞麗山德琳曾將這座別墅捐作慈善使用，今天這裡成為了左拉故居博物館（La Maison d'Émile Zola）。[104]

回到巴黎，左拉也在這裡有座公寓，好方便讓他參與市區內的活動。左拉是一個非常懷念舊情、珍惜回憶之人，他選擇居住在蒙馬特山腳下，克利西廣場（Place de Clichy）附近的布魯塞爾街二十一號（21 Rue de Bruxelles）。這裡距離當年馬內的工作室很近，也離巴提紐勒大道不遠，而那個銘心鏤骨的「巴齊耶的工作室」也約莫在八百步的咫尺外，可以看出，左拉的內心深處始終最想要珍惜的，是與那群相聚蓋爾波瓦咖啡館的舊友們，個個懷著初生之犢的大志，準備要在這個花花世界的巴黎大展身手的往昔。左拉的晚年，受到德雷福案的羈絆，大多數的時間都待在布魯塞爾街的住所，這裡曾是他熬夜寫下名篇〈我控訴……！〉的地方，也是被群情激憤的種族主義分子破窗威脅恐嚇的場所，左拉勇敢正直的人生旅程也在此畫下句點。

據左拉之女丹妮絲的回憶錄所述，1902年當天事件的概要：

> 九月二十八日，那天天氣很潮濕，埃米爾・左拉和妻子回到巴黎，他們囑咐僕人在他們的房間裡生上火。見炭火沒完全燒著，男僕就放下了壁爐的擋板，打開窗戶，過了一會兒，他來看到木炭已點著，便掀起了擋板。夜

---

[104] 左拉故居博物館的地址為梅塘牧師街二十六號（26 Rue Pasteur, 78670 Medan），由巴黎出發須一個多小時的時間，讀者須注意的是，直到筆者撰寫本書的2020年，這裡仍因整修以及武漢肺炎全球疫情的影響而暫時關閉中，因此欲前往參觀前仍須詳查資訊。

布魯塞爾街二十一號左拉故居

裡，左拉夫人感覺不適，便起了床，她到隔壁房間裡呼吸了一會兒新鮮空氣。不用說，幸虧這點新鮮空氣，她才保住了命。左拉也覺得難受，但他不願在深夜裡叫醒傭人，這會打擾他的睡眠的！正是出於這種善良的考慮，左拉才窒息而死。沒想到，夏天樓上施工時，煙囪被瓦礫堵住了。

左拉想起床，打開窗戶，逃脫正侵襲他的極度的難受。他跌倒在地毯上，他妻子當時也昏迷在床上，幫不了他。

第二天早上，傭人們沒見到一個主人，很擔心，便壯起膽子敲門。沒聽到應答，他們便跑去找來了一個鎖匠。門打開了了，看到眼前可怕的情景，他們趕緊找人急救。然而，任何方法都沒能救活左拉。他於1902年九月二十九日早上十點左右離世，他妻子被送到塞納河畔訥伊（Neuilly-sur-Seine）的一個醫院裡，幾小時後恢復了知覺。

失去父親當然是件可悲的事，但是，更痛苦的是，在你毫無思想準備時，突然得知他的死訊，……我現在一想到這事還流淚，這是因為九月二十

九日我們在悲痛中知道，這位如此善良、正直和溫柔的父親的去世，對我們來說是多麼巨大的、無法彌補的損失！[105]

左拉就這麼永遠地睡著了。這起新聞當時在巴黎不脛而走，人們開始議論紛紛，煙囪口被瓦礫石灰渣堵住，導致煤氣充溢室內？那麼石灰渣是誰堵的？是修屋頂工人的疏忽呢？抑或是刻意為之？有人認為純粹是意外事故，但也有不少人認為很不單純，因為擔任了德雷福陣營的大將，左拉成了不少派系的眼中釘，官方、軍方或種族主義者，太多人恨他恨得牙癢癢的，是故這很可能是一場政治謀殺。

儘管事後左拉的兩位夫人皆認為丈夫是被人暗算的，但官方後來以「意外事故」作為結案，因為實在不願意（也無力）再以左拉的死亡事件，讓社會再掀起一場波瀾紛爭，或許仁慈的左拉也不願再見到他鍾愛的國家因他而再度撕裂吧！[106]

在布魯塞爾街的宅邸，左拉儀體被抹了香油，安詳地躺在文藝復興風格的大床上。文壇與政壇上的友人都前來送他最後一程，德雷福也特別趕來為他的恩人守靈，眾人皆為這位一生耕耘不息、至死追求真理的偉大文人默哀致意。左拉的《四福音書》計畫並未完成，最終僅出版到第三冊的《真理》，而最後一本的《正義》只有進行到筆記整理階段。[107]

---

[105] 丹妮絲・左拉著，李焰明譯，《我的父親左拉》，頁224。

[106] 直到今天，仍有不少研究者認定左拉之死從頭至尾是場政治謀殺。參閱Patrick Pelloux. *On ne meurt qu'une fois et c'est pour si longtemps.* (Paris: Robert Laffont, 2013) pp146-148：「左拉的男僕Jules Delahalle 感覺事有蹊蹺，因為他在事發前夜給壁爐生火的時候，發現『壁爐冒煙了，布滿了灰泥和煙塵』，而煙囪的管道剛剛才清理過。民間和政壇的輿論難平，都在要求一個說法。1903年1月，儘管專家既無法還原中毒現場，也無法解釋為什麼左拉家裡的狗可以活下來，法官仍然宣布結案，並將其定性為『事故』……。1953年，事情有了轉機。《解放報》（*Libération*）的記者Jean Bedel得到了一名叫Hacquin 的極右翼人士的爆料。Hacquin稱自己在民族主義活動中認識了一個叫Henri Buronfosse的窯爐工，此人也是某極右組織的成員，曾在第一次世界大戰時期做過通煙囪的工人，擁有強大的關係網。Buronfosse 已經於1928年去世，但他向Hacquin吐露了左拉的死亡之謎：一包廢麻屑和灰泥在前一夜被放進了煙囪管道，次日又被人取了出來。在左拉被害當天，清理煙囪的工人們在屋頂上幹活，警方卻只看到了一束普普通通的火苗罷了，……德雷福和左拉揭開了法蘭西猶太主義黑暗而激烈的一面。左拉的死不能定性為謀殺，而必須是事故，因為政界需要維持一種國內祥和太平的假象。但事實卻是，他慘遭一個極右翼分子的毒手。以歷史的眼光來看，德雷福事件和左拉之死不過是法國和歐洲極右勢力上升的開端。左拉是第一批站出來為德雷福辯護的人，他是為自己投身的政治運動而付出了生命。左拉的鬥爭，給知識分子階層，給社會各界和政界帶來了怎樣的教訓？在反猶主義仍然活躍的今天，我們是否站在與他同樣的戰線上呢？」

[107] 對於左拉畢生對真理的追求，丹妮絲・左拉做了如此結論：「左拉熱愛真理，就像他在流放日記裡寫的那樣。這種對真理的追求致使他熱愛正義，這是《盧貢－馬卡爾家族》中人類可怕的真理，是

十月五日，左拉的靈柩在親友及許多受過他正義所感召的市民護送下，於左岸的蒙帕納斯公墓下葬。左拉過世的消息，很早便傳遍到全國各地，自然也很快就被塞尚所耳聞，這個多年未曾聯絡的總角之交，好幾天都把自己鎖在房裡暗自垂淚。事後經紀人安布羅斯・沃拉爾曾到普羅旺斯探望塞尚時，無意間又提起左拉的名諱，頓時引發塞尚感傷道：「對不起，拉沃爾先生，我是這麼愛左拉……。」[108]

漢娜・鄂蘭讚頌左拉擁有「堅定無畏的勇氣，用一生和著作使民眾走向『接近偶像崇拜（idolatry）』」的地步，他挺身而出、挑戰、戰鬥，最後征服群眾」。[109]1908年，左拉獲得了國家最高榮譽的紀念形式——入祀先賢祠（Panthéon），左拉的棺木從蒙帕納斯被遷移至此，**在地下室的第二十四號墓室，今日他與同時代的另外兩位文豪——雨果和大仲馬，在此共同享受著法國文學以及人類道德良知的最高禮讚。**

1998年一月，法國總統席哈克（Jacques René Chirac, 1932-2019）代表政府回顧德雷福事件百年紀念，他語重心長地表示：

> 今天我想告訴左拉和德雷福的家人，法國是如何感激他們的先人。他們的先人以可欽佩的勇氣為自由、尊嚴與正義的價值獻身，……讓我們永不忘記一位偉大作家的勇氣，他冒盡風險，不顧自己的安危、名譽，甚至生命，運用自己的天分，執筆為真理服務。左拉，一位傑出的文壇健將，倫理道德的捍衛者，明白自己有責任明辨事理；當別人保持緘默時，他表達己見。一如伏爾泰，他是最佳知識分子傳統的化身。[110]

布魯塞爾街二十一號，左拉的故居，並不為多數人所知悉，不過這裡距離那幢舉世聞名的紅磨坊俱樂部（La Machine du Moulin Rouge）僅短短不到五百公尺之遙，蒙馬特的這一

為無辜者辯護的真理和正義，但也是《四福音書》的夢想，是各民族在未來理想的城邦中共處的願望！天才的頭腦，崇高而善良的心靈，這就是左拉。」轉引丹妮絲・左拉著，李焰明譯，《我的父親左拉》，頁227。

[108] 安布羅斯・沃拉爾著，陳訓明譯，《我見證了法國現代藝術史》，頁66、196-197。

[109] 漢娜・鄂蘭著，林驤華譯，《極權主義的起源》，頁170。

[110] 麥可・本恩斯著，鄭約宜譯，《法國與德雷福事件》，頁184-185。

雨果和左拉先後接受國家奉祀的法國先賢祠

帶充滿著筆者所喜愛的印象派昔日的韻致：巴提紐勒大道、巴齊耶的工作室、文森・梵谷所描繪過的克利西廣場、唐基老爹的顏料店……，穿梭在此區的巷弄中，時常讓遊人有古今交錯、回環往復的既視感。在每回途經布魯塞爾街的左拉故居時，我也總是讓自己短暫佇足，向這座建築鞠躬致意，感念在此有一位偉大的靈魂，為了人類社會的正義與真理堅持不懈的那個往昔……

✦ 世界博覽會與新世紀的花都 ✦

　　從本書的第一章，吾人跟隨著商博良的腳步來到十九世紀初的巴黎，當時所見到是一個擁擠不堪、汙煙瘴氣的中世紀城市，街區蜿蜒纏繞、滿是泥濘，房屋破舊腐敗、石灰斑剝脫落，任誰也不會將這樣的城市與今日花都、時尚之都的盛名聯想在一起，更遑論稱其為十九世紀的首都了。

然而，一路在拿破崙、巴爾札克、奧斯曼、左拉與印象派畫家們的帶領之下，充分見證了這座城市工程浩大的整容手術，寬闊的林蔭大道逐條鋪設，完善衛生的下水道設備，綠意盎然的公園綠地，宏偉氣派的奧斯曼建築以及現代化的百貨商場，在商業資本與技術的推動下，巴黎改頭換面成為了現代化都市的典範，倫敦、柏林、維也納、布魯塞爾等城市皆吸收了城市建設的巴黎經驗，伴隨著工業革命及資本主義的驅動，空間的改造也直接改變了新世紀的社會關係與生活的形態。

自普法戰爭後，直至第一次世界大戰為止，歐洲社會享受了近半個世紀的和平歲月，這段期間一般被後世稱為「美好年代」（Belle Époque），而**巴黎則扮演著美好年代裡歐洲城市的典範**，「這個時代中以都市為主的大眾文化以及消費文化開始出現重大的發展」，[111]新興的生活方式和文化藝術風格也都在這個時期孕育成形。值得注意的是，舉凡**浪漫氛圍的氣息，都市美景的繚繞，以及美食文化的誘惑，凡此種種代表了法蘭西現代化生活的形象符號，一切均有賴於十九世紀的精心營造，才構築了二十世紀以後巴黎的精神與風貌**，這也是本書之所以將時間點聚焦於十九世紀巴黎的人文與城市發展史的緣由。

十九世紀中葉以降，巴黎現代性的根本變化，可簡化為兩個面向來觀察，首先是**新興消費空間的出現**，其次是**文化景觀之改變**。

（一）新興消費空間的出現

本書前文章節曾述及，十九世紀巴黎所發展出新興的消費空間，由早期的王家宮殿市集，過渡到華麗的拱廊街空間，連帶孕育出都市閒逛者的漫遊文化，進而發展到百貨商場的分類展示與促銷特賣的嶄新樣貌，在巴爾札克以及左拉的作品中，清晰描繪了消費空間的遞嬗更迭過程。

咖啡館，在都市現代化的演進過程中，也扮演著舉足輕重的角色。這裡就如同是一個異質空間，匯集了來自不同地方、身分職業的人，也因此整合了四面八方的訊息與思想。「1720年的巴黎，全城共開了三百八十家咖啡館。許多咖啡館

---

[111] 福井憲彥，《歐洲霸權的光和影：「近代」的形成與舊秩序的終結》，頁315。

編輯自己的時事通訊，有的用手謄寫，有的成批印刷，內容從八卦新聞到政治綱領，從小說詩歌到商業廣告。可以這麼說，咖啡館是巴黎人的重要新聞渠道，在咖啡館裡傳播的消息不僅對客人來說很重要，對官方來說也同樣重要。」[112]在法國大革命前後，咖啡館更是革命派與保王派不約而同的聚集地，雨果在《九三年》（*Quatrevingt-treize*）中便曾藉馬拉之言敘及彼時咖啡館在政治上所扮演的角色：

> 你們都沒有看到真正的危險。真正的危險是咖啡館和賭場。耍手咖啡館屬於雅各賓黨，帕丁咖啡館屬於保王黨；約會咖啡館攻擊國民軍，聖馬丁門咖啡館保護國民軍；攝政咖啡館反對布里索，科拉札咖啡館擁護布里索；普羅可布咖啡館崇拜狄德羅，法蘭西劇院咖啡館崇拜伏爾泰。在圓亭咖啡館，共和國的紙幣被撕毀；在聖馬索的幾家咖啡館，群情激憤。在馬努里咖啡館，正在爭論麵粉問題；在福阿咖啡館，吵吵鬧鬧談論美食；在佩隆咖啡館，金融界的大胡蜂成天嗡嗡不歇。這些情況才嚴重呢！[113]

　　在巴黎眾多的咖啡館當中，位於左岸舊喜劇院街（Rue de l'Ancienne Comédie）的普羅可布咖啡館（Le Procope）是目前歷史最為悠久者，開創於1686年，[114]在那個歐洲社會尚未熟悉咖啡苦味的年代，普羅可布咖啡館的經營者吸取了其他地方咖啡館難以持久的教訓，以自製的多種口味冰淇淋和糕點留住客源，耐心地培養了一定的客戶群，終於成功站穩了市場，並將咖啡館與甜點結合經營的模式傳承了好幾個世紀。此外，由於普羅可布咖啡館緊鄰舊喜劇院，因此長期以來皆是文人雅士、知識分子的聚會之所，伏爾泰和狄德羅更是這裡的常客，[115]除了飲啜咖啡甜點，昔日的普羅可布裡充斥著評論戲劇詩歌的藝文人士，偶爾這裡也能討論哲學思想、分

---

[112] 余澤民著，《咖啡館裡看歐洲》（濟南：山東畫報出版社，2007），頁67。

[113] 維克多・雨果（Victor Hugo），《九三年》（*Quatrevingt-treize*，北縣：林鬱文化出版社，2000），頁196-197。

[114] 1686年是清康熙二十五年，在此三年前臺灣的鄭氏王朝才因施琅攻下澎湖而降於清國，想想同一時空背景下的巴黎，就已經開啟了咖啡館文化，確實頗令人驚異。

[115] 拿破崙擔任軍官時也時常造訪這裡，今日店內櫥窗裡還擺放了一頂雙腳帽（Bicorne）展示，據聞是他某次忘記帶錢包，遂將帽子作為抵押物，我們姑且將其視為一則街談巷尾的趣聞。

析政治情勢，甚至散播革命理念！[116]

　　咖啡館在十九世紀後完全成為了群眾生活的一部分，而其「數量無情的增長（從1851年的四千家，到1885年的四萬兩千家），確保了它在社會與政治生活上急速擴充的重要性」[117]一般的市民與工人階級均可如同知識分子般在咖啡館裡享受餐點，又能獲得資訊的交流。[118]當然，**今日巴黎的咖啡館文化之所以享譽國際，終歸還是與文化名人薈萃的傳奇色彩有關**：

　　伏爾泰咖啡館（Café Voltaire），[119]不僅是高更、塞尚與羅丹[120]所鍾愛之處，昔日波特萊爾也在此撰寫代表作《惡之華》（*Les Fleurs du mal*）；

　　和平咖啡館（Café de la Paix），位於歌劇院廣場也象徵著第二帝國時期的華美風格，每當王爾德流連巴黎時，最喜愛坐在室外座瀏覽巴黎人生活的顯赫與陳舊；

　　布雷邦咖啡館（Café Le Brebant），位於熙來攘往的蒙馬特大道上，也是昔日大仲馬、龔古爾兄弟和小說家莫泊桑一干文人評論雜文詩歌，談天說地之處；

　　新雅典咖啡館（Café de la Nouvelle Athènes），位於昔日皮加勒廣場前的要道上，常客竇加在此觀察店內顧客創作了他的《苦艾酒》（L'Absinthe），羅特列克也為文森・梵谷繪製了一幅喝著苦艾酒的側面像；

　　幾乎每間成名的巴黎咖啡館，都會與幾個令後世景仰的名字緊密相連，除了上述幾間吸引墨客騷人躑躅留戀的咖啡館之外，當違論因創造了印象派團體而留名青史的巴提紐勒咖啡館，以及誕生影響整個二十世紀的法國存在主義哲學的花神咖啡

---

[116] 也因為如此，在普羅可布咖啡館後面的聖安德烈商廊（Cour du Commerce Saint-André）那條美麗的廊道，匯集了不少有趣的人文歷史典故。包含商廊的八號地址，是馬拉在遇刺身亡前，排版印刷《人民之友報》（*L'Ami du people*）之處；對面的九號地址昔日曾是一間木工店，法國歷史上第一具斷頭臺便是在這裡測試的，當時選擇用一頭倒楣的山羊做測試；而在二號的這棟寓所，則是十九世紀著名的文學評論家聖伯夫客居之處，他與雨果之妻阿黛兒（Adèle Foucher）曾有過一段不倫戀情，因此約莫在1830年代阿黛兒時常瞞著雨果到此與情夫見面。聖安德烈商廊是一條鬧中取靜的別致小廊道，近來不少遠赴巴黎拍攝婚紗的臺灣新人都會到此取景。

[117] 大衛・哈維著，黃煜文、國立編譯館譯，《巴黎，現代性之都》，頁236。

[118] 前引書，頁236：「工人階級的咖啡館後來轉變成巴爾札克所說的『人民議會』——工人區知名人士聚集的地方——在第二帝國時期受到大量的管制與監視。」

[119] 舊址位於伏爾泰河堤十九號（19 Quai Voltaire），今日則在同一條街的二十七號開設一間同名餐廳。

[120] 奧古斯特・羅丹（Auguste Rodin, 1840-1917），堪稱藝術史上古典與現代雕刻的分水嶺之巨擘，代表作有《沉思者》（*Le Penseur*）、《加萊義民》（*Les Bourgeois de Calais*）與《地獄之門》（*La Porte de l'Enfer*）。羅丹美術館（Musée Rodin）位於今日巴黎左岸瓦雷納街七十七號（77 Rue de Varenne）。

館（Café de Flore）……

　　咖啡館在都市現代化的進程中，始終以重要的文化訊息交換之公共空間形態傳承著，十九世紀保王與共和思想間的交疊往復，傳統學院派及印象畫派間的歧異，浪漫主義與自然主義文學的辯難，都在這座擁有數百年咖啡文化的公共空間裡上演著，透過咖啡文化與思想文化的結合，使得咖啡館成為了「巴黎的大腦，而且成為法蘭西民族的大腦！」[121]

　　提及新興消費空間，百貨公司當然是此類型的絕佳代表象徵，自十九世紀巴黎所興起的百貨業商品文化，成為該時代布爾喬亞階級重要的社交場所，百餘年來所造成的感染力已擴及全球，甚至以其作為當代都會生活形態的指標也不為過，值得注意的是，「百貨公司所帶來的，不僅是新的消費空間，文化，更包括潛藏人心難以言喻的物欲」，[122]這也正代表了重商資本主義在該社會上瓜熟蒂落所呈現的重要形態。關於百貨商場在十九世紀巴黎所呈現的風華面貌，已於前章敘及左拉《婦女樂園》時做過探討，此節便不再贅述。

　　巴黎於世紀之交的美好年代裡，最後還有一處全新形態的消費空間模式，儘管尚未風行一時，卻也逐漸引起關注，並成為百餘年後的世界最盛行、最有影響力，也是最有利潤的產業之一，**即電影的出現**。

　　1895年十二月二十八日，在臺灣民主國已滅亡，日軍順利占領臺南城兩個月後，同一時刻的巴黎嘉布遣大道四號（4 Boulevard des Capucines）的大咖啡館（Grand Café Capucines）正上演著一幕改變世界歷史的大事。盧米埃兄弟[123]正於

---

[121] 余澤民著，《咖啡館裡看歐洲》，頁122。

[122] 李政亮，《世界花都，巴黎城市風景》，頁43。

[123] 盧米埃兄弟，分別為奧古斯特・盧米埃爾（Auguste Lumiere, 1862-1954）以及路易・讓・盧米埃爾（Louis Jean Lumiere, 1864-1948），兄弟倆出生於歐洲最大製造攝影感光板的家族，他們改造了美國發明家愛迪生（Thomas Edison, 1847-1931）所製造的「西洋鏡」（Kinetoscope），將影像藉由投影而放大，讓更多人能夠同時觀賞，因此成為了電影和電影放映機的發明者。
然而，實際史上最早的電影拍攝與放映者卻不是他們，一位名叫路易斯・普林斯（Louis Prince, 1842-1890）的發明家，早在1888年便以單鏡頭相機拍攝電影影像，這部歷史上最早的電影是《朗德海花園場景》（Une scène au jardin de Roundhay），片長僅有兩秒鐘，由於考慮到這項技術尚在研發階段且

咖啡館裡的沙龍空間進行電影的播放，這次的活動被視為電影史的起點，也是人類頭一遭見識到運動行進間的影像畫面，盧米埃兄弟當天播放了《里昂工廠的下班》（*Workers Leaving the Lumiere Factory in Lyon*）以及《火車進站》（*L'Arrivée d'un train en gare de La Ciotat*）等多部影片，儘管每部片長約莫二十秒左右，卻也讓在場民眾驚呼連連，尤其是《火車進站》這一部，不少現場觀眾見到銀幕上的火車朝著自己的方向駛來，甚至還紛紛起身走避，試想當年人們首次見到動態影像的驚駭程度絕非今日我們戴上3D眼鏡的感覺所能比擬的。

　　電影的誕生，不僅標誌著人類史上一種嶄新藝術的出現，[124]**也代表著一種新興商品的概念。**除了盧米埃兄弟在歷史上捷足先登成為最早的放映者之外，喬治・梅里耶（Georges Méliès, 1861-1938）也是一位在法國電影史上不能漏掉的重要人物。梅里耶在盧米埃兄弟的電影進行首映後的隔年，便發展出停機再拍技術，致力鑽研攝影技術的他在世紀交替之際，逐漸將多重曝光、低速攝影，以及手工著色的影像處理方式帶進了電影製作。尤其，他在盧米埃兄弟所播映的幾部短片中領悟出電影不僅可以作為紀錄影像，更可以融入劇情以及做出視覺的引導。1899年，梅里耶拍攝了他的首部長片《德雷福事件》（*L'Affaire Dreyfus*），這是一部片長十分鐘，但以當年的角度來看規模算是相當宏大的計畫，而且更採用了那個年代最炙手可熱的社會題材來呈現，《德雷福事件》可說是史上第一部政治題材的電影。

仍不穩定，因此普林斯僅將這段影片播放給幾位親屬觀看。令人匪夷所思的是，正當他的研發已逐漸穩定，準備申請專利與公開播放時，1890年九月十六日，普林斯搭乘了一列由法國第戎（Dijon）開往巴黎的列車，但他卻在列車上離奇地消失了。即便事後警方多次以地毯性搜索各節車廂與各個停靠站，仍未發現普林斯與他重要的電影研究資料，家屬亦尋求私家偵探的偵查仍舊未果。

後來的社會媒體和輿論大致上做出了幾種結局猜想，首先普林斯或許是遭人謀殺，但是遺體卻依舊下落不明；其次，普林斯選擇了自殺，但這無論是由動機或是遺體的下落去調查，仍舊是啟人疑竇；或者，普林斯本人根本沒有死，他可能選擇了另一種新的身分過新的生活去了，但明明致力於電影放映與器材研發的他，待申請專利權後必將大有可為，怎麼會突然產生這樣的念頭呢？總之，普林斯先生就這樣在這個世界上消失了，導致五年後盧米埃兄弟成為了官方所記載，人類歷史上最早的電影發明與播放者。普林斯的消失案，也成了法國美好年代裡，最離奇詭異的一起事件。

[124] 自十九世紀末電影技術問世之後，在既有的七項藝術領域：文學、建築、音樂、戲劇、繪畫、舞蹈、雕塑之外，電影被約定俗成稱作是人類社會裡的第八藝術。

三年後，梅里耶更上層樓，年幼時喜好閱讀凡爾納[125]作品的他，拍出了史上的一部科幻電影《月球歷險記》（*Le Voyage dans la lune*），劇中開始使用了剪輯特效與大量布景，在當年得到了相當優異的口碑。光從1899到1914年之間，梅里耶便拍攝了六百多部的影片，[126]成為這項領域中的佼佼者。可惜的是，梅里耶原計畫將電影事業擴展到美國新大陸，卻遭到愛迪生團隊的盜版，導致梅里耶血本無歸，不久宣告破產。[127]

　　電影事業在法國美好年代的發展，最為輝煌的展現便是在1900年的巴黎世界博覽會上，法國在新舊世紀之交首開全球之先風，在會場上設有大型的電影院展廳，而且還以三百六十度的全景銀幕的規格呈現在參觀民眾眼前，這屆在巴黎所舉行的第五次世博會，無疑透過電影放送的形式告知全球，未來新世紀將盛行的趨勢。

　　遺憾的是，隨著第一次世界大戰的爆發，美好年代也隨之終結，戰後的法國與昔日的歐洲皆似朽木枯株，萎靡不振，而電影製作的優勢也逐漸被新興的美國所取代。即便如此，電影產業為現代化城市生活所引領的全新形態的消費空間模式，仍是法蘭西在世紀末的美好年代中，對這個世界最美妙的獻禮。

（二）文化景觀之改變

　　現代化都市的根本改變，最主要的意義便是「公眾性」的普及，除了體現在新興消費空間的成長之外，另一個特徵即為文化景觀之改變。巴黎在十九世紀中葉經奧斯曼的都市重建規劃後，最能夠使這兩項雙重特徵具體落實的行動就是世界博覽會的舉行。

---

[125] 凡爾納（Jules Gabriel Verne, 1828-1905），法國小說家、劇作家，也是史上最早科幻小說領域的作家之一。凡爾納的文學作品，對二十世紀以後的超現實主義、奇幻文學等作品都有相當大的影響，至今他的代表作仍在百餘年後的今日，受到出版界與影視界不斷重新出品而廣受歡迎，如《環遊世界八十天》（*Le tour du monde en quatre-vingts jours*）、《地球到月球》（*De la Terre à la Lune*）、《地心歷險記》（*Voyage au centre de la Terre*）與《海底兩萬哩》（*Vingt mille lieues sous les mers*）等。

[126] 繆詠華，《長眠在巴黎》，頁178。

[127] 晚年的梅里耶在左岸的蒙帕納斯車站裡經營一間販賣糖果與玩具的雜貨店，1920年代末期，有記者注意到梅里耶早年的電影事業，開始對他做專題報導和口述的採訪，梅里耶於1938年因癌症去世，葬於拉雪茲神父公墓。2002年，《月球歷險記》的完整版本在法國一個農村倉庫被找到，後來經過了手工的上色，有興趣的讀者朋友可在網路上觀賞到。此外，在2018年五月三日，Google還以首頁的塗鴉來紀念梅里耶製作《月球旅行記》無聲電影一百一十六年之致敬。

巴黎嘉布遣大道四號的大咖啡館，人類歷史上第一部電影的播映地點

　　世博會的概念是源於中世紀歐洲商人定期的市集，直至十九世紀中葉，隨著經濟規模的壯大，商品交易的種類愈來愈複雜，市集的規模跟層次將隨之擴展到文化、藝術與生活方面，如班雅明所言：「世界博覽會推崇的是商品的交換價值。它們造成了一個讓商品的使用價值退到幕後的結構。它們成為一個學校，給在消費上遭到排斥的大眾灌輸商品的交換價值觀念，……世界博覽會由此提供了進入一個幻境的途徑，讓人們進來尋求開心。」[128]或者，從國家政治的角度來觀察，**博覽會的舉行也逐漸成為舉辦國展現國力及生產力的象徵。**

　　1851年，第一屆世界博覽會在英國倫敦舉行，作為全世界最早實行工業革命的強國，這場在水晶宮舉行的博覽會搶盡了歐洲各國的風采。對同時代執政的拿破崙三世而言，自然頗不是滋味，也因此儘管國家深陷於克里米亞戰爭，法國還是在

---

[128] 班雅明著，劉北成譯，《巴黎，十九世紀的首都》，頁41。

1855年舉辦了史上第二屆的世界博覽會，雖然該屆博覽會讓國家在財政上虧損了不少，但確實也提升了不少法國的國際聲望，公眾效應的回響也相當熱烈。更重要的是，這屆世博會成功地將巴黎正由奧斯曼整建中，由原本閉鎖的城市轉型為開放型城市的計畫展現在世人面前。

巴黎自1855年首次舉辦世界博覽會，到二十世紀初為止，總共舉辦了五次的世博，[129]次數也遠超出了英國與美國的兩次，其背後的舉辦意義，「除了要宣示殖民地帝國法國本身的威信之外，也可以看出法國意欲改善不只被英國，也遭美國、德國超越的經濟發展情況」。[130]細究五次的巴黎博覽會，也可分期為第二帝國時期的1855年與1867年兩屆，以及第三共和時代的1878年、1889年與1900年的三屆，前後兩個時代的世界博覽會最大的差異點在於，帝國時期「博覽會的焦點不只在於技術發展，還在於空間連結下所產生的新世界，這種連結的實現主要透過現代的通訊網路和商品交換而達成」，[131]而奧斯曼所進行中的都市改造，也正是確保這種全新的空間連結得以順利進行，「公共工程的戲碼與新建築的華麗凸顯出某種意在言外的節慶氣氛，使帝國政權籠罩其中。1855與1867年的世界博覽會則進一步增添了帝國的榮耀。」[132]

至於1878年的巴黎第三次世博會，則是第三共和政府首次舉辦的博覽會，該屆博覽會的意義相當重要，**完全是為了要向各國證明法國在普法戰敗後，重新恢復國力的實證**，也因此這屆的世博會可說是共和政府卯足了全力盛大舉行。首先，1878年的博覽會囊括了三十六國共襄盛舉，場面比起以往各屆都來得浩大，但新興的德國是西方國家中唯一的缺席者，可見德法之間的心結仍舊未解；其次，本屆博覽會總共吸引了超過一千六百萬人的參觀，人數上完勝以往英美所舉辦的幾屆，確實讓法國重拾不少往日的風采；最後是博覽會上精彩的部分，巴黎的戰神廣場上興建了一座占地四十二公頃的巨大金屬展廳，展廳的廣場上還展示著當時尚未完全有身軀

---

[129] 這五次分別是1855、1867、1878、1889與1900年。

[130] 福井憲彥，《歐洲霸權的光和影：「近代」的形成與舊秩序的終結》，頁314。

[131] 大衛・哈維著，黃煜文、國立編譯館譯，《巴黎，現代性之都》，頁130。

[132] 前引書，頁226。

的自由女神頭像，[133]而在對岸的夏佑山丘則築起一座偉岸的特羅卡德羅宮（Palais du Trocadéro）作為博覽會的音樂廳，特羅卡德羅宮外觀採用摩爾[134]拜占庭混搭式風格，左右延伸出的兩翼配合著塔樓的修建，正立面上方還陳列著象徵世界六大洲的女神像與巨型動物像，整體的規模宏觀華美，並符合博覽會創辦宗旨兼具了異國之情調。[135]

1889年，巴黎第四度盛大舉辦世博會以慶祝法國大革命一百週年。該屆博覽會所建造的重要地景，無疑便是那座舉世聞名的艾菲爾鐵塔（La Tour Eiffel）了，儘管當時受到不少文化界人士如小仲馬、莫泊桑等人的批評，並且官方原定只將這座鐵塔保留二十年，但由於受到世界各地遊客的熱烈喜愛，鐵塔終究被保存了下來，「『在每個人心裡』成為『所愛的巴黎的標誌，以及巴黎受到喜愛的標誌』」，[136]永遠成為了巴黎市的重要地標。艾菲爾鐵塔於1889年完工之時，以三百二十公尺的高度遠遠超越了德國科隆大教堂（Cathédrale de Cologne）和美國華盛頓紀念碑（Washington Monument）的一百六十九公尺，**成為了當時全世界最高的建築物，並保持了這項紀錄長達四十年的時間。**

慶祝法國大革命百年紀念的這屆世博會，憑藉著世界最高建築物的完工，向全球發布了非凡的三項歷史文化象徵；首先，**鐵塔的高度滿足了人類登高遠眺城市的的夢想。**在1889年這項世界之最的壯舉完成前，歐洲各地大多數的民眾若想一窺城市的全景風貌，僅能藉由攀爬所居住城市的教堂高塔，這個標準若放在中世紀的城市或許不難實現。但在十九世紀許多國家陸續進行工業革命後，建築的樓層也相對

---

[133] 自由女神由雕塑家巴托爾迪在1860年代開始設計，他也是我們曾在第一章曾提及「貝爾福雄獅」的作者。早在1878年，於美國費城所舉辦的世博會裡，巴托爾迪便在會場上先展示自由女神舉著火炬的右手子，不過女神的真面目直到兩年過後的巴黎博覽會才與世人見面。

[134] 「摩爾人」（Moors）是十六世紀歐洲人用來稱呼以哈薩尼亞阿拉伯語為母語的族群，該族群在中世紀遍及伊比利亞半島、西西里、撒丁尼亞、馬爾他、科西嘉島和西非一帶。歷史上穆斯林曾在八到十五世紀之間統治過伊比利半島，因此今日的西班牙與葡萄牙兩國還保留了相當多的摩爾文化與建築。摩爾式建築（Moorish Architecture）特色包含不加裝飾的拱頂、馬蹄型圓拱、亮麗釉彩的青花磁磚，以及阿拉伯文或幾何圖形的裝飾。

[135] 遺憾的是，這座舊的特羅卡德羅宮在1937年巴黎再次舉辦世界博覽會時遭到拆除，而代表六大洲的女神雕像以及附屬的大象、犀牛巨像後來則被移置奧塞博物館外，今日遊客仍可在此欣賞並遙想昔日盛況。

[136] 皮耶‧諾哈編，戴麗娟譯，《記憶所繫之處II》，頁132。

1878年世博會展出的犀牛駿馬雕像，今日陳列於奧塞博物館外

增高，大多數教堂的鐘塔相對現代化城市而言已不再顯得高聳，例如雨果當年為了
撰寫《巴黎聖母院》裡的中世紀巴黎，也曾多次登上聖母院鐘塔眺望這座城市，但
他也自知眼前之所見已不再是故事裡鐘樓怪人加西莫多（Quasimodo）所熟悉的
巴黎了。此外，名攝影師納達爾也曾搭乘熱氣球，從巴黎的上空拍攝這座城市，此
舉使他成為史上第一位拍攝空拍圖之人，相信當年他從空中見到這座城市的瞬間，
心中絕對是不由自主地讚歎不已。而鐵塔的落成，正是使該時代的每一位民眾，都
能親身體驗納達爾曾經的讚歎。

　　其次，**鐵塔的落成更標誌著巴黎這座現代化城市，展開一場新興鋼鐵建材與傳
統石材建築的挑戰**。此前數個世紀，巴黎最具代表性且擁有一定高度者，例如巴黎
聖母院、先賢祠、聖敘爾比斯教堂，盡皆為石材宗教性建築。在奧斯曼進行都市改
造工程時，更是刻意地將巴黎市內所有的工業移（趕）往郊區，然而艾菲爾鐵塔卻
藉著「工廠煙囪」般的造型，成功地將工業的象徵帶回到首都。從都市產業的角度
看來，象徵著「工程師們透過一個具有君臨之姿的宏偉建築，展現科學與工業的勝

利」。[137]同時，也向世界宣告石材建築的時代已然落幕，「鐵塔迅速有力的建造標記了一個時代的結束，也就是岩石時代的結束」，[138]世博會這座著名的標的物象徵著鋼鐵時代的來臨。[139]

最後，顯然可以看出法國想在1889年的世博會中一雪前恥，想向世界諸國宣告「1870年戰敗且被割讓兩個省份的法國建造了一個證明自己技術高超、並象徵它在世界位居領導地位的建築」。[140]透過建築景觀的展示，確實在當時有利於國家自信心的增強，艾菲爾在很長的一段時間裡人氣高漲，成為了「法蘭西之光」，也因此後來他在巴拿馬運河建設的投資案裡，展現了極其活躍的號召力。

當然，也別忽視了當年艾菲爾鐵塔興建之時，所引發的爭議和反彈力道。畢竟，豎立起這座當時的世界高塔，無疑將破壞巴黎的天際線景觀；[141]而且，向來對興建鐵塔的反對聲浪最強烈的往往是文化界人士。例如像巴黎歌劇院的建造者——查爾斯・加尼葉（Charles Garnier, 1825-1898），他所推崇的美感就是歌劇院保有的那份超逸華麗，亮眼繽紛的第二帝國華貴感，因此當他看到塞納河畔一座以鋼鐵建構起的龐然大物後，心中不免感到一陣厭惡和鄙夷；又如知名的短篇小說家莫泊桑，痛斥這個龐然大物：「今天，藝術在千百年間激盪出來的誘惑魔力與強烈情感已經蕩然無存」，[142]他甚至時常到鐵塔上的餐廳用餐，藉此表達只有在那上面才看不到鐵塔的抗議。實際上，法國的文化界早在鐵塔完工前的1887年便曾連署一份〈反對艾菲爾鐵塔〉（Protestation des artistes contre la tour de M. Eiffel）

---

[137] 前引書，頁139。

[138] 前引書，頁142。

[139] 從十九世紀初的拱廊街天窗，歷經奧斯曼整建磊阿勒中央市場的八座金屬大廳，到世紀末艾菲爾鐵塔的修建，以及1889年世博會的機械展覽館（La Galerie des machines）龐大展示空間，一再揭示鋼鐵建築所代表的工業文明將逐步征服巴黎。

[140] 皮耶・諾哈編，戴麗娟譯，《記憶所繫之處II》，頁144。

[141] 隨著工業革命後的技術提升，以及二十世紀之後的全球化趨勢，巴黎是少數現代化首都城市中，勉強還能保有廣闊的天際線景觀者，這種幅員廣闊的景觀確實足以讓百餘年來數以千萬計的攝影人能拍出遼闊壯觀的都市全景，然而除了十九世紀所興建的鐵塔首開先例破壞了這種景觀後，1970年代開始，左岸那棟以醜陋著稱的蒙帕納斯大樓，以及後續如第十三區Quartier de la Gare、第十五區的Grenelle等林立的高樓建築，正逐漸使巴黎原有的完好天際線景觀一點一滴的消失當中。

[142] 伊蓮・秀黎諾（Elaine Sciolino）著，徐麗松譯，《法式誘惑》（La Seduction : How the French Play the Game of Life，新北：八旗文化出版社，2015），頁91。

從十六區遠眺艾菲爾鐵塔

的聲明，除了上述兩人之外，包括了左拉、法蘭西學術院院士薩爾杜（Victorien Sardou, 1831-1908）、世上首位諾貝爾文學獎的得主普魯東（Sully-Prudhomme, 1839-1907）、音樂家古諾（Charles-François Gounod, 1818-1893）以及多位法蘭西藝術學院的名畫家、雕塑家如布格羅、博納（Léon Bonnat, 1833-1922）等人均簽署了這份抗議書：

　　只要想像一下：一座極其可笑的鐵塔就像某個工廠黑黑的、巨大煙囪似地俯視著巴黎，用它毫無藝術性的軀體壓垮了聖母院、聖禮拜堂、聖雅各塔、羅浮宮、榮軍院的穹頂和凱旋門，我們所有的建築將因此而蒙受侮辱，所有的建築將因此變得渺小，它們將在這場令人詭異的夢中消逝。而二十年中，我們將看到，螺栓固定著的鐵板架成一個令人厭惡的支柱，在整個巴黎——仍然

為世世代代的才華而嘆息著的巴黎——像一團墨跡似地投下可憎的陰影。[143]

我們還可以發現，印象派畫家們並沒有任何一位在上述連署書中簽名，這僅僅是因為在1880年代他們並非國內藝術界的泰斗，無法掌握發言權，而不代表他們願意接受巴黎的天際線上闖進了這麼一個突兀的高塔，從印象派的無數作品中描繪經奧斯曼精心整建後的巴黎風貌，但卻幾乎見不到關於鐵塔題材的作品即可得知這些畫家們的想法。唯一的例外是新印象派的秀拉在1889年的博覽會舉辦之際他便創作了《艾菲爾鐵塔》（*La Tour Eiffel*）這部作品，鐵塔的鋼鐵材質在秀拉特有的點描筆觸下，顯得格外閃爍耀眼。

此外，當年法國眾多的藝文人士在連署反對鐵塔之時，還一廂情願地認為這僅僅是代表著世博會的短暫噱頭，二十年後這個龐然大物勢必會消失在巴黎的地平面上，但他們的希望終究是落空了，艾菲爾的作品自1889年的世博會問世以來，廣受各地遊客的喜愛，參觀人數屢創新高，不僅逃過了官方將其拆除的命運，更於1960年代在文化部長馬勒侯的推動下，成為了巴黎的歷史文化建築。直到二十一世紀的今日，每年有將近七百萬人次的遊客登上艾菲爾鐵塔，從落成的1889年到現在，其累計的參觀人數也已突破三億大關，時間確實會證明一切，正如法國著名文學家、哲人羅蘭‧巴特（Roland Barthes, 1915-1980）所言：「一個世紀的見證，歷久彌新的地標，無法模仿卻被一再複製的對象，既是親切熟悉的世界也是英雄式的象徵，是純粹的符號以及無止境的隱喻。」[144]

事實上除了鐵塔之外，今日的巴黎街頭仍舊可見到不少1889年那場世博會時期所留下的文化景觀，[145]例如在各街區人行道隨處可見到一座座由四位女神像圍繞作

---

[143] 轉引李政亮，《世界花都，巴黎城市風景》，頁77。

[144] 皮耶‧諾哈編，戴麗娟譯，《記憶所繫之處 II》，頁132。

[145] 著名的紅磨坊夜總會也是在1889年世博會期間，由約瑟夫‧奧勒（Joseph Oller, 1839-1922）所創辦的。在開幕之初，紅磨坊就以它那聞名於世的經典節目康康舞招徠賓客，並花費了大筆的資金妝點其門面，除了今日最令人印象深刻的紅色風車外，當時整座夜總會主要是在露天花園中的舞臺表演為主，業者還在場地中立起一頭賓客能攀爬於上的灰泥巨象之塑像，這頭巨象是特別向該年世博會的主辦單位買來的。此外，後來為了配合1900年的世博會盛典，業者更在紅磨坊的露天花園裡構築了好幾圈的軌道，讓賓客可以體驗世紀之交「雲霄飛車」的快感。除了康康舞的演出，紅磨坊尚有一齣由新馬戲團（Nouveau Cirque）著名的小丑二人組Foottit和Chocolat的表演，在相當長的一段

為支柱的深綠色供水小亭，它的名字是「華萊士飲泉」（Fontaine Wallace）。這類型的飲泉是英國的慈善家理查・華萊士（Richard Wallace, 1818-1890）於1872年捐助給巴黎的。起因於1870巴黎遭到普魯士軍的圍城，華萊士正好待在巴黎城內，親身體驗過那段困頓貧乏的窘境，在戰爭期間不少儲水槽均受到破壞，巴黎人連最基本的飲用水供應都出了問題。華萊士有感於此，仿造聖潔噴泉的女神雕像，請人打造了五十座的飲用泉贈送給巴黎，此舉立即受到民眾的熱烈歡迎，並以華萊士之名來為飲泉命名。這些飲泉在建造之初還附上了以鏈條連接的錫製小杯，提供每位過路人的飲用，後來因為衛生問題而取消。華萊士原贈與巴黎的飲泉只有五十座，但由於受到好評，加上法國政府有鑑於1889年的世博會眾多的遊客飲水考量，因此開始在巴黎各街區路口逐步推廣普及。直到今日，華萊士飲泉仍舊以典雅的造形藝術提供給無數來往遊客清冽的泉水，亦成為巴黎街頭文化中的特殊景觀，讀者有機會也可以帶著自備的水瓶，親身感受一下這份來自十九世紀的溫情。[146]

印刷術的改良與普及，使書報進入了大眾文化的生活，並扮演了相當關鍵的角色，從德雷福案、巴拿馬醜聞案等喧騰一時的社會事件，到巴爾札克、雨果、波特萊爾、左拉、福樓拜等人作品連載，甚至是對印象派聯展的嘲諷評論，整個十九世紀的政治社會與文化趨向，都能見到書報在其中所扮演的重要媒介功能。此外，伴隨著書報業的興盛，廣告海報也大行其道，深入人們的視野，從最初在報章上的分類廣告，演進到街頭隨處可見的醒目海報裝飾藝術，**廣告海報（看板）也在十九世紀成為現代化城市裡舉足輕重的文化景觀，成為一種新興的藝術風格，而巴黎街頭**

時間受到巴黎民眾熱烈的歡迎，歡樂的笑聲是昔日紅磨坊裡不可或缺的一部分，相較於今日的紅磨坊，顯然當年比較傾向是個遊樂場。

可惜跨過二十世紀後的紅磨坊在1915年慘遭祝融，重建後不僅再也不見巨象，連外觀的紅色風車造型也都做了相當程度的改變了。有興趣的讀者可以參考2001年由妮可・基嫚（Nicole Kidman）主演的歌舞電影《紅磨坊》（Moulin Rouge!），劇中曾將這座巨象重現，作為女主角的閨房。另外，法國演員歐馬・希（Omar Sy）也曾在2016年主演《小丑的眼淚》（Chocolat），重現了小丑二人組百餘年前那段燦爛的歡笑時光，值得細細品味。

[146] 身為收藏家的華萊士平日喜愛收藏十七至十九藝術品與工藝品，當中尤以法國十八世紀洛可可風和新古典主義收藏為豐，也是他最為喜愛的藝術品類。一八九七年，華萊士遺孀將全數收藏與宅邸一併贈送給英國政府，即為今日倫敦龐德街地鐵站附近的華萊士典藏館（The Wallace Collection，或譯「華勒斯典藏館」）。

這類型琳瑯滿目的廣告海報，也藉由了幾屆的世界博覽會旋即風靡了歐陸各國。

在1889年至1900年的兩次巴黎世界博覽會之間，正是街頭廣告藝術的黃金年代，依照日本社會學學者吉見俊哉對城市的另一個觀察視角：「所謂的都市化意味著作為都市裝置的新聞雜誌、收音機、留聲機、百貨公司、博覽會的舉辦等彼此相關聯的媒介的大眾化與商品化。」[147]也因此**現代都市化的過程當中，都市景觀空間與具體的媒介均形成軟硬體之間的相互滲透，廣告海報便是相當顯而易見的一個例**子。今日巡訪過巴黎的遊客，都應該會對各名勝景點的紀念品專賣店、咖啡館裡的裝飾，以及街頭的莫里斯廣告柱[148]印象深刻，只須稍加留意，便會不時見到由畫家史坦倫（Théophile Alexandre Steinlen, 1859-1923）所繪的《黑貓夜總會》（*Tournée du Chat noir*）或是羅特列克大

華萊士噴泉是1889年世博的產物，一名遊客正位於莎士比亞書店前的華萊士噴泉取水

---

[147] 轉引李政亮，《世界花都，巴黎城市風景》，頁27。

[148] 莫里斯柱（Colone Morris），最早出現於十九世紀的柏林，起源是為了有效整頓四處亂貼的小廣告而設計，在七月王朝時代開始引進巴黎。不過真正的普及要等到奧斯曼的巴黎改造工程時代，印刷業者莫里斯（Gabriel Morris）與市府簽約，推行並維護這種廣告柱的普及。莫里斯柱的外型是一個高聳的圓柱，最上方還搭配了一個拜占庭風格的圓頂，以及巴黎市的市徽——一艘乘風破浪的帆船（Fluctuat nec mergitur）。早期莫里斯柱曾一度還結合了公共廁所，但後來引發爭議而取消。今日巴黎街頭的莫里斯柱均規定僅能張貼藝文類表演活動的相關海報，而從2017年開始部分街區的莫里斯柱中還存放了微藻，用來吸收空氣中的二氧化碳。**莫里斯柱、華萊士飲泉以及巴黎地鐵站的新藝術風格裝飾，皆成為了百年來最具代表性的巴黎街頭文化景觀。**前文曾介紹過的畫家貝勞德，便曾經創作一幅《莫里斯柱》（*Column Morris*）的作品，十足展現了美好年代時巴黎街頭廣告海報藝術的盛行。

量的紅磨坊系列宣傳海報。此外，除了酒吧、餐廳咖啡館和夜總會對此類海報廣告的需求大幅增長外，藝文類活動更是特別仰賴海報廣告的宣傳，最有名的例子即為捷克國寶級畫家慕夏（Alfons Mucha, 1860-1939）。當他尚未成名時僅能為巴黎某些書報畫些插畫，孰料在1894年的聖誕夜，大明星莎拉・伯恩哈特的演出宣傳海報需重新設計繪製，慕夏在所有相關設計師、藝術家紛紛回家過節時臨危受命，畫出了《吉斯蒙達》（*Gismonda*）這件令廣告公司，以及莎拉本人都讚不絕口的作品，此後慕夏的事業蒸蒸日上，獲得愈來愈多的設計案，逐步奠定他在藝術界的聲望與地位。

1900年，巴黎舉辦了第五次世界博覽會，儘管先前因德雷福事件而造成某些國際社團組織揚言抵制的情況，不過這屆跨世紀的世博會可說是盛況空前，從該年的四月直到十一月的展覽期間，總共吸引了五千萬的人次共襄盛舉，如此宏觀的紀錄直到六十多年後才由日本大阪世博會打破。這屆世博會為何能締造如此恢宏的紀錄？

首先，這屆世界博覽會標榜著跨世紀，並以告別十九世紀作為整體的回顧，因此舉凡電報、電話、電影、電梯、蒸汽火車，乃至摩天輪，所有在這個世紀當中體現人類科技文明的物件，一應俱全地皆在會場上呈現。其次，巴黎也順勢在同一年於文森森林舉行了「奧林匹克世界運動會」（Jeux olympiques），這是現代意義的奧運會於1896年的希臘雅典復興之後，第二個國家所舉辦的世界運動賽事。法國成功結合了世博會與奧運會的雙向人潮，使這一整年至巴黎觀光消費的外來遊客臻至高峰，地主法國隊更在這屆囊括了二十六面的金牌，成為了該屆優勝隊伍；再者，本屆的世博會興建了更甚以往的寬廣展覽場地，巴黎第七區以及第八區的塞納河沿岸全都興建了各式各樣的展覽館：從右岸的大皇宮、小皇宮經過亞歷山大三世橋（Pont Alexandre III），直達左岸的榮軍院；沿著奧塞堤岸穿越阿爾瑪橋[149]到耶

---

[149] 阿爾瑪橋（Pont de l'Alma）對世上許多人來說，是個感傷之地。從右岸Cours Albert 1er往西行駛進入阿爾瑪廣場（Place de l'Alma）下的隧道，便是1997年八月三十一日戴安娜王妃（Diana, Princess of Wales, 1961-1997）發生車禍香消玉殞之處。二十多年過了，阿爾瑪廣場上的「自由之火」（*Flamme de la Liberté*）雕塑前仍堆放著不時鮮花、卡片與相片，象徵著世人對她的不捨與永遠的懷念。附帶一提，距離阿爾瑪廣場僅兩百公尺的喬治五世大道八號（8 Avenue George V），則是亞

1900世博產物大皇宮美術館

拿橋（Pont d'Iéna），左右兩岸的戰神廣場與特羅卡德羅宮可見櫛次鱗比的氣派樓館，包含展示電力設施的電力宮（Palais del'Électricité）與播放全景電影的光學宮（Palais de l'Optique），直教參觀的群眾看得瞠目結舌。須特別注意的是，為了方便本屆來自世界各地的參觀民眾之接駁通行，官方委請知名建築師維克多·拉盧克斯（Victor Laloux, 1850-1937）在奧塞堤岸興建了一座奧塞車站，即奧塞美術館之前身；至於考量到市區內的交通疏導，法國政府於兩年前便著手興建地鐵因應，並於1900年的七月將1號線[150]開通。我們可以聯想到，**巴黎地鐵站從此將澈底成為廣告海報充分展示的空間，文化活動的展示將與硬體空間交融搭配，相得益彰，而大量且精美的世博會宣傳海報也透過這樣的機會在巴黎都會區普及張貼，也是本屆世博會能夠獲得眾多關注的要素之一。**[151]

洲歌后鄧麗君（Teresa Teng, 1953-1995）在泰國清邁去世前，與她的法籍男友保羅居住多年的地址。

[150] 巴黎地鐵1號線（Ligne 1 du métro de Paris）是今日的十六條線路中最早開通的一條。自拉德芳斯（La Défense）起，往東與道路共構跨越塞納河後轉入地下進入巴黎市區。由於當年是配合世界博覽會而興建，因此沿線將通過市區內絕大多數的知名購物、休憩景點，包含戴高樂廣場、凱旋門、香榭麗舍大道、羅浮宮、巴士底獄等地，最終站是文森城堡（Château de Vincennes）。

[151] 我們還可以發現，1900年的巴黎世界博覽會那張精美繽紛的廣告海報，正是慕夏所設計的。

1900世博產物小皇宮美術館

　　最後，1900年巴黎所流行的新藝術（Art Nouveau）風格[152]也在世界博覽會裡大放異彩。艾克特・吉瑪（Hector Guimard, 1867-1942）運用金屬與玻璃呈現充滿動態性的風格，為巴黎地鐵設計了所有的地鐵出口造型，贏得了當時新藝術風格的最佳代表作之美譽。[153]

[152] 新藝術（Art Nouveau）風格最早由英國文人莫里斯（William Morris,1834-1896）所提出，最初開展是在十九世紀末年的英國，之後迅速傳播到歐陸各國，法國、比利時、德國與奧地利都受到這股風潮的襲擊。新藝術風格中最重要的特點就是充滿活力、波浪或流動的線條，其中運用許多自然性元素，使傳統的裝飾充滿了如自然萬物所具有的活力和動感。

[153] 1900年吉瑪所設計的地鐵出入口，共有三種形式。第一種圍欄型：三邊圍以欄杆，下石階處做拱形門框，門框正中央，有吉瑪所繪「METROPOLITAIN」（地下鐵道）字樣的正字招牌，黃底墨綠色字。門框與欄杆也都漆以墨綠色，以求融於林蔭當中，與大地為伍。難怪地鐵招牌雖然清楚，但不引人注意。更漂亮的是門框兩邊凸出的燈柱，低頭微笑般的熱情紅色燈罩，更顯出入口的華麗。第二種亭子型：有頂為亭，頂以鐵條和毛玻璃間隔，似蜻蜓般展翼，輕盈美妙，尤其王妃門站（Porte Dauphine）站入口，甚具特色，可稱之為經典之作。這種亭子型入口，多蓋在小公園處，有較大地面，而又不在人行道上，並可兼具公園與涼亭兩相輝映之效。第三種車站型：體型甚大，為車站建

1900年艾克特・吉瑪所設計的地鐵造型之一，攝於阿貝斯地鐵站

　　巴黎在十九世紀中葉經過奧斯曼的澈底改造後，接著便不斷**藉由前後五次的世界博覽會擴充市區的硬體建設，不僅充實了文化景觀的布局，也落實新興消費空間的成長**，因此若說這座現代化城市是透過美好年代博覽會的舉行，順利開展了觀光資源以及扶植本地產業，一點也不為過。

築，現已不見。如巴士底站（Bastille），現已被紐約現代藝術博物館所收藏；星芒站（Étoile），被拆得無影無蹤。如今只能在過去的風景明信片上回味。轉引自高燦榮，《巴黎街道招牌藝術》（臺北：行政院文化建設委員會策畫出版，1994），頁17。

附帶一提，當年吉馬所設計的新藝術風格地鐵出入口，曾有多座在1930年代新藝術風潮退卻之後遭到巴黎市府拆除，作為廢鐵變賣，直到1960年代在文化界的推動之下，新藝術風格地鐵出入口才重新受到重視，並作為重現「美好年代」的歷史文化景觀保護。而尊重歷史、又深諳藝術外交之道的法國，近年來將部分吉馬所設計的新藝術地鐵涼亭，贈與他國的城市作為「外交文化大禮」，例如蒙特婁、芝加哥、里斯本、莫斯科等，收到這份禮物的城市紛紛將新藝術風涼亭置於該城市的地鐵旁，**由此便與巴黎的「美好年代」有了文化連結**。2008年，巴黎市政府也曾主動表示願意贈與一座新藝術風格的地鐵涼亭給臺北市，但卻遭到郝龍斌主政的臺北市政府捷運局所拒絕，相當令人感到遺憾與費解。

由亞歷山大三世橋眺望左岸的榮軍院，這座橋無疑屬於1900年巴黎世界博覽會的展示景點

　　十七世紀開始，巴黎這座城市便開展了它的現代化進程，分別在公共交通、公共郵政與街道照明系統方面引領全歐，為城市注入了一股新生的活力。更重要的，是透過此三者系統的建立，逐漸形成了**城市公共空間的概念，**[154]也因此早在十七世紀便出現了許多的巴黎旅行指南，堪稱全世界最早的旅遊書籍，書中除了提供給當時的遊客最新、最方便的旅行資訊外，顯示巴黎早在距今四百年前就已成為了歐洲旅遊的勝地。遺憾的是，全盛時期的波旁王朝在整個十八世紀幾乎都將行政中心聚焦於凡爾賽，而對巴黎市政和景觀的處理態度放任不理，推諉延宕，致使這座城市幾乎在一個世紀的時間內裹足不前。所幸，歷經了法國大革命後的動盪洗禮，第一

---

[154] 須特別注意的是，這種公共空間的觀念，也連帶培養公共事務的探討，並在啟蒙思想家的提倡下，逐步建構起公民意識的觀念。東西方文明在對社會政策、社會福利與改革等議題上，之所以產生如此大的歧異，便是體現在公民意識對公共事務的關注上，這點也是臺灣社會尚待加強之處。

帝國時期拿破崙一世的雄才偉略開始對這座停滯多年的城市進行初步的改造工程，儘管滑鐵盧之役使其建設新羅馬的事業一度頓挫，但在第二帝國其侄拿破崙三世的繼承下，透過奧斯曼剛毅果決，雷厲風行的施政手段，巴黎終究澈底擺脫中世紀城市的萎靡樣貌，並在十九世紀下半葉所舉辦的幾屆世界博覽會過程中，完全轉型成為現代化之都。

著名的美國作家威廉・夏伊勒（William Shirer, 1904-1993），一位曾經歷過美好年代的大眾史學家，如此評價十九世紀末的巴黎：

> 使法國在歐洲，甚至全球，成為首善之區的，是藝術文學與生活藝術。巴黎景致美麗、街頭寬敞，無可比擬，洋溢著高度文明氣息，宛如西方世界的現代雅典，像磁鐵一樣吸引詩人、劇作家、小說家、藝術家，甚至哲學家。仰慕之人不只來自法國各地，甚至來自五湖四海，還有許多人喜歡巴黎藝文界所培育的氣息、提出的創意以及這座光之城（City of Light）的生活之道，隨著他們被吸引過來。這世上還有其他地方的風氣如此適合修身養性嗎？絕不是倫敦、柏林、紐約，甚至羅馬也不是。尼采曾讚頌：「歐洲的藝術只有巴黎這個家。」……就連許多美國人也有同感，有些不是藝術家，有的熱愛藝術，有的熱愛生活藝術，都認同這句話：「美國好人死後會到巴黎。」……
>
> 雨果說：「文學就是文明。」法國人認同。唯有在法國，作家與藝術家才能達到如此卓越的成就，其作品才能如此受大眾重視。在法國，作家比政治人物更受歡迎，更受重視（商人在法國的地位也從來不比美國），其人生與小說、劇作、詩受到報章雜誌報導，大加讚揚，成為人們的主要話題。事實上在巴黎，他們就像在奧林帕斯山上備受景仰的諸神或英雄。[155]

夏伊勒並且為美好年代總結道：「藝術界、文學界、科學界、知識界所發酵出的

---

[155] 威廉・夏伊勒著，高紫文譯，《1940法國陷落》，頁149-150、154。

氣息，已使第三共和國初始這四十年成為法國漫長歷史中最有趣、收穫最多的時代。」[156]然而，在光輝璀璨的背後，世紀之交的美好年代仍存在著未解的族群問題、極右派意識的高漲、轉型正義的無法貫徹，乃至於勞資階級的異化與衝突等等社會問題，凡此種種，都勢必讓法國在新的世紀付出相當的時間與代價去解決。

德國詩人海涅曾說：「巴黎不僅僅是法國首都，而且是整個文明世界的首都。」[157]此概念完全與班雅明所認定十九世紀的巴黎是世界之都毫無二致。**所有的都市規劃概念、藝術文化的典範、生活美學的氣息，甚至是美食與時尚浪漫的符號，當今一切巴黎擁有的精神內涵，皆源自於十九世紀的營造**，「二十一世紀的巴黎之所以那麼美，正因為她早在十九世紀就完成了淒美的現代性」，[158]所謂的巴黎經驗也成為了現代化城市建設以及社會文化的重要典範。這也是本書之所以藉由整個十九世紀巴黎所走過的歷史，讓讀者朋友能夠深刻體驗其內在底蘊的主要動機。

畢竟，一座擁有歷史記憶的城市，才擁有整座都市的靈魂。

最後，或許吾人值得再以海明威對巴黎生活的回顧作為本書的總結：

> 巴黎的生活永遠寫不完，在巴黎住過的人，回憶也迥然相異。不論我們變，巴黎怎麼變，也不論去巴黎有多容易，有多困難，我們總要回到巴黎。巴黎總是值得眷戀，不管你帶去什麼都能得到回報……[159]

---

[156] 前引書，頁154。

[157] 轉引Alain Clement, Gilles Thomas. Atlas du Paris souterrain: *La doublure sombre de la Ville lumière.* (Paris: Parigramme, 2001), p.5.

[158] 轉引胡晴舫〈巴黎浮生〉，大衛·哈維著，黃煜文、國立編譯館譯，《巴黎，現代性之都》之序，頁11。

[159] 海明威著，成寒譯，《流動的饗宴：海明威巴黎回憶錄》，頁244-247。

塞納河畔的戀人絮語

附錄

本書提及巴黎歷史與文化景觀地圖

一、大巴黎分區地圖

二、瑪黑區一帶

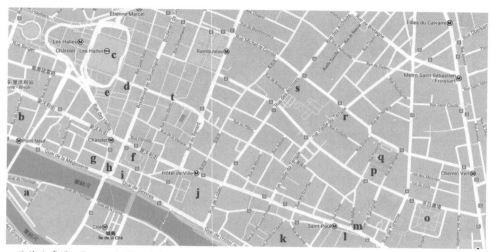

a 綠林盜廣場　Square du Vert-Galant
b 聖日耳曼奧塞教堂　Saint-Germain-l'Auxerrois
c 磊阿勒（中央市場）　Les Halles
d 聖潔噴泉　Fontaine des Innocents
e 亨利四世於鐵匠街遇刺處　Plaque commémorative de l'assassinat d'Henri IV
f 聖雅各塔　Tour Saint-Jacques
g 夏特雷劇院　Théâtre du Châtelet
h 棕櫚噴泉　Fontaine du Châtelet
i 城市劇院（莎拉・伯恩哈特劇院）　Théâtre de la Ville
j 巴黎市政廳　Hôtel de Ville
k 桑斯宅邸（富尼圖書館）　Bibliothèque Forney
l 聖保羅聖路易教堂　Paroisse Saint-Paul Saint-Louis
m 敘利宅邸　Hôtel de Sully
o 孚日廣場（雨果故居）　Place des Vosges
p 拉馬紐宅邸　Hôtel Lamoignon
q 卡納瓦雷博物館　Musée Carnavalet
r 畢卡索美術館　Musée National Picasso
s 蘇比士宅邸　Hôtel de Soubise
t 《悲慘世界》中1832年起義之街壘（坎康普瓦街街壘）　Rue Quincampoix

三、左岸巴黎地下墓穴一帶

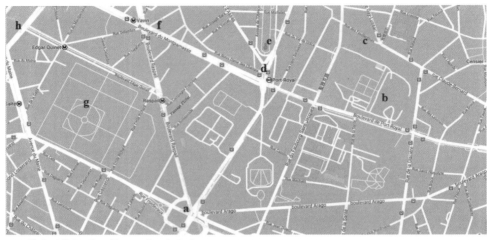

a 巴黎地下墓穴　Les Catacombes de Paris
b 聖寵谷教堂　Église du Val-de-Grâce
c 雨果童年故居（斐揚街八號）　8 Rue des Feuillantines
d 內伊元帥紀念碑　Michel Ney Monument／丁香園咖啡館　La Closerie Des Lilas
e 天文臺噴泉　Fontaine de l'Observatoire
f 高更與莫迪里亞尼畫室（大茅舍路八號）　8 Rue de la Grande Chaumière
g 蒙帕納斯公墓　Cimetière du Montparnasse
h 蒙帕納斯大樓　Tour Montparnasse

四、法蘭西學術院一帶

a 綠林盜廣場　Square du Vert-Galant
b 藝術橋　Pont des Arts
c 法蘭西學術院　Institut de France
d 法蘭西美術學院　l'École nationale supérieure des Beaux-Arts
e 馬內故居（波拿巴街五號）　5 Rue Bonaparte
f 商博良故居（馬薩林街二十八號）　28 Rue Mazarine
g 左拉《戴蕾絲・拉甘》中的新橋拱廊街（賈克・卡洛街）　Rue Jacques Callot
h 歐仁・德拉克羅瓦美術館　Musée Eugene Delacroix
i 普羅可布咖啡館　Le Procope
j 聖日耳曼德佩修道院　Église de Saint Germain des Prés
k 花神咖啡館　Café de Flore

五、盧森堡公園一帶

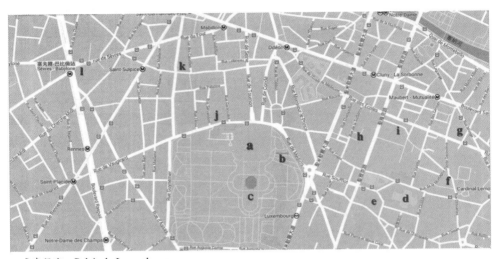

a 盧森堡宮　Palais du Luxembourg
b 美第奇噴泉　Fontaine Médicis
c 盧森堡公園　Le Jardin du Luxembourg
d 先賢祠　Panthéon
e 巴黎第五區區政廳　Mairie du 5ème
f 聖艾蒂安杜蒙教堂　Saint-Étienne-du-Mont
g 巴爾札克《高老頭》中伏蓋公寓所在地　Rue de la Montagne Sainte Geneviève
h 巴黎索邦大學　Université Paris-Sorbonne
i 法蘭西公學院　Collège de France
j 史上最早的公尺單位記號（沃吉哈赫路三十六號）　36 Rue de Vaugirard
k 聖敘爾比斯教堂　Église Saint-Sulpice
l 雷卡米耶夫人沙龍（塞夫荷街十六號）　16 Rue de Sèvres

六、羅浮宮——王家宮殿一帶

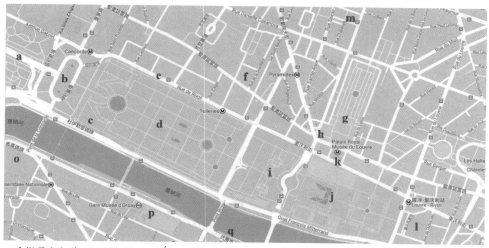

a 香榭麗舍大道　Av. des Champs-Élysées
b 協和廣場（盧克索方尖碑）　Place de la Concorde
c 橘園美術館　Musée de l'Orangerie
d 杜樂麗花園　Jardin des Tuileries
e 里沃利大街　Rue de Rivoli
f 聖洛克教堂　Eglise Saint Roch
g 巴黎王家宮殿　Le Palais Royal
h 法蘭西喜劇院　La Comédie Française
i 卡魯索廣場與凱旋門　Arc de Triomphe du Carrousel
j 羅浮宮　Musée du Louvre
k 聖巴多羅繆大屠殺最早受害者科利尼海軍上將紀念碑　Monument of Caspard de Coligny of Châtillon
l 聖日耳曼奧塞教堂　Saint-Germain-l'Auxerrois
m 魯瓦爾噴泉　Fontaine Louvois　1820年的歌劇院舊址，貝里公爵於此遇刺。一旁的黎希留街六十五號
　　（65 Rue de Richelieu）是斯湯達完成《紅與黑》之處
o 波旁宮　Palais Bourbon
p 奧塞博物館　Musée d'Orsay
q 昔日伏爾泰咖啡館　19 Quai Voltaire　波特萊爾於此完成《惡之華》

七、歌劇院——嘉布遣大道一帶

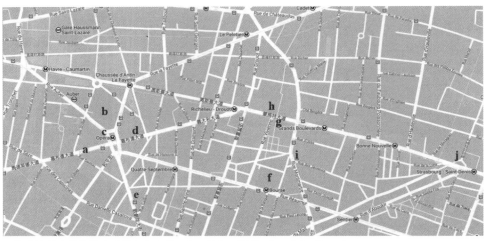

a 印象派首次聯展場地（嘉布遣大道三十五號）　35 Boulevard des Capucines
b 巴黎歌劇院　Palais Garnier
c 王爾德所喜愛的和平咖啡館　Café de la Paix
d 史上首部電影放映地（嘉布遣大道四號）　4 Boulevard des Capucines
e 左拉《婦女樂園》設定地
f 昔日高更常去的巴黎證券交易所　Palais Brongniart
g 全景拱廊街　Passage des Panoramas
h 茹浮華拱廊街　Passage Jouffroy
i 《震旦報》舊址。1898年左拉〈我控訴……！〉的刊登處，於今日Rue Montmartre與Rue du Croissant
　交叉路口的超市建築
j 聖丹尼門　Porte Saint-Denis

八、凡登廣場──拱廊街

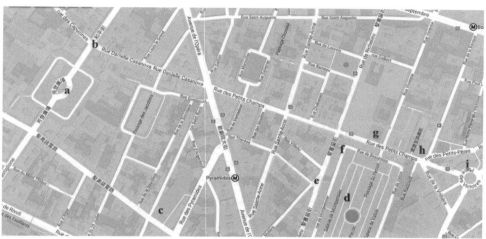

a 凡登廣場　Colonne Vendôme
b 斯湯達於1841年三月二十二日傍晚，在嘉布遣街（Rue des Capucines）與丹妮爾－卡薩諾瓦街（Rue
　Danielle Casanova）的轉角處昏厥不治
c 聖洛克教堂（商博良勤學科普特語之處）　Eglise Saint Roch
d 王家宮殿花園　Jardin du Palais Royal
e 莫里哀廣場/噴泉（1673年莫里哀於此過世）　Place Mireille
f 巴黎皇家宮殿劇院　Théâtre du Palais-Royal
g 科爾伯特拱廊街　Galerie Colbert
h 薇薇安拱廊街　Galerie Vivienne
i 勝利廣場　Place des Victoires

九、聖拉札—蒙馬特山腳

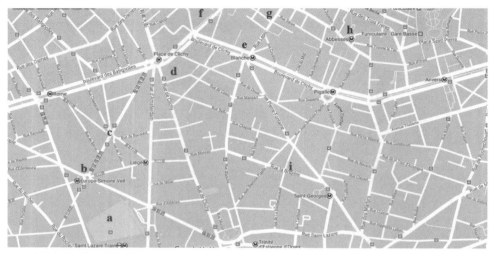

a 聖拉札車站　Gare Saint-Lazare
b 歐洲廣場圓環（卡玉伯特《歐洲橋》）　Quartier de l'Europe
c 卡玉伯特《雨天的巴黎街景》　Rue de Moscou
d 左拉猝逝故居（布魯塞爾街二十一號）　21 Rue de Bruxelles
e 紅磨坊　La Machine du Moulin Rouge
f 蒙馬特公墓　Cimetière de Montmartre
g 梵谷兄弟故居　54 Rue Lepic
h 愛牆　Le mur des je t'aime
i 唐基老爹故居　14 Rue Clauzel

十、聖路易島

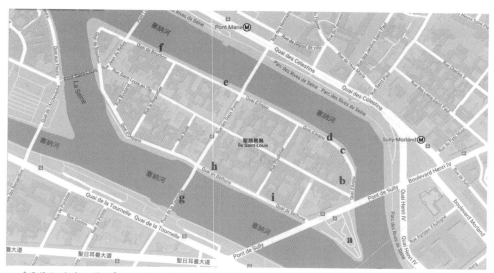

a 《鐵修斯戰勝人馬獸》紀念碑　Theseus Fighting the Centaur Bianor
b 蘭伯特府邸　Hôtel Lambert
c 勒沃府邸　Hotel Le Vau
d 杜米埃故居（安茹堤岸九號）　9 Quai Anjou
e 貝爾納故居（波旁堤岸十五號）　15 Quai de Bourbon
f 卡蜜兒故居（波旁堤岸十九號）　19 Quai de Bourbon
g 托內爾橋　Pont de la Tournelle
h 瑪麗・居禮故居（白求恩堤岸三十六號）　36 Quai de Béthune
i 前總統龐畢度故居（白求恩堤岸二十四號）　24 Quai de Béthune

十一、艾菲爾鐵塔—榮軍院一帶

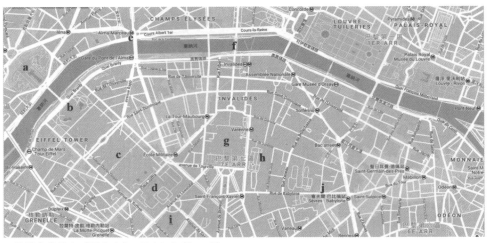

a 特羅卡德羅宮（夏佑宮）　Palais du Trocadéro
b 艾菲爾鐵塔　Tour Eiffel
c 戰神廣場　Champ de Mars
d 高等國防研究學院　Institute Des Hautes Etudes De Défense Nationale
e 阿爾瑪橋　Pont de l'Alma
f 亞歷山大三世橋　Pont Alexandre III
g 榮軍院（軍事博物館／拿破崙長眠之處）　Les Invalides
h 羅丹美術館　Musée Rodin
i 聯合國教科文組織　UNESCO
j 樂蓬馬歇百貨　Le Bon Marché

※本附錄地圖模型引自Google Map

左拉〈我控訴……！〉（*J'accuse...!*）

原載於1898年一月十三日《震旦報》（*L'Aurore*）

總統閣下：

　　為了感激您接見我時的仁慈、親切態度，您可否允許我對您應得的聲譽表示關切？您可否允許讓我告訴您，雖然您軍徽上的軍星數量正在攀升，卻受到最可恥和難以磨滅的汙點玷汙，它正處於逐漸黯淡的危險中。

　　惡名誹謗並沒有使您受損，您贏得了民心。您是我們崇拜的熱力中心，因為對法國來說，與俄羅斯結盟是場愛國慶典。現在，您即將負責全球事務，這是個多麼莊嚴的勝利，為我們這勤勞、真理與自由的偉大世紀加冕。不過，令人討厭的德雷福事件玷汙了您的名字（我正要說玷汙了您的政績）。軍事法庭居然奉命判埃斯特哈齊這種人無罪，真理與公義被打了一記大耳光。現在一切都太遲了，法國已顏面盡失，而歷史將會記載，這樣一起有害社會的罪行發生在您的總統任期內。

　　既然他們膽敢這樣做，非常好，那我也應無所畏懼，應該說出真相。因為我曾保證，如果我們的司法制度——這起事件曾通過正常管道來到它面前——沒有說出真相，全部的真相，我就會全盤道出。大聲地說出是我的責任，我不想成為幫兇；如果我成為幫兇，在遠方備受折磨的無辜者——為了他從未犯下的罪行而遭受最恐怖的折磨——的幽靈將會在夜晚時分糾纏著我。

　　總統閣下，我將大聲向您說出令正直人士強烈反感的真相。基於您的信譽，我深信您尚未發覺事實的真相。您是法國的最高首長，除了您，我應該向誰痛斥那些真正犯罪的人？

　　首先是有關德雷福審訊及不利於他的判決的真相。

　　一個邪惡的人主導了這一切，幹了這一切：帕蒂上校。當時他只是一名少校，

他就是整起德雷福事件。一直要到一個公正的調查清楚地確立他的行動和責任之後，我們才會明白德雷福事件。他看起來令人難以推心置腹且心思複雜，滿腦子詭計且沉迷於運用低級小說的方法——偷取檔案、匿名信，在荒廢的地方會面、在夜晚兜售害人證據的神祕女人。說備忘錄是德雷福所寫的，是他的主意；要在一間滿是鏡子的房間檢查該文件，也是他的主意。福爾齊內蒂少校告訴我們，帕蒂拿著尚未點亮的提燈進入犯人正在睡覺的牢房，突然把燈光射在犯人臉上，意圖使受到驚嚇的犯人在毫無心理準備的條件下招供。還有很多可以揭發的事，但這不是我的責任；讓他們去調查，讓他們尋找吧。我只能簡單地說，帕蒂以刑事警官的許可權負責調查德雷福案，以事發先後順序與軍銜而言，他必須在這起已誤判的案件上負最大責任。

因全身癱瘓而去世的情報局長桑德赫爾上校曾持有該備忘錄一段時間。以前曾發生過「消息洩露」、文件失蹤，如同今日依然不見蹤影一樣。當有人漸漸懷疑備忘錄只有參謀部炮兵團軍官才有可能執筆時，當局曾設法找出此人。這是一個明顯的雙重錯誤，顯示出備忘錄的檢驗是很表面的，因為一個仔細、合理的檢驗就能證實只有步兵軍官才有可能寫下這份備忘錄。

因此，他們徹底搜索前述的範圍；他們檢驗筆跡樣本，好像這是個家庭糾紛。他們認為會在他們自己的辦公室找到叛國賊，然後再驅逐他離開。現在我們都熟悉這部分情節，我不想複述，但就在帕蒂少校開始參與其事時，德雷福立即受到懷疑；從那時起，帕蒂陷害了德雷福，事件變成「他的」事件。他確信他能把叛國賊弄得十分狼狽，並且從他身上榨出一份完整的自白。當然，還有陸軍部長梅西耶將軍，他似乎才智平庸；還有參謀部長布瓦代弗爾將軍，看來他似乎被強烈的教權主義左右了；還有副參謀部長貢斯將軍受良心驅使，對事件的處理比較開明。但是，事件的發展是由帕蒂單獨開始的，他牽著那些人的鼻子走，對他們施展催眠手法。對，他也玩弄招魂術和神祕主義，和幽靈交談。他施加在不幸的德雷福身上的實驗和所有瘋狂的拷問方法——設下供認的陷阱、愚蠢的調查、荒謬的偽造文件——令人難以置信。

啊，對熟悉前面情節的人來說，那真是個噩夢！帕蒂少校逮捕了德雷福，將德

雷福關入單人牢房。他立即跑到德雷福家恐嚇德雷福夫人，如果她向外界說任何一句話，便會失去她的丈夫。同時，那個不幸的人正扯著自己的頭髮，大喊冤枉，拷問的進行有如十五世紀的紀錄，蒙上神祕的煙幕並伴隨著大量粗糙的手法。指控完全基於一紙愚昧的備忘錄，而那幼稚的指控不但是頗為普通的叛國罪，同時也是最卑鄙的欺詐，因為幾乎所有轉交給敵方的所謂機密都是毫無價值的。我強調這一點，因為這是煽動後來那真正罪行——令法國聲譽掃地、恐怖的司法錯誤——的閘口。我想完全清楚地指出司法錯誤是怎樣發生的，帕蒂少校如何親手打造了這個錯誤，梅西耶將軍、布瓦代弗爾將軍和貢斯將軍如何受他愚弄，以致後來必須負起這個錯誤的責任，進一步覺得有責任予以護衛，並視之為不容討論的神聖真理。起初他們所犯的錯誤是疏忽與愚昧，從最壞的方面來說，他們屈服於自己圈內人的宗教狂熱與部隊精神所帶來的偏見，並且縱容了愚昧。

現在，德雷福被傳喚到軍事法庭受審，一切被要求保密。叛國賊若真為敵人開啟了我們的國防邊界，讓德國皇帝直衝巴黎聖母院，軍事法庭就不能強制更嚴密的緘默，而且更強硬、更神祕。現在全國陷入震驚狀態，涉及恐怖的行為、背叛及歷史性的醜聞時，謠言自然便四起，當然，國家便向這些謠言低頭。刑罰重到無以復加，叛國賊被公開羞辱，公眾大為喝采。國家的態度非常堅決：既然可恥的行徑將罪人放在遙遠的石山上，他便應當留在那裡遭受懊悔吞食；然而，那些難以形容、危險、可能會激怒整個歐洲的指控則需要用禁止旁聽的祕密會議小心地隱藏起來。這些控訴是否為真？不，當然不是！在帕蒂少校那過分、瘋狂的幻想背後，什麼都沒有。一切不過是一道煙幕，目的是隱瞞一本粗俗、古怪至極的小說；只要細讀軍事法庭上宣讀的正式起訴書，任何人都會相信以上所說都是真的。

那份起訴書多麼膚淺！一個人有可能因為它而被判有罪嗎？如此惡劣著實令人震驚，我要求正直人士都要閱讀它：當他們想到德雷福因為它而在魔鬼島付出不相稱的代價時，他們的心將因憤怒、反感而悸動。德雷福能說多種語言，對吧？這是一項罪行。在他家找不到任何有損他聲譽的文件，對吧？這是一項罪行。他偶爾回鄉探訪，對吧？這也是罪行。他勤奮工作、求知欲強，對吧？這是一項罪行。他不易驚惶失措，對吧？這是一項罪行。他真的驚惶失措，對吧？這是一項罪行。它的

措詞多麼天真！它的主張多麼毫無根據！他們告訴我們，他被起訴十四項不同的罪狀，但最後其實只有一項真實的罪行：即有名的備忘錄。而我們甚至發現專家們並非意見一致，其中一名叫戈貝爾的專家因為敢於做出與軍方期望不同的結論，便被軍方施壓。他們亦告訴我們，有二十三名軍官的出庭作證不利於德雷福，我們仍然不知道他們被問了些什麼問題，但我們確信他們的證詞不全是負面的。而且，你們將會發現他們全都來自陸軍部，這場審訊是個家庭祕密會議，他們全都是「圈內人」。我們不能忘記這一點：是參謀部想要這場審訊，是他們審判德雷福，而他們剛剛又對他做出了二次判決。

這樣，剩下來的只有備忘錄，而專家們對它的看法並不一致。他們說，在會議室內法官自然傾向宣判無罪。這情形若是真的，你就可以明白，為了證明判決有理，參謀部今天不顧一切堅稱擁有一份可以確認罪狀卻不能亮相的文件，這份文件使一切合法化，我們必須向它低頭服從，好像服從一位隱匿不可知的神。我拒絕接受任何這樣的文件，我全力拒絕！可能是某張可笑的紙碎片，也許是那份提及隨便的女人或要求愈來愈多名叫「D」的人的文件；無疑地，是某個丈夫或某人覺得利用了他的妻子之後並未支付足額費用。可是，那張紙不是與國防有關、公開後會立即導致戰爭嗎？不！不！那是謊言。更令人憎惡、更具諷刺性的是，他們的謊言不會使他們遭受任何傷害，沒有任何方法判他們有罪。他們把法國弄得天翻地覆，躲藏在他們造出來的合法喧囂中，藉著使人心戰慄和心智扭曲堵住人們的嘴。據我所知，危害社會的罪行莫過於此。

總統閣下，這些事實解釋了誤審是如何造成的，而關於德雷福的性格、他的財務狀況、缺乏犯罪動機、從未停止大喊無辜——這一切都證明他是帕蒂少校過度想像力的犧牲品，也是軍方盛行的教權主義的犧牲者；而對「汙穢猶太人」的狂熱追獵，則使我們的時代蒙羞。

現在，讓我談談埃斯特哈齊事件。三年過去了，許多人的良心仍然深感不安、憂慮、煩惱，因而使他們進一步查看，最後他們相信德雷福是無辜的。

我將不再回溯有關舍雷爾－克斯特納起初的疑惑以及後來對事件肯定的故事；然而，當他進行他的調查時，參謀部內部發生了非常嚴重的事。桑德赫爾上校去世

了，接替他任情報局長的是皮卡中校。皮卡履行職權時，有天拿到一封由一名外國特務寫給埃斯特哈齊上校的信，他在強烈責任心的驅使下展開調查，但若非有上司的同意，他不會採取行動。因此，他向直屬上司——貢斯將軍，然後是布瓦代弗爾將軍，然後是繼梅西耶將軍之後任陸軍部長的比約將軍——略述他的猜疑。人們經常談及的著名的皮卡檔案，其實就是不折不扣的比約檔案，這個檔案是由屬下為部長預備的，參謀部必定仍保有這份檔案。調查從一八九六年五月進行至九月，有兩件事是確定的：貢斯將軍深信埃斯特哈齊有罪，而布瓦代弗爾將軍及比約將軍並不懷疑備忘錄是出自埃斯特哈齊的手筆，這些結論是基於皮卡中校的調查。但是情緒一下子高漲起來，因為埃斯特哈齊若有罪，德雷福的判決勢必會被推翻，而這正是參謀部決定不惜任何代價避免的。

當時，與事件有關的人士必定感到無比焦慮。值得注意的是，比約將軍並沒有做出任何妥協，他剛剛上任，有能力揭發真相。但是他不敢這樣做——無疑地，他害怕公眾輿論，也害怕連累整個參謀部的職員，包括布瓦代弗爾將軍、貢斯將軍及部屬。他的良心正與他認為什麼是陸軍最重要的利益相對抗，但只持續了一分鐘。一分鐘過後，一切都太遲了，他已做出選擇：他妥協了。

從此，他所承擔的責任愈來愈重，他已承擔了別人的罪行，也和其他人一樣有罪。他的罪比其他人更重，因為他有權糾正司法的不公，卻沒有採取行動。如果可以，請您明白這一點！一年來，比約將軍、布瓦代弗爾將軍及貢斯將軍都知道德雷福是無辜的，但他們不吭一聲！這樣的人夜裡竟然還能安然入睡！他們有妻子、兒女，而且愛自己的妻兒。

皮卡中校以正直人士的身分盡其本分，以正義的名義對上司表明堅決的態度。他甚至乞求他們，告訴他們，他們的躊躇不定是如何不明智，一個多麼恐怖的風暴正在成形，而真相一旦大白，風暴會如何爆發。後來，舍雷爾－克斯特納先生向比約將軍重複了這一席話；出自愛國熱忱，他懇請比約認真處理這起事件，切勿讓它愈演愈烈，最終演變成公共災難。可是，罪過已經造成了，參謀部已無法坦白招供了；而皮卡中校被調職，他們將他愈調愈遠，甚至調到了突尼西亞。他們甚至想要指派他從事一項必然會招來殺身之禍的任務，莫赫斯侯爵就是在同一地區被殺的。

儘管如此，皮卡並未失寵，貢斯將軍和他保持友好的書信往來，只是揭發某些祕密並非明智之舉。

在巴黎，征服人心的真理正在向前邁進，而我們知道這場預料中的風暴將如何爆發。當舍雷爾－克斯特納先生正要向司法部長要求重審德雷福案時，馬蒂安·德雷福公開抨擊埃斯特哈齊是備忘錄的真正作者，埃斯特哈齊就在此時浮出水面。證人說，他起初驚惶失措，正處於自殺邊緣或準備逃走；然後，突然間他變得非常大膽、非常激烈，巴黎為之愕然。因為具體的支援以匿名信的方式出現，警告他敵人正在採取的行動，某夜甚至有個神祕女人交給他一份由參謀部偷來的、能救他一命的文件。我不禁懷疑帕蒂上校是幕後主使人，因為我認得出這種策畫很符合他那充滿想像力的作風。他的成就——決定德雷福有罪——已遭遇險境，無疑地，他要保護他的成就。修訂判決？為什麼要這樣做，這會枉費他為那虛構的低級故事所做的牽強、悲哀的努力——這個故事可惡的最後一章是在魔鬼島上，帕蒂不容許這樣的事發生。因此，他與皮卡之間的決鬥終將舉行；在決鬥中，其中一人將光明正大地讓人看到他的臉，另一人則戴上面具，不久我們會在民事法庭上見到他們。這一切的後盾便是參謀部，它仍然為自己辯護，拒絕承認所犯的罪行，這些罪狀愈來愈令人憎惡。

在迷茫中，人們亟欲了解誰可能是埃斯特哈齊的保護者。幕後主首是帕蒂上校，他安排一切，主導了整個局勢；他所用的方法是如此荒謬，以致馬腳四露。

其次是布瓦代弗爾將軍、貢斯將軍和比約將軍，他們覺得有責任使得埃斯特哈齊無罪開釋，因為若承認德雷福無罪，陸軍部便會受到公眾的嘲笑而威信掃地。這是個奇怪的現象，而其結果也令人印象深刻，因為事件中唯一的正直人士皮卡中校成了受害者，飽受粗暴的待遇與懲罰。啊！正義！恐怖的失望充滿了我的內心！他們甚至說皮卡就是那名偽造者，偽造了那封意欲打垮埃斯特哈齊的電報。但天啊，為了什麼？有什麼目的？請說出一個動機來。他是否也被猶太人收買了？整件事最滑稽的一點是皮卡根本是名反猶太主義者。對，我們正目睹一幕醜陋的場景：負債累累、為非做歹的人被判無罪，而一個充滿榮譽感、毫無不良紀錄的人卻聲名狼藉！當社會墮落到這種地步，便開始腐化。

總統閣下，這就是埃斯特哈齊事件：一個有罪的人卻被證明無辜。兩個月來，我們注視著這起悲慘事件的每一段情節，我只能簡述，這只是整件事的摘要，但有一天，這起動盪事件的每一部分都會被詳盡地寫出來。我們目睹佩利厄將軍與哈法義少校指揮了一項惡劣的調查，調查的結果是壞蛋變好人，正直人士名譽掃地。然後，當局便召開軍事法庭。

有沒有人真的希望一個軍事法庭會推翻另一個軍事法庭所做的判決？

我所說的甚至不涉及軍事法庭的法官，選擇他們的方式可以有所不同。由於這些軍人的血液中含有紀律的因數，難道這不足以取消他們擔任公平審判的資格嗎？紀律意味著服從，陸軍部長是陸軍的最高司令，一旦他宣布原判的威信，您怎能期待另一個軍事法庭會推翻原判？以階級關係來看，這是不可能的。比約將軍在他的聲明中已為法官鋪了路，他們在審理案件時服從他的意見，有如在戰場上服從司令的指揮，不假思索地服從。影響他們判決的意見是：「德雷福已被軍事法庭裁定叛國，所以他是有罪的，我們這個軍事法庭不能宣布他是無辜的。現在，我們知道如果我們承認埃斯特哈齊有罪，就等於說德雷福無罪。」沒有任何東西能使他們脫離這條思路。

他們的判決如此不公平，以至於嚴重影響了未來的軍事法庭，並且使他們所做的決定永遠被人懷疑。我們也許可以懷疑第一次軍事法庭的判決是否明智，但無庸置疑的是，第二次軍事法庭有罪。他們的藉口──我一再重複──是最高首長已宣布第一個判決是不容改變的，是神聖與超越一切的，他的屬下怎麼敢反對？他們向我們宣揚陸軍的聲譽，要我們愛戴陸軍、尊重陸軍。哦，是的，的確，如果你是指國家一旦遇到危險，陸軍便立即回應，保衛法國領土，這樣的陸軍就是法國人民，而我們能為它做的，除了愛戴和敬重別無其他。可是，介入這起事件的陸軍並無尊嚴可言，它不會為我們所需的公義而戰。我們在這裡面對的是持著刀劍、明天可能逼迫我們屈服的軍人，我們應該誠懇地親吻他們那把有如神助的刀柄嗎？不，當然不應該！

如同我剛剛向您陳述的，德雷福事件就是陸軍事件：參謀部的一名軍官被同僚告發，在主管的壓力下被判刑。我一再地說，他若沉冤得雪，參謀部全體官員便必

須認罪。因此，陸軍運用了任何想像得到的方法——在新聞上運作、聲明與暗示及各種有用的方法——祖護埃斯特哈齊，以便再判德雷福有罪。共和政府應當帶把掃帚到耶穌會的巢穴（比約將軍自己這樣稱呼他們）掃個乾淨！什麼地方可找到剛強、明智又愛國且具有足夠膽量澈底改革整個制度、從頭再開始的內閣？我知道不少人只要想到戰爭便不寒而慄，因為他們知道國防是由怎樣的一批人操縱的！一座神聖的教堂現在已變成了卑鄙陰險、散布謠言、背後中傷者的狡窟，而這就是決定我們國家命運的地方！人們從德雷福事件中那個人的犧牲看到了那恐怖的情景。對，一個不幸、「卑鄙的猶太人」犧牲了。對，幾名軍官運用了一連串瘋狂、愚蠢、放縱的想像力、鄙劣的警察手段、審判官式與暴君式的手腕，卻沒有受到處分！他們用靴子踐踏國家，以國家利益為藉口，將國家要求真理及正義的呼聲塞入它的喉嚨。

他們也犯了其他罪行。他們的行動是以下流報章為根據，並且讓巴黎的流氓為他們辯護——這班流氓現在耀武揚威、目中無人，同時，法律與誠實則因戰敗而受挫。當多數人要求的是一個作為自由、正義國家之首的慷慨祖國時，卻指責某些使法國陷於混亂中的人，這根本就是一起罪行——儘管真正犯了這起罪行的人正策畫誤導全世界相信他們虛構的事件是真的。誤導、操弄公眾意見並使之走上狂熱，是一項罪行；毒害謙虛、普通平民的心靈，鼓吹反動、褊狹的狂熱，自己卻躲在反猶太主義那可憎的堡壘背後，也是一項罪行。法國是人權自由的偉大搖籃，若不消除反猶太主義，便會因此而死亡。以愛國為藉口增進仇恨，是一項罪行；正當人類的科學為真理及正義而努力時，把刀劍當成現代的神祇來崇拜，也是一項罪行。

真理與正義——我們曾多麼熱切地為它們奮鬥！現在看到它們被人拒絕、忽視、被迫撤退，是多麼令人沮喪！我可以輕易地想像舍雷爾－克斯特納的靈魂如何充滿沮喪的痛苦，無疑地，將來有一天，他會巴不得當他在議院被質疑時，曾採取革命性的行動，透露他所知道的一切，扯下所有的虛假面具。他是您忠誠的可靠人士，一位能回顧自己誠實一生的君子。他認為真理本身便已足夠——沒有什麼實際用處卻已足夠——對他來說，這是非常清楚的。他自問為何要破壞平靜的局面，反正旭日就要上升。他安詳、自信，可是現在即將因此受到懲罰，多麼殘忍呀！皮卡

中校的情形也是一樣：基於高尚的尊嚴，他沒有公開貢斯將軍的信。他的顧慮為他帶來聲譽，然而當他尊重紀律時，他的上司卻忙於中傷他；在他的審訊前，他們用蠻橫、令人難以置信的方法進行調查。有兩名受害人，兩名正直、心胸寬闊的人，他們退後一步，讓神做它的工作，但同時，魔鬼也在進行它的工作。說到皮卡，我們目睹了一種極不名譽的情況：一個法國法庭允許檢察官公開指責一名證人，法律上能有的控訴都加在這名證人身上，但當這名證人被傳喚回法庭解釋並為自己辯護時，這個法庭便宣布要祕密審訊。我認為這仍是一項罪行，而我估計這種做法將會激起所有人類的良心，我們的軍事法庭的確有很古怪的正義觀。

總統閣下，這是很明白的真理，它令人震驚，它將在您的總統任期內留下無法清除的汙點。啊，我知道您無權過問，您是憲法的囚犯，也是最接近您的人的囚犯。但是，身為一個人，您的責任很清楚，您一定不會忽略它，您一定會擔起您的責任。我沒有一刻感到絕望，我知道真理會取得勝利。我深信──我重複──我較以前更深信真理正在向前邁進，沒有什麼事物能阻擋它。這起事件剛剛開始，因為現在的情況如水晶般澄清：一方面犯罪者不想透露真理，而另一方面捍衛正義者將用他們的生命見證正義。我在其他地方說過，現在我在此重複：真理若被埋藏在地下，將會發芽生長；一旦有一天爆發，一切都會被炸開。時間會證明一切，而我們便會知道我們究竟有沒有為未來的大禍做好準備。

總統閣下，這封信太長了，我就此做出結語。

我控訴帕蒂上校，因為他是司法誤審中的兇暴主角（不知不覺地，我願意相信），他更運用極荒謬與應受譴責的詭計，掩蓋他過去三年的惡行。

我控訴梅西耶將軍，因為他是本世紀最不公平行動之一的同謀，但其所為至少出自其脆弱的心志。

我控訴比約將軍，他手上握有表明德雷福清白的不可否認的證據，卻將它隱藏。為了政治目的，他犯下這起違反公義、違反人道的罪行。他這樣做是為了挽回已受連累的參謀部的面子。

我控訴布瓦代弗爾及貢斯將軍，他們是同一起罪行的同謀，其中一位無疑是出自強烈的神職信念，另一位可能是出於使陸軍部成為不可攻擊的至聖之所的團隊

精神。

我控訴佩利厄將軍和哈法義少校，他們指揮了一項低劣的調查。我指的是該項調查是絕對一面倒的，而哈法義所寫的報告是天真、無恥的不朽之作。

我控訴三名筆跡專家，即貝洛姆（MessrsBelhomme）、瓦里那（Varinard）與庫阿爾（Couard），他們呈交了虛假的報告——除非醫療報告顯示他們的視力和判斷力有問題。

我控訴陸軍部在新聞界主導了一項可憎的運動〔尤其在《閃電報》與《巴黎迴響》（L'Écho de Paris）〕，以隱瞞自己的錯誤，誤導公眾意見。

最後，我控訴第一次軍事法庭，它違反法律，只依據一份目前仍為祕密的文件，即宣判被告有罪。我控訴第二次軍事法庭，它奉命掩飾第一次軍事法庭的不法行為，後來自己卻明知故犯，判一個有罪的人無罪。

在提出這些控訴時，我完全明白我的行動必須受1881年七月二十九日頒布的有關新聞傳布條例第三十及第三十一條的監督。依據這些條例，誹謗是一項違法行為，我故意使我自己置身在這些法律下。

至於我控訴的人，我並不認識他們，我從未見過他們，和他們沒有恩怨或仇恨。對我來說，他們只是一種實體，只是社會胡作非為的化身。我在此採取的行動只不過是一種革命性的方法，用以催促真理和正義的顯露。

我只有一個目的：以人類的名義讓陽光普照在飽受折磨的人身上，人們有權享有幸福。我的激烈抗議只是從我靈魂中發出的吶喊，若膽敢傳喚我上法庭，讓他們這樣做吧，讓審訊在光天化日下舉行！

我在等待。

總統閣下，我謹向您致上最深的敬意。

讓審訊在光天化日下舉行！

左拉，1898年一月十三日[1]

---

[1] 轉引麥可‧本恩斯著，鄭約宜譯，《法國與德雷福事件》，頁26-27。

作者附記

刊載左拉〈我控訴……！〉一文的《震旦報》，由歐內斯特・沃恩（Ernest Vaughan）在1897年成立，該報的立場向來主張自由主義及人道主義的關懷。克里蒙梭在1892年由於受到巴拿馬醜聞事件牽連，不得不退出政壇，成為了該報的主編，在世紀末的最後幾年積極活躍於媒體新聞界，以第四權的角度繼續監督政府。因此，當左拉撰寫〈我控訴…！〉為德雷福事件聲援時，克里蒙梭也義不容辭與他站在同陣線，不僅以頭版長篇幅為其刊登，連「我控訴」這樣的標題實際上也是克里蒙梭所下的。

《震旦報》曾經在很長的一段時間裡，網羅了世紀之交法國文壇不少名作家來為它寫專欄，因此不但是一份積極監督時政的媒體，也在文化推動上扮演了重要的角色。可惜進入到1910年代，文章品質不若以往，銷售量更逐漸下滑，在1914年正式結束發行。

今日在巴黎第二區Rue Montmartre與Rue du Croissant兩條街的交叉路口，讀者將會看到一棟外觀有著的古典雕飾美感、以女神像柱作為門面的碧瓦朱甍型建築物，目前是臺灣民眾所熟悉的家樂福超市（Carrefour city market）在此營業。但若仔細尋找建築正立面前所鑲嵌的石牌，將可發現這裡原來就是《震旦報》報社的舊址，令人感到意外的是今日的一間超市竟然是昔日重大歷史事件的發生地！

正因如此，這幢兼具美感與歷史意義的超市也深得筆者在旅法期間的喜愛，不僅在購物時能感受到充分的文化氛圍，連買回家烹飪的食材吃起來都恰似龍肝鳳髓，格外地津津有味呢！

巴黎與本書重要人物年表

年份	法國與巴黎歷史	書中主要人物年表	歐洲諸國要事
1789	法國大革命爆發,通過人權宣言。 巴士底監獄被毀。		
1790	塞納省成立。	商博良出生於菲雅克。	
1798	五月,拿破崙率軍遠征埃及。	德拉克洛瓦出生。	英國學者馬爾薩斯發表《人口論》。
1799	七月,法軍發現羅塞塔石碑。 王家廣場改名為孚日廣場。	巴爾札克出生於都爾。	俄羅斯作家普希金出生。
1804	拿破崙登基為法蘭西第一帝國皇帝,開始整頓巴黎市容。	喬治·桑出生。	法國將路易斯安那賣與美國。 貝多芬發表第三號交響曲《英雄》。
1808	西班牙反抗法國,半島戰爭爆發。	拿破崙三世、杜米埃出生。	哥雅繪《1808年五月三日》。 貝多芬發表第五號交響曲《命運》。
1809	第五次反法同盟對拿破崙宣戰。	奧斯曼出生。	德國作曲家海頓辭世。
1814	拿破崙簽署《楓丹白露條約》退位,遭流放至厄爾巴島。 前皇后約瑟芬去世。 波旁王朝的路易十八復辟。	薩德侯爵過世。 巴比松畫派代表畫家米勒出生。	十一月,維也納會議在奧地利召開。

年份	法國與巴黎歷史	書中主要人物年表	歐洲諸國要事
1815	拿破崙百日復辟,但於滑鐵盧之役大敗,流放於聖赫勒拿島。波旁王朝路易十八再次復辟。	該年三月七日,拿破崙與商博良會面於格勒諾勃。內伊元帥於盧森堡公園旁遭到處決。	瑞士成為中立國,盧森堡獨立。俾斯麥出生。
1816	全景拱廊街安裝巴黎史上最早的瓦斯燈。路易十八將法蘭西學術院分為四個學院。	七月,「梅杜莎號」發生船難,傑利柯以此事件創作同名作品。	拜倫、雪萊夫婦於日內瓦湖度假,創作《科學怪人》故事。
1821	拿破崙病逝於聖赫勒拿島。	波特萊爾出生。路易·威登（Louis Vuitton）出生。	希臘獨立戰爭始。
1822	法國微生物學家、化學家巴斯德出生。	商博良首次破解羅塞塔石碑銘文。巴爾札克與貝爾尼夫人初戀。雨果在聖敘爾比斯教堂舉行婚禮。	
1827	羅浮宮埃及文物館成立。	尼埃普斯以「日光蝕刻法」透過暗箱拍出了人類歷史上第一張照片。雕塑家卡爾波出生。	三月,貝多芬辭世。
1828		商博良率隊前往埃及。科幻小說先驅凡爾納出生。	俄國文豪托爾斯泰出生。哥雅、舒伯特辭世。
1829	埃及總督致贈法國一座方尖碑。	商博良建議祖國選擇盧克索神廟方尖碑。	希臘獨立。孟德爾頌演出《仲夏夜之夢》。英國倫敦成立世界最早警察制度。

年份	法國與巴黎歷史	書中主要人物年表	歐洲諸國要事
1830	法國爆發七月革命，波旁王朝遭推翻，七月王朝建立。	七月革命致使羅浮宮遭到入侵，商博良身心受創。斯湯達寫作《紅與黑》。畢沙羅出生。德拉克洛瓦繪《自由領導人民》。女權運動者路易絲・米歇爾出生。	比利時反抗荷蘭獨立。
1831	法國成立外籍兵團。	巴爾札克撰寫《驢皮記》，逐步構思《人間喜劇》。雨果發表《巴黎聖母院》。德拉克洛瓦繪《自由領導人民》。杜米埃繪《高康大》諷刺時政。蕭邦來到巴黎。	達爾文搭乘「小獵犬號」出航。
1832	霍亂肆虐巴黎全城。拉馬克將軍去世，共和黨人發動六月起義。	商博良辭世。巴爾札克開始與韓斯卡夫人通信。馬內、艾菲爾出生。	同時間倫敦也受到霍亂肆虐。德國文學家歌德與蘇格蘭文學家華特・史考特辭世。
1834	共和黨人於巴黎和里昂發動起義。	杜米埃繪《特朗斯諾南街的屠殺》抨擊時政。竇加、巴托爾迪出生。	英國廢除奴隸制。英國《經濟學人》創刊。英國國會大廈慘遭祝融。
1835		巴爾札克完成《高老頭》。	英國史上第一條鐵路開通。
1836	協和廣場上的盧克索方尖碑豎起。凱旋門落成。	流亡海外的夏爾十世病故。	狄更斯發表《匹克威克外傳》。
1838	攝影師達蓋爾於聖殿街拍攝史上第一張巴黎街景照片。	甘必大出生。	英國維多利亞女王登基。

年份	法國與巴黎歷史	書中主要人物年表	歐洲諸國要事
1839	布朗基開始提倡無政府主義言論，遭到監禁。	塞尚、希斯萊出生。 達蓋爾獲得攝影專利權。 化學家謝弗勒爾發表《色彩的和諧和對比原理》。	世上第一條電報纜線於英國架設。
1840	梯也爾就任總理。 拿破崙遺體回到法國，安葬於榮軍院。	左拉、莫內、羅丹、都德出生。	世上首張郵票在英國發行。
1841	巴黎第一座火車站聖拉札車站設立。	雷諾瓦、巴齊耶、莫里索、克里蒙梭、福爾出生。 美國畫家約翰·蘭德發明金屬顏料管。	愛爾蘭連續幾年陷入饑荒困境。
1848	法國二月革命，七月王朝崩潰，第二共和成立。 六月，卡芬雅克血腥鎮壓起義民眾。 十二月，路易·拿破崙當選總統。	庫爾貝繪《採石工人》。 高更、卡玉伯特出生。	馬克思與恩格斯出版《共產黨宣言》。 華格納開始譜寫《尼伯龍根的指環》。
1850		三月，巴爾札克與韓斯卡終於完婚。 八月，巴爾札克病逝。 莫泊桑出生。	
1851			第一屆世界博覽會在倫敦開幕。
1852	路易·拿破崙登基為第二帝國皇帝，稱拿破崙三世。 史上最早的百貨公司樂蓬馬歇開幕。 圭亞那的魔鬼島正式成為海外監獄。		西班牙建築師高第出生。
1853	七月，奧斯曼就任塞納省省長。 拿破崙三世與歐仁妮皇后成婚。	文森·梵谷出生。	克里米亞戰爭（1853-1856）。 日本黑船事件，東洋文物與藝術陸續傳入歐美。

年份	法國與巴黎歷史	書中主要人物年表	歐洲諸國要事
1855	因應世博會人潮，羅浮宮百貨開幕。 巴黎下水道工程開始動工。		巴黎首次舉行世界博覽會。
1859	法國在蘇伊士運河進行開挖工程。 法國對奧地利宣戰。	秀拉、德雷福出生。	狄更斯發表《雙城記》。 倫敦泰晤士河畔大笨鐘落成。 達爾文發表《物種起源》。
1862	法國於越南發動戰爭。 法國與墨西哥開戰。	雨果發表《悲慘世界》。	奧地利分離派畫家克林姆出生。
1863	薩莫色雷斯的勝利女神雕像出土，日後將成為羅浮宮鎮館三寶之一。	馬內發表《草地上的午餐》。 新印象派畫家席涅克出生。 德拉克洛瓦去世。	倫敦地鐵開通。 紅十字會於日內瓦成立。 挪威畫家孟克出生。
1864		馬內發表《奧林匹亞》。 羅特列克出生。 雕塑家卡蜜兒出生。	普魯士－丹麥戰爭。 七月九日，史上第一起鐵路謀殺案於英國北倫敦鐵路公司發生。
1867	巴黎第二次舉辦世界博覽會。 法軍攻打羅馬。	巴黎地鐵涼亭設計者艾克特・吉瑪出生。 瑪麗・居禮出生。 波特萊爾辭世。	小約翰史特勞斯《藍色多瑙河》於維也納首演，並於巴黎世博會改編為管弦樂版。 馬克思發表《資本論》。
1869	雷賽布主持蘇伊士運河開通儀式。 女神遊樂廳於巴黎開幕。	福樓拜發表《情感教育》。	托爾斯泰發表《戰爭與和平》。
1870	奧斯曼被免去塞納省長職務。 七月，普法戰爭爆發，第二帝國崩潰。 九月四日，第三共和成立，巴黎隨後遭到普魯士軍圍城，甘必大乘坐熱氣球逃出巴黎。	左拉撰寫《盧貢－馬卡爾家族》系列第一卷《盧貢家的發跡》。 大仲馬辭世。 巴齊耶參與普法戰爭陣亡。	狄更斯辭世。

年份	法國與巴黎歷史	書中主要人物年表	歐洲諸國要事
1871	一月二十八日，巴黎解圍。 法國失去亞爾薩斯及洛林兩省。 三月二十六日，巴黎公社成立。 五月十六日，凡登廣場紀念銅柱被推倒。 五月底，梯也爾政權對公社展開大屠殺。	普魯斯特出生。	德意志皇帝威廉一世於凡爾賽宮鏡廳登基。 英國王家亞伯特音樂廳開幕。 德國業餘考古學者海因里希·施里曼開始挖掘特洛伊遺址。
1874		四月十五日，印象派舉辦首次聯展。	邱吉爾出生。
1877	五月十六日法國憲政危機。	左拉發表《酒店》。 梯也爾、庫爾貝去世。	柴可夫斯基《天鵝湖》首演。 俄土戰爭爆發。
1878	巴黎舉辦第三次的世界博覽會，公開展示自由女神頭部。 電力所照明的路燈首次出現在巴黎歌劇院廣場。		俾斯麥召開柏林會議。 克麗奧佩托拉方尖碑在泰晤士河畔豎起。 托爾斯泰發表《安娜·塔列尼娜》。
1880	共和政府將七月十四日定為國定假日。	左拉發表《娜娜》。 詩人阿波利奈爾出生。	興建了六百三十二年的科隆大教堂終於落成。
1882		在海牙時期的梵谷開始接觸左拉著作。 甘必大辭世。	柏林愛樂交響樂團成立。 柴可夫斯基發表《1812序曲》。 巴塞隆納聖家堂開始興建。
1883	法國制定《保護工業產權巴黎公約》，是人類史上最早關於智慧財產權的公約。	左拉發表《婦女樂園》。 馬內辭世。 可可·香奈兒出生。	英國作家羅伯特·史蒂文森發表《金銀島》。
1885	法清戰爭。	雨果辭世。 巴斯德研發狂犬病疫苗。	自由女神像抵達紐約。

年份	法國與巴黎歷史	書中主要人物年表	歐洲諸國要事
1886		因為《傑作》一書的緣故，塞尚與左拉此後不再聯絡。作曲家李斯特辭世。	巴伐利亞國王路德維希二世未能等到新天鵝堡完工，在不知名情況下淹死。
1889	一月，布朗熱危機。 五月，巴黎第四度舉辦世界博覽會，慶祝法國大革命百年。 五月六日，艾菲爾鐵塔開幕。 紅磨坊夜總會開幕。	梵谷被送進普羅旺斯聖雷米精神療養院中治療，該年繪《星夜》。	
1890		路易斯·普林斯離奇失蹤。 左拉發表《人面獸心》。 梵谷於奧維猝逝。 王爾德辭世。 戴高樂出生。	
1892	年底，巴拿馬運河醜聞爆發。	班雅明出生。	柴可夫斯基發表《胡桃鉗》。
1894	德雷福案爆發。 法國與俄國簽訂軍事協約。 法國總統卡諾遭暗殺。 《鐵修斯戰勝人馬獸》塑像紀念碑被安置於聖路易島上。	畫家雷諾瓦次子尚·雷諾瓦出生，後來成為法國名導演。 畫家卡玉伯特辭世。	倫敦塔橋開通。
1898	與英國在非洲發生法紹達事件，法國選擇讓步。	一月十三日，左拉發表〈我控訴……！〉。 居禮夫婦發現鐳元素。	西班牙與美國發生戰爭。 奧地利皇后伊莉莎白（西西）於日內瓦遇刺。 俾斯麥辭世。

年份	法國與巴黎歷史	書中主要人物年表	歐洲諸國要事
1900	巴黎舉辦第五次世界博覽會,地鐵1號線開通。 同年,巴黎舉辦奧林匹克運動會。 奧塞美術館的前身奧塞車站落成。 法國參加八國聯軍對清國作戰。 史上第一份米其林指南在法國出版。	慕夏設計世界博覽會宣傳海報。 作家聖·修伯里出生(《小王子》作者)。 畢卡索首次到巴黎。	海牙國際法庭設立。 英國發動布爾戰爭。 西貝流士發表《芬蘭頌》。
1902		九月,左拉意外猝逝。 梅里耶拍攝史上第一部科幻電影《月球歷險記》。	威尼斯聖馬可廣場鐘塔突然崩塌。 英國維多利亞女王於前一年去世,繼任的愛德華七世直到這年才加冕。
1906	德雷福案的冤屈被正式洗刷。 法國北部庫里耶爾礦災,造成一千多人死亡。 法國首次舉辦大獎賽賽車,後來衍生為方程式賽車。	皮埃·居禮交通意外過世。 塞尚辭世。	
1914	六月二十八日,奧地利大公斐迪南於塞拉耶佛遇刺。 第一次世界大戰爆發,美好年代終結。	皮卡准將辭世。(德雷福事件)	英國國家畫廊所收藏維拉斯奎茲的《鏡前的維納斯》遭人以利刃割破。 土耳其政權對境內希臘裔開始進行種族滅絕行動。

參考書目

一、文學著作

巴爾札克（Honoré Balzac）著，王曉峰譯，《夏倍上校》（*Le Colonel Chabert*），上海：上海三聯書店，2015。

巴爾札克（Honoré de Balzac）著，甘佳平譯，《論現代興奮劑》（*Traite des excitants modernes*），臺北：聯經出版社，2010。

巴爾札克（Honoré de Balzac）著，邱瑞鑾譯，《巴爾札克短篇小說選集》（*Contes et nouvelles choisis de Balzac*），臺北：好讀出版社，2018。

巴爾札克（Honoré de Balzac）著，徐和瑾譯，《交際花盛衰記》（*Splendeurs et misères des courtisanes*），上海：上海文藝出版社，2015。

巴爾札克（Honoré de Balzac）著，許鈞譯，《貝姨》（*La Cousine Bette*），上海：上海譯文出版社，2014。

巴爾札克（Honoré de Balzac）著，傅雷譯，《幻滅》（*Illusions perdues*），北京：人民文學出版社，2015。

巴爾札克（Honoré de Balzac）著，傅雷譯，《高老頭》（*Le Père Goriot*），臺北：志文出版社，1996。

巴爾札克（Honoré de Balzac）著，鄭永慧譯，《驢皮記》（*La Peau de chagrin*），西安：西安交通大學出版社，2015。

巴爾札克（Honoré de Balzac）著，韓滬麟譯，《幽谷百合》（*Le Lys dans la vallée*），南昌：百花洲文藝出版社，2014。

巴爾札克（Honoré de Balzac）著，王文融等譯，《人間喜劇》全集（*La Comédie humaine*），北京：人民文學出版社，1997。

巴爾札克（Honoré Balzac）著，傅雷譯，《傅雷譯巴爾札克名作集：都爾的本堂神父》（*Le Curé de Tours*），鄭州：河南人民出版社，1998。

古斯塔夫・福樓拜（Gustave Flaubert）著，梁永安譯，《情感教育》（*L'Education sentimentale*），新北：野人文化出版社，2017再版。

波特萊爾（Charles Baudelaire）著，郭宏安譯，《巴黎的憂鬱》（*Le Spleen de Paris*），新北：新雨出版社，2014。

波特萊爾（Charles Baudelaire）著，郭宏安譯，《惡之華》（*Les Fleur du mal*），新北：新雨出版社，

2014。

埃米爾・左拉（Émile Zola）著，宋碧雲譯，《酒店》（*L'Assommoir*），北縣：書華出版社，1994。

埃米爾・左拉（Émile Zola）著，冷杉、冷櫳譯，《傑作》（*L'Œuvre*），北京：金城出版社，2014。

埃米爾・左拉（Émile Zola）著，冷杉譯，《印象之光：左拉寫馬內》（*The Light of Impressionism : Zola on Manet*），北京：金城出版社，2013。

埃米爾・左拉（Émile Zola）著，李雪玲譯，《金錢》（*L'Argent*），新北：野人文化出版社，2014。

埃米爾・左拉（Émile Zola）著，李雪玲譯，《婦女樂園》（*Au Bonheur des Dames*），新北：野人文化出版社，2013。

埃米爾・左拉（Émile Zola）著，周明佳譯，《巴黎之胃》（*Le Ventre de Paris*），臺北：聯合文學出版社，2016年。

埃米爾・左拉（Émile Zola）著，袁翔華譯，《萌芽》（*Germinal*），北京：北方文藝出版社，2016年三刷。

埃米爾・左拉（Émile Zola）著，張繼雙、蔣阿華譯，《人面獸心》（*La Bête humaine*），板橋市：林鬱文化出版社，1993。

埃米爾・左拉（Émile Zola）著，畢修勻譯，《蒲爾上尉》（*Le Capitaine Burle*），上海：上海錦繡文章出版社，2013。

埃米爾・左拉（Émile Zola）著，畢修勻譯，《戴蕾絲・拉甘》（*Thérèse Raquin*），上海：上海三聯書店，2014。

埃米爾・左拉（Émile Zola）著，管震湖譯，《盧貢家的發跡》（*La Fortune des Rougon*），北京：人民文學出版社，2017。

埃米爾・左拉（Émile Zola）著，劉益庾譯，《家常事》（*Pot-Bouille*），北京：人民文學出版社，1989。

埃米爾・左拉（Émile Zola）著，劉益庾譯，《巴斯卡醫生》（*Le Docteur Pascal*），北京：人民文學出版社，2011。

埃米爾・左拉（Émile Zola）著，劉益庾譯，《盧貢大人》（*Son Excellence Eugène Rougon*），臺北：光復出版社，2001。

埃米爾・左拉（Émile Zola）著，羅國林譯，《娜娜》（*Nana*），上海：上海三聯書店，2014。

海明威（Ernest Hemingway）著，成寒譯，《流動的饗宴：海明威巴黎回憶錄》（*A Moveable Feast*），臺北：時報文化出版社，2008。

斯湯達（Stendhal）著，閻家駟譯，《紅與黑》（*Le Rouge et le Noir*），臺北：光復出版社，1998。

維克多・雨果（Victor Hugo）著，《九三年》（*Quatrevingt-treize*），北縣：林鬱文化出版社，2000。

維克多・雨果（Victor Hugo）著，管震湖譯，《鐘樓怪人》（*Notre-Dame de Paris*），臺北：遠流出版社，2005年二版三刷。

維克多・雨果（Victor Hugo）著，李玉民譯，《悲慘世界》（*Les Misérables*），臺北：野人文化出版社，2013。

二、中文專書

中央電視臺《大國崛起》節目組編著，《法國》，北京：中國民主法制出版社，2006。

王世宗，《歷史與圖像：文明發展軌跡的尋思》，臺北：三民書局，2009年二版。

王德育，《王德育的觀想藝見：西洋繪畫縱橫談——從達文奇到佛洛伊德的美感解析》，臺北：臺灣商務印書館，2014。

王德育，《雕塑史101：從古典到現代西洋雕塑》，新北：活字出版社，2017。

王德育，《藝術史101：從印象派到超現實主義》，新北：活字出版社，2015。

朱靜編著，《喬治‧桑傳》，臺北：業強出版社，1994。

何政廣，《印象派繪畫大師：莫內》，臺北：藝術家出版社，1996。

何政廣，《超越印象派大師：竇加》，臺北：藝術家出版社，1997。

何政廣主編，李家祺撰文，《卡莎特》，臺北：藝術家出版社，1999。

何政廣主編，《世界名畫家全集：秀拉》，臺北：藝術家出版社，2002。

何政廣主編，《世界名畫家全集：慕夏》，臺北：藝術家出版社，2002。

何政廣主編，《寫實主義大師庫爾貝》，臺北：藝術家出版社，1999。

何政廣主編，《羅特列克》，臺北：藝術家出版社，1998。

何政廣主編，陳英德、張彌彌著，《畢沙羅》，臺北：藝術家出版社，2002。

何政廣主編，黃舒屏撰文，《卡玉伯特》，臺北：藝術家出版社，2004。

何政廣主編，鄧聿槃編譯，《莫莉索》，臺北：藝術家出版社，2014。

余澤民著，《咖啡館裡看歐洲》，濟南：山東畫報出版社，2007。

吳圳義，《法國史》，臺北：三民書局，2013年二版。

吳圳義，《近代法國思想文化史：文藝復興到啟蒙運動》，臺北：三民書局，2016。

吳錫德，《法國製造：法國文化關鍵詞100》，臺北：麥田出版社，2010。

李妲，《巴黎公社的民主試驗及其當代意義》，北京：政法大學出版社，2017。

李政亮，《世界花都，巴黎城市風景》，臺北：日月文化出版社，2010。

李軍，《可視的藝術史：從教堂到博物館》，北京：北京大學出版社，2016。

阮若缺，《法國宮廷文化的創意美學》，臺北：遠流出版社，2016。

阮若缺，《解讀法國文學名著》，臺北：五南出版社，2017。

張心龍，《印象派之旅》，臺北：雄獅出版社，1998。

張志龍，《繁星巨浪》，臺北：布克文化出版社，2016。

莫渝，《塞納河畔：法國文學掠影》，臺北：華成圖書，2003。

郭俊，《法國之魂：追憶巴黎先賢祠的71個偉大靈魂》，北京：當代世界出版社，2014。

郭書瑄等，《新荷蘭學》，臺北：前衛出版社，2011。

陳淑華著，《印象巴黎：印象派足跡尋旅》（臺北：雄獅出版社，2002）

傅先俊編著，《左拉傳》，臺北：業強出版社，1997。

廖瓊芳著，《諷刺漫畫大師：杜米埃》，臺北：藝術家出版社，2000。

劉金源，《法國史：自由與浪漫的激情演繹》，臺北：三民書局，2006。

劉振源，《印象派繪畫》，臺北：藝術圖書有限公司，2005。

蔡秉叡，《名偵探與柯南：福爾摩斯藝文事件簿》，臺北：華滋出版社，2016。

蔡秉叡，《直到我死去的那一天：梵谷最後的親筆信》，臺北：華滋出版社，2015。

蔣勳，《破解高更》，臺北：天下文化出版社，2013。

蔣勳，《破解梵谷》，臺北：天下文化出版社，2013。

蔣勳，《破解莫內》，臺北：天下文化出版社，2010。

蔣勳，《破解竇加》，臺北：天下文化出版社，2014。

鄭治桂、林韻丰，《360° 感覺雷諾瓦：法國美好年代的女人味》，臺北：原點出版社，2013。

繆詠華，《巴黎文學散步地圖》，臺北：貓頭鷹出版社，2012。

繆詠華，《長眠在巴黎：探訪八十七個偉大靈魂的亙古居所》，臺北：貓頭鷹出版社，2009。

鍾文音，《情人的城市：我和莒哈絲、卡蜜兒、西蒙波娃的巴黎對話》，臺北：玉山社出版，2003。

三、外國譯著

E. J. 霍布斯邦（E. J. Hobsbawm）著，王章輝等譯，《革命的年代》（*The Age of Revolution: Europe 1789-1848*），臺北：麥田出版社，1997。

E. J. 霍布斯邦（E. J. Hobsbawm）著，張曉華等譯，《資本的年代》（*The Age of Capital: 1848-1875*），臺北：麥田出版社，1997。

Francoise Cachin著，李瑞媛譯，《馬內：我畫我看到的！》（*Manet*），臺北：時報出版社，2001。

Lesley Adkins , Roy Adkins著，黃中憲譯，《羅塞塔石碑的祕密》（*The Keys of Egypt: The Obsession to Decipher Egyptian Hieroglyphs*），臺北：貓頭鷹出版社，2002。

Michel Dewachter著，呂淑容譯，《埃及學家商博良：破解古埃及文的天才》（*Champollion: Un scribe pour l'Egypte*），臺北：時報出版社，2003。

T. J. 克拉克（Timothy James Clark）著，沈語冰、諸葛沂譯，《現代生活的畫像：馬奈及其追隨者藝術中的巴黎》（*The Painting of Modern Life: Paris in the Art of Manet and his Followers*），南京：江蘇美術出版社，2013。

大衛・哈維（David Harvey）著，黃煜文、國立編譯館譯，《巴黎，現代性之都》（*Paris, Capital of Modernity*），臺北：群學出版社，2007。

丹妮絲・左拉（Denise Zola）著，李焰明譯，《我的父親左拉》（*Emile Zola raconté par sa fille*），桂林：廣西師範大學出版社，2002。

巴克斯特（John Baxter）著，傅葉譯，《浪漫的巴黎文學徒步之旅：世界上最美的步道》（*The Most Beautiful Walk in the World: A Pedestrian in Paris*），新北：四塊玉文創出版社，2014。

巴森（Jacques Barzun）著，鄭明萱譯，《從黎明到衰頹：今日文明價值從何形成？史學大師帶你追溯西方文化五百年史》（*From Dawn to Decadence: 1500 to the Present: 500 Years of Western Cultural Life*），臺北：貓頭鷹出版社，2004年初版三刷。

文森・科林克（Vincent Klink）著，林玉卿譯，《跟著米其林名廚尋味巴黎：從隱藏版美食、星級餐廳到私房食譜，一趟法式頂級味蕾的深度之旅》（*Ein Bauch spaziert durch Paris*），臺北：日月文化出版社，2017。

卡爾・馬克思（Karl Marx）著，中共中央馬克思恩格斯列寧斯大林著作編譯局譯，《法蘭西內戰》（*Der Bürgerkrieg in Frankreich*），北京：人民出版社，2016。

尼爾・麥葛瑞格（Neil MacGregor）著，周全譯，《德意志：一個國家的記憶》（*Germany: Memories of a Nation*），新北：左岸文化出版社，2017。

史蒂芬・柯克蘭（Stephane Kirkland）著，鄭娜譯，《巴黎的重生》（*Paris Reborn*），北京：社會科學文獻出版社，2016年三刷。

皮耶・諾哈（Pierre Nora）編，戴麗娟譯，《記憶所繫之處》（*Les Lieux de Mémoire*），臺北：行人文化實驗室，2014。

皮埃爾・阿蘇里（Pierre Assouline），鄭詩詩譯，《在特魯昂飯店那邊》（*Du cote de chez Drouant*），北京：中國少年兒童出版社，2016。

伊蓮・秀黎諾（Elaine Sciolino）著，徐麗松譯，《法式誘惑》（*La Seduction: How the French Play the Game of Life*），新北：八旗文化出版社，2015。

安布羅斯・沃拉爾（Ambroise Vollard）著，陳訓明譯，《我見證了法國現代藝術史》（*Souvenirs d'un marchand de tableaux*），上海：上海社會科學院出版社，2017。

安娜・博凱爾、艾蒂安・克恩（Boquel Anne, Kern Etienne），李欣譯，《法國文人相輕史：從夏多布里昂到普魯斯特》（*Les plus jolies fautes de français de nos grands écrivains*），南京：江蘇文藝出版社，2012。

安德列・莫洛亞（André Maurois）著，程曾厚、程千澤譯，《雨果傳：奧林匹歐或雨果的一生》（*Olympio ou la Vie de Victor Hugo, étude historique et biographie*），杭州：浙江大學出版社，2014。

安德烈・莫洛亞（André Maurois）著，艾珉、俞芷倩譯，《巴爾札克傳》（*Prometheus: The life of Balzac*），杭州：浙江大學出版社，2014。

艾克頓勳爵（Lord Acton）著，高望譯，《法國大革命講稿》（*Lectures on the French Revolution*），臺北：廣場出版社，2015。

伯納德・斯特凡（Bernard Stéphane）著，張穎綺譯，《在巴黎街上遇見雨果：巴黎的故事與傳奇》（*Petite et grande histoire des rues de Paris*），新北：立緒文化出版社，2014。

吳岳添編選，《左拉研究文集》（*Anthologie des Etudes d'Emile Zola*），南京：譯林出版社，2014。

尚－保羅・克萊貝爾（Jean-Paul Clebert）著，李雅媚譯，《尋訪感動的瞬間》（*La littérature à Paris*），臺北：日月文化出版社，2010。

彼得・柏克（Peter Burke）著，許綏南譯，《製作路易十四》（*The Fabrication of Louis XIV*），臺北：

麥田出版社，2018年三版。

阿敏‧馬盧夫（Amin Maalouf）著，賴姵瑜、吳宗遠譯，《塞納河畔第二十九號座席：法蘭西學術院與法國四百年史》（*Un fauteuil sur la Seine*），臺北：商周出版社，2017。

阿黛爾‧福歇（Adele Foucher）著，鮑文蔚譯，《雨果夫人回憶錄》，上海：上海譯文出版社，1985。

威廉‧夏伊勒（William L. Shirer）著，高紫文譯，《1940法國陷落》（*The Collapse of the Third Republic: An Inquiry into the Fall of France in 1940*），新北：左岸文化出版社，2015。

威爾‧杜蘭（Will Durant）著，幼獅文化公司編譯，《世界文明史‧第八卷路易十四與法國》（*The Story of Civilization*），臺北：幼獅文化出版社，1995年九印。

威爾‧杜蘭（Will Durant）著，幼獅文化公司編譯，《世界文明史‧第十一卷法國大革命》（*The Story of Civilization*），臺北：幼獅文化出版，1995年九印。

威爾‧杜蘭（Will Durant）著，幼獅文化公司編譯，《世界文明史‧第十一卷拿破崙的升沉》（*The Story of Civilization*），臺北：幼獅文化出版社，1995年九印。

約翰‧梅里曼（John Merriman）著，劉懷昭譯，《大屠殺：巴黎公社生與死》（*Massacre: The Life and Death of the Paris Commune*），北京：中國政法大學出版社，2017。

泰德‧蕭爾茲（Tad Szulc）著，馬永波譯，《蕭邦在巴黎》（*Chopin in Paris: The Life and Times of the Romantic Composer*），臺北：高談文化出版社，2007。

班雅明（Walter Benjamin）著，劉北成譯，《巴黎，19世紀的首都》（*Paris, capitale du xixe siècle*），北京：商務印書館，2015年二刷。

理查‧桑內特（Richard Sennett）著，黃煜文譯，《肉體與石頭：西方文明中的人類身體與城市》（*Flesh and Stone: The Body and the City in Western Civilization*），臺北：麥田出版社，2003。

羅傑‧普瑞斯（Roger Price）著，譚鍾瑜譯，《法蘭西的榮耀與堅持：革命與共和的國度》（*A Concise History of France*），新北：左岸文化出版社，2002。

鹿島茂著，布拉德譯，《明天是舞會：十九世紀法國女性的時尚生活》，臺北：如果出版社，2013。

鹿島茂著，布拉德譯，《想要買馬車：19世紀巴黎男性的社會史》，臺北：如果出版社，2013。

鹿島茂著，吳怡文、游蕾蕾譯，《巴黎文學散步》，臺北：日月文化出版社，2008。

鹿島茂著，吳怡文譯，《巴黎時間旅行》，臺北：果實出版社，2005。

鹿島茂著，林佩儀譯，《巴黎夢幻拱廊街》，臺北：麥田出版社，2009。

麥可‧本恩斯（Michael Burns）著，鄭約宜譯，《法國與德雷福事件》（*France and the Dreyfus Affair: A Documentary History*），臺北：麥田出版社，2003。

喬治‧勒費弗爾（Georges Lefebvre）著，顧良、孟湄、張慧君譯，《法國大革命：從革命前夕到拿破崙崛起》（*La Révolution française*），臺北：廣場出版社，2016。

斐蓮娜‧封‧德‧海登－林許（Verena von der Heyden-Rynsch）著，張志成譯，《沙龍：失落的文化搖籃》（*Europäische Salons: Höhepunkte einer versunkenen*），臺北：左岸文化出版社，2003。

斯蒂芬‧茨威格（Stefan Zweig）著，張玉書譯，《巴爾札克傳》（*Balzac*），北京：人民文學出版社，2014。

琵鄔・瑪麗・伊特薇（Piu Marie Eatwell）著，謝孟璇譯，《偏見法國：正解還是誤解？關於法國的41個迷思、綺想與真相》（*They Eat Horses, Don't They? The Truth about the French*），新北：八旗文化出版社，2016。

葛蘭姆・羅布（Graham Robb）著，莊安祺譯，《巴黎人》（*Parisians: An Adventure History of Paris*），新北：衛城出版社，2012。

雷蒙・瓊納斯（Raymond Jonas）著，賈士蘅譯，《法蘭西與聖心崇拜》（*France and the Cult of the Sacred Heart*），臺北：麥田出版社，2003。

漢娜・鄂蘭（Hannah Arendt）著，林驤華譯，《極權主義的起源》（*The Origins of Totalitarianism*），新北：左岸文化出版社，2009。

福井憲彥ふくい　のりひこ著，黃躍進譯，《歐洲霸權的光和影：「近代」的形成與舊秩序的終結》（*近代ヨーロッパの覇権*），新北：八旗文化出版社，2018。

歐文・斯通（Irving Stone）著，劉緋譯，《渴望風流：尋找光榮的深處》（*Depths of Glory*），武漢：長江文藝出版社，2017。

緹拉・瑪潔歐（Tilar J. Mazzeo）著，吳緯疆譯，《烽火巴黎眾生相：麗池酒店內上演的諜報密謀和生死愛欲》（*The Hotel on Place Vendome: Life, Death, and Betrayal at the Hotel Ritz in Paris*），新北：八旗文化出版社，2016。

瓊安・德尚（Joan De Jean）著，楊冀譯，《法式韻味：時尚美饌、生活品味、優雅世故，路易十四送給世界的禮物》（*The Essence of Style: How the French Invented High Fashion, Fine Food, Chic Cafes, Style, Sophistication, and Glamour*），新北：八旗文化出版社，2016。

羅伯・丹屯（Robert Darnton），呂健忠，《貓大屠殺：法國文化史鉤沉》（*The great cat massacre and other episodes in French cultural history*），臺北：聯經出版社，2005。

羅杭・德奇（Lorànt Deutsch）著，李桂蜜譯，《巴黎地鐵站的歷史課：從西堤島到新凱旋門，縱橫法國古今2100年》（*Métronome: L'histoire de France du rythme du métro parisien*），臺北：商周出版社，2013。

羅杭・德奇（Lorànt Deutsch）著，李桂蜜譯，《巴黎變奏曲：地鐵慢遊穿梭法國古今2100年》（*Métronome: L'histoire de France du rythme du métro parisien*），臺北：商周出版社，2013。

羅絲瑪麗・羅伊德（Rosemary Lioyd）著，高焓譯，《波特萊爾》（*Charles Baudelaire*），北京：北京大學出版社，2013。

蘇迪爾・哈札里辛格（Sudhir Hazareesingh）著，陳岳辰譯，《法國人如何思考？》（*How the French Think*），臺北：商周出版社，2017。

讓-皮埃爾・里烏（Jean-Pierre Rioux）主編，朱靜、許光華譯，《法國文化史》（*Histoire culturelle de la France*），上海：華東師範大學出版社，2012。

讓-保爾・卡拉卡拉（Jean-Paul Caracalla），《聖日耳曼德普雷的文藝範兒》（*Saint-Germain-des-Prés*），北京：中國少年兒童出版社，2016。

讓-保爾・卡拉卡拉（Jean-Paul Caracalla），彭怡譯，《蒙帕納斯的黃金歲月》（*Les exilés de*

Montparnasse），北京：中國少年兒童出版社，2016。

讓-保爾・卡拉卡拉（Jean-Paul Caracalla），黃雅琴譯，《流浪巴黎的世界文豪》（*Vagabondages littéraires dans Paris*），北京：中國少年兒童出版社，2016。

四、書報、書信或日記

Henryk Opienski編，潘保基譯，《蕭邦書信集》（*Chopin's Letters*），臺北：世界文物出版社，1995。

Nienke Bakker, Leo Jansen, Hans Luijten (Editor). *Vincent van Gogh: The Letters: The Complete Illustrated and Annotated Edition*. London: Thames & Hudson, 2009.

文森・梵谷（Vincent van Gogh）著，雨云譯，《梵谷書簡全集》，臺北：藝術家出版社，1990。

文森・梵谷（Vincent van Gogh）著，蔡旻峻，《炙熱的星空，孤寂的靈魂：梵谷書信選》（*Selected Letters of Vincent van Gogh*），新北：八旗文化出版社，2016。

李平漚、狄玉明編譯，《巴黎公社公報集》（*Le Journal Officiel de la Commune de Paris*），北京：商務印書館，2013。

塞尚等，潘襎編譯，《塞尚書簡全集》（*Cézanne Correspondance*），臺北：藝術家出版社，2007。

維克多・雨果（Victor Hugo）著，張容譯，《見聞錄》（*Choses vues*），南京：譯林出版社，2013。

德拉克洛瓦（Eugène Delacroix）著，李嘉熙譯，《德拉克洛瓦日記》（*The journal of Eugene Delacroix*），桂林：廣西師範大學出版社，2002。

五、期刊、學位論文

王鈴儀（2009）。論左拉的小說《婦女樂園》：現代幸福的築夢與逐夢（*Au bonheur des dames d'Emile Zola : La fabrique et la poursuite du bonheur moderne*）。國立中央大學法國語文學系。取自https://ndltd.ncl.edu.tw/cgi-bin/gs32/gsweb.cgi/ccd=2q4P5W/record?r1=3&h1=0

甘佳平，〈《人間喜劇》人物類型：巴爾札克的夢想、經驗與創作〉，收錄於《淡江外語論叢》2011年六月（第17期），頁81-106。

六、外文專書

Alain Clement, Gilles Thomas. *Atlas du Paris souterrain: La doublure sombre de la Ville lumière*.Paris: Parigramme, 2001.

Belinda Thomson. *Impressionism: Origins, Practice, Reception*. London: Thames & Hudson, 2000.

Bertrand Audouy: *Les Trésors de la Culture*. Paris: ORACOM, 2019.

Charissa Bremer-David, Peter Björn Kerber, Kimberly Chrisman-Campbell, Joan DeJean, Mimi Hellman. *Paris: Life & Luxury in the Eighteenth Century*. L.A.: J. Paul Getty Museum, 2011.

David Harvey. *Paris, Capital of Modernity*. London: Routledge, 2005.

Joan Dejean. *How Paris Became Paris: The Invention of the Modern City*. New York: Bloomsbury, 2015.

John Merriman.*A History of Modern Europe: From the Renaissance to the Present*.New York: W. W. Norton & Company, 2004.

Leonard Pitt. *Paris: A Journey Through Time*.Berkeley: Counterpoint, 2010.

Lorant Deutsch. *Metronome*. New York: Pocket Books, 2014.

Lorant Deutsch.*Le roman de la langue francaise*. Paris: Michel Lafon, 2018.

Marcel Proust. *Contre Sainte Beuve*. Paris: Gallimard Education, 1987.

Marnin Young. *Realism in the Age of Impressionism: Painting and the Politics of Time*. New Haven: Yale University Press, 2015.

Michael B. Miller. *The Bon Marché: Bourgeois Culture and the Department Store, 1869-1920*. Princeton: Princeton University Press, 1994.

Michel Winock. *Les voix de la liberté: Les écrivains engagés au XIXe siècle*. Paris: Seuil, 2001.

Nina George. *The Little Paris Bookshop*. New York: Broadway Books, 2016.

Patrick Pelloux. *On ne meurt qu'une fois et c'est pour si longtemps*. Paris: Robert Laffont, 2013.

Pierre Lépine. *Gabriel Davioud,architecte*. *Paris: Délégation à l'action artistique de la ville de Paris*, 1981.

Prosper-Olivier Lissagaray. *History of the Paris Commune of 1871*. New York: Verso; Reprint edition, 2012.

Robert Cole. *A Traveller's History of Paris*. Northampton;Interlink Books, 2015.

Robert L. Herbert. *Impressionism: Art, Leisure, and Parisian Society*. New Haven: Yale University Press, 1991.

Ruth E. Iskin. *Modern Women and Parisian Consumer Culture in Impressionist Painting*.Cambridge: Cambridge University Press, 2007.

Sarah Kennel. *Anne de Mondenard. Charles Marville: Photographer of Paris*. Chicago: University of Chicago, 2013.

Susan Cahill. *The Streets of Paris: A Guide to the City of Light Following in the Footsteps of Famous Parisians Throughout History*. New York: St. Martin's Griffin, 2017.

T. J. Clark. *The Painting of Modern Life: Paris in the Art of Manet and his Followers*. Princeton: Princeton University Press, 1999.

Tad Szulc. *Chopin in Paris: The Life and Times of the Romantic Composer*.Boston: Da Capo, 1998.

Veronique Bouruet Aubortot. *Impressionism: The Movement That Transformed Western Art*. Paris: Flammarion, 2017.

Vladimir Ilyich Lenin. *Two Tactics of Social-Democracy in the Democratic Revolution*. New York: International Publishers, 1989.

七、網路資料

https://ihl-databases.icrc.org/applic/ihl/ihl.nsf/INTRO/115?OpenDocument 《日內瓦國際公約》

https://upload.wikimedia.org/wikipedia/commons/a/ab/Joutes_pont_au_change_Raguenet_1751. jpg

《聖母橋與兌換橋間的競賽》（*La Joute des mariniers entre le Pont-Notre-Dame et le Pont-au-Change*）

https://www.lemonde.fr/societe/article/2016/11/30/l-assemblee-rehabilite-les-communards-victimes-de-la-repression_5040565_3224.html 疑似梵谷照片

https://www.hachette.com/en/homepage/ 阿歇特書店官網

https://commons.wikimedia.org/wiki/File:%C3%8Ele_aux_Vaches_%26_%C3%AEle_Notre-Dame,_Plan_de_Vassalieu_ca._1609.jpg?uselang=fr 聖路易島

https://cn.france.fr/zh-hant 法國旅遊發展署官網

https://www.nytimes.com/2019/07/17/world/europe/notre-dame-cathedral-fire.html?_ga=2.133462093. 2117670412.1572878779-420378389.1572878779 紐約時報網頁

釀時代23　PC0995

 花都的締造：巴黎的關鍵世紀

作　　者	蔡秉叡
責任編輯	尹懷君
圖文排版	楊家齊
封面設計	蔡瑋筠

出版策劃　釀出版
製作發行　秀威資訊科技股份有限公司
　　　　　114 台北市內湖區瑞光路76巷65號1樓
　　　　　電話：+886-2-2796-3638　傳真：+886-2-2796-1377
　　　　　服務信箱：service@showwe.com.tw
　　　　　http://www.showwe.com.tw
郵政劃撥　19563868　戶名：秀威資訊科技股份有限公司
展售門市　國家書店【松江門市】
　　　　　104 台北市中山區松江路209號1樓
　　　　　電話：+886-2-2518-0207　傳真：+886-2-2518-0778
網路訂購　秀威網路書店：https://store.showwe.tw
　　　　　國家網路書店：https://www.govbooks.com.tw
法律顧問　毛國樑　律師
總 經 銷　聯合發行股份有限公司
　　　　　231新北市新店區寶橋路235巷6弄6號4F
　　　　　電話：+886-2-2917-8022　傳真：+886-2-2915-6275

出版日期　2021年1月　BOD一版
定　　價　660元

Printed in Taiwan

國家圖書館出版品預行編目

花都的締造：巴黎的關鍵世紀 / 蔡秉叡著. -- 一版. --
臺北市：釀出版, 2021.01
　　面；　公分. -- (釀時代；23)
　BOD版
　ISBN 978-986-445-427-3(平裝)

1.人文地理 2.歷史 3.法國巴黎

742.7185　　　　　　　　　　　　　109017118

讀者回函卡

感謝您購買本書，為提升服務品質，請填妥以下資料，將讀者回函卡直接寄回或傳真本公司，收到您的寶貴意見後，我們會收藏記錄及檢討，謝謝！如您需要了解本公司最新出版書目、購書優惠或企劃活動，歡迎您上網查詢或下載相關資料：http:// www.showwe.com.tw

您購買的書名：_____

出生日期：_____年_____月_____日

學歷：□高中 (含) 以下　　□大專　　□研究所 (含) 以上

職業：□製造業　□金融業　□資訊業　□軍警　□傳播業　□自由業

　　　□服務業　□公務員　□教職　　□學生　□家管　　□其它_____

購書地點：□網路書店　□實體書店　□書展　□郵購　□贈閱　□其他

您從何得知本書的消息？

　　□網路書店　□實體書店　□網路搜尋　□電子報　□書訊　□雜誌

　　□傳播媒體　□親友推薦　□網站推薦　□部落格　□其他_____

您對本書的評價：（請填代號　1.非常滿意　2.滿意　3.尚可　4.再改進）

　　封面設計_____　版面編排_____　內容_____　文／譯筆_____　價格_____

讀完書後您覺得：

　　□很有收穫　□有收穫　□收穫不多　□沒收穫

對我們的建議：_____

_____

_____

_____

11466
台北市內湖區瑞光路 76 巷 65 號 1 樓

秀威資訊科技股份有限公司 收

BOD 數位出版事業部

⋯⋯⋯⋯⋯⋯⋯⋯⋯⋯⋯⋯⋯⋯⋯⋯⋯⋯⋯⋯⋯

（請沿線對折寄回，謝謝！）

姓　　名：＿＿＿＿＿＿＿＿＿　年齡：＿＿＿＿＿　性別：□女　□男

郵遞區號：□□□□□

地　　址：＿＿＿＿＿＿＿＿＿＿＿＿＿＿＿＿＿＿＿＿＿＿

聯絡電話：(日) ＿＿＿＿＿＿＿＿＿＿　(夜) ＿＿＿＿＿＿＿＿＿＿＿

E-mail：＿＿＿＿＿＿＿＿＿＿＿＿＿＿＿＿＿＿＿＿＿＿＿